KB217898

SCHOOL VIOLENCE

학교폭력
심리적 이해와 상담적 개입

오인수 저

학지사

이 저서는 2020년 대한민국 교육부와 한국연구재단의 지원을 받아 수행된 연구임
(NRF-2020S1A6A4045108)
This work was supported by the Ministry of Education of the Republic of Korea and
the National Research Foundation of Korea (NRF-2020S1A6A4045108)

 폭력은 인류의 역사와 함께 시작되었다. 인류의 기원을 다룬 창세기는 최초의 인간인 아담과 하와의 장남 카인을 인류 최초의 폭력적 살인자로 묘사한다. 그렇게 시작된 폭력은 모든 시대를 걸쳐 지금까지 인간의 보편적인 행동으로 여겨진다. 사람이 사는 곳에는 늘 폭력이 있었다. 지금도 지구상에 전쟁과 같은 큰 폭력이 끊이지 않고 있으며 폭행 등의 작은 폭력도 수없이 일어나고 있다. 아주 작게는 일상 언어와 행동을 통해 상대를 적대적, 경멸적, 부정적으로 미묘하게 모욕하는 미세공격(micro-aggression)까지 폭력은 일상의 순간까지도 채우고 있다. 이러한 현상은 학교에서도 예외 없이 이어져 왔다.

 한국 사회는 1990년대 중후반 '왕따'라는 신조어가 생기면서 학교에서 발생하는 폭력 현상에 주목했다. 물론 그 이전에도 학교폭력은 존재했고 심지어 조선왕조실록에도 성균관의 유생들 사이의 폭력 사건이 기록되어 있다. 1990년대 학교폭력 피해학생의 잇따른 자살 사건은 사회에 큰 충격을 주었고, 또래 사이의 갈등이라고 치부하기에는 매우 심각한 폭력의 양상이 전해지며 학교폭력 현상에 대한 사회적 관심이 증폭되었다. 이러한 사회적 여론에 힘입어 2004년 「학교폭력 예방 및 대책에 관한 법률」이 제정되기에 이르렀다. 이후 학교에서 발생하는 폭력은 다른 학생 문제와 달리 유일하게 법으로 처리해야 하는 법적 문제가 되었다.

 학교폭력은 생각보다 매우 복잡한 역동에 의해 발생하고 지속되기 때문에 폭력 이면의 심리적 이해 없이는 효과적인 대응이 쉽지 않다. 기본적으로 학교폭력은 가해학생과 피해학생 사이의 힘의 불균형에 기반하여 발생한다. 그런데 이를 지켜보는 대다수 주변학생(bystander)의 반응은 더 큰 집단역동을 형성하여 폭력의 지속 여부에 결정적 영향을 미친다. 주변학생 중에서도 가해자의 편을 드는 동조학생, 피해자의 편에 서는 방어학생, 그리고 방관하는 학생의 비율이 폭력의 역동을 형성한다. 따라서 학교폭력을 효과적으로 예방하고 개입하려면 가해학생과 피해학생의 양자 구도가 아닌 주변학생을 포함하는 포괄적 역동과 다양한 참여자의 심리를 이해하는 것이 결정적이다. 그래서 제1~3장은 학교폭력 현상을 심리적 관점에서 심층적으로 이해하도록 돕는 다양한 이론과 연구를 소개하였다.

 흔히 학교폭력에 대해 개입할 때 가해학생은 엄히 처벌하여 선도하고, 피해학생은 상담과 치료를 통해 회복하는 것에 초점을 둔다. 그러나 처벌과 훈계 중심의 접근은 궁극적으로

가해학생을 변화시키는 데 한계를 지닌다. 피해학생 역시 이들을 치료하고 상담할 때 사회
정서역량을 강화시키는 개입이 수반되지 않으면 학교폭력의 취약성으로부터 벗어나기 힘
들다. 나아가 학교폭력에 관여하는 학생에 영향을 미치는 다양한 위험요인과 보호요인을
맥락적으로 이해하지 못하면 상담적 개입의 효과는 반감될 수밖에 없다. 그래서 제4~7장
은 가해학생과 피해학생의 맥락적 이해에 기반한 상담전략을 제시하였고, 이들의 사회정
서역량을 강화하는 구체적인 상담전략을 소개하였다. 그리고 제8~9장은 학교폭력 해결의
열쇠를 쥐고 있는 것으로 알려진 주변학생에 대한 이해와 효과적 개입을 제시하였다.

　프로이트가 지적한 것처럼 폭력은 인간의 본성인 공격성에 기초하기 때문에 본질적으로
근절시킬 수 없는 특성을 지니고 있다. 자칫 폭력은 겉으로 드러나는 행동이기 때문에 보이
는 행동에 대해 강하게 처벌하면 폭력행동이 줄어들 것이라고 생각하는데, 이와 같이 단순
한 행동주의적 발상은 위험하다. 무관용 원칙에만 의존하는 접근을 사용하면 폭력은 보이
지 않는 형태로 음습화된다. 징벌적 처벌은 학급의 분위기를 훼손시키며, 가해학생의 공격
적 행동을 억제해 주어야 할 또래들을 심리적 지지자에서 폭력의 고발자로 전환시킬 수 있
다. 학교폭력을 근절시키려 했다가 오히려 공격성의 조절기능마저 약화시킬 수 있다. 그래
서 제10장에서는 이러한 무관용 원칙의 대안으로 소개되는 회복적 정의를 소개하고 이를
생활교육의 형태로 적용하여 학교폭력을 선제적으로 예방하는 방법을 소개하였다.

　학교폭력에 대한 법적 처벌은 일벌백계(一罰百戒)식의 무관용 원칙으로 학교폭력을 근절
(根絕)하겠다는 취지로 시작되었다. 그러나 20년이 지난 지금 학교폭력의 뿌리[根]는 뽑히
지[絕] 않고 오히려 다양화되고 사이버폭력으로 진화하면서 더욱 복잡하게 퍼지고 있는 양
상이다. 왕따에서 카따로 변하였고, 빵셔틀은 와이파이셔틀로 바뀌었다. 심지어 인공지능
(AI)을 활용한 딥페이크 기술이 학교폭력에 활용되는 지경에 이르렀다. 학생들은 디지털
기기에 익숙한 디지털 네이티브(digital natives)인 반면, 이들을 지도해야 할 교사들은 디지
털 이민자(digital immigrants)여서 사이버폭력을 지도해야 할 교사들의 기술 대응력이 매우
부족한 상황이다. 이에 제11장에서는 전통적 폭력에서 진화한 사이버폭력에 대한 예방 및
대응역량 강화 방법을 제시하였다.

　지금까지 정부 당국은 진화하는 폭력에 대해 수십 차례 법을 개정하며 대응했지만, 법적
대응은 폭력의 그림자만 좇는 듯한 느낌이다. 최근에 이뤄진 법적 개정은 처벌의 수위를 한
층 더 높였지만, 학교폭력은 오히려 증가추세이다. 이제 검색 엔진에서 '학교폭력'을 키워
드로 검색하면 대부분 변호사와 법무법인 정보가 나오는 시대에 살고 있다. 학교에서 폭력
이 발생하면 또래 간 갈등 문제를 법적으로 해결해야 하는 상황이기 때문에, 이른바「학교

폭력예방법」에 대한 이해와 사안처리 과정의 쟁점을 이해하는 것은 학생, 학부모, 교사 모두에게 매우 중요한 현안이 되었다. 그래서 제12장에서는 법적 이해를 돕고 최근 시행된 학교장 자체해결제 등의 새로운 정책을 설명하였다.

학교폭력의 근절을 위한 다양한 노력에도 불구하고 학교폭력은 최근 증가하고 있다. 폭력의 효과적인 예방과 대응에 교사가 핵심적 역할을 하는데, 학부모들의 악성민원과 소송 등의 부담으로 학교에서 학교폭력 담당은 기피하는 업무가 되었다. 급기야 2024년부터는 학교폭력 사안 조사를 전담조사관이 실시하고 있다. 실제 2000년대 60% 후반에 달하던 교사들의 교직만족도가 올해는 21.4%를 기록하며 역대 최저치를 기록했다. 그리고 교직 생활의 가장 큰 어려움으로 교사들은 학교폭력을 포함한 생활지도를 1순위로 꼽았다. '교육의 질은 교사의 질을 뛰어넘을 수 없다.'는 말처럼 학교폭력에 대한 교사의 예방 및 대처 역량을 향상시켜 학교폭력에 대한 교사의 대처 효능감을 높이는 것은 매우 중요한 교육적 과제가 되었다.

아직도 대부분의 정책은 폭력을 효과적으로 억제하는 예방보다는 발생한 폭력을 효과적으로 대응하는 것에 초점을 두고 있다. 한국보다 20여 년 먼저 학교폭력 문제에 직면했던 북유럽 국가들은 불링(bullying)을 개념화하였고 가해와 피해 중심에서 벗어나 주변학생의 역량을 강화하여 폭력을 효과적으로 억제하고 있는 점을 주목할 필요가 있다. 그리고 우리나라도 「학교폭력예방법」이라는 이름에 걸맞게 학교폭력을 효과적으로 예방할 수 있도록 교사들의 역량을 실제적으로 강화할 필요가 있다. 이를 위해서는 학교폭력에 대한 심리적 이해와 상담적 개입이 필수적이다. 부디 이 책이 학교폭력의 예방과 개입을 위해 노력하는 모든 분에게 조금이나마 도움이 되기를 바란다.

학교폭력 주변학생에 관한 박사 논문을 시작으로 지난 20여 년간 학교폭력과 관련하여 수행했던 연구와 강의했던 자료들을 모아 이 책에 담았다. 학교폭력은 지금도 지속적으로 진화하고 있고, 이에 대한 정책적 대응 역시 변화하기 때문에 아마도 이 책은 다른 책보다 자주 개정을 하면서 앞으로 더욱더 보완해야 할 것으로 생각한다. 지금까지 학교폭력 연구를 함께 수행했던 모든 분께 감사하고, 강의에서 다양한 경험을 나누어 준 학생들에게 고마움을 표하고 싶다. 또한 [저술출판지원사업]을 통해 이 책의 저술을 지원해 준 한국연구재단에도 감사를 드린다. 무엇보다 이 책의 집필 과정에서 자료 수집과 교정 등 여러모로 도와준 이화여대 교육학과 교육상담심리전공 박사과정생들에게 고마움을 전하고 싶다. 마지막으로 이 책의 편집과 출판의 과정에서 늘 신뢰를 주신 학지사의 모든 임직원분께 감사를 드린다.

2025

저자 오인수

제**1**장

학교폭력의
개념, 특징 및 실태

프롤로그

　1990년 중후반 '왕따'라는 신조어를 탄생시키며 사회적 이목을 받았던 학교폭력은 지난 30년간 늘 교육의 현안으로 인식되어 왔다. 그동안 법제화를 이루었고 무관용 원칙에 기초한 강력한 대책으로 학교폭력은 억제되어 왔지만, 폭력의 심각화, 다양화 및 사이버폭력의 증가라는 또 다른 도전에 직면해 있다. 교육적 문제를 법적으로 처리하는 과정에서 학교와 교사는 지쳤고, 교사, 학생 및 학부모의 관계가 더욱 훼손되는 부작용도 발생하였다. 폭력은 인간의 본성인 공격성에 기초한 현상이기 때문에 쉽게 근절시킬 수 있는 문제가 아니다. 또한 폭력으로 인해 훼손된 관계를 회복시키는 것 역시 매우 힘든 과제이다. 이처럼 교육적 난제인 학교폭력 문제를 효과적으로 해결하려면 겉으로 드러나는 폭력 현상을 넘어 그 이면의 역동과 본질을 이해해야 하고 선제적인 예방을 적극적으로 시행해야 한다. 이번 장은 학교폭력 현상에 대한 전반적인 이해를 돕는 내용으로 구성되었다. 마치 생명체처럼 변화하고 진화하는 학교폭력의 본질을 이해하는 첫걸음이 되기를 바란다.

학교폭력:
심리적 이해와 상담적 개입

1 학교폭력의 개념

1) 학교폭력의 정의

상식적으로 '학교 안에서' 발생하는 폭력만을 학교폭력으로 규정하기 쉽다. 그러나 현행 학교폭력은 '학교 밖에서' 발생하는 폭력도 학교폭력으로 규정한다. 학교폭력을 정의하는 것은 생각보다 복잡하고 어려운 일이다. 현재 학교폭력에 관한 대표적 정의는 「학교폭력 예방 및 대책에 관한 법률」(이하 「학교폭력예방법」)에서 규정된 정의이다. 이 법에서는 학교 폭력을 "학교 내외에서 학생을 대상으로 발생한 상해, 폭행, 감금, 협박, 약취·유인, 명예 훼손·모욕, 공갈, 강요·강제적인 심부름 및 성폭력, 따돌림, 사이버폭력 등에 의하여 신체·정신 또는 재산상의 피해를 수반하는 행위를 말한다."라고 규정하고 있다. 이 규정에 따라 학교 밖에서 학생이 폭행을 당한 것도 현행 규정에 따르면 학교폭력에 포함된다. 그런데 이 정의는 폭력이 발생한 장소의 범위는 제시했지만, 가해행동에 단순한 장난도 포함되는지 아니면 의도적인 폭력행동으로만 제한하는지를 명확히 제시하지 않고 있다. 이 절에서는 폭력과 관련된 요소들을 하나하나 검토하면서 학교폭력의 개념을 규명하고자 한다. 이를 위해 선행연구와 관련 규정을 분석하고, 학교폭력의 개념적 요소를 설명하고자 한다.

(1) 폭력의 공간

'학교폭력'이란 단어는 폭력의 범위를 학교라는 장소로 국한시키는 것처럼 보인다. 다시 말해, 교내에서 발생하는 폭력에 한하여 학교폭력이란 개념이 적용될 것처럼 보인다. 실제로 대부분의 학자는 학교폭력을 정의할 때 그 범위를 학교의 공간 안으로 제한하기보다는 학교 내외로 그 범위를 확장한다. 〈표 1-1〉에 제시된 정의처럼 학교폭력의 장소는 일반적으로 학교의 안과 밖을 모두 포함하고 있다. 이처럼 폭력이 발생하는 범위를 교내로 국한하지 않는 이유는 교내에서 발생한 폭력이 학교 밖으로 연장되고 확장되는 것이 일반적이기 때문이다. 다른 관점에서 보면 학교폭력은 학교라는 공간보다는 그 공간을 채우고 있는 학생에 초점을 두었다고 볼 수 있다. 그래서 일부 학자들은 학교폭력이란 단어보다 학생폭력이란 단어를 선호하기도 한다.

최근에는 사이버폭력이 증가하면서 폭력의 공간을 학교로 국한하는 것이 무의미해졌다. 이르면 유아기 때부터 디지털 기기를 경험하고 디지털 시대를 살아가는 학생들은 상당한

〈표 1-1〉 학교폭력의 주체와 대상에 따른 학교폭력의 정의 비교

학생과 학생 사이에 발생하는 폭력으로 규정한 경우	
Olweus (1993)	**피해학생이 한 학생 혹은 여러 학생에 의해** 지속적으로 장기간 부정적인 행동에 노출되어 있는 것을 의미하며, 여기서 부정적 행동이란 언어적 공격이나 위협 혹은 신체적이고 언어적 위협 없이도 가해학생이 의도적으로 피해학생에게 불편함이나 원하지 않는 행동을 지속적으로 하는 것
Salmivalli & Poskiparta (2012)	**한 학생이 고의로, 그리고 반복적으로 다른 학생의** 기분을 상하게 하는 것이며, 괴롭힘을 당하는 학생은 방어하는 것에 어려움을 느끼는 상태
학생을 대상으로(가해자의 학생 여부와 상관없이) 발생하는 폭력으로 규정한 경우	
「학교폭력예방법」 (2024)	학교 내외에서 **학생을 대상으로** 발생한 상해, 폭행, 감금, 협박, 약취 · 유인, 명예훼손 · 모욕, 공갈, 강요 · 강제적인 심부름 및 성폭력, 따돌림, 사이버 폭력 등에 의하여 신체 · 정신 또는 재산상의 피해를 수반하는 행위
청소년폭력예방재단 (2013)	학교 안팎에서 **학생이라는 인격체가 중심이 되어** 개인적으로 또는 집단적으로 경험하고 있는 신체적 · 정신적 · 성적 폭력과 같은 유형 · 무형의 폭력 행위

시간을 사이버 공간에서 생활하기 때문에 학교폭력이 발생하는 장소 역시 은밀한 온라인 공간으로 확장되고 있다. 온라인 공간은 누구나 손쉽게 접근할 수 있고, 익명성이 가능하며, 잘 드러나지 않기 때문에 그 속에서의 학교폭력은 더욱 알아차리기 어렵다. 사이버 공간은 청소년에게 또 다른 사회적 관계를 형성하는 새로운 공간이 되었다. 스마트폰을 터치하여 화면을 응시하는 순간 사이버 공간으로 언제, 어디서나 쉽게 진입할 수 있기 때문에 폭력의 공간은 확장될 수밖에 없다. 이처럼 사이버 공간 속에서 다양한 갈등과 폭력이 함께 나타나고 있기 때문에, 앞으로 학교폭력의 공간에 대한 범위는 교내외의 문제가 아니라 온라인과 오프라인의 문제로 확장하여 이해하는 것이 필수적이다.

(2) 폭력의 주체와 대상

앞선 설명에서 학교폭력이 학생에 초점을 두었다는 점을 강조하였는데, 그렇다면 학교폭력의 가해자와 피해자는 모두 학생으로 국한되는가? 이 부분은 학자들마다 견해가 엇갈린다. 학교폭력 분야의 대표적인 학자인 Olweus(1993)와 Salmivalli 등(2012)은 가해자와 피해자 모두 학생으로 한정하여 '학생 간' 발생하는 폭력이 학교폭력이라고 규정한 반면, 피해자만 학생으로 한정하여 '학생에게' 발생하는 폭력으로 학교폭력의 범위를 넓혀 정의하기도

한다(예: 「학교폭력예방법」, 2024; 청소년폭력예방재단, 2013).

한국의 경우에는 「학교폭력예방법」이 개정되면서 학교폭력이 '학생 간에' 발생한 폭력에서 '학생을 대상으로' 발생한 폭력으로 그 범위가 확장되었다. 이는 2012년 학교 밖 청소년 등에 의한 폭력 및 피해학생을 보호하기 위한 법률 개정에 따른 것이다. 따라서 국내문헌의 경우 2012년 이후에 출판된 대부분의 문헌은 「학교폭력예방법」의 개정을 반영하여 학교폭력을 '학생을 대상으로' 발생한 폭력으로 규정하고 있다. 이처럼 가해자를 학생으로 국한하지 않으면서 학교폭력의 범위는 매우 확장되었다.

(3) 폭력의 종류

학교폭력에 포함되는 폭력의 종류는 학자들마다 다양하게 제시되는데, 크게는 유형, 무형으로 양분하기도 하고, 언어적, 물리적/신체적, 사회적/관계적 폭력으로 많이 나누며 최근에는 사이버폭력을 새로운 유형으로 포함시키고 있다. 현재 교육부는 학교폭력의 유형을 크게 〈표 1-2〉와 같이 일곱 가지 유형으로 제시하고 있다(교육부, 이화여자대학교 학교폭력예방연구소, 2024).

〈표 1-2〉 학교폭력의 일곱 가지 유형

유형	예시 상황
신체폭력	• 신체를 손, 발로 때리는 등 고통을 가하는 행위(상해, 폭행) • 일정한 장소에서 쉽게 나오지 못하도록 하는 행위(감금) • 강제(폭행, 협박)로 일정한 장소로 데리고 가는 행위(약취) • 상대방을 속이거나 유혹해서 일정한 장소로 데리고 가는 행위(유인) • 장난을 빙자한 꼬집기, 때리기, 힘껏 밀치기 등 상대방이 폭력으로 인식하는 행위
언어폭력	• 여러 사람 앞에서 상대방의 명예를 훼손하는 구체적인 말(성격, 능력, 배경 등)을 하거나 그런 내용의 글을 인터넷, SNS 등으로 퍼뜨리는 행위(명예훼손) 　※ 내용이 진실이라고 하더라도 범죄이고, 허위인 경우에는 형법상 가중 처벌 대상이 됨 • 여러 사람 앞에서 모욕적인 용어(생김새에 대한 놀림, 병신, 바보 등 상대방을 비하하는 내용)를 지속적으로 말하거나 그런 내용의 글을 인터넷, SNS 등으로 퍼뜨리는 행위(모욕) • 신체 등에 해를 끼칠 듯한 언행("죽을래" 등)과 문자메시지 등으로 겁을 주는 행위(협박)

유형	예시 상황
금품갈취 (공갈)	• 돌려줄 생각이 없으면서 돈을 요구하는 행위 • 옷, 문구류 등을 빌린다며 되돌려 주지 않는 행위 • 일부러 물품을 망가뜨리는 행위
강요	• 속칭 빵셔틀, 와이파이 셔틀, 과제 대행, 게임 대행, 심부름 강요 등 의사에 반하는 행동을 강요하는 행위(강제적 심부름) • 폭행 또는 협박으로 상대방의 권리행사를 방해하거나 해야 할 의무가 없는 일을 하게 하는 행위(강요) • 돈을 걷어오라고 하는 행위
따돌림	• 집단적으로 상대방을 의도적이고 반복적으로 피하는 행위 • 싫어하는 말로 바보 취급 등 놀리기, 빈정거림, 면박 주기, 겁주는 행동, 골탕 먹이기, 비웃기 • 다른 학생들과 어울리지 못하도록 막는 행위
성폭력	• 폭행·협박을 하여 성행위를 강제하거나 유사 성행위, 성기에 이물질을 삽입하는 등의 행위 • 상대방에게 폭행과 협박을 하면서 성적 모멸감을 느끼도록 신체적 접촉을 하는 행위 • 성적인 말과 행동을 함으로써 상대방이 성적 굴욕감, 수치감을 느끼도록 하는 행위
사이버폭력	• 사이버 언어폭력, 사이버 명예훼손, 사이버 갈취, 사이버 스토킹, 사이버 따돌림, 사이버 영상 유포 등 정보통신기기를 이용하여 괴롭히는 행위 • 특정인에 대해 모욕적 언사나 욕설 등을 인터넷 게시판, 채팅, 카페 등에 올리는 행위(특정인에 대한 저격글이 그 한 형태임) • 특정인에 대한 허위 글이나 개인의 사생활에 관한 사실을 인터넷, SNS 등을 통해 불특정 다수에 공개하는 행위 • 성적 수치심을 주거나, 위협하는 내용, 조롱하는 글, 그림, 동영상 등을 정보통신망을 통해 유포하는 행위 • 공포심이나 불안감을 유발하는 문자, 음향, 영상 등을 휴대폰 등 정보통신망을 통해 반복적으로 보내는 행위

학교폭력의 유형별 특징은 제2장에서 자세히 살펴볼 것이다. 한 가지 주목할 점은 학교폭력이 지속적으로 진화하면서 새로운 폭력이 증가하는 경향을 보인다는 점이다. 그래서 학교폭력의 정의에 폭력의 종류를 포함시키지 않는 경우가 많다. 가장 대표적인 신종 폭력은 '사이버폭력'으로 2012년 「학교폭력예방법」이 개정되면서 새로운 학교폭력의 종류로 추가되었다.

이상에서 살펴본 바와 같이 학교폭력을 정의할 때 학교폭력의 장소는 교내와 교외를 모두 포함하는 것이 일반적이다. 학교폭력의 주체와 대상은 2012년 이후에는 학생을 대상으로 발생하는 경우를 학교폭력으로 보고 있다. 그리고 폭력의 유형은 매우 다양하게 정의되고 있으며 새로운 유형이 추가되는 상황으로 요약할 수 있다.

⊕ 인사이트　학교폭력의 유형은 상호 위배적인가

흔히 유형(type)이라고 얘기할 때에는 유형 간 상호 위배적 관계를 전제로 한다. 예를 들어, 혈액형 (blood type)의 경우 A형인 사람은 B형일 수 없고, B형인 사람은 O형일 수 없는 상호 위배적인 관계에 기초한다. 그러면 학교폭력의 유형은 어떠한가? 앞서 설명한 일곱 가지는 서로 상호 위배적인 관계와 그렇지 않은 관계가 공존한다. 예를 들면, 신체폭력은 언어폭력과 상호 위배적이지만, 언어폭력과 사이버폭력은 상호 위배적이지 않다. 사이버폭력은 언어폭력의 형태일 수도 있고, 따돌림의 형태일 수도 있기 때문이다. 그리고 하나의 폭력은 여러 유형에 걸쳐 있는 경우도 존재한다. 일례로 다양한 형태의 셔틀(빵, 와이파이 등)은 강요와 갈취의 두 가지 유형의 속성을 모두 지니고 있다. 또한 실제 폭력이 발생하는 경우에는 한 가지 유형만 독립적으로 발생하기보다는 다양한 유형의 폭력이 동시에 발생하는 것이 보다 일반적이다. 예컨대, 카톡으로 패드립 형태의 폭력을 했다면 사이버폭력, 언어폭력 및 성폭력 등의 여러 가지 유형이 동시에 발생하는 형태이다.

---

2) 학교폭력 개념의 변화

앞서 살펴본 학교폭력의 개념에서 주목할 부분은 학교폭력의 개념이 지속적으로 변화한다는 점이다. 대표적으로 「학교폭력예방법」에서 규정한 학교폭력의 개념은 법이 개정되면서 폭력의 범위가 확장되고 유형이 추가되는 등 지속적인 변화가 있었다. 앞서 프롤로그에서 학교폭력을 생명체에 비유한 것처럼 폭력의 주체인 학생과 이들을 둘러싼 환경이 지속적으로 변하기 때문에 폭력의 양상은 점점 다변화되고 있어 폭력의 개념 역시 이러한 추세를 반영하여 변화할 수밖에 없다.

먼저, 폭력의 주체와 대상의 경우 기존의 '학생 간에 발생한' 사건에서 '학생을 대상으로 발생한' 사건으로 2012년 관련법이 일부 개정되어 개념이 변경되었다. 학생을 대상으로 발생한 사건으로 확대한 이유는 기존 학생 간에 발생한 사건으로 규정할 경우, 가해자나 피해자 중 어느 한쪽이 학생이 아닌 학교 밖 청소년인 경우에는 학교폭력에 해당되지 않기 때문이다. 이 경우 「학교폭력예방법」이 적용되지 않아 「소년법」에 의해 가해학생을 보호처분 또는 형사처분하거나 「민법」에 의해 손해배상을 청구하는 방법밖에 없었다(이승현, 2012). 즉,

학생 간 폭력에서 학생을 대상으로 한 폭력으로 개념이 바뀌면서 학교 밖 청소년에 의한 학교폭력 사건도 「학교폭력예방법」에 따라 법적으로 폭넓게 지원을 받을 수 있게 되었다.

폭력의 종류의 경우 「학교폭력예방법」 개정을 통해 강제심부름, 사이버따돌림, 성폭력을 포함하여 폭력의 범위가 확장되었다. 특히 11차 일부 개정에서 학교폭력 개념 중 사이버따돌림이 포함되어 새로운 유형이 추가되었다. 그리고 '사이버 따돌림'이란 용어는 2024년 개정을 통해 '사이버폭력'으로 변경되기도 하였다. 이처럼 학교폭력의 종류는 사회 변화에 따라 그 종류와 범위가 다양해지고 있음을 알 수 있다. 특히 초반의 학교폭력에 대한 인식은 상해, 폭행과 같은 물리적인 손상이 두드러졌지만, 이후 일명 '빵셔틀'로 불거진 상황에서 추가된 강제적 심부름이 앞서 언급한 사이버폭력 상황에서는 '와이파이 셔틀'로 변화하는 등 시대의 흐름에 따라 학교폭력의 종류와 양상은 지속적으로 변화하고 있다.

3) 학교폭력 관련 개념의 비교

학교폭력과 유사한 용어 중 가장 대표적인 것은 불링(bullying)이다. 불링은 학교폭력 현상을 설명하는 용어 중에서 전 세계적으로 가장 많이 사용되는 용어라고 볼 수 있다. 불링은 국내에서 '괴롭힘'으로 번역되기도 하지만 학교폭력과 혼용되기도 한다. 하지만 불링의 개념을 최초로 제시한 Olweus(1993)의 정의에 따르면 학교폭력과 불링은 차이가 있다. 그는 폭력적 행동 중에서 세 가지의 조건을 충족시키는 경우에 한해 불링이라는 용어를 사용하였다. 그 조건의 첫째는 가해자와 피해자 사이의 힘의 불균형이 존재해야 하고(imbalance of power), 둘째는 괴롭힘의 행위가 반복적이어야 하며(repetition), 셋째는 가해자가 의도적으로 피해자에게 해를 끼치려고 하는 경우(intentional harm)이다. 예를 들어, 두 학생이 대등한 힘을 바탕으로 맞서 싸우는 일명 '맞장뜨는' 상황이나, 일회적인 폭력, 또는 실수로 피해를 입히는 상황은 겉으로는 폭력적으로 보이나 불링은 아니라고 본 것이다.

한국 사회가 학교폭력에 주목하게 된 것은 1990년 중후반 발생한 이른바 '왕따' 현상인데 그 당시 많은 학자는 Olweus의 불링의 개념을 이용하여 왕따를 설명하였다. 이후 「학교폭력예방법」이 제정되면서 왕따라는 용어 대신에 학교폭력이라는 개념이 보편적으로 사용되었고 그 과정에서 불링과 학교폭력이 개념적으로 혼용되는 상황이 발생하였다. 그러나 불링에 대한 학술적 정의와 학교폭력에 대한 법률적 정의는 개념상 차이가 있다. 이러한 차이를 보다 명확히 설명하기 위하여 [그림 1-1]과 같이 불링, 학교폭력 및 공격성의 관계를 도식화하였다.

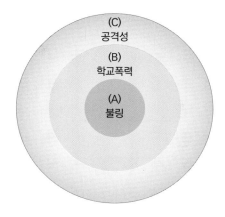

[그림 1-1] 공격성, 학교폭력 및 불링의 개념적 관계

　세 개의 동심원 중에서 가장 큰 부분인 공격성은 학교폭력과 불링을 일으키는 공통적인 심리적 특성으로 인간 폭력성의 근원과 같은 성격을 지닌다. 공격성이 높다고 모두 학교폭력이나 불링으로 발현되는 것은 아니다. 공격성과 학교폭력 및 불링 관계를 좀 더 살펴보면, 첫째, 학교폭력과 불링은 모두 가해자의 공격성이라는 심리적 특성이 공통적으로 작용한다. 많은 연구에서 학교폭력과 불링을 가장 강하게 예측하는 가해자의 특성은 공격성으로 알려져 있다(김원영, 김경식, 2018; 김창군, 임계령, 2010; 오인수, 2008). 따라서 학생들의 폭력 및 괴롭힘 행동을 효과적으로 줄이기 위해서는 가해자들의 공격성을 감소시키거나 공격 성향을 조절하는 능력을 향상시키는 것이 가장 효과적인 접근이라고 볼 수 있다(나재은, 2016; 오인수 외, 2015).

　둘째, 학교폭력과 비교되는 불링의 가장 큰 특징은 가해자와 피해자 사이의 힘의 불균형이다. 불링은 힘의 불균형에 기초하고 있지만, 학교폭력은 이를 전제하지 않고 있다. 따라서 현행 학교폭력으로 간주되는 여러 폭력행동 중에서 불링의 범주에 포함되지 않는 경우도 존재한다. 참고로 현행「학교폭력예방법」에 제시된 학교폭력의 정의에는 '힘의 불균형'에 대한 언급은 없다. 가해자와 피해자 사이에 존재하는 힘의 불균형을 해소하지 않으면 불링은 다른 형태로 지속될 가능성이 매우 높다. 다시 말해, 가해자를 처벌하거나 피해자를 회복시키는 접근만으로는 이 현상을 근절시킬 수 없으며 가해자와 피해자 사이에 존재하는 힘의 불균형을 해소하는 방식이 병행되어야만 궁극적으로 이 현상이 줄어들 가능성이 높다는 점을 명심해야 한다(오인수 외, 2019; Salmivalli, 1999, 2010, 2014; Salmivalli & Voeten, 2004). 최근 불링의 감소에 효과성이 입증되고 있는 주변인을 활용한 개입(예: 핀란드의 키바코울루 프로그램 등)은 폭력 상황에서 다수를 차지하는 주변인의 힘을 활용하여 가해자와 피해자 사이의 힘의 불균형을 줄이는 접근이다(오인수 외, 2015; 정제영 외, 2013; Nocenitini & Menesini, 2016; Veenstra et al., 2014).

2 학교폭력의 특징

1) 폭력의 본질

학교폭력은 가해학생이 우월적 힘을 과시하기 위해 공격적인 방법을 사용하여 상대에게 피해를 입히는 행동이다. 이러한 폭력은 본질적으로 다음과 같은 특징을 지닌다. 이후에 설명할 폭력의 본질을 이해하면 학교폭력 현상을 심층적으로 파악하는 데 도움이 된다.

(1) 사라지지 않는 폭력의 뿌리인 공격성

앞서 [그림 1-1]에서 설명한 바와 같이 폭력의 뿌리는 공격성이라고 볼 수 있는데, Freud 에 의하면 인간은 본래부터 선천적 본능인 공격성을 지니고 있다(문장수, 2014). Freud는 항 상성 원리를 통해 죽음 본능을 설명하였는데, 살아 있는 모든 유기체는 자기의 본래의 자 리로 되돌아가려는 경향을 가지고 있다고 보았다. 왜냐하면 그곳이 가장 완벽하게 안정화 된 상태이기 때문이다. 그래서 모든 물체는 안정화 상태를 지향한다고 가정하였고, 모든 생 명체는 탄생과 동시에 죽음을 지향하는 본능을 가지고 있다고 가정했다. 생의 본능인 '에로 스'와 반대되는 죽음의 본능인 '타나토스'가 인간의 본성 깊숙이 자리 잡고 있으며, 이 죽음 본능이 파괴, 공격성, 자살과 같은 자기파괴적인 행동으로 나타난다고 보았다.

Freud 이론에서 주목을 받은 공격성에 대해서는 이후 다양한 논의가 이어졌다. Sullivan 등은 공격성을 선천적인 추동으로 보는 것에 반대하고 리비도적인(libido) 욕구의 좌절에 따른 이차적인 것으로 개념화하였다(채기화, 2004). 다시 말해 성적 에너지인 리비도는 본 질적으로 외부 대상으로 표출되는데, 이 에너지가 적절하게 해소되지 않으면 공격적 행동 으로 전환된다고 보았다. Heinemann(1996)에 따르면, 공격성이 전체 인격의 복합적인 장 애로 나타나고 이런 장애는 초기 아동기의 심각한 외상적 체험을 그 원인으로 하고 있다고 보았다. 즉, 공격성은 해결되지 않은 트라우마(trauma)의 결과이며 초기 대상관계에서 경험 한 외상의 결과로 이해할 수 있다. 외상은 객관적 사건이 아니며 그 자체로서 일어난 일의 경중이 결정되는 것이 아니라, 주관적인 체험으로서 주체와 객체 사이의 관계의 질로서 이해할 수 있다. 따라서 후기 프로이트 학파는 인간의 폭력을 본성으로 보기보다는 생의 초기 경험에서 발생할 수 있는 부정적 경험의 결과로 보았다.

(2) 폭력적 인간(nature) vs 폭력적 환경(nurture)

폭력적인 인간은 유전에 의해 태어나는 것인가, 아니면 폭력적인 환경에 의해 형성되는 것일까? 공격성을 본성(nature), 즉 타고나는 것으로 보는 관점으로는 앞서 언급한 정신분석적 관점이 대표적이다. 정신분석학자인 Klein(1950)이나 Kernberg(1976) 역시 Freud와 마찬가지로 공격성을 인간의 선천적 파괴 본능이라고 주장하였다. 이들은 본성(nature)으로서의 공격성이 반생명적, 반자아적이고, 자아 발달의 방해적 요소라고 하였다. 또한 공격성은 선천적이고 파괴적인 것이며, 인간이 타고나는 다양한 정서의 합체라고 말하고 있다. 이러한 공격적 본능에 의해 발생한 부정적인 정서 상태가 증오, 분노, 경멸과 같은 다양한 양상으로 나타난다고 보았다(권유경, 2016).

한편, 공격성을 양육(nurture)의 과정에서 형성되는 것으로 보는 관점도 존재한다. 이 관점에서는 공격성을 외부 환경에 의해 유발된 반응적이며 보호적인 현상으로 본다. 이 부류에 속하는 자아심리학자들(ego psychologists)은 공격성을 적응 과정에 내재하는 갈등에 대한 반응, 즉 불쾌하고 우울한 정서에 대한 반응으로 본다(권유경, 2016). 이러한 관점에서 공격성은 자신의 목표 달성에 방해가 생길 때 그 방해를 이겨 내기 위한 목적으로 동원된다는 것이다. 그리고 위험한 의도나 불쾌한 정서(예: 분노, 복수, 시기, 미움 등)는 공격성의 발로가 아니며 단지 목표 달성에 장애가 존재할 때 보이는 반응일 뿐이라고 보았다.

이처럼 공격성 형성의 원인에 대한 논의는 여전히 논쟁으로 남아 있다. 최근에는 이분법적 관점을 상호보완적으로 수용하여 통합하기 위한 노력이 주류를 이루고 있다. 이러한 관점에 따르면, 기질적으로 공격성의 정도에 차이를 보이는 아동이 있을 경우 이들이 어떠한 양육 환경에서 성장하느냐에 따라 타고난 공격성의 발현 정도가 달라질 수 있다. 환경의 영향은 어린 시절 양육 환경뿐만 아니라 친구들과 형성하는 또래관계, 학교 및 지역사회 환경을 포함하며, 나아가 사회가 폭력을 어느 정도 허용하는지에 대한 문화를 포함한다. 이처럼 한 개인을 둘러싼 다층의 생태체계가 공격성 형성에 중첩하여 영향을 미친다는 생태체계적(eco-systemic) 관점의 연구들도 최근에는 많이 발표되고 있다(도기봉, 2008).

(3) 부모의 영향력

학교폭력 가해학생을 지도한 많은 교사는 대부분 가해학생의 배후에 역기능적 가정이 있다는 점에 동의한다. 여러 이론과 연구 역시 학생의 폭력적 행동에 부모의 영향력이 매우 중요하다는 점을 일관되게 강조하고 있다(오정아 외, 2016). Fonagy 등(2002)은 공격성과 심리적 자아의 관련성에 초기 주양육자의 영향이 결정적이라고 주장한다. 이들에 따르면 어린 시절 주양육자와 형성한 일차적인 관계를 통해 아이는 자신의 감정과 생각을 인식하고 구분하게 된다. 수시로 발생하는 부정적 정서(예: 불안, 공포, 놀람 등)는 부모를 통해 지속적이고 안정된 애착 관계가 제공될 때 적절히 조절될 수 있다. 그런데 이 시기에 부모가 적절하게 양육하지 못하여 자녀가 불안정 애착을 형성하게 되면 자녀는 폭력적 성향이 높아질 수 있다고 본 것이다.

주양육자는 아이와 상호작용하면서 생각과 감정들을 처리하여 반응해 주고 아이는 주양육자가 제공한 이미지들(예: 얼굴 표정, 목소리, 단어)을 반복적으로 내면화한다. 이처럼 자녀가 표현한 감정을 부모가 수용해 주고 다시 되돌려 주는 일명 거울화(mirroring) 관계를 형성하며 정서 발달이 촉진된다. 부모가 아이의 감정에 공감해 주고, 아이가 표현하는 감정의 의미를 가려내며, 이 과정 속에 아이를 참여시켜 상호작용할 때 자녀의 정서는 안정되고 결과적으로 공격성과 같은 부정적 성향은 조절된다. 이런 측면에서 부모는 자녀의 사고 체계 기능에 영향을 미치며 자녀의 스트레스에 대한 적절한 반응을 찾아내는 제2의 자아인 셈이다(권유경, 2016). 그런데 아쉽게도 주양육자가 앞서 설명한 적절한 상호작용을 이뤄 내지 못한다면 자녀는 자기개념을 형성하는 데 필요한 핵심 자아구조를 박탈당하는, 즉 자아발달의 결핍 상황을 겪을 가능성이 높으며, 결과적으로 공격적인 성향이 높아질 수 있다.

(4) 진화심리학적 관점에서 본 폭력의 기능

앞선 내용에서 폭력의 근원이 되는 공격성은 인간의 본능적 특성임과 동시에 환경과의 상호작용을 통해서 조절될 수 있음을 설명하였다. 반면, 진화심리학은 이러한 공격성이 적응 문제의 해결책으로 작용하며 기능하고 있음에 주목한다(Buss, 2012). 인간에게 생존과 번식은 1차적인 과제이기 때문에 소중한 것을 저장하는 특징을 갖고 있다. 그런데 남이 차지하고 있는 소중한 자원에 접근하여 탈취하는 과정에 공격성이 효과적으로 기능한다는 관점이다. 자원 탈취를 위한 공격은 개인 또는 집단 차원에서 발생할 수 있으며, 물리력을 사용해 남의 자원을 빼앗는 경우 공격성은 생존과 번식에서 매우 중요한 기능을 한다고 본다.

이와 반대로 자신의 자원이 강탈당하는 것을 막기 위한 방어로서 공격성이 사용된다고 본다. 공격적인 존재는 잠재적 피해자에게 심각한 적응 문제를 야기하는데, 이에 공격성은 다른 사람의 공격에 대항하여 방어하는 데 사용될 수 있다. 이 관점에서 공격성은 자신의 자원이 강탈당하는 것을 막음으로써 적응 문제에 대한 효과적인 해결책이 될 수 있다. 또한 같은 자원을 놓고 경쟁하는 동성 경쟁자와의 관계에서도 공격성은 중요하게 기능한다. 경쟁자에 대한 공격은 언어를 통해 상처를 주는 것에서부터 심각한 폭력에 이르기까지 다양하다. 남자와 여자 모두 동성 경쟁자를 깎아내리고, 상대방의 지위와 평판을 헐뜯어 이성에게 덜 바람직한 사람으로 보이게 한다(Buss & Dedden, 1990).

진화 가설 관점에서 공격성은 기존의 사회적 위계질서에서 그 사람의 지위와 권력을 높이는 기능을 한다. 학교폭력 가해학생이 또래집단으로부터 지위를 얻기 위해 피해학생에게 폭력을 가하며 폭력성을 드러낸다. 이처럼 공격성이 가끔 지위 상승이라는 적응적 기능을 하기도 하지만, 많은 집단 내에서 공격성은 지위 하락을 초래한다. 주변으로부터 공격적이라는 평판을 얻으면 다른 사람의 간접적인 공격의 대상이 될 수도 있다.

결국 진화심리학적 관점에서 공격성은 적응문제의 해결을 위한 것이다. 폭력과 공격을 통해 다른 사람의 자원을 빼앗거나 자신의 자원을 빼앗기지 않기 위해 기능하기도 하며, 기존의 사회적 위계질서 내에서 자신의 지위와 힘을 증가시키거나 유지하기도 한다. 진화심리학의 관점에서 핵심은 이전의 본능 이론들이 설명한 것처럼 공격성이 늘 똑같이 표출되는 게 아니라, 진화의 기제가 맥락에 민감하도록 설계되어 있을 것으로 예측한다는 사실이다. 즉, 우리 조상들이 특정 문제에 맞닥뜨려 특정 이익을 얻는 데 공격성이 활용된 것처럼, 공격성은 이익을 얻는 비슷한 맥락에서만 작동되는 맥락 특정성이 아주 강할 가능성이 크다(Buss, 2012).

2) 폭력의 조건

학교폭력과 불링을 비교하여 설명한 앞선 절에서 불링의 세 가지 조건을 제시하였다. 반면, 학교폭력은 세 가지 조건 중에서 힘의 불균형을 항상 전제하는 것은 아니라고 설명하였다. 이 절에서 불링의 조건에 주목하여 설명하려는 이유는 폭력이 다음 세 가지 조건을 충족시키면 폭력이 오랜 기간 지속될 가능성이 높고 피해학생에게 미치는 폐해가 크기 때문이다.

(1) 힘의 불균형

괴롭힘은 가해학생과 피해학생 사이에 존재하는 힘의 불균형(imbalance of power)에 기초하여 발생한다(Olweus, 1993). 이 힘의 불균형은 신체적, 물리적 힘뿐만 아니라 사회적, 인지적, 정서적 힘에서도 발생한다. 쉽게 말해, 가해학생은 피해학생에 비해 외적으로 키와 덩치가 클 가능성이 높으며(신체적 힘) 사회적으로 친구들 사이에서 인기가 높고 더 많은 친구를 갖고 있을 가능성이 높다(사회적 힘). 또한 상황을 파악하고 상대를 괴롭히는 방식에 매우 명석하며(인지적 힘), 자신의 행동에 대해 자신감이 높은 경향을 보일 가능성이 높다(정서적 힘). 이처럼 다양한 측면에서 우월적 힘을 가진 가해학생은 괴롭힘 행동을 통해 그러한 힘을 더욱 축적하게 된다. 누군가를 괴롭혔을 때 이들의 행동에 동조하는 집단이 발생하며(Salmivalli et al., 1996), 이러한 동조학생들은 가해학생의 새로운 친구가 되어 서로의 사회적 관계망을 넓히고 견고히 만들어 간다. 또한 상대를 지속적으로 괴롭히면서 어떠한 방식이 상대에게 더 큰 피해를 입히는지를 명석하게 파악하고 좀 더 효과적인 괴롭힘 방법을 추구하며 괴롭힘의 노하우를 축적한다(이희경, 2003; Barhight et al., 2013; Pepler & Craig, 1997). 심지어 괴롭힘 행동을 목격한 대부분의 주변인은 방관적 태도를 취하는데(O'Connell et al., 1999; Salmivalli, 1999; Staub, 1989), 가해학생은 주변인의 중립적 방관행동이 자신의 괴롭힘 행동을 암묵적으로 승인하고 지지하는 행동이라고 잘못 이해하고 자신감을 얻게 된다(Salmivalli et al., 2011).

이하에서 설명할 반복성과 의도성에 비해 힘의 불균형 조건은 비교적 확인하기 쉬운 특성을 지닌다. 학생을 장기간 관찰하고 지도한 담임교사라면 한 학생이 지닌 다면적인 힘의 정도를 어느 정도 파악할 수 있다. 힘의 불균형 조건은 몇 가지 점에서 중요한 시사점을 제공한다. 첫째, 힘의 불균형이 해소되지 않으면 궁극적으로 폭력의 문제는 해결되기 어렵다는 점이다. 힘의 불균형에 기초하여 폭력이 발생하지만 이 조건은 폭력을 지속시키는 조건이기도 하다. 이는 가해학생을 처벌하거나 선도하고, 피해학생을 보호하거나 치료하는 개입만으로는 폭력이 궁극적으로 줄어들기 힘들다는 점을 의미한다(오인수, 2010b). 둘째, 장기적으로 피해학생의 역량을 강화시키는 개입이 지속되어야 한다는 점이다. 피해학생의 심리적 피해를 최소화하고 피해로부터 회복시키는 접근이 우선되어야 하지만, 이들의 폭력 대처역량과 사회성 기술 증진과 같은 사회적 역량을 강화시키는 접근이 동시에 진행되는 것이 필요하다(오인수 외, 2015). 피해학생의 역량을 강화시킴으로써 앞서 언급한 힘의 불균형 문제를 해소하는 방식으로 접근할 때 폭력은 효과적으로 감소할 수 있다. 셋째, 피해학생의 역량 증진에 한계가 있는 경우 주변학생의 힘을 빌려 힘의 불균형 문제를 해결해야 한다. 예를 들어, 피해학생의 사회적 역량을 높여 준다 할지라도, 이들이 가해학생의 사회적 역량을 능가하는 것이 쉽지 않다. 따라서 폭력 상황에서 대부분을 차지하는 주변학생의 역량을 활용하여 이들이 피해학생의 편에 서게 함으로써 가해학생의 힘을 억누르는 방식이 효과적일 수 있다.

(2) 반복성

일회적 폭력과 달리 폭력이 반복될 경우 스트레스는 증가하고 나아가 피해학생은 외상적 징후를 보일 가능성이 높다. 여러 연구는 학교폭력 피해학생이 느끼는 스트레스가 외상 수준에 달하며 복합 외상적 특징을 보인다고 보고한다(조성희, 김혜선, 2021). 학교폭력 피해경험 역시 대인 간에 발생한 충격적 사건으로 인한 외상으로 이해할 수 있다(이동갑 외, 2019; 이혜미, 김광수, 2016). 학교폭력은 일회적 사건으로 일어나기도 하지만 일 년 동안 같은 학급 학생들이 공동생활을 하는 학교의 특성상 한 학기 이상 지속적으로 발생하는 경우가 많다(보건복지부, 2001). 반복적, 지속적으로 일어나는 학교폭력에 대한 외상(trauma)은 충격적 사건에 대한 정서반응을 일으키며 학교폭력에 대해 복합 외상후 스트레스 장애(Post traumatic stress disorder: PTSD) 증세를 보이기도 한다(정지선, 안현의, 2008). 이는 학교폭력의 대처에 있어 폭력 양상과 증상에 따라 학생들의 스트레스 및 외상 수준을 파악하여 그에 따른 심층적 개입이 필요함을 시사한다.

학교폭력은 우발적인 일회성 사건이라기보다는 장기간 반복하여 발생함에 따라 만성적인 경향을 보인다. 중2부터 고3 때까지 5년간의 종단자료를 바탕으로 학교폭력의 피해경험의 종단적 심리·정신적 발달양상을 살펴본 장안식(2013)의 연구에서 피해지속 집단의 분노와 공격성과 같은 부정적 감정은 무경험 집단보다 높았고, 연령에 따라 감소하는 부정적 감정의 수준도 피해지속 집단일수록 그 감소의 변화율이 낮거나 오히려 증가함을 보여 주었다. 이러한 연구결과는 만성적인 피해지속을 겪을 경우 청소년들이 겪게 되는 부정적 결과의 한 단면을 보여 주는 것이라고 할 수 있다. 또한 초등학교에서 중학교로 학령기 전환을 경험한 아동을 대상으로 실시한 종단연구에서는 초등학교와 중학교 두 시점에서 피해경험이 빈번한 아동을 '만성적 피해 집단'으로 분류하였는데 이러한 만성적 피해경험이 있는 아동은 다른 집단에 비해 정신건강 문제와 학업적 어려움이 높은 것으로 나타났다(Bowes et al., 2013).

이러한 관점에서 폭력 상황이 발생했을 때, 그 폭력 상황이 단지 한 번 일어난 것인지 반복된 것인지 파악해야 한다. 일회성 폭력인지 반복성(repetition) 폭력인지를 구분하는 일은 매우 중요하다. 특히 어떤 학생이 폭력을 당했다고 처음 신고하였다고 해서 이것이 그 학생이 처음 폭력을 당했다는 것은 아닐 수 있음을 기억해야 한다. 중요한 사실은 대부분의 학생이 피해를 경험하고 나서 즉시 주변에 알리기보다는 혼자 끙끙 앓거나 숨기는 경향이 있다는 점이다. 즉, 폭력 피해 사실이 알려지기까지 상당히 오랫동안 지속적으로 폭력을 당했을 가능성을 항상 염두에 두어야 한다. 피해학생이 이전 피해경험을 솔직하게 털어놓는 것은 쉽지 않다. 따라서 피해를 경험한 아이가 자신의 괴로웠던 상황을 전부 털어놓을 수 있으려면 주변에 신뢰할 수 있는 관계를 형성한 사람이 필요하다. 피해를 경험한 아이가 누군가에게 개인적으로 알릴 수 있는 용기를 갖도록 우리 주변 어른들이 할 수 있는 가장 책임감 있는 행동은 '편안하게 믿고 털어놓을 수 있는 지지자'를 찾아주는 것이다. 신뢰할 수 있는 지지자는 친구일 수도 있고, 학교 선배일 수도 있으며, 학교 선생님일 수도 가족 구성원 중 일부일 수도 있고, 지금 이 글을 읽고 있는 당신일 수도 있다.

(3) 의도적 피해

가해학생이 피해학생을 의도적으로(intentional) 괴롭힐 목적으로 폭력을 행사하는 경우 그 피해의 정도는 가중될 수밖에 없다. 단순한 실수로 발을 밟아 상대가 넘어진 것과 상대를 넘어뜨리기 위해 일부러 발을 밟은 것은 매우 다르다. 후자의 경우 가해학생은 상대를 괴롭히기 위해 또 다른 괴롭힘 행동을 할 가능성이 높다. 전자의 경우는 우발적으로 발생하는 폭력이기 때문에 일회성에 그칠 가능성이 높으며, 앞서 설명한 바와 같이 반복되지 않는 폭력의 피해는 상대적으로 심하지 않은 경우가 많다. 그러나 의도적인 폭력은 계획적이고 조직적이며 주도면밀하게 이뤄질 가능성이 높다. 피해학생의 입장에서도 누군가 나를 괴롭히기 위해 계획하고 있다거나, 내가 피하기 힘든 방법을 고안하여 폭력을 행사하려고 한다는 것을 안다면 더욱더 위협감과 불안을 느낄 것이다.

상대방을 의도적으로 괴롭히는 학생들은 공격성 중에서도 선제적 공격성(proactive aggression)이 높은 특징을 보인다. 폭력과 공격성에 관한 최근 연구들은 공격성을 선제적 공격성과 반응적 공격성(reactive aggression)으로 구분하여 분석하는 경향을 보인다(오인수, 2010a). 선제적 공격성은 상대방에게 해를 입히기 위하여 자기주도적이며 목표지향적으로 폭력을 행사하는 반면, 반응적 공격성은 위협적이거나 좌절의 상황에 대한 반응으로서 폭력을 행사하는 경우에 해당된다. 폭력의 가해자들은 반응적 공격성보다는 선제적 공격성이 보다 강한 것으로 알려져 있다(Price & Dodge, 1989).

지금까지 설명한 폭력의 조건은 실제 학교폭력 가해학생의 조치 수준을 결정하는 기준으

로 작용한다. 현재 학교폭력이 발생하여 가해학생에 대한 처벌 조치를 하는 경우 〈표 1-3〉
과 같이 다섯 가지의 판단요소에 근거하여 판정 점수를 산출하고 이를 바탕으로 처벌 수위
를 결정하고 있다(교육부, 이화여자대학교 학교폭력예방연구소, 2024). 앞서 설명한 바와 같
이, 폭력이 일회적이 아니고 지속된 폭력이라면 판정점수에서 높은 점수를 받아 처벌 조치
가 더욱 높아진다. 학교폭력의 고의성 역시 마찬가지로, 계획적이고 의도적으로 피해학생
을 괴롭혔다면 처벌의 수준은 높아질 수밖에 없다.

〈표 1-3〉 학교폭력 가해학생 조치별 적용 세부 기준

		기본 판단 요소				
		학교폭력의 심각성	학교폭력의 지속성	학교폭력의 고의성	가해학생의 반성 정도	화해 정도
판정 점수	4점	매우 높음	매우 높음	매우 높음	없음	없음
	3점	높음	높음	높음	낮음	낮음
	2점	보통	보통	보통	보통	보통
	1점	낮음	낮음	낮음	높음	높음
	0점	없음	없음	없음	매우 높음	매우 높음

3) 한국의 불링 왕따

(1) 왕따의 출현

한국 사회가 학교폭력 현상에 주목하게 된 것은 1990년 중후반에 나타난 '왕따' 현상부터
이다. 왕따는 한국의 학교폭력을 가장 직관적으로 표현한 용어로서 1990년 중후반에 생성
된 은어이다. 왕따라는 용어가 출현한 이후 20여 년이 지난 지금 왕따(wang-ta)는 한국의
불링으로 해외에 소개될 만큼 한국의 독특한 폭력 현상을 함축적으로 표현하는 용어가 되
었다(Smith et al., 2016). 왕따라는 신조어가 생겼던 1990년대를 회상하면 당시 일본(이지메)
이나 북유럽의 국가들(불링)에서 교육의 문제로 여겨졌던 학교폭력의 문제가 매스컴을 통
해 보도되면서 사람들도 관심을 갖게 되었다. 김원중(2004)은 1990년 이전부터 언론들이
일본의 이지메 현상을 소개하기도 하였지만, 1995년 이후 이지메로 인한 일본 학생들의 자
살소식을 전하는 기사가 증가하였다고 회상하였다. 최충옥(1999)은 당시에는 이지메나 불
링이 그들 나라의 특이한 문화 풍토 정도로만 간주되었지만 1990년대에 들어오며 우리나

라에도 '집단따돌림'에 관한 논의가 시작되었다고 설명하고 있다.

　1990년대 초 당시 우리나라에는 '학교폭력'에 대한 인식이 낮아서 일부 비행 청소년들이 학교 내외에서 폭력을 가하는 정도로만 인식되고 있었다. 이때 국내에서 학교폭력의 심각성을 일깨우는 계기가 된 사건이 발생하였다. 고등학교 1학년 학생이 같은 학교 친구들에게 지속적으로 괴롭힘과 신체적 폭력을 당하다 1995년 6월 8일 새벽 투신자살로 생을 마감하는 사건이 발생하였다. 같은 해 8월 6일 유족이 기자회견을 열어 자신의 가족이 경험한 학교폭력의 실체를 밝혔고, 8월 8일 일간지를 통해 기사화되며 사회적 관심을 이끌었다(경향신문, 1995).

　기자회견과 잇따른 보도 이후 국회는 교육특별위원회를 열어 학교폭력 현상의 심각성을 논의했고, 그해 12월 김영삼 대통령이 '학교폭력 근절'을 지시하게 되었다. 대통령이 학교폭력을 직접 언급하고 근절을 지시한 것은 이례적인 일이었다. 이후에도 학교폭력과 관련된 여러 사건이 기사화되면서 언론이 집중적으로 학교폭력 문제를 다루기 시작하였다. 이후 집단따돌림에 대한 사례가 매스컴을 통해 집중적으로 보도되고 사회적 관심이 급증하면서 청소년들 사이에서는 집단따돌림을 '왕따'라는 은어로 부르기 시작하였다(박진규, 1999). 당시 청소년들 사이에서는 '왕'이라는 접두사를 붙여 말하는 유행이 있었다. 원래 왕(王)은 '크다'의 의미를 부여하는 접두사로 당시에는 '크다'의 의미가 변용되어 어떠한 상태나 상황이 심한 경우를 의미할 때 사용되었다. 예를 들어, 짜증이 심하게 나면 '왕짜증', 예의가 없는 사람을 일컬어 '왕재수'와 같은 신조어들이 생겨나고 있었다. 이러한 유행과 맞물려 당시 청소년들은 집단으로 심하게(왕) 따돌린다(따)는 의미로 '왕따'라는 신조어를 탄생시킨 것으로 보인다. 이 말은 '최고의 따돌림을 당하는 사람, 엄청나게 따돌림을 당하는 집단 구성원' 혹은 '따돌림 현상 그 자체'를 지칭하는 말이 되었다.

　'왕따'라는 용어가 언론에 처음 등장한 1997년 3월 27일자 동아일보는 '청소년의 언어세계'라는 연구보고서 내용을 소개하며, 요즘 청소년들이 '집단따돌림'을 '왕따'라고 부른다고 보도하였다. 그리고 학교 내에서뿐만 아니라 인간관계가 유지되는 사회의 여러 영역에 걸쳐 발생하는 '집단따돌림' 현상을 묘사하는 말로 '왕따'가 널리 사용되고 있음을 지적하였다. 실제 '왕따'라는 용어는 1998년도를 강타한 신조어로 선정되기도 하였다(김원중, 2004). 그래서 당시에는 학교폭력뿐만 아니라 성인 사이에서도 대인관계에서 따돌림을 당하는 경우에 광범위하게 '왕따'라는 용어가 사용되기 시작했다. 그리고 더 나아가 따돌림의 정도와 방식에 따라 '왕따'로부터 더 많은 은어(예: 전체 따돌림을 뜻하는 '전따', 은밀한 따돌림을 뜻하는 '은따')들이 파생되기도 하였다. 이처럼 왕따라는 용어가 급속히 퍼지자 사람들은 이 현상에 더욱 주목하게 되었고 1998년 왕따로 인한 일련의 자살 사건들(예: 10월에는 제주도의 초등학교 6학년 여학생이, 11월에는 울산의 고등학교 1학년 학생이 자살하는 등)이 보도되면서 왕따는 학교의 가장 큰 문제로 여겨지기 시작했다.

지금까지도 집단따돌림 현상에 대해 '왕따'라는 용어는 널리 사용되고 있다. 곽금주 (1999)는 서양에서 가장 많이 사용되는 불링(bullying)과는 다른 한국적인 특성을 갖는 용어로 왕따를 설명하였다. 한 명의 가해자에게 괴롭힘을 당하는 경우에도 불링이라는 용어는 사용되지만, 한국의 왕따 현상은 반드시 여러 명 또는 특정 집단에서 따돌림 당하는 것을 의미한다는 점에서 차이가 있다(곽금주, 1999). '왕따' 현상에 주목하여 이 문제를 학술적으로 접근한 당시의 학자들 역시 '집단'으로 발생하는 점에 초점을 두어 왕따를 정의하기도 하였다. 구본용(1997)은 '집단따돌림(왕따)'이란 두 명 이상이 집단을 이루어 특정인 혹은 특정 집단을 그가 소속해 있는 집단 속에서 소외시켜 구성원으로서의 역할 수행에 제약을 가하거나 무시 혹은 음해하는 언어적 · 신체적 일체의 행위를 의미한다고 설명하였다. 권준모(1999) 역시 서양의 불링, 일본의 이지메와 구분하여 제시한 왕따의 개념으로 '정기적으로 대면하는 집단의 학생들이 특정 학생에게 부정적인 명칭을 공개적으로 부과하며, 지속적이며 반복적으로 소속집단에서 소외시키는 일련의 과정들이며, 힘의 불균형 상태에서 의도적인 신체적, 언어적 괴롭힘이 수반되는 행위들과 행위의 피해자'로 정의하였다.

(2) 왕따의 고유한 특징

앞서 언급한 것처럼 한국은 1990년 중후반 또래 간 폭력 문제에 주목하여 '왕따'라는 신조어가 등장하면서 또래 간 폭력의 문제가 교육의 이슈로 부상하였다. 이러한 또래 간 폭력은 특정 국가에 한정되는 문제가 아니라 전 세계적인 글로벌 문제로서 모든 나라가 청소년 사이에서 발생하는 폭력 문제에 주목하고 있다(Liu et al., 2024; Fischer & Bilz, 2024). 그렇다면 세계 여러 나라에서 발생하는 또래 간 폭력은 동일한 양상과 특징을 보이는가? 유사한 특징도 있지만 국가와 문화에 따라 또래 간 폭력의 양상은 조금씩 다르게 발생한다. 문화에 따른 또래 간 폭력의 차이에 주목한 Smith 등의 학자들은 동양과 서양의 서로 다른 문화에 따라 폭력의 양상이 어떠한 점에서 다르게 나타나는지에 주목해야 한다고 주장한다(Smith et al., 2016). 나아가 Toda와 Oh(2020)는 같은 동양권 문화 속에서도 일본과 한국의 서로 다른 문화가 또래 간 폭력의 서로 다른 양상을 발생시킨다는 점을 강조한다. 그렇다면 '왕따'로 소개되는 한국 학생들의 또래 간 폭력은 다른 나라의 사례와 비교하여 어떤 고유한 특징을 지니고 있을까? 이에 대한 실증적 연구는 찾기 어렵지만 이에 대한 몇몇 연구자들의 주장을 종합하고 필자의 의견을 덧붙여 정리하면 다음과 같다.

① 집단적 폭력

왕따의 공식적 용어는 '집단따돌림'이다. 서양의 불링이나 일본의 이지메 등 학교폭력을 의미하는 고유한 용어에 '집단'이란 용어가 사용되거나 학교폭력의 개념에 집단을 강조하는 경우는 많지 않다. 반면, 한국의 '왕따'는 2명 이상의 학생이 집단적 형태로 피해자에게 폭력을 행사하는 집단따돌림의 의미가 강하다. 이러한 집단적 폭력은 한국의 집단주의(collectivism) 문화와 관련이 있어 보인다. 서양의 개인주의(individualism)에 비해 집단주의 문화가 강한 한국에서는 피해학생을 괴롭히는 상황에서 여러 학생이 집단적으로 한 명의 학생에게 폭력을 행사하는 경우가 많을 수 있다.

집단적 행위는 책임감이 분산되는 효과를 가져온다. 폭력으로 인한 처벌의 경우 자신이 오롯이 모든 폭력의 책임을 진다고 생각하면 폭력이 억제될 가능성이 높다. 그러나 책임감이 분산되면 책임의 소재가 불분명해지기 때문에 자신만이 처벌된다고 생각할 가능성은 감소한다. 특히 집단주의 문화에서는 집단 구성원 사이의 끈끈한 유대감과 소속감이 행동에 영향을 미친다. 특히 청소년의 경우 성인에 비해 동조성향(conformity)이 높기 때문에 자신과 유대감을 형성한 가해학생들의 폭력행동에 동조하면서 가해학생은 집단화되고 증가된 소속감으로 인해 집단의 응집력이 보다 강화된다. 특히 또래와 함께 비행행동을 하면 집단화를 통해 서로의 반규범적 행동을 강화하고 다양화하는 역기능이 강화된다. 결과적으로 가해집단은 자신의 세력을 키우고 심지어 폭력을 정당화하며 폭력을 줄일 필요성을 못느끼는 수준까지 악화될 수 있다. 특히 폭력에 지속적으로 노출되면 폭력에 대해 둔감해지기 때문에 자신의 폭력행동이 얼마나 심각한 결과를 초래할 수 있는지에 대해 무더지게 된다. 그래서 집단폭력을 행사한 학생들은 자신의 폭력행동에 대해 죄책감을 표현하기보다는 분노와 불평을 드러내는 경우가 적지 않다.

폭력의 집단화는 몇 가지 측면에서 폭력의 심각성을 초래한다. 첫째, 피해학생과 가해학생이 일대일인 상황과 비교하여 일대다인 상황에서는 피해학생과 가해학생 사이의 힘의 불균형이 더욱 심하기 때문에 피해학생은 폭력 상황에서 벗어나기가 매우 어렵다. 그렇기 때문에 집단따돌림의 경우 개인 간 괴롭힘에 비해 폭력이 지속될 가능성이 높다. 피해학생은 가해집단에 비해 힘이 매우 취약하기 때문에 자신의 피해 사실을 은폐할 가능성도 높아진다. 둘째, 가해학생이 한 명인 경우와 비교하여 가해집단에게 피해를 당한 경우 심리적 폐해는 더욱 크다. 여러 명의 가해학생이 복수의 방법으로 폭력을 행사하기 때문에 폭력의 강도가 높아지는 것은 당연하다. 또한 가해학생이 복수이기 때문에 그 위력에 압도되어 저항하거나 대응하기 어려워서 피해학생은 자괴감이 높아질 가능성이 높다. 셋째, 가해학생이 집단이 되면 피해학생은 무력감을 느끼기 쉽고 자신이 어떠한 대응을 하더라도 폭력은 지속되거나 오히려 악화될 것이라고 부정적으로 생각하기 쉽다. 다시 말해, 집단따돌림은 폭력에 대한 피해학생의 대처효능감(coping self-efficacy)을 낮추는 결과를 초래한다. 대처효능감이 낮아지면, 폭력 상황에서 요구되는 적절한 대응행동을 할 수 있는 역량이 있음에도 불구하고 적절히 대처하지 못하는 결과를 낳는다. 그래서 폭력이 집단화되면 폭력이 지속되고 악화되는 악순환의 고리를 끊기가 더욱 힘들어진다.

② 관계적 폭력

'왕따'의 '따'는 '따돌린다'의 준말로서 '따돌리다'라는 단어는 '밉거나 싫은 사람을 따로 떼어 멀리하다'의 사전적 의미를 지닌다. 따라서 왕따는 엄밀히 말하면 상대에게 물리적, 신체적, 언어적으로 폭력을 행사하는 것보다는, 관계적, 사회적으로 폭력을 행사하는 경우이다. 예를 들어, 헛소문을 퍼뜨려서 상대의 사회적 위신을 떨어뜨리거나, 이간질을 하여 서로의 관계를 훼손시키거나, 소속집단에서 배척하여 외톨이로 만드는 등의 폭력이 해당된다. 괴롭힘이나 폭력과 같은 보다 포괄적 의미를 담고 있는 용어와 달리, 따돌림은 특정 유형인 관계적 폭력의 의미가 강하다. 왕따가 이처럼 관계적 폭력의 의미를 지니는 것은 한국인의 관계지향적 문화에서 비롯된 것으로 보인다.

한국인의 관계지향적 문화 속에서는 사람들과 형성한 대인관계의 질이 삶의 질에 매우 큰 영향을 미친다. 반대로 이러한 문화 속에서는 대인관계가 훼손될 경우 삶에 더 큰 충격과 폐해가 뒤따른다. 한국의 학교 역시 관계지향적 문화가 강하여 학급 구성원의 응집력이 강하고 소속감이 높다. '우리' 반이라는 공유된 가치와 목표가 학급의 규준으로 강하게 작용하며 학급 내에서 협력, 팀워크, 공동체 의식이 강조되는 학급문화를 가지고 있다. 이러한 관계지향적 학급의 분위기 속에서 한 학생이 집단으로부터 소외, 배척 및 따돌림을 당한다면 정서적 충격이 매우 클 수밖에 없다. 따라서 한국 학생은 다양한 유형의 폭력 중에서 사회적, 관계적 측면에서 따돌림을 당하는 것에 대한 두려움이 매우 클 수 있다. 이러한 한국 사회의 관계지향적 문화 속에서 관계적 폭력이 지니는 위험성과 심각성 때문에 서양과 달리 따돌림에 초점을 둔 '왕따'라는 용어가 생긴 것으로 보인다.

➕ 인사이트 한국의 왕따와 일본의 이지메

학계에서 한국의 왕따(wang-ta)는 Korean bullying으로 일본의 이지메(ijime)는 Japanese bullying 으로 불린다. 흔히 문화적 차이를 비교할 때 동서양을 비교하는 경향이 있어 서양의 불링은 다소 개인 주의적 성향을, 동양의 불링은 관계주의적 성향을 지닌 것으로 인식된다. 그렇다면 같은 관계주의적 문화를 지닌 한국의 왕따와 일본의 이지메도 차이가 있을까? Toda와 Oh(2020)는 일본인의 경우 자 신의 속마음과 본모습을 드러내지 않는 문화로 인해 가해학생은 철저하게 자신의 따돌림을 숨기는 행 태를 보인다고 지적한다. 이에 비해 한국 학생은 상대적으로 가해학생 자신이 드러나는 따돌림 행동을 서슴없이 한다고 보았다. 예를 들어, 일본의 경우에 따돌림 피해학생을 곁에서 위로해 주었던 학생이 나중에 알고 보니 실제로는 가해 주동자인 사례가 대표적이다. 반면, 한국의 경우 카톡감옥과 같이 가 해학생들이 단톡방에서 자신을 드러내며 피해학생을 괴롭히는데, 이러한 상황이 일본의 경우에는 상 상하기 힘든 이지메라고 볼 수 있다.

3 학교폭력의 실태 및 동향

1) 학교폭력의 실태

　교육부는 2012년도부터 17개 시·도교육청과 공동으로 초·중·고등학교 재학생들을 대상으로 학교폭력 관련 경험·인식 등을 조사하기 위한 목적으로 매년 '학교폭력 실태조 사'를 실시하고 있다. 기존 전수조사 체계의 한계를 극복하고 그간 운영하면서 제기된 학교 현장의 부담 등을 개선하기 위해 2018년도부터는 전수조사 1회와 표본조사 1회로 개편하 였다. 전수조사는 학교폭력 예방 및 인식 제고를 위해 학년 초에 실시하여 기존 실태조사와 의 일관성을 유지하는 반면, 표본조사는 학년 말에 실시하여 맞춤형 학교폭력 대책 및 심층 원인 분석을 위한 객관적인 기초 자료를 제공하는 것이 목적이다.

　교육부가 발표한 '2024년 1차 학교폭력 실태조사 결과'를 살펴보면 학교폭력 피해를 경 험했다고 응답한 학생의 비율이 전체 2.1%로 나타났는데, 이는 2023년 1차 전수조사 대비 0.2%p 증가한 결과이며 2022년 1차 실태조사 대비 0.4%p 증가한 결과로 최근 3년간 지속 적으로 피해응답률이 증가하고 있음을 알 수 있다. 최초 조사한 2013년 피해응답률 2.2% 에 비해서는 낮지만, 2016년까지 지속적으로 감소해 오던 학교폭력 피해응답률이 2017년 이후로 증가 추세로 전환된 것이 지속되고 있음을 알 수 있다. 다음으로 가해경험이 있다고 응답한 학생의 비율은 전체 1.0%로 나타났는데, 이는 2022년 1차 실태조사 대비 0.4%p 증가한 결과로 최근 2년간 가해응답률 역시 증가했음을 알 수 있다. 최초 조사한 2013년 가해응답률 1.1%에 비하여 낮지만, 2015년까지 소폭 감소해 오던 학교폭력 가해응답률이 2018년 이후로 다시 증가 추세로 전환된 것이 피해와 유사한 형태로 지속되고 있음을 알 수 있다. '2013~2024년 학교폭력 실태조사 결과'를 그래프를 통해 살펴보면 [그림 1-2]와 같다(교육부, 2024).

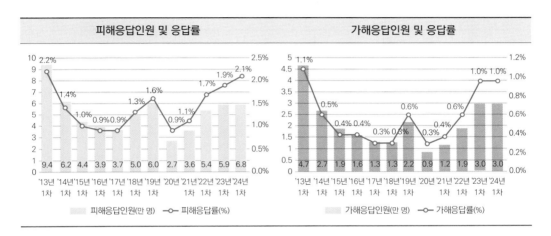

[그림 1-2] 2013~2024년 학교폭력 실태조사 결과

한편, 교육부의 실태조사와 별도로 푸른나무재단은 매년 표집조사를 통해 학교폭력의 실태를 조사해 오고 있다. 푸른나무재단의 조사는 2001년부터 22년간 실태를 조사하여 교육부보다 더 오랜 기간 실태조사를 실시하고 있으며 공신력 있는 결과로 인용된다. 이 실태조사의 결과는 [그림 1-3]과 같다.

[그림 1-3] 2012~2023년 푸른나무재단 학교폭력 실태조사 결과

　　푸른나무재단의 실태조사 결과는 교육부의 실태조사 결과와 상이한 측면도 있지만 유사한 측면도 있다. 예를 들어, 상이한 측면의 경우 피해 및 가해응답률에서 푸른나무재단의 비율이 훨씬 높다. 예를 들어, 2022년도 피해율의 경우 푸른나무재단은 6.8%인 반면, 교육부의 같은 기간 피해응답률은 1.7%에 불과하여 4배의 차이가 존재한다. 반면, 피해율과 가해율의 증감 패턴은 상당 부분 유사하여 두 기관의 자료 모두 2012년 이후 학교폭력 피해 및 가해는 줄어들다가 다시 증가하여 2019년 코로나 기간 동안 감소하는 유사한 패턴을 보이고 있다.

⊕ 인사이트   기관에 따른 실태조사의 결과가 매우 다른 이유

　　대표적인 학교폭력 실태조사인 교육부와 푸른나무재단의 실태조사에서 나타난 사이버폭력 피해율을 비교해 보자. 2022년 2학기부터 응답시점까지 피해경험을 조사한 2023년 1차 기준 교육부 실태조사에 따르면 학교폭력 피해율은 1.9%이다. 학교폭력 중에서 사이버폭력의 비율은 6.9%이므로 실제 사이버폭력 피해율은 0.036%에 불과하다. 반면, 같은 기간 푸른나무재단 실태조사의 학교폭력 피해율은 6.8%이다. 학교폭력 중 사이버폭력 비율은 25.8%로 매우 높아 실제 사이버폭력 피해율은 1.754%이다. 다시 말해, 조사기관에 따라 사이버폭력의 비율은 40배 이상 차이가 난다. 이렇게 큰 차이가 나면 어떤 기관의 결과를 신뢰해야 하는지 망설여지고 이처럼 큰 차이가 나는 이유도 궁금해진다. 학교폭력 실태조사는 자기보고식(self-report)으로 이뤄지기 때문에 실제 폭력이 발생한 것을 객관적으로 기록한 방식이 아니라 학생 개개인이 주관적으로 인식한 경험을 표시하는 방식이다. 그래서 학교폭력 사건 자체가 아니라 폭력 현상에 대한 민감성이 높으면 학교폭력의 비율이 높아지게 된다. 특히 문항의 내용에 따라 비율은 크게 변하게 되는데 지난 1년간의 폭력 경험을 묻는 경우와 지난 한 학기 동안의 폭력 경험을 묻는 경우, 즉 참조기간(reference period)에 따라 비율이 상이하게 나타난다. 또한 단일 문항으로 묻는 경우보다 폭력의 유형별로 여러 문항으로 나누어 물어본 후 이를 합하면 비율이 높아지는 경향을 보인다. 따라서 실태조사의 결과를 파악할 때에는 참조기간, 문항의 개수 및 내용 등을 꼼꼼하게 살펴보고 그 결과를 조사 문항의 특징에 비추어 해석하는 것이 중요하다.

2) 학교폭력의 동향

왕따라는 신조어가 생긴 후 학교폭력 현상에 주목한 지 벌써 30년이 가까워져 오고 있다. 그 사이 수많은 신조어가 발생하며(예: 빵셔틀, 와이파이 셔틀, 카톡감옥 등) 폭력의 양상이 많이 바뀌었다. 학교폭력은 지속적으로 변화하며 진화하기 때문에 학교폭력의 최근 동향을 파악하는 것은 매우 중요하다.

(1) 비가시적 폭력의 증가

학교폭력은 눈에 띄는 가시적인 유형의 폭력(예: 신체적, 물리적 폭력)과 잘 드러나지 않는 비가시적인 폭력(예: 관계적, 정서적 폭력)으로 구분되는데 최근에는 비가시적인 폭력이 증가하는 추세이다. 비가시적 폭력은 겉으로 드러나지 않기 때문에 폭력의 위험성이 과소평가될 가능성이 높다. 신체적 폭력을 당하면 즉각적으로 개입하는 경우가 대부분이지만, 따돌림과 같은 관계적 폭력은 드러나지 않아 확인하기 힘들고 확인이 되어도 그 심각성을 가늠하기 어려워 개입이 늦어지거나 미온적인 개입에 그칠 가능성이 높다.

이처럼 비가시적 폭력이 증가하는 원인은 정부가 무관용(zero-tolerance) 원칙을 엄격하고 일관되게 적용하는 것과 관련이 있어 보인다. 학교폭력 가해자에 대한 처벌이 강해짐에 따라 가해자들은 처벌을 피하기 위해 폭력의 유형을 비가시적인 형태로 변화시키는 것으로 해석된다. 가해학생이 폭력을 지속하는 것은 폭력을 통해 얻는 이익(benefit)이 잃는 손해(cost)보다 많기 때문이다. 가시적인 폭력은 드러나는 폭력행동이므로 주변인의 반응을 통해 또래 내 사회적 지위를 높이는 이득이 있지만, 적발되기 쉽고 적발되면 반드시 처벌을 받기 때문에 무관용 원칙이 적용되는 상황에서는 폭력행동이 줄어들 가능성이 높다. 반면, 비가시적 괴롭힘은 자신의 힘을 과시하여 즉각적인 인정을 받기는 어렵지만 적발될 가능성이 낮고 처벌을 면할 수 있기 때문에 비가시적인 폭력이 증가할 가능성이 높다.

(2) 학교폭력의 사이버화

최근에는 사이버 공간에서 발생하는 폭력이 새로운 학교폭력의 한 형태로 등장하고 있다. 현재 초·중·고 학생은 디지털 환경에 익숙한 세대로 디지털 원주민(digital native)의 특성을 지니고 있다. 잘파세대(Z세대와 2010년 초반 이후에 태어난 알파세대의 합성어)로 불리는 이들은 SNS와 같은 사이버 공간에서 관계를 형성하고 유지하는 것을 매우 자연스럽게 여긴다. 폭력은 관계 속에서 발생하는데 관계 자체를 사이버 공간에서 형성하기 때문에 폭력 역시 사이버폭력의 형태로 발생할 가능성이 높다. 오프라인인 학교에서 사귄 친구라 할지라도 더 많은 시간을 SNS를 통해 대화하고 소통하며 관계를 발전시키기 때문이다.

푸른나무재단에서 실시한 학교폭력 실태조사에 따르면 전체 폭력 중에서 사이버폭력이 차지하는 비율은 증가하는 경향을 보이고 있다. 전체 폭력 중에서 사이버폭력이 차지하는 비율은 코로나가 발생한 2019년 이전까지는 10% 내외의 비율을 유지하다 코로나를 겪으면서 16.3%(2020년), 31.6%(2021년)까지 증가한 것으로 나타났다. 디지털 원주민인 잘파세대의 특성을 감안하면 향후 사이버폭력의 비율은 보다 증가할 것으로 예상된다. 특히 사이버폭력은 빠른 시간 내에 폭력이 확산되어 큰 타격을 입히고, 익명성을 갖고 이루어지는 경우 가해학생을 확인하기 어렵다. 또한 댓글 간의 욕설과 비방 등 명예훼손의 발신지와 수신지가 복잡하게 얽혀서 폭력의 양상이 증폭되어 더욱 심각한 양상으로 악화되기 때문에 향후 사이버폭력의 폐해는 보다 심각해질 것으로 예상된다. 또한 사이버폭력의 증가와 더불어 최근에는 카따(카카오톡 왕따를 줄인 은어), 와이파이 셔틀(핫스팟을 켜서 소위 일진이라는 아이들이 상대의 데이터를 갈취하는 경우)과 같은 신종 사이버폭력이 지속적으로 발생하여 디지털 환경에 덜 익숙하고 정보통신기술이 약한 부모 및 교사들에게는 사이버폭력이 더욱더 큰 도전이 될 것으로 보인다.

(3) 학교폭력의 저연령화

다양한 문제행동 영역에서 그 문제가 시작되는 연령이 점점 낮아지는 추세에 있는데(이선경, 2011), 학교폭력도 예외는 아니다. 학생들의 성장 속도와 성숙의 시기가 빨라짐에 따라 청소년기에 발생하던 전형적인 비행이 아동기부터 나타나고 있다. 또한 미디어의 발달로 인해 어린 시절부터 폭력에 노출되는 정도가 높아지는 추세이다. 교육부가 실시하고 있는 학교폭력 실태조사에서 가해와 피해의 비율은 초등학생의 경우 가장 높다. [그림 1-4]와 같이 2023년 1차 실태조사 결과 초등학생 피해비율은 중학교의 3배, 고등학교의 약 10배, 초등학생 가해비율은 중학교의 약 4배, 고등학교의 약 27배에 달하며 이러한 비율은 지속적으로 유지되고 있다.

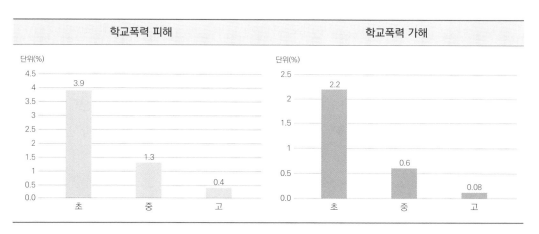

[그림 1-4] 초 · 중 · 고 학교폭력 피해 · 가해 비율(교육부, 2024)

　물론 이 비율은 자기보고(self-report) 방식으로 측정되었기 때문에 학교폭력에 민감하게 반응하는 초등학교에서 폭력의 비율이 높게 측정되는 경향성을 감안하여 해석하는 것이 필요하다. 이처럼 초등학생의 학교폭력 경험 비율이 높다는 점은 학교폭력에 대한 조기개입의 필요성을 증가시킨다. 여러 연구에서 문제행동에 대한 조기개입의 효과성을 일관되게 보여 주고 있다(Rapp-Paglicci et al., 2004). 따라서 저연령화되고 있는 학교폭력의 경우에도 개입의 시점을 앞당겨 초등학교에서 예방을 강화하고 그중에서도 저학년에서 예방을 강화한다면 개입의 효과성을 높일 수 있을 것이다.

(4) 학교폭력의 심각화 · 다양화

　학교폭력 가해 · 피해 비율은 2012년 「학교폭력 종합근절 대책안」이 시행된 이후 뚜렷하게 감소하는 추세를 보였다. 이 대책은 이른바 대구중학생 자살사건이 보도된 이후 정부의 대응책으로 발표된 강력한 무관용 원칙 기반 정책이다. 2016년 이후 다시 소폭 상승하는 추이를 보였지만 전체적으로 학교폭력은 어느 정도 억제되고 있다. 그러나 낮아진 학교폭력 횟수와 달리, 학교폭력의 양상과 폭력의 심각성은 갈수록 심각해지고 있다. 다시 말해, 양적으로는 학교폭력이 줄어들었지만, 질적으로는 학교폭력 심각화, 다양화 및 복합화 추세로 접어들었다고 볼 수 있다.

　근래 학교폭력 양상의 다양화와 복합화는 최근 학교폭력과 관련된 주요 사례를 통해 몇 가지 양상으로 요약될 수 있다. 첫째, 다수의 가해학생에 의한 집단적인 폭행으로 학교폭력이 자행되고 있다. 한 명의 피해학생을 대상으로 3~4명 이상의 가해학생들이 집단으로 폭행을 가하는 집단폭행 사례는 중범죄로 미디어에 자주 보도되고 있다(예: 2020년 제주 여중생 집단폭행, 2020년 익산 여중생 집단폭행, 2019년 수원 여중생 집단폭행 등). 집단폭행에 의한 학교폭력은 명백한 가해·피해자 간 힘의 불균형으로 인해 피해학생에게 더 큰 정신적 피해를 줄 수밖에 없다. 둘째, 가해학생의 폭력 행위와 위해의 방법이 매우 잔혹해지고 있다. 청소년 폭력의 심각성과 잔혹성이 날로 심각해지고 있다는 것이다. 피해학생이 가해학생의 폭력에 의해 사망하는 사건도 증가하고 있다(예: 2019년 인천의 한 중학생이 또래 중학생들로부터 폭행을 당하다가 아파트 15층 옥상에서 추락해 숨졌던 사건 등). 셋째, 이성 또는 동성 간 성폭행에 의한 폭력이 증가하고 있다(예: 여중생 집단 성폭행, 성매매 강요). 구타에 의한 폭행에서 성을 매개로 폭력을 행사하는 이성 또는 동성 간 성폭행으로 폭력의 양상이 변모하고 있다. 나아가 피해학생이 폭행을 당하는 장면을 촬영하여 온라인에 배포하는 등 2차 가해가 이뤄지는 경우도 증가 추세에 있다.

🔍 인사이트   폭력의 진화 도전에 대한 응전

폭력은 마치 생물처럼 환경의 변화에 적응하며 진화하는 특성을 보인다. 예를 들어, 무관용주의를 적용하여 폭력을 허용하지 않고 폭력행동을 철저하게 처벌하면 폭력은 그 형태가 눈에 띄지 않는 비가시적 형태로 변화하는 경향을 보인다. 개인 간 소통의 방식이 오프라인 대화에서 온라인 소통으로 발전하면 폭력은 사이버 공간에서 새로운 형태로 등장한다. 왕따는 카따로, 빵셔틀은 와이파이 셔틀로 진화하고 있다. 이제 4차 산업혁명 시대를 앞두고 메타버스와 같이 현실과 가상의 경계가 모호해지면 폭력 역시 오프라인 폭력과 사이버폭력의 경계가 무색해질 수 있다. 이처럼 폭력이 진화하는 도전 상황에 우리는 어떻게 응전해야 하는가? 폭력을 억제하기 위해 무관용 원칙을 강화하거나, 발생한 폭력을 효과적으로 처리하기 위해 대응 절차를 합리화하는 것도 필요하겠지만 이러한 방식은 모두 폭력의 뒤를 쫓는 방식이다. 가장 효과적인 방식은 폭력을 예방하는 것이며, 이를 위해 학생의 폭력 예방 역량을 강화시키는 방식이 궁극적인 지향점이 되어야 할 것이다. 학생들이 폭력을 민감하게 인식할 뿐만 아니라, 폭력의 심각성을 깊이 이해하고, 나아가 폭력을 미연에 막을 수 있는 대처 기술을 높이는 역량 강화 교육이 응전의 무기가 될 것이다.

제 2 장

학교폭력의
맥락, 역동 및 유형

프롤로그

흔히 학교폭력은 강한 가해학생이 약한 피해학생을 괴롭히는 학생 사이의 갈등 정도로 그 문제를 단순하게 여기기 쉽다. 그러나 학교폭력이 발생하는 원인적 맥락은 매우 광범위하며 다양한 요소가 서로 얽혀 있다. 가해학생의 폭력적 행동에는 학생을 키운 부모의 영향력이 숨겨져 있으며, 가해학생 친구들의 영향력도 내포되어 있다. 또한 가해학생이 속한 학급의 분위기가 영향을 미치며, 분위기 조성에 결정적 영향을 미치는 교사의 역할도 매우 중요하다. 그리고 학급을 넘어 학교의 규정과 규율도 영향을 미치며, 나아가 지역사회와 문화적 요소의 영향도 무시할 수 없다. 이 모든 요소가 서로 유기체처럼 연결되어 있기 때문에, 겉으로 드러난 폭력행동을 의미 있게 변화시키려면 복잡하게 연결된 영향의 고리들을 함께 고려해야 한다. 이러한 측면에서 Bronfenbrenner의 생태체계적(eco-systemic) 모델에 기초한 학교폭력에 영향을 미치는 다층 체계를 종합적으로 살펴보는 것은 매우 중요하다.

학교폭력:
심리적 이해와 상담적 개입

1 학교폭력의 맥락: 생태체계적 이해

　많은 경우 학교폭력은 가해학생과 피해학생의 양자구도 맥락에서 발생하는 문제행동으로 여겨진다. 그러나 실제 학교폭력은 두 당사자뿐만 아니라 이 두 학생을 둘러싼 여러 수준의 다양한 체제가 영향을 미치는 매우 복잡한 역동 관계 속에서 발생한다. 생태체계적 접근은 폭력 행위에 영향을 미치는 직접적 영향뿐만 아니라 간접적인 영향 및 나아가 분위기와 문화의 영역까지 포함하는 거시적인 접근방식이다(황혜원 외, 2006). [그림 2-1]은 Bronfenbrenner가 제시한 생태체계적 모형을 요약한 것이다.

　[그림 2-1]에 제시된 바와 같이 생태체계학적 발달이론은 다중계층구조에서 개인을 둘러싸고 있는 환경의 역할을 강조하면서 개인내적 요인(intrapersonal factor)과 미시체계(microsystem), 중간체계(mesosystem), 외체계(exosystem), 거시체계(macrosystem)의 네 가지 환경 체계를 상정한다. 이를 학교폭력 상황에 적용하면 가해학생의 폭력적 행동은 폭력에 허용적인 또래 친구들의 태도에 영향을 받는다(미시체계). 실제로 가해학생의 경우 폭력적인 친구를 더 많이 사귀는 것으로 알려져 있다(신희영, 2019). 학생의 폭력적 행동은 학교에서 조기에 발견되기 쉽고 이러한 위험성은 가정과 연계하여 지도함으로써 효과적으로 예방할 수 있다(중간체계). 그러나 학교와 가정이 서로 소통하지 못하거나 서로를 신뢰하지 못하는 경우 폭력행동은 더욱 악화될 가능성이 높다. 뿐만 아니라 학생이 폭력적인 매체에 지속적으로 노출되어 폭력에 익숙한 경우 폭력에 대한 허용도가 높아져 폭력적 행동을 할 가능성이 높아진다(외체계). 실제로 폭력에 대한 노출 정도는 학생의 폭력행동을 유의미하게 예측하는 것으로 알려져 있다(성지희, 정문자, 2007). 반면, 사회 전반적으로 학교폭력은 절대 허용되지 않는 분위기와 문화가 형성된다면 학생들의 폭력적 행동은 보다 효과적으로 억제될 가능성이 높다(거시체계).

　이처럼 최근 선행 연구들은 폭력 현상을 설명하기 위해 개인을 둘러싸고 있는 다중계층구조 환경의 역할을 강조하며, Bronfenbrenner의 생태체계학적 접근 도입의 필요성을 강조하고 있다(Espelage et al., 2000; Lee & Oh, 2012; Swearer & Hymel, 2015). Brofenbrenner(1994)는 아동·청소년의 사회적 발달은 성격 특성과 이러한 특성이 보다 큰 하위 체계나 사회적 맥락 속에서 어떻게 상호작용하는지의 결과에 따라 나타나며 유지되고 수정된다고 보는 생태체계학적 발달이론(ecological developmental theory)을 제시하였다.

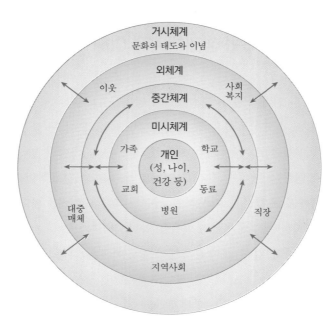

[그림 2-1] Bronfenbrenner의 생태체계모형

한국의 학교폭력을 기반으로 생태체계학적 분석을 시도한 Lee와 Oh(2012)는 한국의 학교폭력 생태체계모델을 〈표 2-1〉과 같이 설명하고 있다.

〈표 2-1〉 학교폭력 생태체계모델

체계	세부 요소
개인내적 요인 (intrapersonal factor)	청소년 개인의 요인으로 자아존중감, 문제해결 대처 전략, 자기통제력 및 공감
미시체계 (microsystem)	개인이 소속되어 있는 가장 직접적인 사회적·물리적 환경으로서 가족, 또래, 학교와 같은 환경
중간체계 (mesosystem)	미시체계를 연결하거나 미시체계들 간의 상호작용으로서 청소년의 학교, 가정, 또래집단을 포함
외체계 (exosystem)	개인과 직접적으로 상호작용하지는 않지만, 미시체계에 영향을 주는 환경체계로서 지역사회 유해환경, 학교폭력 예방교육, 종교시설, 부모의 직업 등
거시체계 (macrosystem)	청소년에게 영향을 미치는 사회 및 문화적 영향력을 말하며 이념, 법률, 관습, 학교규범, 문화 등으로서 폭력 매체의 영향, 지각된 사회의 폭력 허용도 등

먼저, 개인내적 요인(intrapersonal factor)은 청소년 개인의 요인으로 자아존중감, 대처 전략, 자기통제감 및 공감을 포함한다. 미시체계(microsystem)는 개인이 소속되어 있는 가장 직접적인 사회적·물리적 환경으로서 가족, 또래, 학교와 같은 환경을 의미한다. 중간체계(mesosystem)는 미시체계를 연결하거나 미시체계 간의 상호작용으로서 청소년의 학교, 가정, 또래집단을 포함한다. 외체계(exosystem)는 개인과 직접적으로 상호작용을 하지 않지만, 미시체계에 영향을 주는 환경 체계로서 지역사회 유해환경, 학교폭력 예방교육, 종교시설, 부모의 직업 등을 포함한다. 거시체계(macrosystem)는 청소년에게 영향을 미치는 사회 및 문화적 영향력을 말하며 이념, 법률, 관습, 학교규범, 문화 등으로서 폭력 매체의 영향, 지각된 사회의 폭력 허용도 등을 포함한다. 이 장에서는 생태체계적 모델에 기초하여 각 세부 체제를 구성하는 요인별로 어떤 세부요인이 학교폭력과 연관이 있는지 살펴보고자 한다.

1) 개인내적 요인

학교폭력에 대한 경험적 연구에서는 다양한 개인내적 요인(intrapersonal factors)을 탐색해 왔으며, 한국에서는 학교폭력 예방 프로그램의 핵심 요소로 학생의 개인내적 요인에 초점을 맞춰 왔다. Lee와 Oh(2012)에 의하면, 한국의 학교폭력 생태체계모델에서 개인내적 요인은 자아존중감, 문제해결 대처 전략, 자기통제력 및 공감 등을 포함하고 있으며, 이러한 개인내적 요인을 고려하여 학교폭력 예방 및 대응 프로그램을 개발하는 데 중점을 두고 있다.

(1) 자아존중감

학교폭력과 관련하여 가장 많이 연구된 심리적 변인 중 하나는 자아존중감(self-esteem)이다. 일반적으로 자아존중감이 낮은 학생은 학교적응이나 사회적 관계에서 어려움을 많이 겪으며 문제행동을 더 많이 보이는 것으로 알려져 있다(최영규, 2021). 주로 학교폭력 피해학생의 자아존중감이 낮은 것으로 알려져 있으나, 가해학생의 자아존중감은 연구에 따라 일관되지 않은 결과를 보이기도 한다. 예를 들어, 오인수(2011)의 연구에서는 오프라인 괴롭힘 경험에 대한 집단별 심리적 특성의 차이를 검증하였는데, 괴롭힘을 경험하지 않은 일반집단과 가해집단이 피해집단과 피해·가해집단에 비해 자아존중감이 더 높음을 확인했다. 반면, 김혜원과 이해경(2000)의 연구에서는 자아존중감이 집단따돌림의 가해행동이 아닌 피해행동을 예측한다는 점을 발견했다. 만일 학교폭력 가해학생이 스스로 자신의 가해 행동에 대해 자랑스럽게 생각하고 있다면 자신의 폭력행동에 대해 긍정적 피드백을 받을 수 있어 자존감이 낮아지지 않을 수 있다. 이와 관련하여 김혜원(2011)은 학교폭력이 오히 려 또래 사이에서 사회적 지위를 유지하기 위한 수단이 될 수 있고, 이런 점을 감안하면 가 해자의 자아존중감 향상을 위한 개입은 효과적이지 않을 수 있음을 경고하고 있다. 반면, 국내외 선행연구에서 집단따돌림 피해집단은 일관되게 일반집단에 비해 낮은 자아존중감 을 보이는 것으로 확인되었다(김혜원, 2011; 이혜순, 2010). 학교폭력 피해를 당하는 학생은 심리적인 상처를 받게 되고 사회적 관계 속에서 위축되기 때문에 자신의 가치를 평가절하 할 가능성이 높다.

자아존중감이 학교폭력을 예측하는 유발 요인인지, 아니면 학교폭력의 결과로 발생하는 결과 요인인지에 대해서는 확실한 결론을 내리기 어렵다. 다시 말해, 자아존중감이 낮아서 학교폭력 피해를 당한 것인지, 반대로 학교폭력 피해를 당한 결과 자아존중감이 낮아진 것 인지를 구분하는 것은 생각보다 복잡한 문제이다. 실제 대부분의 연구가 실험연구나 종단 연구를 통해 인과관계를 명확히 하기보다는 자아존중감과 학교폭력 간의 상관관계를 중점 적으로 다루고 있기 때문에 두 변인 사이의 인과관계를 확증하는 것은 쉽지 않다. 따라서 추가적인 연구에서는 자아존중감과 학교폭력 간의 복잡한 관계를 더 깊이 파악하고, 인과 관계를 명확히 분석하는 연구 설계가 필요한 상황이다.

(2) 대처 전략

대처 전략(coping strategies)은 폭력과 같은 문제가 발생했을 때 이에 대한 대응 방식을 말 한다. 문제를 직접적이고 적극적으로 해결하는 문제해결 방식과 회피하는 등의 소극적 방 식 및 속으로 마음을 달래며 스트레스를 줄이려는 정서적 대처 방식 등으로 나뉜다(최유진, 오인수, 2018). 이탈리아 고등학교에 재학 중인 남학생 679명을 대상으로 한 연구에서 문제 해결 대처 전략이 높은 학생은 학교폭력 가해경험과 피해경험이 적은 것이 확인된 반면에, 정서 중심적 전략은 상관이 없었다(Baldry & Farrington, 2005). 또한 국내 선행연구에서는 피해학생이 괴롭힘 상황에서 소극적 대처 전략을 더 많이 사용하는 것으로 나타났다(서영 석 외, 2016). 학교폭력 상황에서 주변학생의 행동과 피해학생의 반응 간 관계를 살펴본 국 내 연구에서는 괴롭힘 상황에서 주변학생이 방관할 때보다 방어할 때 피해학생의 적극적 대처수준은 높아졌고, 소극적 대처수준은 낮아졌다(최유진, 오인수, 2018). 즉, 피해학생의 경우 학교폭력 상황에서 주변학생이 자신을 도와줄 경우 스스로 괴롭힘 상황을 극복하고

자 적극적 대처 전략을 사용하기 때문에 괴롭힘이 줄어들 가능성이 높음을 의미한다. 이처럼 폭력 상황에서 주변학생의 행동 유형에 따라 피해학생의 문제해결 대처 전략이 차이를 보인다는 결과는 피해학생이 괴롭힘 상황을 극복하는 데 주변학생이 결정적인 역할을 한다는 점을 시사한다.

(3) 자기통제력

집단따돌림 피해경험이 있는 학생은 자기통제력(self-control) 수준이 낮은 것으로 국내 선행연구를 통해 밝혀진바 있고(백지은, 2015), 이러한 결과를 지지하는 국외 연구에서도 자기통제력이 낮은 학생은 충동적이고 신체적인 활동을 선호하기 때문에 사소한 다툼이나 신체적 폭력 상황에 노출이 많다는 것이 확인되었다(Chui & Chan, 2015). 또한 한국의 중학생을 대상으로 주변인 행동(방어행동 vs. 방관행동)에 따라 괴롭힘 피해학생의 통제욕구, 통제지각이 차이를 보이는지 탐색한 연구결과에서 괴롭힘 상황에서 주변인이 방관할 때보다 방어할 때 피해학생의 통제욕구와 통제지각이 높은 것으로 나타났다(최유진, 오인수, 2018). 즉, 괴롭힘 상황에서 주변인의 행동이 자신을 방어해 주거나 보호해 준다고 느끼는 경우 피해학생은 괴롭힘 상황을 해결하려는 욕구와 지각의 정도가 높아지는 경향이 있음을 알 수 있다. 초등학교 여학생 집단에서도 또래동조성이 집단 괴롭힘 가해행동에 미치는 영향에서 자기통제력이 부정적 영향을 낮추는 보호 효과를 보였다(하은혜, 조유진, 2007). 이처럼 자기통제력은 폭력이 발생하는 것을 억제하는 효과뿐만 아니라, 폭력이 발생한 이후에 상황이 더욱 악화되는 것을 억제하는 효과가 있는 것으로 보인다.

(4) 공감

수많은 국내외 연구에서 공감(empathy)이 낮을수록 반사회적 행동이 높은 것으로 나타났기 때문에 많은 학교폭력 예방 프로그램은 공감 증진에 초점을 맞추고 있다. 여러 연구는 일관되게 학교폭력 가해학생의 공감 수준이 낮다고 보고한다(김혜원, 이해경, 2000; 박상미, 박경, 2014; 안지영, 2016). 공감 수준이 낮은 가해학생은 피해학생을 괴롭힐 때 상대가 힘들어하는 모습을 보면서도 상대의 괴로움을 느끼지 못하기 때문에 폭력적 행동은 억제되지 않는 경향을 보인다. 가해학생은 오히려 상대가 괴로워하는 모습을 즐기거나 냉담한 모습을 보이는 경우도 있는데, 이러한 이유는 이들의 공감 수준이 낮기 때문이다.

학교폭력과 공감의 관계를 분석한 연구들은 공감을 인지적 공감(cognitive empathy)과 정의적 공감(emotional empathy)으로 나누어 심층적으로 분석하기도 하는데(한나라, 오인수,

2014; Utomo, 2022), 이러한 연구결과는 인지적 공감보다는 정의적 공감이 학교폭력의 보호요인으로 좀 더 효과적으로 작용함을 제시한다. 예를 들어, 초등학생을 대상으로 한 연구에서 정의적 공감이 높을수록, 남녀학생 집단 각각에서 피해자를 보호해 주는 방어행동을 보일 가능성이 높은 것으로 나타났다. 그런데 인지적 공감의 경우 여학생 집단에서만 방어행동을 유의미하게 예측하는 것으로 나타났다(오인수, 2010). 또한 정의적 공감은 방어적 행동하고만 긍정적 상관관계가 있는 반면, 인지적 공감은 방어적 행동뿐만 아니라 피해자를 모른 척하는 부정적인 방관적 행동과도 상관이 있는 것으로 나타났다(Gini et al., 2008).

이러한 결과는 학교폭력과 관련하여 학생의 공감 수준을 높이는 개입의 경우 인지적 공감보다는 정의적 공감을 향상시키는 것이 더욱 효과적일 수 있음을 시사한다. 만일 인지적 공감이 높고 정의적 공감이 낮은 학생은 자신의 폭력으로 피해학생이 얼마나 힘들지를 이해하지만(인지적 공감) 그 고통을 체휼하지 못해(정의적 공감) 폭력행동이 억제되지 않을 가능성이 높다. 나아가 어떻게 괴롭히는 것이 더 치명적인 피해를 줄지 가늠하는 데 인지적 공감이 악용될 가능성도 배제할 수 없다.

이상에서 설명한 학교폭력 관련 개인내적 요인 이외에도 다양한 개인내적 요인이 학교폭력과 관련이 있는 것으로 소개되고 있다. 이런 연구들은 주로 메타분석을 통해 개인 내적 요인이 학교폭력에 미치는 상대적인 효과의 크기를 분석한다. 국내 메타분석은 피해학생(이숙정 외, 2015)보다는 주로 가해학생의 폭력행동에 영향을 미치는 개인내적 요인에 초점을 두고 있다(김동민 외, 2014; 김수진, 정종원, 2015; 김원영, 김경식, 2018; Huang et al., 2023). 이 절에서 설명하지 않았지만, 앞의 메타연구에서 소개된 변인으로는 자아탄력성, 대인관계 및 성격 특성(Huang et al., 2023) 등이 있다. 이러한 변인들은 주로 학교폭력 예방 및 개입의 주요 내용으로 활용된다. 국내의 대표적인 학교폭력 프로그램인 어울림 프로그램은 공감, 의사소통, 갈등해결, 감정조절, 자기존중감 및 학교폭력 인식과 대처의 여섯 가지 요인을 제시하고 있으며(교육부, 2022), 도담도담 프로그램은 자존감, 공감, 자기주장성, 친사회성, 정서인식과 표현, 불안 및 우울, 분노 및 공격성의 여덟 가지 요인을 제시하고 있다(오인수 외, 2018).

2) 미시체계

미시체계(microsystem)는 개인이 직접적으로 접촉하고 개인의 적응에 즉각적인 영향을 미치는 사람들로 구성된다(Bronfenbrenner, 1994). 대표적으로 가족, 또래 그리고 학교가 미시체계에 해당한다.

(1) 가족

학교폭력에 가족(family)이 미치는 영향은 매우 중요하며, 가정의 구조적 요인과 기능이 주로 영향을 미치는 것으로 알려져 있다. 가정의 구조적 요인은 가정의 경제적 상태, 부모의 교육 수준, 가족의 사회적 지위 등을 포함하며, 이러한 요인이 학교폭력과 관련하여 학생들에게 부정적인 영향을 미칠 수 있다. 또한 가정의 기능인 양육태도, 부모-자녀 관계의 질, 가정 내 폭력 및 학대 경험은 학생들의 행동 및 가치관 형성에 영향을 미치며 학교 내 폭력적 행동을 유발할 수 있다. 따라서 학교폭력 예방과 대응에 있어 가정의 역할을 고려하는 것이 매우 중요하다.

먼저, 학교폭력과 상관이 있는 것으로 알려진 가정의 구조적 요인은 주로 가정의 결손이나 빈곤에 초점이 맞춰져 왔다. 이와 관련한 연구들은 가정 내 결손과 빈곤의 정도가 학생들의 폭력행동에 미치는 영향을 탐구했으며, 일부 연구들(김순혜, 2012; 박영신, 김의철, 2001)에서는 결손가정과 빈곤가정이 청소년들의 폭력행동에 영향을 줄 수 있음을 보여 준다. 결손가정에서는 가족 역할의 일부 기능 부재로 인한 사회적 재적응 문제가 발생할 수 있고, 빈곤가정에서는 절대적 빈곤이나 상대적 빈곤이 정서적 불안정을 유발하여 폭력적 행동을 유발할 수 있다. 김재영(2005)의 연구에서는 가정의 경제적 수준과 학교폭력의 관련성을 조사한 결과, 경제적 수준에 따라 학교폭력의 경향이 다를 수 있다는 것을 보여 준다. 이 연구에서 흥미로운 점은 생활 수준이 높은 가정에서 언어적 폭력이 더 많이 나타난다는 것이다. 그리고 신체적 폭력이나 갈취와 같은 가해 경험은 생활 수준과 관련이 없는 반면, 피해경험은 가정의 생활 수준에 따라 다를 수 있다는 결과가 나왔다. 가정의 구조적 요인은 구조 자체가 폭력에 영향을 미치는 것처럼 보이지만, 그 구조의 취약성으로 인해 발생하는 또 다른 요인이 폭력에 영향을 미칠 가능성이 높다. 다시 말해, 가족의 구조와 폭력의 관계 사이에 다양한 형태의 매개변인이 존재할 가능성이 있다.

반면, 가정의 구조보다 가정의 기능이 학교폭력에 더 큰 영향을 미치는 것으로 알려져 있다. 가정의 기능은 부모의 양육태도, 부모-자녀 관계, 그리고 가정 내 폭력 및 학대 경험 등으로 분류된다. 이러한 가정의 기능이 결합하여 학생들의 사회적, 정서적, 그리고 행동적 발달에 영향을 미치며, 특히 학교폭력의 예방과 대응에 중요한 역할을 한다. 먼저, 가정에서 부모의 양육태도는 학교폭력 현상을 설명하는 데 중요한 변수로 여겨져 왔다. 부정적인 양육 환경에서 자란 청소년의 경우 제한된 대인관계 기술로 인해 또래관계에서 갈등 및 어려움을 겪는 것으로 밝혀졌다(임수지, 김기현, 2020; Deković & Meeus, 1997). 또한 부모양육태도에 대한 청소년의 지각이나 인식 정도는 청소년의 성격 발달 및 사회적 관계 기술과 밀접한 관련이 있으며, 이는 공격성과 괴롭힘 가해행동에 영향을 미치는 것으로 일관되게 나타나고 있다(김재엽, 정윤경, 2007).

또한 부모와 자녀 간의 관계와 의사소통은 청소년의 발달과 삶의 만족도에 큰 영향을 미친다. 부모와 자녀가 형성하는 관계에서는 긍정적 관계가 매우 중요한 요소이다(문예은, 이주연, 2021; 양수연, 2023; Lavrič & Naterer, 2020). 이러한 관계는 학교폭력과도 관련이 있으며, 부모-자녀 간의 긍정적인 관계가 청소년의 학교폭력 및 공격적 행동을 억제하는 것으로 나타났다(오복숙 외, 2017). 구체적으로 부모와의 긍정적인 의사소통과 부모의 적절한 감독은 학생들의 분노조절 능력을 향상시키고 학교폭력 가해행동을 억제하는 데 도움이 되었다. 김재영(2005)의 연구에서도 가족 분위기가 민주적일수록 학생들이 학교에서 폭력 가해를 덜 했다는 결과가 나타났다. 반면, 부모와의 적대적인 관계는 학생들이 폭력 가해행동을 더 많이 할 가능성을 증가시키는 것으로 나타났다(이현주, 2018).

마지막으로, 가정학대의 경험이 많을수록 학교폭력 가해 및 피해경험이 높아지는 상관관계가 있었고(조민경, 조한익, 2019). Papanikolaou 등(2011)의 연구에서도 부모로부터 문제행동에 대한 제재를 받지 않거나 정당한 이유 없이 훈육을 당하고, 특히 부모가 학교생활에 대한 도움을 주지 않는 아이들은 괴롭힘에 가담할 가능성이 높았다. 그리고 부모와의 애착이 정서조절능력을 매개로 학교폭력에 유의한 영향을 미쳤으며, 애착, 정서조절능력과 학교폭력 간에는 유의미한 부적 상관이 있었다(김두규 외, 2017). 또한 부모로부터의 학대 경험은 또래관계의 친밀감을 저하시키고, 관계 갈등을 더 많이 유발하는 것으로 확인되었다(오연희, 2012; Benedini et al., 2016). 이처럼 가정 내 긍정적인 부모양육태도, 부모-자녀관계, 원활한 의사소통, 부모의 지지 등은 학교폭력과 관련이 높은 것으로 여겨진다.

(2) 또래

청소년기의 또래(peers)관계는 대인관계 중에서 가장 많은 영향을 미치는 관계라는 점에서 학교폭력 관련 선행연구에서 중요하게 강조되는 변인이다. 청소년기는 아동기에 비해 친구들과 더욱 친밀한 관계를 맺으며, 보다 많은 사고와 감정을 공유하고, 정서적 지지를 받을 뿐만 아니라, 다양한 사회적 기술을 배우게 된다(류수현, 2018; 전승혜, 2020). 이러한 점에서 비행 친구 수는 학교폭력을 예측하는 주요 변수가 되기도 하며, 좋은 친구나 또래관계에 대한 결핍은 학교폭력의 위험요인으로 논의되어 왔다(Turanovic & Siennick, 2022).

한국의 초등학생을 대상으로 한 연구에서 친구지지는 가족지지나 교사지지에 비해 학교폭력 피해경험과 가장 강한 부정적 상관관계를 보였다(장미향, 성한기, 2007). 하지만 낮은 또래지지는 여학생들 사이의 집단따돌림에서만 유의미하게 영향을 미친다는 연구가 있음을 주목해 볼 필요가 있다(김혜원 외, 2000; 이해경, 김혜원, 2001). 이러한 결과는 여학생이 남학생보다 상대적으로 관계 지향적이기 때문에 또래지지의 부족은 여학생들을 괴롭힘 상황에서 더 취약하게 만드는 것으로 보인다.

한편, 긍정적인 또래관계의 질은 학교폭력에 대한 보호요인으로 작용한다(Bollmer et al., 2005). 즉, 또래관계의 질이 높을수록 또래 간의 긍정적인 상호작용을 통해 관계 내 사회성을 증가시키며 청소년 개인의 적응을 돕는다고 볼 수 있다(배성만 외, 2015). 또한 학교폭력은 또래라는 사회적 관계에 기반을 두고 집단적인 특성을 반영하기 때문에 또래를 통해 집단을 형성하는 맥락적인 요소 역시 폭력에 영향을 미친다. 특히 가해자의 공격행동에 대한 또래의 묵인은 폭력행동을 지속시키는 요인으로 작용한다. 실제로 학교폭력을 목격한 대부분의 학생은 방관적 태도를 보이는데(양재영, 임승엽, 2021), 이러한 태도를 가해학생은 자신의 폭력행동을 지지하는 것으로 곡해하는 경향을 가지고 있다. 또한 일부 학생은 가해학생을 적극적으로 지지하거나 간접적으로 가해학생의 폭력을 부추기는 행동을 하는데, 이러한 또래의 부정적인 반응이 폭력을 허용하는 집단적 문화를 형성하고 이 문화가 폭력을 지속시키는 역할을 한다.

(3) 학교

한편, 학교폭력 개입에서 중요한 부분은 기질적으로 타고났거나 이미 형성된 개인의 내적 요인을 변화시키는 것보다는 학생이 경험하는 사회적 맥락을 변화시켜야 한다는 주장도 있다. 학교(schools)요인과 관련하여 연구되는 대표적 변인으로는 교사관련 요인 및 학교풍토와 학교 유대감(school connectedness)이 있다.

① 교사

학교폭력에 대해 교사가 어떠한 태도와 개입을 보이는지는 학교폭력을 예방하는 데 매우 중요한 요인이다. 그러나 연구에 따르면 실제로 교사들의 개입은 매우 낮은 수준에 그치거나, 적절하게 대처하는 데 어려움을 겪고 있다(Macklem, 2003; Yoon et al., 2016). 이는 여러 이유로 설명된다. 먼저, 학생들 간의 놀이와 괴롭힘이 혼동될 수 있고, 중학생 이상의 경우 신체적 폭력보다는 언어적이나 관계적 폭력이 주로 발생하여 교사가 학교폭력을 감지하기 어렵기 때문이다. 또한 교사들은 특정 행동을 폭력으로 인식하는 경우에도 학교 관리자나 지원에 대한 교사의 인식, 또는 개인적인 경험에 따라 사안을 부담스럽게 여기거나, 적절한 개입 방법과는 다르게 행동하는 경우가 많다(Farley, 2018; Yoon et al., 2016). 뿐만 아니라 피해학생들이 교사들의 적극적인 개입을 원함에도, 교사들이 학교폭력 발생에 대해 대체로 잘 인지하고 있다고 생각하기에 교사에게 상황을 알리지 않거나 침묵하는 경향도 하나의 이유로 볼 수 있다. 이러한 원인으로 인해 교사가 적극적으로 개입하지 않는다고 느낄 때, 학생들은 교사의 사안처리 능력을 의심하거나 효과를 기대하지 못하고, 결국 교사에 대한 신뢰를 잃을 수 있다.

② 학교풍토

학교폭력의 발생은 가해학생이나 피해학생의 개별 행동보다는 학교의 풍토나 문화와 밀접하게 연관되어 있다(Brady, 2001). 특히 교사나 학교관리자의 태도가 학교폭력 발생에 영향을 미치는 것으로 나타났다. 학교폭력을 무시하거나 당연한 것으로 여기는 학교풍토는 학교폭력을 증가시키는 중요한 요인으로 작용한다(정진성, 2009; Glover et al., 2000). 또한 학교폭력의 예방과 대응을 위해서는 학교 내에서의 폭력 문제를 정확하게 인식하고 이에 적절하게 대응하는 것이 필요하다. 교사와 학교 관리자는 학생들 사이의 갈등을 조기에 발견하고 적극적으로 개입하여 학교 내 폭력의 발생을 예방하는 중요한 역할을 할 수 있다(Baraldsnes et al., 2020). 뿐만 아니라, 학교 내에서 친밀하고 지속적인 상호소통을 통해 학생들의 신고와 지원 시스템을 강화함으로써 학교폭력에 대한 효과적인 대응을 이끌어 낼 수 있다. 따라서 학교 관리자 연수(예: 교감 및 교장 자격 연수 등) 등에서 학교폭력 대응역량을 높이는 과목을 필수로 지정하는 등 관리자의 역량 강화가 중요할 것으로 보인다.

③ 학교 유대감

학교 유대감(school connectedness)은 안전감, 소속감, 교사의 공평성과 지지를 포함하는 학교 경험의 정서 및 대인관계적 특성으로 알려져 있다(Loukas et al., 2012). 이 유대감은 괴롭힘과 같은 반사회적 행동이 증가하는 것을 막고 여러 위험요인을 완충하는 보호요인으로 주목받아 왔다(O'Brennan & Furlong, 2010). 즉, 교사-학생관계를 적대적이라고 인식하는 청소년은 괴롭힘을 당할 가능성이 높았으며(오승환, 2007; 이상균 2005) 이러한 경향은 초등학생에게서도 나타났다. 초등학교 5~6학년 462명을 대상으로 집단따돌림 피해경험 및 가해경험을 분석한 연구에서는 교사로부터 사회적 지지를 많이 받을수록 그들의 집단따돌림 피해경험 및 가해경험 정도가 낮았다(장미향, 성한기, 2007). 학생과 교사는 학교체계의 주요 구성원으로, 이들 간의 관계가 학생의 학교적응에 매우 큰 영향을 미친다. 국내 선행연구를 살펴보면 특히 교사의 지지와 이해를 통해 학생들이 학교에서 유대감과 안정감을 느끼는 것으로 나타났다(성지희, 정문자, 2007). 즉, 교사의 지지는 학교적응 및 학교폭력 예방에 중요한 보호요인으로 작용하고 있다. 교사가 학생들에게 지속적인 지지와 관심을 보여 주면 학생들은 학교에서의 적응력이 향상되고 학교폭력에 대한 저항력을 키울 수 있게 된다(김재엽, 이지현 외, 2008). 국외 선행연구에 따르면 학교폭력 피해경험이 많은 집단은 또래, 교사, 학교와 관계성이 약하고(Skues et al., 2005), 학교유대감은 낮은 것으로 나타났다(Lester et al., 2013; O'Brennan & Furlong, 2010). 또한 학교폭력 피해학생과 가해학생, 피해·가해 중복경험 학생이 일반 학생보다 교사지지를 더 낮게 지각하며, 그중에서 피해학생이 지각하는 교사지지의 수준이 가장 낮은 것으로 보고되었다(Flaspohler et al., 2009; Natvig et al., 2001).

3) 중간체계

중간체계(mesosystem)는 둘 이상 미시체계의 상호연결로 가장 잘 설명된다(Bronfenbrenner, 1994). 예를 들어, 학교와 가정 사이에 소통이 원활하고 학생과 자녀의 행동을 협력적 관계 속에서 모니터링하면 폭력적 행동은 효과적으로 조절된다. 실제로 국내 선행연구에 의하면 중·고등학교 남학생의 경우 부모 간 폭력을 목격한 자녀일수록 학교폭력 가해행동을 할 위험이 높았다. 한편, 이러한 부모 간 폭력에 노출되었음에도 불구하고 또래지지 또는 교사지지가 있다면 학교폭력 가해행동을 하지 않는다는 것이 확인되었다(김재엽, 정윤경 외, 2008). 이러한 연구결과는 아동의 가족과 또래, 학교 사이의 상호작용이 유의미한 영향을 미친다는 것을 의미한다. 또한 앞서 설명한 교사와 학생들 사이에 밀접한 생활지도가 이뤄지고 신뢰 관계가 형성되면 폭력행동은 억제될 가능성이 높다. 실제로 이은희 등(2004)의 연구에서는 교사 애착과 학교에 대한 애착이 비행 친구와의 접촉을 줄임으로써 학교폭력 가해행동이 증가하는 것을 방지함을 확인했다. 이러한 연구결과는 학생의 폭력적 행동이 학교와 또래관계 사이의 상호작용에 의해 조절될 수 있음을 시사한다.

4) 외체계

외체계(exosystem)는 외부체계라고 명명하기도 하는데 개인이 직접적으로 상호작용을 하지는 않지만, 그들의 발달에 영향을 줄 수 있는 다양한 맥락으로 구성된다. 대표적으로 대중 매체 등과 같이 다른 체계들로부터의 영향을 나타낸다(Bronfenbrenner, 1994). 대중 매체의 폭력적인 내용이 개인의 폭력행동을 촉진하는 것으로 알려져 있으며(Huesmann et al., 2003), 다양한 매체의 폭력에 노출된 학생은 학교폭력과 같은 장면에서 자연스럽게 폭력의 방법이나 과정을 모방할 가능성이 있다. 특히 청소년은 타인의 행동을 모방하려는 경향성이 높은 특징을 보인다. 또한 학생이 다양한 매체의 폭력에 노출되면 폭력에 둔감해져서 웬만한 폭력에 대해서는 허용적으로 될 수 있으며 이러한 누적 경험으로 인해 타인에 대한 공감능력이 감소할 가능성도 있다. 폭력에 노출이 많은 개인은 폭력에 대한 정서적 감흥을 느끼지 못하게 되어 폭력적 장면에 점점 둔감화된다고 알려져 있다(Mullin & Linz, 1995).

미디어 폭력은 학생의 폭력적 행동을 강력하게 예측하는 변수임이 밝혀지기도 했지만(김순혜, 2006), 국외 연구에서는 폭력적인 TV 프로그램뿐만 아니라 폭력적인 비디오 게임이 청소년의 폭력행동을 더 많이 예측한다고 보고하기도 했다(Ferguson et al., 2009). 국내 연구의 경우, 김재엽 등(2010)도 폭력적 인터넷 게임 사용군에서 인터넷 게임 중독이 폭력적 생각을 매개하여 학교폭력 가해행동에 미치는 영향을 확인하기도 하였다. 이러한 연구결과는 Anderson 등(2010)이 주장한 일반공격성모델(General Aggression Model: GAM)과 일치하는 결과로 지속적으로 폭력적 인터넷 게임을 한 집단은 공격적 생각과 같은 개인의 내적 요인의 변화를 초래하고, 증가한 공격성은 결국 폭력적 가해행동과 같은 공격적 행동으로 발현된다는 이론을 뒷받침한다.

5) 거시체계

거시체계(macrosystem)는 특정 문화의 가치, 신념 체계, 관습, 생활방식 및 사회구조를 포함한다(Bronfenbrenner, 1994). 거시체계는 한국 사회에서 개인의 행동과 사회적 상호작용을 결정하는 데 중요한 역할을 한다. 한국 사회는 공동체 중심의 문화를 강조하며, 개인의 행동은 종종 집단의 이익과 일치해야 한다는 규범에 따라 조절된다. 한국의 교육체계 또한 거시체계의 또 다른 예시로 볼 수 있다. 이러한 사회적 구조에서 학생들은 학교 내에서 자신의 행동이 집단의 일부로서 어떤 영향을 미칠지에 대해 고려하게 된다. 즉, 한국 사회의 가치와 규범을 배우고 준수하는 것이 강조되며, 학생들은 자기 개인의 목표보다는 자신이 소속된 공동체와 집단의 성취를 중시하는 경향이 있다. 이는 유교적 전통에서 비롯된 집단 중심의 가치 체계와 규범에 뿌리를 두고 있다. 이러한 문화권에서는 학업성취에 대한 사회적 관심이 높기 때문에 학생들은 학업성취에 대한 과도한 압박을 받으면서도 학업적 성취를 통해 집단 내의 지위와 인정을 얻고자 한다. 일반긴장이론에 따르면 성취압력을 많이 느끼는 한국 학생들은 상당한 스트레스를 경험하며, 높아진 스트레스가 또래 사이의 갈등을 악화시키는 요인으로 작용하여 스트레스로 인한 학교폭력이 발생할 수 있다. 실제로 중국 중등 학생 3,566명을 대상으로 한 연구결과에서 스트레스와 학교폭력은 유의미한 긍정적인 상관관계가 있었으며(Luo et al., 2023), 한국에서는 학업스트레스가 주관적 행복감, 친구, 가족, 교사의 지지와는 부적 상관관계를, 학교폭력과는 정적 상관관계를 갖는 것으로 나타났다(박재연, 2017). 또한 학업적 우수성에만 초점을 맞춘 교육 환경에서 일하는 한국 교사들은 학교폭력을 다루는 데 소극적일 수밖에 없다는 지적도 있다(황혜원 외, 2006). 이에 대해 연구자들은 종종 집단 내 규범에 부합하지 않는 것이 집단주의 사회 내의 따돌림과 또래 괴롭힘에 기여할 수 있다고 주장한다(이해경, 김혜원, 2001). 따라서 집단주의적 경향은 사회의 문화적 배경으로 폭력에 대한 중요한 예측 변수이기도 하다.

2 학교폭력의 역동

학교폭력을 가해학생과 피해학생 사이에서만 발생하는 단선적 관계로 생각하는 경우가 많다. 물론 두 당사자 간 힘의 불균형에 기반하여 발생하고 유지되지만, 폭력을 목격한 다수의 주변학생을 포함한 역동관계에서 폭력을 이해하는 것이 강조되고 있다(Salmivalli, 2014). 최근에는 가해학생과 피해학생뿐만 아니라 주변학생을 포함한 참여학생의 관점에서 폭력을 이해하고 이 관점에서 개입할 때 폭력이 효과적으로 감소한다는 접근이 설득력을 얻고 있다(오인수 외, 2019; Barhight et al., 2017; Garandeau et al., 2022; Salmivalli, 2014).

1) 가해학생과 피해학생의 양자구도

앞서 설명한 학교폭력 참여자 중에서 가장 눈에 띄는 역동은 피해학생과 가해학생 사이의 힘의 불균형이다. 오인수(2012)는 학교폭력이 근절되기 힘든 가장 큰 이유이자 학교폭력 감소를 위한 핵심적 특징을 힘의 불균형으로 보았다. 이 힘의 불균형은 다양한 측면에서 발생한다. 구체적으로 살펴보면, 가해학생은 피해학생에 비해 몸집이 크고 힘이 세며(신체적 힘), 피해학생보다 또래에게 인기가 높으며(사회적 힘), 피해학생보다 자신감이 높고(정서적 힘), 상대를 괴롭히는 전략을 매우 빠르고 다양하게 만들어 낸다(인지적 힘). 이와 같이 가해학생은 피해학생에 비해 적어도 하나 이상의 신체적, 사회적, 정서적 및 인지적 우월성을 지니고 있기에 학교폭력이 지속되는 경향이 있으며, 이러한 힘의 불균형이 해소되지 않으면 학교폭력은 줄어들기 힘들다. 특히 가해학생이 여러 명이 되어 집단 가해자가 존재하는 경우는 힘의 우월성이 더욱 커지기 때문에 피해학생이 이러한 집단의 역동을 역전시키는 것은 더욱 어려워진다.

결국 가해학생과 피해학생 사이의 힘의 불균형이 해소되어야 폭력이 사라질 수 있는데, 이러한 힘의 구조를 더욱 지속시키는 것은 이들을 둘러싼 다수의 방관자와 동조자 및 강화자들 때문이다. 주변인들은 평소에 학교폭력을 목격하면 가해행동을 반대하거나 피해자를 방어해야 한다고 생각하지만, 이들의 실제 행동은 그와 다르다. 이처럼 주변인들이 그들의 생각이나 태도와 다르게 행동하는 것은 청소년기 학생들이 보이는 독특한 동조현상으로 설명된다. 다시 말해, 청소년 개인의 신념, 가치, 태도보다 또래집단의 기대나 규준에 따라 행동한다는 것이다. 이승연(2013)의 연구에 의하면 소속감과 사회적 인정, 사회적 지위 확립에 대한 욕구가 높은 청소년은 개인적 가치나 태도와 상관없이 공격적인 행동을 할 수 있는 것으로 나타났다. 집단 규준이 가해행동에 동조적이라고 지각할 경우, 개인적으로는 폭력에 반대하고 피해학생에게 동정을 느끼면서도 가해행동을 할 수 있다는 것이다(Scholte et al., 2010). 또한 폭력이 발생하는 순간 이를 목격한 다수의 주변인이 방관적 태도를 취하거나 가해학생 편을 들면 피해학생을 보호하고 싶어도 이를 행동으로 실천하기 어려워진다. 결국 두 당사자 간의 힘이 대등한 상황에서 발생하는 싸움과 달리 힘의 불균형에 기초한 폭력은 힘의 역동이 바뀌지 않는 한 개선되기 어려운 구조를 지니고 있어 지속성을 갖게 된다.

2) 주변학생을 포함한 전체 역동

학교폭력은 소수의 피해학생과 가해학생 사이에서 발생하지만, 이를 목격한 다수의 주변학생이 폭력 상황을 채우고 있다. 학교폭력은 주로 가해학생과 피해학생의 양자구도로 이

해되는 경향이 있지만 실제로 학교폭력이 유지되고 심화되는 것은 이를 목격한 주변학생
에 의해 좌우된다. 학교폭력의 참여학생(participant)은 가해학생과 피해학생 및 주변학생으
로 구성된다. 여기서 주변학생은 학교폭력 상황을 목격한 후 다양한 행동반응을 보이는 사
람으로 정의된다(이규미 외, 2014).

또한 주변학생은 〈표 2-2〉와 같이 다시 네 개의 서로 다른 행동반응을 보이는 집단으로
구분된다. 동조학생(assistant)과 강화학생(reinforcer)은 가해학생의 폭력을 증가시키는 반
응을 보이는 반면, 방어학생(defender)은 피해학생을 보호하고 변호하며 방어하는 역할을
하여 폭력을 억제시키는 기능을 한다. 반면, 주변학생의 대다수는 방관학생(outsider)이 차
지하는데 이들은 자신을 중립적이라고 주장하지만, 이들의 암묵적 행동을 가해학생은 자신
의 폭력을 지지하는 것으로 곡해하여 폭력이 지속되는 경향을 보인다.

〈표 2-2〉 주변학생의 유형에 따른 행동반응(신효정 외, 2022)

주변학생의 유형	행동반응의 예시
동조학생 (assistant)	• 다양한 방법으로 괴롭히는 가해학생을 돕는다. • 다른 학생이 괴롭히고 있으면 함께 괴롭힌다.
강화학생 (reinforcer)	• 괴롭힘을 보며 "본때를 보여 줘."와 같은 말로 부추긴다. • 괴롭힘을 잘 보려고 주변으로 가서 괴롭힘 보는 것을 즐긴다.
방관학생 (outsider)	• 괴롭힘 상황에서 어느 편에도 들지 못하고 못 본 척한다. • 자신도 괴롭힘당하는 두려움 때문에 괴롭힘 상황에서 나온다.
방어학생 (defender)	• 괴롭힘을 멈추기 위해 다양한 방법으로 노력한다. • 괴롭힘 피해학생을 위로하거나 선생님께 말하도록 격려한다.

실제로 주변학생은 가해학생의 행동을 지지하기도 하고 피해학생을 도와서 괴롭힘을 증
가시키거나 중단시킬 수 있는 것으로 확인되었다(한하나, 오인수 2014). 괴롭힘을 강화하고
동조하거나 방관하는 것은 괴롭힘을 부추기게 되고, 방어 행동을 하거나 어른에게 말하는
것은 괴롭힘을 중단시킬 수 있다(Barhight et al., 2013). Dunn(2010)에 따르면, 학교폭력 상
황이 또래에 의해 목격되지만, 대부분 멈추게 하는 행동을 취하지 않기 때문에 폭력이 암묵
적으로 허용된다고 하였다. 따라서 가해학생과 피해학생에 대한 관심 이상으로 주변학생
에 대해 관심을 가져야 한다. 즉, 학교폭력을 실질적으로 감소시키기 위해서는 주변학생의
대다수를 차지하는 방관자를 방어자로 전환시키는 개입을 실시해야 한다.

이와 같이 학교폭력은 가해학생과 피해학생뿐만 아니라 대다수의 주변학생을 포함한 참여자 사이의 역동에 의해 발생하고 유지된다. 학교폭력을 주로 가해학생과 피해학생의 양자구도로 이해하던 방식이 최근에는 학교폭력을 목격한 주변학생을 포함하는 방식으로 개입의 대상을 확장하고 있다. 학자들은 학교폭력 상황에 가해학생과 피해학생 외에 다수의 학생이 있다는 점과 폭력이 집단에 의해 발생하는 것에 주목하게 되었다. Craig 등(2000)은 또래 괴롭힘은 일대일의 상황에서는 거의 일어나지 않으며, 일어났을 경우 그 상황을 지켜보던 주변학생이 존재하는 경우가 약 85% 이상이라고 하였다. 그러므로 학교폭력은 가해학생과 피해학생의 양자 관계보다는, 주변학생을 포함하여 집단적인 역동으로 나타나는 전체적인 과정으로 파악해야 한다(신지은, 심은정, 2013; 심희옥, 2008; Salmivalli et al., 1996).

결론적으로 집단의 역동에서 발생하는 힘의 불균형에 기초하여 폭력이 발생하기 때문에 학교폭력 현상을 정확히 이해하려면 또래환경 및 학교환경 등 체제적 특성에 대한 이해가 필요하다. 특히 청소년기에는 또래의 인정과 소속감을 중요하게 여긴다. 사회적 지위에 대한 욕구가 증가하는 청소년기에는 공격적 행동을 전략적으로 사용하여 인기를 얻기도 하며 이 시기 공격성은 연령이 증가할수록 더 매력적으로 지각되는 경향이 있다(Caravita & Cillessen, 2012). 주변학생이 폭력을 목격할 때 가해학생에게 동조하거나 폭력을 강화하는 행동이 오히려 또래들 사이에서는 멋있는 행동으로 인식되기도 한다. 결국 가해학생은 폭력을 통해 주변학생의 인정 및 사회적 인기 등을 사회적 보상의 형태로 지각하게 되어 폭력행동을 더욱더 긍정적으로 지각할 가능성이 높다(Vaillancourt et al., 2003). 나아가 가해학생의 특권의식이 높아지고 피해학생이 괴롭힘당할 만하다고 생각하는 등의 도덕적 이탈이 더해지면서 폭력행동은 더욱 증가하게 된다(안소현 외, 2012). 이러한 연구결과들은 청소년 사이의 폭력행동이 자신을 표현하는 수단으로 사용되고, 집단 내 힘의 불균형으로 인한 집단 서열을 만들어 내며 폭력을 보다 고착화시키는 기능을 한다고 보고한다.

학교폭력 상황에서 주변인의 역할이 강조됨에 따라 학교폭력의 참여자 중 주변인을 중심으로 한 연구와 프로그램이 증가하고 있다. 학교폭력 상황에서 주변인의 행동 특성에 대한 연구(박예라, 오인수, 2018; 신현숙, 2014; 오인수 외, 2019; 최유진, 오인수, 2018)와 주변인의 역할에 대한 연구(남미애, 홍봉선, 2015; 안효영, 진영은, 2014; 최지훈, 남영옥, 2017) 및 주변인 대상 학교폭력 예방교육 프로그램 개별 연구(정제영 외, 2013)에 대한 다수의 연구가 활발히 진행되고 있다. 안효영(2016)의 저서 『또래 괴롭힘과 주변인 행동의 이해』는 학교폭력 상황에서 문제해결의 핵심으로 주변인의 중요성을 강조하며 또래 괴롭힘 상황에서 주변인의 행동을 상황적 요인으로 파악하여 실제 사례를 분석함으로써 주변인을 통한 또래 괴롭힘 해결 방안을 제시하였다.

🔍 **인사이트** ▶ 우아한 거짓말

학교폭력을 다룬 영화와 소설은 제법 있다. 그중에서 피해학생이 자살을 선택하는 '자살'을 모티브로 삼는 경우가 많다. 그리고 대부분의 작품은 피해학생과 가해학생을 이분법적으로 접근하여 선악의 관점에서 응징하는 구도를 가진 경우가 대부분이다. 그런데 〈우아한 거짓말〉(2014)은 다르다. 이 영화와 소설은 주인공 천지가 자살하기 전까지 일명 은근한 따돌림, 은따를 지켜보았던 다양한 주변인의 무관심과 방관 행동을 독특한 방식으로 드러낸다. 세상을 등지기 전 천지는 가족과 친구들에게 다양한 도움의 신호를 보냈지만, 주변인은 이러한 신호들을 알아채지 못한다. 천지는 매우 독특한 방식으로 유서를 남긴다. 평소 실뜨기를 할 때 사용했던 털실 뭉치 다섯 개에 메모를 봉인하여 남기는데, 그 안에 작은 메모를 통해 다섯 명의 사람들에게 자신이 받았던 상처의 마음을 전한다. 평소 "어머 예쁘네, 좋아 보이네."라는 우아한 표현은 실제로는 무시하는 표정과 함께 '네 주제에 어디서 났어?'라는 비수로 꽂히게 된다. 최근에는 눈에 잘 드러나지 않는 관계적 폭력, 즉 은따가 많이 발생하기 때문에 교사가 폭력을 확인하는 것이 매우 어렵지만, 관계망 속에 있는 또래 주변인들은 은따를 느낀다. 문제는 이러한 따돌림을 감지했을 때 주변인이 아무런 적극적인 행동을 취하지 않는다면 방관자가 되어 결국 피해학생에게 또 다른 상처를 준다는 점이다. 스스로는 중립 행동을 했다고 주장할 학교폭력의 방관자들이 꼭 봐야 할 작품이라고 생각한다.

3 학교폭력의 유형

학교폭력은 다양하게 유형화될 수 있다. 제1장에서는 학교폭력 사안처리 가이드북에 제시된 일곱 가지 유형을 간략하게 설명하였다. 또 다른 가장 대표적인 유형 분류는 신체적/물리적 폭력, 언어적 폭력 및 관계적, 사회적 폭력으로 분류하는 방식이다(Pathch & Hinduja, 2010). 이 절에서는 세 가지 유형별 폭력의 특징을 중심으로 설명하고 학교폭력 실태조사에서 확인된 유형별 비율의 변화 등을 살펴보고자 한다.

1) 신체적, 물리적 폭력

　폭력 분야에서 'physical'이란 단어는 신체적 혹은 물리적으로 번역된다. 신체적 폭력이 말 그대로 몸(body)을 사용하여 상대에게 폭력을 행사하는 경우라면, 물리적 폭력은 물건(object)을 사용하여 폭력을 행사하는 상황에 해당한다. 먼저, 신체적 폭력은 신체적 고통이나 상해를 가할 의도나 그러한 의도가 있다고 인식되는 행위로 정의된다(한경혜, 김영희, 1999). 학교폭력의 상황에서 일반적이고 전형적인 폭력의 유형이라고 할 수 있다. 〈표 2-3〉과 같이 현행 「학교폭력예방법」에 제시된 다양한 유형의 폭력이 신체적/물리적 폭력에 속한다고 볼 수 있다. 상해, 폭행은 신체를 손, 발로 때리는 등 고통을 가하는 행위이고, 감금은 일정한 장소에서 쉽게 나오지 못하도록 하는 행위이다. 약취는 강제(폭행, 협박)로 상대방을 자신의 지배 아래 두는 행위를 말한다. 유인은 상대방을 속이거나 유혹해서 일정한 장소로 데리고 가는 행위를 말한다. 그 밖에 장난을 빙자한 꼬집기, 때리기, 힘껏 밀치기 등 상대학생이 폭력으로 인식하는 행위를 신체폭력으로 구분할 수 있다.

〈표 2-3〉 학교폭력 유형 중 신체폭력의 예시(교육부, 이화여자대학교 학교폭력예방연구소, 2024)

- 상해, 폭행: 신체를 손, 발로 때리는 등 고통을 가하는 행위
- 감금: 일정한 장소에서 쉽게 나오지 못하도록 하는 행위
- 약취 · 유인: 상대방을 속이거나 강제(폭행, 협박)로 일정한 장소로 데리고 가서 자신의 지배 아래 두어 이득을 취하는 행위
- 기타: 장난을 빙자한 꼬집기, 때리기, 힘껏 밀치기 등 상대학생이 폭력으로 인식하는 행위

　실제로 현장에서 주로 발생하는 신체폭력은 고의적으로 건드리거나 치는 등 시비를 거는 행위, 때리는 행위(다른 사람을 시켜서 때리는 행위 포함), 목을 조르는 행위, 꼬집는 행위, 장난을 가장해서 심하게 때리거나 밀치는 행위, 신체적인 위협을 가하는 행위, 신체적 · 성적 접촉을 강요하는 행위, 학용품 등 물건이나 흉기를 이용해서 상해를 입히는 행위, 신체 부위에 침을 뱉는 행위, 한 학급 학생을 모두 운동장으로 불러내어 기합을 주는 행위, 돈이나 물건을 빼앗거나 감추는 행위 등이 포함된다. 이러한 신체적 폭력은 물건을 사용하는 물리적 폭력의 형태와 겹쳐서 발생하는 경우가 흔하다. 예를 들어, 때리거나 위협을 가할 때 도구를 쓰는 경우에는 위험성이 높아진다. 학교폭력 실태조사에 따르면, 지난 10년간 신체적 폭력은 감소하다가 최근 소폭 증가하고 있고, 금품갈취는 점차 감소하는 추세를 보인다. 이러한 감소의 원인은 신체적, 물리적 폭력이 지닌 가시성으로 설명될 수 있다. 학교폭력에

대한 처벌을 강하게 하는 무관용 원칙이 적용된 이후 가해학생은 처벌을 피하고자 눈에 잘 띄는 가시적 폭력보다는 잘 드러나지 않는 비가시적 폭력을 선택한 것으로 보인다. 폭력행동에 대한 결과가 강력한 처벌로 이어지면 행동주의 원칙에 따라 가시적 폭력행동은 자연스럽게 감소할 수밖에 없다.

　신체적, 물리적 폭력과 관련하여 초기에 대응할 때, 〈표 2-4〉에 제시된 내용을 참고하는 것이 좋다(교육부, 이화여자대학교 학교폭력예방연구소, 2024). 신체적, 물리적 폭력은 상대방을 고의적으로 건드리거나 치는 등 시비를 걸거나, 일정한 장소에서 쉽게 나오지 못하도록 하는 행위를 말하므로, 폭력이 발생하면 가능한 한 빠르게 대응하여 피해학생을 지원하고 가해학생을 제지하는 것이 필요하다. 이를 통해 더 큰 사고로 확대되는 것을 방지할 수 있다.

〈표 2-4〉 신체적, 물리적 폭력에 대한 초기대응 요령(교육부, 이화여자대학교 학교폭력예방연구소, 2024)

	초기대응 요령
피해학생	• 피해학생의 마음을 안정시키고(심호흡, 안정을 유도하는 말 등) 신변안전을 확보한다. • 가벼운 상처는 학교 보건실에서 일차적으로 치료하고, 상처 정도가 심해 학교 보건실에서 치료할 수 없을 때는 병원으로 신속히 이동한다. • 탈골, 기도 막힘, 기타 위급상황이라고 판단된 경우 자리에서 움직이지 않고 119에 도움을 청한다.
가해학생	• 상황을 종료시키고 피해학생과 분리한 후, 가해학생을 진정시킨다. • 피해학생의 상태가 위중하거나 외상이 심한 경우, 가해학생 역시 충격을 받아 예측하지 못하는 돌발행동을 보일 수 있으므로 주의를 기울이며 대화를 시도한다. • 질책이나 지나친 맞장구는 삼가고 중립적으로 가해학생의 입장을 청취한다. 가해학생과 대화가 진행된 경우 가치 판단 없이 가해학생의 입장을 간단히 요약하고, 이후 조사과정에도 협조할 수 있도록 안내한다. 반면, 가해학생이 대화를 원치 않는 경우 가해학생의 마음을 존중하고, 이후 조사에는 협조할 수 있도록 안내한다.

2) 언어적 폭력

　현행 「학교폭력예방법」의 정의에서 제시된 언어폭력의 유형은 〈표 2-5〉와 같이 명예훼손, 모욕, 협박으로 구성된다(교육부, 이화여자대학교 학교폭력예방연구소, 2024). 이러한 법률상의 사전적 의미를 살펴보면 다음과 같다. 먼저, 언어폭력으로서의 명예훼손은 '여러 사람 앞에서 상대방의 명예를 훼손하는 구체적인 말(성격, 능력, 배경 등)을 하거나 그런 내용의 글을 인터넷, SNS 등으로 퍼뜨리는 행위'이다. 다음으로 언어폭력으로서의 모욕은 '여러 사람 앞에서 모욕적인 용어(생김새에 대한 놀림, 병신, 바보 등 상대방을 비하하는 내용)를 지속적으로 말하거나 그런 내용의 글을 인터넷, SNS 등으로 퍼뜨리는 행위'를 말한다. 마지막으로 언어폭력으로서의 협박은 '신체 등에 해를 끼칠 듯한 언행("죽을래?" 등)과 문자메시지 등으로 겁을 주는 행위'를 말한다.

〈표 2-5〉 **학교폭력 유형 중 언어적 폭력의 예시**(교육부, 이화여자대학교 학교폭력예방연구소, 2024)

- 명예훼손: 여러 사람 앞에서 상대방의 명예를 훼손하는 구체적인 말(성격, 능력, 배경 등)을 하거나 그런 내용의 글을 인터넷, SNS 등으로 퍼뜨리는 행위
  ※ 내용이 진실이라고 하더라도 범죄이고, 허위인 경우에는 형법상 가중 처벌 대상이 됨.
- 모욕: 여러 사람 앞에서 모욕적인 용어(생김새에 대한 놀림, 병신, 바보 등 상대방을 비하하는 내용)를 지속적으로 말하거나 그런 내용의 글을 인터넷, SNS 등으로 퍼뜨리는 행위(모욕)
- 협박: 신체 등에 해를 끼칠 듯한 언행("죽을래?" 등)과 문자메시지 등으로 겁을 주는 행위

언어적 폭력과 관련하여 주목할 부분은 학교폭력 중에서 언어적 폭력이 차지하는 높은 비율이다. 지난 10년간 언어적 폭력은 다른 유형의 폭력에 비해 가장 높은 비율을 차지하고 있다. 그만큼 폭력을 행사하는 도구로 언어는 언제 어디서든 쉽게 사용될 수 있기 때문에 비율이 줄어들지 않고 있다. 특히 사이버폭력이 증가하면서 언어는 더욱 거칠어지는 경향이 짙어졌다. 사이버 공간에서는 익명성과 거리 때문에 사회적 규범을 무시한 발언이 증가하고 있어 이에 대한 대응이 시급하다. 이러한 문제는 학생들 사이에서도 심각한 영향을 미치고 있는데, 사이버폭력과 디지털 폭력은 학생들의 정서적 안녕과 학업 성취에 부정적인 영향을 미칠 수 있다(Olenik-Shemesh & Heiman, 2017; Schneider et al., 2012). 특히 사이버 공간에서는 자신을 숨기는 익명성이 가능하여 청소년들의 언어적 행동이 매우 거칠어지는 경향을 보인다. 연구들은 온라인에서의 언어적 폭력이 실제 대면 상황에서의 폭력보다 더 빈번하게 발생한다는 점을 강조하고 있다(정여진, 손서희, 2017).

최근에 언어적 폭력은 그 수위가 점점 높아지고 거칠어지는 측면이 있다. 특히 최근 몇 년간, 디지털 플랫폼과 소셜 미디어의 급속한 발전으로 인해 청소년의 사용 언어가 매우 거칠어지고 있으며, 동시에 언어적 폭력과 혐오 발언의 증가로도 이어지고 있다(윤성희, 곽대훈, 2019). 예를 들어, 최근의 언어폭력은 단순한 놀림의 수준을 넘은, 이른바 '패드립'과 같은 형태로 발전하였다. 패드립은 패륜과 애드리브의 합성어로 부모나 어른을 욕설하고 성

적 비하의 소재로 삼는 것을 말한다. 박민영(2014)은 패드립을 하는 대부분의 청소년이 윤리적 문제 의식을 별로 느끼지 않는다는 심각성을 지적했다. 인터넷 패드립 카페나 SNS를 통해 '패드립 배틀'을 벌이기도 하는데, 이 경쟁에서 가장 자극적이고 지독하며 새로운 패드립을 던진 사람은 '패드립 종결자'로 인정을 받는 사례도 보고되었다(일요시사, 2012). 또 다른 예로, 2024년 시청역에서 발생한 역주행 사건 피해자들을 위한 추모 공간, 그리고 온라인상에 피해자를 조롱하는 글을 작성한 사람들이 형사 입건된 사건(서울경제, 2024)은 혐오 발언이 만연한 최근 우리 사회의 단면이라고 볼 수 있다. 이러한 사회에서 자란 청소년들은 자신의 언어적 표현을 더 공격적이고 도발적으로 사용하게 되며, 이는 심각한 부정적 영향을 미칠 수 있다는 우려가 제기되고 있다.

　이러한 언어적 폭력과 관련하여 초기에 대응할 때는 〈표 2-6〉에 제시된 내용을 참고하는 것이 좋다(교육부, 이화여자대학교 학교폭력예방연구소, 2024). 특히 언어폭력은 상대방의 명예를 훼손하는 구체적인 말을 하거나 인터넷, SNS, 문자메시지 등으로 사실을 퍼뜨리는 경우이기 때문에 증거를 확보하는 것이 중요하다.

〈표 2-6〉 언어폭력에 대한 초기대응 요령(교육부, 이화여자대학교 학교폭력예방연구소, 2024)

	초기대응 요령
피해학생	• 휴대폰 문자로 욕설이나 협박성 문자가 오면 어떠한 응답도 하지 않도록 안내한다. • 인터넷상에서 게시판이나 안티카페 등에서 공개적인 비방 및 욕설의 내용은 그 자체로 저장해 두도록 한다. • 보호자에게 알리고 전문상담교사 · 전문상담사에게 상담을 받도록 권한다.
가해학생	• 언어폭력을 했는지 사실 여부와 이유 등을 확인한다. • 장난으로 한 욕설이라도 피해학생이 고통받을 수 있음을 인식시킨다.

3) 관계적 폭력

　앞서 살펴본 신체적, 물리적, 언어적 괴롭힘은 겉으로 드러나는 외현적 괴롭힘으로 분류되기도 한다. 반면에 관계적 폭력은 잘 드러나지 않는 관계를 의도적으로 이용해 직간접적으로 위협 또는 조종함으로써 피해자에게 해를 입히는 것을 의미한다(Crick et al., 2001). 관계적 괴롭힘에 의한 폭력은 간접적인 공격과 일부 사회적 공격을 포함한다. 대표적으로 따돌리거나, 이간질하거나, 헛소문을 퍼뜨리는 등의 행위를 통해 관계를 훼손시킴으로써 피해학생에게 피해를 주는 경우이다. 이러한 관계적 폭력의 가해학생은 관계적 공격성

(relational aggression)이 높은 것으로 알려져 있다(박민정, 최보가, 2004).

2012년부터 학교폭력에 대한 무관용 원칙이 엄격하게 적용되기 시작하며 가해학생들은 상대적으로 비가시적인 방법을 선택하여 피해학생을 괴롭히는 것으로 보인다. 실제로 학교폭력 실태조사에 따르면 최근 관계적 폭력인 따돌림은 줄어들지 않고 있다(푸른나무재단, 2024). 이처럼 최근 학교폭력 추세 중 대표적인 특징은 학교폭력의 유형이 가시적인 형태에서 비가시적인 형태로 변화한다는 점이다. 관계적 폭력은 겉으로 잘 드러나지 않는 비가시적인 괴롭힘이기 때문에 가시적 증거가 있는 외현적 괴롭힘에 비해 외부에서 이를 파악하기 어렵고 주변에서 그 심각성을 파악하기 힘들다. 따라서 관계적 폭력의 경우 피해학생은 공개적으로 고통을 호소하기 힘들고 뚜렷한 피해 증거를 제시하거나 입증하기가 쉽지 않기 때문에 적절한 개입을 하기 어렵다(권기준, 이홍표, 2009; 김현욱, 안세근, 2013).

특히 관계적 폭력은 남학생들보다 여학생들에게서 많이 나타나는 것으로 보고되는데(문용린 외, 2007; 설경옥 외, 2015; Dukes et al., 2010; Rose et al., 2006), 이는 관계를 중요하게 생각하는 여학생들의 심리 · 사회적 특성과 밀접한 관련이 있다(Owens et al., 2005). 즉, 여학생들은 사회적 또는 대인관계에 더 큰 가치를 두기 때문에 관계적 폭력이 더 많이 발생하게 된다는 것이다(Crick & Grotpeter, 1995). 남학생들은 신체적 우월성에 더 가치를 두는 반면, 여학생들은 사회적 대인관계에 더 큰 가치를 두기 때문에 관계에 훼손을 입히는 것이 피해학생에게는 더 큰 폐해를 줄 수 있다. 특히 임영은, 오인수(2019)는 성역할에 대한 사회화과정의 관점에서 유교문화권인 동양의 경우 여자는 조심스럽게 행동해야 한다는 문화가 지배적이어서 누군가를 괴롭힐 때 가시적인 방식보다는 은밀한 방식을 선호하게 되었다고 설명한다.

[그림 2-2]는 사회적 관계망 분석을 통해 드러난 남학생과 여학생의 학급 내 사회적 관계의 차이를 가시적으로 보여 준다. 이 그림에서 화살표는 상대방에 의해 친한 관계라고 인식될 때 나타나는 선이다. 좌측에 제시된 남학생의 관계망은 학생들끼리 서로서로 관계를 형성하여 한 학생이 형성한 관계의 화살표가 여러 방향으로 뻗은 패턴을 보인다. 반면, 여학생의 관계망은 남학생에 비해 하나의 선처럼 드러나며 학생들은 주로 단짝 관계를 형성하고 있다. 이처럼 성별에 따라 서로 다른 관계망을 지닌 경우, 따돌림을 통해 관계를 훼손시켰을 때(화살표가 지워지는 경우) 더욱 큰 피해를 보는 것은 여학생들이다. 남학생은 하나의 관계가 훼손되어도 이미 형성해 놓은 다른 관계에 의해 사회적 관계가 유지되지만, 여학생은 단짝을 중심으로 단선적인 관계망을 형성하기 때문에 하나의 관계가 훼손되면 외톨이가 될 가능성이 높아진다.

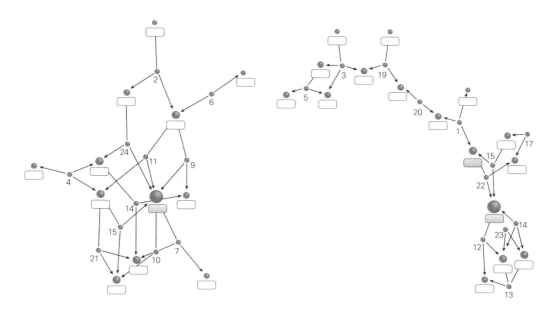

[그림 2-2] 남학생(좌측)과 여학생(우측)의 사회적 관계망 비교(숫자는 학생 번호)

➕ **인사이트** ▶ **핵심 방어학생은 누구인가**

앞서 학교폭력의 역동에서 강조한 바와 같이 주변학생 중에서 대다수를 차지하는 방관학생(outsider)을 방어학생(defender)으로 변화시키는 것은 학교폭력 예방에서 가장 중요하다. 그런데 주변학생의 역량 강화 프로그램을 실시하여 방어학생의 중요성을 강조해도 쉽게 학생들이 방어자의 역할을 수행하지 못하는 경우가 많다. 피해학생을 방어하려면 가해학생의 힘을 넘어서야 하는데 대부분의 가해학생은 역량 측면에서 만만치 않다. 그렇기 때문에 방어행동이 성공하려면 그나마 주변학생 중에서 역량이 높은 학생이 선제적으로 방어행동을 할 수 있도록 촉진해야 한다. 이를 위해서는 주변학생 중 역량이 높은 학생을 선별해야 하는데 이를 위해 [그림 2-2]에서 제시한 사회적 관계망 분석을 유용하게 활용할 수 있다. 관계망 그림에서 화살표를 많이 받을수록 원의 크기는 커지며 이는 사회적 역량의 높은 수준을 보여 준다. 학급 내에서 인기가 있고 선호도가 높은 학생들, 다시 말해 사회적 역량이 높은 학생일수록 큰 원으로 표시된다. [그림 2-2]에 제시된 학생 중에서 가장 큰 원으로 표시된 학생을 중심으로 방어행동을 할 수 있도록 촉진할 때 개입이 성공할 가능성이 높아진다.

임영은과 오인수(2019)는 여자 중학생을 대상으로 한 질적연구를 통해 관계적 괴롭힘 유형을 〈표 2-7〉과 같이 제시하였다. 이 표에 제시된 바와 같이 관계적으로 따돌리는 방식을 크게는 일곱 가지, 세부 방식으로는 18가지로 제시하고 있다.

〈표 2-7〉 중학교 여학생들의 관계적 괴롭힘 유형(임영은, 오인수, 2019)

주제	세부주제	내용
욕설과 협박으로 위축시키는 방식	욕하기	모욕하고 저주하는 말을 함
	협박하기	위협적인 말이나 행동을 함
비방하여 분노를 일으키는 방식	뒷담하기	피해자와 다른 공간에 있는 제3자와의 대화에서 피해자를 언급하며 비방함(예: 뒷담, 뒷담화, 뒷땅)
	앞담하기	피해자와 같은 공간에 있는 제3자와의 대화에서 피해자를 언급하며 비방함(예: 앞담, 앞담화, 앞땅)
부정적인 이미지 각인으로 신뢰도를 떨어뜨리는 방식	낙인찍기	피해자에 대한 부정적 평가를 바꾸려 하지 않거나 타인과 공유함
	소문내기	비밀이나 거짓말 등을 퍼뜨림
	이간질하기	상대방의 말을 좋지 않게 전달함
무시하여 자존감을 손상시키는 방식	무시하기	행동과 의사를 무시함(예: 투명인간 취급, 답변하지 않음)
	하대하기	깔보고 비웃으며 빈정거림
친밀감을 차단하여 고립감을 느끼게 하는 방식	거리 두기	거리감을 느끼게 하거나 겉돌게 함
	제외하기	무리에 끼워 주지 않음(예: 왕따, 전따, 은따, 찐따 등)
	친구 뺏기	제3자가 피해자에게 다가가는 것을 막음
모욕적 행위로 수치심을 느끼게 하는 방식	티 내기	싫다는 것을 은근하게 티 냄(예: 차가운 시선, 침묵, 한숨, 혼잣말 등)
	창피 주기	수치심을 주는 말이나 행동을 함
	피해 주기	물리적 또는 금전적 손실을 입힘
	반어적 표현하기	표현하려는 뜻과 반대로 말하고 행동함
책임전가로 억울함을 느끼게 하는 방식	탓하기	모든 문제의 원인을 피해자 탓으로 돌림
	누명 씌우기	피해자가 잘못이 있는 것처럼 상황을 몰아가며 거짓말을 함

이와 같은 관계적 괴롭힘은 사회적 관계 속에서 미묘하게 이루어지기 때문에 교사가 관찰하기 힘들다. 그래서 교사는 이러한 폭력의 영향을 과소평가할 가능성이 높다. 관계적 괴롭힘은 주로 욕설과 협박, 비방, 부정적 이미지 각인, 무시, 친밀감 차단, 모욕적 행위, 책임 전가 등의 다양한 유형으로 나타난다. 그러나 이러한 행위들은 피해자에게 심리적으로

큰 영향을 미칠 수 있으며, 이를 인식하여 대응해야 한다. 또한 여학생들의 관계적 괴롭힘은 오프라인과 온라인을 통해 이루어지는데, 최근에는 사이버폭력의 형태로 발생하는 경우가 늘고 있다(임영은, 오인수, 2019). 이는 온라인에서의 괴롭힘이 피해자에게 더 큰 영향을 미칠 수 있음을 의미하며 이에 대한 교육적 개입을 통해 관계적 괴롭힘에 대한 인식을 높이는 것이 매우 필요하다.

관계적 폭력과 관련하여 초기에 대응할 때는 〈표 2-8〉에 제시된 내용을 참고하는 것이 좋다(교육부, 이화여자대학교 학교폭력예방연구소, 2024). 특히 관계적 폭력은 괴롭힘과 함께 이루어지는 경우가 많지만, 대부분의 교사가 학교폭력으로 인식하지 못하는 경우가 많으므로 특별히 주의를 요한다. 더불어 2차 피해가 발생하지 않도록 주의해야 하며, 신고를 두려워하는 피해학생을 돕고, 피해 및 가해학생이 함께 만나지 않도록 하는 것이 중요하다.

〈표 2-8〉 관계적 폭력에 대한 초기대응 요령(교육부, 이화여자대학교 학교폭력예방연구소, 2024)

	초기대응 요령
피해학생	• 피해학생이 정신적 피해를 심하게 입어 학교에 나오지 못하는 경우, 집에서 휴식을 취하거나 병원 또는 상담센터에서 상담을 받도록 안내한다. • 학교에 출석하지 못하는 동안 담임교사는 학생의 학습 상황을 수시로 점검하여 학습 능력이 뒤처지지 않도록 신경을 쓴다.
가해학생	• 가해학생은 실제 자신이 무엇을 잘못했는지 모르는 경우가 많다. 그러므로 가해학생의 따돌림 행동이 명확한 학교폭력이라는 것을 인식시킨다. • 담임교사나 상담교사가 수시로 가해학생을 만나 지속적으로 상담을 한다.

이상에서 설명한 세 가지 유형의 폭력 이외에도 강요, 성폭력, 사이버폭력 등이 대표적인 유형으로 제시되고 있다(교육부, 이화여자대학교 학교폭력예방연구소, 2024). 앞서 제시한 신체적, 언어적, 관계적 폭력이 서로 명백하게 구분이 되는 상호위배적인 관계라면, 강요, 성폭력, 사이버폭력은 다소 겹치는 특성이 존재한다. 예를 들어, 최근 새로운 강요의 학교폭력으로 알려진 '와이파이 셔틀'은 피해학생의 스마트폰 데이터를 뺏는 금품갈취 방식이다. 앞서 설명한 패드립과 같은 '성드립' 형태의 성폭력 역시 피해학생에게 성적 모멸감을 느끼도록 하는 언어폭력이다. 그리고 온라인상에서 발생하는 사이버폭력 가해학생은 상대에게 욕설을 할 수도 있고(언어적 폭력), 헛소문을 퍼뜨려 명예를 훼손할 수도 있다(관계적 폭력). 이처럼 학교폭력은 신체적·물리적(physical), 언어적(verbal), 관계적(relational) 폭력의 세 가지 유형에 기반을 두고 다양한 방식이 복합적으로 연결되어 발생하는 경향이 있다.

사이버폭력은 제11장에서 독립적으로 보다 자세하게 다루게 될 것이다. 성폭력은 사안의 특성상 다소 민감하게 다뤄지는 측면이 강하기 때문에 초기 대응의 중요성이 더 높다고 할 수 있다. 예를 들어, 학교장을 비롯해 교직원은 직무상 성폭력 사실을 알게 되면 즉시 수사기관(112, 117)에 신고해야 하는 즉시 신고 의무가 있으며 피해학생 측의 의사와는 관계없이 반드시 신고하는 것을 원칙으로 한다. 또한 피해학생의 프라이버시가 특별히 보호되어야 하는 특징을 지닌다. 학교장 및 관련 교원을 제외하고는 이와 관련된 사실을 알지 못하도록 철저하게 비밀을 보장하여 2차 피해를 방지하는 것이 중요하다.

이러한 성폭력과 관련하여 초기에 대응할 때는 〈표 2-9〉에 제시된 내용을 참고하는 것이 좋다(교육부, 이화여자대학교 학교폭력예방연구소, 2024). 특히 성폭력은 피해자의 정신적, 정서적, 생리적 영향을 초래할 수 있으며, 종종 긴장, 우울, 자살 시도, 자해, 학업 및 사회적 문제 등의 심각한 후유증을 유발할 수 있다(최월성, 김은혜, 2016). 성폭력에 대응할 때에는 특히 피해자의 안전과 신체적, 정서적 지원을 우선적으로 고려해야 한다. 또한 가해학생에 대한 처벌과 재발 방지를 위한 조치도 동시에 고려되어야 한다. 이러한 대응 절차는 학교 내에서 성폭력 예방 및 대응을 위한 체계적인 시스템의 구축과 더불어 학생들의 안전을 최우선으로 하는 데 중요한 역할을 한다.

〈표 2-9〉 성폭력에 대한 초기대응 요령(교육부, 이화여자대학교 학교폭력예방연구소, 2024)

	초기대응 요령
피해학생	• 증거가 소멸되지 않도록 주의하여 가능한 한 빨리 의료기관에 이송한다. • 피해학생이 정신적 피해를 심하게 입어 학교에 나오지 못하는 경우, 관련 상담센터에서 상담을 받게 한다.
가해학생	• 학교장의 긴급조치를 통해 피해학생과 분리한다.

4) 유형별 비율 및 변화

교육부 보도자료(2024. 9. 26.)의 2024년 1차 학교폭력 실태조사 결과에 따르면, 시간 흐름에 따른 학교폭력 피해 유형별 비중과 증감은 〈표 2-10〉과 같다. 학교폭력 피해유형은 언어폭력(40.9%), 신체폭력(15.5%), 집단따돌림(12.9%) 순으로 나타났다. 지난 6년간 언어폭력은 일관되게 가장 높은 비율을 차지하였다. 사이버폭력은 코로나 시기에 상승했다가 이후에 다시 줄어드는 추세를 보였다. 반면, 금품갈취는 지속적으로 줄어드는 양상을 보였다.

〈표 2-10〉 학교폭력 피해 유형별 비율 및 증감

구분	2017년 1차	2018년 1차	2019년 1차	2020년	2021년 2차	2022년 1차	2023년 1차	2024년 1차
언어폭력	34.1	34.7	35.6	33.6	41.7	41.8	37.1	40.9
집단따돌림	16.6	17.2	23.2	26.0	14.5	13.3	15.1	12.9
사이버폭력	9.8	10.8	8.9	12.3	9.8	9.6	6.9	6.8
스토킹	12.3	11.8	8.7	6.7	6.2	5.7	5.5	6.5
신체폭력	11.7	10.0	8.6	7.9	12.4	14.6	17.3	15.5
금품갈취	6.4	6.4	6.3	5.4	5.8	5.4	5.1	6.1
강요	4.0	3.9	4.9	4.4	5.4	5.3	7.8	5.4
성폭력	5.1	5.2	3.9	3.7	4.1	4.3	5.2	6.0

교육부 보도자료(2024. 9. 26.)의 2024년 1차 학교폭력 실태조사 결과에 따라 학교폭력 피해 유형에 따른 학교급별 비율을 비교하면 〈표 2-11〉과 같다. 구체적으로 살펴보면 언어폭력은 고등학교(41.3%), 중학교(40.0%), 초등학교(39.0%)의 순으로 높게 나타났으며, 신체폭력(초 16.7%, 중 13.5%, 고 11.6%)과 강요(초 6.3%, 중 4.6%, 고 4.2%)는 초등학교, 중학교, 고등학교의 순으로 높은 것으로 나타났다. 반면, 사이버폭력(고 10.4%, 중 9.2%, 초 6.3%)과 성폭력(고 7.2%, 중 6.7%, 초 5.4%)은 고등학교, 중학교, 초등학교 순으로 높게 나타났다. 이처럼 학교폭력 피해 유형은 학교급에 따라 그 심각성이 다르게 나타날 가능성이 있음을 알 수 있다.

〈표 2-11〉 학교급에 따른 학교폭력 피해 유형별 비율(%)

구분	언어폭력	신체폭력	집단따돌림	강요	사이버폭력	스토킹	성폭력	금품갈취
전체	39.4	15.5	15.5	5.7	7.4	5.3	5.9	5.4
초	39.0	16.7	14.3	6.3	6.3	6.2	5.4	5.7
중	40.0	13.5	17.7	4.6	9.2	3.4	6.7	4.9
고	41.3	11.6	17.6	4.2	10.4	3.7	7.2	4.0

제 **3** 장

학교폭력 관련 이론

프롤로그

   학교폭력에 특화된 이론은 존재하지 않기 때문에 이 장에서는 일반적인 폭력을 설명하는 이론을 학교 맥락에 비추어 제시하려고 했다. 그럼에도 이론은 생각보다 풍부하지 못해 폭력과 관련이 있는 비행이나 범죄학의 이론 중 일부를 통해 폭력 상황을 가정하여 설명하기도 했다. 이론이 중요한 이유는 이론에 따라 폭력 현상의 원인을 설명하는 방식이 달라지기 때문이며, 이론에 따라 폭력을 해결하기 위한 개입 방식이 달라지기 때문이다. 또한 이론적 통찰을 얻게 되면 겉으로 드러나는 폭력 현상 이면의 폭력의 본질을 꿰뚫어볼 수 있어 폭력 문제해결의 핵심적 요인을 찾는 데 도움이 된다. 그런데 이 장에서 설명하는 하나의 이론은 폭력의 매우 다양한 측면 중에서 오직 몇 개의 특정 부분에 초점을 두어 현상을 설명하는 한계점을 지닌다. 따라서 이 장을 읽는 독자는 다양한 이론을 이해한 이후에 실제 자신이 접한 폭력 현상에 여러 이론을 대입하며 다각적으로 폭력 현상을 이해하려는 노력이 반드시 필요하다.

학교폭력:
심리적 이해와 상담적 개입

이론(theory)이란 하나의 현상을 논리적으로 설명하는 일반화된 체계적 가설이다. 따라서 이론은 일종의 주장이며 '매우 그럴듯한' 설명 체계이다. 폭력을 설명하는 이론 역시 그 이론을 주장한 다양한 학자가 제시하는 고유한 가설이다. 이론은 보통 축적된 경험과 사실을 바탕으로 논리적 추론을 통해 만들어진다. 한 학자가 이론을 주장하면 이후 제안된 이론의 타당성을 검증하기 위해 다양한 연구(research)가 시도되고 해당 연구결과가 이론을 뒷받침할 때 이론은 더욱 견고해진다. 지금까지 다양한 이론은 인간의 폭력성을 설명하는 독특한 설명 체계를 제시하였다.

이론을 이해할 때 주의할 점은 이론은 주장이고 가설이지 법칙이나 원리가 아니라는 점이다. 이론은 이론을 만들어 낸 학자의 주관적 생각이기 때문에 각각의 이론들은 서로 상충되는 점도 존재한다. 예를 들어, 분석적 접근은 폭력의 원인을 과거에서 찾는 반면, 행동적 접근은 현재에 초점을 둔다. 한편, 인지적 접근은 그릇된 생각 때문에 폭력이 발생한다고 보는 반면, 행동적 접근은 폭력이 학습의 결과라고 주장하여 서로 엇갈린 입장을 보이기도 한다. 이것은 서로 다른 이론들이 상반되는 입장이라기보다는 서로 다른 측면에 초점을 둔 결과로 해석하는 것이 보다 정확할 것이다. 따라서 다양한 폭력을 이해할 때 이론의 서로 다른 점을 이해하고 상호 보완적으로 적용하여 폭력 현상을 다면적으로 이해하는 것이 중요하다. 절충주의적(eclectic) 혹은 통합적(integrated) 접근으로 알려진 이 방식을 활용하여 각 이론의 장단점을 이해한 후 주어진 폭력의 사례를 다양한 관점에서 종합적으로 이해하는 것이 필요하다.

이 장에서는 학교폭력의 원인을 설명하는 다양한 이론을 설명하기 위하여 다양한 학문 분야에서 제시된 이론을 소개하였다. 심리학이나 상담학 분야의 이론뿐만 아니라 범죄학, 사회학 등에서 제시하는 폭력 관련 이론을 종합적으로 제시하여 폭력 현상을 좀더 다면적으로 이해할 수 있도록 돕고자 하였다. 그리고 일부 이론은 학교 맥락에서 발생하는 학생의 폭력을 설명하기보다는 일반 사회에서 발생하는 성인의 폭력을 설명한 이론들이 많다. 또한 일부 이론은 폭력(violence)이 아닌 비행(delinquency)이나 범죄(crime)를 설명하기 위해 제안된 이론들도 있다. 이러한 점을 감안하여 해당 이론을 이해하는 것이 필요하다.

1) 정신역동이론

정신역동이론의 창시자인 Sigmund Freud는 1920년 『쾌락원칙을 넘어서(Beyond the Pleasure Principle)』 저술에서 죽음 본능(death instinct), 즉 파괴 성향에 주목하여 개인 내부에서 생성되는 파괴 본능이 폭력 행위와 연관되는 과정을 설명하였다. 그는 인간 행동의 원인이 크게 두 가지로 구성된다고 보았는데 하나는 '에로스'라는 리비도 동인이며, 다른 하나는 '타나토스'라는 죽음의 본능이다. 이 죽음의 본능 에너지는 흔히 공격성으로 나타나며 자기파괴적인 성향을 지닌다. 그리고 공격성은 다양한 방식으로 표현되어 비난, 욕설, 위협, 반항 등의 행동으로 드러난다. 따라서 폭력은 공격성의 발현이며 이 공격성은 파괴적 성향을 지닌 본능에 의해 지배되기 때문에 폭력 문제는 인류사적으로 모든 시대에 걸쳐 발생해 왔다.

그는 성격이 세 가지의 구성요소로 이루어져 있다고 주장하였다. 인간의 성격구조가 원초아(id), 자아(ego), 초자아(superego)로 구분된다고 본 것이다(Freud, 1923). 그리고 이 세 가지 요소가 함께 존재하며 이들 간 역동적인 관계에 의해 개인의 성격이 결정된다고 주장한다. 이때의 원초아(id)는 본능적인 나를 의미하며 쾌락원칙에 의해 지배된다. 이는 생물학적이고 본능적인 요소이다. 반면, 자아(ego)는 현실적인 나이며 현실원칙에 의해 지배된다. 또한 초자아(super-ego)는 도덕적인 나로 도덕원칙에 의해 지배된다(이창재, 2003).

이 중에서 쾌락원칙에 의해 지배되는 원초아는 자아의 관점에서 보면 자기중심적이고 반사회적이며 파괴적인 충동성을 지닌다. 원초아에는 외부세계를 판단하는 기능이 없다. 따라서 타인에 대한 이해와 배려 및 질서와 도덕에 대한 인식이 부재하다. 이러한 원초아의 힘이 자아에 비해 상대적으로 강할 경우, 정신을 통제하기 힘들어지며 공격적인 본능이 발현하여 폭력적인 행동이 나타날 가능성이 높다. 다시 말해, 생활 속에서 폭력에 대한 충동은 지속적으로 생성되는데 자아나 초자아가 적절히 통제하고 관리하지 못할 경우 학교폭력 가해행동과 같은 폭력 행위가 유발된다(이순례, 2002). 즉, 자아와 초자아의 통제력이 너무 약한 나머지 원초아의 본능과 반사회적 충동을 제어하지 못하게 될 때 폭력이 나타난다. 또한 인간 행동에 영향을 미치는 무의식 속 미해결된 갈등과 문제가 많을 때, 원초아의 본능적 욕망과 초자아의 이상을 중재하고 조종해야 하는 자아의 현실적 정신기능이 약해졌을 때 공격적 행동이 나타난다. 이처럼 정신역동이론에서 폭력은 학생 내부에서 지속적으로 생성되는 공격적인 본능에 대해 자아 또는 초자아의 통제가 부족하면 발생한다(정종진, 2012).

폭력을 발생시키는 심리적 변인인 공격성(aggression)은 상대에게 피해나 상처를 주려는 의도나 행동으로 정의되며 폭력적 행동을 유발하는 기저 심리적 특성으로 볼 수 있다(오인수, 2014). 이러한 공격성은 타인을 복종시키거나 압도하기 위하여 신체적 · 언어적 행동을 하거나 자신에게 향하던 자기파괴적인 죽음 본능을 타인에게 향하는 것이다. 이처럼 정신역동적 관점에서 보면 폭력적 행동은 인간의 본능인 공격성에 기초하고 있기 때문에 폭력행동을 억제하는 것은 매우 어려운 도전적인 과제일 수밖에 없다(신민섭, 2014). 간혹 '폭력을 근절한다'라는 표현을 쓰는데 근절(根絶)은 뿌리[根]를 뽑는다[絶]는 의미이다. 그런데 정신역동의 관점에서 보면 그 뿌리가 본능적인 공격성이기 때문에 인간의 본능을 근절시킨다는 것은 사실상 불가능하며, 오히려 그 본능을 자아와 초자아를 통해 적절히 통제하고 조절하는 것이 보다 합리적인 접근일 것이다. 특히 자아와 초자아가 적절히 기능하여 원초아를 통제하려면 가정에서 부모의 양육과 학교에서 교사의 교육이 효과적으로 이루어져야 한다. 가정의 기능과 학교 교육의 기능이 약화되면 자녀와 학생의 자아와 초자아의 기능이 약화되고, 결과적으로 학생의 폭력이 늘어날 가능성이 높아진다.

2) 잠재적 비행론

발달 관점에서 범죄 행위를 연구한 Aichhorn(1925)은 청소년 비행의 원인으로서 자아 및 초자아의 발달장애를 강조했다. Freud의 정신분석학적 관점을 이어받은 학자들은 초자아(superego)의 형성이 문제행동과 밀접하게 관련되어 있다고 보고 초자아의 형성에 영향을 미치는 원인으로 아동기 초기의 부모와 자녀의 관계, 사회화 및 자녀양육방식 등을 탐구하였다. 이러한 학자 중에서 Aichhorn은 정신분석적 훈련을 받은 후 이를 교육에 활용하는 것에 관심이 많았고, 특히 비행청소년에 주목하였다.

Aichhorn의 잠재적 비행론(latent delinquency theory)에 의하면, 비행 청소년이 겪는 문제의 원인은 유아기에 형성한 대인관계에서 기인한 것으로 본다. 즉, 인간은 어린 시절 주양육자와의 친밀한 애착관계를 통해서 초자아가 발달하는데 주양육자가 부재하거나 여러 가지 이유로 주양육자와 친밀한 애착관계를 형성하지 못한 경우 초자아를 정상적으로 발달시키지 못해 범죄나 비행을 저지르게 된다는 것이다. 앞선 절에서 공격성 조절에 초자아의 기능이 중요하다는 점은 설명한 바 있다. 다시 말해서 어린 시절의 중요한 애착관계에 어려움을 겪을 경우, 불안정한 애착관계에서 기인한 비정상적인 아이의 발달이 다양한 폭력적 행동으로 나타날 수 있다. 실제로 김두규 등(2017)의 연구에서 어머니와 형성한 애착이 학교폭력에 미치는 영향을 파악한 결과 애착의 수준이 낮은 경우 학교폭력에 관여할 가능성이 높았다. 어머니와 불안정한 애착관계를 형성하면 거부민감성이 높아져서 또래와의 관계에서 자신이 거부당하는 것으로 지각하기 쉽고, 불안과 분노를 쉽게 느끼기 때문에 폭력적인 행동이 높아질 수 있다.

이처럼 잠재적 비행론에 따르면, 어린 시절 불안정한 부모-자녀 관계로 인해 유아기의 사회화가 제대로 이뤄지지 못하고 이것이 아이의 발달을 저해하게 되면서 잠재된 비행 성향이 반사회적 행위로 표면화될 수 있다. 특히 잠재적 비행론은 부모 양육의 질이 자녀의 문제행동에 결정적으로 영향을 미친다는 점을 주장한다. 그래서 Aichhorn(1925)은 지금까지 비행이나 범죄에 대한 대책이 실패한 것은 강제력이나 처벌의 공포를 통해서 비행자나 범죄자들을 관리했기 때문이라고 지적한다. 오히려 그 범죄의 원인은 발달되지 못한 초자아(superego)이기 때문에 이들로 하여금 어린 시절 경험하지 못했던 주양육자와의 동일시를 경험할 수 있도록 조건 없는 애정을 주는 행복하고 즐거운 환경을 만들어 주어야 한다고 주장한다.

3) 열등감 이론

Alfred Adler는 열등감(inferiority)은 비교에 의해 자신이 뒤떨어지거나 부족하다고 느끼는 것이라고 보았다(노안영, 2005). Adler(1956)는 사람은 누구나 타고난 기질적 불완전성을 갖고 있고 여기서 발생한 열등감은 피할 수 없으며 이를 극복하면서 성장한다고 했다. 인간은 태어나면서부터 신체적, 심리적, 사회적 열등을 경험하며, 자신에게 주어진 인생 과정에서 이러한 열등감을 극복하며 삶을 유지한다는 것이다(강만철 외, 2011). 이러한 측면에서 Adler는 열등감이 어떠한 약점이나 성격적 질환이 아니며, 모든 인간에게 자연스럽게 생겨날 수 있는 감정으로 보았고, 열등감을 극복하면서 성장하기 때문에 그의 이론에서 열등감은 매우 중요한 요소이다. 다시 말해, 열등감을 극복하기 위하여 무의식적으로 성취 동기가 생기고, 성공으로 연결될 수 있다는 것이다. 반대로 실패를 거듭할 경우 열등감에 대한 콤플렉스가 커지면서 점차 위축되고 더욱 심한 열등감에 사로잡히게 된다. 열등감 콤플렉스는 열등감이 개인에게 부정적으로 영향을 미치는 것으로 과장된 열등감을 말한다.

모든 사람은 삶의 완성을 위해 자신의 목표를 성취하고자 노력하기 때문에 열등감에 자극을 받게 되고, 열등감을 극복하기 위해 지속해서 우월감을 추구하며 이런 과정에서 공격성과 같은 과도한 표현을 하기도 한다(Adler, 1927). Adler는 열등감에 빠졌을 때 이 열등감을 보상받기 위해 여러 가지 행동을 한다고 보았는데, 그러한 행동 중 대표적인 것이 공격적 행동이라고 하였다. 공격적 행동을 통해 자존감을 보존하고 권력이나 우월을 얻을 수 있다고 보았다. 뿐만 아니라 열등감은 좌절감과 불안뿐만 아니라 분노를 유발하고 이것이 공격행동과 연관된다고 하였다. 문제 상황에서 자신이 그 문제를 잘 해결할 수 없다고 생각할 때 열등감이 폭력행동으로 연결되기도 한다. 그래서 열등감이 높은 사람들은 자신이 해결하기 어려운 문제 상황에 직면할 때 분노감과 적대감으로 인해 타인에게 공격적 행동을 할 가능성이 높다. 실제로 남녀의 데이트 관계에서 남성이 상대방에게 느끼는 열등감이 높을수록 상대 여성에게 신체적 폭력을 행사할 가능성이 높다(손혜진, 전귀연, 2003).

Adler는 특히 개인심리학(individual psychology)에 근거하여 아동 내면에 자리한 잘못된 신념을 기준으로 학교에서의 부적응을 유형화하였다. Adler는 모든 행동에 목적이 있다고 보았으며, 이는 학생의 문제행동을 이해하는 데 의미 있는 관점을 제시한다(Hess et al., 2012). 이 관점을 폭력적 행동에 적용하면, 학생들이 폭력적 행동을 하는 목적은 크게 네 가지로 유형화할 수 있다. 그 네 가지는 '관심 끌기(attention)', '힘(power)의 오용', '보복(revenge)', '부족감(inadequacy) 채우기'로 구분할 수 있다. '관심 끌기' 유형에 해당하는 가해학생은 폭력행동을 할 때 상대방의 관심과 주의를 이끌었던 과거 경험 때문에 폭력을 행사한다. 따라서 이들에게는 관심을 보여 주며 공동체의 일원으로서 함께할 수 있는 기회를 제공하여 이들의 욕구를 채워 주는 것이 중요하다. '힘의 오용' 유형의 가해학생은 또래나 성인(교사나 보호자)을 자신을 억압하는 존재로 여긴다. 이들은 반항이나 폭력을 통해 자신의 힘을 과시한다. 따라서 거절당하거나 거부당했던 경험을 경청해 주고 사람이나 상황을 통제하는 바람직한 역할을 부여하면 폭력성이 개선된다. 반면, '보복(revenge)'의 목표를 가진 가해학생은 자신이 타인에게 불공평한 대우나 무시를 당했다고 생각한다. 이들은 자신의 행동에서 잘못을 파악하기보다 타인의 행동에서 잘못을 찾아 폭력을 행사하며 자신을 방어하고 정당화한다. 그러므로 이들의 상처를 누군가 알아봐 주었으면 하는 마음을 읽어 주고 타인으로부터 이해받고자 하는 욕구를 채워 주는 경험을 늘리는 것이 필요하다. 마지막으로 '부족감(inadequacy)' 때문에 폭력을 행사하는 가해학생은 자존감이 낮으며 공허함과 허무감을 느끼고 자신의 일에 대해 책임을 지는 것을 회피한다. 무엇을 해도 채워지지 않은 공허한 부족감 때문에 자극적인 가해행동을 하지만 여전히 허무감을 느낀다. 이들은 상담을 통해 신뢰관계를 경험하여 관계 속에서 심리적인 안정감을 찾고 상대방이 자신을 이해하며 공감해 주는 경험을 체험하도록 돕는 것이 좋다.

2 인지-정서적 접근

1) 자기통제이론

Gottfredson과 Hirschi(1990)는 비행이 현재 이 순간의 즉각적 만족을 위해 즉흥적으로 발생한다는 고전적 견해와 비행은 개인의 기질적 특성으로 설명될 수 있다고 한 실증주의 학파의 입장을 동시에 수용하였다. 이들은 비행은 충동적으로 일어나지만 충동을 통제할 수 있는 개인의 자기통제력이 중요함을 강조하였다. 자기통제이론의 관점에서 보면 폭력행동은 기질적 특성과 관련이 있으며 그것이 특정 조건과 결합되면 폭력행동으로 발현된다고 보았다. 반면에 순간적인 충동을 조절하고 통제할 수 있는 경우에는 폭력이 억제된다고 가정하였다.

이들은 폭력행동에 결정적 영향을 미치는 자기통제력이 어릴 때 부모 혹은 양육자의 양육 방식에 의해 결정되는 것으로 보았다. 부모로부터 감독이 소홀하거나 애정이 결핍된 환경 속에서 방치되거나 잘못된 행동에 대해 제재가 없이 자란 아동은 자기통제력이 낮아진다고 보았다. 실제 연구를 통해서도 확인되었는데, 중학생 2,159명의 학교폭력 피해 및 가해경험을 분석한 결과 자기통제력이 낮을수록 가해집단에 속할 가능성이 높았다(노언경, 2017). 특히 사이버폭력은 즉흥적으로 폭력을 행사할 수 있기 때문에 자기통제력이 낮은 학생은 사이버 공간에서는 우발적이고도 충동적으로 사이버폭력에 관여할 가능성이 더욱 높았다(이성식, 2006). 실제로 많은 선행 연구는 사이버폭력 가해의 위험 요인으로 자기통제력을 설명하고 있다(김예지, 박성옥, 2022; 이승준, 곽대경, 2023). 이처럼 많은 연구에서 자기통제력은 사이버폭력 가해 현상을 설명하는 데 매우 중요한 관련 변인임을 제시하고 있다. 또한 최근에는 자기통제력이 일탈행동에 미치는 직접적 영향보다는 다른 원인과 상호작용하여 영향을 미친다는 논의가 활발한데, 신소라(2016)는 폭력물을 시청하고 목격하는 경험이 자기통제력을 감소시키고 결과적으로 학교폭력과 사이버폭력에 영향을 미친다는 점을 확인하기도 하였다. 이승준과 곽대경(2023) 역시 자기통제력이 사이버폭력에 미치는 영향력은 도덕적 규범과 상호작용한다는 점을 밝혀, 도덕적 규범의 수준에 따라 자기통제력의 효과가 달라진다는 점을 확인하였다.

2) 합리적 선택이론

합리적 선택이론은 원래 범죄 행동을 설명하는 이론으로 인간의 행동은 합리적인 결정 과정의 결과라는 가정에서 출발한다. 이 이론은 인간은 기본적으로 보상을 최대화하고 손실을 최소화하려 한다고 주장한다. 이러한 관점에서 보면 폭력행동은 학생이 나름 자신의 목적을 달성하기 위하여 선택한 합리적인 결과로 이해된다. 즉, 합리적 선택이론(rational choice theory)은 이익의 극대화라는 목표를 두고 개인의 선호에 따라 목표를 추구하며, 여러 제약 조건하에서 자신의 편익을 극대화하고자 하는 합리적 행동으로 폭력행동을 설명한다(Cornish & Clarke, 1986).

예를 들어, 또래 사이에서 인기를 얻고자 하는 학생은 어떠한 행동을 하면 또래들이 자신을 좋아하고 자신을 잘 따를지 가능한 모든 행동을 고민할 수 있다. 그리고 생각해 낸 여러 행동 대안을 평가해 보고 특정 행동을 마음속으로 시뮬레이션해 본다. 그리고 발생할 긍정적인 결과인 이득과 부정적인 결과인 손실을 비교해 본다. 또한 그러한 행동이 수반할 수 있는 위험에 관한 판단을 내리고 여러 다른 행동들을 선택했을 때에 발생할 결과(이득 혹은 손실)도 함께 고려한다. 이러한 합리적인 계산과정을 통하여 자신의 이해에 맞고 효용을 극대화할 수 있는 특정 행위를 선택하게 된다는 것이다.

폭력을 통해 자신의 힘을 과시하고 스트레스를 해소하려는 학생의 경우 폭력으로 인해 얻는 이득과 폭력이 발각될 경우 그로 인해 받는 손실을 비교하게 되고 손익에 대한 판단을 통해 폭력 행위가 결정된다고 볼 수 있다. 만일 어떤 학생이 "난 폭력으로 인해 생활기록부에 폭력 사안이 기재돼도 상관없어요. 어차피 대학 안 갈 거니까요!"라고 말한다면 이 학생은 폭력행동을 하는 것을 선택할 가능성이 높다. 왜냐하면 폭력행동으로 인한 처벌로 생활기록부에 그 사항이 기재되어도 자신에게는 손실이 되지 않는다고 평가하기 때문이다.

이러한 과정은 [그림 3-1]과 같이 손익분석(cost-benefit analysis: CBA) 그림으로 설명이 가능하다. 예를 들어, 학교폭력에 대해 예외없는 처벌을 부과하는 무관용 원칙이 엄격하게 지켜지면 가시적으로 눈에 띄는 학교폭력을 행한 가해학생은 치러야 할 대가(예: 처벌)가 많아진다. 반면, 잘 드러나지 않는 학교폭력을 행한 가해학생은 적발되지 않으면서도 원하는 목표를 달성할 가능성이 높아 폭력으로 인해 얻게 되는 이익이 높아질 가능성이 있다. 결과적으로 무관용 원칙 아래에서는 가시적 폭력은 줄어들고, 비가시적 폭력은 증가할 가능성이 높다.

폭력 유형	손해(cost)	이익(benefit)
가시적 폭력 (예: 신체폭력)	적발될 가능성이 높고 무관용주의 때문에 적발되면 철저한 처벌로 치러야 할 대가가 커짐	
비가시적 폭력 (예: 관계폭력)		적발될 가능성이 낮고 무관용주의임에도 증거를 남기지 않으면서 상대에게 피해를 입힘

[그림 3-1] 가시적 및 비가시적 학교폭력행동에 대한 손익분석

여러 연구에서 도출된 학교폭력 피해학생의 특징으로 지적되는 낮은 자아존중감과 부족한 사회적 기술, 취약한 또래관계의 특징들은 가해학생들이 합리적 선택이론에 근거하여 의도적으로 피해학생에게 접근했을 가능성이 있음을 시사한다. Olweus(1994)가 구분한 학교폭력 피해학생의 두 가지 유형 중 수동적 피해자(passive victims)는 일반적으로 폭행을 당한 이후 공격적 보복행동을 하지 않는다. 공격적(aggressive) 혹은 도발적(provocative) 피해자들은 폭행을 당한 이후 가해학생에게 보복할 가능성이 높기 때문에 가해학생은 폭력의 대상을 선택할 때 합리적으로 판단하여 수동적 피해자를 선택할 가능성이 높다. 자신의 폭력성을 과시하면서도 보복의 위험성이 적기 때문이다. 이러한 맥락에서 장애학생의 경우 장애의 특성 때문에 가해학생에게는 폭력의 대상이 될 가능성이 높다. 실제로 장애를 지닌 학생은 장애 때문에 학교폭력의 피해학생이 되기도 하며(공마리아, 강윤주, 2010), 비장애 학생에 비해 장애학생은 학교폭력 피해의 비율이 높은 것으로 알려져 있다(오인수 외, 2017).

🔍 **인사이트** 장애학생의 학교폭력 경험

장애학생의 학교폭력 경험을 분석한 결과에 따르면(오인수 외, 2017), 장애학생 학교폭력의 가장 큰 특징은 주변 친구들이나 교사가 사태의 심각성을 알기 어려워 그 심각성이 평가절하된다는 점이다. 초등학교와 중학교 100개교를 무선 표집하여 장애학생의 학교폭력 실태를 조사한 결과, 지난 1년간 가해 없이 피해만 당했던 장애학생은 12.3%였고, 반대로 피해 없이 가해만 했던 장애학생은 6.7%였다. 그런데 피해와 가해를 동시에 경험한 집단은 11.6%로 나타나 가해·피해 중복 집단의 비율이 매우 높았다. 가해와 피해를 동시에 경험하는 가해·피해 집단이 다른 순수 가해 혹은 순수 피해집단에

2. 인지-정서적 접근 79

비해 더욱 심리적으로 취약하고 예후가 좋지 않은 집단이라는 점을 감안하면 매우 우려되는 수치이다. 앞선 이론에서 설명한 바와 같이 가해학생은 장애학생을 폭력의 대상으로 삼을 가능성이 높으며, 피해를 당한 장애학생은 부정적 감정을 적절하게 해소하지 못한 채 가해학생이나 또 다른 누군가에게 폭력을 행사했을 가능성이 높아 보인다. 또한 장애로 인한 힘의 불균형이 유지되는 상황에서 폭력은 반복되고 지속될 가능성이 높아 보인다. 이러한 점들을 종합적으로 고려해 볼 때 장애학생의 학교폭력 문제는 더 많은 관심과 보다 세심한 개입이 필요한 영역으로 생각된다.

Cornish와 Clark(1986)는 합리적 선택이론 관점에서는 폭력 행위가 합리적 판단에 기초하여 발생한다고 보지만, Tunnell(1990)의 연구에서는 이들의 행위가 항상 합리적인 결정에 의한 것은 아니며 경우에 따라서는 비합리적인 의사결정을 하는 경우들이 존재한다는 것이 밝혀졌다. 특히 청소년의 경우 이들의 발달 특성상 자신의 행동에 대한 비합리적인 의사결정을 할 가능성이 다분히 높다. 그래서 학교폭력 가해 청소년은 비합리적인 사고단계를 거쳐 폭력행동을 선택할 가능성이 있다. 예를 들어, "학교폭력에 가담해도 나는 절대 걸리지(적발되지 또는 벌을 받지) 않을 거야."와 같이 내가 저지르는 문제행동이 절대 적발되지 않을 것이라는 비합리적인 사고를 할 가능성이 높으며 이는 실제 폭력행동으로 인한 비용을 비합리적으로 낮게 측정하게 되는 결과를 가져올 수 있다. 따라서 학교폭력의 경우 반복적으로 폭력을 행사하는 가해학생이 폭력을 행동하는 과정에서 어떠한 판단을 하고 있는지 탐색하여 그 판단의 과정이 합리적인지 판단함으로써 경우에 따라 차별적인 상담적 개입을 실시하면 효과가 더 클 것이다.

3) 정보처리이론

Dodge(1986)의 사회정보처리이론은 인지적 측면을 강조한 이론으로 청소년의 공격성을 '적대적 귀인(hostile attribution)'과 같은 인지적 특성으로 설명한다. 이 이론에 따르면 사회적 상황에서 학생은 부호화 → 해석 → 목표 설정 → 반응 탐색 → 반응 결정 → 실행의 순차적인 인지적 과정을 통해 행동한다(Crick & Dodge, 1994). 예를 들어, 부호화 단계에서 가해학생은 주어진 환경에서 감각과 지각을 통해 선택적으로 단서를 선택하고 집중한다. 예를 들어, 급식을 타기 위해 줄을 서 있는 상황에서 자신의 앞에 서 있는 학생이 자신을 자꾸 쳐다보고 있다는 단서에 집중한다. 해석 단계에서는 부호화 단계에서 취한 단서를 근거로 타인의 행동에 대한 의도를 추론하고 파악한다. 예를 들어, 가해학생은 앞 친구가 자신을 처다보는 눈빛이 매우 도발적이며 자신에 대한 불만을 표현하고 있다고 곡해한다. 이러한 해석 때문에 기분이 나빠지며 자신에 대한 도발적 행동을 한다고 해석하고 상대를 제압해서 더 이상 자신을 그런 식으로 보지 못하게 해야겠다고 판단한다. 이어서 반응의 탐색, 결정 및 실행 단계에서는 장기기억에 저장된 반응목록의 탐색을 통해 실현 가능한 행동반응을 결정하고, 결정된 행동반응의 수용가능성 평가를 통해 행동의 실행으로 이어지게 된다. 가해학생은 이전에 유사한 상황에서 "어딜 꼬나봐!"라고 위협했을 때 상대가 위축되어 행동을 철회했던 경험을 떠올리며 당시 자신의 행동이 효과적인 선택이었다고 판단하여 같은 행동을 할 수 있다.

　이 과정에서 가해학생은 적대적 귀인 양식을 사용한다. 이는 모호한 사회적 상황에서 타인의 의도나 행동을 해석함에 있어 상대의 의도나 행동을 공격적이며 적대적 의도로 받아들임으로써 왜곡하여 해석 · 추론하는 것을 의미한다. 앞선 사례에서 사실 앞에 서 있던 학생은 가해학생을 별 의도 없이 중립적으로 바라보았고 우연히 시선이 여러 차례 마주쳤을 뿐인데 가해학생은 이를 적대적으로 해석하는 경향을 보일 수 있다는 것이다. 이러한 적대적 귀인은 사회정보처리이론 단계의 부호화 및 해석 단계에서 나타나는 인지적 오류 및 왜곡으로 볼 수 있다. 부호화 단계에서, 가해학생은 상대방의 적대적 단서에 주의를 기울이고 집중한다(Dodge, 1986). 해석 단계에서도 타인의 행동의 의도를 적대적으로 해석하는 적대적 귀인을 보일 가능성이 높다.

　선행연구에 의하면, 타인의 의도에 대하여 적대적으로 귀인할수록 충동적 공격성 같은 문제행동을 일으킬 가능성이 높은 것으로 알려져 있다(이지영, 김희정, 2015). 송경희 등(2009)은 중학생을 대상으로 한 연구에서 적대적 귀인이 괴롭힘 가해행동에 대해 유의한 설명력을 갖고 있음을 확인하였다. 가해학생뿐만 아니라 피해학생의 경우에도 적대적 귀인의 정도가 높다는 연구가 있는데, 장희순과 이승연(2013)은 지속적인 폭력에 노출된 피해아동의 귀인방식이 적대적 귀인과 정적 상관이 있다는 연구결과를 보고하였다. 피해경험이 높은 집단은 일반 집단보다 타인의 의도를 적대적인 것으로 왜곡해서 인지함으로써 적대적 귀인으로 인해 공격성이 유발될 수도 있다. 이러한 연구결과는 폭력 피해경험이 적대적 귀인을 매개로 공격행동이나 가해행동으로 이어질 수 있음을 시사한다. 적대적 귀인은 사이버폭력에도 영향을 미치는 것이 확인되었는데, Vannucci 등(2012)의 연구에서 사이버불링 가해행동에 가담하는 청소년은 모호하거나 모욕적인 사건에 있어서 거짓 기억을 보다 많이 회상하였으며, 적대적 도식을 지니고 있을 가능성이 크다고 보고하였다.

3　행동주의적 접근

1) 조작적 조건형성

조작적 조건형성(operant conditioning)을 주장한 Skinner는 자극에 대한 반응으로 어떤 행동 이후에 강화 혹은 보상이 제공되면 그 행동반응의 빈도와 강도가 높아진다고 주장하였다. 그래서 어떤 행동이 유지되거나 없어지는 것은 그 행동의 결과에 의해 결정된다고 보았다. 특히 강화(reinforcement)와 처벌(punishment)을 통해 특정 행동을 증가시키거나 감소시킬 수 있다고 보았다. 예를 들어, 폭력을 행한 가해학생이 그 결과로서 또래들 사이에서 사회적 지위를 획득하여 인기도가 올라갔다면, 폭력행동은 정적 강화되어 이후에 가해행동이 증가하거나 지속될 가능성이 높아진다. 반면, 똑같은 상황에서 폭력행동이 신고되고 위원회가 개최되어 학교폭력에 대한 처벌로써 출석정지를 당해 수치심을 느꼈다면 이후 폭력행동은 정적 처벌이 주어져 줄어들 가능성이 높아진다.

학교폭력의 경우 폭력에 대한 가정, 학교 및 사회의 규범, 가치관, 신념, 태도들은 고전적 조건형성의 원리에 의해 폭력을 증가 혹은 억제시킬 수 있다. 만약 부모가 폭력행위에 대해 호의적으로 말하거나 폭력을 행사한다면, 폭력행위는 자녀에게 긍정적 가치를 가지게 할 것이며 결과적으로 자녀의 폭력행동이 증가할 수 있다. 반면, 폭력을 목격한 사람들이 폭력행위에 대해 반대하거나 부정적인 피드백을 준다면 자연스럽게 가해학생의 폭력행동은 감소하게 될 것이다(안효영, 2016). 학생의 폭력행동에 대해 학교가 적극적으로 개입하거나 처벌하지 않고 방관한다면, 폭력을 목격한 대부분의 학생 역시 폭력에 대해 관여하지 않으려고 할 것이다. 이처럼 주변인의 반응은 가해학생의 폭력행동을 증가시키는 정적 강화를 일으킬 가능성이 높다.

학교폭력에 대해 정부가 무관용(zero-tolelance) 원칙을 적용하여 가해학생을 엄벌하는 의도는 조작적 조건형성의 관점에서 보면 폭력행동에 대한 처벌을 강화하여 폭력행동을 감소시키려는 것이다. 「학교폭력예방법」에 따라 학교폭력 가해행동을 한 것이 확인되고 피해학생이 이를 용서하지 않을 경우 가해학생은 약하게는 서면사과(1호)에서부터 강하게는 전학(8호) 또는 퇴학(9호)에 이르는 조치 중 한 가지 이상을 반드시 받게 된다. 특히 6호(출석정지) 이상의 처벌을 받는 경우 처벌 사실을 생활기록부에 기재하고 졸업 후 4년간 보존하게 하고 퇴학의 경우에는 영구 보존하게 한다. 결과적으로 가해행동은 졸업 후 대학진학에 매우 불리하게 작용하는 처벌의 결과로 이어진다. 이처럼 가해행동을 했을 때 처벌이 주어지면 처벌은 혐오자극으로 작용하여 폭력행동이 감소하게 될 가능성이 높고 무관용 원칙은 이러한 효과를 기대한 정책이라고 볼 수 있다.

2) 사회학습이론

Bandura(1986)의 사회학습이론(social learning theory)에서는 청소년의 폭력행동을 하나의 학습된 현상으로 본다. 타인의 폭력적인 행위를 관찰이나 모방을 통해 학습한 결과로서 폭력을 하게 된다고 주장한다. 학생들은 다른 사람의 폭력행동을 관찰하고 모방함으로써 새로운 폭력행동 기술을 습득하기도 한다. 즉, 가정이나 학교, 사회에서 폭력을 많이 경험한 사람이 그렇지 않은 사람들보다 더 공격적이고 폭력을 행사할 가능성이 높다는 것이다.

사회학습이론에서는 학생이 주변 사람과의 상호작용을 통해 특정 행동을 학습하게 됨으로써 폭력행동을 하게 된다고 본다. 예를 들어, 사이버 공간에서 비행 기회에 많이 노출될수록 인터넷 일탈행동을 할 가능성이 높으며, 평소 비행친구와의 접촉이 많아 그들과 상호작용이 많을수록 비행행동을 할 가능성이 높다고 본다. 실제로 김은경(2012)의 연구에서는 사이버폭력 가해행동에 또래 영향과 온라인 비행 친구의 수가 유의미한 관련 변인으로 나타났다.

또한 사회학습이론에 따르면 폭력행동은 TV나 영상매체, 만화나 서적 등에 나타나는 폭력물에 의하여 학습될 수 있고, 부모나 기성세대의 폭력행위를 모방함으로써 발생할 수도 있다. 이 이론에서는 조작적 조건화 이론과 달리 자신의 행동에 대해 직접적인 강화를 받지 않더라도 다른 사람이 보상이나 벌을 받는 것을 관찰함으로써 간접적인 강화가 이루어져 대리학습(vicarious learning)이 가능하다고 보았다. Kostas 등(2012)의 연구에서는 대중매체를 통한 폭력에의 노출과 학습은 폭력을 모방하게 하고 폭력을 수용하게 하는 결과를 가져올 수 있으며 이로 인해 사이버폭력 가해행동에 영향을 미칠 수 있다고 하였다. 이 연구에서는 사이버폭력 가해의 위험 요인으로 대중매체를 통한 폭력접촉 요인을 가정하였고 이를 실증적으로 확인하였다.

🔍➕ **인사이트** ▶ 모방과 거울 뉴런

Bandura는 학습에서 모방의 중요성을 강조하여 사회학습이론을 주창했는데, 1990년대 초 이 모방을 가능케 하는 뇌 속의 거울 뉴런(mirror neurons)이 밝혀졌다. 원숭이의 행동을 연구하던 신경심리학자인 이탈리아의 리촐라티 교수 연구팀은 우연히 음식물을 집어든 원숭이를 바라보던 또 다른 원숭이도 실제 음식물을 집은 원숭이와 뇌의 같은 부위의 뉴런이 활성화된다는 사실을 확인했다. 이를 사람에게 적용해도 동일한 결과를 얻게 되었고 이 뉴런을 '거울 신경세포'라고 명명하였다. 그래서 누군가가 웃으면 우리는 자기도 모르게 웃는 표정을 자연스럽게 짓게 된다. 그리고 다른 사람이 어떤 행동을 하면 우리도 마치 그 행동을 하고 있는 것처럼 느끼고 그 행동을 모방하고 싶어 하며, 직접 하지 않고도 마치 그 사람이 대신 한 것처럼 대리학습의 효과를 경험하게 된다. 거울 뉴런은 모방을 넘어 공감을 설명하는 데에도 유용하다. 거울 뉴런은 타인의 마음을 마치 나 자신이 직접 경험하듯이 내적으로 시뮬레이션하며 이해하도록 도와주기 때문이다. 최근 뇌과학의 발달로 인간의 행동과 심리에 대한 새로운 설명이 등장하고 있는데 앞으로 학교폭력 분야에도 뇌과학적 접근이 활성화되어 새롭고 명쾌한 설명이 가능해지기를 기원해 본다.

4 사회구조 및 과정이론

사회구조 및 과정이론은 사회의 구조적 특징과 상호작용적 특징이 폭력에 미치는 영향에 초점을 두고 있다. 사회구조이론은 폭력이 사회의 구조와 문화적 특징에 의해 재생산 및 증폭되는 사회적 기제를 설명하고자 한다(연성진 외, 2008). 사회구조이론(social structure theory)은 범죄학에서 주로 사용되는 이론으로 청소년의 폭력과 일탈, 비행 등을 설명하는 데 활용된다. 반면, 사회과정이론은 사회의 구성원이 사회화 과정에서 관계를 맺는 구성원들과의 상호작용을 통해 범죄가 시작된다고 본다. 이 절에서는 사회구조이론에 속하는 대표적 이론으로 일반긴장이론과 폭력하위문화이론을 소개하였고, 사회과정이론에 속하는 대표적인 이론으로 차별접촉이론, 사회유대이론 및 낙인이론을 소개하였다(Siegel, 2018).

1) 일반긴장이론

일반긴장이론은 사회의 구조적 불평등과 청소년 비행 간의 상관관계를 설명하는 고전적

긴장이론의 한계를 극복하고자 Agnew(1992)에 의해 주창되었다. Agnew는 고전적 이론이 특정 계층에 국한되어 있고, 경제적 이득만을 개인의 목표로 주목하고 있다는 점에서 기존 연구의 한계점을 지적하였다. Agnew는 고전 긴장이론의 핵심인 구조적 불평등과 관련된 긴장에 관심을 두기보다는 여러 가지 긴장을 발생시키는 개인적 상황과 환경을 이해하는 것에 보다 많은 관심을 두고 접근하기 시작했다. Agnew는 계층과 관계없이 모든 청소년이 경험할 수 있는 일상생활에서의 긴장을 문제행동의 원인으로 보았다.

이처럼 일반긴장이론은 청소년이 일상생활에서 경험하는 부모와의 갈등, 학교부적응, 친구관계 및 학업의 어려움 등의 스트레스 요인들이 긴장으로 작용하여 청소년의 폭력을 유발한다고 설명한다(Agnew, 1992). 학교생활에서 학생들은 부모가 갖는 기대와 자기 능력 간의 격차 및 성적과 시험으로 인해 다양한 압력과 스트레스에 시달리고 있다. 이러한 학생들이 겪는 스트레스가 폭력적 행동의 원인이 된다는 입장이다. 이 이론은 [그림 3-2]와 같이 긴장과 비행 사이에는 우울 및 분노와 같은 부정적인 감정들이 매개한다고 가정한다. 이에 일상생활에서 스트레스를 경험하면 부정적 감정들을 경험하게 되고 이러한 부정적인 감정을 해소하기 위한 대처 방식으로 공격성에 기반하여 폭력적 행동을 하게 된다고 본다.

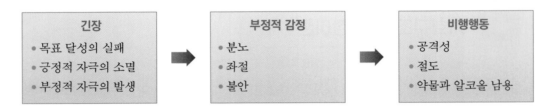

[그림 3-2] 긴장이론의 핵심 요소(Agnew & Brezina, 2012)

[그림 3-2]에 제시된 것처럼 긴장을 유발하는 상황은 세 가지로 요약될 수 있는데, 목표 달성의 실패, 긍정적 자극의 소멸, 부정적 자극의 발생 세 가지이다. 이는 청소년이 자신이 원하는 목표를 달성하지 못한다고 생각할수록, 긍정적 자극이 소멸될수록, 부정적 자극이 발생할수록 문제행동을 할 가능성이 높아진다는 것이다. 예를 들어, 첫째, 좋은 학교에 입학하고 싶으나 시험성적이 좋지 못해 자신의 목표 달성이 실패할 것이라고 생각하면 기대와 실제 성취 사이의 괴리가 긴장을 유발한다. 또한 긍정적 자극이 소멸되어도 긴장이 유발되는데, 청소년들이 일상에서 소중했던 가족 또는 친구의 상실 등의 사건을 경험하면 긴장이 유발된다. 뿐만 아니라 부모의 학대나 학교폭력 피해와 같이 청소년들에게 유해한 부정적인 자극이 있어도 긴장이 발생한다. 이러한 긴장상황의 공통점은 모두 부정적인 감정을 유

발한다는 것이다. 성적이 떨어지면 불안해지고, 가족이나 친구를 잃으면 좌절감을 겪으며, 학급에서 따돌림을 당하면 분노가 생겨난다. 그리고 이처럼 긴장으로 인해 발생한 부정적 정서는 폭력행동으로 이어진다.

실제로 조아미(2014)는 일반긴장이론에 근거하여 학교폭력 피해를 당한 학생들은 분노 수준이 올라가고 높아진 분노를 해결하기 위한 수단으로 폭력을 행사하여 이들이 가해자가 될 가능성이 높다는 점을 확인하였다. 다시 말해, 학교폭력 피해의 긴장요인이 분노를 매개로 학교폭력 가해를 야기한 것으로 해석된다. 박현숙 등(2018)도 일반긴장이론을 기반으로 한 구조모형을 통해 청소년 스트레스가 학교폭력 가해행동에 미치는 영향을 확인했고 그 관계에서 주관적 행복감이 매개하는 것을 발견하였다. 다시 말해, 스트레스가 높아지면 주관적 행복감이 감소하고, 그 결과로서 가해행동의 가능성이 높아진 것을 확인하였다.

원래 일반긴장이론은 비행을 설명하는 이론으로 소개되어 많은 선행연구가 긴장과 부정적 감정 및 비행의 관계를 분석하였다. 예를 들어, 우울이나 불안, 화, 좌절 등의 심리적 요인이 불쾌한 감정을 유발하여 학교폭력과 같은 비행을 유발한다는 연구(권현용, 김현미, 2009; 박영신, 김의철, 2001; 신혜섭, 2005; 최운선, 2005), 주관적 행복감이 학교폭력과 부적인 상관을 보인 연구(Navarro et al., 2015), 더불어 주관적 행복감이 낮을 때 비행과 같은 부정적인 대처가 일어난다는 연구결과(Batista-Foguet, 2008) 등이 일반긴장이론을 뒷받침하고 있다.

2) 폭력하위문화이론

폭력하위문화(subculture of violence)이론은 폭력문화를 설명하는 사회학 이론으로 1960년대 중반 미국 사회에서 폭력이 문화적으로 학습되고 공유되는 행위 양식에 초점을 둔다(Wolfgang & Ferracuti, 1967). Wolfgang과 Ferracuti는 미국 남부에서 폭력 범죄가 다른 지역보다 더 빈번하게 발생하며 총기에 대한 허용도 등이 다른 지역과 차이가 있음에 주목하였다. 이 이론에서는 개인 간 일어나는 갈등이나 분쟁 요인들이 폭력을 유발하지만, 이렇게 발생한 폭력 그 자체보다는 사회 계층에 따라 폭력을 수용하는 정도가 다르고 결과적으로 집단에 따라 폭력에 대한 서로 다른 하위문화를 형성한다고 보았다. 폭력을 유발시키는 구조적 특징이 폭력에 대한 우호적 태도와 결합하게 되면 폭력 행위가 더 많이 발생하게 된다는 것이다. 즉, 폭력에 대한 문화적 특징과 사회구조의 상호작용을 강조한다.

최근 국내의 연구들 또한 청소년의 폭력행동을 설명하는 데 있어서 환경의 중요성을 강조하고 있다. 청소년을 둘러싼 사회적, 물리적 환경이 학교폭력에 미치는 영향력이 입증되고 있다. 예를 들어, 실제로 지역사회의 특징이 학교폭력 가해에 영향을 미치는데 그 관계에서 폭력을 허용하는 정도가 매개하는 것이 확인되었다(김재엽 외, 2015). 이성식(2003)의 연구에서도 폭력적 하위문화 환경이 청소년의 상황 인지에 영향을 주고, 이러한 인식이 대인갈등 상황에서 폭력을 더욱 유발하는 역동을 설명하고 있다. 구정화(2016)는 학교폭력에 영향을 미치는 가정환경을 분석하여 아동방임, 벌과 욕 등 가정 내에서 이뤄지는 아동폭력의 부정적 영향을 제시하였다. 김경집(2005) 역시 청소년의 폭력에 영향을 미치는 학교환경과 학구의 특징을 분석하여 학구가 열악한 소도시 시장학구의 경우 그 지역에 거주하는 학생들이 폭력에 대해 보다 허용적인 문화를 형성하는 것으로 나타났다. 연구자는 학생들의 가정환경적 수준과 그와 연관된 소재학구에 따라 폭력 노출 정도에 차이가 나고 그에 따라 폭력에 대한 허용도가 달라질 것으로 해석하였다. 또한 정동욱 등(2014)은 학교환경 위생정화구역 내 유해업소의 수가 많아질수록 단위 학교의 학교폭력 가해학생 수가 증가하는 것을 확인하였다.

　폭력하위문화를 학교에 적용해 보면 학교별로 고유한 학교문화와 풍토를 지니며 이러한 문화적 특징은 폭력에 대한 허용도를 포함한다. 학교폭력이 발생했을 때 이를 목격한 학생들, 즉 주변인(bystander)의 대부분이 폭력에 대해 방관하거나 가해행동을 동조하는 태도를 보이면 학급의 폭력에 대한 허용도는 높아지며 해당 학급에서는 폭력이 보다 쉽게 유발되는 문화를 형성하게 된다(남미애, 홍봉선, 2013). 학교폭력에 영향을 미치는 문화적 특징을 연구자들은 학교풍토(school climate)의 관점에서 분석하기도 하였다. 학교는 타 학교와 구별되는 고유의 독특한 풍토가 존재하며 이러한 각 학교의 풍토는 해당 학교에 속한 학생들의 학업 및 정서와 행동발달에 영향을 미친다(Giovazolias et al., 2010). 학교풍토에 대한 정의와 측정은 학자마다 다양한데, 넓게는 학교조직의 구조와 환경을 모두 포함하고, 좁게는 학교 구성원들이 학교에 대해 가지고 있는 신념, 태도, 규칙, 문화 등을 포함하는 개념으로 국한된다(Wang et al., 2013). 특히 학교풍토 중에서 학급에서 형성되는 학급풍토(classroom climate)가 학교폭력에 더 많은 영향을 미치는 것으로 알려져 있는데, 학급풍토는 교사와 학생, 학생과 학생 간의 상호작용 등을 통해 다른 학급과 구별되는 해당 학급만의 고유한 특성으로 보통 학급 분위기로도 불린다. 박수희(2020)는 이러한 학급의 풍토가 학교폭력 예방문화에 미치는 영향을 분석한 결과 친화적 학급풍토가 형성된 학급의 경우 학교폭력에 대한 허용도가 낮음을 확인할 수 있었다. 나아가 이러한 학급은 학교폭력예방 활동 지원에도 보다 적극적인 것을 확인하였다. 이와 같은 연구결과는 학교폭력이 주로 발생하는 학급에서 어떠한 하위 문화를 형성하느냐에 따라 학교폭력의 발생정도가 달라질 수 있음을 시사한다.

3) 차별접촉이론

Sutherland(1947)의 차별접촉이론은 청소년의 문제행동이 타인과의 상호작용과 의사소통을 통해 자연스럽게 학습된다고 보았다. 이 이론은 청소년들이 일탈된 친구들이나 폭력적인 친구들과의 접촉이 많고 친밀하게 연결되어 있을수록 비행이나 폭력행동을 할 가능성이 높다고 설명한다. 즉, 가해학생은 문제행동을 많이 보이는 친구들과 상호작용을 하면서 폭력행동이 고무되고 강화되는 것을 경험하며 학습하게 된다는 것이다. 이러한 측면에서 앞서 Bandura가 제시한 사회학습이론과 유사한 면이 있다.

많은 청소년 비행이나 일탈행동, 학교폭력에 관련된 연구에서 일탈된 비행집단과의 상호작용이 많을 경우 그렇지 않은 경우와 비교했을 때 유의미하게 비행행동이나 폭력행동에 참여하는 경우가 많았다. 청소년이 폭력을 용인하고 그것이 정당화되는 환경에 계속 노출되면 그것을 거부감 없이 받아들이고 학습하여 타인에게 쉽게 폭력을 행사할 수 있게 되므로 폭력 환경에 자주 접촉하는 사람일수록 갈등 상황이 오면 더욱 강압적이고 폭력적으로 해결할 가능성이 높다. 실제로 차별접촉이론의 관점에서 학교폭력에 대해 연구를 수행한 황정훈(2023)은 단위 초등학교의 학교폭력이 인접한 중학교의 학교폭력과 어떠한 관계가 있는지 분석한 결과 중학교의 학교폭력 심의건수가 인접 초등학교 학교폭력 심의건수에 통계적으로 유의한 영향을 미친다는 것을 확인하였다. 이 연구는 접촉의 주체를 한 개인에서 학교로 확장한 점이 특이한데, 인접한 중학교에서 학교폭력 발생건수가 많으면, 인근 초등학교의 학생 역시 해당 중학교의 학생과 접촉할 가능성이 많다는 점에서 연구결과는 설득력 있게 설명된다.

차별접촉이론은 청소년기의 비행행동이나 일탈 행동을 사회화 관점, 학습된 행위로 이해하는 것으로, 이 이론에서 말하는 폭력행위에 대한 학습은 가족, 친구, 동년배 집단과 같은 친밀한 집단을 가정한다. 그런데 최근에는 친근한 집단과의 접촉이 대면뿐만 아니라 사이버 공간에서 비대면으로 이뤄지는 경우가 많아 접촉 상황을 온라인으로 확장하여 이해해야 한다. 따라서 사이버폭력이나 사이버 비행행동도 사이버 공간이나 현실에서의 의사소통을 통한 접촉으로 학습될 수 있다고 볼 수 있다. 즉, 최근의 사이버 공간은 대면적인 공간과 다를 바 없이 사이버상에서 친밀성을 나누고 서로 간 유대감을 키우기 때문에 서로 간의 학습을 통해 영향을 미치고 있다. 오늘날의 청소년들은 친구들을 포함한 주변 사람들과 직접적으로 접촉하기보다는 사이버 공간에서 정보를 얻고, 사이버 세계에서 상호작용하는 경향이 빠르게 증가하고 있어 인터넷이 청소년들의 가치와 태도형성에 미치는 영향이 매우 크다고 할 수 있다. 즉, 차별접촉이론의 관점에서 해석하면, 현실에서의 상호작용뿐만 아니라 상호작용이 일어나는 사이버상에서의 경험도 청소년의 사이버폭력 가해행동에 영향을 미친다고 할 수 있다.

실제로 여학생의 경우 사이버폭력 가해행동에 비행친구의 영향을 많이 받았는데, 이는 비행행동을 긍정적으로 정의하는 또래집단과의 비대면 접촉이 비행행동을 수용할 만한 행위로 스스로 규정하게 하여 폭력을 내면화하고 합리화한다는 것을 의미한다. 성동규 등(2006)의 연구에서는 사이버폭력 피해경험이 많은 청소년일수록 가해자로 돌변할 가능성이 높았다. 이들은 사이버 공간에서 가해행동에 정당성을 부여하게 되어 폭력 이후에도 죄책감을 덜 느끼는 것으로 나타났다. 즉, 피해경험을 통해 폭력이 학습되어 다른 사람을 괴롭히는 행동으로 연계되는 것이라 해석할 수 있다.

4) 사회유대이론

Hirschi(1969)의 사회유대이론은 폭력행동의 원인을 주로 개인을 둘러싼 사회 환경에서 찾으며 폭력행동에 영향을 미치는 상황적 조건에 주목한다. 이 이론에서는 가정에서부터 학교 및 학생이 소속된 모든 기관에서 학생 개인이 느끼는 유대감이 학생이 법이나 규칙을 지키는 것에 영향을 미친다고 본다. 그래서 학급에 대한 소속감이 높고 또래와의 유대감이 높으며 교사와 신뢰관계를 형성한 경우 학급에서 설정한 규칙을 지킬 가능성이 높다고 가정한다. 반면, 소속된 집단과 결속이 없고 주변 사람에 대해 무관심한 경우는 폭력이 유발될 수 있다고 본다.

따라서 이 관점에서는 청소년이 폭력을 저지를 수 있는 상황에도 불구하고 폭력을 행사하지 않는 것은 폭력을 했을 때 부모의 실망과 부모와의 관계 상실에 대한 두려움이 작용하기 때문인 것으로 본다. 사회적 유대로 인해 적절한 통제감을 형성하기 때문에 유대관계가 강한 청소년일수록 폭력의 동기가 통제되어 폭력의 가능성이 낮아진다. 하지만 유대관계가 약하거나 없을 경우 청소년은 보다 쉽게 폭력을 저지를 가능성이 높아진다. 따라서 부모와 자녀의 애정관계가 폭력에 있어서 중요한 원인으로 작용하게 되며 폭력을 통제할 수 있는 영향력 있는 설명요인이 된다.

실제로 학교유대감과 공격성의 관계를 분석한 김예성과 김광혁(2008)의 연구에 따르면 학교유대감이 높을수록 아동의 공격성은 억제되는 것으로 나타났다. 김진호(2009)의 연구에서도 학교폭력 가해 청소년의 사회관계적 특성에 주목하여 분석했는데 가해청소년은 가정 환경에서 가족 간의 유대감이 낮은 것으로 나타났다. 또한 이승원 등(2016)의 연구에서도 사회적 유대감은 폭력성을 직접적으로 낮추는 것으로 확인되었다. 또한 김시현(2023)은 한국아동패널자료를 활용하여 1,359명을 대상으로 분석한 결과 공동체 의식이 높을수록 학교폭력 피해의 정도가 적고, 공동체 의식이 낮을수록 학교폭력 피해의 정도가 높다는 것을 확인하였다. 이승연 등(2014)도 가해집단의 학교유대감을 피해집단과 일반집단과 비교한 결과 학교유대감은 일반집단에 비해 유의미하게 낮은 것으로 나타났다. 이 연구에서도 앞선 김시현(2023)의 연구처럼 피해집단 역시 학교유대감은 일반집단에 비해 낮은 것으로 확인되었다.

사이버 공간은 오프라인 공간과 달리 익명성에 기초한 비대면적 관계가 형성된다. 실명적인 대인관계에서는 주변 사람들과의 유대감이 통제력으로 작용하여 자기가 하고 싶은 대로 행동하지 못하는 경향이 있으나, 익명성이 보장되는 온라인 공간 상황에서는 다른 사람이나 공동체 등의 통제가 약해서 하고 싶은 대로 행동하는 경향이 높아질 수 있다. 그러나 오프라인 공간에서 학생이 느끼는 유대감이 온라인 공간에서 발생하는 사이버폭력에도 영향을 미친다는 것이 연구를 통해 밝혀졌다. 실제로 부모의 양육태도나 부모와의 친밀감이 사이버폭력 가해행동과 유의미한 관계가 있음을 밝힌 연구(전신현, 이성식, 2010)가 있으며, 교사의 지지나 친밀감이 사이버폭력과 유의미한 관계가 있음도 입증되었다(전동일 외, 2008; 전신현, 이성식, 2010). 또한 또래지지나 또래의 상호작용, 비행친구 수가 사이버폭력 가해행동과 유의미한 관계가 있음을 밝힌 연구(김은경, 2012; 전신현, 이성식, 2010)들도 사회유대이론을 지지한다. 즉, 사이버상에서의 폭력행동에 대해 사회유대이론을 적용해 보면 청소년이 사회와 갖는 유대는 사이버 공간에서의 각종 유혹이나 비행 행위들을 통제하는 역할을 하는 것으로 보인다. 따라서 자녀에 대한 부모의 인터넷 사용 감독이나 통제, 교사의 인터넷 윤리의식 교육이나 인터넷 사용 관리의 여부, 가족 및 또래와의 유대 형성 정도가 사이버폭력 가해행동에 영향을 준다고 가정할 수 있다.

5) 낙인이론

낙인이론에 따르면 가해학생의 폭력행동은 폭력을 인식한 주변 사람들의 인식과 반응에 따라 영향을 받는다고 본다. 어떠한 행동이 폭력인지 아닌지가 중요하기보다는 그 행동에 대해 사람들이 폭력이라고 낙인을 찍었느냐가 더 중요하다고 보는 견해이다. 일단 학교폭력 가해학생으로 인정되고 그에 따른 처벌을 받게 되면, 사람들은 왜 그러한 행동을 했는지에 대해 깊이 이해하기보다는 가해학생을 폭력학생으로 낙인찍을 가능성이 높고, 해당 가해학생은 이후에 정말로 폭력적인 학생으로 유지될 가능성이 높다는 것이다.

낙인이론의 이론적 기원은 상징적 상호작용이론(symbolic interaction theory)에서 찾아볼 수 있다. 인간은 타인과 상호작용하며 일정한 사회적 영향을 줌과 동시에 상대방으로부터 그 반대되는 영향을 받는 것을 말한다. 이러한 사회적 상호작용 과정에서 사람은 언어(word)와 같은 다양한 상징(symbols)적인 표현을 사용하며, 이러한 상징적 표현은 이미지를 형성하게 된다(Siegel, 2015). 따라서 자기 자신에 대한 인식과 행동은 사회적 평가와 시선에 의해 영향을 받으며, 타인이 자신을 부정적인 시선으로 바라본다면 부정적인 자아개념이 형성되고 결과적으로 부정적 행동을 할 가능성이 높아질 수 있다(Adams et al., 2003).

초기의 낙인이론은 공식적인 처벌만을 낙인으로 규정하였고, 이러한 공식적 낙인 경험이 있는 청소년이 이후에 지속적으로 비행에 가담하는지에 주안점을 두어 연구를 진행해 왔다. 그러나 이와 관련된 실증적 연구에서 일관된 결과가 나오지 않아 낙인이론 연구자들의 주장이 경험적으로 지지되지 못한 측면이 있다. 또한 낙인이론을 전제로 한 사회정책의 적용에서 한계가 드러남과 동시에, 공식적인 처벌을 받게 되면 억제효과로 인해 이후 범죄가 예방된다는 억제이론과의 논쟁까지 더해졌다. 초기 낙인이론을 보완한 후기의 수정된 낙인이론은 공식적 처벌 외에 비공식적인 사회적 반응에 주목한다. 수정된 낙인이론에서는 굳이 공식적인 낙인을 받지 않아도 스스로를 비행 청소년 또는 폭력적인 학생으로 인식하거나, 주변 사람들도 자신을 그렇게 평가한다고 인지함으로써 자아 낙인이 형성될 수 있다고 말한다.

낙인이론 자체가 상징적 상호작용이론에서 파생되었기 때문에 주변 사람들의 낙인 자체도 중요하지만 주변의 여러 타인이 자신을 낙인찍고 있는가에 대한 스스로의 해석과 생각이 더욱 중요하다. 국내에서도 이러한 관점을 받아들여 비공식적 낙인이 청소년에게 어떠한 영향을 미치는지에 관한 여러 연구가 진행되어 오고 있다(곽상은, 김춘경, 2013). 이러한 연구들은 폭력보다는 주로 낙인이 비행에 미치는 영향을 분석하였다. 반면, 사회적 낙인이 사이버폭력에 미치는 영향을 분석한 김수민(2024)과 시은아, 이현정(2022)은 학업중단의 낙인감이 높은 학생들은 SNS상에서 사이버폭력에 더 많이 관여하는 것을 확인하였다. 이러한 학교폭력에 대한 낙인효과 때문에 일부 교육자들은 폭력적 행동을 하는 학생에 대해 섣불리 '가해학생'이라는 단어로 그들을 표현하는 것을 경고한다. Swit(2018)은 유아교사와 학부모를 대상으로 괴롭힘 가해자의 사회적 낙인에 대한 인식을 조사하였다. 이들은 아동이 괴롭힘 행동을 했다 할지라도 의도적으로 괴롭히지 않았을 가능성이 높으며 '가해자(bullies)'라고 명명하게 되면 이들이 차별적 대우를 받을 수 있기 때문에 관련 학생을 '가해자'라고 명명하는 것을 꺼려한다는 것을 확인하였다.

5 생물학적 이론

최근에는 학교폭력을 설명하는 생물학적 이론이 많이 소개되고 있다. 생물학적 특징은 주로 가해자의 측면에서 집중 연구되었다. 일부 학자들은 더 많은 공격행동을 하는 사람들의 생물학적 특징에 주목하였다. 예를 들어, Magnusson(1992)은 반사회적인 청소년들은 휴식 시 심장박동과 피부전도 반응이 일반 집단에 비해 낮고, 특히 심각한 비행을 더 많이 지속적으로 행하는 사람들일수록 자율반응이 더 낮다는 결과를 제시하였다. 그리고 그 이유로 각성수준이 낮은 것과 지루한 상태는 둘 다 고통스러운 상태이므로, 감각자극을 증가시켜 지루함으로부터 도피하려는 것이 곧 공격적인 청소년들의 전형적인 행동양식이라고 설명한다.

또한 충동적인 폭력행동을 생물학적으로 설명할 때 뇌의 변연계(limbic system) 기능장애 혹은 뇌전달물질의 불균형 등이 관련 원인으로 제기되기도 한다. 변연계는 유기체가 환경적 위협과 도전에 어떻게 반응하는지에 핵심적인 역할을 하기 때문에 사람이 외부 자극에 공격적으로 반응하는지의 여부에 핵심적인 역할을 한다. 그래서 동일한 자극에 대해서도 폭력적인 사람들은 정상인보다 더 쉽게 흥분하고 이에 따라 더욱 공격적인 행동을 하게 된다.

또한 신경전달물질 중에서 기분과 행동에 가장 큰 영향을 미치는 신경전달물질로는 도파민(dophamine)과 노르에피네프린(norepinephrine) 및 세로토닌(serotonin)이 있다. 도파민은 현실 인식에 크게 영향을 미치는 신경전달물질로 도파민이 부족하거나 지나치게 많이 분비되면 판단력이 떨어지고 충동적인 행동을 할 수 있다. 노르에피네프린은 주의력과 집중력에 영향을 미치고 각성 상태에 영향을 미쳐 사람을 불안하게 만들고 공포심을 느끼게 한다. 반면, 세로토닌은 불안하고 우울한 기분과 상관이 있으며 공격성과도 관련이 있다. 이 중 폭력성과 가장 관계가 깊은 것은 세로토닌과 도파민이다. 특히 세로토닌은 임상에서 폭력성을 조절하는 약물로 처방되기도 하는데 뇌 속의 세로토닌 수치가 높아지면 폭력적인 행동이 진정되는 효과가 있다(김영화, 2012). 도파민 역시 세로토닌과 유사하게 그 수치가 낮으면 폭력적인 행동을 보일 가능성이 높아진다. 어떠한 이유에서든 뇌에서 도파민과 세로토닌이 원활하게 분비되지 못할 경우 우울증이 생기기 쉬우며, 동시에 폭력 또는 충동적인 행동, 폭식 등의 극단적인 행동을 제어하는 데 어려움을 느낄 수 있다.

6 생태학적 이론

Bronfenbrenner(1994)의 생태학적 발달이론은 학생의 사회적 발달은 학생 개인의 특성을 넘어선 보다 큰 하위체계나 사회적 맥락 속에서 상호작용하며 일어난다고 본다. 그래서 이 이론에서는 학생들이 경험하는 폭력이 개인적 특성, 학교와 지역사회의 특성, 학생들의 가정 배경, 학생들의 문화적 맥락과 같은 보다 넓은 사회적 맥락의 상호작용에 의해서 영향을 받는다는 것을 강조한다. 제2장에서 설명한 바와 같이 미시체계(microsystem), 중간체계(mesosystem), 외체계(exosystem), 거시체계(macrosystem)의 환경체계가 서로 상호작용하여 발달에 영향을 미친다는 것이다.

생태체계 구성 수준은 청소년이 생활하고 있는 환경의 영향 정도에 따라 분류할 수 있다. 먼저, 학생 개인을 둘러싼 첫 번째 체계는 미시체계로 이는 학생과 아주 밀접하게 직접적인 상호작용을 하는 가족, 또래, 학교, 이웃 등을 포함한다. 직접적으로 상호작용을 하며 다양한 활동을 하고 그 안에서 역할이 주어지기 때문에 다양한 관계를 형성한다. 두 번째는 중간체계로 이는 개인이 적극적으로 상호작용하는 둘 이상의 미시체계 관계로 이루어진다. 예를 들어, 미시체계인 학교에서 학교폭력 예방교육을 실시하면, 그 내용이 또 다른 미시체계인 가정에 전달되어 부모가 자녀에게 폭력에 대해 학교와 동일한 메시지를 주어야 한다. 학교에서 배운 내용이 가정에서 재확인되고 재교육될 수 있도록 가정과 학교는 서로 긴밀한 협력관계를 맺어 확고한 중간체계를 형성하는 것이 필요하다. 세 번째는 외체계로 학생 개인이 체계의 부분을 형성하지는 않지만 학생의 발달에 영향을 줄 수 있는 환경을 뜻한다. 예를 들어, 친척, 이웃, 지역사회의 기관과 대중매체 등이 있다. 마지막으로 거시체계는 하위체계들(예: 미시체계, 중간체계, 외체계)을 둘러싸고 있는 문화적 환경을 의미하며 문화 전반에 걸쳐 존재하는 관습, 규범, 문화 등으로 정의된다.

　학교폭력은 고립되어 일어나지 않으며 개인과 그의 가족, 또래집단, 학교와 지역사회 및 사회적 규범 간의 복잡한 상호작용의 결과이다. 예를 들어, 공격성과 충동성이 높은 가해학생이 폭력을 행사한 경우에 적용해 보면, 이 학생의 높은 공격성과 충동성에는 먼저 부모의 성향과 양육방식이 영향을 미친다. 학생의 성향은 학교에서 규칙과 규범을 준수하는 데 도전적 요소로 작용한다. 또한 공격성과 충동성이 높은 또래들과 오랜 시간을 보내면 공격성과 충동성이 강화될 수 있다. 이처럼 가정, 학교, 또래의 미시체계가 우선 직접적으로 학생의 가해행동에 영향을 미친다. 앞서 살펴본 것처럼 중간체계인 가정과 학교가 학생의 공격성과 충동성을 조절하기 위해 어떻게 협력적으로 지도하느냐 역시 중요한 요소이다. 가해학생의 선도를 위해 외체계에 해당하는 지역사회의 상담기관에 공격성 및 충동성 조절력 향상을 위한 상담을 의뢰할 수 있다. 대중매체를 통해 학교폭력 근절을 위한 캠페인을 진행할 수 있고, 지역사회의 이벤트 등을 개최하면 가해학생의 행동 조절에 도움이 된다. 나아가 거시체계에 해당되는 폭력에 대한 허용적 문화는 가해행동을 줄이는 데 도전적 요소로 작용할 것이다. 이처럼 한 학생의 폭력행동에 미시체계, 중간체계, 외체계 및 거시체계는 상호 복합적으로 작용하여 학교폭력에 영향을 미친다.

　국내의 경우 생태학적 요인의 관점에서 학교폭력 연구를 시도한 연구들이 있다. 황혜원 등(2006)은 생태체계적 요인들 간의 경로분석을 실시한 결과 개인변인과 또래변인의 영향력이 가장 컸으며 상대적으로 가족변인과 학교변인의 영향력은 적었다. 특히 경로분석 결과 가족변인(예: 부모와의 관계)이 개인변인(예: 충동성)을 통해 학교폭력에 영향을 미친다는 점을 확인하였다. 도기봉(2008)은 학교폭력에 영향을 미치는 공격성이 생태체계요인과 상호작용하는지 분석하였는데, 공격성은 가정폭력 경험, 친구의 비행 경험, 교사의 태도, 사회의 폭력 허용도 및 대중매체 폭력 경험과 유의미하게 상호작용한다는 점을 확인했다. 예를 들어, 공격성이 학교폭력에 미치는 영향은 가정폭력 경험의 유무에 따라 그 정도가 달랐다. 허승희와 이희영(2019)은 학교폭력의 미시체계와 중간체계가 미치는 영향을 분석하여 효과적인 대처방안을 제시하기도 하였다. 학교폭력에 영향을 미치는 미시체계 주요 요인으로는 학교 스트레스, 학교 규칙 인식, 교사의 학생에 대한 태도, 교사의 수업방식, 학교폭력에 대한 학교장과 교사의 태도와 개입, 또래관계, 비행친구와의 접촉 등이 있었다. 반면, 유의미한 중간체계 요인으로는 학교 구성원들의 상호관계, 학교와 학부모 관계, 학교 훈육에 대한 학생들의 인식과 교사관계, 학교 구성원들의 상호 신뢰 관계, 학교 및 학급 체계와 또래집단 특성과의 관계 등으로 나타났다. 최근에는 사이버폭력이 증가하면서 사이버폭력을 생태체계적 관점에서 분석한 연구도 증가하고 있는데, 김경은과 윤혜미(2012)는 개인, 가족, 학교, 사이버 환경으로 관련 변인을 구분하여 청소년의 사이버폭력에 관련된 생태체계변인의 영향에 대해 중·고등학생 1,303명을 대상으로 연구하였다. 그 결과 여학생보다 남학생, 형제가 없는 청소년, 아버지의 교육 수준이 높은 경우, 하루 인터넷 이용 시간이 길고 인터넷 동아리 활동을 많이 하는 청소년일수록 사이버폭력에 더 많이 관여하는 것으로 확인되었다.

7 기타 이론

　학교폭력을 설명하는 앞선 이론들 이외에도 다양한 이론으로 학교폭력을 설명할 수 있다. 정종진(2012)은 학교폭력의 원인에 관한 이론 고찰에서 앞서 설명한 이론들 이외에 지배성 이론, 영토성 이론, 사회적 기술 결함 이론, 마음 이론을 기타 이론으로 소개하고 있다. 반면, Evans와 Smokowski(2015)는 괴롭힘을 사회적 자본이론, 지배성이론, 굴욕이론 및 조직문화이론의 관점에서 분석하고 있다. 이러한 문헌에서 언급된 이론 중 앞선 설명과 겹치지 않는 몇 개의 이론을 간단히 소개하면 다음과 같다.

　사회적 자본이론(social capital theory)은 사회적 관계에서 획득하는 이득, 즉 사회적 자본에 초점을 둔 이론으로 상대방과의 상호작용 속에서 목표를 성취하고 이득을 얻기 위한 수단으로 폭력을 행사하여 사회적 자본을 축적한다고 본다. 사회적 자본이란 사회적 조직이 갖고 있는 네트워크, 규준, 사회적 신뢰 등의 특징으로 그 조직 구성원들의 상호 이익을 촉진하는 역할을 한다(Putnam, 1995). 한 개인은 이러한 집단에 소속됨으로써 집단이 갖고 있는 다양한 자원을 공유할 수 있다. 예를 들어, 정보를 공유할 수 있고, 영향력을 행사할 수도 있으며, 사회적 신망을 얻을 수 있고, 자신의 정체성을 강화시킬 수도 있다. 피해학생은 이러한 사회적 자본이 빈약한 특징을 보인다(Scholte et al., 2008). 학교폭력은 사회적 관계에서 발생하고 힘의 불균형에 기초하기 때문에, 사회적 자본 측면에서 가해학생과 피해학생은 명확한 불균형을 보인다. 가해학생은 폭력행동을 통해 사회적 자본을 축적하며 지속적으로 자신의 인기도를 높여 나간다. 그래서 종종 가해학생은 막강하며 인기 있는 학생으로 여겨진다(Evans & Smokowski, 2015).

　지배성이론(dominance theory)에 따르면 가해학생은 집단에서 높은 사회적 지위와 자원을 획득하여 또래들에게 더 많은 통제와 영향력을 행사하기 위하여, 다시 말해 지배성을 확립하기 위한 수단으로 폭력을 행사한다고 간주한다(Long & Pellegrini, 2003). 특히 이 이론은 새롭게 집단이 형성되는 시기에는 지배성 확보를 위한 경쟁이 증가하기 때문에 폭력행동이 증가한다고 가정한다. 예를 들어, 학년 초나 중학교에서 고등학교로 전환하는 시기 새로운 환경에서 주도권을 잡으려는 학생들이 폭력을 통해 지배성을 확보한다고 본다. 반면에 사회적 지배성이론(social dominance theory: SDT)은 집단상황에 초점을 두며 사회적 위계를 형성하는 과정에서 지배성을 확보하기 위한 수단으로 폭력을 행사한다고 본다(Sidanius & Pratto, 1999). 한국의 폭력은 가해학생이 집단을 이루어 발생하는 집단따돌림의 형태가 강한 점을 감안하면 사회적 지배성이론은 집단주의(collectivism) 문화를 지니고 있는 한국의 폭력 현상을 설명하는 데 유용할 수 있다. 집단에 기반을 둔 사회적 위계에서 지배성을 지닌 가해자들은 상대적으로 지배성이 약한 피해학생을 억압하거나 차별하거나 불공정한 행위를 지속하며 지배성을 견고하게 만들어 간다. 이러한 상황에서 가해학생은 해당 학생의 개인적 특성보다는 그 학생이 속한 집단의 속성으로 인해 더 높은 사회적 지위와 권력을 소유하는 경향을 보인다.

🟢 인사이트 이론의 절충적, 통합적 적용

2023년 1차 학교폭력 실태조사 결과에 따르면 자신을 가해자로 응답한 인원은 1.0%로 3만 명 수준이었다. 이들에게 가해행동을 한 이유를 물었을 때 총 아홉 가지의 이유를 제시했는데(복수응답) 가장 높은 비율을 차지한 것은 '특별한 이유 없이 장난으로' 괴롭혔다는 것이다(34.8%). 앞서 설명한 이론들로 명쾌하게 설명되지 않는 참 난감한 답변이다. 반면, 2위를 차지한 답변은 '피해학생이 먼저 괴롭혀서' 자신도 그에 대한 보복으로 괴롭혔다는 것이다(25.6%). 이는 Adler가 설명한 문제행동의 네 가지 목적 중 보복(revenge)을 위한 폭력으로 설명되고, 동시에 자기통제이론으로도 설명이 된다. 3위는 '피해학생과의 오해와 갈등으로'였다(12.1%). 오해가 발생한 원인은 정보처리이론의 적대적 귀인으로 설명이 가능하다. 그 밖에도 '화풀이 또는 스트레스 때문에'(8.0%)는 일반긴장이론으로 설명되고, '강해 보이려고'(3.8%)는 지배성이론으로 설명된다. 그리고 '다른 친구나 선후배가 하니까'(3.3%)는 차별접촉이론으로 설명된다. 이 장의 서두에서 언급한 것처럼 하나의 이론이 모든 상황을 설명하는 것은 불가능하다. 각각의 이론은 특정 상황을 설명하는 데 보다 유용하고 명쾌하기 때문에 폭력 현상을 설명할 때에는 다양한 이론을 절충적 또는 통합적으로 사용하여 다면적으로 이해하는 것이 중요하다.

제 **4** 장

학교폭력
피해학생의 이해

프롤로그

　2023년 우리나라에서 학교폭력을 당했다고 응답한 학생 수는 59,000명에 달했다. 학교폭력 실태조사를 해 왔던 지난 10년 간 가장 높은 수치이다. 이 많은 학생이 겪었을 심리적 고통과 앞으로 회복과정에서 스스로 이겨 내야 할 난관을 생각하면 마음이 아프고 무겁다. 한국학교정신건강의학회에 소속된 정신건강의학과 전문의들이 진료한 피해학생 중 가해학생에 대한 복수를 꿈꾸는 경우는 90%가 넘는 것으로 알려졌다(헤럴드경제, 2023). 더욱더 안타까운 것은 학교폭력이 중단된 이후에도 수년간, 때로는 성인이 된 이후까지 후유증으로 고통을 겪는다는 점이다. 전문의들은 대표적인 증상으로 우울, 불안, 대인기피, 학교거부, 자해 등이 흔하다고 보고했다. 불면증이나 분노조절의 어려움, 자살사고를 호소하는 경우도 많다고 한다. 이들의 심리적 충격과 상처를 치료하는 것도 중요하지만 더 중요한 것은 그러한 폭력이 발생하기 전에 예방하는 것이다. 이를 위해서는 이번 장에서 다루게 될 학교폭력 피해학생의 특징을 위험요인으로 간주하여 이러한 특징을 보이는 학생에게 선제적으로 개입함으로써 보호하거나 역량을 강화시키는 일이 필요하다.

학교폭력:
심리적 이해와 상담적 개입

1 학교폭력 피해학생의 유형

1) 수동적 피해학생

수동적 피해학생(passive victims)은 학교폭력 피해를 당한 상황에서 폭력에 맞서는 등 폭력에 적극적으로 대응하지 않고 폭력을 참고 스스로 버티려고 한다. 학교폭력이 힘의 불균형에 기초하여 발생하기 때문에 피해학생은 이미 심리적 취약성을 갖는 경우가 많은데 피해는 이러한 취약성을 더욱 악화시킨다. 그렇기에 일반적인 또래와 비교했을 때 수동적 피해학생은 다양한 심리적인 문제를 겪으며 더 높은 위험에 처해 있는 것으로 알려져 있다. Gini와 Pozzoli(2010)는 이들의 특징으로 반 친구들과 좋지 않은 관계를 형성하며 낮은 자존감, 외로움, 우울증, 불안감을 자주 보고함을 지적하였다. 또한 부모의 양육행동과 또래 괴롭힘 피해 사이의 연관성에 대해 메타분석을 실시한 Lereya 등(2013)의 연구에서 이들은 학대, 방임, 부적응적 양육 등 부정적인 양육 행동에 노출되었을 가능성이 높은 점이 확인되었다. 연구자들은 이들이 부모와 자녀 사이의 원활한 소통, 따뜻하고 다정한 관계, 부모의 관여와 지원, 부모의 참여 등 긍정적인 양육태도가 부족함을 지적하였다.

2) 도발적 피해학생

반면, 도발적 피해학생(provocative victims)은 수동적 피해학생과 달리 가해자의 폭력행동을 유발하는 측면을 보인다. Olweus가 처음으로 '도발적(provocative)'이란 용어를 사용했는데(Olweus, 1978), 이 단어는 화를 나게 하거나 짜증을 유발한다는 뜻을 지니고 있다. 이들은 짜증이 많고 안절부절못하며 충동적이고 공격적인 행동으로 친구들을 자극하여 폭력을 유발하는 특징을 보인다. 그렇기 때문에 자신의 도발적 행동으로 가해자의 폭력을 유발하여 폭력을 당하는 경우가 많다(Solberg et al., 2007). 그리고 폭력을 당하면 폭력에 맞서는 과정에서 다시 충동적이고 공격적인 행동을 보인다. 그래서 경우에 따라서는 공격적 피해학생(aggressive victims)으로 불리기도 한다. 이러한 특성을 지니다 보니 결과적으로 이들은 피해학생이면서 동시에 가해학생이 되는 일명 '피해·가해학생'의 양상을 보인다. 이들은 피해 혹은 가해만 경험하는 학생에 비해 더욱더 취약하고 위험한 집단으로 알려져 있기 때문에 이들에 대한 관심과 지도는 더욱 필요하다고 볼 수 있다.

피해·가해학생처럼 피해와 가해를 동시에 경험하는 학생은 순수 가해학생에 비해 반응적인 공격성이 높은 것으로 알려져 있다(Unnever, 2005). 다시 말해, 순수 가해학생은 주도적이고 면밀하게 계획하여 상대방을 괴롭히는 선제적 공격성이 높은 반면, 도발적 피해학생은 상대방의 공격적 행동에 충동적으로 반응하며 폭력을 행사하는 반응적 공격성이 높다. 이들은 상대방에게 짜증을 유발하는 도발적인 특성 때문에 순수 가해학생보다 친구관계의 질이 더 떨어지는 경향을 보인다. 일반적으로 친구들은 도발적인 성향을 좋아하지 않기 때문에 또래관계에서 배제되어 있을 가능성이 많다. 이들이 순수 가해학생에 비하여 심리적으로 보다 취약하고 더 큰 위험요인을 갖는 이유는 다양할 것이다. Unnever(2005)는 순수 가해학생보다 더 좋지 못한 가정환경 속에서 혼란스러운 관계를 경험했을 가능성을 제기하며 이들이 겪은 강압적인 가정환경과 가족 갈등의 경험 때문에 순수 가해학생보다 더 공격하는 행동을 할 가능성이 높다고 설명한다.

최근 조명되고 있는 학교폭력의 주요 경향은 학교폭력의 가해학생과 피해학생으로 분리된 역할이 아닌 가해와 피해의 경험을 순환적으로 경험하는 중복경험 학생들이 증가하고 있다는 것이다(고경은, 이수림, 2015). 가해와 피해는 동일 집단 내에서의 상호작용 결과로 나타나며, 학교폭력 피해경험이 많을수록 가해경험도 많은 것으로 보고된다(김선애, 2007). 이제 학교폭력에 있어서 피해학생과 가해학생은 서로 명확히 구분되는 별개의 행위자라고 볼 수 없으며 가해학생과 피해학생을 이분법적으로 파악해서는 학교폭력 문제를 제대로 이해하기 어렵다는 사실을 인지해야 한다(오승환, 오인수, 2018; 임신일, 이정미, 2013).

가해·피해 중복경험이 순환되고 지속되는 이유는 다음과 같다. 단순 피해집단은 공격 욕구나 분노, 공격성에 대해 긍정적 태도가 낮은 반면, 가해·피해 중복집단은 거부를 당했을 때 분노를 공격적으로 표출한다. 이러한 공격적 행동은 다시 타인의 거부를 유발하고, 이는 추가적인 가해행동으로 이어지는 악순환을 만들게 된다(신희경, 2006). 가해와 피해가 중첩된 청소년은 가해 행위만 한 청소년에 비해 여러 해에 걸쳐 폭력 행위를 지속하는 경향이 더 높았으며, 이러한 사실은 가해와 피해의 중첩이 청소년 폭력 문제를 보다 장기적으로 지속하게 하는 요인이라는 사실을 나타내고 있다(박순진, 2009). 그 밖에 여러 연구자가 이들의 위험성을 확인하였다. 고경은과 이수림(2015)은 이들이 학교생활적응에 어려움을 겪으며 삶의 만족도가 낮았고, 부모로부터 학대를 당한 경험이 많았으며 친구관계에서 신뢰감이나 애착의 정도가 낮음을 확인했다. 성별에 따른 차이를 확인한 Kozasa 등(2017)은 남학생은 사회적 위축 비율이 높은 반면, 여학생은 신체화 증상, 불안/우울 및 내재화 문제의 비율이 높다고 보고하였다. 또한 성별에 상관없이 비행, 공격적 행동 및 외현화 행동의 비율이 높음을 지적하였다. 특히 Holt 등(2015)은 자살사고 및 자살행동에 대한 비율이 높음을 경고하였다.

2 피해학생의 특성

피해학생에 관한 연구가 축적됨에 따라 피해학생의 특성을 분석한 메타연구가 발표되고 있다. 문동규(2020)는 학교폭력 피해경험과 관련하여 지난 20여 년간 국내의 문헌을 중심으로 관련요인들의 효과크기에 대한 메타분석을 진행하였다. 피해를 유발하는 요인으로는 가정환경 측면에서는 부정적인 부모의 양육태도를, 개인심리 측면에서는 공격성, 불안, 스트레스, 우울 및 자살생각을, 그리고 학교생활 측면에서는 학업 스트레스를 제시하였다. 반면, 피해를 줄여 주는 억제요인으로 가정환경 측면에서는 긍정적인 부모의 양육태도 및 부모지지를, 개인심리 측면에서는 자아존중감 및 자아탄력성을, 학교생활 측면에서는 교사지지, 친구지지 및 학교생활 적응을 제시하였다. 국외 메타 연구에서도 유사한 결과들이 제시되고 있다. Schoeler 등(2018)도 피해를 경험한 학생은 학업적 어려움뿐 아니라 내면화 문제 및 외현화 문제 모두와 관련성이 높다고 지적한다. 이들은 우울증, 불안, 자살과 같은 증상을 내면화하고, 행동장애, 과잉행동, 비행과 같은 증상을 외현화하였다. 그 밖에 수행된 여러 메타연구 역시 유사한 결과를 도출하였다(Gini & Pozzoli, 2009; Holt et al., 2015; Kljakovic & Hunt, 2016; Lereya et al., 2013)

1) 피해학생의 개인적 특성

이 절에서는 피해학생의 개인적 특성을 인지적, 정서적, 행동적, 사회적 특성으로 구분하여 제시하고자 한다. 이 네 가지 영역은 상호 영향을 미치며 밀접하게 연결되어 있음을 염두에 두어야 한다.

(1) 피해학생의 인지적 특성

① 적대적 귀인 양상
학교폭력 피해학생의 특성에 대한 연구 중에서 학교폭력 피해학생의 인지적 특성으로 적대적 귀인 성향이 지적된다. 적대적 귀인(hostile attributions)이란 모호한 사회적 상황에서 타인의 의도나 행동을 해석할 때, 상대의 의도나 행동이 공격적이며 적대적 의도가 있다고 왜곡하여 해석하는 것을 의미한다. 즉, 상황적 조건 그 자체보다는 개인이 그 상황을 어떻게 인지적으로 해석하고 받아들이는지가 상황적 해석에 있어서 중요하게 된다. 이러한 적대적 귀인 양식을 지닌 청소년은 모호한 상황에서 적대적 단서에 더 많이 주의를 기울이고, 왜곡된 해석을 보인다(Dodge, 1991).

앞서 피해학생의 유형에서 설명한 수동적 피해학생과 공격적 피해학생을 구분하는 요인으로서 적대적 귀인 양식에 주목할 수 있다. 수동적 피해학생은 또래로부터 괴롭힘을 당할 때 내적 귀인(자기 자신이 폭력을 당할 만한 이유가 있다고 믿음)을 하는 반면, 도발적 피해학생은 자신을 탓하기보다 또래나 주변 사람을 탓하는 등 외적 귀인을 사용하는 특징을 보인다(박종효, 2003). 이런 외적 귀인 성향 때문에 도발적 피해학생은 적대감이나 분노, 공격성 수준이 높은 특징을 보인다. 결과적으로 타인과의 갈등 및 또래 배척, 그리고 이로 인한 외톨이 경험과 외로움, 우울증, 심지어 자살 충동까지 경험할 가능성이 높다. 이러한 학교폭력 피해학생의 적대적 귀인 성향 때문에 보복성 가해학생(bully back)이 되는 경향이 있다. 특히 사이버 공간에서는 익명성을 활용하여 다수에게 공격하는 것이 가능한 환경이기 때문에 적대적 귀인 성향이 높은 피해학생은 더욱더 공격적이 될 가능성이 높다.

이러한 피해학생은 상대방의 의도를 정확하게 파악하지 못하고 상대방이 자신에게 적대적인 의도를 가지고 있다고 오해한다. 예를 들어, 단순히 부딪히는 상황에서 상대가 일부러 부딪혀 나에게 피해를 주었다고 적대적으로 해석하여 원인을 귀속시킨다. 그리고 이러한 해석에 기초하여 상대로부터 자신을 방어할 목적으로 높은 공격적 행동을 취하는 인지 성향을 보인다(김은경, 이정숙, 2009; 박종효, 2003). 이들의 이러한 성향은 사회정보처리이론으로 설명이 가능하다. 이 이론에 따르면, 사회적 상황에서 '부호화, 해석, 목표 설정, 반응 탐색, 반응 결정, 실행'의 순차적인 인지적 조작이 이뤄진다(Crick & Dodge, 1994). 구체적으로, 부호화 단계에서 청소년은 주어진 환경에서 감각과 지각을 통해 단서를 선택적으로 받아들이고 이에 집중한다. 해석 단계에서는 부호화 단계에서 취한 단서를 근거로, 타인의 행동에 대한 귀인, 즉 의도를 추론하고 파악한다. 반응의 탐색, 결정 및 실행 단계에서는 장기기억에 저장된 반응목록의 탐색을 통해 실현 가능한 행동반응을 결정하고, 결정된 행동반응의 수용가능성 평가를 통해 행동의 실행으로 이어지게 된다. 이때, 적대적 귀인은 사회정보처리이론 1~2단계인 부호화 및 해석 단계에서 나타나는 인지적 오류 및 왜곡으로 볼 수 있다(오인수, 2010). 따라서 적대적 귀인 성향이 높은 공격적 피해학생은 부호화 단계에서 비공격적 성향의 청소년보다 적대적 단서에 주의를 기울이고 집중하기 때문에 해석 단계에서 상대방의 의도를 적대적으로 해석하는 적대적 귀인을 보일 가능성이 높다.

② 비합리적 신념

학교폭력 피해학생의 두 번째 인지적 특성으로 비합리적 신념을 들 수 있다. 비합리적 신념(irrational belief)이란 비실제적이며 비논리적인 사고체계를 의미하는 것으로서 아무런 근거 없이 건전한 인간행동을 지속하는 데 지장을 주는 사고나 신념을 일컫는다(Ellis, 1962). 주로 세상과 인생, 자기 자신 및 타인에 대한 절대주의적이고, 완벽주의적이며, 융통성 없는 비현실적 신념들로 간주된다(이미욱 외, 2013). 비합리적 신념은 일종의 역기능적 사고로서 심리적 장애를 유발하는데, 이는 세상에 대한 절대적이고 비현실적인 요구와 기대로 인한 결과라 할 수 있다. 이에 비합리적 신념이 높을수록 비현실적인 기대로 인해 상황을 잘못 인식하게 되며 이로 인해 부적응적 행동이 증가할 수 있다. 그리고 비합리적 신념이 높을수록 학교폭력 피해학생의 역기능적 사고 패턴이 더욱 공고화되면서 결국 관계에 영향을 미치게 된다. 실제 또래 괴롭힘 피해경험이 많을수록 타인의 의도를 보다 더 적대적으로 지각하였다(장휘순, 이승연, 2013).

한편, 비합리적 신념이 공격적 행동을 유발함으로써 또래 괴롭힘에 영향을 줄 수 있다. 이러한 경우는 앞서 설명한 도발적 피해자의 행동과 관련이 있다. 서수균(2011)에 따르면, 비합리적 신념이 높은 사람들은 다양한 부적응적 인지 전략을 통해 갈등의 원인을 타인에게 돌리고 보복하고자 하는 심리를 유발하여 공격성을 높인다고 설명하고 있다. 김은경과 이정숙(2009)은 아동이 또래의 행동을 악의적이고 적대적으로 귀인할 때 공격성이 증가한다고 보았으며, 한영경과 김은정(2011), 이홍과 김은정(2012)도 다양한 내용의 비합리적 신념들이 공격성과 관련된다고 밝혔다. 이렇듯 상대방의 의도에 대해 객관적으로 지각하지 못하고 보다 적대적으로 지각할 경우 개인은 충동적 공격성과 같은 문제행동을 나타내며(한영옥, 1999), 이러한 공격성은 또래괴롭힘 가해(오인수, 2008; 조학래, 2002) 및 피해로 이어질 수 있다(Cunningham, 2007). 비합리적 신념과 공격성의 관련성을 전제로 한 연구들을 통해 비합리적 신념이 공격성에 영향을 주어 결과적으로 각각의 또래 괴롭힘 가해·피해 가능성에 영향을 미칠 것임을 예측해 볼 수 있다.

③ 내-외통제성

학교폭력 피해학생의 스트레스 대처행동에 영향을 미치는 요인 중 개인의 인지적 요인으로 내-외통제성을 살펴볼 수 있다. 내-외통제성(Internal-external locus of control)은 미국의 심리학자 Phares(1957)에 의해 처음으로 연구되기 시작한 후 Rotter(1954, 1990)가 인간의 행동을 설명하기 위하여 개발한 사회학습이론에서 체계적으로 이 개념을 정의하고 측정방법을 제시하였다. 내-외통제성 이론에 따르면 자신에게 일어나는 사건을 스스로 예측 · 통제할 수 있다고 지각하면서 행동의 결과에 대한 원인을 자신의 능력이나 노력과 같은 자기 내부 요인으로 지각하는 사람은 내적통제성을 지닌 사람으로 여겨진다. 반면, 개인이 자신에게 일어나는 사건을 스스로 예측 · 통제할 수 없다고 지각하면서 행동의 결과에 대한 원인을 행운, 운명, 타인의 압력과 같은 외적 요인으로 지각하는 사람은 외적통제성을 지닌 사람으로 분류된다(Rotter, 1990).

한 개인이 가진 내-외통제성은 개인의 성격, 인생관, 성취에 대한 태도 및 노력 등 여러 가지 사고와 행동에 영향을 준다(이훈구, 1980). 내-외통제성과 정서 · 행동적 적응에 관한 연구를 살펴보면, 내적통제성이 높은 사람은 문제 상황에서 자신의 해결 가능성을 믿기 때문에 적극성, 사회성, 인내성, 친사회적 행동, 협조성, 정서적 조절능력이 높고 스트레스도 덜 경험한 반면, 외적통제성이 높은 사람은 원인을 외부로 돌림으로써 타인에게 책임을 전가하고 적대적, 공격적 성향이 높아 부적응 행동을 유발하였다(박영신, 김의철, 1998; Duke & Nowicki, 1973).

Slee(1993a)는 5~7학년을 대상으로 한 연구에서 또래 괴롭힘 가해학생이 외적 통제성이 더 높게 나타난다고 하였고, 5~15세를 대상으로 한 Slee(1993b)에서는 거의 매일 괴롭힘을 당한 아동 · 청소년이 더 높은 외적 통제성을 보였다. 국내 연구 중에서도 4학년과 6학년을 대상으로 한 이경님(2001)의 연구에서는 통제소재가 외재적일수록 또래 괴롭힘을 더 많이 경험함을 밝혔다. 또한 심희옥(2002)의 종단연구에서는 내-외통제성이 장기적인 차원에서 또래 괴롭힘 피해학생에게 미치는 영향이 큼을 확인하였는데, 또래 괴롭힘 피해학생은 학교폭력의 상황에 대해 통제감이 자기 자신에게 없고, 그저 외부의 손에 의지하고 묵묵히 또래로부터 괴롭힘을 당하게 된다고 해석했다. 다시 말해, 괴롭힘 피해학생이 외적 통제성을 지닌다고 보았다. 이처럼 내-외통제성은 개인이 자신의 행동과 그 결과를 통제할 수 있다고 지각하는 정도를 의미하며, 학교폭력 피해학생이 어디에 통제성을 두느냐는 대처행동을 선택하는 데 중요한 동기가 된다. 내적 통제성을 가진 사람은 자신의 행동과 삶에 대한 통제력이 자신에게 있다고 믿지만, 외적 통제성을 가진 사람은 운명, 권력자, 기회 등 외부 요인에 의해 좌우된다고 생각하기 때문에 폭력 상황에서 보다 수동적인 대처를 할 가능성이 높다.

(2) 피해학생의 정서적 특성

① 외상후 스트레스 장애

일반적으로 장애는 학교폭력의 원인으로 작용하기도 하고 폭력의 결과로 나타나기도 한다. 이 절의 외상후 스트레스 장애(Post-Traumatic Stress Disorder: PTSD)는 다소 피해에 대한 결과적 성격이 강하다. 학교폭력 피해를 경험하게 되면 정서적으로 과각성, 불안, 초조, 공포, 두려움, 혼란, 의심, 예민성 등이 증가된다. 뿐만 아니라 우울, 자존감 저하, 의욕 부진, 위축, 무력감을 보일 수 있다(최정원, 2008). 피해 초기에는 등교 거부, 식욕부진, 무기력증을 호소하나 괴롭힘의 기간이 길어질수록 우울증, 불안, 불면증에 시달리고, 악몽, 헛소리, 신체적 고통 등을 호소하며, 이러한 증상이 장기간 지속되면 PTSD로 진단된다(최태진 외, 2006). 심각한 PTSD 증상은 자아기능의 손상과 더불어 대인공포, 우울장애, 해리, 자살 시도 등의 심각한 정신과적 장애를 야기할 수 있기 때문에 더욱더 주의가 필요하다(송동호 외, 1997; 정지선, 2008).

PTSD는 외상 경험의 결과로 개인에게서 나타나는 가장 대표적인 심리적 문제인데, 학교폭력 피해는 심리적 외상 수준의 충격을 준다. 모든 외상 경험이 PTSD와 같은 심리적 문제를 야기하는 것은 아니지만, 외상을 경험한 청소년의 약 24%가 심각한 PTSD 증상을 나타낸다(Burton et al., 1994). PTSD 진단에서 외상 경험에 대한 정의는 점차 변화되어 왔는데, 외상 사건의 객관적 측면뿐 아니라 개인이 그 사건을 얼마나 심각하게 받아들였는지에 따른 주관성이 강조되고 있다. 가정폭력, 아동 학대와 방임, 학교폭력은 대표적인 애착 외상 사건으로서 정서적으로 의존도가 높은 관계에서 이루어진다는 점에서 일회성 단순 외상과 비교해 볼 때 외상이 미치는 영향이 더 광범위하다는 특성이 있다.

학교폭력 피해 증상 역시 대인 간에 발생한 충격적 사건으로 인한 외상으로 이해할 수 있다. 학교폭력은 일회적 사건으로 일어나기도 하지만 일 년 동안 같은 학급 학생들이 공동생활을 하는 학교의 특성상 한 학기 이상 지속적으로 발생하는 경우가 많기 때문에, 학교폭력으로 인한 외상이 반복적으로 나타나는 복합 외상의 양상을 지닐 위험이 있음을 내포한다. 이에 관해 정지선과 안현의(2008)는 실제 학교폭력 피해학생들을 대상으로 증상을 분석하여 단순 PTSD 집단과 복합 PTSD 집단, 양측의 증상을 모두 보이는 동시진단 집단으로 나누어 보고하였는데, 연구결과에서 복합 PTSD 집단은 단순 PTSD 집단보다 자기조절기능과 성격 문제 등의 심화된 증상을 보이는 것으로 나타났다. 이러한 연구결과는 학교폭력의 발생과 대처에 있어 폭력양상과 증상에 따라 대처가 달라져야 함을 시사한다. 장기간 학교폭력으로 만성적인 정신장애를 보인 집단은 신체적, 정서적 학대, 가족 지지체계의 결핍 등을 특징으로 보였다. 그리고 학교폭력과 가정폭력을 함께 경험한 집단이 더 어린 연령에서부터 더 장기간 학교폭력 피해를 경험하였고, 심리적 증상 역시 가장 심각하게 나타났다(송동호 외, 1997; 장덕희, 2004; 정지선, 2008). 따라서 학교폭력의 PTSD 진단은 단순히 학교폭력 피해 상황만을 대상으로 이루어져서는 안 되며 피해학생의 가족, 환경, 심리적 배경을 탐색하여 종합적으로 이루어질 필요가 있다.

② 사회불안장애

학교폭력 피해경험과 관련되어 있는 정서적 건강 요인으로 사회불안을 꼽을 수 있다. 사회불안은 한 개인이 사회적 관계 속에서 느끼는 불안으로 부정적인 또래관계에 따른 결과로 경험할 수 있는 정서적 어려움이라 할 수 있다. 사회불안은 사춘기 청소년기에 발병하고, 청소년에게 있어 일반적으로 나타나는 불안장애 중 하나로 알려져 있다(Strauss & Last, 1993). 사회불안이 높거나 사회불안 장애로 진단받은 청소년은 정서적으로 심한 고통을 느끼고, 학업수행이나 일상생활에서 많은 어려움을 보이며(Beidel et al., 1999), 우울장애로 악화될 우려가 있다(Alloy et al., 1990). 이러한 사회불안에 영향을 미치는 강력한 요인은 사회적 상황에서의 외상경험으로 알려져 왔다. 특히 또래로부터의 괴롭힘, 비웃음, 거부, 무시, 고립과 같은 직접적인 외상경험은 청소년기 사회불안에 설명력 있는 변인이 된다. 청소년들에게 학교폭력 피해경험은 외상사건으로 경험이 되며 학교폭력에 지속적으로 노출되는 경우는 외상후 스트레스 장애를 포함한 불안장애를 가장 많이 호소하는 것으로 보고되고 있다(보건복지부, 2001).

사회불안은 사회적 상황에서 예민해지거나 불편해지는 경향으로 일을 수행해야 하거나, 모든 사회적 상황에서 타인이 나를 지각하고 평가할 때 혹은 그러한 상황이 예상될 때 경험하게 되는 불안이다(Schlenker & Leary, 1982). 사회불안은 유발하는 상황의 특성을 기준으로 할 때 '사회적 상호작용 불안'과 '수행불안'으로 나눌 수 있다. 사회적 상호작용 불안은 낯선 사람들에게 노출되거나 다른 사람이 관찰할 수 있는 하나 이상의 사회적 상황, 즉 대화를 시작하거나 새로운 사람을 만나는 것과 같은 대인상황에서 현저하고 지속적으로 두려워하는 것이다(유지희, 2011). 이러한 사회적 상호작용 불안은 부정적 평가에 대한 두려움, 새로운 상황에 대한 회피와 불안, 일반적 사회 상황에서 대한 회피와 불안 등의 하위요인으로 구성된다(양윤란 외, 2008). 학교폭력은 대인관계 속에서 일어나는 행위로 청소년의 사회불안 유형 중 사회적 상호작용 불안에 더 많은 영향을 줄 것으로 보인다(정문경, 2014).

집단따돌림과 사회불안의 관계를 다룬 연구들을 살펴보면, 초등학생과 청소년들을 대상으로 한 많은 연구에서 따돌림과 부정적 평가에 대한 두려움, 사회적 회피 사이에 정적 상관이 있음이 확인되었으며(Crick & Bigbee, 1998; Grills & Ollendick, 2002; Grotpeter & Crick, 1996; Nansel et al., 2001), 여고생들을 대상으로 한 연구(Storch & Masia, 2004)에서 외현적 및 관계적 따돌림은 사회불안과 외로움 수준을 증가시키는 것으로 나타났다. 또한 이춘재와 곽금주(2000)의 연구결과, 따돌림 피해경험 후에 대부분의 학생이 아무 일도 없었다는 듯이 행동하거나, 말을 하지 않거나, 가만히 있고, 따돌림받은 곳에 가지 않고, 고개를 숙이고 다니는 것으로 나타났다. 집단따돌림 피해경험은 청소년기뿐만 아니라 이후의 성인기까지도 영향을 미칠 수 있다. McCabe 등(2000)의 연구에서 아동기에 놀림 혹은 따돌림을 당한 경험은 성인기의 사회불안과 관련이 있었고, 불안장애 클리닉 환자를 대상으로 한 따돌림 피해경험여부를 묻는 질문에 사회불안이 있는 사람들의 85%가 그렇다고 답했다. Gladstone 등(2006)의 연구에서도 아동기의 따돌림 피해경험이 많을수록 사회공포증 유병률이 높은 것으로 확인되었다. 이처럼 학교폭력의 피해경험은 이후 성인기까지 영향을 미쳐 심각한 심리적, 사회적인 기능 문제를 일으킬 수도 있음을 알 수 있다.

③ 우울장애

일반적으로 우울은 학교폭력과 같은 촉발사건에 수반되는 심리 및 정서적 특성으로 구분된다. 그리하여 폭력 피해가 우울에 미치는 영향을 검증한 연구는 많지만, 국내의 선행연구 중 종단적 관점에서 우울 자체가 폭력피해를 유발한다는 것을 검증한 연구는 일부(민원홍, 김다은, 2016; 허인영, 2017)에 국한되어 있다. 하지만 이와 관련하여 국외에서는 내재화 문제와 폭력의 관계에 관한 논의가 활발히 진행되고 있고, 특히 정신의학적으로 학교폭력과 같은 또래 갈등은 우울증의 원인일 뿐만 아니라 결과로 보고된다(Meijwaard et al., 2015; Messman-Moore et al., 2013; Wicks-Nelson & Israel, 2015). 우울의 주요 증상 중, 예를 들어 무력감은 정서, 인지뿐만 아니라 행동 차원에도 영향을 미쳐 대인관계에서의 고립을 가져온다(Brendgen & Poulin, 2018; Leventhal, 2008; Walsh et al., 2012). 따라서 우울한 청소년일수록 대인관계에서 어려움을 느끼고, 사회적 정보처리에서 왜곡을 보여(Garber, 2010; Wicks-Nelson & Israel, 2015), 또래관계에서 고립되는 결과를 가져와 궁극적으로 폭력 피해에 취약해지는 메커니즘을 보이는 것이다.

장덕희(2007)는 개인적 특성의 요인으로서 우울성향이 높은 학생들이 학교폭력에 쉽게 노출되는 것으로 보고하였고, 고등학교의 1~2학년 재학생을 대상으로 연구한 고수현과 강석기(2014)는 우울이 고등학생의 학교폭력에 직접적인 영향을 미치는 것으로 보고하였다. 이와 같이 우울한 인지 도식을 가진 청소년들은 학교에서의 부적응과 밀접한 관련이 있을 수 있는데, 특히 또래관계에서 우울로 인한 낮은 활동성과 대응의 미흡 등으로 따돌림이나 무시와 같은 학교폭력 피해경험에 노출될 가능성을 생각해 볼 수 있다. 이처럼 정신적, 심리적 취약 요인 자체도 폭력 피해의 위험요인이 될 수 있다. 이는 피해자 유발이론(victim precipitation theory)으로 설명할 수 있다. 피해자 유발이론은 1940년 독일의 범죄학자 Hans von Henti가 제시한 이후 지속적으로 발전하고 있는 현대 피해자학 이론이다(Lasky, 2019). 이 이론에서는 피해가 유발되는 위험요인을 '일반적 취약계층(general classes)'과 '심리적 취약계층(psychological classes)'으로 구분한다. 일반적 취약계층은 보편적으로 범죄에 노출되기 쉬운 청소년, 여성, 노년층, 정신과적 취약계층 등을 포괄하여 취약성을 내포하는 개인의 특정 속성을 의미한다. 한편, 심리적 취약계층은 보다 포괄적인 범위를 아우르는데, 이는 심리적 차원의 우울, 무기력, 고독 등과 같은 정신 내적인 차원뿐만 아니라 과거 폭력피해로 인한 두려움 등으로 범죄 신고 및 도움요청이 제한되는 대상, 즉 폭력피해로 인해 학습된 무기력이 심한 청소년을 포괄한다(Robert & Coursol, 1996). 실제로 국내의 선행연구인 허인영(2017)에 따르면, 부모에 의한 정서폭력을 경험한 청소년의 우울이 또래에 의한 정서폭력(재피해)에 직접적인 영향을 미쳤다.

따라서 학교폭력 피해로 인한 높은 수준의 우울감은 피해학생의 심리적 취약성을 더욱 높이는 가운데, 재피해의 위험 역시 증가시키는 것으로 보인다. 이에 대한 실증적 연구로서 Finkelhor 등(2007)은 미국의 1,467명 청소년에 대한 종단데이터를 바탕으로 심리적 요인과 재피해를 분석한 결과, 분노 및 공격성, 불안은 유의미한 결과를 보이지 않았으나, 우울만이 이후의 다중피해(poly-victimization)를 유의미하게 예측하는 것으로 보고하였다. 또한 Ruback 등(2014)은 미국 11,089명의 청소년에 대한 종단데이터를 바탕으로 기초선 시점의 학교폭력 피해가 이후의 재피해에 영향을 미치는 가운데 남자 청소년들의 우울이 이후의 재피해를 유의미하게 예측하는 요인이라고 보고하였다. 이와 유사한 연구로서 Kim과 Lee(2013)는 우리나라의 3,153명 기혼 여성을 대상으로 한 연구에서, 가정폭력 피해경험이 우울의 종단적 변화를 매개로 하여 추후의 재피해를 유의미하게 예측한다고 일관되게 보고하고 있다. 이러한 연구결과를 감안하면 우울감을 경험하는 피해학생은 보다 더 집중적인 치료적 개입이 필요함을 알 수 있다.

④ 정서조절능력

정서조절은 개인이 자신의 정서를 정확하게 인지하고, 그것을 말로 표현함으로써 자신의 필요나 목표를 증진시키는 능력을 일컫는다(Greenberg, 2002; Kennedy-Moore & Watson, 1999). 청소년기는 다른 어떤 발달적 시기보다 불안정한 정서적 변화를 경험하는 시기로 알려진 만큼(나옥희, 2017) 개인의 적응 및 상호관계적인 측면에서 정서의 표현과 조절은 중요하게 다룰 필요가 있다. 특히 초등 고학년의 시기는 또래집단의 영향이 증가하는 시기로, 자신이 속한 집단에 소속이 되고 그 집단에서 일정한 영향력을 추구하는 것이 중요한 사회적 목표로 작용하는 시기라 할 수 있다(김진구, 신희영, 2018). 청소년의 학교폭력 가해, 피해, 방관을 예측하는 변인을 연구한 배미희 등(2016)의 연구에서 청소년의 학교폭력 피해 정도를 가장 잘 예측하는 변인은 분노억제였다. 분노를 억제하는 경향이 높을수록 피해자일 가능성이 높은 것을 확인할 수 있었다.

청소년 시기 집단따돌림의 피해를 겪는 학생들은 관계 내에서 외로움, 분노, 억울함과 같은 부정적인 정서를 많이 경험함에도 불구하고(권이종, 2000), 집단으로부터 소외되지 않기 위해 '아무 일 없었던 것처럼' 행동하는 경우가 많다고 하였다(윤영미, 2007). 따라서 자신이 경험하는 정서를 적절하게 표현하고 조절하는 능력은 집단따돌림과 같은 혐오스러운 사건 이후 개인의 기능과 적응을 예측해 주는 요인이 될 수 있다(김영근, 김창대, 2015; Westen & Gabbard, 1999). 즉, 자신의 정서를 적절하게 다루고 조절하는 청소년일수록 스트레스가 많은 사건 이후 심리적 고통감을 다룰 수 있는 능력이 길러지고, 주관적인 심리적 안녕감을 스스로 증진시켜 나갈 수 있다(Fu et al., 2018). 이러한 연구결과를 볼 때, 학교폭력 피해학생의 경우 이들이 느끼는 부정적 정서를 억누르거나 회피하는 것이 아니라 정확하게 인식하고 이를 적절한 방법으로 표현하여 해소하는 과정을 통해 학생 스스로 정서를 조절하는 능력을 신장하는 것이 중요함을 알 수 있다.

⑤ 신체화 증상

학교폭력의 결과로서 나타나는 특징 중 하나로 신체화 증상을 들 수 있다. 신체화 증상이란 신체 기관의 이상이 발견되지 않음에도 불구하고 신체 불편감과 증상들을 경험하고 호소하는 경향을 가리킨다. 그리고 이러한 증상들을 신체 질병으로 귀인하여 의학적 도움을 구하는 것까지 포함한다(Lipowski, 1998). 아동·청소년들의 정서적 문제는 행동증상으로 표출되는 경우가 일반적이며, 심리적 고통을 신체화하여 배가 아프다거나 머리가 아프다는 등의 증상을 호소하는 경우가 흔하다(보건복지부, 2001). 특히 장기간 학교폭력에 노출된 경우 DSM-IV(APA, 1994)의 PTSD 진단과 함께 신체화 장애, 공포장애, 대인공포증 등을 진단 받기도 하였다(송동호 외, 1997; 정지선, 안현의, 2008). 또한 폭력을 경험한 청소년들이 신체적 문제(비통, 수면 문제, 두통, 긴장, 피로, 식욕 부진)를 호소한다는 연구결과(신현숙, 구본용, 2001)도 확인되었다. 이처럼 청소년들은 폭력을 경험한 이후 실제 신체적 문제를 호소하는데, 많은 경우 신체 기관에 이상이 없음에도 신체적 증상을 호소하는 경향, 즉 신체화 증상을 보이는 경우가 많다.

또한 사이버폭력을 경험한 청소년 역시 신체적 문제와 건강 악화를 보고하였다. 사이버폭력의 피해자를 인터뷰한 질적 연구결과를 살펴보면, 두경희(2015)는 사이버폭력 피해자들이 사건 이후 관련된 생각이 떠오르거나 사건 당시의 기억을 잘 못했으며, 신체적 증상과 일상생활의 불편감을 호소하였다고 보고하였다. Raskauskas와 Stolz(2007)는 사이버폭력 피해자들의 인터뷰 연구를 통해 사이버폭력을 경험한 청소년들은 신체화 증상과 정신 질환을 통해 자신의 문제를 표현한다고 보고하였다. 따라서 신체적 문제를 호소하는 학생의 경우 혹시 그 문제의 원인이 폭력으로 인한 신체화 증상의 발현이 아닌지 의심해 보고 확인하는 것이 필요할 것이다.

🔍 인사이트 　**3월에 붐비는 보건실**

담임 교사로 학교에 재직할 때 하루는 한 학생이 칠판 글씨가 잘 안 보인다고 해서 보건실로 보내 시력을 측정했다. 시력이 너무 좋지 않게 나와서 '그동안 어떻게 칠판 글씨를 봤지?'라고 의아해하며 안경을 맞춰야 할 것 같다고 안내했다. 그런데 그 다음 날 안경을 쓰지 않은 채 왔고 지금은 잘 보인다고 말하는 것이다. 이후 유사한 일이 두 번 더 있었다. 그리고 그제야 알게 되었다. 이 학생이 스트레스를 심하게 받으면 시력저하의 신체화 증상이 나타난다는 것을. 스트레스가 심하면 호르몬 분비가 불균형해지면서 면역력이 저하되고 세균이나 바이러스에 취약해지면서 시신경이 자극을 받아 시력이 나빠졌다가 그 원인이 해소되면 다시 정상화된다고 한다. 이 학생의 시력을 측정한 보건실 선생님과 얘기하면서 3월에 유독 보건실을 찾는 학생이 많다는 것을 알게 되었다. 신학기가 되면 새로운 교실, 새로운 선생님, 새로운 친구를 사귀게 되는 환경의 변화에 민감한 학생들은 늘어난 스트레스로 복통과 두통을 호소하는 경우가 눈에 띄게 많다는 것이다. 한 학부모는 자녀가 해마다 3월이면 한 차례 크게 앓고 지나간다는 말을 하기도 했는데, 그 학생을 지도하면서 그 증상이 신체화 증상임을 짐작할 수 있었다.

(3) 피해학생의 행동적 특성

① 스트레스 대처양식: 소극적 대처 및 정서중심대처

청소년기는 급격한 신체적·정서적 발달과 지나친 입시경쟁으로 인하여 긴장이나 불안, 또래관계 갈등 등 일상적 스트레스가 많은 시기임과 동시에 과중한 역할 기대에 따른 특수한 역할 스트레스(role stress)를 경험한다(Bergevin et al., 2006; Bryson et al., 2019). 이러한 스트레스 환경들이 청소년들의 다양한 정서·행동적 문제를 유발하며(Agnew, 1992; Liu & Kaplan, 2004; Owen et al., 2006), 특히 청소년의 학교폭력 피해경험과 관련된다.

청소년기에 경험하는 스트레스에 대한 대처양식(stress coping)은 스트레스를 관리하고 문제를 해결하는 데 있어 중요한 역할을 한다. 스트레스 대처행동은 Freud를 중심으로 한 정신분석학자들에 의해 방어행동으로 연구되었다(Parker & Endler, 1996). 방어기제로 연구된 초기 대처행동 연구에서는 대처행동이 개인의 성격 특성에 의해 결정된다고 보는 성향적인 시각을 갖고 있었다. 즉, 대처행동은 직면한 스트레스 상황과는 관계없이 일관성 있고, 안정된 성향을 지닌 성향적 행동이라고 보았다. 그러나 이러한 시각에 대해 크게 두 가지 문제점이 제기되었는데, 성격 특성에 의해 결정된 대처행동으로는 상황이 변화함에 따라 나타나는 다양한 대처행동 반응을 설명하지 못한다는 점과 스트레스가 유발되는 상황적 맥락, 사회적 지지체계 등 환경적 요인을 간과함으로써 대처행동 과정을 지나치게 단순화하고 있다는 점이다(Folkman & Lazarus, 1980: 민하영, 유안진, 1999에서 재인용). 이에 Lazarus와 Folkman(1984)은 인지 현상론적 입장에서 대처행동 연구에 대한 체계론적 이론을 제시하였으며, 스트레스 경험에 대한 인지적 평가의 작용과 대처의 중요성을 강조했다. 또한 대처행동은 개인과 환경 사이에서 끊임없이 변화하는 역동적 과정이며, 상황에 대한 인지적 평가에 의해 역동적 과정이 일어난다고 보았다.

Lazarus와 Folkman(1984)은 문제중심(problem-focused) 스트레스 대처와 정서중심(emotion-focused) 스트레스 대처 모형을 제시하였다. 문제중심 대처 방식을 취하는 개인은 스트레스를 유발한 문제해결을 목적으로 의사결정을 하거나 직접적인 행동을 취하는 것과 같이 스트레스 상황 자체를 변화시키고자 적극적인 노력을 한다. 반면, 정서중심 대처는 스트레스 상황을 변경시키기보다는 그에 수반되는 부정적인 정서를 다루거나 완화시키는 데 초점을 둔다. 한편, Roth와 Cohen(1986)은 접근과 회피 차원의 스트레스 대처 방식 모형을 제시하였다. 접근 대처 방식은 스트레스 대처를 위해 문제 관련 정보를 수집하거나 사회적 지지를 추구하는 등의 문제해결 대처 양식이고, 회피 대처 방식은 문제 자체를 부인하거나 관심을 전환시킴으로써 스트레스 문제로부터 거리를 두려고 하는 대처 양식이다. 이를 종합해 Amirkhan(1990)은 선행연구에서 공통적으로 합의되어 온 문제중심-정서중심(Folkman & Lazarus, 1980), 회피-접근(Roth & Cohen, 1986) 등의 대표적 대처 차원들을 모두 포괄하는 사회적 지지 추구(social support seeking), 문제해결(problem solving), 회피(avoidance)의 세 가지 스트레스 대처 전략으로 나누어 제시하였다.

한편, 학교폭력피해를 경험했을 때 청소년들이 선택하는 대처행동은 청소년의 심리 상태를 건강하게 유지하게 하거나 학교폭력 문제해결에 도움을 주기도 하지만 오히려 사회적·심리적 부적응을 야기·심화시키기도 한다. 최근 들어 또래 괴롭힘과 같은 스트레스 상황은 그 자체보다 이를 어떻게 지각하고 해석하여 대처하는지에 보다 초점을 맞춰야 한다는 점을 강조하고 있다(오인수, 임영은, 2016). 스트레스 상황이 피할 수 없는 위험요인이라면, 이에 대한 적절한 문제해결방식은 부정적인 영향을 완충시켜 줄 수 있는 또 다른 방법이 될 수 있다는 논리에 기초하고 있다. 즉, 문제해결방식은 한 개인의 행동에 습관적 영향을 미치게 될 것이라는 점에서 더욱 중요하다.

집단따돌림이나 괴롭힘, 놀림과 같은 또래관계에 어려움이 있거나 부정적인 경험을 많이 하고 있는 청소년은 혼자 고민하거나 우는 것과 같은 내면화 전략(심희옥, 2000)이나 학교가기를 꺼리며 친구들과 상호작용을 피하는 등 소극적이고 회피적인 대응책을 많이 사용한다(최보가, 임지영, 1999)고 한다. 마찬가지로 집단괴롭힘 피해경험이 많은 학생일수록 부정적 문제해결과 감정의 내면화 전략을 더 많이 사용하고, 성인에게 도움을 청하는 사회적지지 추구 전략을 더 적게 사용하는 경향이 있다. 친구들로부터 괴롭힘이나 따돌림을 당한 학생 역시 선생님이나 부모, 상담실을 찾아가 상황을 극복하려는 지지추구적 대처행동이나 자기 스스로 문제를 해결하려고 노력하거나 해결방법을 모색해 보는 적극적 대처행동을 취하지 않는다. 오히려 외로움, 분노, 억울함, 자책감과 같은 감정을 느끼고, 자신을 괴롭히거나 따돌린 친구들에 대해서 복수심, 증오, 피하고 싶은 느낌을 갖고 있으면서도 아무에게도 그 사실을 말하지 않고, 무기력하게 가만히 있는 등 스스로를 고립시키고 회피하며, 혼자 고민하거나 묵묵히 참는 것과 같은 소극적 대처행동을 더 많이 한다(김용태, 박한샘, 1997; 이선미, 유성경, 2013). 반면에 과활동적이고 공격성이 높으며 자신의 행동에 대한 통제력이 약해서 부정적인 감정과 행동을 쉽게 드러내는 경향이 있는 청소년은 학교폭력 피해를 당했을 때 가해학생과 맞서 싸우는 등의 공격적 대처행동을 더 많이 하는 것(박경숙 외, 1988; Olweus, 1993)으로 보고되고 있다. 이와 같은 선행연구들을 종합해 보면, 학교폭력 피해학생들의 공통된 특성으로 회피 대처방식 또는 정서중심대처 행동의 모습이 나타났다. 따라서 학교폭력 피해와 같은 심각한 상황에서 청소년이 바람직한 대처행동을 하도록 돕는 개입이 필요할 것으로 보인다.

② 의사소통능력

의사소통능력이란 한 사람이 다른 사람의 감정, 느낌, 태도, 생각 등을 인식하고 이해하며 적절히 반응하는 능력을 말한다(이지연, 2004). 의사소통능력의 부족은 학교폭력의 주요 원인 중 하나로 지적되고 있다. 타인과의 원만한 관계 형성 및 협력을 위한 사회적 상호작용 능력, 감성 이해 능력의 결핍이 학교폭력과 밀접한 관련이 있기 때문이다. 이러한 의사소통 요인은 학교폭력 피해학생의 특성과 다양한 측면에서 관련성을 지닌다.

첫째, 의사소통은 학교폭력과 관련된 청소년의 개인적 특성들과 직간접적으로 연결되어 있다. 예를 들어, 분노, 우울(김재엽, 정윤경, 2007; 마영화, 박성희, 2019), 자기조절능력(이시형, 1997), 자아존중감(신혜섭, 2005) 등이 해당된다. 공격성이 높은 사람일수록 의사소통능력이 부족한 경향이 있으며(청소년폭력예방재단, 2002), 의사소통을 통해 자아존중감을 드러내고 확인하며 발전시킬 수 있다(천성문 외, 2006). 또한 효과적 의사소통을 위해서는 분노조절과 자기조절이 필수적이다(이은희 외, 2002; 홍경자, 2007). 따라서 의사소통은 학교폭력 피해학생의 다양한 심리적 특성과 직접 혹은 간접적으로 관련이 있음을 알 수 있다.

둘째, 대부분의 학교폭력 예방 프로그램에서 의사소통 훈련을 포함하고 있다. 이는 의사소통 요인이 학교폭력 현상 이해와 가해자 및 피해자 개입에 있어 중요함을 시사한다. 의사소통 훈련은 자아존중감 증진(이은아, 박상복, 2007), 분노대처기술 습득과 분노조절(이영옥 외, 2009), 또래간 소통과 갈등해결능력 향상 프로그램 등(이경원 외, 2017; 허승희, 최태진, 2008)에서 주요 활동으로 활용된다. 피해학생의 경우 사소한 관계 상황에서 의사소통을 통해 오해를 풀지 못하기 때문에 문제가 더욱 악화되어 보다 심각한 폭력 상황으로 전개될 가능성이 있다. 따라서 피해학생의 효과적인 의사소통역량을 증진시키도록 돕는 접근은 폭력 문제가 더 심각해지는 것을 예방하는 효과가 있다.

셋째, 강진령(2000)은 집단따돌림 피해 원인 중 하나로 자기의사 표현 미숙을 지목하였다. 정향기와 최태진(2013)의 연구에 따르면, 학교폭력 피해경험 학생들은 주로 회유형, 산만형 의사소통 방식을 보였다. 이들은 '대화하는 사람의 기분에 맞추려 하고, 거절을 못하며, 화가 나도 혼자서 삭이며, 이성 잃은 모습을 보이지 않으려 애쓰는' 행동특징을 나타냈다. 이처럼 학교폭력 피해학생의 회유적 의사소통 방식이 피해를 초래했는지, 피해경험의 결과인지에 대한 인과관계는 명확하지 않다. 그러나 이들이 현재 보이는 회유형 의사소통

방식이 학교폭력에 취약한 요인임은 분명해 보인다.

③ 문제해결능력

문제해결능력(problem-solving)이란 개인이 일상생활에서 마주치는 모든 종류의 문제 상황에 보다 효과적 혹은 적응적으로 대처하려는 인지적, 정서적, 행동적 과정을 의미한다(D'Zurilla, 1986; D'Zurilla & Nezu, 1982). 이 능력은 개인이 직면한 내외부의 요구와 도전에 대하여 적응하기 위한 인지적, 정서적, 행동적 과정이 복합적으로 상호작용하는 능력이다(Heppner & Peterson, 1982). 문제해결능력은 다양한 대안을 산출하고 그중 가장 효율적인 것을 선택할 수 있는 능력으로도 개념화된다(D'Zurilla & Nezu, 2007). 문제 상황을 원하는 목표 상태로 전환시키거나(김경희, 1998), 장애를 극복하기 위한 해결책을 찾아내는 과정(Wilson et al., 1995)이기도 하다.

문제해결능력이 부족할 경우 비사회화가 발생하고 사회적 위축과 부적응이 초래된다(엄태완, 이기영, 2004). 특히 청소년기에는 이 능력이 성인에 비해 미숙하므로 생활 문제를 비효율적으로 대처하기 쉽다(D'Zurilla & Chang, 1995; D'Zurilla et al., 1998; D'Zurilla & Nezu, 2007). 문제해결능력 부족은 공격성, 부적절한 행동, 사회기술 결핍 등과 관련되어(Spotts et al., 2001; 이규미 외, 1998), 학교폭력 가해와 피해, 비행에 영향을 미치는 요인으로 지적된다. 청소년들은 구체적 대처법을 모르는 경우가 많아 문제 상황이 지속되거나 악화되기도 한다(허규, 1999).

아동을 대상으로 한 김옥엽(1999)의 연구에서도 집단따돌림 피해 아동은 미숙한 문제해결능력을 보였다. 이들은 '부모님께 상의한다' 또는 '선생님께 도움을 요청한다'의 개방적 해결방식보다는 '혼자 고민하며 생활한다'라는 소극적 대처를 주로 선택했다. 따라서 집단따돌림 피해 아동들은 인간관계 개선을 위한 적극적 해결보다는 방관하거나 극단적 방식으로 대처하는 경향이 있었다. 이는 괴롭힘 피해경험 후 나타나는 침묵, 등교 거부, 무기력 등 소극적인 대처 방식과도 관련이 있으며 피해경험에 대한 억울함이나 분노, 우울 등의 감정이 복수 또는 극단적인 방법을 선택하는 등의 또 다른 문제를 유발하기도 한다. 이규미 등(1998)은 괴롭힘 피해자가 사회적 상황에서 부적절한 태도와 행동을 보이며, 공상에 빠지거나 무기력하고 회피적인 모습을 보인다고 지적했다.

박진영과 채규만(2011)의 연구에서는 가해 경험 시에는 문제 명료화와 계획 실행 영역에서만 상관이 있었지만, 피해경험 시에는 문제 명료화와 계획 실행 이외에 원인 분석, 대안 개발, 수행 평가 등 모든 하위영역에서 유의미한 부적 상관을 보였다. 이는 문제해결능력이 미숙할수록 학교폭력 피해 가능성이 높다는 것을 의미한다. 특히 피해 고경험 집단일수록 주변 의견 구하기 등 적극적 대처를 하지 못해 지속적인 피해를 입고 있음을 시사한다. 학교폭력 상황에서 피해학생의 신고나 도움요청은 매우 중요하다. 이를 통해 피해학생은 주변으로부터 적절한 대처와 정서적 지지를 받을 수 있으며, 조기개입으로 학교폭력의 장기화를 방지할 수 있기 때문이다. 도움요청은 자신의 힘만으로는 해결하기 어려운 문제에 맞닥뜨렸을 때, 타인의 도움을 받아 그 문제를 해결하려는 적응적 대처전략(Skinner et al., 2003)을 말한다. 즉, 도움요청 의도란 곤란한 상황에서 타인에게 도움을 요청하고자 하는 의지를 뜻한다(김혜경, 2012).

학교폭력 상황에서 목격자나 피해학생의 도움요청은 조기개입을 가능케 해 학교폭력의 장기화와 재발 위험을 낮출 수 있다. Smith와 Shu(2000)의 조사에서도 피해학생의 도움요청으로 괴롭힘이 중단되거나 감소하는 등의 효과가 입증됐다. 이는 청소년의 도움요청이 학교폭력 상황과 후속 조치에 큰 영향을 미친다는 점을 시사한다. 청소년이 자신의 문제를 어떻게 인식하느냐에 따라 도움요청 행동 여부가 결정된다. 문제를 스스로 해결 가능하다고 보면 해결책을 고안하지만, 그렇지 않다면 도움을 줄 자원이 무엇인지, 그 자원으로 인하여 문제를 어떻게 해결할 수 있는지 대안을 탐색하게 된다. 도움요청에 영향을 미치는 요인으로는 우울 성향, 과거 피해경험, 사회적 지지체계, 비밀보장 및 낙인 관련 장애요인, 자기해결 성향, 전문 서비스 접근성 등이 있다(남미애, 2015). 따라서 학교폭력 피해를 당한 학생이 회피하지 않고 스스로 해결하려는 적극적인 태도를 갖도록 돕는 것이 필요하다. 또한 자신의 주변 환경에서 적절한 대처 자원들을 찾도록 도움으로써 이들의 적응수준을 높일 수 있다. 그렇지 않으면 이후 지속적으로 사회적 위축과 심리적 부적응을 경험할 가능성이 높다. 따라서 피해학생이 유연하게 폭력 상황에 대처하고 적응적으로 스트레스를 조절할 수 있도록 돕는 것이 중요하다.

(4) 피해학생의 사회적 특성

① 사회적 기술

사회적 기술이란 주어진 상황에서 아동과 청소년들이 중요한 사회적 결과를 예측하는 행동을 의미한다(Gresham, 1988). Elias 등(1997)은 얼굴 표정과 같은 사회적 단서를 알아차리는 능력 그리고 사회적 단서를 해석할 때 있어서 타인의 관점에서 받아들이고 타인의 의도를 이해하고 공감하는 능력을 중요한 사회적 기술이라고 하였다. 대인관계 문제를 적절하게 해결하고 다른 사람이 하는 행동의 결과와 그 행동을 방해하는 장애물을 정확하게 예견할 수 있는 능력을 강조하였다. 그런데 또래로부터 잘 수용되지 못하는 아동들은 효과적인 사회적 상호작용에 필요한 사회적 기술이 부족한 경우가 많고(Gresham & Nagle, 1980), 사회적 기술의 결함은 또래로부터 배척받도록 유인하는 중요한 요소가 된다(Kupersmidt et al., 1990).

이런 연구결과는 최근 집단따돌림 피해 청소년들의 특성에 대한 국내 연구에서도 확인된다. 이규미 등(1998)은 집단따돌림을 당하는 개인상담 청소년 내담자의 개인적인 요인을 사고, 정서 및 행동의 세 가지 측면에서 연구하였다. 행동적인 측면에서는 자기표현 능력의 부족, 회피적이거나 엉뚱한 행동, 부적절한 공격적 행동, 내적 혹은 가상세계로의 도피 등 회피적이거나 상황에 맞지 않은 행동들이 나타났다. 집단따돌림 피해 청소년의 대인관계적 특성으로는 타인에 대한 경계와 의심, 왜곡된 지각으로 인한 부적절한 행동, 적절한 사회기술의 부족 등이 주요한 장애 요인으로 나타났다. 양원경과 도현심(1999)의 연구에 의하면 집단따돌림을 경험한 많은 아동은 또래관계에서 가치 있는 역할을 하는 우정적, 협동적, 친사회적 행동과 유머감각과 같은 사회적 기술들이 부족한 것으로 나타났다. 또한 정재영(1998)의 연구에서도 집단따돌림을 당하는 아동들은 기본적으로 대인관계 기술, 의사소통 기술과 같은 사회적 기술이 부족하게 나타났다. 따라서 학교폭력 피해학생이 지속적으로 폭력을 당하지 않게 하려면 이들의 사회적 기술을 향상시키는 개입이 매우 중요할 것으로 보인다.

② 인기도

많은 선행연구는 학생들의 사회적 지위인 인기도(popularity)가 학교폭력 발생에 중요한 역할을 한다는 점을 확인했다. 인기도는 가해 또는 도움행위를 결정하는 주요 변인으로 작용한다(Caravita et al., 2009). 친구들 사이에서 인기가 있고 자신만만한 아이들이 가해학생이 되며, 인기도가 괴롭힘 가해학생의 자원이나 역량으로서 기능한다(Duncan, 1999). 인기도와 공격성의 관계에 대한 최근 연구에서는 인기도가 최상위인 학생과 최하위인 학생의 공격성은 낮았다. 반면에 인기는 있지만 최상위 학생들만큼 인기가 높지 않은 학생들의 공격성은 높은 것으로 나타났다(Faris & Felmlee, 2011). 이처럼 공격성이 높은 학생들의 인기가 어느 정도 높은 것에 대해, Crick와 Dodge(1994)는 이들이 또래 사이에서 사회적 힘을 얻기 위한 수단으로 공격적 행동을 사용한다고 주장한다.

국내에서도 학생들의 인기도와 학교 괴롭힘 간의 관계가 확인되었다. 개인적인 선호도로서의 인기도와 또래 사이에서의 명성, 평판, 신망 등의 수준을 나타내는 지각된 인기도 (perceived popularity)를 구분하고, 주로 지각된 인기도에 관한 연구들이 이루어졌다(도금혜 외, 2005, 2006; 도금혜, 최보가, 2007). 이 연구들에 따르면 개인적 선호도가 높은 학생일수록 공격성이 낮았지만, 지각된 인기도가 높은 학생일수록 공격성이나 지배성이 높은 것으로 나타났다. 이러한 결과는 참여 역할별로는 방어자와 방관자의 인기도가 가장 높았고, 피해자의 인기도가 가장 낮았다(심희옥, 2008).

③ 사회적 위축

사회적 위축(social withdrawal)은 대표적인 내재화 문제로 사회적 상황에 직면했을 때 혼자 있으려고 하는 행동이나 태도를 말한다(Rubin & Coplan, 2004). 수줍음, 사회적 회피, 비사교성 등의 용어가 사회적 위축의 하위유형으로 혼용된다. Asendorpf(1993)는 타인에게 접근하고자 하는 사회적 접근 동기와 두려움 등의 이유로 타인과의 상호작용을 피하려고 하는 사회적 회피 동기를 결합하여 아동·청소년의 사회적 위축의 유형을 개념화하였다. 접근 동기가 높은 동시에 회피 동기도 높은 경우 '수줍음형 위축'으로 볼 수 있으며, 접근하고자 하는 동기가 낮으면서 사회적인 접촉을 피하고 싶은 회피 욕구가 높은 경우 '회피형 위축'으로 볼 수 있다. 또한 접근하고자 하는 동기가 낮은 동시에 회피하고자 하는 욕구도 높지 않은 경우를 '비사교형 위축'으로 볼 수 있다.

사회적 위축 유형별로 피해와의 관계를 살펴보면, 첫째, 수줍음형 위축 아동·청소년은 접근과 회피를 두고 내적으로 갈등하는 유형이므로 낯선 사회적 상황 특히 또래관계에서 조심스럽게 행동하기 때문에 후에 또래로부터 거부를 당하고 배제되거나, 쉽게 폭력에 노출되는 것과 같은 부정적인 상호작용을 경험하게 된다(Olweus, 1993). 둘째, 회피형 위축 아동·청소년은 미성숙하면서 공격적인 특성을 지니므로 또래 사회적 능력이 부족할 뿐만 아니라 또래에 의해서 거부되는 경향이 높다(Rubin et al., 1990). 셋째, 비사교형 위축 아동·청소년은 다른 유형에 비해 또래 수용도가 낮고 배제되는 경향이 높아 지속적인 또래 관계 어려움을 겪는다.

사회적 위축은 또래와의 관계에 많은 영향을 미친다(신유림, 2007; Rubin & Burgess, 2001). 사회적 위축 아동·청소년들이 보이는 위축행동은 또래관계에서 부정적인 평가와 고립, 거부, 무시 등의 결과로 이어지기도 한다(이봉주 외, 2014). 또래관계에서 부정적 경험을 하는 것은 사회적 위축의 원인이 되는 심리적 요인이다. 사회적 위축 성향을 보이는 아동·청소년들은 사회적 상호작용에 대한 두려움과 불안 때문에 자신을 스스로 또래집단으로부터 격리시키지만 이것이 결국 교우관계에서 배제 혹은 거부되고 괴롭힘을 당할 가능성을 증가시킨다(Gazelle & Rudolph, 2004). 또한 사회적으로 위축된 아동들의 복종적이고, 의존적이며, 소심한 특징은 또래관계에 있어 문제를 일으킬 가능성을 높이는 원인이 된다(Olweus, 1993). 사회적 위축 및 또래와 관련된 연구를 살펴보면, 학령기 아동이 위축 성향을 보이는 것은 또래로부터 거부를 유발하는 주요 원인이라고 밝히고 있고(Fordham & Stevenson-Hinde, 1999), 위축 성향이 또래들로부터 괴롭힘 피해를 당할 수 있는 예측 변수임을 확인하고 있다(Schwartz et al., 2002).

국내에서도 사회적 위축 아동이 일반 아동에 비해 친한 친구가 없고 또래관계 질이 낮은 것으로 보고되었다(신유림, 2007). 위축 아동은 초기부터 또래배제, 거절, 괴롭힘 피해 등 부정적 상황에 노출된다(Chen et al., 2006). 아동기를 넘어 청소년기에도 사회적 위축 성향이 있으면 또래배제나 거부의 주요 예측요인이 된다(Newcomb et al., 1993). Boulton과 Smith(1994)는 공격적인 아동과 사회적 위축 아동으로 구분하여 살펴보았을 때 사회적 위축 아동이 공격적인 아동보다 더 많은 괴롭힘과 희생을 당한 것으로 보고하였다.

⊕ 인사이트   은둔형 외톨이 원인의 대부분은 학교폭력

사회적 위축이 심하게 나타나는 대표적인 형태가 '은둔형 외톨이' 문제로 보인다. 일본에서 사회 문제로 부각된 '히키코모리'라는 단어가 국내에 소개되었을 때 이 문제는 일본만의 독특한 문제로 생각되기도 했다. 그러나 은둔형 외톨이로 번역된 이후 한국도 이 문제에 주목하였고 보건복지부는 「고립·은둔 청년 실태조사」를 실시하고 있으며, 2024년 '은둔·고립자 지원기관 협의회'가 창립되었다. 은둔을 선택한 청소년은 성인이 되어도 비슷한 문제를 겪을 가능성이 높기 때문에 이들에 대한 지원이 확산되고 있는 점은 다행이다. 앞의 실태조사에 따르면 전체 청년 인구의 약 5%에 달하는 54만 명을 고립·은둔 청소년으로 추정하고 있다는 사실이 충격적이다. 이들이 청소년기에 은둔을 선택한 원인은 다양했는데 그중 가장 많은 비율을 차지한 것은 학교폭력 등 온라인상 괴롭힘의 심화였다. 학교폭력 문제로 사회적 위축을 심하게 겪으면 청년기에 들어서면서 사회와 단절하고 숨게 될 가능성이 있다. 그렇기 때문에 학교폭력 피해학생의 사회적 위축 정도를 면밀하게 검토하여 이들이 사회적 관계를 회복하고 확장할 수 있는 상담적 개입은 매우 중요해 보인다.

2. 피해학생의 특성 **119**

2) 피해학생의 환경적 특성

(1) 가정환경의 특성

① 부모의 학대

앞서 메타분석에서 확인된 바와 같이 학생의 가정 환경은 자녀의 학교폭력과 밀접한 상관이 있다. 문동규(2020)의 분석에서 부모의 부정적인 양육태도는 위험요인인 반면, 부모의 긍정적인 양육태도와 부모지지는 보호요인임이 확인되었다. 또한 부모에게 학대받는 자녀는 또래로부터 괴롭힘을 당할 가능성이 높다(김재철, 최지영, 2011). 이들의 연구에 따르면 부모로부터의 학대경험이 많을수록 그리고 자존감이 낮을수록 학교폭력 피해경험도 증가하였다. 국외 연구에서도 Cluver 등(2010) 역시 학교폭력 피해에 영향을 미치는 위험요인으로 가정학대 경험을 지적하였다. Espelage 등(2012)의 연구결과에서도 가정학대 피해경험과 또래 간 폭력 피해경험 간의 상관관계가 유의미하게 나타났다. 이처럼 부모의 가혹한 양육행동이 높은 수준의 학교폭력 피해경험을 일관되게 예측하는 것으로 나타났다. 이는 종단 데이터를 활용한 연구에서도 확인되었는데, 이봉주, 김세원(2014)은 초등학교 4학년에서 고등학교 2학년까지의 종단자료를 통해, 가정학대를 경험한 적이 있는 아동·청소년의 경우 그렇지 않은 아동·청소년에 비해 우울과 학교폭력 피해경험이 더 높게 나타났다고 보고하였다.

이처럼 학대를 당한 아동이 왜 또래에 의한 폭력과 같은 또 다른 폭력의 재피해를 당하는지는 '학습된 무기력' 이론으로 설명될 수 있다. 학대를 당한 학생은 그 상황에 익숙해져서 그 상황을 피하거나 막기 위한 행동을 취하지 않게 되고, 이 때문에 또 다른 폭력의 대상이 되기 쉽다는 것이다(Schwartz et al., 1993). 또한 부모로부터 학대를 당한 학생은 공포나 다른 감정적인 문제들을 겪게 되고 또래와의 관계 및 상호작용에서 어려움을 겪으며 이는 또래로부터의 소외나 폭력피해로 이어질 수 있다고 설명된다(Shields & Cicchetti, 2001). 학대가 일어나는 가정의 학생은 학교에서 또래로부터의 폭력을 당하여도 피해 사실을 알리지 않고 지속적으로 피해를 당할 가능성이 높다. 학대를 받은 학생은 부모와의 애착 관계가 낮고 부모가 자신을 보호해 줄 거라는 기대가 낮아 학교폭력 피해 사실도 알리지 않을 가능성이 높기 때문이다. 더불어 학대하는 부모는 자녀를 적절하게 모니터링하거나 감독하지 못하는 경우가 많으며, 이로 인해 부모는 자녀가 학교에서 폭력을 당하는 사실을 모르거나 방치할 수 있다. 예를 들어, 학교폭력 피해 사실을 드러내는 것과 관련된 연구에서 부모가 강압적 양육태도를 보일 경우 학생은 또래로부터의 피해 사실을 부모에게 알리지 않는 것으로 나타나 이러한 메커니즘을 뒷받침한다(Unnever & Cornell, 2004).

② 부모의 양육방식

부모의 양육방식 또한 학교폭력 피해와 관련이 있는 것으로 알려져 있다. 먼저, 부모가 자녀에게 거부적이고 과도하게 통제적인 양육태도를 보일 경우, 자녀의 학교폭력 피해 위험이 높아진다. 전재천(2000)의 연구에서 학교폭력 피해학생의 부모는 주로 거부적이고 통제적인 양육행동을 보였다. 부모의 일방적 지시와 통제, 처벌 등에 직면하면 자녀는 낮은 자존감과 대인관계 기술 부족 등의 문제를 겪게 된다. 부모의 통제는 부모와의 분리와 독립성을 제한하고, 나아가 자녀의 자아존중감을 저해하는 부적절한 양육행동이다(이상균, 정현주, 2013). 이러한 심리적 취약성으로 인해 또래로부터 괴롭힘과 따돌림을 당하기 쉬운 것이다(이상균, 정현주, 2013). Caster 등(1999)에 따르면, 부모양육태도가 거부적이고 통제적, 냉담할 경우 자녀는 사회적 기술을 습득하지 못하고 또래관계도 빈약해진다. 결국 부모의 지나친 통제와 냉담함은 자녀가 또래들과 어울릴 기회를 차단하고, 사회성 부족과 고립으로 이어져 집단따돌림 피해를 불러온다(김종운, 이명순, 2009). 유사한 맥락으로 부모가 권위주의적이고 지배적인 양육태도를 보일 경우 청소년 자녀의 또래폭력 피해경험 또한 많아진다(정정호, 2000). 부모의 과도한 간섭과 통제는 자녀로 하여금 위축되거나 수줍은 행동을 부추기게 되는데, 이러한 수줍음이 학교폭력 피해로 이어질 가능성이 높다(도현심 외, 2003).

한편, 부모가 자녀를 과잉보호하거나 불안정한 양육태도를 보이는 경우에도 자녀의 학교폭력 피해 위험이 높아진다(Macklem, 2003). 과보호적 양육은 자녀의 주도성과 자기방어 능력 발달을 저해하여, 자녀가 수동적이고 순종적인 성향을 갖게 만든다(Georgiou, 2008; Stevens et al., 2002). 이로 인해 자녀는 허약하게 비춰져 가해학생들의 표적이 되기 쉽다(이상균, 정현주, 2013). 한편, 불안정한 부모-자녀 애착 관계 역시 학교폭력 피해와 관련이 있다(Troy & Sroufe, 1987). 피해학생들은 초기 양육자와의 관계에서 양육의 비일관성을 경험하고, 반응성은 그들이 관계를 포기하지 못하도록 한다. 부모에게 거절당했던 경험과 자신의 요구에 일관되게 반응해 주지 않았던 양육자의 간헐적인 반응성 때문에 안정적인 또래관계를 형성하기 어려워 피해자가 될 가능성이 높다(정정호, 2000). 이처럼 안정적 애착관계를 형성하지 못한 자녀는 또래갈등과 거부를 겪으며 학교부적응 위험이 높아진다(Hong & Espelage, 2012; Murphy et al., 2017).

(2) 학교환경의 특성

학교폭력의 피해학생들은 학교가 위험하다고 느낀다(Ladd & Ladd, 2001). 학급의 분위기가 피해를 당하는 학생을 보호하거나 공감해 주기보다는 거부하고 무시하는 분위기가 강할 때 피해가 지속될 가능성이 높다(Graham & Juvonen, 2001). 학급의 문화, 학급의 응집력, 폭력에 대한 학교의 허용도, 폭력에 대한 학교의 일관적 대응 등 다양한 학교환경 요인은 폭력 피해와 상관이 있다. 신종호 등(2018)은 학교환경 특성이 학교폭력예방의 핵심 요소라고 강조하며, 학교폭력을 유발하는 학교문화를 다음과 같이 제시했다.

첫째, 과도한 학생 간 경쟁 분위기는 불필요한 긴장을 조성하여 폭력을 유발한다. 경쟁 상황에서 좌절에 직면하면 분노와 같은 부정정서가 높아지고 이를 억제하지 못할 경우 폭력으로 나타날 수 있다. 특히 우리나라에서는 높은 학업 스트레스가 내적 분노를 유발하고 이것이 학생의 공격행동으로 이어진다는 연구결과가 있다(석지혜, 2013; 허준경, 이기학, 2013). 스트레스가 높아지면 쉽게 넘어갈 수 있는 상황에 대해서도 민감하게 반응하고 대인관계에 예민해져서 갈등이 심화된다.

둘째, 학교폭력에 둔감한 학교 분위기이다. 폭력을 목격해도 이에 대한 적절한 개입이 이뤄지지 않으면 이후에 발생하는 폭력에 대해 익숙해지고 둔감해진다. 방관자가 많아져서 폭력 상황을 지켜보는 것만으로도 학교폭력은 강화된다. 이처럼 또래의 위험을 목격하고도 이에 대한 방관행동이 지배적이어서, 학교폭력에 대해 둔감한 문화가 형성된다면 폭력은 만성화된다. 학생들은 반복적이고 공개화된 또래폭력의 목격과 경험을 통해 피해학생이 폭력을 당해도 괜찮다는 생각을 갖기 때문이다. 이상균(1999)은 이러한 문화 속에서 학생들은 시간이 지날수록 폭력에 둔감해지고, 피해학생을 가치 없는 존재로 인식하며, 나아가 또래폭력에 대해 죄책감을 거의 느끼지 못하게 되고, 심지어는 폭력에 대해서 긍정적인 태도를 가지게 된다고 주장하였다.

셋째, 저하된 학급응집성은 폭력의 위험요인으로 작용한다. 학급응집성은 학급 구성원이 학급집단에 대해서 갖는 모든 감정과 관련된 것으로 학생 개개인이 인식하는 학급에 대한 느낌과 감정의 총합이다(Schmuck & Schmuck, 1992). 그런데 학급응집성이 낮으면 학급의 규준으로부터 이탈하는 학생이 많아 그 학급에는 문제가 많아지게 된다. 이훈구 등(2000)의 현장실험 연구에 의하면, 일반 학급과 비교하여 집단따돌림 및 폭력행위가 자주 발생하는 학급은 응집력이 더 낮았다. 학급응집력이 떨어지면 학급 구성원으로서 공동체 의식이 약해지고, 폭력 방지를 위한 노력도 줄어든다. 같은 반 친구들이 학급 공동체라는 '우리' 의식이 떨어지면 학급 구성원이 보이는 문제행동에 대해서도 무관심해지며 관여하지 않으려고 하기 때문이다.

　넷째, 인성교육 부족으로 학생의 사회정서 발달이 저해되어 문제행동 증가의 원인이 된다. 사회적 기초나 핵심적인 집단의 가치를 가르치고 만들어 내는 노력을 인성교육이라고 할 수 있다. 그러나 학교교육은 인성교육의 중요성을 강조하면서도, 여전히 학업중심의 교육이 지배적이다. 인성이 좋은 학생이 되기보다는 성적이 좋은 학생이 되어야 한다는 메시지가 더욱 강하다. 따라서 학생들이 도덕적인 가치에 기반한 행동과 태도를 배움으로써 학교와 학급 내 폭력행동을 감소시킬 수 있을 것이다.

　마지막으로, 문화활동 및 특별활동 기회 부족이다. 우리나라 청소년들은 높은 학업성취에 비해 학업스트레스를 해소할 수 있는 감성 교육이나 활동 참여의 기회가 부족하다. 이는 학생들의 사회적 역량 부족으로 이어져 자신의 욕구좌절과 스트레스 상황에서 이를 건강하게 해소하는 데 어려움을 겪게 된다. 결국 욕구좌절과 스트레스들을 공격적이고 폭력적인 태도로 해소함으로써 또 다른 어려움에 빠질 가능성이 높다. 이를 해결하기 위해서는 신체 및 공감 활동을 통한 정신건강 관리와 타인과의 원만한 관계 형성이 필요하다.

> ### ⊕ 인사이트 ▶ 환경적 어려움을 줄이기 위한 지지자 역할
>
> 　상담자는 피해학생의 인지적, 정서적, 행동적 특성과 같은 개인적 위험요인을 감별하여 위험요인을 감소시키는 상담적 개입을 통해 변화를 추구한다. 그런데 부모와 교사 및 학교와 같은 환경적 위험요인이 매우 많은 경우 상담자로서 무력감을 느끼기 쉽다. 상담실 안에서 개인상담을 통해 개인적 위험요인을 효과적으로 감소시켜도, 상담실 밖으로 나가면 환경적 위험요인에 의해 다시 원래 상태로 돌아오는 경우가 많기 때문이다. 이러한 상황에서 상담자는 피해학생의 변화를 어느 수준까지 도와야 하는지에 대해 내적 갈등을 경험하게 된다. 개입의 대상이 학생이 아니라 부모, 교사 나아가 학교라면 상담자는 무엇을 할 수 있는가? 이러한 상황에서 상담자는 상담(counseling)이 아닌 자문(consulting)의 방식으로 역할을 전환하여 자문가(consultant)의 역할을 해야 한다. Dougherty(2013)는 학교 상황에서 수행하는 자문가의 다섯 가지 역할(전문가, 교육자, 협력자, 정보수집가 및 지지자)을 제시했는데, 이처럼 환경적 요인에 대한 개입이 필요한 경우에는 지지자(advocate) 역할의 중요성을 강조했다. 그는 학생이 처한 환경적 어려움이나 체제적 장벽과 같은 외적 조건을 개선하기 위해서 상담자는 다양한 지지활동을 해야 한다고 주장한다. 예를 들어, 부모를 만나 양육방식이 자녀의 행동에 미치는 영향을 알려 주거나, 교사를 만나 학급에서 안전한 학급 분위기 조성을 위한 전략을 제시해 주는 등의 자문활동을 통해 부모와 교사가 처한 어려움을 지지해 주고 옹호해 주는 역할을 해야 한다고 보았다.

학교폭력 피해학생을
위한 상담적 개입

프롤로그

　학교폭력 피해의 폐해는 생각보다 너무 심각하다. 피해학생 개인뿐만 아니라 가족 구성원에게도 큰 영향을 미치며, 학생이 앞으로 살아가야 할 미래의 삶에까지 영향은 지속된다. 피해로 인해 느끼는 불안, 우울, 무기력감과 트라우마는 적절한 상담적 개입이 이뤄질 때 비로소 그 폐해가 최소화될 수 있고, 빠른 회복을 이뤄 내며 삶의 기능이 보다 빠르게 정상화된다. 특히 일시적인 피해는 회복의 속도가 빠르지만 지속적으로 피해를 당한 경우는 회복이 더디며 상담의 효과 역시 제한되는 경우가 많다. 또한 피해학생은 정서적 어려움뿐만 아니라 이후 관계를 형성하고 유지하는 것을 힘들어하며 사회적 영역에서도 역기능을 경험한다. 그리고 집중력 저하, 충동성 증가 및 위축된 행동과 같은 행동적 영역에서도 어려움을 겪는다. 따라서 피해학생을 상담할 때는 이들이 직면하는 다양한 어려움을 종합적으로 이해하고 다뤄 주어야 한다.

학교폭력:
심리적 이해와 상담적 개입

1 피해학생에 대한 맥락적 이해에 기반한 상담전략[1]

1) 피해학생에 대한 맥락적 이해

이 절에서는 오인수 등(2016)의 연구에서 제시한 피해학생을 위한 효과적인 상담전략을 제시하고자 한다. 이 연구에서는 학교폭력과 관련된 전문 상담기관에서 실제로 학교폭력 피해학생을 상담하고 있는 상담자를 심층면접하고, 근거이론 방법을 사용하여 피해학생이 처한 맥락을 [그림 5-1]과 같이 제시하였다.

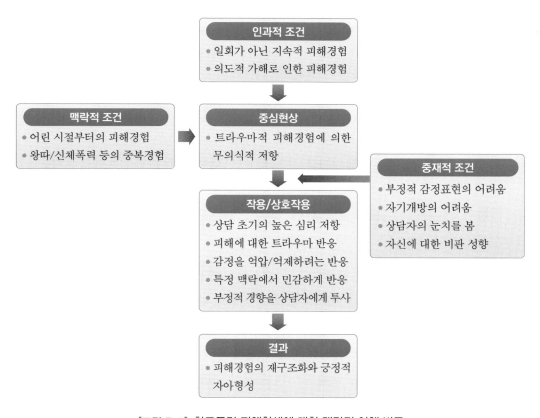

[그림 5-1] 학교폭력 피해학생에 대한 맥락적 이해 범주

---

1) 이 절은 오인수 등(2016)의 연구를 수정 · 보완하여 작성함.

그림에 제시된 것처럼 피해학생의 경우 상담과정에서 '트라우마적 피해경험에 의한 무의식적 저항'의 태도를 드러냈다. 왕따 및 폭력으로 인한 심리적 피해는 무의식 속에 깊은 상처로 남아, 피해학생들이 상담자에게 가해자의 속성을 투사(project)하는 전이(transference) 현상을 빈번하게 일으켰다. 이들은 학교폭력 사안이 종결된 이후에도 특정 단어로 인해 피해경험의 장면이 떠오를 때마다 민감한 반응을 보였으며 일반적인 내담자와 비교하여 눈에 띄게 상담자의 눈치를 보거나 자신의 속마음을 드러내는 것에 어려움을 보였다. 스스로 솔직하게 모든 것을 얘기하고 있다고 말하지만, 자신의 상처를 드러내는 것에 대한 무의식적 두려움이 비언어적 메시지로 드러날 수밖에 없었다. 따라서 피해학생을 상담할 경우 상담자는 학생이 보이는 다양한 무의식적 저항을 이해하는 것이 필요하다. 상담에 소극적이거나 상담에 대한 거부 반응을 보이는 경우, 이러한 내담자의 반응을 트라우마로 인한 무의식적 저항의 관점에서 해석할 수 있어야 한다. 다음에 제시된 진술문은 이러한 특징을 잘 드러낸다.

> "피해학생들은 항상 상담자가 '힘들었겠다, 외로웠겠다' 이야기하면 부정해요. 그래서 더 어려운 것 같아요. 공감해 주는 표현에 대해 오히려 그거마저도 다 부인을 해요. '저는 괜찮았어요' 자기는 다 괜찮았다고 표현하더라고요."
>
> "감정이 잘 만난다는 느낌이 안 들어요. 감정을 마주치기 어려워하고 뭔가 더 있을 것 같은데 속 표현도 잘 못하고 자기를 다 표현하지 못하는 뭔가가 있는 것 같아요. 되게 조심스러워해요."

이처럼 피해학생들은 상담과정에서 주로 상담 초기에 높은 심리적 저항을 보이며, 피해경험에 대한 트라우마적 반응을 보인다. 그리고 자신의 감정을 억압하려는 성향을 보임과 동시에 동맹관계 형성 전까지 자기표현을 억제하는 경향이 있다. 또한 피해의식으로 모든 사람에게 지나치게 민감하게 반응하여 특정 단어나 맥락에서 과민반응을 보인다. 나아가 자신에게 비판적이고 낮은 자존감을 보이며 부정적 경험을 상담자에게 투사할 가능성이 높다. 이러한 반응의 이면에는 또 다른 상처를 받지 않으려는 의식적, 무의식적 동기가 존재하기 때문이다. 저항, 억압, 억제, 투사 등은 모두 무의식적 방어기제로서 학교폭력을 통해 이미 상처받은 자신의 자아를 보호하려는 의도로 해석될 수 있다. 다음에 제시된 진술문은 이러한 특징을 잘 드러낸다.

"상담 초기에 상담자가 어려움에 대해 공감해 주면 피해학생들은 그걸 다 부정해요."

"처음에는 말을 시켜야 하고 먼저 이야기하지 않았는데 시간이 지날수록 나중엔 자기에 대해서 털어놓고 풀어 놓을 수 있는 깊이 있는 이야기가 가능했어요."

"이야기를 안 하다가 나중에는 슬플 때 같이 슬퍼해 줄 사람, 고민을 들어줄 사람이 주변에 없다고 하더라고요. 자기만 상처받았고 이용당했다고…… 점점 심층적인 이야기가 가능했어요."

2) 피해학생의 맥락에 기반한 효과적 상담전략

이러한 특징을 보이는 피해학생에 대해 오인수 등(2016)은 피해학생의 특징에 따라 서로 다른 상담전략을 제시하였다. [그림 5-1]에 제시된 두 가지의 인과적 조건인 오랜 기간 동안 피해경험을 한 경우와 가해학생의 의도적 폭력으로 인해 심각한 수준의 피해경험을 한 경우로 구분하였다. '피해의 지속성 여부'는 초등학교 때부터 학교폭력 피해경험이 시작되어 현재 중학교, 고등학교까지 지속되어 온 경우이다. 반면, '의도적 폭력의 피해'는 가해학생의 즉흥적인 학교폭력이 아닌 의도적 목적을 가진 가해 행위에 대해 학교폭력의 피해경험이 있는 경우이다. 각각의 경우에 대해 효과적인 상담전략을 정리하면 다음과 같다.

(1) 지속적 피해를 당한 학생 상담

일회적 피해가 아닌 지속적 피해경험을 한 경우 상담 초기에 매우 높은 심리적 저항을 보이기 때문에 피해경험의 직접적 탐색을 상담자는 잠시 유보하고 먼저 관계 형성에 초점을 두는 것이 좋다. 지속적으로 피해를 당한 학생들의 심리적 상처는 매우 깊게 자리 잡혀 있다. 그러므로 상담 관계가 안전하고 신뢰할 수 있는 장이 될 수 있도록 편안한 분위기를 만드는 것이 최우선으로 중요하다. 상담자가 피해경험에 초점을 둘 경우 내담자는 마음 문을 닫고 심리적 저항을 높일 가능성이 높기 때문이다.

피해학생들은 피해경험에 대한 트라우마적 기억을 가지고 있었기 때문에 피해경험을 재해석하여 외상후성장(PTG)을 촉진하도록 초점을 두는 것도 시도해 볼 수 있다. 학교폭력 피해학생들은 자신의 경험에 몰입하여 주변 상황을 살피는 데 좁은 시야를 나타낸다. 따라서 피해경험에 대해 다른 시각으로 바라볼 수 있도록 인지적 측면에서 도움을 제공하는 것이 필요하다. 피해경험에 대해 부정적으로 편향된 사고를 전환할 수 있도록 돕고 의도적, 성장적 반추를 통해 자신이 당한 피해경험을 긍정적인 관점에서 재해석하도록 도울 수 있다. 자신이 당한 부정적 경험에 대해 자기 나름대로 의미 있는 해석을 하게 되면 피해경험을 교훈 삼아 새로운 행동 패턴을 습득할 수 있는 기반이 마련될 수 있다.

피해학생들은 자신의 감정을 억압하기 때문에 이들과 신뢰에 기반한 치료적 동맹관계가 형성되기까지 긴 시간이 걸린다. 상담자는 피해학생과 신뢰할 수 있는 관계를 맺기 위한 노력이 필요하다. 앞서 언급한 것처럼 피해학생의 심리적 저항을 수용하고 피해학생이 마음의 문을 열 수 있도록 학교폭력 사실의 확인보다는 피해학생의 감정에 초점을 두는 상담 진행이 효과적이다. 무엇보다 상담자가 피해학생을 대하는 태도에서 진정성(genuineness)을 보이는 것이 가장 중요하다.

그리고 피해학생들은 자기표현을 억제하는 특징을 보이기 때문에 자신의 상황이나 감정에 대해 정확히 표현하는 것에 어려움을 보이거나 의도적으로 표현하지 않는다. 그렇기 때문에 상담자는 피해학생의 현재 감정이나 상황을 정확히 알아차리는 데 어려움을 경험할 수 있다. 따라서 상담자는 열린 질문을 통해 미해결 감정의 표현에 초점을 두는 것이 바람직하다. 이를 도식화하면 [그림 5-2]와 같다.

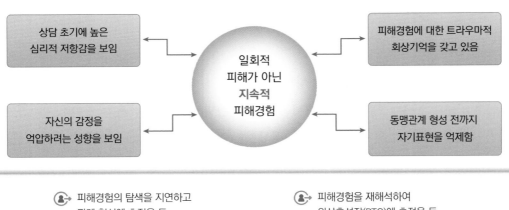

[그림 5-2] 지속적 피해를 당한 학생에 대한 상담전략

(2) 의도적 폭력 피해를 당한 학생 상담

한편, 의도적 가해로 심각한 피해경험을 한 내담자는 상담 중에 상담자를 포함한 모든 사람에게 피해의식을 강하게 표현한다. 속담 중에 '자라 보고 놀란 가슴, 솥뚜껑 보고 놀란다'와 같이 관계에서 상처를 받은 피해학생은 이후 형성하는 모든 관계에서 상처를 받는 것에 대한 두려움이 생겨난다. 이러한 경향성은 상담자와의 관계에서도 드러나 상담자와 신뢰관계를 형성하는 데 어려움을 초래한다. 상담자가 자신에 대해 비판적으로 생각할 수 있으며, 평가적으로 대하여 결과적으로 또 다른 관계 상처를 자신에게 줄 수 있다는 인지적 오류를 형성할 가능성이 높다. 이러한 피해학생에게 효과적인 상담전략은 피해 감정을 탐색하되 일반화의 오류를 지적해 주는 방식이다.

이들은 또한 특정 단어나 맥락에서 매우 민감한 반응을 보였다. 단어나 장소, 유사한 상황은 기억을 되살리게 되는 트리거 효과(trigger effect)가 되어 과거 피해경험을 상기시킬 수 있다. 이러한 단어 등과 같은 요인은 피해학생들에게 이전 경험을 떠오르게 하는 촉발 요인으로 작용할 수 있기 때문에 두려움과 고통을 함께 호소할 수 있다. 따라서 상담자는 심리적인 지지에 우선적으로 초점을 두고, 상황에 대한 재해석을 돕는 것이 효과적일 것이다.

피해학생들은 자신에게 매우 비판적이며 낮은 자존감을 보일 수 있다. 특히 주변의 평가에 민감한 청소년 시기의 피해학생들은 자신의 경험에 대해 부정적으로 평가할 수 있다. 주변의 자원을 활용하여 부정적 자기 인식에 대해 긍정적으로 다시 생각할 기회를 얻는 것이 중요하다. 자신에 대한 긍정적인 인식을 위한 상담전략으로 보다 긍정적인 내적 자기 대화(self-talk)를 생성하도록 촉진하는 것이 필요하다. 예를 들어, 피해학생은 속으로 '올해 당한 폭력을 내년에도 당할 거야!', '다른 애들은 나를 형편없는 애로 생각하겠지.', '아무리 노력해도 따돌림을 벗어날 수 없어!'와 같은 부정적인 자기 대화를 할 가능성이 높다. 이러한 부정적 내적 대화는 자존감의 저하를 가져올 수 있기 때문에 이를 보다 긍정적인 자기 대화로 전환하는 기법이 효과적일 수 있다.

그리고 부정적 경험을 상담자에게 투사하는 경향을 보이기 때문에 상담자는 이러한 전이를 인식하며 해석하여 이들의 무의식적 동기를 상담에 활용할 수 있다. 특히 투사적 경향을 자주 보이는 학생의 경우 상담자 역시 자신의 경험을 가해학생에게 투사하는 역전이(counter-transference)가 발생할 수 있으므로 주의가 필요하다. 예를 들어, 상담자가 피해학생의 특정 경험(예: 부모의 강압적인 양육 방식)이 현재의 문제와 관련이 있다는 점에 주목할 경우, 이러한 상담자의 해석은 사실 상담자 자신이 성장기에 부모로부터 강압적인 양육을 받았던 경험을 내담자에게 투사하여 발생했을 가능성이 있다. 따라서 상담자는 피해학생 상담 시 전이와 역전이

상황이 발생할 수 있음을 인식하고 이러한 무의식적 투사가 상담에 미치는 부정적 영향을 최소화하도록 노력해야 한다. 이를 도식화하면 [그림 5-3]과 같다.

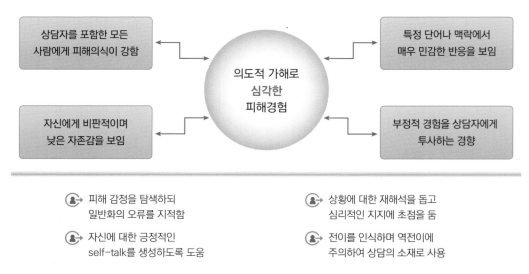

[그림 5-3] 의도적 폭력 피해를 당한 학생에 대한 상담전략

⊕ 인사이트   피해의 상처를 넘어서는 성장의 비결: 외상후성장(PTG)

학교폭력을 당한 피해학생은 폭력 사건이 트라우마로 인식되어 적절한 개입이 이뤄지지 않을 경우 외상후 스트레스 장애, 즉 PTSD(Post-Traumatic Stress Disorder)로 악화될 수 있다. 그러나 최근 긍정심리학은 트라우마를 겪은 사람 중 일부는 오히려 트라우마 사건을 의미 있게 해석하여 이를 성장의 계기로 만든다는 것에 주목하였고, 이를 외상후성장, 즉 PTG(Post-Traumatic Growth)의 개념으로 설명한다. 박지선과 오인수(2017)는 이러한 PTG가 피해학생의 경우에도 발생하는지를 분석하였다. 중·고등학교 시절 6개월 이상 괴롭힘 피해를 봤지만 이를 오히려 성장의 기회로 활용한 연구 참여자를 내러티브 연구 방법으로 분석하였다. 연구결과 이들은 괴롭힘을 당한 그 순간에는 자기비난과 자책에 압도되었지만, 극단적인 선택을 하지 않도록 붙잡아 준 소수의 친구를 통해 지지를 받으면서 조금씩 회복되었다. 이후 하나의 긍정적 사건을 계기로 자신에 대해 다시 생각할 기회를 얻고, 자신이 '이상한 애'가 아니라는 것을 반증하는 후속 경험을 통해 자기개념의 변화를 얻게 되었다. 이처럼 회복을 넘어 오히려 긍정적인 자기개념을 형성하는 계기로 피해경험을 회상하였다. 이러한 연구결과는 피해학생의 경우 즉각적으로 개입하여 자기비난, 자책, 수치심과 같은 정서적 고통을 상담을 통해 경감시키는 것이 매우 중요함을 시사한다. 또한 피해 이후 부정적인 침습적(intrusive) 사고에 매몰되어 있는 피해학생에게 보다 긍정적인 혼잣말(self-talk)을 하도록 돕고 피해학생의 강점과 자원에 초점을 둔 해결중심상담 접근이 효과를 높일 수 있다는 점을 시사한다.

2 피해학생의 사회, 정서, 행동을 위한 상담전략[2)]

이 절에서는 피해학생이 경험하는 대표적인 문제로 불안과 우울, 정서조절, 자기주장성 및 친사회성을 다루는 상담전략을 제시한다. 피해학생은 자신의 경험에 대해 부정적 사고를 갖게 되어 그 결과 불안과 우울을 경험할 수 있으며, 이는 부정적 정서조절 문제와도 관련되어 있다. 피해학생의 추가적 피해를 막기 위해서는 자기주장성을 높여 줌과 동시에 친사회성을 높여 주는 상담을 병행하는 것이 필요하다.

1) 피해학생의 불안과 우울 조절을 위한 상담

피해학생이 경험하는 대표적인 내재화 문제는 불안과 우울이다. 특히 피해학생의 우울은 자살문제와 상관이 있어 심각성이 증가할 수 있다. 그렇기 때문에 피해학생의 불안이나 우울의 감정을 효과적으로 조절하여 자살 사고나 행동을 줄이는 것이 중요하다. 또한 보복성의 가해행동을 줄이기 위해서도 불안과 우울에 대한 정서조절 능력을 향상시킬 필요가 있다. 피해를 당하면 불안과 우울이 높아지며 그로 인해 부정적인 생각이 많아진다. 또한 이러한 생각이 많아지면 부정적 사고에 매몰될 가능성이 높다. 부정적 사고에 매몰되어 자신의 경험에 대한 인지적 왜곡(cognitive distortion)이 나타날 수 있다. 인지적 왜곡이란 우울이나 불안과 같이 심리 사회적 요소의 영향이 큰 정신병리학적 상태의 발현 및 지속 과정에서 나타나는 과장된 혹은 비이성적인 사고 유형이다(Helmond et al., 2015). 피해경험은 피해학생에게 자신이 처한 상황에 대해 부정적인 평가와 감정을 불러일으켜 결국 인지적 왜곡을 더욱 공고하게 만드는 악순환이 이루어진다. 부정적 사고에 대한 탐색과 변화를 위해서는 부정적 사고를 인식하고 대안적 사고를 만들기 위한 연습이 필요하다.

이를 위한 피해학생의 상담전략으로, 먼저 피해학생이 주로 보이는 비합리적 생각과 인지 왜곡에 대한 탐색 과정이 이루어져야 한다. 즉, 피해학생의 부정적 사고를 탐색한 후 부정적 사고를 일으키는 상황과 인지적 오류를 확인하여 합리적인 사고로의 변화를 촉진하는 활동을 중점적으로 다루는 것이 효과적이다. 이를 통해 피해학생은 부정적 사고가 발생할 때 대처하는 방법을 습득함으로써 긍정적인 사고를 증진할 수 있다. 이러한 대처 연습으로 피해학생은 부정적 사고에서 벗어날 수 있고, 부정적 사고로 인한 불안과 우울감을 줄일 수 있으므로 정서조절 능력에도 도움이 된다.

(1) 부정적 사고에 대처하는 대안적 사고 만들기 활동지: 긍정 의자

부정적 사고의 결과로 불안이나 두려움과 같은 부정적 감정이 유발될 수 있다. 따라서 부정적 사고를 일으키는 상황에 대한 대처 연습을 통해 피해학생들이 자신의 부정적 사고에 도전할 수 있게 훈련시키는 것이 중요하다. 예를 들어, 부정적 사고에 대처할 수 있도록 「긍정 의자」 활동지를 사용하여 긍정적인 대안적 사고를 만들어 내고, 가능한 결과를 생각해 낼 수 있다. 이 활동은 부정적 사고를 합리적인 사고로 변화시키는 것에 초점을 두어 대안적 사고를 할 수 있도록 도와준다.

먼저, 불안이나 두려움을 느낄 때 부정적이거나 비합리적인 생각들이 부정 정서를 만들어 낸다는 설명을 해 주고, 학생들에게 이와 비슷한 자신의 경험을 이야기하게 한다. 집단으로 진행할 경우에는 '긍정 의자'에 앉기를 원하는 학생들의 순서를 정한다. 각 학생을 도울 코치도 한 명씩 정한다. 코치는 의자에 앉은 학생이 긍정적인 대안적 사고를 생각하지 못할 경우, 앞의 질문들을 사용하여 대안을 생각할 수 있게 돕는다. 나머지 학생들은 주어진 상황에 대한 부정적·비합리적인 생각들을 한 번에 하나씩 말해 준다. 긍정 의자 활동을 통해 피해학생은 자신의 부정적이고 비합리적인 사고를 인식하고, 그 사고에 도전하여 긍정적 사고를 생성해 냄으로써 부정적 감정이 이어지지 않도록 연습한다.

(2) 사고의 오류를 탐색하고 긍정적 사고 만들기 활동지: 세 칸 기법

사고의 오류를 이해하는 것은 쉽지만 그것을 실제로 찾아내는 것은 어려우며, 나이가 어리거나 인지능력이 떨어지는 학생들의 경우에는 더욱 그러하다. 따라서 사고 오류의 다양한 예들을 제공하여 학생들로 하여금 사고 오류의 유형을 확인하고 각 오류가 언제 발생하는지를 파악하게 하는 것이 중요하다. 이 활동을 통해서는 우울을 일으키거나 부추길 수 있는 사고의 오류(thinking errors) 또는 인지적 왜곡(cognitive distortions)을 탐색한다. 다양한 종류의 사고 오류를 보여 주는 〈표 5-1〉의 예들을 활용하여, 각각을 구분할 수 있게 도와줄 수 있다. 다만, 다음 활동을 진행할 때 유의할 점으로 학교폭력 피해나 가해경험과 관련한 자신의 부정적 사고를 탐색해 보는 것도 도움이 될 것이다. 그러나 먼저 상담자와의 충분한 라포 형성과 상담 장면에서의 안전감이 전제되어야 한다.

⟨표 5-1⟩ 사고의 오류 유형 및 설명

쌍안경 시각	• 사물을 있는 그대로가 아니라 더 크게 또는 더 작게 생각하여 바라보는 것 • 예시 나를 보고도 못 본 척하고, 지나가는 친구를 보고 나를 매우 싫어한다고 생각함
어두운 안경	• 사물의 부정적인 면만 생각하는 것 • 예시 학교에서 일어나는 모든 일은 좋지 않다고 생각함
예언	• 충분한 증거 없이 앞으로 무슨 일이 발생할지에 대해 예측하는 것 • 예시 올해 따돌림을 당하면 내년에도 따돌림을 당할 것으로 생각함
흑백 사고	• 사물을 극단적이거나 반대되는 방식으로만 바라보는 것. 모든 상황을 선과 악, 성공과 실패와 같이 두 가지 양극단으로만 해석하는 것 • 예시 따돌림을 당해서 1년 전체가 망했다고 생각함
개인화	• 자신의 통제권 밖에 있거나 자신의 책임이 아닌 일에 대해 개인적인 책임을 지거나 스스로 비난하는 것 • 예시 친구들과 우연히 부딪혔는데 자신의 잘못이라고 생각함
비난 게임	• 자신이 책임져야만 하는 것에 대해 다른 사람을 비난하는 것 • 예시 다른 학교로 배정받았으면 따돌림이 없었을 것으로 생각함
과잉일반화	• 단지 하나의 사건(부당했던 사건)에만 근거해서 일반적인 결론을 내리는 것 • 예시 우리 반 모든 아이가 나를 왕따시킨다고 생각함

이어서 학생들로 하여금 자신이 흔히 하는 부정적 사고가 무엇인지 생각해 보게 한 후, 이것이 어떤 사고 오류에 해당하는지 확인하게 한다. 부정적 사고를 ⟨표 5-2⟩의 예시와 같이 세 칸 기법을 활용하여 점검해 볼 수 있다. 이와 함께 부정적 사고를 어떻게 긍정적으로 바꿀 수 있을지 이야기를 나눈다. 세 칸 기법 활동을 통해 학생들은 부정적 사고에 직면하여 긍정적인 사고방식으로의 변화 과정을 연습할 수 있다. 이는 결국 부정적 사고로 인한 우울감을 줄이고 부정적 사고에서 벗어날 수 있도록 도움을 줄 수 있다. 세 칸 기법의 활용 사례 예시는 ⟨표 5-2⟩와 같다.

〈표 5-2〉 세 칸 기법의 활용 예시

나의 부정적 사고는 무엇이었나?	이에 해당하는 사고의 오류는?	우울을 줄이기 위해 사용할 수 있는 보다 더 현실적인 생각은 무엇인가?
나를 보고도 못 본 척하고 지나가는 친구를 보고, 나를 매우 싫어한다고 생각함	쌍안경 시각	나를 본 것 같았지만, 다른 생각을 하느라고 나를 정말로 못 봤을 수도 있다.
학교에서 일어나는 모든 일은 좋지 않음	어두운 안경	학교에서 내가 겪는 많은 일이 좋지 않긴 하지만, 다른 좋은 점들도 분명히 있다.
올해 따돌림을 당하면 내년에도 따돌림을 당할 것으로 생각함	예언	올해 따돌림을 당했다고 해서 내년에도 반드시 그럴 것이라고 단정 짓기보다는, 새로운 환경에서 새로운 친구들을 사귈 수 있는 기회가 있을 것이라고 생각해 볼 수 있다.
따돌림을 당해서 1년 전체가 망했다고 생각함	흑백 사고	1년 전체가 따돌림으로 인해 망했다기보다는, 힘든 시기도 있었지만 그럼에도 견뎌 낸 나의 힘과 노력이 있었음을 인정하는 것이 중요하다.
친구들과 우연히 부딪혔는데 자신의 잘못이라고 생각함	개인화	우연히 부딪혔을 때, 그것이 나의 잘못이라기보다는 서로 조심하지 못한 탓이라고 생각하는 것이 더 합리적일 수 있다.
다른 학교로 배정받았으면 따돌림이 없었을 것으로 생각함	비난 게임	다른 학교로 배정받았다고 해서 반드시 따돌림이 없었을 거라고 단정 짓기보다는, 어떤 환경에서도 내가 주체적으로 대처하고 극복해 나갈 수 있는 방법을 찾아보는 것이 도움이 된다.
우리 반 모든 아이가 나를 왕따시킨다고 생각함	과잉일반화	우리 반 모든 아이가 나를 따돌린다고 생각하기보다는, 나를 이해하고 지지해 주는 친구들도 있음을 인식하고, 그들과의 관계에 더 집중해 보는 것이 좋다.

2) 피해학생의 자기주장 훈련을 위한 상담

자기주장은 주장 행동, 소극적 행동, 공격적 행동으로 구성되며 이 중 주장 행동은 학교폭력 예방에 효과적이다. 하지만 자신의 입장을 밝히지 않는 소극적 행동과 자신의 입장만을 고집하는 공격적 행동은 학교폭력을 유발하고 악화시키는 부정적 결과로 이어질 가능성이 높다. 피해를 당했을 때 소극적 행동을 하면 폭력이 지속될 가능성이 높고, 공격적 행동을 하면 오히려 더 심한 폭력이 뒤따라 폭력이 악화될 가능성이 있다. 따라서 자기주장 훈련은 주장 행동에 초점을 맞추어 진행할 필요가 있다. 여기서 주장 행동이란, 상대의 감정을 상하지 않게 하고 인권을 침해하지 않는 선에서 자신의 생각과 감정 등을 솔직하게 표현하는 행동을 의미한다. 이는 자신의 권리를 지키기 위한 방법으로, 상대의 인격을 존중하면서 자신의 솔직한 생각과 감정을 적절한 방식으로 표현하기 때문에 상대와의 생산적이고 건강한 관계를 지속할 수 있도록 한다. 특히 학교폭력 상황에서 주장 행동은 가해행동을 효과적으로 약화시킬 수 있는 방법으로 고려된다. 많은 경우, 학교폭력 피해학생은 불안과 두려움 등으로 인해 괴롭힘 상황에서 자기표현에 매우 소극적이다. 따라서 피해학생이 학교폭력에 효과적으로 대처하고 또 다른 괴롭힘 피해를 예방하기 위해서는 주장 행동 훈련이 중요하다. 피해학생은 주장 행동 훈련을 통해 자신감을 회복할 수 있고 학교폭력과 같은 다양한 갈등 상황에 적용할 수 있는 적절한 자기방어 기술을 습득할 수 있다.

(1) 자신의 행동을 분석하고 인식하기   `활동지: 1분 스피치`

주장 행동을 직접 실천하는 것만큼 중요한 것은 자신의 행동이 어느 유형의 자기주장 행동에 해당하는지를 파악하는 것이다. 이때, 자기주장이라는 개념이 학생들에게 생소할 수 있으므로 주장 행동과 소극적 행동, 공격적 행동에 대하여 충분히 설명하는 것이 필요하다. 각각에 대한 구체적인 사례를 제시하여 학생들의 이해를 돕는 것도 효과적이다. 자신의 행동 특성을 분석하는 과정에서 피해학생은 자신의 소극적 행동으로 인해 학교폭력 피해를 경험했다고 자책하거나 피해의식을 가질 수 있다. 따라서 피해학생이 자신의 행동을 성찰하고 수용하는 과정을 충분히 수행할 수 있도록 돕는 것이 필요하다. 더 나아가 노력을 통해 주장 행동을 학습하고 실천할 수 있다는 자신감을 가질 수 있도록 돕는 것이 중요하다.

집단으로 활동을 운영하는 경우, 다양한 갈등 상황(예: 준비물을 깜빡하고 가져오지 못했는데 어떤 친구가 "멍청하네! 그런 걸 잊어버리냐?"라고 말한다 / 수학 숙제를 보여 달라고 하는 친구가 있는데 보여 주기 싫다 등)이 적힌 쪽지를 바구니 혹은 빈 통에 담는다. 학생들이 돌아가며 쪽지를 하나 고르게 하고 해당 쪽지의 상황에 각자 어떻게 행동할지 자유롭게 1분 동안 이야기를 하도록 안내한다. 나머지 학생들은 발표 내용을 적극적으로 경청할 수 있도록 한다.

발표를 들으며 나머지 학생들은 발표하는 학생의 행동이 주장 행동, 소극적 행동, 공격적 행동 중 어느 유형에 해당하는지 분석한다. 이후, 상담자는 학생들이 서로의 행동에 대하여 피드백을 하도록 안내한다. 학생들은 피드백을 통해 자신의 행동 특성을 파악하고 이에 대한 자신의 생각을 정리한다. 그리고 자신이 소극적 혹은 공격적 행동을 하게 되는 상황은 언제인지 분석하고 이에 대하여 집단 구성원들에게 설명한다.

(2) 소극적 · 공격적 행동을 유발하는 비합리적 사고를 논박하며 합리적으로 생각하기 활동지: 합리적으로 생각해요

주장 행동을 하려면 인간의 기본적인 권리나 문화적 가치, 행동 규범에 대한 인식 등이 기반이 되어야 한다(오승호, 2009; 이은숙, 강희순, 2014). 하지만 이에 대하여 다양한 비합리적 사고를 갖고 있는 것은 폭력 상황에서 피해자의 주장 행동을 어렵게 하는 원인으로 고려된다(박창우, 2005; 이은숙, 강희순, 2014). 일례로, 피해학생은 자신의 솔직한 감정이나 의견을 표현할 경우 또래집단 내에서 부정적 평판을 얻을 것이라는 생각을 할 수 있다. 또한 그 누구도 자신에게 도움을 줄 수 없을 것이라는 생각을 할 수 있다. 이와 같은 비합리적 사고는 피해학생이 주장 행동을 하는 것을 매우 어렵게 하여 지속적인 괴롭힘 상황에 놓이게 한다. 따라서 피해학생은 비주장 행동을 유발하는 자신의 비합리적 사고를 자각하고 이를 논박함으로써 합리적인 사고를 통해 주장 행동을 실천할 수 있는 자신감을 갖는 것이 중요하다. 이러한 관련성을 상담자가 충분한 예시로 설명하는 것이 필요하다.

소극적 혹은 공격적 행동으로 이어질 수 있는 비합리적 사고의 다양한 예시가 담긴 「합리적으로 생각해요」 활동지를 학생들에게 제공한다. 학생은 소극적 혹은 공격적 행동을 유발할 수 있는 결정적인 생각에 밑줄을 그으며 활동지를 읽고 주장 행동을 하기 위해서는 어떻게 생각을 바꿀 수 있는지 생각해 본다. 그리고 이를 활동지에 적어 본다. 이 과정에서 학생은 합리적 사고와 비합리적 사고에 대한 개념과 주장 행동에 합리적 사고가 미치는 영향에 대하여 자연스럽게 익힐 수 있다. 활동을 하는 과정에서 비합리적 사고를 찾기 어려워하거나 합리적 사고로 바꾸는 것이 미흡한 경우, 상담자가 직접 개입하여 보충 설명을 해 줄 수 있다. 활동을 마친 후에는 합리적 사고로 바꾼 후 행동이 어떻게 바뀌었는지, 활동을 하며 어떤 것을 느꼈는지에 대하여 자유롭게 이야기를 나눌 수 있도록 한다.

(3) 주장 행동 시 불안을 극복하여 다양한 상황에 적용하기 활동지: 주장 행동 역할극, 채팅방에서 주장 행동하기

주장 행동의 개념을 알고 있다 하더라도 피해학생은 이를 직접 실천하는 것에 대하여 불안을 경험할 수 있으므로 호흡법과 같이 불안을 극복할 수 있는 방법을 익히는 것이 필요하다. 특히 이러한 훈련은 역할극을 통해 학교폭력 상황을 가정하고 주장 행동을 활용할 수 있도록 돕는 것이 효과적일 수 있다. 하지만 상담자는 이 과정에서 학교폭력과 관련한 피해 학생의 상처를 건드리거나 피해학생이 정신적 고통을 경험할 수 있다는 점에 유의해야 한 다. 따라서 역할극을 진행할 때는 학생의 분노, 두려움, 불안, 슬픔 등의 다양한 부정적 감 정을 세심하고 조심스럽게 다루어야 한다.

또한 역할극을 통해 느낀 다양한 감정을 다른 피해학생들과 공유하고 서로 공감과 격려 를 할 수 있도록 하는 것이 필요하다. 무엇보다 상담자는 활동 전반에 걸쳐 편안하고 허용 적인 분위기를 형성할 수 있도록 자신의 비언어적 표현에 주의를 기울여야 한다. 예를 들 어, 두 가지 괴롭힘 상황이 제시된「주장 행동 역할극」활동지를 제공한다. 학생들은 두 명 이 짝을 이루어 하나의 상황을 선택한다. 그리고 불안을 극복할 수 있는 호흡법을 기억하며 주장 행동을 활용하여 역할 연기를 진행한다. 그리고 같은 상황에 대해 역할을 서로 바꾸어 연기한다. 역할극을 마친 후에는 친구의 역할에 대해 의견을 공유한다. 이때, 학생이 상대 가 아니라 자기 자신에 초점을 맞추고 누구도 비방하지 않는 I-message를 활용하여 역할 연기를 할 수 있도록 지도하는 것이 좋다.

최근에는 사이버 공간에서도 학교폭력이 빈번하게 발생하고 있으며 그 심각성이 증가하 고 있다. 특히 SNS, 단체 채팅방, 익명 애플리케이션 등 다양한 온라인 공간에 비방글, 악 성 댓글, 욕설 등을 게시하는 행위는 가장 흔히 발생하는 사이버폭력이다(방송통신위원회, 2022). 따라서 온라인 채팅방에서 괴롭힘이 발생한 상황을 가정하고 주장 행동 역할극을 진행하는 것도 매우 효과적이다. 예를 들어, 단체 채팅방에서 특정 학생의 외모를 비하하 는 상황을 담은「채팅방에서 주장 행동하기」활동지를 제공한다. 학생들은 각자 단체 채팅 방에 속한 학생 중 한 명이 되었다고 가정한다. 그리고 이러한 상황에서 보일 수 있는 반응 2~3개를 포스트잇에 적는다. 작성한 포스트잇을 모두 모아 활동지에 붙이고 논의를 통해 주장 행동이 적히지 않은 포스트잇은 떼어 낸다.

(4) 특정 상황에 주장 행동 적용하기

실제 괴롭힘 상황에서 적절하게 대처하고 또 다른 학교폭력 피해를 예방하기 위해서는 자신이 직접 경험한 학교폭력 상황에 주장 행동을 직접 적용해 보는 훈련이 중요하다. 하지 만 피해학생은 학교폭력 상황을 떠올리는 것 자체가 매우 힘들 수 있으며 이를 공유하는 것 에 대해서는 강한 저항이 있을 수 있다. 따라서 이 훈련은 상담자의 상담 역량이 매우 중요 하다. 훈련 과정에서 상담자는 자신의 비언어적 표현에 유의하며 피해학생이 힘든 기억을 떠올리고 그 상황에서 주장 행동을 적용해 보는 연습을 반복적으로 할 수 있게 도와야 한다. 그리고 만약 피해학생이 소극적 행동을 보인다면 구체적인 피드백을 제공하고 격려하여 성공적으로 주장 행동을 익히고 실천할 수 있도록 할 필요가 있다.

예를 들어, 집단으로 프로그램을 운영하는 경우, 학생들은 각자 자신이 생활하면서 주장행동을 적용하는 것이 어렵다고 느꼈던 상황이나 직접 경험한 학교폭력 상황을 종이 혹은 활동지에 적는다. 그리고 그 상황에서 실천할 수 있는 적절한 주장 행동이 무엇인지 생각한다. 한 명씩 돌아가며 자신이 정한 상황과 그때 적용해 볼 수 있는 주장 행동을 설명한다. 학생들은 발표를 들으며 그에 대한 피드백을 적고 이를 함께 나눈다. 활동을 마무리하며 다른 학생들이 자신에게 해 준 피드백을 바탕으로 주장 행동을 더욱 효과적으로 실천할 수 있는 방법이나 자신의 마음가짐에 대하여 정리한다.

3) 피해학생의 친사회적 행동을 위한 상담

친사회적 행동(pro-social behavior)이란 우호적인 사회적 관계를 유지하기 위해, 외적 보상을 기대하지 않고 자발적으로 다른 사람을 돕는 마음가짐과 행동을 의미한다. 친사회적 행동(도움 주기, 나눠 주기, 공감하기, 친절하기, 협력하기, 보호해 주기 등)은 사람과 사람 사이의 관계를 원만하게 하고 상호작용을 부드럽게 해 줌으로써 삶의 질을 높이므로 중요하다. 그러나 피해학생의 경우, 부정적인 또래관계의 경험으로 사회적 관계에서의 위축이 심화되어 낮은 수준의 친사회적 행동을 보인다(김수미, 이숙, 2000). 따돌림의 경험은 관계 형성 욕구를 저하시키고, 타인과의 관계는 항상 스트레스를 유발한다는 극단적인 생각을 갖게 한다. 결과적으로 피해학생은 사회적 상황에서 행동 억제, 대화 차단, 관계 회피의 방식을 선택하여 가중된 심리적 불안감이 형성된다(이지언, 정익중, 2020; Nelson, 2013). 따라서 피해학생의 원만한 또래관계를 위해, 친사회적 행동의 중요성을 인식하게 하고, 상황에 따라 경청, 도움 행동, 배려 등을 유발할 수 있도록 돕는 방법을 적용하는 것이 필요하다.

(1) 친구관계와 친사회적 행동의 필요성 인식하기

> 활동지: 친한 친구, 좋은 친구, 나의 소시오그램 만들기

친구관계와 이를 돈독하게 하는 행동의 필요성을 이해하는 것은 피해학생의 친사회적 행동을 유발하는 첫걸음이다. 피해학생의 경우, 타인과의 갈등으로 인해 파생되는 심리적 불안과 스트레스를 회피하기 위해 친화적인 행동을 억제할 뿐이지 그 욕구가 전혀 없는 것이

아니다(Fergus et al., 2010). 그럼에도 피해학생은 친사회적인 행동의 저하로 스스로 대인관계의 기회를 제한하여 타인과의 관계 형성을 더욱 어렵게 하는 악순환을 겪는다. 따라서 피해학생이 노력하면 친구관계가 변화할 수 있음을 인지하게 하고, 친구 관계를 돈독하게 하는 마음가짐과 친사회적 행동에 대한 필요성을 이해할 수 있도록 돕는 것이 중요하다.

예를 들어, 「친한 친구, 좋은 친구」 활동지를 통해 좋은 친구의 특성과 자신이 해당하는 특성에 '√' 표시를 하게 하여 또래관계에서 자기의 친사회적 행동의 수준을 자가 진단하도록 돕는다. 이 활동을 통해 좋은 친구의 모습에 대해 탐색하며 친사회적 행동의 필요성을 느낄 수 있다. 이후 소시오그램을 활용한 「나의 소시오그램 만들기」 활동지를 통해 스스로 제한한 또래관계를 인식하고 관계 형성의 욕구를 증진시킨다. 주변 친구들의 이름을 포스트잇에 각각 2~3명 이상 적은 후, 소시오그램에 자신을 중심으로 주변 사람들의 관계를 거리로 표현하여 포스트잇을 옮겨 붙이게 한다. 이때 피해학생이 친구관계가 좁아서 활동할 때 위축된 모습을 보일 수 있으나, 학생이 앞서 탐색한 좋은 친구의 특성을 일상에서 실천함으로써 관계 변화를 도모할 수 있다고 용기를 부여하며 활동의 참여를 독려하는 것이 좋다.

(2) 자신과 타인의 장점을 인식하여, 친사회적 행동 유발하기

자신과 타인의 장점을 인식하는 것은 사회적 관계에서 자신감을 높이고, 상대에 대한 우호적인 마음과 친사회적인 행동을 유발한다. 더 나아가 상대의 장점을 알려 주는 칭찬은 친사회적 행동으로, 그 과정에서 상대에 대한 이해와 관심을 표현하고 긍정적인 상호작용을 촉진한다. 피해학생의 경우, 자신의 장점을 인지하고 있지 못해 타인의 칭찬을 어색해하거나, 다른 사람의 장점을 발견하여 이야기하는 것을 낯설게 여길 수 있으므로 진행자가 잘 안내하고, 분위기를 유도하는 것이 중요하다.

예를 들어, 칭찬 스무고개와 릴레이 집단 활동을 통해, 학생들이 자연스럽게 칭찬의 중요성과 기술을 익힐 수 있다. 먼저, 스무고개를 통해 칭찬에 대해 연상되는 의미를 돌아가면서 이야기해 본다(예: 들으면 기분이 좋아요 → 엄마가 자주 해 줘요 → 고래도 춤추게 한대요). 도입 활동을 통해 칭찬의 긍정적인 의미와 역할을 익힌 학생에게 상담자는 '칭찬의 기술'을 알려 준다. 칭찬이 서툰 학생들을 위해 상담자는 기술을 적용하여, 모둠원에게 칭찬을 건네며 시범을 보일 수 있다. 칭찬의 기술을 충분히 학습한 학생은 활동지에 모둠원의 칭찬 내용과 이유를 세 가지 이상 적는다. 동그랗게 앉아 오른쪽에 앉은 학생에게 앞서 배운 기술을 사용하여 칭찬하며, 상대는 "고마워. 그리고 너도 ~~~해."라는 말로 호응한다. 마지막으로 자신이 들었을 때 가장 기분 좋고 힘이 된 칭찬과 이유를 이야기 나눠 봄으로써, 상담에서의 변화를 내재화하여 일상에서도 친사회적 행동이 유지될 수 있도록 한다.

〈표 5-3〉 칭찬의 기술 예시

칭찬의 기술

1. 사소한 일도 칭찬한다: 칭찬은 뭔가 근사하고 큰일을 해냈을 때만 하는 것은 아니다.
2. 구체적으로 칭찬한다: 구체적인 칭찬은 상대가 그 행동을 지속하게 만든다.
3. 행동 과정을 칭찬한다: 결과만을 칭찬할 것이 아니라 노력한 과정에 대해 칭찬한다.
4. 평가하지 않는다: 옳고 그름을 염두에 둔 칭찬은 자신의 행동에 대한 판단 기준을 의식해 눈치를 살피게 된다.
5. 약점을 장점으로 본다: 긍정적으로 해석하려 들면, 칭찬할 만한 일을 더 많이 발견하게 된다.

(3) 도움과 배려의 친사회적 행동 연습하기   활동지: 내가 도와줄게

친사회적 행동(도움 주기, 나눠 주기, 공감하기, 친절하기, 협력하기, 보호해 주기 등)을 증진하면 또래관계의 긍정적인 상호작용이 촉진된다. 학교폭력 피해 상황과 같이 도움이 필요한 상황에서는 특히 또래관계를 활용한 친사회적 행동이 중요하다. 따라서 피해학생이 도움과 배려의 친사회적 행동을 학습하고 연습하는 것은 위축된 대인관계를 확장하게 하는 측면에서 의미가 있다. 나아가 학교폭력 피해 상황에서 주변에 도움을 요청하고 주변에서 적절한 대처를 도와주게 하여 학교폭력 문제의 해결을 돕는다.

앞선 활동들을 통해 친구관계와 친사회적 행동의 중요성을 인식한 학생들이 학교폭력과 같은 위기 상황에서 친구에게 도움을 주고 청하는 방법을 익히는 활동은 도움이 된다. 「내가 도와줄게」 활동지를 바탕으로 친구의 도움과 배려를 인식한 학생들에게 일상에서도 이와 같은 행동이 이어질 수 있도록 '고민 상담' 활동을 진행한다. 활동지에 제시된 고민에 대해 생각해 보고 이러한 고민이 있는 친구에게 어떤 조언을 해 줄 수 있는지 서로의 생각을 나누게 한다. 진행자는 고민을 경청하는 태도를 지도하고, 학생들과 함께 구체적이고 유익한 해결 방법에 대해 탐색해 본다. 이후 학생들은 고민을 익명으로 적은 후 제출하고, 진행자가 하나씩 뽑아 낭독할 때 경청의 자세로 해결 방법을 고민해 본다. 이 과정을 통해 학생은 친사회적 행동을 연습할 수 있으며, 일상에서 상대의 고민을 경청할 뿐만 아니라 자신도 고민을 나누고 도움을 청할 수 있게 된다.

4) 피해학생의 정서조절을 위한 상담

정서조절이란 자신의 긍정적 또는 부정적 정서를 상황에 맞게 효과적으로 조절하고 표현하며 적응하는 능력이다. 정서조절은 부정적인 정서를 바로잡아 자신이 속한 사회에서 기대하는 정서 상태로 조절하는 과정을 거쳐 발생한다(Salovey & Mayer, 1997). Garnefski 등(2002)은 인지적 정서조절 전략 중 적응적인 조절 전략을 많이 사용할수록 주관적 안녕감이 높아지고 정신질환의 가능성이 낮아지나, 부적응적인 조절 전략을 많이 사용할 때는 주관적 안녕감이 낮아지고, 정신질환의 가능성이 높아진다고 보고하였다. 또한 김소희(2008)는 스트레스를 경험할 때, 적응적인 정서조절 전략을 사용할수록 심리적 안녕감이 높아졌으며, 부적응적인 정서조절 전략을 사용할수록 심리적 안녕감을 저해한다고 보고하였다.

학교폭력 피해를 당한 학생의 경우, 정서적 후유증으로 자신감을 상실하고, 자기 자신을 비하하며, 부정적인 태도를 갖게 되는 문제점을 보인다(Campbell & Morrison, 2007). 따라서 피해학생의 경우, 괴롭힘을 당하는 상황에서 자신의 정서를 인식하고 이를 당당하게 표현하여 자신이 처한 상황을 주변인에게 정확하게 알리는 역량의 신장이 중요하다. 뿐만 아니라 가해학생에 대한 분노 반응을 보다 적응적으로 표현함으로써 가해학생의 공격성을 억제하는 것이 필요하다. 따라서 피해학생이 학교폭력 상황에서 자신과 타인의 정서가 부적응적인 행동에 미치는 영향력을 인식하는 것은 중요하다. 또한 자신의 다양한 정서를 적절히 표현할 수 있는 효과적 기술을 습득하는 것도 필요하다. 학교폭력 상황과 관련된 자신의 생각과 정서, 행동을 연결하여 맥락적으로 이해함으로써 바람직한 방식으로 자신의 정서를 적절히 표현할 수 있도록 돕는 방법을 소개하면 다음과 같다.

(1) 부정적 마음과 감정을 효과적으로 표현하기 활동지: I-message 5단계

피해학생의 경우 학교폭력 상황에서 자신의 정서를 올바르게 인식하고 이를 표현하여 부정적인 마음과 감정을 효과적으로 표현하는 것이 필요하다. 다양한 갈등 상황에서 상대방을 비난하지 않고 자기 자신과 자신의 감정에 초점을 맞추어 이야기함으로써, 나의 욕구와 감정을 효과적으로 의사소통하는 방법으로 I-message를 설명할 수 있다. '너'로 시작되는 You-message는 상대방으로 하여금 비난받거나 모욕을 당한다는 느낌이 들게 한다. 또한 자신의 잘못을 부인하거나 오히려 말하고 있는 사람을 비난하는 등 매우 방어적인 태도를 취하게 한다. 그리고 갈등 상황에서는 문제에 대해 상대방을 비난하는 경향을 증가시킨다. 이에 반해 I-message는 다양한 갈등 상황에서 자기 자신과 자신의 감정에 초점을 맞추어 이야기함으로써 나의 욕구와 감정을 효과적으로 의사소통할 수 있는 좋은 방법이다.

피해학생이 I-message를 활용한다면, 다양한 갈등 상황에서 상대방을 비난하지 않고 자기 자신과 자신의 감정에 초점을 맞추어 이야기함으로써, 나의 욕구와 감정을 효과적으로 의사소통할 수 있다. 예를 들어, 다양한 갈등 상황이 적힌 쪽지를 빈 통에 넣고 하나씩 뽑아 그 내용과 주인공의 감정을 말하게 한 후, 주인공이 상대방에게 할 말을 I-message 형식으로 표현하도록 한다. 이때 핵심은 상대방이 아니라 자기 자신에 초점을 맞추고, 누구도 비난하지 않는 것임을 기억하도록 한다. 「I-message 5단계」 활동지를 활용하여 본인의 감정을 I-message의 형태로 바꾸는 훈련을 함으로써 다양한 상황에서 I-message를 통해 자신의 감정을 조절하는 능력을 신장시킬 수 있다.

(2) 학교폭력 경험에서 느낀 부정적인 감정을 적절하게 표현하기

피해학생은 학교폭력의 상황에서 경험하였던 분노, 우울, 불안, 두려움 등을 표출함으로써 충격적 기억에 대한 인지적 처리를 할 수 있고, 정서적, 심리적으로 변화를 불러올 수 있다. 피해학생은 자신이 경험한 학교폭력 상황이나 갈등 상황 등을 떠올리고, 이야기를 하거나, 글쓰기를 통하여 자기표현을 하였을 때, 억압된 감정을 직면하게 된다. 기억에 대한 인지적 처리를 상담자가 도우면 피해학생은 사건에 대한 이해가 촉진되고, 사건과 관련된 부정적인 정서들이 감소하게 된다.

피해학생으로 집단을 구성하여 프로그램을 운영할 때, 학교폭력 상황이나 갈등 상황을 떠올리게 하고, 이 상황으로 인하여 자신이 경험하였던 부정적 감정들에 대해 신문·잡지 등에서 관련된 사진이나 그림을 오려 붙이고, 색칠이나 그림을 그려 표현하도록 할 수 있다. 작품을 완성한 후 자신이 경험한 감정에 대해 이야기하고 구성원들의 피드백을 받도록 하는데, 이때 감정을 적절하게 표현하지 못하고 감춘 이유가 무엇이었는지, 그러한 감정들이 행동과 삶에 어떤 영향을 미쳐 왔는지 탐색할 수 있다.

이러한 방법 외에 피해학생들의 경우 자신을 괴롭혔던 가해학생에게 자신의 경험, 그와 관련한 생각, 감정을 솔직하게 표현하는 편지로 프로그램을 진행하는 방법이 있다. 편지를 완성한 후 편지를 쓰는 동안 자신이 경험한 생각과 감정에 대해 구성원들 간에 이야기를 나누게 하는 것도 효과적이다. 가해학생에게 자신의 이야기를 할 수 없었던 이유, 앞으로 어떻게 할 것인지에 대해서도 이야기를 하도록 한다. 마지막에는 편지를 구기거나 찢어서 버리도록 함으로써 힘들었던 감정을 다 털어버리는 상징적 경험을 하도록 돕는 것도 효과적이다.

3 피해학생을 위한 증거기반 개입

1) 피해학생을 위한 집단상담의 효과

　피해학생의 경우 개인상담에 비해 집단상담의 효과를 다룬 연구는 상대적으로 적다. 대부분의 프로그램은 초등학생을 대상으로 실시하여 효과성을 검증했는데, 일반적으로 집단상담의 효과는 중·고등학생에 비해 초등학생의 경우 더 크게 나타나는 경향이 있다(권선애, 안석, 2012). 먼저, 허승희 등(2009)은 초등학교 5~6학년 11명을 대상으로 주 1회, 총 15회기의 집단상담을 실시했다. 상담의 내용은 피해학생의 특징, 즉 낮은 자아존중감과 자기표현 및 주장성의 부족, 무기력, 사회적 기술/능력 부족, 부적절한 갈등 문제해결 등과 같은 특성을 고려하여 자기/타인 이해 활동과 주장 훈련, 사회적 기술 훈련, 적절한 갈등 문제해결 활동을 집단 프로그램에 포함하였다. 집단상담 활동은 먼저 자신의 특성과 문제를 지각하는 것에서 출발하도록 하였으며, 자신과 타인의 이해를 통한 자기상과 타인에 대한 상의 변화를 추구하였고, 주장 훈련 단계에서는 주장 행동의 의미를 알고 주장 훈련 방법을 탐색하도록 하였다. 이어지는 사회적 기술 훈련은 대화 또는 공감의 기술을 익혀 공감력과 수용력을 기르고, 갈등 인식 및 문제해결 영역에서 앞선 일련의 활동들이 적용될 수 있도록 구성되었다. 그 결과 피해학생의 불안감 감소, 자아존중감의 증대, 친사회성에서의 향상을 보였다. 나아가 효과 크기 검증에서는 갈등해결 방식에서의 협력 점수가 유의하게 높아지는 경향이 있음을 확인했다.

　특정 이론적 접근을 활용한 집단상담의 효과성도 보고되었는데, 이송화와 박재황(2017)은 현실치료 집단상담이 학교폭력 피해학생 부모의 분노, 불안, 우울의 감소에 미치는 영향을 확인하였다. 피해학생 학부모 10명을 대상으로 현실치료 집단상담을 주 2회 120분씩 총 8회에 걸쳐 실시하였다. 그 결과 피해학생 부모의 분노 및 불안이 유의미하게 감소하는 것을 확인하였다. 참여한 부모들은 선택이론(choice theory)을 학습하여 긍정적인 사고와 정서를 선택하는 것을 배웠고 자신의 분노와 불안 행동은 그들이 선택한 결과라는 것을 인식하도록 학습했다. 또한 집단 활동을 통해 피해학생의 부모로서 자신과 관련된 상황에서 보다 적절하고 새로운 행동 계획을 세우며 긍정적인 경험을 한 것으로 보고하였다. 이를 통해 학교폭력으로 인해 경험한 분노나 불안이 효과적으로 감소한 것으로 나타났다. 적지 않은 경우, 학교폭력에 관여한 학생은 서로 화해하고 용서하지만, 그들의 부모는 끝까지 상대방에 대해 적의를 품고 소송으로 이어지는 경우도 있다. 선택이론에 기반한 현실치료는 학교폭력 피해를 당한 학부모가 감정적으로 반응하여 결과적으로 후회하는 행동을 선택하지 않도록 돕는 면에서 효과적인 것으로 보인다.

한편, 김미영과 은혁기(2018)는 초등학교 4학년 학생을 대상으로 학교폭력예방을 위한 해결중심 집단상담을 실시하였다. 특히 가해 및 피해행동뿐만 아니라 방관자적 태도에 미치는 영향을 확인하였다. 40분간 16회기에 걸쳐 집단상담을 실시한 결과 가해 및 피해행동과 방관자적 태도 감소에 효과가 있는 것으로 나타났다. 참여자들은 친구와의 문제해결에 가장 적합한 자신만의 해결책을 찾아 적절하게 대처함으로써 친구와 긍정적인 관계를 유지할 수 있었다. 해결중심 상담에서는 학생 스스로가 설정한 상담 목표를 성취하기 위해 자신이 가지고 있는 자원, 기술, 지식, 신념, 가치관, 동기, 사회적 관계망, 환경 등의 활용을 강조한다. 이를 통해 학생들이 그동안 학교폭력과 관련하여 시도한 노력과 성공적이었던 경험들을 재발견하게 된다. 그리고 척도 질문 또는 긍정적 행동의 원인을 묻는 질문, 차이를 묻는 질문을 통해서 작은 변화에 큰 의미를 부여하고 그러한 변화가 계속 일어날 수 있도록 격려하는 강점이 있다. 학교폭력을 직접 경험하거나 목격하면 이를 부정적으로 인식하여 관련된 경험을 부정적으로 인식할 가능성이 높다. 해결중심 접근은 학교폭력 문제의 원인을 탐색하기보다는 그것과 관련된 긍정적 경험을 탐색하여 그 안에서 해결의 열쇠를 찾는 접근이다. 이러한 관점에서 해결중심 접근은 학교폭력에 대한 학생의 대처 역량을 효과적으로 신장시키는 접근일 수 있다.

> ### 🔍 인사이트 집단상담의 치료요인 보편성
>
> 앞에서 살펴본 집단상담의 효과성은 무엇 때문에 발생한 것일까? 집단상담을 연구한 학자들은 집단상담의 효과를 만들어 내는 치료요인(therapeutic factor)을 연구하여 제시하였는데, 피해학생의 경우 '보편성'이 대표적으로 변화를 촉진했을 것으로 보인다. 보편성(universality)은 피해를 당한 사람이 자기 혼자가 아니라는 점과 다른 피해학생들도 자신과 비슷한 생각과 감정을 가지고 있다는 것을 깨닫는 것을 말한다. 피해학생은 오직 자신만이 폭력을 당했으며 그로 인해 고통을 당하고 있다고 느끼기 때문에 심리적 충격이 더욱더 크며 오래 지속된다. 그런데 나만 그런 것이 아니라고 인식하는 순간 안도하게 되며 유사한 경험을 하고 있는 다른 사람과 상호작용하며 자기개방이 늘어나고 위로해 주는 피드백을 나누면서 힐링을 경험하게 된다. 이러한 경험을 공유할 때 집단원들은 응집성(cohesiveness)이 높아지고 서로가 서로의 치유자가 되는 경험을 하게 된다. 이처럼 응집력이 높아진 피해자 집단의 경우에는 피해학생 참여자 사이에 신뢰감이 높고 서로 긍정적 피드백을 공유하며 자기개방을 하기 때문에 치료적 집단역동이 형성된다.

2) 피해학생을 위한 개인상담의 효과

개인상담에 관한 연구는 주로 치료적 개입의 효과를 분석하였고 많은 연구가 아동, 청소년의 발달적 특징을 고려하여 매체를 활용한 상담의 효과성을 분석하였다. 오인수 등(2022)은 언어 중심의 기법이 아동, 청소년에게 효과적이지 않은 경우가 많으며 매체를 사용하여 상담자와 학생이 심리적 연결고리를 만드는 접근의 중요성을 강조하였다. 미술치료, 음악치료, 모래놀이, 문학치료, 인형치료 등 다양한 형태의 매개물을 사용한 상담의 효과성이 〈표 5-4〉와 같이 확인되었다.

〈표 5-4〉 피해학생을 위한 개인상담 및 심리치료의 효과

상담 및 치료 기법	개인상담 및 심리치료 효과
미술치료 (사공미숙, 2015)	피해 여중생에게 주 1회(50분), 총 18회 미술치료를 실시한 결과, 여중생의 우울 수준을 감소하는 효과 및 등교 거부 행동 소거에도 유의미한 효과가 있는 것으로 나타났다. 미술치료를 통해 피해학생은 가해학생에 대한 감정 및 집단 괴롭힘으로부터 받은 심리적 상처를 이해하고 표출할 수 있었다. 이를 통해 긍정적인 또래관계를 형성하고 궁극적으로 학교생활 적응을 높이는 효과가 있음이 확인되었다.
음악치료 (권선애, 안석, 2012)	초등학교, 고등학교 가해 및 피해학생 17명에게 주 2회(50분), 총 20회기 음악치료를 실시한 결과, 음악치료 프로그램은 학교폭력 가해 및 피해학생의 분노와 공격성 감소에 효과가 있는 것으로 나타났다. 음악치료를 통해 충동적인 행동을 자제하고 사교적인 성향으로 변화됨으로써 안정성과 사회성이 향상되어 학생의 적응행동 강화에 긍정적인 효과가 있음을 확인하였다.
모래놀이치료 (박슬기, 김효원, 2013)	피해 중학생 8명을 대상으로 주 1회 총 12회기를 실시한 결과, 자기표현과 학교적응을 향상시키는 것으로 나타났다. 세 가지 과정의 모래놀이치료를 통해 심리적 안정감을 구축하고, 자신의 내면을 표현하였다. 나아가 자신과 타인을 신뢰하고 수용하며, 그로 인해 소속감을 느끼고 긍정적인 인간관계 형성을 경험하였다.
문학치료 (이세나, 김춘경, 2013)	피해 초등학생 10명을 대상으로 주 2회(80분) 총 12회기를 실시한 결과 학교폭력 피해 아동의 심리적 안녕감이 향상되고 내면화·외현화 문제행동이 유의미하게 감소하였다. 긍정적 경험 글쓰기를 통해 참여자들이 느낀 긍정 정서의 경험 증가는 학교폭력의 피해로 받은 부정적인 정서를 감소시키는 효과가 있음을 확인하였다.
동물매개치료 (박형준, 김충희, 2013)	피해 중학생 12명을 대상으로 주 1회(60분) 총 12회기를 실시한 결과 우울감이 감소하고, 자아존중감이 증가하는 것을 확인하였다. 참여자들은 동물들과 감정을 교환하며 폭력 피해를 잊고 동물을 통해 새로운 정을 느끼는 것을 경험하였다. 이를 통해 우울이 감소하고 자아존중감 향상에 기여한 것으로 확인되었다.

상담 및 치료 기법	개인상담 및 심리치료 효과
인형치료 (배우열, 선우현, 2018)	피해 고등학생 3학년 1명을 대상으로 11회기 실시한 결과 자아존중감 향상의 치료적 효과가 있음을 확인하였다. 인형치료를 통해 무의식적 욕구와 소망을 안전하게 표현하고 해소하며, 트라우마를 언어로 의식화하는 경험을 하였다. 상징물을 통한 관점의 변화, 자기와 타인에 대한 인식 변화와 성취 경험을 통해 자아존중감에 긍정적 영향을 미쳤다.
점토치료 (한상희, 신동열, 2018)	피해학생 4명을 대상으로 주 1회(50분) 12개월 이상 실시한 결과 자아효능감 회복에 긍정적인 효과가 나타났다. 학교폭력 피해 청소년들은 점토치료에서 파괴본능의 표출과 담아지는 경험을 통해 자신을 재정립할 수 있었다. 이를 통해 공격적 태도는 친화적 태도로 변화하고, 긍정적인 자아를 인식하였으며, 자신의 생각을 언어로 표현하는 치료적 효과를 나타냈다.
통합예술 (김희진, 2014)	피해학생 10명을 대상으로 주 1회기(100분), 총 10회기를 실시한 결과, 자아존중감 및 또래관계 수준에 유의미한 효과가 있는 것으로 나타났다. 학생들은 자신의 내면 모습을 쉽게 표현하고, 있는 그대로의 모습이 수용되는 경험을 통해 자신에 대한 긍정적 인식의 변화를 경험하였다. 이를 통해 자아존중감이 향상되었으며 나아가 긍정적인 또래관계를 형성할 수 있었다.

➕ 인사이트 相談 vs 相捘

앞에서 살펴본 개인상담 및 심리치료의 효과성은 언어(言) 기반 상담이 아닌 미술, 놀이, 점토, 인형 등을 매개로 하는 손(手)을 활용한 치료적 접근들이다. 언어에 기반한 대화를 통해 변화를 추구하는 과정을 '相談'이라고 한다면, 아동·청소년의 경우에는 손을 통한 조작적 활동에 기반한 '相捘'이라고 할 수 있을 것이다. 아동·청소년은 언어 발달의 특성상 성인에 비해 자신을 말로 표현하는 데 한계를 지닌다. 나아가 학교폭력 피해학생은 앞선 절에서 살펴본 바와 같이 상담에 대한 무의식적 저항이 높은 편이다. 그렇기 때문에 추상적인 언어보다는 손을 통해 만지고 조작하는 활동을 할 때 생각이 촉진되고 저항이 줄어들며 감정을 보다 쉽게 표현할 수 있다. 대화뿐만 아니라 조작적 활동을 통해 피해학생의 딱딱했던, 얼어 있던, 응어리졌던 마음이 녹아내리고, 그 불꽃[炎]을 통해 불안과 방어와 우울의 마음이 모두 타 버리는 과정이 개인상담 및 심리치료의 효과성으로 드러나지 않았을까 생각해 본다.

📥 **활동지 : 긍정 의자**

긍정 의자

이름: _____

지난 한 주 동안 여러분을 불안하거나 두렵게 만들거나 걱정하게 만들었던 상황이 있는지 생각해 보고, 그 상황을 상자 안에 쓰세요. 그때 떠올렸던 부정적인 생각들에는 어떤 것이 있었는지 써 보세요. 수업 중 배운 질문들을 사용해서, 그 상황에 대해 떠올릴 수 있는 보다 긍정적인 생각을 써 보세요.

상황:

❚긍정 의자 질문

1) 상황에 대해 생각하는 다른 방식:

"이 상황을 어떻게 다르게 볼 수 있을까요?"

"이 상황이 일어난 다른 이유는 무엇일까요?"

2) 다음에는 무슨 일이 발생할까요?

"어떤 일이 일어날까요?"

"그 생각이 옳다면, 일어날 수 있는 가장 최악의 일은 무엇일까요?"

"그 생각이 옳다면, 일어날 수 있는 최상의 일은 무엇일까요?"

"이 상황에서 무엇이 가장 일어날 법한 일인가요?"

부정적 생각	긍정적 생각

📥 **활동지 : 세 칸 기법**

세 칸 기법

이름: _____   날짜: _____

집단 회기에서 학습한 대로 자신의 부정적인 자동적 사고에 주목하여 하나의 예를 찾으세요. 이 부정적 사고가 사고 오류의 여러 유형 중 무엇에 해당하는지 쓰고, 우울을 덜 일으키거나 줄이기 위해서 이를 어떻게 바꾸는 것이 좋을지 생각해 보세요. 보다 현실적인 긍정적 사고방식은 무엇인가요?

나의 부정적 사고는 무엇이었나?	이에 해당하는 사고의 오류는?	우울을 줄이기 위해 사용할 수 있는 보다 더 현실적인 생각은 무엇인가?

📥 활동지 : 1분 스피치

1분 스피치

✎ 통에 있는 상황 카드 중 하나를 골라서 카드에 적혀 있는 상황에서 자신이 어떻게 반응할지 1분 동안 말해 보세요. 친구가 이야기할 때 경청을 합시다(상황 카드는 다음 페이지 제시).

✎ 친구가 이야기를 하면 다음에 따라 친구의 반응이 주장 행동, 공격적 행동, 소극적 행동 중 무엇인지를 말하고, 친구가 어떻게 반응하면 더 좋을지 의견을 이야기해 보세요.

"_____(이)가 그 상황에서 한 반응은 _____ 행동인 것 같아."

"내가 생각하기에 그 상황에서 _____ 한 게 좋은 것 같아."

"내가 생각하기에 그 상황에서 _____ 하면 더 좋을 것 같아."

✎ 친구들이 나에게 해 준 의견을 들은 후, 나의 생각을 적어 보세요.

| |
| |

✎ 자신이 공격적 행동을 하는 상황, 소극적 행동을 하는 상황을 적어 보고, 이야기해 보세요.

공격적 행동을 하는 상황	
소극적 행동을 하는 상황	

상황 카드

준비물을 잊어버리고 가져오지 못했을 때 어떤 친구가 "멍청하기는! 어떻게 그런 걸 잊어버리냐?"라고 말한다.	친구가 스마트폰 데이터를 충전해 달라고 조른다.
내가 좋게 생각하는 일을 하고 있는데, 친구가 비꼬면서 "내가 볼 땐 별론데?"라고 말한다.	친구가 나보고 못생기고 뚱뚱하다면서 돼지라고 부르며 놀린다.
친구가 내가 자기에 대해 뒷담화한 것을 들었다면서 화를 낸다. 그런데 나는 그 친구 뒷담화를 한 적이 없다.	내가 말하고 있는데, 친구가 끼어들어서 방해한다.
친구가 수학 숙제를 보여 달라고 하는데 보여 주기 싫다.	단체 채팅방에서 친구들이 어떤 친구가 말하는 것을 무시하고 대화하고 있다.
친구가 약속시간보다 30분 늦어서 화가 났는데 그 친구는 늦은 이유에 대해 아무 말도 하지 않는다.	친구들이 이야기하는데 같이 끼고 싶다.

합리적으로 생각해요

✎ 자신에게 해당되는 비합리적 사고를 찾아 밑줄을 긋고, 합리적 사고로 바꿔 보세요.

비합리적 사고	➡	합리적 사고
• 친구들이 얘기하다가 내가 지나가니 각자 자리로 돌아간 걸 보고, '내 뒷담화했구나. 나를 싫어하는구나.'라고 생각한다.		
• 작년까지 반 친구들과 잘 어울리지 못했는데, '올해 반이 바뀌어도 친구들과 잘 어울리지 못할 거야.'라고 생각한다.		
• 친구가 칭찬을 했는데 '그냥 예의상 하는 말이겠지.' 또는 '나한테 뭐 원하는 게 있나?'라고 생각한다.		
• 평소 소극적이고 친구가 적은데, 용기 내어 친구에게 말을 걸었으나 반응이 별로면, '역시 나는 아무리 노력해도 친해질 수 없어.'라고 생각한다.		
• '내가 바뀌려고 노력해도 소용없어. 이미 문제아로 찍혔기 때문에 다들 나를 문제아로 볼 거야.'라고 생각하고 자포자기로 함부로 행동한다.		
• 한참 얘기하다가 친구가 하품을 하면 그 전에 재밌어하며 박수치고 웃고 장난친 행동들은 생각하지 않고, '지루하구나, 내 얘기 듣기 싫어하는구나.'라고 생각한다.		

⬇ 활동지 : **주장 행동 역할극**

주장 행동 역할극

✎ 두 명이 짝을 지어 다음 상황 중 하나를 선택한 후, 주장 행동 요소와 불안 극복 방법을 적용하여 역할 연기를 해 보세요. 역할을 바꾸어서 역할 연기를 해 보세요.

상황 1. A는 돈이나 물건이 필요하면 B에게 가져오라고 한다. 만약 B가 가져오지 않으면 때린다.

    A: 야, B! 너 5천 원 있냐?

    B: 어……. 나 돈 없는데…….

    A: 돈 없다고? 뒤져서 돈 나오면 가만 안 둬(주먹으로 치려고 한다).

    B: _____

상황 2. A가 친구들과 대화하고 있으면, 종종 B가 끼어들어서 A가 친구들과 대화하는 것을 방해한다.

    B: (대화하는데 갑자기 끼어들며) 야, 있잖아! 너희 그 영화 봤어?

    A: _____

✎ 친구가 한 역할에 대해 의견을 말해 보세요.

"○○가 그 상황에서 한 반응은 (   ) 행동인 것 같아."

"내가 생각하기에 (   )(이)가 _____ 해서 좋아."

"내가 생각하기에 (   )을/를 _____ 하면 더 좋을 것 같아."

☑ 참고할 단어: 주장, 소극적, 공격적, 내용, 목소리, 억양, 발음, 음성, 시선 등

채팅방에서 주장 행동하기

🖎 다음은 단체 채팅방에서 대화가 이루어지고 있는 상황입니다. 여러분이 A의 입장이라면 어떻게 주장 행동을 할지 포스트잇에 적은 후, 아래 빈칸에 붙여 보세요. 포스트잇에 적은 내용에 대해 이야기를 나눈 후, 주장 행동이 아닌 것을 떼어 내세요.

상황. 친구들과 단체 채팅방에서 대화를 하고 있었는데 B가 나와 닮았다면서 우스꽝스럽게 나온 그림을 올렸다. 그러자 친구들이 웃기다고 계속 놀렸다. 기분이 나빴다.

B: 너네 뭐하냐?

C: ㅋㅋㅋ

D: 그냥 있어. 심심해ㅠㅠ

A: ㅋㅋㅋㅋㅋ

B: 내가 완전 웃긴 거 보여 줄까?

A: 뭐? 뭐?

B: ㅋㅋㅋ A랑 닮지 않았냐?

C: ㅋㅋㅋㅋㅋㅋㅋㅋㅋ 완전 웃긴다. 진짜 못생겼다!

D: 닮았어ㅋㅋㅋ

C: 다른 애들한테도 보여 줘야지~

B: ㅎㅎㅎㅎㅎ

A:

📥 **활동지 : 친한 친구, 좋은 친구**

친한 친구, 좋은 친구

🖊 '① 좋은 친구'에는 자신이 생각하는 좋은 친구의 특성을 표시하고, '② 친한 친구'에는 자신의 가장 친한 친구 한 명을 떠올리면서 친한 친구가 해당하는 특성에 √ 표시를 하세요. 마지막으로 '③ 나'에는 자신이 해당하는 특성에 √ 표시를 하세요.

친구 특성	① 좋은 친구	② 친한 친구	③ 나
이야기를 잘 들어 준다.			
약속, 비밀을 잘 지킨다.			
말하는 중간에 자주 끼어든다.			
이야기를 무시하지 않는다.			
칭찬을 잘 해 준다.			
잘난 척을 한다.			
도움을 요청하면 잘 도와준다.			
잘못을 해도 사과하지 않는다.			
힘들어할 때 함께 있어 준다.			
싸우면 화해하려고 노력한다.			
기분이 나쁘면 친구에게 짜증을 낸다.			
옳지 못한 행동을 하면 충고해 준다.			
솔직하다.			
욕을 자주 한다.			
유머 감각이 있다.			

나의 소시오그램 만들기

✎ 다음의 소시오그램에 활동지「친한 친구, 좋은 친구」에서 친구 이름을 적은 포스트잇을 옮겨
붙여 보세요. 나를 중심으로 친구들과의 관계를 거리로 표현해 보세요.

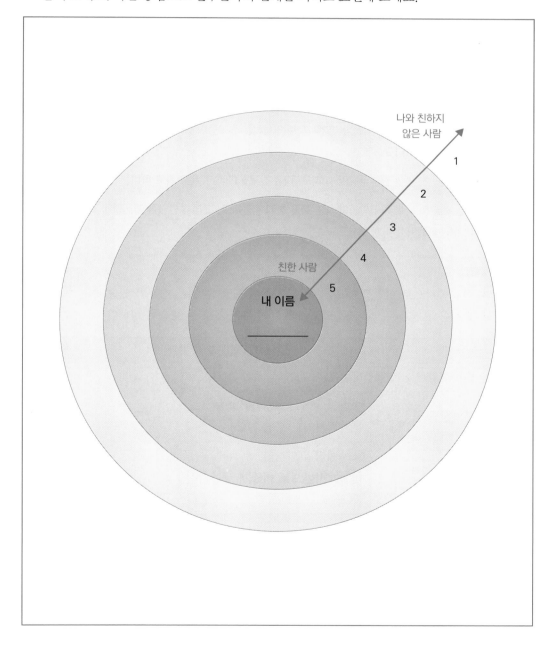

⬇ **활동지 : 내가 도와줄게**

내가 도와줄게

✎ 다음의 고민을 하고 있는 친구에게 조언을 해 주세요.

고민 1. 친구가 쉬는 시간마다 와서 시비를 걸고 괴롭혀요. 너무 힘들어요.

고민 2. 저는 매우 소극적이어서 의견을 명확하게 말하지 못하고 친구들과 잘 어울리지 못해요.
　　　　친구들과 잘 지내고 싶은데 어떻게 하면 좋을지 모르겠어요.

고민 3. 친구들이 부탁했을 때 거절하면, 나를 싫어할까 봐 거절하지 못해요.

고민 4. 다른 애들은 쉬는 시간, 점심시간에 자주 어울리는 친구들이 있는 것 같은데, 저는 어울릴
　　　　친구가 별로 없어요.

고민 5. 친한 친구가 며칠 전부터 저를 피하고, 다른 친구들한테 제 욕을 하고 다니는 것 같아요.

고민 6. 저는 기분이 나쁘거나 짜증이 나면 화를 참기 힘들어요. 그래서 만만한 애들한테 짜증을
　　　　내거나 화풀이를 하게 돼요.

✎ 친구가 학교폭력으로 어려움에 처했을 때, 자신이 도울 수 없는 경우가 있습니다. 이런 경우
　기관에 도움을 요청할 수 있어요. 친구에게 알려 주는 것도 큰 도움이 됩니다.

구분	전화번호 및 홈페이지
전화상담	국번 없이 117
문자상담	수신인 "#0117"로 문자 발송 문자메시지로 상담 진행
인터넷상담	Wee센터 고민상담 비밀게시판으로 비공개 상담 www.wee.go.kr
도움기관 탐색	안전한 테두리를 찾아주는 나침반 '安.테.나.'이용 doran.edunet.net

I-message 5단계

1. 항상 '너'가 아닌 '나'로 시작한다.

  "나는 _____."

2. 자신이 어떻게 느꼈는지 간결하게 말한다.

  "나는 _____ 느꼈다."

  예시 나는 화가 났다.

  나는 슬펐다.

3. 자신의 감정을 변화하게 만든 이유를 간결하게 말한다.

  "나는 네가 _____할 때(해서), _____ 느꼈다."

  예시 나는 네가 매번 약속을 지키지 않아서 화가 났다.

  나는 네가 나를 따돌려서 슬펐다.

4. 왜 그런 감정을 갖게 되었는지를 간결하게 설명한다.

  "나는 _____인데, 네가 _____할 때, _____을/를 느꼈다."

  예시 나는 약속을 지키는 것이 매우 중요하다고 생각하기 때문에, 네가 매번 약속을 지키지 않아 화가 났다.

  나는 너와 가깝게 지내고 싶었는데, 네가 나를 따돌려서 슬펐다.

5. 무엇을 원하는지를 간결하게 말한다.

  "나는 네가 _____하기를 원한다."

  예시 나는 네가 다음부터는 약속을 잘 지켜 주기 바란다.

  나는 네가 놀이에 나를 끼워 주면 좋겠다.

제**6**장

학교폭력
가해학생의 이해

프롤로그

　2023년 학교폭력 실태조사에 따르면 자신이 학교폭력 가해자라고 응답한 학생 수는 30,000명에 달했다. 이들이 폭력을 행사한 이유를 조사해 보니 '장난이나 특별한 이유 없이(34.8%)'가 가장 높았고, 그다음은 '피해학생이 먼저 괴롭혀서(25.6%)'였다. 이 두 가지의 유형은 폭력의 동기가 매우 다르며 관여하는 공격성의 종류 또한 다르다. 현행 규정으로는 폭력의 동기나 이유보다는 폭력의 정도에 따라 처벌이 이뤄진다. 가해학생을 엄하게 처벌하여 다시는 폭력이 재발되지 않도록 하는 것도 중요하다. 그러나 처벌과 동시에 바르게 선도하려면 폭력의 동기와 이유를 파악하는 것이 더욱 중요하다. 또한 경우에 따라 가해학생은 처벌의 대상을 넘어 회복과 치료의 대상인 경우도 존재한다. 가해행동을 멈추게 하는 것 그 자체가 교육의 목적이라기보다는, 그 행동을 하는 가해학생을 변화시키는 것이 교육과 상담의 목적이다. 따라서 폭력행동을 한 가해학생의 심리적 특성을 이해하고 이러한 특성에 기반하여 교육하고 상담할 때 가해학생은 온전히 변화되어 선도될 것이다.

학교폭력:
심리적 이해와 상담적 개입

1 가해학생의 유형

1) 지속적 가해학생

지속적 가해학생(persistent bullies)은 괴롭힘을 통해 많은 인기를 얻고 자신의 사회적 위신을 공고히 한다. 이들에게 있어서 괴롭힘은 또래집단 내 사회적 영향력, 특히 인기를 얻기 위한 효과적인 수단이며(Sijtsema et al., 2009; Vaillancourt et al., 2007), 이렇게 얻어진 인기를 유지하고 지켜내기 위해 괴롭힘을 지속하는 것이다(Asher & McDonald, 2011; Cillessen & Mayeux, 2004; Cillessen & Borch, 2006; Garandeau et al., 2011; Hensums et al., 2023). 결과적으로 이전 시점의 가해행동이 인기 또는 사회적 위신이라는 강화를 받아 다음 시점의 가해행동으로 이어지는 주요한 요인으로서 작용한 것이다. 실제로 또래집단이 중요한 청소년은 인기를 얻기 위해 인기 있는 또래의 행동을 따라 하거나 동조하는 경향이 있다(Prinstein & Dodge, 2008; Sandstrom, 2011). 이에 따라 괴롭힘을 통해 인기를 얻은 가해학생은 또래집단의 규준을 형성하고, 주변의 또래는 그들의 태도와 가치 등을 동기화함으로써 괴롭힘을 지속하고 지위를 유지할 수 있게 된다(Van Ryzin & Solberg, 2011). 그러나 괴롭힘과 공격적인 행동을 통해 인기는 높아지지만, 실제 선호도(social preference)와 호감도(likability)는 떨어지며(Carvita et al., 2009; Hensums et al., 2023), 가해학생이 외로움을 높게 보고한다는 사실(Burger & Bachmann, 2021)은 그러한 방식으로 얻은 인기도의 가치에 대해 의문을 던지게 만든다.

2) 무능한 가해학생

무능한 가해학생(ineffectual bullies)은 높은 공격성으로 또래 간의 갈등을 자주 유발하지만, 공격이 또래 내에서 별다른 영향을 미치지 못한다. 지속적 가해학생과 같이 또래관계에서 영향력을 획득하고자 하는 권력 장악 욕구는 높으나, 실제 괴롭힘이 또래 내의 지위 획득으로 이어질 가능성이 작다는 점에서 구분된다. 그 때문에 이러한 이상과 현실의 괴리 속에서 이들은 높은 공격성으로 갈등을 자주 유발하는데, 이때 지나치게 흥분하여 또래로부터 비난받거나 배척당하여 정서적 좌절감이 누적되기도 한다(Perry et al., 1992). 이에 따라 이들은 피해학생의 보복으로 인해 가해학생에서 피해학생 유형으로 전환되어 학교폭력 가해·피해 중복경험을 하기도 하고, 지속적 가해학생의 추종자가 되어 가해행동에 동조하여 권력을 얻고자 노력하기도 한다(Barton, 2006). Perry 등(1992)은 이러한 특성에 대해 무능한 가해자들을 정서적으로 통제되지 않는 고갈등 피해자(high-conflict victim)로 묘사하기도 하였다. 실제로 학교폭력 가해의 강력한 예측 요인 중 하나가 또래 거부(peer rejection)임을 감안한다면(Turanovic & Siennick, 2022), 무능한 가해학생의 또래 영향력이 작다는 것이지 학교폭력의 발생 빈도나 사안의 영향력이 작다는 것이 아니기에 이를 경시해서는 안 될 것이다.

2 가해학생의 특성

가해학생의 특성에 관한 연구 역시 축적됨에 따라 이들의 특성을 분석한 메타연구가 발표되고 있다. 황흠 등(2023)은 논문 175편을 수집하여 분석한 결과 가해경험 관련 위험요인의 효과크기는 학교환경, 지역사회, 개인특성, 가정환경의 순으로 나타났다. 학교환경 중에서는 가해·피해경험, 지역사회 변인으로는 유해환경, 개인특성 변인 중에서는 폭력 허용도, 가정환경 변인 중에서는 부모-자녀 폭력과의 상관이 가장 높을 것으로 나타났다. 김원영과 김경식(2018)은 86편의 논문을 메타분석한 결과 앞선 논문과 같이 학교환경 변인군의 관련성이 가장 높았다. 개인 심리정서 변인 중에서는 공격성, 가정환경 변인군에서는 신체 및 언어정서적 폭력의 관련성이 높았다. 김수진과 정종원(2015) 역시 가해 관련 논문 49편에 대한 메타분석을 실시했는데 이 연구에서는 효과의 크기가 앞선 연구와 달리 개인심리 변인군, 학교 변인군, 친구 변인군, 가정 변인군의 순서로 나타났다. 개인심리 변인 중에서는 공격성이, 가정 변인 중에서는 가정갈등이, 학교 변인 중에서는 부정적 교사관계가, 친구 변인 중에서는 부정적 친구관계의 순서로 효과크기가 나타났다. 그 밖에 실시된 여러 메타분석 등도 약간의 차이가 있지만 관련성이 있는 변인들은 대동소이하였다(박진희, 김현주, 2015; 최운선, 2005).

1) 가해학생의 개인적 특성

(1) 적대적 귀인 양상

앞선 제4장에서 공격적 피해학생의 특성으로 적대적 귀인(hostile attributions) 양상을 설명했는데, 적대적 귀인은 가해학생의 특성으로 보다 많이 연구되었다. 주로 사회학과 범죄학에서 비행 및 일탈 행동을 적대적 귀인의 관점에서 설명해 왔다. 물론 학교폭력은 비행 혹은 일탈 행위와는 차별적 특성을 보이지만 여러 연구를 통해 가해학생의 인지적 특성으로 개인의 적대적 귀인 성향이 확인되었다. 가해학생들은 모호한 사회적 상황에서 타인의 의도나 행동을 해석할 때, 상대의 의도나 행동이 공격적이며 적대적 의도가 있다고 왜곡하는 적대적 귀인 양상을 보인다. 적대적 귀인 양식을 지닌 경우 다소 중립적인 상황에서도 상대의 적대적 단서에 주목하고 이를 곡해하여 폭력을 행할 가능성이 높다. 따라서 적대적 귀인편향 수준이 높은 가해학생들은 쉽게 화를 내며 폭력과 같은 도발적 행동을 할 가능성이 높다. 이러한 적대적 귀인은 공격성과 함께 비행 집단, 괴롭힘 가해 집단을 중심으로 연구되어 왔다(De Castro et al., 2002).

그렇다면 가해학생은 왜 높은 적대적 귀인 양상을 보이는 걸까? 장기간 폭력에 노출될 경우 타인의 의도를 적대적으로 귀인하게 된다는 선행연구(Burgess et al., 2006)가 이를 설명해 준다. 또한 신체적 학대를 지속적으로 당한 아동의 경우 모호한 상황에서 그렇지 않은 아동에 비해 타인의 의도를 좀 더 왜곡해서 해석하고 더 높은 적대적 귀인 성향을 보인다는 연구(장희순, 이승연, 2013)도 이를 뒷받침해 준다. 그렇기 때문에 또래 괴롭힘을 지속적으로 당하는 피해 집단이나 가해·피해 중복 집단의 경우 적대적 귀인 성향이 높아질 수 있음을 염두에 두어야 한다. Schwartz 등(1998)의 연구에서도 또래 괴롭힘을 지속적으로 당한 남학생은 타인이 적대적인 의도가 있다고 생각하여, 타인에 대한 경계심이 높아지고 민감하게 반응하면서 쉽게 분노하고 보복 행동을 하였다. 이처럼 또래관계에서 어려움을 나타내는 집단은 또래의 행동을 적대적인 것으로 귀인하는 경향을 보인다(Guerra & Slaby, 1990; Slaby & Guerra, 1990).

이러한 연구결과는 적대적 귀인 성향이 높은 학교폭력 가해학생 집단은 과거 학교폭력 피해경험 집단일 가능성이 있음을 시사한다. 또래로부터 거절당하면 공격성이 유발되고(Boivin et al., 1995; Crapanzano et al., 2011), 이러한 공격성은 자신을 괴롭힌 사람에게 먼저 표출되지만, 그럴 수 없는 경우 다른 사람에게 표출되기도 한다(Marcus-Newhal et al., 2000). 앞선 제4장에서는 공격적 피해학생의 관점에서 적대적 귀인 양상을 설명했는데, 이처럼 가해와 피해를 동시에 경험한 가해·피해 중복 집단은 상대방의 행동이나 상황에 대한 적대적 귀인의 결과로 공격적 반응을 보일 가능성이 높다.

(2) 비합리적 신념

피해학생의 특성으로 언급되었던 비합리적 신념(irrational belief)은 가해학생의 대표적 특성이기도 하다. 가해학생들은 자기 자신뿐만 아니라 세상과 타인에 대한 다소 절대주의적이고, 완벽주의적이며, 융통성 없는 비합리적인 생각을 많이 하는 경향이 있다. 이러한 비합리적 신념은 역기능적 사고로 작용하여 다양한 부정적 결과를 초래한다. 염영옥(1999)은 한국 폭력 청소년들의 문제행동 원인이 다양한 비합리적 신념에 기초한다고 주장하였다. 최윤영과 하정희(2016) 역시 또래 괴롭힘 주변인 집단을 구분하여 이들의 비합리적 신념 정도를 비교하여 살펴보았는데, 가해학생에게 동조한 집단이 피해학생을 방어한 집단보다 더 높은 비합리적 신념을 지녔다는 것을 확인했다. 가해동조 집단은 가해집단과 비슷한 특성을 나타낸다.

그렇다면 비합리적 신념이 어떻게 폭력적인 행동을 유발하는 것일까? 비합리적 신념은 세상에 대한 절대적이고 비현실적인 요구와 기대이기 때문에 비합리적 신념이 높을수록 비현실적인 기대로 인해 상황을 잘못 인식하게 되며 이로 인해 부적응적 행동이 나타날 수 있다. 비합리적 신념이 높은 청소년일수록 자신이 설정한 근거 없는 엄격한 기준 때문에 쉽게 좌절하여 부적응적 정서나 행동을 많이 보인다(모혜연, 2000). 이처럼 비합리적 신념은 일종의 역기능적 사고로서 다양한 심리적 장애를 유발한다. 구체적으로 비합리적 신념이 높을수록 갈등 장면에서 남 탓하기, 파국화 등의 부적응적 인지 전략을 통해 갈등의 원인을 타인에게 돌리고 보복하고자 하는 심리를 유발한다. 결과적으로 공격성을 높이게 되는 동시에, 자기비하적 사고로 인하여 분노가 올라와 폭력행동으로 이어질 가능성이 높다(서수균, 2011). 또한 부정적 평가에 대한 두려움이나 타인의 인정에 대한 과도한 갈망, 무시 및 부당한 대우에 대한 과민성, 불편감 및 좌절에 대한 낮은 인내와 같은 비합리적 신념 요인들이 관계적 공격성에 영향을 주는 것으로 밝혀졌다(이홍, 김은정, 2012; 한영경, 김은정, 2011).

(3) 인지적 공감

낮은 공감 수준은 가해학생의 대표적 특징으로 알려져 왔다. 최근에는 공감을 인지적(cognitvie) 공감과 정서적(emotional) 공감으로 나누어 차별적으로 설명하기도 한다. 피해학생의 고통스러운 모습, 피해상황에 대한 호소 등을 목격함에도 불구하고 가해학생은 폭력에 동조하거나 방관하는 경우가 빈번하다. 이에 따라 대부분의 폭력 예방 프로그램은 공감 능력 향상을 통하여 공격성 및 또래 폭력에 대한 허용적 태도를 낮춤으로써 학교폭력의 예방을 시도한다. 상대방의 입장을 이해하는 공감은 다른 사람의 역할 혹은 입장이 되어서 그 사람의 상황과 감정을 경험해 보는 것이다. 가해학생의 공감 수준을 높이면 다른 사람의 관점을 받아들여 피해학생의 감정을 느낄 수 있으므로(Christmas & Mario, 2002) 폭력적 행동이 억제될 수 있다. 신나민(2012)은 학생들의 배경 변인보다 공감 변인이 또래 괴롭힘을 유의미하게 설명함을 밝혔다. 공감 능력 가운데서도 특히 관점 취하기(perspective-taking) 능력이 가해 동조자와 상관이 있다는 결과를 도출해 냈다. 상대방의 입장을 이해하는 관점 취하기 능력이 낮으면 가해 동조자(학교폭력 가해아동의 폭력행동을 돕는) 유형이 될 가능성이 높다는 것을 확인했다.

그런데 주목할 부분은 인지적 공감 수준이 높은 것이 반드시 친사회적 행동으로 이어지지 않을 수 있다는 점이다. 타인의 마음과 감정을 잘 이해하는 것이 타인을 속이거나 괴롭히는 데 이용될 수도 있는 것처럼(Ding et al., 2015; Sutton et al., 1999a), 인지적 공감은 경우에 따라 폭력에 부정적으로 활용될 여지가 있다. 즉, 괴롭힘과 관련하여 공감의 어떤 측면에 주목하느냐에 따라 공감의 효과는 상이하게 나타날 수 있으며, 이는 괴롭힘 관련 개입에 있어 특히 중요하게 고려할 필요가 있다. 공감 능력을 높임으로써 괴롭힘을 예방하고자 할 때, 자칫 인지적 공감 능력과 같이 특정 공감 능력만 높일 경우 의도치 않은 결과를 가져올 수도 있기 때문이다.

상대방의 입장을 이해하는 인지적 공감과 달리, 정서적 공감은 상대방의 감정을 본인이 직접 느끼며 체휼하는 것을 말한다. 인지적 공감이 이해에 초점이 맞춰진다면, 정서적 공감은 공유하여 전염되는 감정적 반응에 초점이 맞춰진다. 이러한 정서적 공감과 폭력이 부적 상관이 있다는 연구는 비교적 일관된 반면(Belacci & Farina, 2012; Stavirnides et al., 2010), 인지적 공감의 경우는 일관되지 않는다. 일부 연구에서는 인지적 공감이 괴롭힘 관련 행동과 부적 상관이 나타나지만(이경숙, 김영숙, 2017; Belacchi & Farina, 2012; Gini et al., 2007; Poteat & Espelage, 2005), 괴롭힘 관련 행동과 무관하다는 연구도 있다(Jollife & Farrington, 2006; Stavrinides et al., 2010; Salavera et al., 2021). 또한 연구 대상에 따라서는 마음 읽기와 같은 인지적 공감이 괴롭힘 가해행동과 관련이 있다는 결과 또한 보고된 바 있다(Caravita et al., 2009).

2) 가해학생의 정서적 특성

(1) 정서적 공감

앞선 절에서 잠시 언급한 것처럼 인지적 공감은 폭력행동과의 관련성이 다소 일관되지 않은 결과를 보이는 반면, 정서적 공감은 보다 일관된 결과를 보인다. 괴롭힘 참여 행동과 공감 간의 관계를 다룬 연구 40편을 개관한 연구(Van Noorden et al., 2015)에서도 인지적 공감의 경우 피해학생을 방어하려는 성향이 높았지만, 동시에 방관하는 부정적 행동을 보이는 성향도 높아 그 결과가 혼재된 것으로 나타났다. 국내 연구 또한 유사하다. 인지적, 정서적 공감을 구분하지 않을 경우 공감은 괴롭힘 관련 행동과 부적인 상관을 나타내지만(남미애, 홍봉선, 2013; 박소현, 정원철, 2017; 서미정, 2015), 인지적, 정서적 공감을 구분할 경우 결과는 다소 다르게 나타난다.

Sutton 등(1999a)의 연구에서 피해경험이 없는 주도적 가해학생들은 타인의 마음읽기 능력이 뛰어난 것으로 밝혀졌다. 이러한 결과는 가해행동이 사회인지 기술의 부족 때문이 아니라, 오히려 타인의 마음을 잘 이해하여 자신의 목적 달성을 위해 타인을 조종하고 이용하기 때문임을 보여 준다. 국내 연구에서도 가해학생이 피해학생보다 더 나은 마음읽기 능력을 가지고 있는 것으로 나타났으며(김혜리, 이진혜, 2006), 가해학생은 정서공감이 낮고, 인지공감이 높은 것으로 나타나, 괴롭힘당하는 아동을 방어해 주고자 하는 아동이 정서공감과 인지공감 둘 다 높은 것과는 다른 양상임을 보여 준 연구도 있다(김혜리, 2013). 따라서 가해학생 중에는 인지적 공감은 높지만, 정서적 공감이 부족한 학생들이 있을 가능성이 있다. 이는 인지적 공감과 정서적 공감이 서로 다르게 작용할 가능성을 시사한다.

예를 들면, 정서적 공감능력이 인지적 공감능력보다 가해에 더 강력한 예측요인임을 주장하는 연구가 있다. 정서적 공감능력이 인지적 공감능력보다 사이버폭력 가해에 더 강력한 부정적 예측 요인임을 주장하거나(Ang & Go, 2010; Ang et al., 2017), 정서적 공감능력만 사이버폭력 가해에 영향을 미치는 것으로 주장하는 연구도 있다(Renati et al., 2012). 반대로 사이버폭력 가해에 인지적 공감능력의 영향력이 더 크다거나, 인지적 공감능력만이 사이버폭력 가해행동을 줄이는 데 기여한다는 주장도 있다(고혜빈, 이소연, 2021; Lee & Shin, 2017). 한편, 인지적, 정서적 공감 수준이 피해행동을 예측하지만, 가해학생의 괴롭힘 예측요인으로는 작용하지 않는다는 연구도 있다(Salavera, 2021).

이와 같이 선행 연구 간에 비일관된 결과가 나타난 이유로는 선행 연구의 접근이 주로 변수 중심의 접근이었다는 점을 고려해 볼 수 있다. 한 개인은 인지적 공감과 정서적 공감 모두를 가지고 있기 때문에 개인 내에서 인지적 공감과 정서적 공감은 독립적으로 작용하지 않을 가능성이 있다. 즉, 개인 내에 인지적 공감과 정서적 공감이 어떻게 조합되느냐에 따라 개인 간에 독특한 질적인 차이가 발생할 가능성이 있다. 최근 인지적, 정서적 공감과 공격성의 관계를 도덕적 이탈의 여러 전략(인지 재구성, 책임 전가, 결과 왜곡, 비인간화 등)을 추가해 종단적으로 매개 효과 등을 살펴보며 다각적으로 접근한 연구(Falla et al., 2021)가 이러한 관점에서 이루어진 시도라고 볼 수 있다.

(2) 불안

불안과 우울은 육체적 및 심리적으로 급격한 변화를 경험하는 청소년기의 대표적인 정신건강 문제이며(신민정 외, 2012), 청소년 폭력 및 비행행동을 설명하는 가장 영향력 있는 심리적 변인임이 여러 연구에서 보고되었다(곽금주 외, 1993; 신현숙 외, 2004). 또한 불안이 청소년기의 폭력문제와 관련된다는 많은 연구가 있었다(Slopen et al., 2011). 그런데 불안이 폭력적 행동을 증가시키는 위험 요인이라는 결과가 있는 반면 폭력행동을 감소시키는 보호요인이라는 상반된 보고들이 있다.

먼저 불안이 폭력행동이나 비행 및 공격행동 등에 위험 요인이 된다는 연구들을 살펴보면 불안과 우울이 학교폭력과 정적인 상관관계를 보인 연구(고수현, 강석기, 2014)와 일반 청소년보다 학교폭력 가해처분을 받은 청소년의 경우 불안이 높아지면 충동적이고 정서적인 반응적 폭력행동(reactive violent behavior)이 직접적으로 증가하는 것을 입증한 연구(오종은, 이재연, 2014)가 있다. 또한 공격적 행동을 보이는 청소년들의 약 50%가 우울이나 불안의 내재화 문제를 보인다는 보고도 있다(Wolff & Ollendick, 2006). 또한 불안장애가 있는 경우 반사회적 성격장애와 품행장애의 위험이 증가하는 것으로 알려져 있다(Goodwin & Hamilton, 2003). 폭력 청소년은 일반 청소년에 비해 높은 불안을 나타내며 높은 불안상태가 괴롭힘 행동을 증가시키는 경향이 있다(오인수, 2008). 폭력을 일으킨 청소년은 심리적 압박감, 내적 갈등, 불안이 더욱 가중되어 공격적 행동을 시도하게 되는 악순환이 반복된다는 설명이다. 국내 연구에서도 폭력 청소년들은 대체로 불안이 높다고 하였으며(오인수, 2008), 장동산 등(1985)의 연구에서도 불안 성향이 높을수록 비행 성향이 높은 것으로 나타났다.

반면, 불안이 폭력적 행동이나 품행 문제를 감소시킨다는 상반된 보고도 있다. Pine과 Cohen(2000)은 9~18세의 아동을 대상으로 9년간 종단연구를 한 결과 낮은 사회불안이 높은 품행장애와 관련이 있다고 보고하였고, Lambert 등(2005)도 불안이 외현화 문제에 있어서 보호 요인이 되어 폭력을 감소시키는 요인이 될 수 있다고 밝혔다. 또한 폭력 가해자들은 폭력이 초래할 부정적인 결과에 대한 두려움이 적고, 불안을 느끼지 않거나, 평균에 가까운 불안을 경험한다는 보고도 있었다(Ireland, 2005). 불안이 높은 사람들은 분노를 표현했을 때 마주하게 될 부정적인 결과를 두려워하여 분노 감정을 억압하기에(Breen &

Kashdan, 2011) 낮은 공격성을 보인다는 것이다(DeWall et al., 2010). 국내의 연구 중에서는 불안과 폭력행동 간 경로 중, 불안이 증가했을 때 분노조절이 증가하여 분노표출과 폭력이 감소하는 경로를 찾은 연구(오종은, 이재연, 2014)가 있다. 이러한 연구는 불안이 폭력행동을 감소시킨다는 결과를 일부 지지한다.

한편, 국내 연구의 경우 학교폭력 가해 청소년들을 대상으로 불안 요인을 연구한 홍승혜(1999)의 연구에서 학습시험불안이 가장 높게 나타났다. 이는 입시 경쟁 사회에서 촉발되는 학업적 불안이 가해 청소년에게 영향을 미치고 있음을 보여 준다. 그러나 학교폭력 가해청소년의 불안과 비행행동 간의 관계를 정확하게 이해하기 위해서는 불안과 폭력행동의 관계를 단순 상관관계로 보고하는 기존의 많은 연구와는 다른 방식의 접근이 필요하다. 즉, 불안과 관련되는 폭력행동의 개념을 구체화하고, 학교폭력 가해청소년의 불안과 폭력행동에 영향을 주는 다른 변인과의 관계도 설명되어야 할 것이다. 예를 들어, 불안과 우울이 '분노'라는 정서반응을 매개로 했을 때 학교폭력에 미치는 영향력을 설명한 연구(고수현, 강석기, 2014), 불안이 높아지자 분노가 억제되지만, 억제된 분노가 과도해지면 '분노표출'이 증가하여 폭력행동이 증가하는 세 번째 경로를 찾은 연구(오종은, 이재연, 2014)가 관련 변인들을 사용해 관계를 밝힌 연구이다.

(3) 우울

청소년의 우울은 비행행동을 유발하는 대표적인 변인이자 부정적 영향을 미치는 요인으로 제시되어 왔다(김청송, 2007; 이주영, 오경자, 2011; 이혜은, 최정아, 2008; Crawford et al., 2001). 우울증은 가장 많은 청소년들이 고통받는 정신장애로서, 의욕 상실이나 무기력감, 생산성의 감소, 비관적인 태도 등의 임상적 특징을 보이며 청소년기에 접어들면서 유병률이 급증하는 것으로 알려져 있다(Glied & Pine, 2002). 국내 청소년 관련 보고(교육부 외, 2023)에 따르면 2022년 청소년의 우울감(최근 12개월 동안 2주 내내 일상생활을 중단할 정도로 슬프거나 절망감을 느낀 적이 있는 사람의 비율) 경험률은 남학생 24.2%, 여학생 33.5%였으며, 2020년 이래로 매년 조금씩 상승하는 추세이다. 전반적으로 여학생이 남학생보다 우울감 경험률이 높았으며, 학년별 우울감 경험률은 고등학생의 평균이 중학생보다 높은 양상을 보였다(여성가족부, 2024).

이러한 청소년의 우울 문제는 공격성, 폭력 등의 외현화 문제행동으로 연결될 수 있다(강태신, 임영식, 2009). 국내 청소년 패널데이터로 실시한 연구에서도 비행이 우울 변화를 유의하게 예측하는 것으로 나타나 국내 청소년의 우울과 비행 사이에 종단적 인과관계가 있음을 시사했다(이순희, 허만세, 2015). 우울한 청소년들은 문제행동을 통해 자신의 우울을 우회적으로 표출하는 경향이 있다. 청소년기 우울은 성인의 우울과 달리 외현적 문제행동으로 표현되는 특성이 있다. 실제 국내외 청소년 비행연구에서도 우울이 남녀 청소년들의 비행을 설명하는 가장 영향력이 높은 변인으로 밝혀졌다(김청송, 2007). Yen 등(2010)의 연구에서는 폭력 피해 집단은 우울 문제만 있었지만, 폭력 가해 집단은 우울과 폭력 등의 문제행동이 공존하였다. 이처럼 학교폭력 가해청소년들의 비행이나 폭력행동과 같은 문제행동은 우울과 높은 관련성이 있음을 알 수 있다.

특히 주목할 부분으로 학교폭력 가해청소년의 우울을 이해하는 데 어려운 점은 가해청소년들이 가지고 있는 우울이 일반 성인들의 우울과는 다를 수 있다는 점이다. 학교폭력 가해청소년의 경우 자신의 우울을 잘 지각하지 못한다. 또한 지각하더라도 우울이 공격적 행동과 같은 문제행동으로 나타난다는 관련성을 인식하지 못하는 경향이 있다(Estevez et al., 2009). 내재화된 우울을 겪는 청소년들은 외현화된 문제행동을 통해 자신의 부정적 감정을 표출한다. 이러한 파괴적 행동과 기타 증상들에 의해 우울감이 일시적으로 완화되는 것을 경험할 수 있다(최정아, 2010). 이처럼 학교폭력 가해청소년의 우울은 지각된 우울로 감지되기보다 외현화된 폭력행동으로 은폐될 가능성이 높다. 따라서 외현화된 폭력행동을 보이는 학생의 경우, 이들의 우울 정도를 점검해 보는 것은 매우 중요한 과정이다.

⊕ 인사이트 ▶ 가면성 우울과 학교폭력

청소년의 우울은 성인과 달리 우울한 감정이 감추어진 형태, 즉 가면성 우울(masked depression)의 형태로 표현되는 경우가 흔하다. 우울의 전형적인 증상인 무기력감, 외로움, 고립과 같은 형태가 아니라 무단결석, 게임중독, 비행, 폭력 등의 겉으로 드러나는 외현적 문제행동으로 많이 나타난다. 뿐만 아니라 신체 증상 호소, 성적 저하 등으로 위장되어 다양한 증세로 나타난다. 그래서 친구들은 물론 부모까지 이러한 문제행동의 원인이 우울증임을 모르는 경우가 많다. 이처럼 우울로 인해 드러나는 외현적 행동 중에 폭력행동이 있음에 주목해야 한다. 실제로 중학생 1,738명을 대상으로 5년에 걸친 종단데이터를 분석한 결과 이전 해에 우울감이 높은 학생은 이듬해에 공격성이 높아지는 것으로 나타났다(김경호, 2019). 이러한 결과는 우울 성향이 높은 청소년은 자기 생각이나 느낌을 적절하게 표현하지 못하고 폭력과 같은 외현화 행동을 통해 자신의 심적 고통을 외부에 알리는 것으로 볼 수 있다.

(4) 자존감

가해학생의 자존감은 일반적으로 낮은 것으로 알려져 왔지만, 실제 연구에서는 일관된 결과를 보이지 않고 있다. 먼저 많은 연구에서 낮은 자존감으로 인해 공격성을 보인다는 결과들이 지지되었다(이은희, 2022; 차재선, 임성문, 2016). Buss와 Perry(1992)는 자존감과 공격성의 부적 관계를 직접 제시했는데, 공격성의 하위 요소 중 공격성의 정서적, 인지적 요인으로 설명되는 분노와 적의성이 낮은 자존감과 유의미한 관계를 가진다고 보고하였다. 집단따돌림 가해학생의 공통된 특질로 낮은 자존감이 제시되었고(O'Moore & Kirkham, 2001), 자존감을 여러 요소로 나누어 분석한 연구에서 가해학생은 학교 성적과 관련된 자존감 및 학교 적응력이 낮았다(Burger & Bachmann, 2021). 부정적인 자아개념과 낮은 자존감을 가진 청소년은 자신의 감정이나 욕구를 표현하는 데 있어 어려움을 갖기 때문에 욕구불만이 누적되어서 이를 해소하기 위해 충동적으로 폭력행동을 할 수 있다. 또한 사회와 타인은 물론 스스로를 신뢰하지 못하기 때문에 현실에 적응하기 어려워 스스로를 방어하고자 공격적, 적대적으로 행동하는 것으로도 설명된다. 연구들은 대부분 자존감이 낮을수록 폭력사용에 긍정적인 태도를 가지며 이는 집단따돌림 피해와 가해에 큰 영향을 미친다는 결과를 보고한다(김수정, 2005; 신혜섭, 양혜원, 2005). 폭력사용에 보이는 긍정적인 태도는 가해학생들의 낮은 자존감과 높은 자기애 성향과 관련이 있다. 또한 자기애 성향과 공격성이 긍정적인 상관관계를 보였다는 측면(이은희, 2022; 차재선, 임성문, 2016)으로도 일부 설명이 가능하다.

이와는 달리 가해학생의 자존감이 보통 학생과 비교했을 때 차이가 없거나(이춘재, 곽금주, 2000), 혹은 평균 이상의 자존감을 가지고 있다는(Olweus, 1993) 상반된 연구결과도 존재한다. 한세영(2010)은 가해학생 및 가해·피해학생의 공격성과 관련된 자존감 및 수치심에 대해 연구했는데, 이 연구에서 순수한 가해학생은 가해와 피해를 동시에 경험한 가해·피해학생보다 자존감이 높았다. 이러한 상반된 결과는 어떻게 해석이 가능할까? 앞선 제2장에서 학교폭력은 가해학생과 피해학생 사이 힘의 불균형에 의해 발생하고 가해학생은 신체적, 인지적, 정서적, 사회적 우월성을 바탕으로 피해학생을 공격한다고 설명한 바 있다. 이런 관점에서 보면 다양한 측면에서 지닌 우월성은 이들의 높은 자존감과 관련이 있어 보인다. 또한 가해학생의 폭력행동에 동조하는 또래들이 많을 경우 가해학생은 자신의 폭력에 대해 긍정적인 피드백을 받았을 가능성이 높고, 이러한 긍정적 피드백이 가해학생의 자존감을 높였을 수 있다. 실제로 가해학생의 학업적인 자존감이 낮았다는 앞선 연구에서, 가해학생의 사회적 자존감은 높았다는 결과가 이러한 가능성을 뒷받침해 준다(Burger & Bachmann, 2021).

> ### ⊕ 인사이트　영향력 있는 가해학생
>
> 자존감이 높은 가해학생은 대체로 소수 학생 사이에서 인기가 있는 '영향력 있는(effectual)' 가해학생
> 일 수 있다(Perry et al., 1992). Perry 등(1992)은 1절에서 설명한 무능한(ineffectual) 가해학생과 대비
> 되는 영향력 있는 가해학생이 있음을 주장하였다. 이들은 리더십을 발휘하여 공격적인 행동으로 또래
> 들을 지배하고 자신의 목적을 위해 공격성을 수단으로 능숙하게 사용하는 특징을 보인다고 보았다. 무
> 능한 가해학생은 다양한 내적 갈등을 경험하는 반면, 영향력 있는 가해학생은 폭력을 능숙하게 사용하
> 여 자신의 목적을 위해 공격성을 사회적 수단으로 활용하는 특징을 보인다. 이러한 영향력 있는 가해
> 학생은 자신의 폭력 행위에 대해 유능감을 가질 수 있으며, 폭력을 통한 성취감을 바탕으로 자존감이
> 높을 가능성이 있다. 반면, 무능한 가해학생은 반대로 자존감이 낮을 가능성이 있다. 이처럼 가해학생
> 의 특성에 따라 세분하지 않고 단지 가해의 여부만으로 가해학생을 선별하여 연구할 경우 연구 맥락에
> 따라 가해학생의 자존감이 일관되지 않게 나타날 가능성이 있다.

(5) 정서조절능력

최근에는 학교폭력 관련 연구들에서 정서조절능력이 공격성과 밀접한 관련이 있음을 보여 주는 연구들이 주목을 받고 있다(신수진, 장혜인, 2021; Roberton et al., 2012; Schwartz & Proctor, 2000). 정서조절능력이란 정서경험을 주어진 상황에서 사회문화적으로 용인된 방법으로 반응하는 능력(Diaz & Eisenberg, 2015)으로 목표를 수행하기 위해 정서적 반응을 모니터링하고, 평가하며, 수정하는 데 관계되는 내외적 과정(Thompson, 1994)으로 정의할 수 있다(Berking et al., 2008). 또래보다 부정적인 정서를 더 많이 표현하고, 감정조절이 어려운 아동은 공격성이 높은 경향이 있다(Hubbard, 2001). 정서문제로 공격성이 높은 아동은 사회적 기술이 부족하고, 적대적이면서 비효과적인 방식으로 상호작용을 하므로 또래관계에서도 더 많은 갈등을 경험하게 된다(Gifford-Smith & Brownell, 2003). 최근 정서조절이 환경과의 상호적 관계에 영향을 준다는 기능주의적 관점의 연구들(Campos et al., 2011; Tamir, 2011)이 주목을 받고 있는데, 이 관점에서 정서는 환경과 타인의 정서적 반응에 의해 조절된다. 정서조절을 어떻게 하느냐에 따라 개인의 사회적 관계가 달라질 수 있다는 것이다. 다시 말해, 정서적 능력이 부족하면 환경적 적응에서 어려움을 겪게 되고, 이러한 경험이 다시 정서조절능력에 부정적인 영향을 주는 악순환이 만들어진다(Butler & Gross, 2009). 실제로 정서조절 점수와 또래관계의 유능성 점수가 유의미한 정적 상관관계를 갖는 것으로 나타났으며(임연진, 2002), 부정적인 정서를 잘 조절하지 못하는 아동은 또래 사이에서 인기도가 낮은 것으로 보고된 바 있다(Jones et al., 2002). 학교폭력 가해학생은 자신이 처한 환

경에서 정서적 안정성을 이루지 못하기 때문에 관계에서 갈등을 겪을 가능성이 높으며 공격성이 수반될 경우 학교폭력으로 이어질 수 있다. 흥미로운 점은 Mahady Wilton 등(2000)의 연구에 따르면, 학교폭력의 가해학생뿐 아니라 피해학생도 정서조절능력이 부족한 것으로 나타났다. 이들은 피해학생과 가해학생의 정서표현상의 유사점으로 정서조절능력을 제시한다.

정서조절과 공격적 행동을 살펴본 국외 종단 연구로는 아동기 감정조절의 어려움이 공격적 행동의 중요한 위험 요인임을 종단적인 관계로 밝힌 미국 연구와 독일 연구가 있으며 (Blair et al., 2016; Röll et al., 2012), 감정조절이 증가하면 적대적 반항장애 증상의 수가 감소함을 밝힌 노르웨이 연구(Nobakht et al., 2024)가 있다. 이와 같은 종단연구를 통해 감정조절 능력이 일시적인 영향이 아니라 장기간에 걸쳐 공격 행동에 영향을 미치는 주요 요인임을 알 수 있다. 관련된 국내 연구로는 정서조절능력과 공격성의 관련성을 탐색한 연구(박혜경, 박성연, 2002; 한유진, 2004)에서 정서표출 방식에 대한 지식과 정서조절능력이 부족할수록 아동의 공격성이 높게 나타난다고 보고했다. 또한 정서조절능력이 낮을수록 반응적 공격성(reactive aggression)은 높게 나타나며(이경숙, 김영숙, 2017), 정서조절력이 낮은 학생은 학교생활에서 내재화된 행동문제와 외현화된 행동문제를 함께 보이는 것으로 보고되었다 (박성연, 강지흔, 2005). 관련 변인을 확장하여 실시한 연구로는 행동활성화체계(Behavioral Activation System: BAS)가 정서조절곤란의 부분적인 매개를 받아 공격성을 정적으로 예측함(신수진, 장혜인, 2021)을 밝힌 연구 및 어머니와의 애착이 정서조절능력을 부분매개로 학교폭력에 영향을 미침을 나타낸 연구가 있다(김두규 외, 2017). 이와 같은 일관된 많은 결과는 학생의 공격적인 행동을 줄이기 위해 정서조절능력의 함양에 심혈을 기울여야 함을 시사한다.

3) 가해학생의 행동적 특성

(1) 공격성

청소년기의 공격성(aggression)은 학교폭력 가해학생에게서 가장 뚜렷하게 나타나는 위험요인으로 연구되어 왔다. 실제로 미국 법무부의 학교폭력 보고서에서도 가해의 가장 강력한 예측요인으로 가해학생의 행동요인을 지목하고 있다(Turanovic & Siennick, 2022). 괴롭힘(bullying)이란 용어를 처음 사용한 노르웨이 학자 Olweus(1978)는 학교폭력 가해학생의 대표적인 심리·사회적 특성으로 공격성을 주장하였다. 학교폭력 가해행동을 보이는 학생들은 높은 공격성 때문에 일반 학생들보다 폭력적 행동과 수단을 적극적으로 사용한다. 이와 유사하게 Bernstein과 Watson(1997)의 연구에서도 공격성이 높은 학생들은 학교에서 자신을 드러낼 수 있는 수단으로 공격적 행동을 자연스럽게 선택할 가능성이 높다고 주장하였다. 이처럼 공격적인 아동이나 청소년은 성장하면서 공격성이 점점 더 증가하기 때문에 (Olweus, 1993) 청소년기의 공격성을 주의 깊게 살펴보고 적절히 개입할 필요가 있다.

국내의 연구에서도 공격성은 학교폭력 가해학생의 유의미한 특성으로 보고되었는데(박신영, 2020; 오인수, 2008; 오인수, 임영은, 2016; 이수경, 오인수, 2012b), 괴롭힘 가해학생은 타인에게 손해를 끼치거나 해치려는 공격적 성향이 높은 것으로 나타났다. 이는 괴롭힘을 행하는 학생이 높은 공격성 수준을 보이며, 따라서 교사나 부모, 또래에 대해 강한 공격성을 보이는 학생들이 괴롭힘의 가해학생이 될 가능성이 높다고 본 Olweus(1993)의 견해와도 유사한 맥락이다. 공격성은 청소년의 학교폭력 가해 경험뿐만 아니라 사이버폭력의 가해행동과도 상관이 높은 것으로 나타나는데, 최두진 등(2018)의 연구에서는 공격성과 충동성이 높다고 응답한 학생이 그렇지 않은 집단에 비해 사이버폭력 가해경험 비율이 더 높은 것으로 나타났다. Kowalski 등(2019)의 메타분석에서도 사이버폭력 가해경험의 위험요인으로 오프라인 공격성, 외현화 행동 등이 확인되었다. 반지윤과 오인수(2020)의 연구에서도 중학생이 지각한 부정적 부모양육태도가 사이버폭력 가해경험에 미치는 영향을 공격성이 완전 매개함을 확인하였다. 이 결과는 폭력행동을 촉발하는 공격성이 부모의 부정적인 양육태도와 관련이 있음을 의미한다.

⊕ **인사이트** ▶ **공격성의 양면성**

최근 연구에서는 공격성을 선제적(proactive) 공격성과 반응적(reactive) 공격성으로 구분하여 차별적 영향력을 분석하기도 한다(Card & Little, 2006; Fite et al., 2011). 선제적 공격성은 상대방에게 해를 입히기 위하여 주도적이고 면밀하게 계획하여 공격하는 성향을 말하는 반면, 반응적 공격성은 상대방으로부터 해를 입었다고 판단하여 이에 대한 반응으로 충동적이고 즉흥적으로 공격하는 성향을 말한다. 이 두 가지 공격성은 반응-선제적 공격성 질문지(Reactive-Proactive Aggression Questionnaire: RPAQ)를 통해 측정할 수 있다(Raine et al., 2006). 선제적 공격성 문항으로는 "재미로 무언가를 부순다.", "힘을 사용해서 내가 원하는 것을 상대방에게 시킨다." 등이 있고, 반응적 공격성 문항으로는 "놀림을 당하면 몹시 화를 내거나 상대방을 때린다.", "게임에서 지면 몹시 화가 난다." 등이 있다. 특히 선제적 공격성에 기반한 폭력은 더 계획적이고 악의적이며 주도면밀하기 때문에 처벌을 피하기 위한 교묘한 방법을 사용하는 경우가 많아 파악하기 어려울 수 있다.

(2) 스트레스 대처 양식

가해학생의 경우 스트레스에 대한 대처방법에서 일정한 패턴이 발견된다. 스트레스를 유발하는 동일한 생활사건이라 할지라도 그것을 어떠한 스트레스로 지각하는지에 따라 개인의 대처방식에서 차이를 보일 수 있다. 그런데 가해학생들은 보통 공격적인 대처방식을 많이 사용하는 것으로 확인되고 있다. Olafsen과 Viemerö(2000)의 연구에서 공격적 대처행동은 가해·피해 중복집단이 가장 많이 사용하였으며, 그다음으로 가해집단이 많이 사용하는 것으로 나타났다. 특히 또래 괴롭힘 가해집단은 다른 사람에게 분풀이하기, 소리 지르기, 욕하기, 물건 던지기와 같은 외현화 대처행동을 더 많이 사용하였다(Kristensen & Smith, 2003). 심희옥(2001)은 또래와의 갈등 상황에서 사용하는 대처 양식과 또래 괴롭힘에 대한 종단연구를 실시하였는데, 구체적으로 또래 괴롭힘 가해경험을 예측하는 변인 중에 외현화 대처 방식이 유의미한 것을 확인했다. 즉, 또래관계에서의 갈등을 외적으로 해결하기 위해 소리 지르기, 욕하기, 뭔가 던지거나 치는 행위 등 외현화 행동을 보일수록 또래 괴롭힘 가해학생이 될 가능성이 높은 것이다. 반면에 또래와의 관계에서 발생한 갈등을 어떻게 해결해야 할지 먼저 고민하고 이러한 생각을 적절한 행동으로 옮기려고 노력할수록 가해학생이 될 가능성이 낮아지는 것이다.

Bijttebier와 Vertommen(1998)의 연구에서도 괴롭힘 가해경험은 외현화 대처행동과 정적으로 상관이 있는 것으로 나타났으며, 문제해결 대처행동과는 부적으로 상관이 있는 것으로 나타났다. 초등학교 6학년 아동들을 대상으로 성별에 따른 또래 괴롭힘 유형과 스트레스 대처행동을 살펴본 신재선과 정문자(2002)의 연구에 따르면 남학생의 소극적 대처행동의 경우 피해집단과 가해·피해집단이 가해집단에 비해 많이 사용하고 있었다. 반면, 공격적 대처행동은 가해집단과 가해·피해집단이, 회피적 대처행동은 피해집단이 다른 두 집단에 비해 많이 사용하는 것으로 나타났다. 이러한 일련의 연구결과를 통해서 가해학생들은 스트레스를 받았을 때 인지적 과정을 통해 스트레스의 원인이나 효과적인 해소방법을 생각하기보다는 더 즉흥적인 행동으로 표출하거나 공격적인 양상으로 풀어내는 것을 알 수 있다.

(3) 사회적 문제해결기술

Ladd와 Skinner(2000)의 연구에서는 또래 괴롭힘의 유형에 따라 문제해결기술이 서로 다르다는 것이 확인되었다. 사회적 문제해결기술(social problem-solving skills)이란, 개인적이고 좁은 의미의 문제해결과 대인관계에서의 문제해결, 가족과 같은 소규모 집단 내의 문제해결, 그리고 더 넓은 사회적 이슈와 같은 영역의 문제해결 모두에까지 적용될 수 있는 개념으로 이러한 문제 상황에 대해 보다 효과적이고 적응적으로 대처하려는 인지적·정서적·행동적 과정을 의미한다. 또래 괴롭힘과 문제해결기술에 대한 연구는 대체로 일관된 결과를 보이고 있는데 문제 상황에 부딪혔을 때 학생이 긍정적인 문제해결방식을 많이 사용할수록 이를 원만하게 해결하여 또래와의 관계에 수용되는 반면, 부정적인 해결방식을 보일 경우 또래와의 관계에서 거부되고 사회적으로도 유능하지 못함을 보인다는 것이다(심희옥, 2000; Katz & McCellan, 1997). 이미희와 유순화(2005)의 연구에서는 학교폭력 가해경험이 없는 집단이 학교폭력 가해경험이 있는 집단보다 문제해결능력이 높게 나타났다. 구체적으로 사회적 문제해결능력 중 인지척도, 행동척도, 문제규정과 구성화, 대안적 해결책의 실행, 의사결정과 같은 하위영역에서 학교폭력 가해경험이 있는 중학생들이 더 낮은 점수를 나타냈다. 이는 사회적 문제해결능력이 청소년의 비행행동에 직접적인 영향을 미치는 것으로 나타난 백용매와 문수백(2009)의 일부 연구와도 일치한다. 이러한 결과는 학교폭력 가해경험이 있는 아이들은 일상에서 마주치는 다양한 문제와 대인관계 갈등 상황에서 대처하는 방법이나 해결 기술이 부족함을 의미한다.

사회적 문제해결기술은 일탈이나 비행행동을 하는 학생과의 관련성도 연구되었는데 결과는 학교폭력에 시사하는 바가 크다. 이러한 연구들은 일탈 행동의 이면에는 부적절한 사회적 문제해결기술이 있다고 주장한다(백용매, 문수백, 2009). 비행 청소년들은 일상생활에서 직면하는 여러 문제, 예컨대 또래관계나 교사와의 갈등, 학업성취 등에서 미숙함을 보일 뿐만 아니라, 충동성 조절 문제와 계획성 결여, 목표 의식의 부재, 스트레스 대처방식의 미숙함을 보인다(구현지 외, 2007). 실제로 비행을 일삼는 청소년들은 충동을 억제하고 조절하면서 문화적으로 승인된 선택을 생각하여 활용하는 자기통제 능력이 부족하다(Gottfredson & Hirschi, 1990). 문제를 규정하는 능력과 대안 산출 능력, 의사결정능력과 같은 사회적 문제해결능력이 낮은 청소년일수록 공격적 행동, 규칙위반, 파손행동, 절도, 약물남용 등 전반적인 비행 수준이 높아지는 것으로 나타났다(허규, 1999). 더불어 청소년들의 사회적 문제해결기술을 훈련시킴으로써 비행행동을 감소시킬 수 있었다는 사실(구현지 외, 2007; 이미정, 2006)도 사회적 문제해결능력이 청소년 비행행동의 원인으로 작용함을 의미한다. 학교폭력 가해행동이 일탈이나 비행과 유사한 측면이 있음을 감안하면 폭력의 가해학생들은 사회적 문제상황에서 문제를 부정적으로 곡해하고, 문제 상황을 해결할 방법을 생각하는 데 미숙하며, 바람직하지 못한 의사결정을 할 가능성이 높음을 추론할 수 있다.

4) 가해학생의 사회적 특성

(1) 사회적 역량

학교폭력 가해학생의 특성을 이해하기 위해서는 이들의 사회적 역량을 살펴볼 필요가 있다. 많은 선행 연구는 일반적으로 괴롭힘 가해학생들이 능숙한 사회적 기술과 높은 사회적 지능을 바탕으로 뛰어난 사회적 역량(social competence)을 가지고 있는 것을 확인하였다(Björkqvist et al., 2000; Caravita et al., 2009; Gini, 2006; Kaukiainen et al., 1999; Pornari & Wood, 2010; Sutton et al., 1999a). 특히 이들은 높은 사회적 역량을 바탕으로 또래집단 내에서 인기가 많은 경향이 있는 것으로 나타났다(Carvita et al., 2009; Cerezo, 2001, 2006; Salmivalli, 2010). 이와 함께 학년이 올라감에 따라 높은 인기는 공격적인 행동을 예측한다는 연구도 보고되었다(Asher & McDonald, 2011; Cillessen & Mayeux, 2004; Cillessen & Borch, 2006; Garandeau et al., 2011; Vaillantcourt et al., 2007). 이처럼 높은 사회적 역량과 관련된 인기는 학교폭력 가해행동과 유의미한 상관을 보인다.

인기(popularity)는 또래집단 안에서 영향력을 행사할 수 있는 힘과 지배적인 지위, 또래집단에서 가치 있게 여기는 특성을 보유하는 위신을 의미한다(Bukowski, 2011; Cillessen & Marks, 2011). 청소년기는 또래의 영향에 대한 민감성이 높은 시기이므로(Berndt, 1979; Brown et al., 1986) 인기는 주변 또래들에 상당한 영향을 미친다(Sandstrom, 2011). 실제로 청소년들은 인기를 얻기 위해 인기 있는 또래의 행동을 수용하거나 모방하는 동조행동의 경향을 보인다(Adams et al., 2005; Berger, 2008; Juvonen & Galván, 2008; Prinstein & Dodge, 2008; Sandstrom, 2011). 이에 따라 인기가 많은 학생은 또래집단 내에서 규준을 형성하게 되고, 주변의 또래는 이들의 행동이나 태도, 가치, 규준 등에 동기화됨으로써(Berger, 2008; Gibbons et al., 1998; Prinstein & Dodge, 2008) 인기 많은 학생은 또래집단 내에서의 강력한 지위를 유지할 수 있게 된다(Bukowski, 2011; Pellegrini et al., 2011). 이때, 이들에 의해 공격적인 행동이 또래집단 내에서 일종의 규범으로 형성된다면 폭력행동이 더욱 쉽게 발생하게 된다.

한 가지 흥미로운 점은 또래집단 내에서 학교폭력 가해학생의 인기도는 높으나 사회적 선호도(social preference) 또는 호감도(likability)는 낮다는 것이다(Carvita et al., 2009; Hensums et al., 2023). 선호도와 호감도는 인기와 유사하지만 다른 종류의 사회적 지위이다(Cillessen, 2009). 이들은 한 교실 내에서 또래지명방식으로 측정된다는 공통점을 갖지만, 선호도와 호감도가 개인적인 선호와 호감의 차원이라면 인기는 또래집단 내에서의 힘, 위신, 영향력의 차원의 개념이다(Cillessen & Marks, 2011; Parkhurist & Hopmeyer, 1998). 하지만 일반적으로 인기 있는 학생들은 선호도가 높은 학생들보다 또래집단 내에서 더 강력한 영향력을 갖는다(Lease et al., 2002; Sandstrom, 2011; Sandstrom & Romano, 2007). 앞서 설명한 바와 같이 실제로 괴롭힘 가해학생들은 또래 내에서 인기가 많으며 긍정적으로 평가된다는 점을 고려한다면(Garandeau et al., 2011; Graham & Bellmore, 2007; Juvonen & Galván, 2008; Rodkin et al., 2000; Vaillancourt et al., 2007), 괴롭힘 가해학생들은 또래집단 내에서 높은 인기를 보이나 낮은 선호도, 호감도를 가질 수 있다.

한편, 학년이 올라감에 따라 공격적인 행동은 인기를 예측한다(Garandeau et al., 2011; Asher & McDonald, 2011; Cillessen & Mayeux, 2004; Cillessen & Borch, 2006; Vaillantcourt et al., 2007). 이러한 사실은 괴롭힘 자체가 또래집단 내에서 인기를 얻기 위한 효과적인 수단이 될 수 있다는 사실을 의미한다(Cillessen & Mayeux, 2004; Dijkstra et al., 2010; Olweus, 1994; Sijtsema et al., 2009; Vaillancourt et al., 2007). 이는 Sutton 등(1999a, 1999b)의 '교묘한 조종자 모형'을 통해 설명할 수 있다. 이 모형에 의하면 괴롭힘은 특정한 사회적 목표, 즉 높은 사회적 지위를 성취하기 위한 효과적인 수단이 될 수 있다. 실제로 청소년기에 또래집단 내의 사회적 지위, 즉 인기는 청소년들의 주된 관심사 중 하나이다(LaFontana & Cillessen, 2010). 이에 따르면 또래집단 내의 사회적 역동을 잘 이해하고 이를 교묘하게 조종할 수 있는 뛰어난 사회적 기술을 가지고 있는 학교폭력 가해학생들은 괴롭힘을 통해 많은 인기를 얻고 자신의 사회적 위신을 공고히 하려는 경향이 있음을 알 수 있다.

(2) 의사소통 기술

의사소통이란 타인의 감정·생각·상황 등을 이해하여, 언어와 비언어적인 표현으로 상대에게 적절하게 반응하는 능력이다. 의사소통은 인간이 관계를 형성하고 유지하는 데 중요한 수단이지만, 역기능적인 의사소통 방식은 상대의 불안과 적대감을 유발하여 관계를 저해하기도 한다. 학교폭력에서 언어폭력의 유형이 높은 비율을 차지한다는 점을 고려할 때, 가해학생의 의사소통 방식을 살펴보는 것은 중요하다. 가해학생은 또래 간의 갈등을 심화시키는 역기능적 의사소통 방식을 많이 사용한다. 가해학생의 역기능적인 의사소통은 학교폭력의 개인적 특성인 분노, 공격성 등과 직간접적으로 상호 연결되어 있다. 정향기와 최태진(2013)은 가해학생이 감정처리기술이 매우 부족하다고 밝히며, 상대방의 감정을 적절하게 수용하고 자신의 부정적인 감정을 적절하게 조절하여 표현하는 데 어려움을 겪는다는 결과를 도출하였다. 이를 종합해 볼 때 가해학생은 갈등상황에서 타인의 의견을 수용하고 적절한 언어로 자신의 의견을 표현하기 어려워한다. 또한 회피하거나 분노와 공격성 표출 등의 역기능적인 방식으로 자기 의사를 전달한다. 이처럼 가해학생의 낮은 의사소통 능력이 폭력을 유발할 수 있다는 점에서 중요한 의미를 찾을 수 있다.

반면에 가해학생은 자신의 의사소통능력을 활용하여 가해행동의 빈도를 증가하기도 한다. 이는 가해학생의 정서지능과 관련이 있는데, 정서지능은 다른 사람의 감정을 이해하고, 재경험하는 능력을 의미한다(Gini et al., 2007). 일반적으로, 정서지능이 높으면 공격성, 분노 등의 부정적인 감정을 잘 조절하고(Mavroveli & Sánchez-Ruiz, 2011), 상대의 감정과 의도를 잘 추론하며, 효율적인 상호작용을 가능하게 하여 또래관계에 긍정적인 영향을 미치는 것으로 알려져 있다(김광수, 이시화, 2009). 그러나 박선우 등(2022)은 정서지능이 높은 가해학생은 상대를 자신의 편으로 만드는 뛰어난 기술로 괴롭힘을 유발한다고 밝혔다. 가해학생이 정서지능을 활용하여 정서적인 지지를 요구하는 또래의 욕구를 파악하고 적절히 채워 주며, 이들의 생각과 행동을 조종하여 가해행동에 가담하게 하고 뜻을 같이하는 집단을 형성하는 것이다(박선우 외, 2022). 즉, 정서지능과 권력욕구가 높은 가해학생은 의사소통능력을 학교폭력 가해의 수단으로 사용할 수 있음을 시사한다. 가해학생이 의사소통능력으로 또래를 조종하고 무리를 형성한 경험은 자기 존재를 확인하고, 타인으로부터의 인정 욕구를 충족하게 한다. 이처럼 가해학생의 의사소통능력은 연구자마다 어떤 측면에 주목하느냐에 따라 상이하게 나타날 수 있으며, 이는 학교폭력 관련 개입에 있어 중요하게 고려될 필요가 있다.

5) 가해학생의 환경적 특성

(1) 가정의 특성

이준상(2016)은 아동의 공격성과 가족의 관계에 관한 연구를 리뷰하면서 아동의 공격성에 영향을 미치는 요인으로 가족응집력의 결여(Gorman et al., 1996), 부적절한 부모의 지도(Farrington, 1993), 가족의 공격성(Thornberry, 1994), 빈약한 부모로서의 역할과 문제해결기술(Tolan et al., 1986)들을 주요 요인으로 제시했다. 이러한 다양한 가정의 특성들이 복합적으로 작용하여 또래괴롭힘 행동을 야기한다고 보고 있다. 실제로 학교폭력 가해를 예측하는 강력한 요인 중 하나가 아동기 시절 신체 학대, 성적 학대, 방임을 포함하는 아동학대이다(Turanovic & Siennick, 2022).

Olweus(1993)는 학교폭력 가해행동을 하는 아동의 가족특성으로 따뜻함이 부족하고 가족 내에서의 신체 폭력이 일어나며 아동행동에 대한 지도에 실패한 가족이라고 지적하였다. 이는 부모의 양육태도를 의미하며, 아동의 공격적인 행동특성의 원인이 부모의 바람직하지 못한 양육태도에 있다는 것이 국내외의 많은 연구에 의해 지속적으로 밝혀져 왔다(권재환, 이은희, 2006; 김종운, 이명순, 2009; 노충래, 이신옥, 2003; 박지현, 이동혁, 2016; 송진영, 2016; 이복실, 2007; 정주영, 2014; de Haan et al., 2012; Snyderet et al., 2005). 김재엽 등(2015)은 학교폭력 가해학생의 부모는 온정적이지 않고 권위주의적이며 아동학대를 수반한 강압적인 양육방식을 특징으로 하는데, 이는 정신 건강, 공격성 및 자기통제력에 부정적인 영향을 미친다고 보았다. 이처럼 부모의 양육태도는 청소년기의 도덕적 이탈 또는 학교폭력과 같은 반사회적인 행동에 영향을 끼치며(Menesini et al., 2003), 도덕성의 결여는 자신의 그릇된 행동을 정당화시킴으로써 학교폭력 가해행동과 같은 반사회적인 행동의 원인이 된다(김보은, 최수미, 2016; Gini, 2006).

Espelage 등(2013)의 종단연구 또한 어린 시절 가정 내 폭력 경험이 이후 청소년기의 공격 행동 문제와 학교폭력 가해행동에 영향을 미친다는 점을 확인하였다. 문제해결 방식으로 폭력적인 행동을 하는 부모를 둔 청소년의 경우에 이를 관찰학습함으로써 학교에서의 갈등 상황에서 폭력적인 방식으로 해결하려 한다는 것이다(Bandura et al., 1961). 이승주와 정병수(2015)는 부모로부터 신체폭력과 언어폭력을 경험한 적이 있는 청소년이 그러한 경험이 없는 청소년에 비해 학교폭력을 행사할 가능성이 매우 높음을 확인하였으며, 이들 변인 간의 관계에서 공격성이 매개하고 있음을 증명하였다. 노경훈과 한대동(2017)은 아동의 공격성은 부모의 공격적인 행동의 모방을 통해 형성되는데(송지원, 1997), 부모가 자녀에 대해 거부적이고, 애정이 부족하거나, 신체적 처벌을 사용할 경우 자녀의 반사회성이 높다는 연구결과를 인용하였다. 이처럼 부모가 가정에서 폭력을 사용할 경우 폭력에 대한 허용도가 높아진다. 부모가 공격적 행동에 대해 평소 어떤 메시지를 전달하는지는 아동의 행동 형성에 매우 중요한 역할을 한다. 자녀는 갈등 상황에서 폭력적 반응을 지지하는 부모의 메시지를 내재화하고, 이를 자신의 정체성으로 통합하게 된다(Zimmer-Gembeck & Collins, 2003). 사회인지 정보처리 모델에 따르면 부모의 폭력을 목격하거나, 폭력이 허용되는 방식에 대한 지각은 자녀의 신념과 규준을 형성하게 된다. 그리고 이는 관계에 대한 기본적 인지적 도식, 즉 스키마(schema)로 작용하여 자녀의 이후 행동에 영향을 미치게 된다(Garthe et al., 2015). 실제로 부모가 어떤 상황에서는 싸움이 필요하다고 믿고 자녀가 이에 동의하는 경우 학교에서 정학되었을 가능성(지난 6개월 동안)이 다른 학생들에 비해 7.5배나 높았다(Solomon et al., 2008).

또한 부모가 직접 폭력을 행사하지 않더라도 폭력에 대한 부모의 허용적 태도를 지각하는 것은 아동의 폭력에 대한 태도에 영향을 미치고, 결국 학교폭력 가해행동을 예측하였다(임정임, 김예성, 2010). 폭력에 대한 허용적인 태도는 실제로 폭력을 사용한 학생들에게서 더 많이 발견할 수 있으며, 폭력적 행동에 직접적인 영향을 미치는 요인으로 지목된다(신혜섭, 양혜원, 2005; Heather & Vangie, 1997). 또한 성장 과정에서 폭력을 목격하는 것만으로도 폭력행동에 지지적 태도를 가질 수 있다(Farrell & Sullivan, 2004). 가정이나 학교에서 공격성을 학습하여 내재화할 경우 자신을 드러내는 수단으로 자연스럽게 공격적 행위를 사용하게 되는데 이는 폭력에 대한 긍정적인 인식을 반영하는 것이라 볼 수 있다(Berstein & Watson, 1997).

(2) 학교의 특성

현행 「학교폭력예방법」에는 학교 밖에서 발생하는 폭력도 학교폭력으로 간주하지만, 대부분의 학교폭력은 학교에서 발생하며 학교의 다양한 요소가 학생의 학교폭력에 영향을 미친다. 학교폭력은 학교라는 장을 매개로 이루어지고 있고, 학교폭력의 가해학생과 피해학생이 학생들이라는 점을 고려할 때 학교폭력 발생이 학교의 환경적 요인에 의해 크게 영향을 받을 것이라는 점은 재론의 여지가 없다. 과밀 학급 또는 학생 수, 폭력 회피 능력의 제한, 분노, 거부, 불만 등을 야기시킬 수 있는 행동의 제약과 순응의 요구, 폭력 행위를 유발하기 쉬운 건물 구조 등 학교 교육의 역기능적 요소는 학교폭력의 요인이 될 수 있다(권이종, 1998; 이상균, 1999).

학생들은 대부분의 시간을 학급에서 보내며 또래관계 역시 학급에서 형성되기 시작하는 경우가 일반적이므로 개인에게 있어 학급은 중요한 학교 내의 하위체계이다. 학급의 특성 중에서 학급응집성은 학급 구성원이 학급집단에 대해서 갖는 모든 감정과 관련된 것으로 이 응집성의 측정치는 개인의 집단에 대한 느낌과 감정의 총합이다. 이러한 학급의 응집성은 학교폭력 가해행동에 영향을 미치는 것으로 알려져 있다. 학급의 응집성이 높으면 학급 구성원 간에 강한 소속감과 일체감을 가지게 되지만, 반대로 학급응집성이 낮아서 학급으로부터 이탈하는 구성원이 많을수록 그 학급에는 문제가 많아진다. 이훈구 등(2000)의 현장실험 연구에 의하면, 일반 학급에 비해 집단따돌림 및 폭력행위가 자주 발생하는 학급의 응집력이 더 낮았다. 또한 또래지명법을 사용한 사회연결망 분석 연구에서도 학급폭력이 보고되지 않은 학급에 비해, 학급폭력이 보고된 학급이 학생들 간에 연결 정도나 유대관계가 낮은 것으로 나타나 학급응집력이 약함을 보여 주었다(김연일, 임선아, 2020).

학교폭력 문제에서 학생들이 폭력을 어떻게 바라보는가에 대한 폭력 허용도는 학교폭력을 측정하는 중요한 척도 중 하나인데 학급의 학교폭력 허용도 역시 가해행동에 영향을 미치는 변인이다(노경훈, 한대동, 2017). 학교폭력 가해학생은 폭력에 대해 일반적으로 다른 학생보다 허용적인 태도를 가지며, 학교폭력 허용도가 높은 학생의 경우 폭력을 거부하는 것이 아니라 폭력이 허용된다고 해석한다(최희영, 2011). 학생들의 폭력에 대한 허용적인 인식은 직접적인 폭력행위로 나타날 뿐만 아니라 피해학생이 겪고 있는 폭력상황에 대해서도 이를 허용하거나 묵인할 가능성이 높다. 학급응집력과 폭력허용도의 관계로는 학급응집력이 높을수록 초등학교 고학년 아동의 학교폭력 허용도가 낮았으며, 친구를 놀리거나 때려도 된다는 가해학생의 태도와도 부적상관을 나타냈다(김정옥, 김완일, 2019). 다시 말해 학급응집력이 낮을수록 학교폭력 허용도가 높아져 학교폭력을 허용하는 분위기나 태도가 형성되어 실제 학교폭력이 자주 발생할 수 있다. 반면, 학급응집력이 높을수록 학교폭력을 허용하지 않는 분위기가 형성되고, 가해학생의 태도도 친구를 덜 괴롭히는 쪽으로 변화한다고 볼 수 있다.

교사의 무관심, 학교의 태만한 대응 역시 학교폭력에 영향을 미칠 수 있는 요인이다(Harootunian & Apter, 1993). 교사로부터의 폭력적 훈육을 경험한 학생들은 폭력에 대해 우호적인 생각을 하는데, 이는 폭력문화에 대한 허용도를 높인다. 즉, 폭력문화의 허용은 폭력 행사를 긍정적으로 받아들이게 하고, 법규의 준수를 하찮게 여기는 것을 하나의 생활양식으로 자리 잡게 한다. 법규범의 위반에 대해 긍정적인 사람은 비행이나 폭력적 행위를 하게 될 가능성이 높다고 보고되고 있고(김준호, 1997), 최지은(1998)의 연구에서도 학교생활에서 교사로부터의 폭력적인 훈육을 통해 폭력에 대해 긍정적인 태도를 가지며 폭력행동이 더 강화됨을 밝히고 있다. 특히 여러 요인 중에서 교사와의 관계가 많은 영향을 미치는 것으로 알려져 있다. 노성호(1994)의 연구에서는 교사를 좋아하는 정도가 낮을수록 폭력행동이 높은 것으로 나타났다. 다른 연구에서도 선생님과의 친밀감이 낮을수록, 선생님의 관심이 낮을수록 전반적인 비행의 평균이 높게 나타났으며(김치영, 2002), 교사의 지지가 높을수록 비행 수준이 낮은 것으로 나타났다(이은주, 2000). 또한 학교폭력 가해경험 집단이 피해경험 집단보다 교사와의 관계에서 더욱 적대적이라는 연구결과(박영신, 김의철, 2001)도 있다. 이금주(2002)의 연구에서는 교사로부터 인정받지 못하는 학생들은 학교폭력 가해경험이 많은 것으로 나타났다.

(3) 또래의 특성

청소년기는 가정의 영향력에서 벗어나 또래집단이 미치는 영향력이 커지는 시기이므로 학급 안에서 또래들과 상호작용을 통해 형성한 관계는 청소년에게 큰 영향을 미친다. 또래들은 그들만의 소속감과 규칙을 구체화시킨 자신들만의 규준(norm)을 가진다. 그리고 이 규준은 그 집단에 속한 또래들의 행동 규범으로 작용하므로, 자신이 속한 또래집단과 자기 자신을 동일시하며 그 과정에서 또래집단에 동조하게 된다. 따라서 이 시기에 또래는 행동의 기준이 됨과 동시에 일종의 사회적 압력으로 작용한다. 이에 학생이 어떠한 또래 집단에 속해 있고, 그 또래집단이 폭력에 대해 어떠한 규준을 형성하고 있는지가 중요하다. 청소년기에는 하루 중 대부분을 학교에서 보내기 때문에 학교 현장에서 또래관계의 질이 공격성과 문제해결에 영향을 미친다(남영옥, 한상철, 2007). 학교폭력 가해학생은 학급 및 집단 내에서 영향력을 가지게 되는 과정을 관찰하며 친구의 가해행동을 배우고, 오랜 시간 가해학생들과 어울리면 학교폭력에 더 깊이 가담할 가능성이 높다(Sentse et al., 2014). 이처럼 폭력에 대한 또래집단의 태도가 학교폭력 문화를 양산하는 데 중요한 역할을 한다.

실제로 여러 연구를 통해서도 또래의 영향력이 확인되었는데, 일탈적인 행동을 하는 비행 친구는 학교폭력 가해의 예측 요인 중 영향력 있는 요인으로 여겨지고 있다(Turanovic & Siennick, 2022). 학교폭력 가해 경험에 미치는 요인을 비교한 결과 비행 친구는 초·중·고 학생 때 모두 영향을 미쳤는데, 중학생이 가장 큰 영향을 미쳤고, 고등학생은 두 번째로 영향을 미치는 것으로 나타났다(김순혜, 2007). 이는 비행 친구와의 접촉을 통해 폭력행동의 학습이 이루어짐으로써 폭력행동에 대한 긍정적 가치를 습득한 것으로 해석된다. 이미영과 장은진(2015)의 연구에서도 가해학생이 가해행동을 하게 된 원인에는 또래의 영향력이 크다고 보고하고 있으며, 특히 폭력을 사용하여 친구의 문제를 해결해 주는 것을 도움을 주는 행동으로 인식하였다. 최근에는 충동성 요인, 그리고 부모의 방임 요인이 각각 비행 친구를 매개로 사이버폭력에 영향을 미치는 것으로 나타나(이승현, 2023) 비행 친구와의 접촉이 사이버폭력에도 영향을 미친다는 것을 알 수 있다.

제 7 장

학교폭력 가해학생을 위한 상담적 개입

프롤로그

폭력은 어떠한 경우에도 정당화될 수 없기에 폭력을 행한 가해학생을 처벌하는 것은 매우 당연한 조치로 여겨진다. 바른 길로 이끈다는 '선도(善導)'라는 명목으로 처벌하여 따끔하게 혼이 나면 앞으로는 폭력이 억제될 것으로 기대하지만 처벌은 기대만큼 변화를 이끌어 내지 못하는 경우가 많다. 급기야 해당 학교에서는 그 학생을 선도하지 못해 전학을 보내거나, 퇴학 처분을 내리는 경우도 발생한다. 처벌만 주어져서는 가해학생의 변화를 이뤄 내기 어렵다. 특히 지속적으로 폭력을 행하는 학생은 폭력의 심리적 동기를 파악하여 상담하거나 치료를 하지 않고서는 변화를 기대하기 어렵다. 물론 가해학생이 전학을 가거나 퇴학을 당하면 학교는 보다 안전한 곳이 되겠지만, 궁극적으로 가해학생이 변화되지 못하면 가해학생은 다른 학교에서 혹은 학교 밖에서 또 다른 폭력을 행할 가능성이 높다. 이 장에서는 학교폭력 가해학생의 폭력을 단순히 억제하는 처벌을 넘어, 상담과 심리치료적 개입을 통해 가해학생의 변화를 촉진하는 방법을 배우고자 한다.

학교폭력:
심리적 이해와 상담적 개입

1 가해학생에 대한 맥락적 이해에 기반한 상담전략[1]

이 절에서는 제5장에서 소개한 오인수 등(2016)의 연구에서 제시한 가해학생을 위한 효과적인 상담전략을 제시하고자 한다. 이 연구에서는 학교폭력 가해학생을 직접 상담하고 있는 상담자를 심층면접하고, 근거이론 방법을 사용하여 가해학생이 처한 맥락을 [그림 7-1]과 같이 제시하였다.

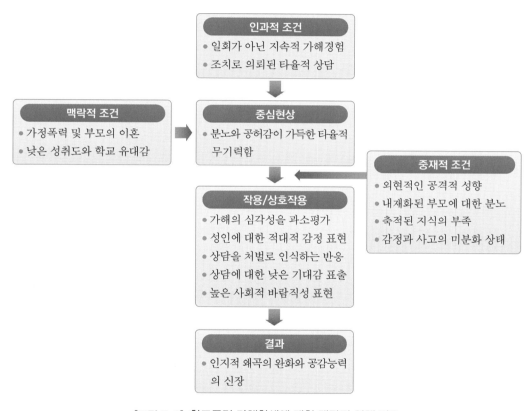

[그림 7-1] 학교폭력 가해학생에 대한 맥락적 이해 범주

---

1) 이 절은 오인수 등(2016)의 연구를 수정 · 보완하여 작성함.

1) 가해학생에 대한 맥락적 이해

가해학생의 경우 예외 없이 선도 조치로 상담을 받는 것에 대한 강한 분노를 표현하였다. 가해학생은 처벌 조치 이외에 특별교육이나 상담 등의 부가 조치를 받는 경우가 많기 때문에 타율적 상담으로 진행되는 경우가 많다. 상담 동기가 낮기 때문에 깊이 있는 대화가 쉽지 않지만, 일단 대화가 깊이 진행되어 속마음을 털어놓을수록 자신도 알 수 없는 공허함을 공통으로 호소하는 경우가 많다. 그러나 기본적으로 변화하려는 의지와 동기가 매우 부족할 뿐만 아니라 재수가 없어 할 수 없이 상담을 받으러 왔기 때문에 빨리 상담이 끝나기만을 바라는 태도가 지배적이다. 이 연구에서는 이를 '분노와 공허감이 가득한 타율적 무기력함'으로 명명하였다. 다음에 제시된 진술문은 이러한 특징을 잘 드러낸다.

> "보호감찰받는 아이들은 납작 엎드려서 진짜 사과를 많이 하거든요. 사과문도 많이 쓰고 자신이 하는 것에 대해 적기는 잘 적지만 머릿속으로는 딴생각을 하고 있거든요."
> "경찰서에서 의뢰되는 아이들은 학교를 통해서 오는 애들보다 자유로워요. 그냥 상담에 의미를 두기보다는 참여하는 게 목적이지……. 얽매이지 않고 약속이나 규율을 지키기 어렵다고 말해요."
> "학교에서 보내져서 센터까지 왔으니까 다른 애들 하니까 그냥 하는 거죠."

그래서 가해학생은 상담과정에서 자신의 가해행동에 대해 우쭐대며 심각성을 과소평가하고 성인에 대해 내재화된 적대적 감정을 보이는 경우가 많다. 상담을 처벌의 개념으로 인식하고 반발하는 경우가 흔하며, 상담의 효과에 대한 낮은 기대 행동을 보인다. 또한 의도적으로 사회적 바람직성을 보이며 상담자에게 잘 보여 빨리 상담이 종료되기를 바라기도 한다. 가해학생이 선택한 것으로 보이는 이러한 전략 역시 자신의 공격적 행동을 합리화하거나 상담자가 원하는 행동을 의도적으로 보여 주어 빨리 상담 장면에서 벗어나려는 동기에 기반한다. 또한 유아기적 폭력 노출 경험으로 인해 자신도 의식하지 못하는 내재화된 적대적 감정을 상담자에게 투사하기도 한다. 그뿐만 아니라 지속적으로 부정적인 행동을 보임으로써 상담자마저 자신을 포기하게 하여 자신은 누구에게도 사랑받지 못한다는 무의식적 동기를 재확인하려는 전략을 사용할 가능성이 높다. 다음에 제시된 진술문은 이러한 특징을 잘 드러낸다.

"타인한테 따뜻한 공감조차 받아 본 적이 없는 아이들이기 때문에 어른이라고 생각하면 적대시하는 것들이 좀 많이 있는 것 같아요."
"가해행동을 그냥 장난으로 생각하고 가볍게 생각하더라고요."
"가해 애들은 처음에는 매우 강한 척을 많이 해요."

2) 가해학생의 맥락에 기반한 효과적 상담전략

이러한 특징을 보이는 가해학생에 대해 오인수 등(2016)은 가해학생의 특징에 따라 서로 다른 상담전략을 제시하였다. [그림 7-1]에 제시된 두 가지의 인과적 조건인 '일회가 아닌 지속적 가해경험'과 '조치로 의뢰된 타율적 상담'의 특징에 따라 각기 다른 상담전략을 다음과 같이 제시하였다.

(1) 일회가 아닌 지속적 가해학생 상담

지속적으로 가해행동을 한 경우 이들의 가해행동과 그 행동으로 인한 결과의 관련성을 명확하게 인식하도록 돕는 것이 필요하다. 폭력이 지속된다는 것은 그러한 폭력을 통해 얻는 대가(cost)보다 이득(benefit)이 더 많기 때문이다. 행동과 결과의 유관성(contingency)을 더욱 명확하게 인식할 때 행동에 대한 조절력은 향상된다. 폭력행동을 통해 일시적으로는 이득을 볼 수 있어도 궁극적으로 더 큰 대가를 치르게 된다는 다양한 예시를 제시하는 것이 좋다. 최근 여러 연예인, 스포츠인 등 유명 인사들에 대해 과거 학교폭력 가해 사례의 폭로가 이어지며 당사자들은 혹독한 대가를 치르고 있다. 그뿐 아니라 2026학년도 대학입시부터 학교폭력 가해학생에 대한 조치 사항이 모든 전형에 의무적으로 반영되는 정책이 발표되기도 했다. 이처럼 폭력에 대한 대가를 명확하게 인식하여 폭력행동을 조절할 수 있도록 돕는 것이 필요하다.

가해학생은 종종 가해행동을 우쭐대며 단순한 장난으로 인식하는 경우가 많다. 비행행동을 보이는 청소년의 경우 자신의 문제행동을 긍정적으로 곡해하는 경향이 있기 때문에 이들의 왜곡된 인지를 바르게 교정해 주는 것이 필요하다. 또한 본인의 장난이 상대에게 심각한 피해를 준다는 점을 느낄 수 있도록 공감훈련 등을 통해 상대의 감정을 체휼할 수 있는 역할전환(role-reversal) 기법 등을 시도하는 것이 효과적일 것이다. 즉, 가해자와 피해자의 입장을 바꾸어 생각해 보는 활동을 통해 자신의 행동이 상대에게 어떤 영향을 미치는지 깨닫도록 돕는 것이 효과적이다. 이는 피해학생에 대한 가해학생의 공감능력을 향상하고 가해행동에 대한 죄책감을 느끼게 하여 재발 방지에도 도움이 될 수 있다.

또한 가해학생들은 감정인식과 표현수준이 매우 낮고, 감정 형용사의 생성력이 매우 떨어지며 감정에 대한 민감성이 낮은 상태이다. 따라서 감정의 반영기술을 활용하여 학생이 스스로 자신의 감정을 인식하고 명명할 기회를 제공하는 것이 효과적일 것이다. 상담자는 학생의 말 속에 담긴 감정을 민감하게 알아차리고 이를 적절한 언어로 반영해 줌으로써 가해학생이 자신의 감정을 자각하도록 도울 수 있다. 이 과정에서 감정 어휘를 풍부하게 사용하여 정서적 경험을 구체화하고 명료화하는 작업이 병행되는 것이 효과적이다. 이는 가해학생이 자신과 타인의 감정을 이해하는 능력을 기르고 감정 조절력을 향상하는 데 기여할 것이다.

가해학생은 성인에 대해 내재화된 적대적 감정을 보이는 경우가 많은데, 이는 내담자가 가정폭력과 같은 폭력 노출 경험에 의해 형성된 억압된 분노를 내재화하고 있다가 상담자에게 투사하는 것으로 해석할 수 있다. 따라서 상담자는 이들의 미해결 감정에 대하여 카타르시스를 경험하도록 도움을 주는 것이 효과적이다. 그러기 위해서는 안전하고 신뢰로운 상담 관계 속에서 그동안 억눌러 왔던 분노와 상처를 자유롭게 표출할 수 있도록 수용하고 공감해 주어야 한다. 동시에 부정적 감정을 건설적인 방식으로 다스리고 표현하는 방법을 가르쳐 주는 것도 중요하다. 지금까지 설명한 내용을 도식화하면 [그림 7-2]와 같다.

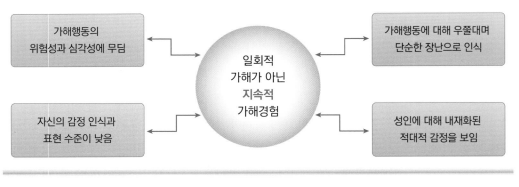

[그림 7-2] 지속적으로 폭력을 행사하는 가해학생 상담전략

(2) 조치로 의뢰된 타율적 가해학생 상담

대부분의 가해학생은 선도 조치로 상담에 의뢰되고 타율적 상담을 진행하게 되어 상담을 처벌의 개념으로 받아들이는 경향이 강하다. 즉, 상담을 자신의 변화와 성장을 위한 기회로 인식하기보다는 처벌의 연장선상으로 받아들인다. 이때 상담자는 상담에 대한 오개념을 바로잡아야 한다. 가해학생들이 상담에 대해 가지고 있는 부정적인 인식과 오해를 불식시키고, 상담의 본질적인 의미와 목적을 이해할 수 있도록 도와주는 것이 무엇보다 중요하다. 이를 위해 상담자는 가해학생들에게 상담이 처벌이 아닌 자기이해와 성찰, 나아가 변화와 성장의 기회가 될 수 있음을 충분히 설명하고, 상담과정에서 가해학생들이 자신의 문제를 직면하고 해결해 나갈 수 있도록 격려하고 지지해 주어야 한다. 비록 선도 조치의 일환으로 상담을 받게 되었지만, 상담의 궁극적인 목적은 처벌이 아니라 가해학생의 변화와 성장이라는 점을 인식하도록 도와야 한다.

상담의 동기가 외적으로 부과되다 보니 상담의 효과에 대한 기대 역시 매우 낮았다. 따라서 학교폭력의 결과로 부과된 조치에 초점을 두기보다는 이들이 폭력을 행사한 내적 동기를 탐색하는 데 초점을 두어야 한다. 이들의 내적 동기를 명료화한다면 상담에 대한 소극적 태도가 보다 적극적으로 바뀔 수 있기 때문이다. 가해학생들의 공격성이나 폭력성의 기저에는 다양한 심리적, 환경적 요인이 복합적으로 작용하고 있을 가능성이 높다(이미영, 장은진, 2016). 상담자는 이러한 내적 동기와 원인을 세심하게 파악하고, 가해학생들이 자신의 문제를 직시할 수 있도록 돕는 한편, 이를 해결하기 위한 구체적인 방안을 모색할 수 있도록 조력해야 한다. 이 과정에서 가해학생들은 상담에 대한 소극적이고 수동적인 태도에서 벗어나, 더욱 능동적이고 적극적인 자세로 상담에 임하게 될 것이다.

또한 가해학생들은 상담자를 평가자로 인식하는 경향이 강했다. 가해학생들은 상담자가 자신의 행동을 평가하고, 이를 근거로 처벌이나 징계의 수위를 결정할 것이라는 부담감을 가지고 있다. 이러한 인식은 가해학생들로 하여금 상담 장면에서 방어적이고 수동적인 태도를 취하게 만드는 요인으로 작용한다. 가해학생들은 자신의 행동에 대해 솔직하게 털어놓기보다는, 상담자의 눈치를 살피며 그들이 듣고 싶어 하는 말을 하려고 노력한다. 즉, 자신의 실제 모습을 드러내기보다는 사회적으로 용인될 만한 모습을 연출하려는 경향을 보이는 것이다. 더불어 가해학생들은 상담자의 질문이나 개입에 대해서도 방어적으로 반응하는 모습을 보인다. 그들은 자신의 행동을 정당화하거나 합리화하는 한편, 상담자의 질문 의도를 의심하고 경계하는 태도를 보이기도 한다. 이처럼 상담자를 평가자로 인식하는 가해학생들의 태도는 상담의 효과성을 저해하는 요인으로 작용할 수 있다. 따라서 상담자는 가해학생들이 자신을 평가자가 아닌 조력자로 인식할 수 있도록, 이들과 신뢰하는 관계를 형성하기 위해 진솔하고 공감적인 태도로 접근할 필요가 있다.

이와 같이 학생들은 상담자가 원하는 방식으로 말과 행동을 맞추는 의도적인 사회적 바람직성(social desirability)이 나타나므로 내담학생의 불일치적인 태도에 대해 적절한 타이밍에 직면 기술을 사용하는 것이 필요하다. 즉, 상담자는 진솔함에 기초하여 진정성 있게 도와주려는 의도를 충분히 전달하고 내담학생의 불일치하는 태도에 대해 직면기술을 사용해야 한다. 예를 들어, 상담자는 가해학생의 말과 행동에서 드러나는 불일치나 모순된 부분을 구체적으로 지적하고, 이에 대해 개방적이고 탐색적인 질문을 함으로써 가해학생 스스로 자신의 진실된 모습을 직면할 수 있도록 도와주어야 한다. 다만 직면 기술을 적용하면 내담자가 자신의 본모습이 드러난 것에 대한 수치심을 느껴서 상담에 대한 저항감이 증가할 수 있으니 충분한 신뢰관계가 형성된 이후에 직면 기술을 적용하는 것이 필요하다. 무엇보다 상담자는 진솔함에 기초하여 진정성 있게 도와주려는 의도를 충분히 전달하고, 내담학생의 불일치하는 태도에 대해 직면기술을 사용하여 다루어 나가는 것이 필요할 것이다. 이를 정리하여 도식화하면 [그림 7-3]과 같다.

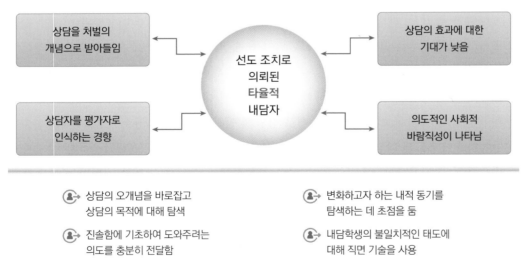

[그림 7-3] 선도 조치로 의뢰된 타율적 가해학생 상담전략

이주영과 이아라(2015)는 학교폭력 가해자 상담 경험이 있는 12명의 상담자를 대상으로 합의적 질적 연구(CQR) 방법을 사용하여 상담자 경험과 인식을 분석하였다. 이 연구에서 상담자들은 선입견과 편견 없는 태도로 내담자를 대하는 것, 억울한 정서를 다루어 주는 것

등에 초점을 두고 있었으며, 학교폭력 관련 행동이 감소하는 것을 가장 주요한 상담 성과로 인식하였다. 한편, 상담자들은 내담자의 비자발적, 비협조적 태도를 가장 큰 어려움으로 지각하고 있었으며, 이러한 어려움에 대처하기 위해 내담자의 정서를 다루고, 치료적인 관계를 촉진하는 데 초점을 두고 있음을 확인하였다. 또한 상담자들은 가해자 상담의 단기성과 사후관리의 부재 등을 문제로 인식하고 있었으며, 유관기관 간 연계 등의 노력이 필요하다고 보고하였다.

김혜숙(2023) 역시 가해자의 특성에 따라 상담 접근이 달라져야 할 필요성을 제시하였다. 연구에서는 상담관계 형성의 중요성을 강조하였고, 공감능력과 친사회적 행동의 증진을 위해서는 격려와 인정이 중요하며, 책임 있고 도덕적으로 옳은 방법으로 욕구를 충족할 수 있도록 돕기 위해서 현실치료의 적용을 제안하였다. 또한 사회정보처리 단계별 개입과 인지치료를 통한 공격성 감소, 과거의 경험과 부정적 인지·감정의 연관성 탐색, 분노조절능력과 사회적 유능성 향상을 위한 훈련 등이 효과적인 접근일 수 있음을 주장하였다.

2 가해학생의 사회, 정서, 행동을 위한 상담전략[2)]

이 절에서는 가해학생이 경험하는 대표적인 문제로 분노, 공격성, 공감 및 정서조절을 다루는 상담전략을 제시한다. 가해학생은 일반적으로 공격성의 수준이 높고, 가해자로 지목된 것에 대해 분노를 표현하였다. 또한 피해학생이 괴로워하는 것을 보면서도 공감능력이 부족하여 괴로움을 덜 느끼는 경향이 있다. 자신의 감정에 대한 인식이 낮으며 정서를 조절하는 능력 또한 떨어지는 경우가 많다.

1) 가해학생의 분노조절을 위한 상담

분노감정은 자연스럽고 건강한 감정이지만 이를 적절하게 조절하지 못할 경우, 자신과 타인에게 피해를 줄 수 있기에 자신의 분노감정을 인식하고 이를 효과적으로 조절하는 것은 대인관계에서 매우 중요한 부분이다(Gardner & Moore, 2008). 최근 다양한 선행연구를

---

2) 이 절은 오인수 등(2015)의 『도담도담 프로그램 매뉴얼』의 내용을 일부 수정·보완하여 작성함.

통해 학교폭력 가해행동과 분노조절 사이에 부적 관계가 있음이 밝혀지고 있다(김하강, 한미라, 2015; 이은희 외, 2004; 천한나, 박지연, 2013). 다시 말해, 분노조절을 잘하지 못하는 학생일수록 학교폭력 가해행동으로 표출될 가능성이 높으며, 반대로 분노조절을 잘하게 된다면 가해행동의 빈도도 줄어든다는 것이다. 따라서 가해학생들이 건강한 방법으로 자신의 분노를 인식하고, 조절하며, 해소할 수 있도록 돕는 것은 가해자 선도 및 교육적 측면에서뿐 아니라 학교폭력 예방 차원에서도 중요한 개입이 될 수 있다. 이번 절에서는 가해학생들이 자신의 분노를 알아차리고, 그것을 건강하게 해소할 수 있는 방법을 찾아본 뒤 긍정적 자기선언문을 만들어 보는 상담전략을 소개하고자 한다.

(1) 분노감정 알아차리기 　활동지: 화가 나면

혼히 분노는 부정적인 감정이기 때문에 화를 내는 것은 나쁜 행동이라고 생각하는 경우가 많다. 그러나 분노 자체는 긍정적이지도 부정적이지도 않은 정서로 스트레스 상황에서 분노의 감정을 느끼는 것은 지극히 건강하고 정상적인 반응이다(Van Doorn et al., 2014). 하지만 분노가 계속 지속되거나 정도가 심해져 자신이나 상대에게 피해를 주는 것은 문제가 될 수 있기에 이를 잘 조절할 필요가 있다. 이렇듯 분노를 잘 조절하기 위해서는, 먼저 자신의 분노감정을 잘 알아차리는 것이 필요하다. 자신이 어떠한 상황에서 분노를 느끼고, 그것이 몸과 마음에서는 어떤 증상으로 나타나는지, 그럴 때 자신과 주변의 사람들은 어떻게 반응하는지 제대로 인식하는 것만으로도 분노를 적절한 수준으로 조절할 수 있다(Slavin-Spenny et al., 2013).

특히 가해학생 집단의 경우, 개인 내적, 외적 요인들로 인해 감정조절, 그중에서도 특히 분노와 같은 부정적인 감정조절에 취약한 경우가 많다. 어린 시절 가정에서 자신의 감정을 인식하고 조절하는 훈련을 받지 못한 경우, 학교에서 다양한 갈등 상황에 직면했을 때 생겨나는 부정적인 감정을 적절하게 표출하지 못하고 분노를 충동적으로 외현화하게 되는 것이다. 따라서 가해학생의 이러한 취약성을 인식하고 도움을 주기 위하여 자신의 분노를 알아차릴 수 있는 활동을 하는 것이 도움이 될 수 있다. 먼저, 학교폭력과 관련하여 가장 화났던 장면 한 가지를 떠올려 보도록 하고, 이때 내 몸에서 나타난 분노증상을 「화가 나면」 활동지에 표시한 뒤, 이를 각자 설명하도록 한다. 이때, 상담자는 다음의 질문들을 활용하여 분노 증상에 대한 탐색을 촉진할 수 있다.

- 주로 어떤 상황에서 그러한 증상이 나타나나요?
- 그런 증상을 보일 때 주변 사람들의 반응은 어떠한가요?
- 화를 주로 표현하는 편인가요, 아니면 주로 속으로 참는 편인가요?

상담자는 질문에 대한 학생들의 대답을 듣고, 일반적으로 분노의 감정을 느낄 때 나타나는 신체적, 심리적인 증상들을 정리해 준다. 마지막으로 돌아가면서 활동에 대해 느낀 점을 이야기하고, 각자 다음 회기까지 자신이 느낀 분노의 감정을 점검하는 과제를 제시하여, 분노감정에 대한 알아차림을 생활화할 수 있도록 격려한다.

(2) 분노의 상황에서 떠오르는 부정적 생각 탐색하기   활동지: 화가 났을 때 뇌의 구조

화를 내는 것 자체는 부정적인 것이 아님에도, 분노는 부정적인 감정이기에 억압해야 한다고 생각하는 사람들이 많다. 그러나 해소되지 못하고 억압된 분노는 조절할 수 없을 정도까지 쌓이게 되면 결국에는 폭발하여 관계적 어려움을 만들 수 있다. 따라서 분노 자체가 아니라 분노를 조절하지 못하는 것이 문제가 된다는 것을 깨닫도록 도와야 하며, 개인에 따라 화를 내는 상황에 차이가 있음을 인식하도록 하는 것이 필요하다.

분노의 감정 뒤에는 그러한 감정을 일으키는 생각이 있다. 이러한 생각이 사실에 근거하지 않은 비합리적인 신념인 경우가 많다는 것을 알게 되면, 순간적으로 일어나는 분노의 감정에 휩쓸려 행동하기보다 한 발짝 물러서서 일어나는 감정 뒤에 숨어 있는 생각에 대해 인식할 수 있게 된다.

이는 인지행동치료의 ABC 모델에 기초한 것으로, A(activating event)라는 사건이 발생했을 때, 이에 대한 생각인 B(belief)에 따라 정서적 결과 C(consequence)가 다르게 나타난다는 것으로 설명될 수 있다(Ellis & MacLaren, 2005). 즉, 같은 사건이라도 이에 대해 어떤 신념을 가지고 있는지에 따라 분노 반응의 양상이 달라질 수 있다는 것이다. 예를 들어, 친구가 약속 시간에 늦은 상황에서 "친구가 나를 무시하는 거야."라는 생각하는 경우와 "친구에게 무슨 일이 있었나 봐."라고 생각하는 경우, 분노의 정도는 매우 달라질 것이다. 전자의 경우 상황에 대한 부정적 해석으로 인해 강한 분노 감정으로 이어질 수 있지만, 후자의 경우 좀 더 중립적으로 받아들일 수 있을 것이다. 이렇듯 분노 상황에서 자동적으로 떠오르는 부정적인 사고를 파악하는 것은 분노조절의 첫걸음이라고 할 수 있다. 하지만 이러한 '숙고'의 과정은 여러 번의 연습과 통찰을 통해 가능하기에 이 절에서 설명하는 활동을 통해 꾸준히 연습하여 사고를 유연하게 하는 것이 필요하다.

먼저, 분노의 감정이 비합리적 사고와 관련되어 있음을 학생들이 이해할 수 있도록 해야 한다. 서로 영향을 주고받는 감정과 사고의 관계를 스스로 인식할 수 있도록, 사고란 곧 분노한 상황에서 속으로 얘기하는 혼잣말에 담겨 있는 생각이라는 것을 알려 주고, 분노했을 때 떠올랐던 생각들을 「화가 났을 때 뇌의 구조」 활동지에 적어 보도록 한다. 활동지를 완성하고 나면, 완성한 그림에 대해 돌아가면서 소개하게 하고, 다음과 같은 질문을 통해 집단에서 상호작용이 활발하게 이뤄질 수 있도록 유도한다.

> - 그 상황에서 어떤 생각이 들었나요? 그 생각이 분노에 어떤 영향을 미쳤을까요?
> - 비슷한 상황에서 다른 사람들은 어떤 생각을 했을까요? 그 생각의 차이가 어떤 결과로 이어질 수 있을까요?
> - 분노를 유발한 상황에 대한 우리의 생각과 믿음을 바꿀 수 있는 방법은 무엇이 있을까요?

이를 통해 학생들은 분노의 상황에서 떠올랐던 혼잣말 속에 담겨있는 생각들을 찾을 수 있고, 서로의 경험을 나누면서 비슷한 상황에서도 서로 다른 생각과 감정을 느끼게 된다는 것을 체험하게 된다. 궁극적으로 분노의 순간 자신이 느낀 감정도 그때 떠오른 혼잣말 속에 담긴 비합리적인 생각 때문이었다는 것을 이해할 수 있게 되는 것이다.

이때, 상담자는 다음의 질문들을 활용하여 분노 상황에서 떠오르는 부정적 생각에 대한 탐색을 촉진할 수 있다.

> - ○○의 생각이 어떤 점에서 부정적이라고 볼 수 있을까요?
> - ○○의 지나치게 걱정하는(과잉불안) 생각은 어떤 점에서 문제가 될까요?
> - 내가 자주 사용하는 부정적 생각은 어떤 것이 있을까요?

이러한 질문들은 분노를 유발하는 상황과 생각 사이의 관계를 보다 명확히 이해하는 데 도움이 될 수 있다. 나아가 역기능적 분노 사고를 수정하고 대안적 사고를 발전시켜 나가는 토대가 될 수 있을 것이다.

(3) 건강한 분노해결 방법을 찾기 활동지: 분노 올 테면 와 봐

학교폭력 가해학생들은 건강한 분노해결 방법을 알지 못해서 즉흥적이고 과격한 방법으로 자신의 분노를 표현하는 경우가 많다. 따라서 이번 활동에서는 학생들이 스스로 가장 효과적이었던 분노해결 방법을 소개하고, 분노를 건강하게 해결할 수 있는 다양한 방법을 함께 탐색할 수 있도록 한다. 자신과 비슷한 경험을 가진 친구들의 경험을 듣고, 함께 이야기를 나누면서 자신에게 적절한 분노해결 방법을 찾아가는 데 도움을 받을 수 있을 것으로 기대된다.

먼저, 「분노 올 테면 와 봐」 활동지를 활용하여 분노가 느껴질 때 내가 해 봤던 방법 중에서 효과적이었던 '나만의 해결방법 Best 3'을 작성하여 친구들에게 자신의 방법을 소개하도록 한다. 친구들의 이야기를 듣고 난 뒤 가장 인상적이고 실천할 수 있는 방법을 선택하고, 왜 그렇게 생각하는지 그 이유에 대해 서로 피드백을 주고받게 한다. 이때, 학생들이 발표한 건강한 분노 표현 방식 중에서 효과적이라고 생각한 것을 인기투표 같은 방식을 통해 선정해 보는 활동을 추가할 수도 있다. 만약, 학생들이 소개한 방법이 부족하거나 비효과적이라고 생각되는 경우 상담자는 다음과 같은 방법을 소개해 줄 수 있다.

1. 분노가 치밀어 오를 경우 숨을 한 번 크게 몰아쉬고 속으로 10을 센다. 10을 세는 동안 계속 큰 호흡을 하며 분노를 조절한다.
2. 모래시계를 이용하여 화가 치밀어 오를 때 모래시계를 세운 후 떨어지는 모래를 바라보며 심호흡을 하도록 훈련한다.
3. 화가 심하게 나는 경우 큰 소리로 과감하게 소리를 지르게 한다. 그러나 사람에게 소리를 지르면 오히려 상황이 악화되거나 이상하게 보일 수 있으므로 비닐봉지나 쇼핑백을 스크림백(scream bag)으로 정한 후 봉지나 백에 입을 대고 외치게 한다. 경우에 따라서는 종이상자를 이용할 수도 있다. 경우에 따라서는 얼굴을 내밀거나 상체를 앞으로 숙이며 "Stop!" 소리를 외치면 보다 효과적인 경우가 있다.
4. 뽁뽁이(에어캡)를 활용하여 화가 났을 때 뽁뽁이를 터뜨리며 분노를 풀게 한다. 경우에 따라서는 택배상자에 들어가는 스티로폼 완충재를 찢게 하는 것도 효과적이다.
5. 1~4번에 제시한 여러 가지 도구를 모아 '분노풀이상자' 혹은 '분노풀이가방'을 만들어 도구들을 모아 놓고 화가 나면 상자를 열거나 가방을 푸는 등, 화를 풀고 싶은 방법을 선택하여 화를 풀도록 한다.

활동이 끝난 후에 상담자는 학생들이 분노조절의 중요성을 인식하고, 건강한 방법으로 분노 표현하기를 실천할 수 있도록 격려한다. 나아가 일회성 활동에 그치지 않고 일상생활에서 분노조절 기술을 적용하고 실천해 나갈 수 있도록 지속적인 모니터링과 피드백을 제공하는 것이 필요하다. 이를 통해 학생들은 분노를 더욱 건설적으로 해결하는 능력을 함양해 나갈 수 있다. Lokhorst 등(2013)의 연구에 따르면, 공개적인 다짐(public commitment)은 개인의 태도와 행동 변화에 강력한 영향을 미치는 것으로 나타났다. 특히 주변인들로부터의 사회적 지지와 격려는 행동 변화의 동기를 강화하고 실천을 용이하게 하는 요인으로 작용한다. 따라서 활동을 마친 후에는 분노가 유발되는 상황에서 탐색한 방법을 실천하려는 자신의 변화 의지를 공개적으로 선언하는 것이 좋다. 주변인들의 지지를 획득하는 경험은 학생들의 분노조절 실천 동기를 높이는 데 기여할 수 있다.

2) 가해학생의 공격성 조절을 위한 상담

공격성은 크게 선제적 공격성(proactive aggression)과 반응적 공격성(reactive aggression)으로 구분할 수 있다(Dodge & Coie, 1987). 전자는 또래를 협박하거나 지배하는 등의 예상되는 특정한 목적을 달성하기 위해 주도적이고 계획적으로 상대를 공격하는 것과 관련된다. 후자의 경우, 공격적인 행동을 유발하는 도발적 상황이나 지각된 위협에 대하여 적대적인 행동을 하거나 분노를 표출하는 등의 폭력적인 행동을 보이는 것과 관련된다. 공격성은 가해행동을 예측하는 개인의 다양한 심리적 변인 중 가장 높은 관련성을 보이는 것으로 알려져 있다. 따라서 학교폭력 가해행동을 예방하고 줄이는 데 공격성 조절은 매우 중요하다.

일반적으로 가해학생은 선제적 공격성이 높으며 이를 효과적으로 조절하지 못하거나 적절한 방법으로 해소하지 못하여 폭력적인 행동을 보이는 경향이 있다. 하지만 최근 학교폭력 피해경험이 가해경험으로 이어지는 현상에 대한 경각심이 높아지고 있으며(고경은, 이수림, 2015; 김재엽 외, 2015; 김지민, 노충래, 2015; 신희경, 2006), 특히 최근 교육부에서 실시한 학교폭력 실태조사에 따르면 가해학생 중 가해 이유로 '상대방이 먼저 괴롭혔기 때문'이라고 응답한 학생의 비율은 20.5%를 기록하였다(교육부, 2021). 이러한 점을 고려한다면 반응적 공격성이 높은 피해학생 집단과 이들의 공격성에 관심을 기울일 필요가 있다. 도발적 피해자(provocative victim)라고 불리는 피해학생은 가해학생에게 폭력적인 방법으로 보복하거나 자신보다 약하다고 생각되는 학생을 공격하는 행동을 보이며 또 다른 학교폭력의 가해학생이 될 가능성이 매우 크다. 또한 학교폭력의 주변인 중 가해학생을 돕는 가해 동조자

(assistant)와 가해행동을 강화하는 가해 강화자(reinforcer)는 직접적인 가해행동을 하지는 않지만 가해학생이 괴롭힘을 지속할 수 있도록 그 옆에서 부추기면서 간접적인 방식으로 가해행동에 가담한다(서미정, 2008; Sutton & Smith, 1999). 이들은 가해학생의 폭력적인 행동을 목격하면서 대리만족을 하거나 괴롭힘 상황을 즐기는 경향을 보인다.

이 절에서는 공격성의 개념을 선제적 공격성과 반응적 공격성으로 구분하고 간접적인 방식으로 가해행동에 참여하는 가해동조자 또한 잠재적 학교폭력 가해학생으로 포함하여 보다 세분화된 공격성 조절 프로그램을 소개하고자 한다.

(1) 공격성의 동기를 이해하고 적절한 대안행동 탐색하기

공격성을 효과적으로 조절하기 위해서는 공격적인 행동 이면에 숨겨진 원인과 동기를 파악하는 것이 선행되어야 한다. 이는 대부분의 경우, 폭력적인 행동을 할 때 적절하지 않은 목표가 내재되어 있다는 사실을 깨닫지 못할 가능성이 크기 때문이다. 특히 많은 가해학생에게서 높게 나타나는 선제적 공격성을 다루기 위해서는 가해행동으로 드러난 공격성의 동기를 탐색하는 과정이 매우 중요하다. 하지만 이러한 과정은 오랜 시간을 요하거나 학생에게 매우 어렵게 느껴질 수 있다. 따라서 해당 프로그램을 진행할 때는 상담자의 상담 효과에 대한 인내와 학생의 변화를 위한 노력이 각별히 필요하다.

먼저, 학생들에게 공격성의 동기에 대하여 설명한다. 이때, 오스트리아의 정신의학자 Alfred Adler가 제시한 문제행동의 네 가지 잘못된 동기인 '관심(attention) 끌기, 힘(power) 겨루기, 보복하기(revenge), 부족감(inadequacy) 표현하기'를 소개한다. 각각에 대하여 적절한 사례를 제시한다면 학생의 이해를 돕는 데 효과적이다. 공격적인 행동의 동기는 상황에 따라 변할 수 있으며 동일한 행동이 네 가지 동기와 모두 관련될 수 있다는 점도 함께 설명한다. 상담자는 다음 내용을 참고할 수 있다.

1. **관심 끌기**: 자신이 속한 집단 안에서 건설적인 기여를 통해 자신의 소속감 및 지위를 찾지 못하는 경우 가지게 되는 동기
2. **힘겨루기**: 자신이 속한 집단 안에서 자신이 최고이고 원하는 것을 얻을 수 있으며 더 강한 존재이자 승자가 될 권리를 가지고 있다고 생각하는 동기
3. **보복하기**: 자신이 속한 집단 안에서 사람들이 자신에게 불공평하고 자신의 감정을 무시하며 기분을 상하게 한다고 느끼는 동기

4. **부족감 표현하기**: 자신이 속한 집단 안에서 관심 끌기, 힘겨루기, 보복하기의 목표를 통해서 의미를 찾지 못하는 경우 너무나 낙담해서 포기하게 되는 동기

학생들이 자신의 사례를 나누거나 상담자의 설명에 보충할 수 있도록 유도하는 식으로 상호작용을 늘린다면 더욱 효과적으로 운영될 수 있다. 이후에는 학생들이 각각의 사례에 대하여 공격성의 동기와 심층 심리를 이해하고 더 나아가 적절한 대안행동을 탐색해 볼 수 있도록 돕는다. 이때, 다음 질문을 활용할 수 있다.

- ○○이의 주목받고 싶은 욕구를 채워 줄 수 있는 다른 방법으로 무엇이 있을까요?
- '짱'이 되고 싶은 △△의 욕구를 채워 줄 수 있는 다른 방법으로 무엇이 있을까요?
- △△가 화를 내는 상황에서 화를 내지 않고 조절할 수 있는 방법은 무엇이 있을까요?
- ☆☆이가 자신감을 회복하기 위해서는 어떤 노력이 필요할까요?

〈표 7-1〉은 네 가지의 공격적 행동의 동기별 심층 심리와 가능한 대안적 행동을 정리한 것이다. 학생이 대안적 행동을 탐색하는 과정에서 다음 내용을 활용할 수 있다.

〈표 7-1〉 네 가지 공격적 행동의 동기별 심층 심리와 대안적 행동

공격적 동기	심층 심리	대안적 행동
관심 끌기	수용, 인정	• 긍정적인 방식으로 상대의 관심을 유도하는 방법 익히기 • 현재 그대로의 내 모습이 소중한 이유를 목록으로 작성하기
힘겨루기	억압 대상에 대한 우월감 표현	• 경쟁이 포함된 스포츠 활동하기(다른 방식으로의 힘을 표현하기) • 타인을 격려하는 경험해 보기
보복하기	불공평함에 대한 보복	• 타인을 화나게 했던 경험, 결과 도식 만들기 • 분노를 조절하는 연습하기
부족감 표현하기	회피, 숨기	• 성공경험 일기쓰기 • 일주일에 하나 이상 작은 성공경험 만들어 보기

> **＋ 인사이트**　공허함으로 표현되는 가해학생의 부족감
>
> Adler의 개인심리학 이론에서 열등감은 개인의 성장을 위한 긍정적 동기로 작용하는 핵심 개념이다. 하지만 '열등감 콤플렉스'는 반대로 작용한다. 자신이 타인에 비해 부족하고 결핍되었으며 열악하다고 느끼는 신념이 강하면 지속적으로 부족감(inadequacy)을 느끼게 되어 삶에 역기능으로 작용한다. 어린 시절 양육과정에서 충분한 애정과 지지를 받지 못한 경우, 또는 다른 형제자매와의 부정적인 비교를 가혹하게 받은 경우 등 다양한 요인에 의해 형성될 수 있다. 이러한 열등의식이 부정적으로 작용하면 과도하게 주목을 끄는 행동을 하거나, 지나치게 경쟁적이 되고, 나아가 공격적인 행동을 하게 된다. 그런데 이러한 문제행동을 하면서도 그 행동의 동기가 열등감 콤플렉스에 기초한 부족감이라는 사실을 인지하지 못하고 무의식적으로 행동이 지속될 가능성이 높다. 이러한 문제로 공격적 행동을 보이는 학생의 공통점은 낮은 자존감이다. 그래서 대인관계에서도 자기를 은폐하는 경향을 보이고 외로움을 많이 느끼며 행복감의 수준이 낮다. 그리고 그러한 것을 극복하고자 보다 자극적이고 폭력적인 행동을 하지만 오히려 더 부정적인 경험을 하게 되는 악순환의 고리에서 벗어나지 못하는 경우가 많다. 따라서 부족감의 동기로 폭력을 행하는 학생은 장기적인 관점에서 긍정적인 자아상을 형성할 수 있도록 돕는 접근이 효과적이다.

(2) 공격적 행동에 대한 효과적인 대응행동 익히기　**활동지: 나의 새로운 행동**

반응적 공격성이 높은 학생은 공격성을 자극하는 상황에서 쉽게 적대적이거나 폭력적인 대응을 하는 경향이 있다. 따라서 학생이 자신의 행동을 분석하여 공격적 행동이 야기하는 부정적인 결과를 깨닫도록 돕는 것이 중요하다. 일반적으로 반응적 공격성이 높은 학생은 자신의 행동에 대하여 맥락적인 이해가 부족하다. 이 경우, 특정 상황에서의 공격적인 행동이 어떠한 결과를 가져오는지에 대하여 명확히 이해하는 것이 필요하다. 또한 상황-행동-결과의 관계에 대한 이해와 함께 공격성을 유발하는 상황에서 취할 수 있는 대안적 행동을 익히는 것이 중요하다. 이러한 과정은 반응적 공격성이 높은 학생이 실제 생활에서 자신의 공격적인 행동에 대하여 적절한 대안 행동을 스스로 생각해 내고 실천하도록 도울 수 있다.

학생들에게 공격적인 행동을 유발하는 상황을 제시하고 이때 보일 수 있는 〈표 7-2〉의 네 가지 대응행동을 적절한 예시와 함께 설명한다. 그리고 학생들이 각 대응행동의 특징을 자유롭게 탐색하고 결과를 예측해 볼 수 있도록 한다. 이때 다음 질문을 활용할 수 있다.

- (1, 2, 3 또는 4)번과 같이 반응하면 어떤 결과가 나타날까요?
- 어떤 점에서 (1, 2, 3 또는 4)번과 같이 반응하는 것이 어려운가요?
- (1, 2, 3 또는 4)번과 같이 반응하면 어떤 좋은 점이 있을까요?

〈표 7-2〉 공격성을 유발하는 상황에 대한 대응행동

대응 유형	예시	특징
1. 적극 대응	더 이상 괴롭히지 말라고 단호하게 얘기한다.	자신의 감정과 생각을 분명하게 말하되 상대의 감정을 상하지 않게 얘기한다.
2. 회피	서 있던 줄에서 다른 줄로 옮겨 더 이상 괴롭히지 못하게 한다.	문제 상황에서 벗어나 문제행동을 줄인다.
3. 도움 추구	선생님께 사실대로 말씀드리고 도움을 구한다.	필요한 경우 친구나 선생님께 적극적으로 도움을 구한다.
4. 무시	대응하면 오히려 더 괴롭히기 때문에 무시한다.	상대의 괴롭힘 행동에 대응하지 않는다.

네 가지 유형의 대응 유형을 익힌 이후에는 학생들이 더 많은 효과적인 대응행동을 생각해 볼 수 있도록 유도하는 것도 효과적이다. 다양한 사례를 제시한 후에 「나의 새로운 행동」 활동지를 통해 특정 상황에서 적용할 수 있는 한 가지 이상의 대응행동을 탐색하도록 도울 수 있다.

(3) 가해동조자가 학교폭력에 미치는 영향 깨닫기 　활동지: 가해동조자 이해

학교폭력 참여자에는 피해학생과 가해학생뿐만 아니라 주변학생이 있다. 그리고 최근에는 주변학생의 역할이 학교폭력에 결정적인 영향을 미친다는 연구가 많이 보고되고 있다. 주변학생 중에서도 공격성이 높은 것으로 알려진 가해동조자는 직접적인 괴롭힘 행동을 하지는 않지만 가해행동을 강화하거나 괴롭힘이 지속될 수 있도록 도움으로써 학교폭력을 고착화하고 악화시키는 데 일조한다. 이처럼 가해동조자가 간접적인 방식으로 학교폭력 가해행동에 가담하고 있다는 점을 고려하였을 때 가해학생의 범위는 가해동조자로 확장될 수 있다. 학생들은 대부분 학교폭력 가해학생은 직접적으로 피해학생에게 폭력이나 공격적 행동을 하는 경우만 해당한다고 생각할 수 있으므로, 학교폭력 상황에는 가해학생과 피해학생 외에 수많은 주변학생이 참여하며, 가해동조자의 역할에 따라 학교폭력의 심각성이 달라질 수 있음을 충분히 설명하여야 한다.

학생들이 직접 역할극을 통해 가해동조자의 영향을 깨달을 수 있는 방법이 효과적일 것이다. 상담자는 가해학생과 피해학생, 가해동조자와 방관자가 모두 포함될 수 있도록 대본을 준비하여 학생들에게 제시한다. 역할 연기를 하는 과정에서 학생들은 학교폭력 참여자에는 가해학생과 피해학생 외에도 주변학생이 있으며 이들의 역할이 학교폭력에 미치는 영향이 매우 중요함을 자연스럽게 체험할 수 있다. 역할극을 실시한 후에는 다음 질문을 통해 학생들이 가해동조자의 중요성에 대하여 깨달을 수 있도록 한다. 역할극 대본은 부록으로 제시된 「가해동조자 이해」를 활용하거나 이를 변형하여 사용할 수 있다.

- 역할극을 해 본 소감이 어떠한가요?
- ○○의 입장에서 누가 가장 얄미웠을까요?
- 역할극에서 △△와 ▲▲의 공통점은 무엇일까요?
- 역할극에서 ☆☆과 ★★은 어떤 생각이 들었을까요?

이후에는 다음 질문을 활용하여 가해동조자의 특징과 이들이 학교폭력에 미치는 영향에 대하여 깨달을 수 있도록 돕는다.

- △△와 ▲▲가 어떤 점에서 가해동조자라고 할 수 있을까요?
- 왜 △△와 ▲▲는 □□를 도와 가해동조자의 역할을 하는 것일까요?
- △△와 ▲▲에 의해서 상황이 어떻게 바뀌었는지 말해 볼까요?
- △△와 ▲▲의 행동은 학교폭력 상황에 어떤 영향을 미칠까요?
- △△와 ▲▲가 어떻게 행동을 바꾸는 것이 필요할까요?
- △△와 ▲▲가 행동을 바꾸면 학교폭력 상황이 어떻게 바뀔까요?

3) 가해학생의 공감을 위한 상담

공감(empathy)이란 인지적 · 정서적 영역을 포함하는 개념으로, 타인의 정서를 이해하고 추측하여 효과적으로 반응하는 능력과 타인이 표현하는 정서에 적절히 반응하는 능력을 의미한다. 최근에는 공감을 인지적 공감, 정서적 공감 및 표현적 공감으로 세분화하고 있다. 자세히 살펴보면 인지적 공감은 타인의 표정과 말투, 태도 등으로 타인의 생각을 이해하고 상황을 인식하는 능력이다. 이 능력이 결여되면 상황에 따라 적절한 태도를 취하기 어렵다. 정서적 공감은 약자에 대한 동정심을 가지는 능력으로, 이 능력이 결여되면 타인을 지배하고 학대하는 모습이 나타난다. 한편, 표현적 공감은 상대방의 감정을 이해하고 느낀 점을 표현하여 감정을 공유하는 것을 말한다. 가해학생은 정서적 공감능력 결여와 함께 높은 공격성을 보이는데, 피해학생의 고통을 느끼거나 예상하지 못하고 폭력적인 태도를 보인다(최태진 외, 2006; 허승희 외, 2009). 이번 절에서는 가해학생이 자신과 타인의 감정과 정서를 이해하고 추측하여 공격성과 폭력성을 낮추고, 상황에 따라 타인이 표현하는 정서에 적절히 반응하도록 도와 학교폭력의 문제를 근본적으로 해결하는 방법을 소개하고자 한다.

(1) 상황에 따른 감정 인식하기   활동지: 감정 맞히기

자신의 감정을 인식하고 적절한 언어로 표현할 수 있는 능력의 함양은 학생의 공감능력 향상을 위한 첫걸음이다. 상황에 따라 떠오르는 감정을 언어로 표현하는 것은 개인의 정서 상태에 대한 이해를 돕고, 감정을 조절할 수 있게 하기 때문이다(Salovey & Grewal, 2005). 가해학생이 상황에 따라 유발되는 자신의 감정을 인식하고, 이를 적절한 언어로 표현해 보는 연습은 중요하다. 반면, 정서표현이 미숙한 가해학생은 상황에 따라 느껴지는 자신의 감정에 대해 옳고 그름을 판단하며, 이를 인식하고 표현하는 것을 거부하기도 한다. 또한 지나치게 자기중심적으로 생각하는 경향성으로 인해 자신과 다른 타인의 감정과 상황을 잘 이해하지 못하기도 한다. 따라서 가해학생이 상황에 따라 유발되는 감정은 사람마다 다르며 감정의 옳고 그름은 없다는 것을 이해하여, 자신과 타인의 감정을 자연스럽게 인식하고 표현할 수 있도록 돕는 것이 필요하다.

이를 위해 「감정 맞히기」 활동지에 제시된 감정카드를 활용할 수 있다. 감정카드를 통해 감정을 표현하는 단어들을 익히고, 이를 활용하여 자신과 타인의 감정을 추측하고 인식하여 표현해 보는 연습을 하는 것이다. 예를 들어, 상담자는 부정적 감정과 긍정적 감정이 적힌 감정카드를 학생들에게 배부하고, 한 학생당 5개씩 선택하게 한다. 학생들은 돌아가며 선택한 감정의 의미를 동작으로 표현하고, 나머지 모둠원은 이를 추측해 본다. 이후 상담자는 모둠원이 비언어적으로 표현한 감정의 정답을 공개하며, 감정단어의 사전적 의미보다는 적절한 상황을 예시로 들어 이해를 돕도록 한다. 나아가 학생들의 상호 대화를 촉진하여 각각의 감정을 어떤 상황에서 느꼈는지 대화해 보는 것은 상황에 따라 다양하게 유발되는 감정을 자연스럽게 이해하도록 돕는다.

(2) 상황에 따른 타인의 마음 이해하기 　활동지: 어떤 기분일까

공감능력을 향상하는 데 있어 타인의 관점에서 상황과 감정을 느끼는 것은 비슷한 상황에서 자신을 객관화하게 하고, 타인에게서 받는 온정이나 관심 등의 느낌을 경험하게 한다. 이와 같이 타인의 관점을 취하여 상대방의 마음을 이해하는 것은 다른 사람의 역할 혹은 입장이 되어서 그 사람의 상황과 감정을 이해하는 밑거름이 된다. 가해학생의 경우, 타인의 감정을 이해하고 배려하는 시도가 부족하기 때문에 이를 반복적으로 연습하는 것이 중요하다.

이를 위해 학교 장면이 재연된 동영상 자료를 통해 등장인물의 상황, 생각, 표정 등을 종합하여 적절한 감정을 추측해 봄으로써 상대의 입장에서 마음을 헤아려 보는 연습을 할 수 있다. 예를 들어, 학생들은 동영상을 시청한 후, 「어떤 기분일까」 활동지를 활용하여, 자신이 등장인물이라면 어떤 감정을 느꼈을지 탐색하고 추측하여 활동지에 적어 보게 한다. 이후 상담자는 "주인공은 이 상황에서 어떤 감정을 느꼈을까요?"라는 질문을 통해 자연스럽게 대화를 촉진하며, 학생이 등장인물의 핵심 감정을 적절히 찾을 수 있도록 돕는다. 또한 등장인물의 감정을 표현할 때는 잠정적, 가정적인 표현을 사용하도록 지도하는 것이 효과적이다.

(3) 상황에 따라 인식한 타인의 마음에 대해 공감 표현하기 　활동지: 네 마음은 그랬구나

상대의 마음을 느끼는 것에만 그치지 않고 타인에게 '내가 당신의 말에 공감한다.'라는 것을 전달하기 위해서는 공감적인 표현과 어조를 적절하게 사용할 수 있어야 한다. 상대방에게 적절한 어조로 공감의 표현을 건네고 싶을 때 '맞장구'를 떠올리면 된다. 맞장구는 남의 말에 덩달아 호응하거나 동의하는 일로, 상대를 이해하는 공감의 한 표현이다. 상대방의 말을 들으면서 공감할 때 우리는 자연스럽게 상대방의 말에 맞장구를 치게 되며, 이는 대화를 촉진해 긍정적인 상호작용과 대인관계를 이끈다. 또한 공감의 표현을 연습하는 것은 상대에 대한 공감적 정서가 계속되어 이타심을 내면화할 수 있다.

공감의 표현이 익숙하지 않은 가해학생을 위해 상담자가 공감적인 표현을 지도하고, 직접 시범을 보일 수 있다. 예를 들어, 「네 마음은 그랬구나」 활동지를 활용하여 활동지에 제시된 상황에서 친구의 기분을 떠올려 보고 이를 상담의 주제로 사용하는 것이다. 상담자가 도입 부분에 상대방에게 공감하는 표현 중 하나인 '반영하기'를 소개하고 시범을 보이는 것은 효과적이다. 반영하기는 상대방의 감정을 강조하며 진술들을 반복하거나 부연 설명하여 자신의 감정을 알아차릴 수 있도록 도와주는 것이다(예: 너는 ~때문에 ~라고 느끼는구나). 이후 활동지에 제시된 상황을 보고, 상대의 기분을 떠올려 그 입장을 이해하는 것에서 나아가 공감적 대화를 위해 감정을 반영해 보도록 한다.

4) 가해학생의 정서조절을 위한 상담

정서조절이란, 자신의 긍정적 또는 부정적 정서를 상황에 맞게 효과적으로 조절하고 표현하며 적응하는 능력이다. 정서조절은 부정적인 정서를 바로잡아 자신이 속한 사회에 기대하는 정서 상태로 조절하는 과정을 거쳐 발생한다(Salovey & Mayer, 1997). Garnefski 등(2002)은 인지적 정서조절전략 중 적응적 조절전략을 많이 사용할수록 주관적 안녕감이 높아지고 정신질환의 가능성이 낮아지나, 부적응적인 조절전략을 많이 사용할 때는 주관적 안녕감이 낮아지고 정신질환의 가능성이 높아진다고 보고하였다. Lemerise와 Arsenio(2000)에 따르면 정서조절의 능력이 부족한 학생들의 경우 학교폭력의 가해행동의 가능성이 높다. 김나경과 양난미(2016)는 청소년기 부정적 정서조절의 결핍은 반사회적 행동이나 비행 또는 학교폭력 중 가해행동을 유발하며 성인기의 사회불안을 야기한다고 보고하였다. 다음에서는 학교폭력 가해학생을 대상으로 타인에 대한 공격적 행동을 유발했던 자신의 생각과 정서를 인식하고 자신의 공격적 행동이 타인의 정서에 미치는 영향력을 더욱 정확하게 인식할 수 있는 방법을 소개한다.

(1) 정서 표현을 위한 감정단어 이해하기 〔활동지: 감정단어&감정파이〕

학교폭력 가해행동을 했던 학생들의 경우 자신과 타인의 다양한 정서를 인식하고 이에 적절히 대처하기 위하여 긍정적 정서와 부정적 정서뿐만 아니라 정서의 강도를 구분할 수 있어야 한다. 또한 이를 위하여 인지하는 정서 관련된 단어의 수를 늘리는 것이 매우 중요하다. 특히 가해학생이 타인뿐만 아니라 자신의 정서 상태에 대해서도 주의를 기울이고 충동적으로 반응하지 않도록 하는 것이 필요하다.

이에 가해학생을 대상으로 「감정단어」 활동지를 사용하여 진행할 수 있다. 긍정적(유쾌한) 또는 부정적(불쾌한) 감정단어 카드를 활용하여 스피드 게임으로 진행하도록 하는데, 각 감정이 어떤 상황에서 어떤 방법으로 표출되는지 말로 설명을 할 수 있도록 하고, 다른 팀원들이 그 감정 단어가 무엇인지 추측하여 맞혀 보도록 한다. 먼저, 감정단어를 1장씩 뽑은 후에 각 감정단어가 긍정적 혹은 부정적인지 분류하도록 하고, 각 감정이 1(아주 약한 감정)~10(아주 강한 감정)까지의 감정온도계상에서 어디에 속하는지를 이야기하도록 한다. 이때 같은 유형의 감정임에도 상황에 따라 느끼는 강도와 표현하는 감정단어가 다를 수 있음을 이해시키는 것이 중요하다. 프로그램을 진행할 때 다양한 감정단어를 긍정 혹은 부정 정서, 감정의 강도에 따라 분류하면서 왜 그렇게 생각하는지 서로 의견을 나누도록 한다.

감정파이 활동은 학교폭력 상황에서 자신이 경험한 감정이 하나가 아닌 여러 감정의 혼합이며, 각각의 감정이 다양한 정도로 경험된다는 것을 이해하도록 돕는 것을 목표로 하는 프로그램이다. 학교폭력 상황에서 자신이 느낀 복잡한 감정을 감정단어 카드 프로그램을 통하여 배운 다양한 감정단어로「감정파이」활동지에 표현하도록 한다. 프로그램을 진행할 때 기분의 전체적인 구성, 또는 어떤 기분과 정서를 다른 것보다 더 흔하게 경험하게 되는지에 대해 식별하도록 돕는다.

(2) 특정 상황에서 생각 바꾸기를 통해 감정 조절하기 `활동지: 정서적 상황에 반응하기`

이 프로그램은 학생 본인의 감정 반응이 독특한 양식을 띠고 있다는 점에 대해서 인지하고 앞으로는 더욱 적절한 방법으로 대처할 수 있도록 다양한 예시 상황을 사용하여 특정 상황에서의 생각, 감정 그리고 행동의 연결에 대해 이해할 수 있도록 돕는다. 가해학생 대상으로 프로그램을 진행할 때 유의해야 할 점은 처음에는 보다 안전하고 중립적 상황을 먼저 사용하도록 하고, 이후 자신이 직접 경험한 상황에 적용하도록 하는 것이다. 동일한 정서라 할지라도 학생들이 서로 다른 정서 단어의 미묘한 차이와 정서의 강도를 주의 깊게 생각할 수 있도록 안내한다.

다음과 같은 순서로 진행할 수 있다. 먼저, 학교나 가정에서 학생들이 경험하는 다양한 일상적 상황을「정서적 상황에 반응하기」활동지를 사용하여 선택할 수 있다. 활동지에 제시된 15가지 상황을 쪽지로 만들어서 하나를 뽑게 한다. 이를 뽑은 학생이 해당 상황에서 보통 어떤 감정을 느끼는지 이야기하게 한다. 마지막으로, 비슷한 감정을 느끼는 학생들이 있는지 묻고, 이때 어떤 생각이 그런 감정을 만들어 냈는지, 그 감정으로 인해 어떤 결과가 생겨났는지에 대해 질문하여 감정을 탐색하도록 돕는다. 앞서 제시한「감정 맞히기」활동지에 제시된 다양한 감정단어를 적극 활용하는 것도 좋다. 또한 자신이 주로 어떤 상황에서 어떤 감정을 느끼는지 독특한 양식을 이해할 수 있도록 돕고, 자신의 어떤 생각이 그 감정을 불러일으켰는지, 동일한 상황에서도 생각이 다르면 다른 감정을 느낄 수 있음을 이해하도록 돕는다.

(3) 갈등 관계에 있는 사람과의 미해결 감정 해결하기

일상생활 속 주변 사람들과의 관계에서 미해결 감정이 축적되다 보면, 그동안 쌓아 왔던 긍정적인 관계가 한순간에 무너질 수 있다. 특히 학교폭력 가해학생은 피해학생에 대한 죄책감과 수치심, 주변인들의 비난과 따돌림에 대한 두려움 등 복합적인 정서를 경험할 수 있다(김동민 외, 2014). 따라서 가해학생에게 자신의 감정을 표현하고 정화(catharsis)할 기회를 제공하는 것이 필요하다.

이를 위해 콜라주 기법이나 편지 쓰기 활동을 활용할 수 있다. 콜라주 기법은 신문이나 잡지에서 자신의 감정과 관련된 이미지를 오려 붙이고 그림을 그려 넣음으로써, 언어로 표현하기 어려운 감정을 시각적으로 표현할 수 있도록 돕는다. 이를 통해 학생들은 내면의 다양한 감정을 자각하고, 그러한 감정이 자신의 행동에 어떠한 영향을 미쳐 왔는지 탐색해 볼 수 있다. 편지 쓰기의 경우, 가해학생들은 피해학생이나 주변인들에게 그동안 하지 못했던 이야기를 편지에 담아 봄으로써 자신의 감정을 언어화하고 구체화할 수 있다. 특히 학교폭력으로 인해 전학을 가야 했던 상황이나, 주변 사람들에 대한 원망 등 복잡한 내면의 경험을 자유롭게 표현하는 과정은 학생들이 자신의 감정을 수용하고 정화하는 데 도움이 될 수 있다. 다만 편지 쓰기 활동의 목적은 상대방을 비난하거나 단죄하는 것이 아니라, 그동안 표현하지 못했던 자신의 진실된 감정을 표현하고 이해하는 것임을 강조할 필요가 있다. 이는 편지를 구기거나 찢어 버리는 의식(ritual)을 통해 상징적으로 표현될 수 있다. 이를 통해 자신을 힘들게 했던 감정을 솔직히 표현하고 받아들이는 과정에서 학생들은 내면의 힘든 감정으로부터 거리를 두는 경험을 하게 될 것이다.

3 가해학생을 위한 증거기반 개입

가해학생을 대상으로 실시한 36편의 논문에 대해 메타분석을 실시한 박상근과 윤초희(2013)의 연구에 따르면 학교폭력 가해학생을 대상으로 한 상담 및 심리치료 프로그램이 학교폭력 예방 프로그램과 비교하여 효과 크기가 유의하게 큰 것으로 나타났다. 또한 총 진행 회기 수에 따른 효과크기 값을 비교한 결과, 회기 수가 증가할수록 효과크기가 유의하게 높은 것으로 나타났다. 또한 가해학생을 대상으로 실시된 예술치료 연구 26편을 분석한 이에스더와 김나경(2019)의 연구에 따르면 미술치료의 활용이 가장 두드러졌으며 아동을 대상으로 분석한 연구가 추가적으로 필요함을 주장하였다.

1) 가해학생을 위한 집단상담의 효과

집단상담에 관한 연구는 해결중심, 회복적 정의 기반, 긍정심리 기반 등 다양한 이론에 기반한 접근이 시도되었다. 특히 아동·청소년의 발달적 특징을 고려하여 매체를 활용한 상담이 많이 진행되어 그 효과성이 분석되었다. 상담의 효과성은 〈표 7-3〉과 같이 확인되었다.

〈표 7-3〉 가해학생을 위한 집단상담 및 심리치료의 효과

상담 및 치료 기법	집단상담 및 심리치료 효과
해결중심 (김미영, 은혁기, 2018)	초등학교 4학년 20명을 대상으로 해결중심 집단상담 프로그램을 40분씩 총 16회기 실시한 결과, 초등학생의 가해 및 방관자적 태도가 감소하였다. 집단활동을 통해 참여자들은 친구와의 관계를 깊이 있게 들여다볼 수 있었으며 가해학생과의 문제해결에 가장 적합한 자신만의 해결책을 찾아 적절하게 대처하는 방법을 익혔다. 이를 통해 친구와 긍정적인 관계를 유지할 수 있었으며, 결과적으로 가해 및 방관자적 태도가 감소하여 폭력이 예방되는 효과를 나타냈다.
회복적 정의 (유영하 외, 2019)	회복적 정의 이론 기반 학교폭력 가해 청소년 상담모형을 개발하고 효과를 검증하였다. 문헌연구, 전문가 인터뷰 등을 통해 6회기 12모듈 모형을 개발하였고, 청소년상담복지센터 상담자 13명이 가해 청소년을 대상으로 상담을 실시한 결과 실험집단 공격성이 낮아지고 공감, 배려, 책임감이 높아졌다. 회복적 생활교육과 관련 질문을 통해 관계회복과 가해자의 자발적 책임감을 향상시킬 수 있었다. 이 연구를 통해 회복적 정의 이론에 기반한 학교폭력 가해학생 상담 효과가 검증되었다.
긍정심리기반 (김정은, 2016)	학교폭력 가해 중학생 6명을 대상으로 긍정심리 기반 집단상담 프로그램(주 1회 60분, 총 8회기)을 실시한 결과, 참여자들의 학교적응 유연성과 긍정성이 유의하게 향상되었다. 프로그램을 통해 참여자들은 타인과 자신에 대한 존엄성을 인식하고, 학교적응력이 향상했으며 스트레스 상황을 객관화하고 긍정적으로 전환할 수 있었다. 이를 통해 긍정심리 기반 집단상담 프로그램이 학교폭력 가해 청소년의 학교적응 유연성과 긍정성 향상에 효과적임을 확인하였다.
미술치료 (이근매 외, 2015)	학교폭력 가해청소년 5명을 대상으로 주 2회, 1회기 60분씩 총 10회기의 집단미술치료 프로그램을 실시하여 자아존중감과 학습동기에 미치는 효과를 확인하였다. 연구결과, 집단미술치료 프로그램은 학교폭력 가해청소년의 사회적 자아존중감과 학습동기를 향상시키는 효과가 있었으며, 회기별 행동관찰에서도 긍정적인 변화를 보였다. 이에 따라 집단미술치료프로그램이 내담자의 자발성을 촉진하고, 작품의 성취도와 집단원의 긍정적 자세를 이끌어 냄으로써 학교폭력 가해청소년의 자아존중감 및 학습동기 향상에 기여할 수 있음을 시사했다.

상담 및 치료 기법	집단상담 및 심리치료 효과
음악치료 (윤주리, 2014)	학교폭력 가해로 조건부 기소유예 판결을 받은 청소년 6명을 대상으로 음악치료 프로그램 참여 경험을 자기결정성 이론 중심으로 분석하였다. 연구결과, 참여자들은 음악활동에서 자율성, 유능성, 관계성을 경험하였고, 음악을 통해 의식과 행동의 변화, 내적 통찰을 얻었으며, 그룹원 간의 상호교류와 지지를 경험하였다. 또한 음악활동에서의 긍정적 정서와 적극적 행동이 학교생활에서도 이어지는 것으로 나타났다.
영화치료 (김하강, 한미라, 2015)	학교폭력 가해 중학생들의 분노조절을 위해 영화치료 프로그램을 적용하고 그 효과를 검증하였다. G시 K중학교의 학교폭력 가해경험이 있는 58명의 중학생을 대상으로 주 2회, 90분씩, 총 8회기의 프로그램을 실시한 결과, 프로그램에 참여한 실험군이 통제군에 비해 분노 점수가 유의미하게 낮게 나타났다. 이를 통해 영화치료 프로그램이 학교폭력 가해 청소년의 분노조절에 효과적이며, 학교폭력 예방 및 감소를 위한 중재 프로그램의 기초가 될 수 있음을 확인하였다.
문학치료 (박남이, 김춘경, 2013)	그림책을 활용한 문학치료 프로그램이 학교폭력 가해를 경험한 아동 9명의 공격성 감소에 미치는 영향을 확인하였다. 주 2~3회, 60분씩, 총 12회기의 프로그램 실시 결과 참여자들의 공격성이 유의미하게 감소하였다. 매 회기 자기감정을 나누는 활동을 통해 자신과 타인의 감정을 이해하고 공감하는 법을 배웠으며, 그림책 속 등장인물의 문제해결 과정을 관찰하고 모방함으로써 공격적 행동이 감소한 것으로 해석되었다.
이야기치료 (곽미선, 전혜성, 2019)	학교폭력 가해 청소년 13명을 대상으로 이야기치료 프로그램을 5일간 매일 2회기, 100분씩, 총 10회기에 걸쳐 실시하여 자아정체감의 변화를 확인하였다. 연구결과, 참여자들의 자아정체감이 향상되었으며, 프로그램 과정에서 문제에 대한 객관화, 문제와 자신의 정체성 분리, 가족 간 관계 이해 등을 경험하였다. 이를 통해 이야기치료를 적용한 집단 프로그램이 가해 청소년들의 자아정체감 변화에 긍정적 영향을 미치는 것으로 해석되었다.

➕ **인사이트** **가해집단의 부작용**

한 번은 상담 기관에 회의차 방문한 적이 있다. 처음 방문하는 기관이라 길을 몰라 건물을 찾던 중 건물의 뒤쪽으로 도착했는데 후미진 공간에 교복을 입은 학생 몇 명이 담배를 피우고 있었다. 의아하게 생각했지만 회의에 늦어 건물로 일단 들어가 회의를 마쳤는데 알고 보니 특별교육을 받던 학생들이 쉬는 시간에 건물 밖으로 나와 담배를 피우고 있었던 것이다. 해당 지역의 가해학생들이 한 곳에 모여 집단으로 교육을 받을 때 발생할 수 있는 위험성을 보여 주는 사례이다. 또 다른 상담 기관에서도 가해학생 특별교육을 집단으로 실시했을 때, 학생들이 교육이 끝난 방과 후 2차적으로 PC방에 모여 그룹을 형성해 일탈행동이 악화되는 문제가 발생하여 모든 교육을 개인 상담으로 바꾼 사례도 보았다. 이처럼 가해학생의 집단을 운영할 때에는 주의할 필요가 있다. 집단 과정에서 서로의 부정적 행동을 모방 혹은 학습하거나, 집단이 자칫 가해학생들의 네트워크를 형성하는 기회가 될 수도 있다. 따라서 가해학생집단을 운영할 때에는 이러한 역기능과 부작용을 염두에 두어야 한다.

2) 가해학생을 위한 개인상담의 효과

가해학생을 대상으로 한 개인상담의 효과성을 분석한 연구는 의외로 찾아보기 힘들다. 윤행란(2018)이 초등학교 6학년 남학생을 대상으로 모래상자치료를 실시하여 자신과 타인에 대한 수용도가 높아지고 또래관계에서의 폭력성이 감소하는 긍정적 변화를 확인했지만, 대부분의 상담 및 치료 접근은 앞서 살펴본 집단 개입이 주를 이룬다. 이는 가해학생은 상담보다는 특별교육의 형태로 교육이 부과되기 때문인 것으로 보인다. 가해학생에 대한 조치는 가해학생 조치별 적용 세부 기준에 근거하여 이루어진다. 1호인 서면사과부터 9호인 퇴학에 이르는 조치 중에서 5호는 '학내외 전문가에 의한 특별 교육이수 또는 심리치료'를 조치의 내용으로 제시하고 있다. 그러나 현장에서는 대부분 심리치료보다는 특별교육의 형태로 5호를 시행하는 경우가 대부분이다. 이처럼 가해학생을 심리치료를 통한 회복의 대상으로 보기보다는 특별교육을 통한 선도의 대상으로 보는 시각이 지배적이다. 그러나 최근에는 가해학생을 징벌적 처벌이 아닌 회복적 관점에서 바라보아야 한다는 주장이 증가하고 있다(최지은, 홍미영, 2023). 따라서 앞으로는 가해학생을 징벌적으로 처벌하여 선도하는 것을 넘어, 가해행동 이면의 역기능을 진단하고 폭력의 심리적 요인을 밝혀 치료적 관점에서 돕는 후속 연구를 기대해 본다.

특별교육에 대한 연구 또한 제한적으로 진행되었다. 이호숙(2022)의 연구에서는 특별교육에 참여한 청소년 18명을 대상으로 자아존중감, 공격성, 학교생활 적응, 우울감에 변화가 있는지 살펴보았는데, 참여학생의 자아존중감이 증진되고 공격성이 감소했으며 학교생활 적응 증진에 효과가 있는 것으로 나타났고 우울이 감소하는 효과가 있었다. 임재연 등(2019)도 가해학생 10명을 대상으로 특별교육 경험에 대한 합의적 질적 연구를 실시해 특별교육 참여 전과 후의 경험을 비교했는데 참여자들은 자신에 대해 성찰하고 자신의 행동이 잘못되었음을 인지하고 대안 행동을 탐색했다고 보고했다.

최수연과 오인수(2023)는 초등 전문상담교사를 대상으로 특별교육 실시 경험에 대해 합의적 질적 연구를 진행하여 교내에서 실시하는 특별교육의 효과 및 한계점을 분석했다. 효과 및 장점으로는 특별교육을 실시하며 전문상담교사의 전문성이 향상된다는 점, 가해학생이 교내에서 상담을 받을 수 있다는 접근성, 같은 학교의 학생을 상담하여 생기는 빠른 라포 형성을 제시했다. 그 밖에도 원활한 추수지도, 즉각적인 소통이 효과적이며, 특별교육을 통해 교내 전문상담교사의 입지가 견고해짐을 제시했다. 반면, 교내 특별교육의 한계점 및 단점의 영역에서는 전문상담교사의 업무량 증가, 학생과의 관계 형성 어려움, 비밀보장의 어려움, 학생이 가지는 부정적 인식, 정보 전달의 효율성 저하 그리고 학생이 느끼는 낙인의 우려라는 범주가 확인되었다.

📥 활동지 : 화가 나면

화가 나면

✍ 학교폭력과 관련하여 가장 화가 났던 장면을 한 가지 떠올린 후 그 상황에서 어떤 증상이
나타났는지 다음 그림에 표시해 보세요.

⬇ **활동지 : 화가 났을 때 뇌의 구조**

화가 났을 때 뇌의 구조

✎ 화가 났던 상황에서 자신의 감정을 떠올리며 그 당시 나는 어떤 표정을 지었는지 그려 보고, 그 당시 어떤 생각을 했는지 다음 뇌의 구조를 채워 보세요.

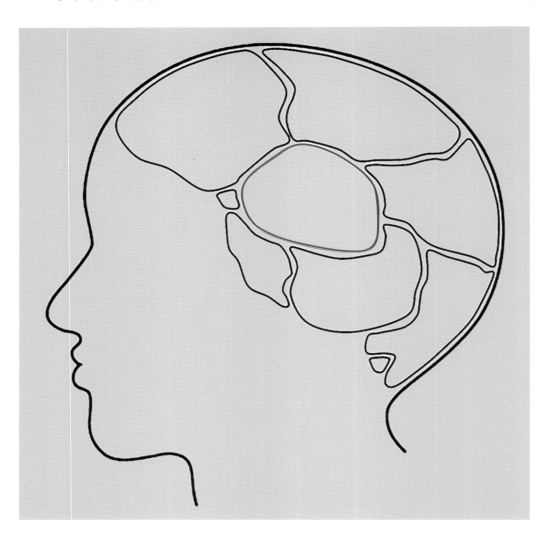

예시 "어떻게 나를 그렇게 무시할 수 있어?"

분노 올 테면 와 봐

🖎 여러분들은 분노가 느껴질 때 어떻게 해결하고 있나요? 나만의 분노 해결방법 Best 3을 친구들에게 공개해 주세요.

나만의 방법 1	
나만의 방법 2	
나만의 방법 3	

📥 활동지 : 나의 새로운 행동

나의 새로운 행동

✎ 중심에 제시된 사례에 대하여 대안적 행동을 적어 보세요.

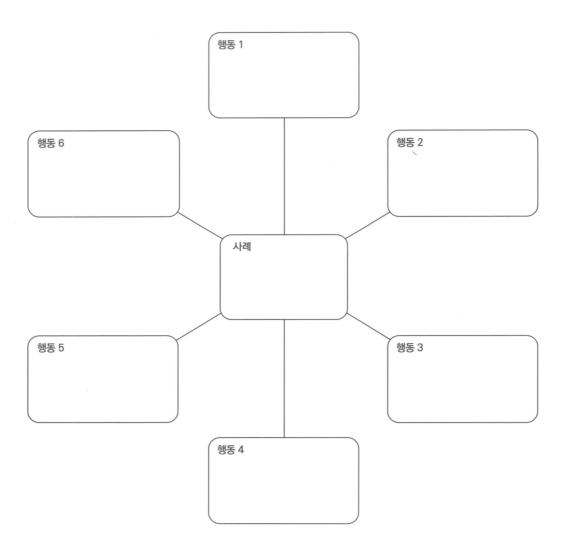

📥 **활동지 :** 가해동조자 이해

가해동조자 이해

등장인물: ○○(피해자), □□(가해자), △△, ▲▲(가해동조자), ☆☆, ★★(방관자)

장소 및 상황: 교실에서 조별과제로 학급신문을 만드는 중

해설: ○○와 □□는 함께 학급신문을 만드는 조별과제를 하다가, 서로 자기 말이 맞는다고 우기기 시작하면서 말싸움을 시작한다. ○○의 말이 맞지만, □□는 자기가 옳다고 우기기 시작한다. 조별과제에 함께 참여하는 다른 친구들은 둘의 싸움을 지켜본다.

○○: 아니야! 이 신문기사를 쓸 때에는 육하원칙에 따라 쓰는 게 맞아!
너희 몰라도 정말 너무 모르네? 너네 바보냐?

□□: 뭐? 바보라고? 육하원칙에 따라서 다 맞춰 쓰려면 얼마나 귀찮은데.
(도화지를 팽개치며) 이런 식이면 난 못 해.

○○: 뭐라고? (교과서를 보여 주며) 야, 봐 봐. 교과서에도 이렇게 나와 있잖아.
이렇게 해야 점수를 잘 받는다고. 정말 모르네.

□□: (필기도구를 ○○에게 던지며) 그래, 너 잘났다. 그럼 너 혼자 다 해.

해설: 이때 옆에서 보고 있던 △△와 ▲▲는 □□의 편을 든다.

△△: 너 너무 잘난 척하는 거 아냐? □□ 말이 맞아. 다른 조도 다 그냥 한대.

▲▲: (○○가 들고 있는 조별과제지를 빼앗으며) 야! 이거 내놔!
그냥 너 빠져. 우리끼리 할 테니까. 재수 없어. 정말.

해설: 같은 조원인 ☆☆와 ★★는 ○○ 말이 맞는다는 것을 알면서도 어떻게 해야 할지 몰라 눈치만 본다.

○○: (자리에 앉으며 혼잣말로) '아, 왜 나한테만 친구들이 이러는 걸까? 분명 내 말이 맞고 □□ 말이 틀렸는데, 정말 치사하게 □□가 힘이 세고 인기가 있다고 □□ 편만 들고 말이야. 선생님에게 말씀드릴까? 아니야. 그러면 선생님에게 일렀다고 친구들이 날 더 싫어하겠지?'(한숨을 쉬며)

감정 맞히기

날아갈 것 같다	불쾌하다	우울하다	미안하다	놀랍다	공포를 느끼다
가슴이 뭉클하다	신경질 나다	처량하다	따뜻함을 느끼다	당황하다	겁나다
짜릿하다	억울하다	울고 싶다	쑥스럽다	흥분이 되다	초조하다
기쁘다	불만이다	절망스럽다	감사하다	감격하다	간이 콩알만 해지다
살맛나다	짜증나다	슬프다	고맙다	두근두근 거리다	위협을 느끼다
만족스럽다	싫다	외롭다	귀엽다	긴장되다	소름이 끼치다
황홀하다	약 오르다	가슴 아프다	호감이 가다	화끈거리다	몸이 떨리다
기분 좋다	미치겠다	불쌍하다	다정하다	충격적이다	불안하다
근사하다	싫증나다	서운하다	믿음직스럽다	정신이 번쩍 들다	황당하다
행복하다	숨 막히다	허탈하다	친절하다	도와주고 싶다	고통스럽다
유쾌하다	아득하다	불확실하다	걱정되다	이해할 수 없다	의심스럽다
조심스럽다	막막하다	미칠 지경이다	부끄럽다	긴장된다	창피하다

어떤 기분일까

✎ 내가 고른 감정을 적고 그 감정을 요즘 느끼는 이유를 적어 보세요.

1. ○○○의 감정은 무엇인지 적어 보세요.

2. □□□의 감정은 무엇인지 적어 보세요.

3. ☆☆☆의 감정은 무엇인지 적어 보세요.

4. ◇◇◇의 감정은 무엇인지 적어 보세요.

⬇ **활동지 : 네 마음은 그랬구나**

네 마음은 그랬구나

✎ 다음의 상황을 읽고, 친구의 마음을 공감해 보세요.

> 가) 카톡 대화 창에서 한 친구만 빼고 다른 친구들이 이야기를 이어 나간다. 친구가 말을 걸어 보아도 없는 사람 취급하며 다른 친구들끼리만 이야기를 하고 있다.
>
> 나) 친구 몰래 찍은 사진을 단체 채팅방에 올리고, 다른 친구들이 친구의 외모에 대해 놀리고 욕을 하고 있다.
>
> 다) 싸움 잘하는 아이가 친한 친구에게 자신이 해야 할 청소와 숙제를 시키고 있다. 친구는 그 아이에게 아무런 저항도 못한 채 청소와 숙제를 해 주고 있다.

✎ 이러한 상황에서 친구가 느낄 수 있는 감정을 적어 보세요.

가) _____,   나) _____,   다) _____

✎ 각각의 감정에 대해 친구에게 공감하는 말을 해 봅시다.

가) ○○야, 넌 _____구나.

나) ○○야, 넌 _____구나.

다) ○○야, 넌 _____구나.

✎ 친구가 처한 상황을 해석하고, 친구가 느꼈을 감정을 공감하는 말을 적어 보세요.

가) _____ 때문에 _____하게 느끼는구나.

나) _____ 때문에 _____하게 느끼는구나.

다) _____ 때문에 _____하게 느끼는구나.

감정단어

	행복한(PA)	슬픈(NA)	화난(NA)	두려운(NA)
강한 강도	흥분된 황홀한	비참한 우울한 외로운 절망적인	격노한 분한 성난	공포스러운 겁에 질린
중간 강도	쾌활한 좋은 만족한 신나는	속상한 서운한 괴로운 후회하는	속상한 화난 좌절한 혐오스러운	두려운 놀란 불안한 충격적인
약한 강도	기쁜 즐거운 흐뭇한 괜찮은 편안한	슬픈 불행한 기분 나쁜 유감스러운	긴장한 짜증나는 과민한	걱정하는 초조한 소심한 의심스러운

- PA는 긍정적 정서, NA는 부정적 정서를 뜻함

- 감정 강도의 분류는 임의적인 것이며, 학생들로 하여금 같은 행복한(슬픈, 화난, 두려운) 정서라도 느끼는 강도에 따라 차이가 있을 수 있음을 이해할 수 있게 돕는 것이 목적임

⬇ 활동지 : 감정파이

감정파이

이름: _____   날짜: _____

상황: _____

_____

_____

✎ 학교폭력을 포함하여 어떤 갈등상황에서 또는 기억에 남는 상황에서 자신이 어떤 감정을 느꼈는지 서로 다른 크기의 파이 조각으로 나누어 표현해 보세요. 원한다면 그 감정을 표현하는 색깔도 칠해 보세요. 다음 제시된 목록 중에서 감정을 선택할 수도 있고, 자신이 다른 감정을 추가할 수도 있습니다.

`예시` 상황: 지나가던 친구들이 나를 보고 기분 나쁜 별명을 부르고 낄낄거리며 나를 놀림

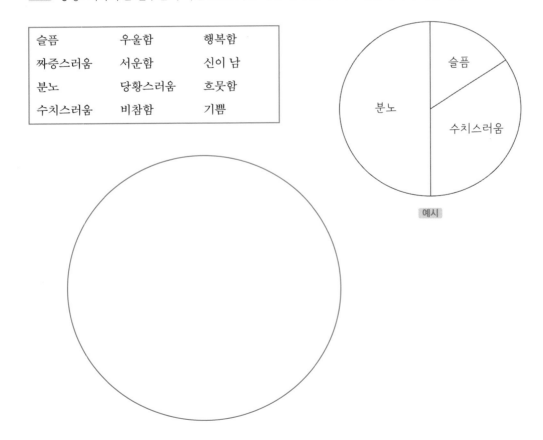

슬픔	우울함	행복함
짜증스러움	서운함	신이 남
분노	당황스러움	흐뭇함
수치스러움	비참함	기쁨

예시

정서적 상황에 반응하기

쉬는 시간에 화장실을 갔다가 교실로 돌아왔는데, 친구들이 나를 보자마자 갑자기 당황한 표정으로 하던 말을 멈춘다. 몇몇 친구들은 자리를 피하고 서로 눈치를 살핀다.	평소에 사이가 좋지 않던 같은 반 아이가 복도에서 지나가면서 어깨를 툭 치고 미안하다는 말도 없이 지나간다.	단짝 친구인 ○○이와 방과 후에 같이 공부하기로 했는데 갑자기 다른 일이 생겼다면서 약속을 취소했다. 그런데 집 가는 도중에 ○○이가 다른 친구와 함께 떡볶이 집에서 수다 떠는 것을 본다.
학교에서 돌아와 오랜만에 TV를 보며 쉬고 있는데, 부모님이 공부는 안 하고 게으름을 피우고 있다고 호통을 치신다.	우리 집 바둑이가 어젯밤 너무 귀여운 강아지를 5마리나 낳았다.	2학년 중 학업성적이 가장 낮고 문제만 일으키는 것으로 유명했던 우리 반이 기말고사에서 1등을 했다.
내가 정말 갖고 싶던 패딩을 아빠가 사 줘서 학교에 입고 갔다. 그런데 몇몇 아이들이 나는 그걸 입을 자격이 없다면서 빼앗아 갔다. 엄마에게는 잃어버렸다고 거짓말을 해야 한다.	복도를 지나가다가 애들이 발을 걸어서 넘어졌다. 그런데 아무도 일으켜 주지 않고 나를 보며 웃기만 했다. 다행히 크게 다치진 않았다.	체육시간에 발야구를 하기 위해 팀을 짜는데 아무도 나를 뽑아 주지 않았다. 결국 나보다 발야구 못하는 친구들도 먼저 팀에 뽑혔고 나만 마지막까지 남아 있었다.
일요일이라 모처럼 늦잠도 자고 조용히 쉬고 싶었는데, 윗집이 이사 오면서 새로 집 수리를 하는 바람에 아침부터 시끄러운 소리가 계속되고 있다.	생일날 아침, 이사 오면서 헤어졌던 옛 친구에게서 생일 축하 메시지를 받았다.	내가 정말 갖고 싶어서 열심히 돈을 모아 샀던 휴대폰인데, 오늘 학원에서 그만 잃어버렸다.
아버지께 부탁하지도 않았는데, 내가 좋아하는 걸그룹의 새 음반을 퇴근길에 사다 주셨다.	오늘은 중요한 시험이 있는 날이다. 이번에는 성적을 반드시 올려야 한다.	동생과 말다툼을 하고 있는 것을 보신 어머니가 내 이야기는 듣지도 않고 나만 꾸짖으신다.

제**8**장

학교폭력
주변학생의 이해[*]

프롤로그

피해학생과 가해학생의 양자구도를 넘어 주변인의 관점에서 학교폭력을 바라봐야 해결의 열쇠가 보인다. 피해학생을 보호하거나 가해학생을 선도하는 기존의 방식은 여전히 폭력의 뒤를 쫓아가는 방식으로 폭력에 대한 근본적인 해결책이 될 수 없다. 폭력을 목격하는 대다수인 주변학생이 학교폭력의 역동을 변화시키는 힘을 갖고 있다는 점에 주목해야 한다. 폭력을 목격하고도 소극적 태도를 보이는 방관자(outsider)를 어떻게 방어자(defender)로 변화시키는지가 주변학생 역량 강화의 핵심적 요소이다. 특히 학교폭력 예방교육에 있어 주변학생을 주인공으로 삼아 이들의 역량을 강화시키는 접근이 향후 학교폭력 예방교육에서 더욱더 강화되어야 할 것이다. 주변학생의 역량을 효과적으로 신장시키려면 이들의 행동에 영향을 미치는 다양한 변인을 심층적으로 이해하는 것이 전제되어야 할 것이다.

[*] 이 장은 오인수(2021)의 원고를 수정 · 보완하여 작성함.

학교폭력:
심리적 이해와 상담적 개입

1 주변학생의 이해

1) 주변인의 개념

이 장에서 주목하는 주변학생은 학술적으로는 주변인(bystander)에 대한 연구로 시작되었는데 1960년대에 본격적으로 시작되었다. 주변인은 다양한 상황에서 연구되어 왔다. 초기 연구는 홀로코스트 시기로 거슬러 올라가는데, 이 기간 동안 대학살을 목격한 수많은 주변인에 초점을 맞추었다. 그 후 방관자 효과(bystander effect)로 잘 알려진 Kitty Genovese 살해 사건에 의해 주변인이 새롭게 주목을 받았다. 이 사건을 통해 위급상황(emergency)에서 주변인의 반응에 대한 사회-심리적인 양상에 대한 연구가 활발하게 진행되었다(Darley & Latané, 1968).

반면, 최근에는 학교폭력을 목격한 주변인에 대한 관심이 증가하고 있다(이필주, 2018). 앞선 주변인 연구는 주로 응급상황을 가정한 반면, 학교폭력은 가해학생과 피해학생의 역동을 가정한 점에서 맥락적으로는 차이를 보인다. 또한 가정폭력을 목격한 자녀들의 심리적 충격에 관한 연구도 일부 진행되었다(류경희, 2006). 학교폭력 연구에서 폭력을 목격한 주변인의 특징을 조사한 대부분의 연구는 괴롭힘과 관련된 주변인의 심리적, 행동적 반응에 초점을 두고 있다(양재영, 임승엽, 2021; 이인숙, 박재연, 2019; 주지선, 조한익, 2020; 최지훈, 남영옥, 2017). 이처럼 주변인에 대한 많은 연구는 응급상황, 가정폭력, 집단학살과 같은 다양한 맥락에서 연구되었는데 이번 장에서는 학교폭력의 맥락에서 폭력을 목격하는 주변인으로 그 범위를 한정하고자 한다.

주변인은 사전적으로 "참여하지 않은 사건 현장에 있었던 사람"이다(Webster's Encyclopedic Unabridged Dictionary, 1996). 이 정의는 주변인이 개입하는 행동 없이 단지 관찰하고, 목격하고, 서 있는 역할로 한정한다. 다시 말해 상황을 단순히 목격한 수동적인 역할을 강조한 정의라고 볼 수 있다. 반면, Barnett(1999)는 주변인을 보다 역동적인 존재로 간주하고 이들의 반응 행동에 대한 다양성에 초점을 두었다. Barnett는 주변인의 범위를 확장시켜 개입하지 않는 주변인뿐만 아니라 직접 개입하는 주변인까지도 그 개념에 포함했다. 또한 Twemlow 등(2004)은 학교폭력의 사회적 구조에서 수동적인 목격자가 아닌 활동적인 주변인의 역할에 주목하였다. 이들의 정의에는 주변인의 다양한 역할을 강조하여 지지, 반대, 가해자에 대한 무관심과 같은 다양한 역할을 포함하고 있다. 학교폭력 연구에서는 주변인 행동에 대한 Barnett의 확장된 견해를 채택하여 학교폭력 주변인(bystander)을 "학교폭력 상황에서 폭력행동을 목격한 후 다양한 행동반응을 보이는 사람"으로 정의한다. 그리고 이들이 보이는 행동반응은 피해학생 지지하기, 개입하지 않고 방관하기, 가해학생의 괴롭힘을 지지하기 등의 다양한 행동으로 나타난다고 가정한다.

대부분의 학교폭력 상황에서는 이를 지켜보는 주변인이 존재한다. 왜냐하면 가해학생은 피해학생을 괴롭히며 자신의 힘을 과시하고 이를 주변학생이 목격하게 함으로써 자신의 폭력행동에 대한 강화를 얻기 때문이다. 학교폭력의 주변인이 되기 위해서는 몇 가지 조건을 충족해야 하는데, 첫째, 주변인이 학교폭력 상황 속에 존재해야 한다. 따라서 주변인은 폭력 상황 속의 분위기와 역동을 느끼게 된다. 둘째, 주변인은 학교폭력 상황을 직접 목격해야 한다. 이러한 목격은 주변인에게 다양한 감정과 생각을 유발시킨다. 따라서 주변인은 유발된 감정과 생각에 기초하여 다양한 행동반응을 보이게 되고 이들의 행동은 폭력을 줄이는 데 결정적인 역할을 하는 것으로 알려져 있다(오인수, 2010a; Hazler, 1996; Oh & Hazler, 2009; Salmivalli et al., 1996). 실제로 학교폭력을 목격하는 주변학생의 대부분은 못 본 척하거나 아무런 개입을 하지 않는 방관적 태도를 보이는데 이러한 주변학생의 태도를 가해학생은 자신의 폭력행동에 대한 암묵적 승인이라고 해석한다. 따라서 가해학생의 폭력행동에 대한 주변학생의 반응은 매우 중요한 역할을 한다.

이러한 주변인은 때에 따라 방관자로 불리기도 한다. 필자는 방관자라는 용어보다 주변인이란 용어를 이 장에서 사용하였다. 왜냐하면 방관자는 학교폭력을 목격한 후 아무런 행동을 하지 않거나 그 상황에서 벗어나려는 주변인의 하위 유형의 성격을 지니기 때문이다. 방관자가 주변인과 혼용되는 이유로는 방관자 효과(bystander effect)를 지칭할 때 bystander가 방관자로 번역되었기 때문인 것으로 보인다. bystander를 방관자로 번역하게 되면 주변인의 하위 유형인 방관자(outsider)와 혼동을 일으킬 가능성이 있다. 반면, 최근 연구에서는 참여자(participant)라는 용어가 사용되기도 하는데 이는 주변인의 행동을 측정하기 위해서 사용하는 참여자 역할 척도(Participant Role Questionnaire)와 관련이 있는 것으로 보인다(Salmivalli et al., 1996). Salmivalli가 개발한 참여자 역할 척도의 경우 괴롭힘의 참여자는 주변인뿐만 아니라 가해학생과 피해학생을 모두 포함하는 개념이기 때문에 이를 목격하는 주변인의 범위보다 넓은 개념이라고 볼 수 있다. [그림 8-1]은 이상에서 설명한 주변인 관련 용어들의 관계를 보여 준다.

[그림 8-1] 참여자, 주변인 및 방관자의 관계

➕ 인사이트 제노비스 신드롬(Genovese syndrome)

폭력성에 노출된 주변인의 행동에 대한 연구는 1964년 제노비스 사건에서 유래한다(Laner et al., 2001). Kitty Genovese는 새벽녘에 일을 마치고 집으로 가고 있었는데 자신의 아파트 근처에서 순간 어떤 남자가 칼을 들고 그녀를 덮쳤다. 놀란 그녀는 도와달라고 소리를 지르며 도망쳤다. 강도가 뒤쫓아 가서 그녀를 잡았고 칼로 찌르자, 그녀는 비명을 질렀다. 이때 몇몇 아파트의 창문에 불이 켜지고 사람들이 창문 뒤에 숨어서 이 광경을 엿보고 있었다. 그러자 강도는 약간 주춤하여 물러섰으나 다시 달려들어 피를 흘리고 있는 그녀를 칼로 찔렀고 끝내 살해되고 말았다. Kitty가 강도로부터 피습을 받기 시작해서 살해될 때까지의 시간은 무려 45분이나 걸렸고, 또 나중에 알려진 바에 의하면 최소한 38명의 이웃이 도와달라는 그녀의 비명을 들었지만, 아무도 그녀를 도와주려고 나오지 않았다. 그뿐만 아니라 전화로 경찰에 신고한 사람조차 없었다. 이 살해 사건을 유래로 주위에 사람이 많을수록 책임감이 분산돼 어려움에 처한 사람을 도와주는 걸 주저하게 되는 현상을 이른바 '제노비스 신드롬' 또는 '방관자 효과(bystander effect)'로 부르게 되었다. 이후 제노비스 신드롬이 심리학적 현상으로서 주변인의 영향을 연구하는 시도로 주목받게 되었다. 여기서 중요한 문제는 사람들이 어떤 때는 다른 사람들을 잘 도와주면서, 어떤 때는 전혀 개입하려 들지 않는다는 점이다. 응급상황에서 여러 가지 상황적 변수가 있는데, 그 상황에서의 모호성과 같은 상황적 변수가 주변인의 행동에 영향을 주며, 또한 주변인과 희생자의 성별 같은 개인적인 변수도 중요한 요소로 작용한다.

2) 주변학생의 유형

주변학생은 [그림 8-1]에서 제시한 바와 같이 네 가지 하위 집단으로 구성되며 각 집단의 특징을 정리하면 〈표 8-1〉과 같다.

〈표 8-1〉 주변인 집단의 하위유형 및 특징

주변인의 유형	주변인의 집단 유형별 특징	도움 정도
동조집단(assistant)	가해자를 직접 돕거나 지지하는 집단	1
강화집단(reinforcer)	가해자의 괴롭힘 행동을 부추기는 집단	2
방관집단(outsider)	상황에 개입하지 않고 쳐다보기만 하는 집단	3
방어집단(defender)	피해학생을 보호하고 도움행동을 하는 집단	4

　　동조집단은 괴롭힘이 발생하면 가해자로 돌변하여 가해행동에 직접 참여하는 집단인 반면 강화집단은 간접적인 행동으로 가해자들의 행동을 부추기는 집단이다. 방관집단은 상황에 개입하는 것에 대한 두려움으로 개입하지 않고 쳐다보기만 하는 학생들인 반면 방어집단은 피해학생을 보호하기 위해 적극적으로 방어행동을 취하는 집단이다. 피해학생에게 도움을 주는 정도의 관점에서 내림차순으로 배열하면 방어집단(4), 방관집단(3), 강화집단(2), 동조집단(1)의 순서가 된다. 이러한 하위 집단의 특징을 구체적으로 살펴보면 다음과 같다.

(1) 동조자

　　이 집단의 학생들은 가해자를 직접적으로 돕는 가해 동조자(assistant)이다. 동조자는 겉으로는 가해자처럼 보일 수도 있다. 왜냐하면 그들의 행위는 가해자의 행동(싸움에 가담하거나, 상대에게 피해를 주는 등)과 비슷하기 때문이다. 그러나 동조자는 항상 힘에서 가해자보다 약한 특징을 보이며, 가해자는 동조자가 힘이 세지는 것을 허용하지 않기 때문에 가해자와 구별되기도 한다. 동조자는 주변인의 네 가지 유형 중에서 가장 공격성이 높은 특징을 보이기 때문에(최지훈, 남영옥, 2017), 가해자가 없는 또 다른 상황에서는 가해행동을 할 가능성이 높다. 이런 측면에서 동조자는 잠재적인 가해자로서 인식하는 것이 중요하다. 다시 말해, 적극적으로 폭력을 주동하지는 않지만, 언제든지 폭력의 가해자가 될 수 있다는 것을 염두에 두고 이들의 행동에 주목하고 필요시 선제적으로 개입하여 공격성이 억제되도록 하는 개입이 필요하다. 동조자가 전형적으로 보이는 행동은 다음과 같다.

- 괴롭힘 행동을 목격한 후 가해행동에 동참한다.
- 괴롭히는 가해학생을 직접 돕는다.

• 가해학생이 괴롭힐 때 피해학생을 직접 잡는다.

(2) 강화자

강화자(reinforcer)는 다양한 행동(낄낄대며 웃거나 환호성을 지르기도 하고 다른 사람들을 불러 모으기도 함)으로 가해자를 선동해 부추길 수 있다. 이들은 직접적으로 가해행동에 가담하지 않는다는 측면에서 동조자와는 다르다. 오히려 그들은 청중으로서 피드백을 제공하여 가해자의 행동을 강화한다. 이들은 폭력이 시작될 때에는 불안하거나 주저함을 느낄지 모르나 가해에 간접적으로 참여하는 과정에서 스릴을 느끼거나 신이 날 수 있다. 가해자와 비교하여 자신감이 부족한 것처럼 보이며 주도적으로 가해행동을 하지 않는 경향이 있다. 실제 폭력 장면에서 동조행동과 강화행동을 엄격하게 구분하는 것은 쉽지 않으며, 두 행동이 복합적으로 발생하는 경우가 많다. 동조자와 강화자는 가해자의 폭력행동을 증가시키는 측면에서는 유사한 역할을 하지만, 강화자는 직접적으로 폭력에 참여하지 않는다는 점에서 동조자와 차이가 있다. 강화자가 전형적으로 보이는 행동은 다음과 같다.

• 괴롭힘을 보며 주변에서 낄낄대며 웃는다.
• 괴롭힘을 목격한 후 주변 사람들을 불러 모은다.
• 가해학생을 향해 더 괴롭히라고 소리친다.

(3) 방관자

방관자(outsider)는 괴롭힘을 목격한 후 눈에 띄는 행동을 하지 않는다. 이들은 또한 폭력 상황에서 벗어나고 싶어 하며, 어느 누구의 편도 들지 않는다. 괴롭힘 상황에서 주변인의 상당수가 방관자라는 사실은 매우 중요하다. 방관자는 동조자나 강화자에 비해 교육을 통해 행동을 변화시킬 수 있는 가능성이 높기 때문이다. 방관자는 자신의 방관적 행동이 중립적이라고 생각할 수 있지만 이를 지켜보는 가해자는 오히려 방관적 행동이 자신의 행동을 암묵적으로 승인하는 것으로 오해할 소지가 높다. 따라서 방관자의 가만히 있는 행동, 무표정한 반응, 비밀을 유지하는 행동은 가해자 폭력행동을 유지시키는 기능을 한다. 연구자들은 동조자와 강화자의 행동을 변화시키는 것이 쉽지 않기 때문에 상대적으로 변화가 쉬울 것으로 보이는 방관자에 더욱 주목하고 있다. 주변인 중에서 방관자가 가장 큰 비율을 차지하는 점 등을 고려할 때 방관자의 행동을 변화시키는 개입은 매우 필요하다고 볼 수 있다. 방관자가 전형적으로 보이는 행동은 다음과 같다.

- 괴롭힘 상황을 보고 모른 체한다.
- 괴롭힘을 목격한 후 괴롭힘 상황에서 벗어난다.
- 괴롭힘을 보아도 평소처럼 내 할 일을 한다.

(4) 방어자

방어자(defender)는 다양한 행동으로 가해 상황에 개입하는 학생들이다. 예를 들어, 피해자에게 말함으로써 피해자를 지지하고 안정시킨다(예: 그들에 대해서 신경 쓰지 마!). 그리고 가해자나 동조자에게 그만하라고 말하거나 소리친다. 또한 그 상황에 관하여 어른에게 말하거나 쉬는 시간 동안 피해자와 함께 있어 준다. 이들은 가해자에게 복수하거나 가해자 집단을 공격함으로써 가해집단에 도전하기도 한다. 가해집단을 직접 공격하는 방어행동은 또 다른 폭력을 일으킬 수 있는 위험성이 존재한다. 중요한 점은 괴롭힘 상황에서 방어자가 절대다수를 차지하게 되면 폭력행동은 줄어들게 된다는 것이다. 그러나 주변인 중에서 방어자가 차지하는 비율은 방관자보다 일반적으로 낮은 편이다. 주변인 개입의 핵심은 방어자를 제외한 나머지 학생들을 어떻게 방어자로 전환시키느냐 하는 점이다. 따라서 방어자가 주변인의 하위 유형과 비교하여 어떠한 특징을 보이는지를 파악하여 이를 나머지 집단에 교육하는 것이 매우 효과적인 접근이 될 수 있다(이아름, 김하영, 2018; 이인숙, 박재연, 2019). 방어자가 전형적으로 보이는 행동은 다음과 같다.

- 괴롭힘당하는 아이에게 힘과 용기를 준다.
- 괴롭힘당하는 아이를 돕기 위해 상황을 선생님께 말씀드린다.
- 괴롭히는 아이에게 그만하라고 말한다.

이상에서 살펴본 주변인의 네 가지 하위 집단의 비율은 〈표 8-2〉와 같이 연구에 따라 다소 차이를 보이기도 한다.

〈표 8-2〉 주변인의 하위 유형별 비율 비교[1]

연구자 유형	Salmivalli et al. (1996)	서미정 (2008)	최지영, 허유성 (2008)	심희옥 (2008)	오인수 (2010a)	한하나, 오인수 (2014)	문미영, 오인수 (2018)	이현진 외 (2019)
가해자	8.2	12.6	0.6	–	–	13.0	–	–
피해자	11.7	14.2	2.3	4.19	–	19.5	–	–
동조자	6.8	18.3	7.3	30.23	7.4	15.5	28.6	23.8
강화자	19.5		27.9		6.0			
방관자	23.7	21.1	23.1	30.7	41.0	25.5	26.1	29.5
방어자	17.3	24.2	17.7	34.8	45.6	22.0	36.4	36.2
역할 없음	12.7	9.6	21.1	–		4.5	8.9	10.3

　〈표 8-2〉에서 제시된 바와 같이 전체 참여자 중에서 방어자가 차지하는 비율은 과반을 넘지 못한다(17.3~45.6%). 그렇기 때문에 학교폭력은 지속될 가능성이 높다. 연구에 따라 '역할 없음'으로 구분된 비율은 폭력 상황에서 뚜렷한 역할을 드러내지 않는 경우이다. 이는 참여자 역할 척도(Participant Role Questionnaire)를 사용하여 하위 유형을 구분 짓는 공식에서 뚜렷한 역할 점수가 부여되지 못한 경우에 '역할 없음'으로 구분된다(Salmivalli et al., 1996). 또한 일부 연구는 가장 광범위한 참여자의 수준에서 역할을 구분 짓지 않고, 주변인의 수준에서 네 가지 하위 유형을 구분하는 방식을 채택하기도 하는데(오인수, 2010a), 이러한 경우 가해자와 피해자의 비율은 표시되지 않는다.

인사이트　동조자 vs 강화자

주변인을 4개의 하위 집단으로 구분한 Salmivalli의 방식을 많은 연구들이 사용하고 있으나 최근에는 그 4개의 집단 중 동조자와 강화자를 하나의 집단으로 간주하는 연구들이 있다(서미정, 2008; 심희옥, 2008; 한하나, 오인수, 2014). 개념적으로는 동조자와 강화자를 구분할 수 있지만, 실제 상황에서는 이 두 집단의 역할이 중첩되는 경우가 많다. 또한 주변인의 네 가지 역할에 영향을 미치는 다양한 변인을 투입하여 범주형 회귀분석을 실시하면 투입된 독립변인들이 동조자와 강화자를 차별화시키지 못하는 결과가 나타난다. 하단 그림에 제시된 최적 척도화(optimal scaling) 그래프는 투입된 독립변인들이 주

---

1) 서미정(2008)과 심희옥(2008)처럼 연구자에 따라 동조자와 강화자를 통합하여 가해조력자로 구분하기도 한다.

변인의 역할을 최대한 예측할 수 있도록 최적화시킨 변환값을 보여 준다. 그런데 그래프에 제시된 것처럼 동조자와 강화자를 연결하는 선의 기울기는 매우 평평하여 두 집단 사이의 차이가 크지 않음을 실증적으로 보여 준다(오인수, 2010a). 이러한 결과는 동조자와 강화자가 개념적으로는 차이가 있지만, 실제적으로 이 두 집단의 차이는 크지 않다는 점을 간접적으로 시사한다.

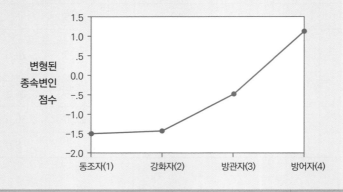

2 주변학생의 중요성

　최근까지 학교폭력에 관한 주요 문헌과 연구들은 주로 학교폭력의 가해학생 혹은 피해학생에 중심을 두었다. 그러나 최근에는 학교폭력 상황에서 대다수를 차지하고 있는 주변학생에 관심이 모아지고 있다. 왜냐하면 최근의 연구들은 이러한 주변학생이 학교폭력 해결의 열쇠를 가지고 있는 것으로 보기 때문이다. 학교폭력은 집단의 역동에 의해 발생하며 가해학생과 피해학생 사이에 존재하는 힘의 불균형이 지속되기 때문에 근절되지 않는 경향이 있다. 그런데 폭력 상황에서 주변학생이 대다수를 차지하고 있기 때문에 이러한 힘의 역동에 변화를 줄 수 있는 잠재적 집단으로 인식되고 있다(Salmivalli, 2014).

　대개의 경우, 괴롭힘 상황을 목격하는 다수가 주변인이라는 점을 감안할 때, 주변인이 학교 괴롭힘의 고리를 끊을 수 있는 가능성은 매우 크다. 주변인은 중재를 통해서 중요한 역할을 수행하고 학교폭력을 중단시킬 수 있는 핵심 역할을 한다. 그러나 실제로 주변인은 학교폭력을 목격했을 때, 피해학생을 잘 돕지 않는다. 대다수의 주변인은 학교 괴롭힘을 중단시키거나 감소시키려 하기보다 괴롭힘에 동조하거나, 지지하거나, 학교 괴롭힘을 유지하는 경향이 있다. 이러한 경향은 학생들이 기본적으로 폭력을 반대하는 입장을 취함에도 불구하고 나타난다(O'Connell et al., 1999; Whiney & Smith, 1993). 이러한 주변학생의 이중적 태도는 이른바 '방관자 역설(bystander paradox)'로 설명될 수 있다(Woodruff, 1977). 이 역설에 따르면 평소 윤리적인 행동의 중요성을 강조하던 사람도, 실제 상황이 자신에게 위협적이라고 느끼면 평소 말하던 것과는 달리 이기적인 비윤리적 행동을 하면서 스스로를 정당화한다. 따라서 〈표 8-2〉에 제시된 방어자의 비율 역시 전적으로 신뢰하기 어렵다. 자기보고식 방식으로 조사된 비율이기 때문에, 조사 당시 자신을 방어자라고 표시한 학생도 실제 폭력 상황에서는 부정적인 행동을 할 가능성을 배제할 수 없기 때문이다.

학교폭력 현상을 가해학생과 피해학생뿐만 아니라, 주변인까지 포함하는 역동적인 과정 (dynamic process)으로 이해하는 것은 매우 중요하다. 불행하게도 대부분의 주변인, 가령 방관자와 같은 주변인은 괴롭힘을 목격했을 때 개입하거나 피해학생을 보호하지 않는데, 그 이유로는 복수에 대한 두려움과 중재의 불확실성에 연루되길 꺼리는 데 있다. Hazler(1996)는 주변인이 개입을 주저하는 이유를 몇 가지로 요약했다. 예를 들어, 중재를 위해 자신이 무엇을 해야 할지 모르거나, 가해학생의 공격 대상이 될까 두려워하거나, 자신이 더 많은 문제를 야기하는 잘못된 행동을 하게 될까 염려한다는 등의 이유이다. 〈표 8-3〉에 제시된 목록은 주변학생이 방관하는 이유를 정리한 것이다(Cappadocia et al., 2012).

〈표 8-3〉 주변인이 방관하는 이유

- 나는 학교폭력에 연루되기 싫었다.
- 나도 학교폭력을 당할까 봐 두려웠다.
- 그 상황에서 어떻게 행동해야 할지 몰랐다.
- 목격한 학교폭력이 그렇게 심각하지 않다고 생각했다.
- 학교폭력을 당하는 것은 나와는 상관없는 일이라고 생각한다.
- 학교폭력을 당하는 아이는 그럴 만한 이유가 있다.
- 학교폭력 문제를 다른 사람에게 알려 문제를 더 크게 하고 싶지 않았다
- 폭력을 당하는 아이를 돕는다 해도 별반 달라지지 않을 것이라고 생각했다.
- 내가 누군가에게 폭력을 말한다 해도 아무도 돕지 않았을 것이다.

이런 이유로 인해, 주변인은 직접적으로 괴롭힘 상황에 개입하기를 꺼리게 되고, 자신의 힘과 자존감을 낮게 평가하는 결과를 야기한다. 게다가 학생이 한 번 괴롭힘 상황에서 특정 역할을 맡게 되면, 이 역할을 바꾸기가 쉽지 않다. 따라서 주변인의 행동에 영향을 미치는 개인적, 상황적, 심리적 측면의 변수들을 이해할 필요가 있다. 주변인의 역할에 영향을 주

는 다양한 변수의 이해를 통해 효과적인 중재와 폭력을 줄이기 위한 예방 프로그램의 실마리를 제공할 수 있다.

3 주변학생의 심리적 특성

주변인의 심리적 특징과 관련하여 몇몇 연구자들은 주변인의 경험과 피해자의 경험을 비교하였다. 이러한 연구결과에 따르면 주변인은 피해자와 유사한 경험을 하는데, 예를 들어 수면의 어려움과 신체적으로 과도한 각성을 보인다(Davidson & Baum, 1990; Hosch & Bothwell, 1990). Hazler(1996)는 또한 주변인과 피해자가 고립감, 비효율성(ineffectiveness), 절망, 민감성의 부족, 자기 존중의 상실과 같은 감정을 피해자와 공유한다고 하였다. 이러한 결과들은 주변인이 즉각적이고 장기적으로 부정적 결과들을 야기할 수 있는 심각한 심리적 충격을 경험한다는 것을 보여 준다. Adewoye와 Ndou(2023)는 방관자의 자기비하적인 네 가지 인지 왜곡과 관련된 사고의 흐름을 연구하였다. 이 기술적 사례 연구에 따르면, 첫째, 개인화가 방관자의 자기비난과 죄책감을 유발하고('괴롭힘당하는 학생을 도와주지 못해 마음이 무거워.'), 둘째, 비극화가 방관자의 불안과 두려움을 증폭시킨다('다른 학생들에게 일어난 괴롭힘이 나에게도 일어나면 어쩌지.'). 셋째, 과도한 일반화가 방관자의 학교 안전에 대한 부정적인 인식을 유발하거나 악화시키고('학교를 생각하면, 다른 아이들에게 돈을 빼앗기거나 맞는 게 생각이 나서 학교에 가고 싶지 않아.'), 넷째, 괴롭힘 사건에 의미를 부여하며 선택적으로 정보를 필터링하는 선택적 추상화(selective abstraction)를 통해 간접 공동 피해(indirect co-victimisation)로 이어진다('나는 쉬는 시간 내내 두려워. 그때의 괴롭힘을 생각하면, 내가 다음 피해자가 될 것 같아서 밖에 나가지 않아. 너무 무서워.').

몇몇 연구들은 주변인의 관점으로 괴롭힘을 연구하였는데 연구결과들은 주변인이 괴롭힘을 목격했다는 것 때문에 심각한 심리적 스트레스를 경험한다는 것을 보여 준다(이아름, 김하영, 2018; 양재영, 임승엽, 2021). 몇몇 연구들은 주변인의 심리적 반응과 피해자의 경험을 비교하였는데(Janson & Hazler, 2004; Janson et al., I, 2009), 또래의 학대를 포함한 반복적인 학대를 목격하는 것에 대한 주변인의 심리적인 반응은 피해자의 직접적인 경험과 유사하다는 것을 보여 준다. 이처럼 주변인이 경험하는 심리적인 스트레스는 자연재해를 목격한 사람 또는 생명을 위협받는 응급상황에 있는 사람의 점수와 유사하거나 더 높은 것으로 나타났다. 이러한 두려움, 걱정과 같은 스트레스는 더 나아가 주변인이 수업에 주의를 집중하는 것을 어렵게 만든다고 보고되고 있다(Shore, 2009). 이와 같은 일련의 연구들은 주변인과 피해자가 유사한 심리적 반응을 경험할 수 있다고 주장한다. 괴롭힘과 피해학생의 부정적인 심리·사회적 적응 사이의 상관관계에 대한 최근 십수년간의 많은 연구들은 주변인의 심리적 반응 연구가 중요함을 보여 준다(Adewoye & Ndou, 2023; Boyes et al., 2014; Greeff & Grobler, 2008; Hong & Lee, 2022; Hutchinson, 2012; Midgett & Doumas, 2019; Storch et al., 2005).

외국 연구 중에서 현재까지 진행된 괴롭힘의 주변인에 관한 연구들은 몇 가지 중요한 시사점들을 제시한다. 첫째, 피해자가 아닌 주변인으로서 괴롭힘을 목격하여도 피해자 못지 않은 심리적 스트레스를 경험한다는 사실이다(Janson & Hazler, 2004). 둘째, 이러한 심리적 스트레스는 주변인들이 피해자를 돕는 일에 많은 두려움을 제공하여, 대다수의 주변인이 피해자를 돕기보다는 가해자의 행동을 부추기거나 무관심한 행동을 함으로써 괴롭힘을 지속시키는 효과를 일으킨다는 사실이다(Craig, 1998). 셋째, 주변인 중에서 소수의 학생들은 피해자를 보호하며 옹호하는 행동을 하는데 이러한 방어자의 수가 늘어날수록 괴롭힘이 줄어들 가능성이 높다는 점이다(Salmivalli, 1999).

4 주변학생의 행동에 영향을 미치는 요인

주변학생의 행동에 영향을 미치는 요인을 파악하는 것은 효과적인 개입을 위한 중요한 단서를 제공해 준다. 주변학생의 행동에 영향을 미치는 요인을 개인적 요인, 상황적 요인 및 심리적 요인으로 구분하여 종합적으로 제시하고자 한다.

1) 개인적 요인

(1) 성별

여러 연구에서 남학생에 비해 여학생이 괴롭힘을 목격하였을 때 피해학생을 더 많이 도와주는 것으로 확인되었다. O'Connell 등(1999)은 학교 운동장에서 괴롭힘 현상이 일어나는 동안 또래들의 행동을 관찰하여 분석하였는데, 고학년의 여자아이들이 남자아이들보다 피해학생을 돕는 것에 더 적극적인 것을 확인하였다. 이 연구결과는 Salmivalli 등의 연구결과와 일치한다(Salmivalli et al., 1996). 그들은 주변인들의 역할에서 성별 차이가 중요한 요소임을 확인하였다. 남자아이들은 괴롭힘을 촉진하는 동조자나 강화자의 역할 빈도가 큰 반면, 여자아이들은 괴롭힘 대상에 대해 방어자나 방관자로서의 역할 빈도가 높다는 것을 확인하였다.

이와 같은 결과는 최근의 연구에서도 확인되었다(Gini et al., 2008; Rock & Baird, 2012). 또한 심희옥(2008)은 초등학교 6학년 215명을 대상으로 또래 괴롭힘 참여자 역할에 있어서 남녀 차이를 확인하였는데, 그 결과 남아가 여아보다 가해자가 많고 여아는 방관자가 많았으며 방어자와 피해자 역할은 남녀 비슷하게 나타난 것으로 확인되었다. 오인수(2010a)의 연구에서도 남학생 주변인들은 동조자와 강화자의 비율이 높은 반면, 여학생 주변인들은 방어자의 비율이 높은 것을 확인하였다. 이후 유계숙 등(2013)의 연구에서 남학생의 주변인들은 동조자 역할이 높다는 것이 확인되었으며, 이종원 등(2014)의 연구에서 여학생은 방어자 역할이 높다는 것이 확인되었다. 이러한 일련의 연구들은 주변인의 경우 여학생이 남학생에 비해 긍정적인 행동반응을 보인다는 것을 일관되게 보여 준다. 그러나 일부 연구에서는 상이한 결과가 보고되기도 하였다. 남학생이 방관자(배미희, 2013; 정영희, 2013) 태도가 높다는 연구결과가 있으며, 초등학생 따돌림 상황에서 방어 및 방관행동을 연구한 정영희(2013)에 따르면 성별에 따라 방어행동은 차이가 없으나 방관행동에서만 유의미한 차이가 있었다. 성별에 따른 차이가 왜 주변인의 하위 유형별 비율에 차이를 보이는지에 대해서는 후속 연구가 필요해 보인다. 성별이라는 인구통계학적 변인과 주변인의 반응이라는 행동적 결과 사이에는 다양한 매개변인이 존재할 가능성이 높다.

(2) 연령 혹은 학년

여러 연구는 연령과 학년이 올라갈수록 방어자의 비율이 감소하며 방관자의 비율이 증가하는 부정적 행동 경향성이 증가함을 확인하였다. 예를 들어, 초등학생의 경우 고학년으로 올라갈수록 피해학생을 돕는 경향은 줄어드는 것으로 확인되었다(남미애, 홍봉선, 2015; 오인수, 2010a). 이는 초등학생의 경우 방어자 비율이 높고(심희옥, 2005), 중·고등학생의 경우 방관자 역할이 상대적으로 더 높다(권유란, 김성희, 2012)는 연구결과와 일치한다. 이러한 경향성은 학생들이 초등학교에서 중학생으로 진학하는 과정에서 피해학생을 돕는 경향성이 없어진다는 연구와 맥을 같이한다(Menesini et al., 1997). 이런 발견들은 Rigby와 Slee(1991)의 발견과도 일치하는데 이들의 결과에 따르면 아이들이 나이가 들수록 피해학생을 도와주는 것이 현저히 줄어든다는 것이다. O'Connell 등(1999) 또한 괴롭히는 상황에서 주변인의 시간 사용에 대해 학년의 영향이 어떠한지를 관찰하였다. 그들은 나이 든 소년들일수록 어린 소년들보다 확실히 가해학생들과 더 많이 어울리는 것을 발견했다. Gini 등(2008)의 연구에서도 저학년 학생들은 괴롭힘 상황에서 피해학생에 대해 보다 긍정적인 태도를 보인다는 점을 확인하였다. 이러한 일련의 결과들은 연령이 증가할수록 또는 학년이 높아질수록 주변인의 행동이 부정적이 된다는 점을 보여 준다. 그리고 이러한 점은 주변인의 경우 조기개입의 필요성을 증가시킨다. 학교폭력 예방 프로그램이 고학년에 비해 저학년에서 보다 효과적이라는 선행연구의 결과(Smith et al., 2004)와도 맥을 같이하고 있다.

(3) 사회적 지위

학교폭력은 또래 간의 사회적 역동에 의해 발생하고 지속되기 때문에, 또래집단 속에서 형성한 사회적 지위는 또래집단에 속한 학생의 행동에 큰 영향을 미친다. 폭력에 대한 주변인의 반응에 있어서 사회적 지위의 중요성은 여러 연구결과에서 확연히 나타나고 있다. 방관자들은 집단 내에서 개인의 인기도와 선호도를 나타내는 사회적 지위가 낮으며(백지현, 2010; 심희옥, 2008; Tani et al., 2003), 집단의 구성원을 자신의 의도대로 조정할 수 있는 사회적 능력이 가해자, 가해동조자와 피해방어자에 비하여 낮았다(강은경, 2007). 방관자들은 학교폭력 상황에서 폭력을 당하는 아이를 도와주면 자신도 폭력을 당하게 될지도 모른다는 보복에 대한 두려움 때문에 괴롭힘 장면에 개입하지 않고 자리를 피하는 '자기방어적 태도'를 취한다(김현주, 2003; 배미희, 2013; 서미정, 2006; 오인수, 2010b; 전주연 외, 2004; Rigby et al., 1997). 자기방어적 방관자는 피해자에 대한 지지를 어느 정도 가지고 있다는 점에서 무관심 방관자와 차이를 보이며, 방관자 집단 중 가장 불안을 많이 느낀다(Perry et al., 1988).

Salmivalli 등(1996)은 방관자들의 사회적 상황이 그들의 역할과 관련이 있음을 발견하였다. 이들은 주변인들의 사회적인 지위(인기 있는, 거부되는, 무시되는, 논쟁적인, 평균의)를 또래평정을 통해 평가한 후 이렇게 확인된 인기도와 주변인 행동 사이의 관계를 조사하였다. 연구결과에 따르면 대다수의 방어자는 인기 있는 집단에 속해 있었다. 또한 높은 사회적인 지위를 가진 학생일수록 피해자를 돕기 위해 중재에 나서는 경향이 있음을 보여 주었다. O'Connell 등(1999) 또한 높은 사회적 지위를 차지한 어린이들은 상대적으로 폭력자의 지배력을 유지하게 해 주는 또래 압력으로부터 영향을 잘 받지 않기 때문에, 높은 서열의 학생들은 피해자를 성공적으로 도와줄 충분한 힘을 가지고 있을 것이라고 주장하였다.

한국에서 방어자에 관한 연구를 살펴보면 방어자들은 전반적으로 사회적 지위와 사회적 능력이 높은 편이었다(강은경, 2007; 김민지, 2013; 백지현, 2010). 그리고 학교 소속감이 높았으며(한하나, 오인수, 2014), 학급 구성원이 학교폭력에 부정적인 태도를 지녔다고 인식할수록 방어 행동이 증가하였다(김은아, 2011). 이런 일련의 연구들은 사회적으로 인기 있는 주변인들은 피해자들을 도와줄 가능성이 더 큼을 확인시켜 준다. 유사한 연구로 학급의 지지를 많이 받는 학생들이 방관적 태도를 보일 경향성이 낮다는 점이 확인되기도 하였다(Choi & Cho, 2013). 다음 절에서 설명하겠지만 핀란드의 키바 코울루 프로그램의 경우 피해학생을 돕기 위하여 학급에서 인기 있는 학생 2~4명을 지명하고 이들을 또래도우미로 활용하는 프로그램은 이처럼 주변인의 사회적 지위를 개입에 활용하는 예라고 볼 수 있다. 키바 코울루 프로그램은 교사를 훈련시키는 것뿐만 아니라 방관자(bystanders)를 방어자(defenders)로 바꾸는 데 효과적인 전략을 포함하고 있다(Salmivalli & Poskiparta, 2012). 우리나라 일부 학교에서 학교폭력 주변인인 또래들을 교육시켜 학생들 간의 갈등을 대화로 풀도록 돕는 '또래조정자'도 이러한 접근의 일환으로 볼 수 있다(평화를 만드는 여성회 갈등해결센터, 2014).

2) 상황적 요인

주변인의 행동에 영향을 미치는 요인을 분석한 연구는 주로 개인내적, 심리적 특성에 초점을 맞추고 있다. 그러나 폭력의 상황적 요인이 주변인에 영향을 미친다는 연구들도 증가하고 있는 추세이다. 최근 들어 괴롭힘 상황의 역동을 고려하여 주변인의 방어 성향에 영향을 미치는 상황적 변인을 사회 맥락적 관점에서 접근하는 연구가 필요하다는 중요성이 제기되고 있다(이승연, 2013).

(1) 폭력의 종류

폭력의 종류와 주변인의 반응 사이의 관계를 분석한 Tapper와 Boulton(2005)은 다양한 폭력에 대한 주변인의 반응을 기록하기 위해 무선 마이크와 몰래카메라를 사용하였다. 그들은 폭력의 종류가 다름에 따라 또래집단의 반응이 다양함을 발견하였다. 주변인들이 관계적 공격과 간접적인 언어 공격을 목격했을 때 가해학생에게 동조하는 성향이 높았다(30~39%). 반면, 직접적인 신체공격과 직접적인 언어공격을 목격했을 경우에는 가해학생에게 동조하는 성향이 상당히 감소하였다(12~17%). 이 결과는 주변인의 반응이 공격성 종류에 따라 다르다는 것을 나타낸다. Rock과 Baird(2012) 역시 관계적 괴롭힘인 따돌림을 목격했을 때 주변학생이 주로 피해학생을 위로하는 전략을 사용하는 반면, 신체적 괴롭힘을 목격했을 때는 교사에게 보고하는 빈도가 높다는 점을 확인하였다. Oh와 Hazler(2009)도 괴롭힘의 종류와 주변인의 행동반응 간 관계를 분석하였는데 이들의 결과에서는 괴롭힘의 종류에 따른 차이보다는 여러 괴롭힘을 동시에 목격하는 경우, 즉 복합적인 괴롭힘을 목격하는 경우 피해자를 돕는 성향이 감소하는 것을 확인하였다. 일부 연구는 이러한 유형별 차이가 온라인 공간과 오프라인 공간에서도 확인되는지 분석하기도 하였다. 그런데 전통적 괴롭힘과 사이버폭력 상황에서 주변인 행동 의도의 차이를 확인하기 위한 송지연, 오인수(2016) 및 김영은 등(2019)의 연구결과에 따르면, 전통적 괴롭힘과 사이버폭력이라는 괴롭힘의 유형에 따른 주변인의 행동 의도 차이는 확인되지 않았다.

(2) 참여자와의 관계

폭력에 관여하는 참여자의 역동에 의해 폭력이 발생 또는 유지되기 때문에 이들 사이의 미묘한 역동 관계는 주변인의 행동에 영향을 미친다. 실제 참여자와의 관계가 주변인의 행동에 미치는 영향을 조사한 연구들은 괴롭힘에 대한 학생들의 반응이 특정한 또래집단의 관계에 의해 영향을 받는 것을 확인하였다. Tisak과 Tisak(1996)은 괴롭힘을 목격했을 때 가해학생이 친한 친구인 경우에는 모르는 아이인 경우에 비해 주변인이 보다 적극적으로 개입하는 것을 확인하였다. 선생님이나 다른 성인에게 보고하면 문제가 더 커지고 친구와의 우정을 잃을 수 있기 때문에 가해자가 친한 친구인 경우에는 개입하여 문제를 해결하려는 경향성이 있다고 해석하였다. Chaux(2005) 역시 갈등 상황에서 주변인 행동이 가해자와 피해자의 관계와 관련이 있는지를 조사하였다. 그 결과 가해자 혹은 피해자 중에서 어느 한쪽과 친한 경우 친한 쪽 편을 들어 준다는 것을 확인하였다. Levine 등(2002)도 이와 유사한 결과를 밝혀냈다. 그들의 결과는 주변인이 목격한 가해자 혹은 피해자와 같은 동료의식(membership)을 지닌 경우에는 지지하는 반면, 자신과 관련이 없는 경우에는 지지하지 않는다는 것을 확인하였다. 이러한 일련의 연구결과는 주변인과 가해자 혹은 피해자와의 관계가 주변인의 반응에 결정적인 역할을 한다는 점을 입증해 준다.

참여자의 관계와 주변인 역할의 차이는 괴롭힘을 목격한 주변인이 가해자보다 우월한 힘을 지녀 상황을 통제할 수 있는 경우에는 피해학생을 돕는 방어적 성향이 높을 것으로 추론할 수 있다. 실제로 일부 연구는 괴롭힘 상황에서 주변인이 상황을 통제 가능하다고 생각할수록 상황에 개입하는 성향이 높다는 점이 확인되었다(Rock & Baird, 2012). 괴롭힘 상황은 또래집단 내에서 발생하기 때문에 괴롭힘 상황에 관여하는 또래의 관계에 영향을 받을 수밖에 없다. 청소년기는 발달적으로 또래의 영향을 많이 받는 시기이기 때문에 주변인이 가해 혹은 피해자와 형성하는 관계가 이들의 행동반응에 영향을 미칠 것으로 추론할 수 있다. 특히 괴롭힘이 힘의 불균형에 의해 발생하기 때문에 또래관계 중에서 이들의 사회적 지위인 인기도는 주변인의 행동에 영향을 미치는 것으로 알려져 있다(Gini et al., 2008). 따라서 주변인이 가해자보다 인기가 높으면 피해자를 도울 가능성이 높은 반면, 가해자보다 인기가 낮으면 피해자를 도울 가능성이 낮을 것으로 예측할 수 있다. 송지연과 오인수(2016)의 연구에서 주변인의 상황적 요인의 특성을 확인한 결과 상황통제 변인이 방관자보다 방어자 역할을 하는 주변인인 집단에서 확실히 높게 나타남을 알 수 있었다. 이는 상황이 통제 가능하다고 인식할수록 방어자 역할을 한다는 것을 의미한다. 스스로 상황이 통제 가능하다고 느끼게 되면 자신이 유능하다고 생각하고, 자신의 힘으로 어려운 상황을 이겨낼 수 있다고 판단하여 적극적으로 대처행동을 하게 되기 때문이다(Scheier & Carver, 1992).

(3) 다른 주변인의 존재

앞서 방관자 역설을 통해 설명했듯이 학생들은 폭력을 정당하지 못한 행동으로 보고 피해자를 도와야 한다고 대답하지만, 실제로 피해자를 돕는 행동을 하는 경우는 많지 않다(김용태, 박한샘, 1997; Boulton et al., 2002; Rigby & Johnson, 2006). 다수가 존재하는 집단 안에서 책임감이 쉽게 분산되기도 하고, 피해자를 도와줌으로써 자신이 손해를 입거나 위험에 처할지도 모른다는 부담감이 작용하기 때문이다(Rigby, 1997). 이러한 맥락에서 주변인의 개입에 대한 이전의 연구에서는 다른 사람의 존재에 대한 주변인의 인식이 그들의 도움행동을 감소시킨다는 이른바 '방관자 효과'가 확인되었다.

Latané와 Darley(1970)는 긴급 상황에서 주변인의 도움행동을 방해하는 요인을 설명하는 세 가지 요인으로 사회적 요인, 평가 불안 및 책임감의 분산을 주장하였다. 사회적 요인이란 주변인이 다른 주변인의 무반응에 근거하여 긴급성이 부족한 것으로 상황을 이해하게되면 도움행동이 억제되는 경우에 해당된다. 평가 불안은 주변인이 다른 주변인에 의해 관찰되는 경우 자신의 행동이 부정적으로 평가되는 것에 대한 불안을 느껴 도움행동을 억제하는 경우이다. 책임감의 분산은 만약 다른 주변인이 존재하는 경우 다른 사람이 도와줄 것이라는 기대와 동시에 돕지 못해도 책임을 나누게 된다는 생각 때문에 도움행동이 줄어드는 경우이다.

그러나 이러한 방관자 효과는 폭력이나 괴롭힘 상황이 아닌 응급상황(emergency)에서 발생하는 방관자의 행동에 관한 연구에 기반을 두고 있다. 반면, 폭력이나 괴롭힘 상황에서 방관자 효과가 적용되는지에 관한 연구는 드물다. 이와 관련하여 Pozzoli와 Gini(2013)는 개인적 책임감이 괴롭힘의 방어행동에 대처전략을 통해 간접적으로 영향을 미친다는 점을 확인하였다. 이 연구에서는 괴롭힘을 줄이는 것이 자신의 책임이라고 느끼는 경우 보다 더 적극적인 괴롭힘 대응 전략을 사용하였으며, 이러한 경우 피해학생을 방어하는 행동의 가능성이 높았다. 다른 주변인의 존재는 주변인들로 하여금 피해자 도움에 따른 위험부담감에 영향을 미치게 된다. 피해자 도움에 따르는 위험부담감이 주변인 행동에 영향을 미친다는 증거를 선행연구에서 찾을 수 있다. 초등학교 5학년~중학교 1학년 자료에 대한 판별분석의 결과, 피해자 도움에 따른 위험부담감이 높을수록 비방어적 주변인(동조자, 강화자, 방관자)으로 분류되었다(서미정, 2006). 한편, Song과 Oh(2017)는 앞서 설명한 방관자 효과가 학교폭력 상황에서도 유효한지 분석하였는데, 주변인의 유무에 따라 방어행동에는 큰 차이가 없다는 점을 밝히면서 학교폭력 상황에서는 방관자 효과가 유효하지 않다고 주장했다. 나아가 주변인의 유무에 따라 이들의 행동에 영향을 미치는 변인이 서로 다름을 확인했다. 예를 들어, 다른 주변인이 존재하는 경우에는 반사회적 행동이나 피해의 정도, 피해학생과의 관계 및 인기도가 방어행동에 영향을 미치는 반면, 다른 주변인이 없는 폭력 상황에서는 공감수준과 통제가능성이 방어행동에 영향을 미치는 것으로 나타났다. 이 연구결과는 주변인의 유무 그 자체보다는 주변인이 존재하는 상황이 폭력 상황의 역동에 변화를 주어 방어자의 행동에도 차별적으로 영향을 미친다는 점을 시사한다.

3) 심리적 요인

주변인의 행동에 영향을 미치는 변인 탐색은 주로 이들의 행동에 영향을 미치는 다양한 심리적 변인을 확인하는 것에 초점을 맞춰 왔다. 이 절에서는 주변인의 심리적 변인으로 공감, 도덕적 이탈, 반사회적 동조성, 스트레스 대처전략을 중심으로 살펴보고자 한다.

(1) 공감

공감(empathy)은 폭력 연구에서 다양하게 연구되었다. 공격성이 높은 경우 공감의 수준이 낮은 것으로 알려져 있으며, 공감은 공격성을 억제하며 친사회적 행동을 강화하는 것으로 알려져 있다(Coyne et al., 2018; Jambon et al., 2019; Moreno-Bataller et al., 2019; Wang et al., 2012; Walters & Espelage, 2018). 반면, 학교폭력 상황에서의 주변인과 공감 사이의 관련성을 다룬 연구는 상대적으로 적은 편이다. 학교폭력 상황에서의 주변인 행동을 연구한 Moreno-Bataller 등(2019)의 연구에서 또래를 괴롭히는 아이들은 공감과 조망수용능력이 낮았다. Wentzel 등(2007)은 공감의 수준이 높을수록 괴롭힘을 목격했을 때 피해학생을 방어할 가능성이 높다는 점을 지적하였고, Choi와 Cho(2013)의 연구에서도 방어자들의 높은 공감 수준이 확인되었다. 국내 연구에서도 공감은 여러 연구를 통해 주변인의 방어행동에 영향을 미치는 중요한 변인으로 확인되었다(송지연, 오인수, 2016; Oh & Hazler, 2009). 송지연과 오인수(2016)의 연구에서는 괴롭힘을 목격한 상황에서 공감은 방어자 집단이 동조자나 강화자 집단보다 유의미하게 높은 것으로 나타났다.

일부 연구에서는 공감을 세분화하여 인지적 공감과 정의적 공감의 상대적 영향을 분석하기도 했다. 예를 들어, 오인수(2010a)는 주변인 행동에 공감이 영향을 미친다는 것을 분석하면서 인지적 공감보다는 정의적 공감이 더 큰 영향력을 미친다는 점에 주목하였다. 즉, 다른 사람의 입장에서 생각하는 인지적 공감보다 실제로 다른 사람의 감정을 체휼하는 정의적 공감이 높을수록 피해학생을 도울 가능성이 높다는 점을 제시하였다. 이러한 결과는 정의적 공감이 인지적 공감에 비해 괴롭힘 행동과 더욱 관련이 높다는 선행연구와 일치한다(Fredrick & Jenkins, 2020). 이는 상대방의 입장에서 조망할 수 있는 인지적 공감 능력이 있을지라도, 상대방의 고통을 자신의 고통처럼 느끼는 정의적 공감이 공격성을 보다 효과적으로 억제한다는 점을 시사한다. 몇몇 연구는 공감이 사이버폭력에서도 영향을 미치는지 확인하였는데, 공감의 수준이 높은 경우 사이버폭력의 상황에서도 주변인으로서 방어행동을 할 가능성이 높다는 점을 확인하였고 이러한 결과는 사이버 공간에서도 공감은 방어행동을 증가시키는 보호요인으로 확인되었다(Barlińska et al., 2018; Knauf et al., 2018).

(2) 도덕적 이탈

도덕성 중에서 도덕적 이탈(moral disengagement)은 주로 일탈행동과의 관련성이 연구되었으며, 최근에는 이러한 도덕적 이탈이 또래의 괴롭힘과도 관련이 있다는 것이 확인되었다(김지원, 한세영, 2020; 송지연, 오인수, 2016). 도덕적 이탈이란 자신의 행동을 도덕적 표준 및 상황에 비추어 판단할 때 일어나는 인지적 왜곡 현상이다. 최근에는 이러한 도덕적 이탈이 주변인의 행동에도 영향을 미치는 것으로 확인되었다. 송지연과 오인수(2016)의 연구에서는 목격한 괴롭힘 상황에서 도덕적 이탈은 동조자 집단이 방어자 또는 방관자 집단보다 유의미하게 높은 것으로 나타났다. 이는 동조자의 도덕적 이탈 정도가 높다는 서미정(2013) 및 Pozzoli 등(2012)의 연구결과와 유사하다.

이처럼 동조자는 괴롭힘을 목격했을 때 가해자의 편에 서는 집단으로 이들의 의사결정 과정을 사회정보처리모델(Social Information Processing: SIP)의 관점에서 설명할 수 있다. Dodge(1986)는 학생이 어떤 상황에 직면하였을 때 사회-인지적 측면에서 정보를 처리하고, 그 상황에 맞는 행동을 하게 되는 과정을 단계적으로 설명하였다. 첫 단계는 단서를 부호화하는 과정으로 특정 단서에 초점을 맞추고 과거 경험에서 획득한 지식을 현재 사회적 상황에 적용하게 된다. 그런데 동조자의 경우 다른 집단에 비해 과거 가해 경험의 정도가 상대적으로 높기 때문에 이들은 현재의 의사결정 과정에서 과거에 괴롭힘을 행사했던 경험을 떠올릴 가능성이 높다. 다음 단계에서는 이렇게 적용한 단서를 바탕으로 해석하여 자신의 목적 성취에 도움이 되는 행동을 하게 된다. 그런데 도덕적 이탈 정도가 높게 되면 이 과정에서 잘못된 귀인을 할 가능성이 높다. 왜냐하면 이전 가해 경험을 떠올려 잘못 적용한 단서에 대해 스스로 결과 왜곡을 함으로써 자신의 잘못된 행동을 정당화하기 때문에 오히려 가해자를 도와주는 자신보다는 괴롭힘을 당하는 피해자에게 문제가 있다고 생각할 가능성이 높다. 나아가 목표를 명료화하는 과정에서 도덕적이지 못한 목적을 선택하게 되어 문제행동을 일으킬 가능성이 높다.

Obermann(2011) 역시 방관자를 무관심한 방관자와 죄의식을 느끼는 방관자로 구분하여 분석한 결과 무관심한 방관자의 경우 도덕적 이탈의 정도가 다른 괴롭힘 참여집단에 비해 높은 것을 확인하였다. 서미정(2013) 및 Pozzoli 등(2012)의 연구에서는 방관자뿐 아니라 동조자, 강화자도 도덕적 이탈이 높다는 점을 확인하였다. 이처럼 도덕적 이탈은 도덕적 추론을 정확하게 할 수 없게 만들고, 스스로 결과 왜곡을 통해 자신의 부정적 행동을 정당화하기 때문에 주변인의 방어행동에 영향을 미치는 것으로 해석된다. 이러한 도덕적 일탈과 주변인 행동의 관계에 대한 연구는 사이버폭력의 상황에서도 확인되었다. 루머 확산의 사이버폭력을 목격한 주변인에 대한 연구에서는 도덕적 이탈이 높을수록 동조행동이 높았는데(진천사, 오인수, 2018), 이러한 결과는 또래 동조 욕구가 강한 청소년이 사이버폭력에 동조하는 경향이 있다는 연구(성윤숙, 2012)와 가해자 및 강화자, 조력자가 도덕적 이탈과 정적 상관 관계에 있다는 연구결과(Gini, 2006)와 일치한다. 사이버폭력 상황에서 주변인의 방어행동 의도에 영향을 미치는 요인을 분석한 연구에서는 비방형·갈취형·배제형 각각 도덕적 이탈이 낮을수록 방어행동 의도를 가지는 것으로 나타났다(김영은 외, 2019). 한편, Thornberg와 Jungert(2013)는 도덕적 이탈이 높을수록 주변인의 역할에서 가해학생을 더 많이 돕는 것을 확인하였는데, 이 연구에서는 도덕적 이탈 이외에 도덕적 민감성(moral sensitivity)이 높을수록 주변인이 피해학생을 돕는다는 것을 확인하였다. 도덕적 민감성이란 상황을 도덕적 관점에서 받아들이고 인식할 수 있는 능력을 의미한다.

(3) 반사회적 동조성

동조성은 상황적 맥락에 가장 영향을 받는 심리적 변인으로 또래집단의 규범에 동조해야 하는 압력으로 인해 집단적 사고를 하게 되는 것을 의미하며, 동조성이 강한 경우 도덕적 판단이 약화되는 것으로 알려져 있다(문희경, 2015). 특히 반사회적 동조성(anti-social conformity)은 거짓말이나 도둑질과 같이 타인에게 피해를 주거나 규칙을 위반하는 상황에서 또래가 같이하자고 제안했을 때 동조하는 성향을 의미한다(박수경, 김영혜, 2015). 청소년의 일탈행동, 집단 괴롭힘과 같은 반사회적 상황의 경우 오히려 중립적인 상황보다 또래 동조 성향이 강하게 나타난다(Berndt, 1979). 실제로 송지연과 오인수(2016)의 연구에서 목격한 괴롭힘 상황에서 반사회적 동조성은 동조자 집단이 방어자 집단보다 유의미하게 높은 것으로 나타났다. 자신의 사회적 지위가 높으면서 반사회적 동조 성향이 낮은 경우, 또래의 눈치를 보지 않고, 분위기에 휩쓸리지 않아 자신의 도덕적 소신대로 행동할 수 있게 됨을 의미한다. 도덕적 판단에 영향을 미치는 인지적 추론 단계에서 이러한 반사회적 동조성이 영향을 미치면 바람직하지 못한 행동을 집단적으로 행사할 가능성 또한 존재한다. 특히 송지연과 오인수(2016) 연구에서 과반수가 넘는 학생들이 방관적 태도를 보였고, 이러한 방관자의 중립적 태도를 동조자는 괴롭힘 행동을 암묵적으로 동의하거나 지지하는 행동으로 곡해할 수 있기 때문에(Bastiaensens et al., 2016) 반사회적 동조성은 동조자에게 자신감을 불어넣어 줄 수 있다. 따라서 주변인을 교육할 때 반사회적 동조성을 낮추는 것에 초점을 맞춘 교육적 개입이 필요할 것으로 보인다.

(4) 스트레스 대처전략

또래 괴롭힘은 비단 피해학생과 가해학생뿐만 아니라 괴롭힘을 목격한 주변인에게도 스트레스로 인식된다(이인희, 2012). Hazler(1996)에 따르면 괴롭힘에 노출된 주변인은 피해학생과 같은 많은 불안감과 고립감, 절망감, 무능감을 느낀다. 그 결과 폭력을 목격했을 때 스트레스 호르몬이라 불리는 코르티솔 농도가 변화되는 것으로 알려져 있다(Carney et al., 2010). 이러한 점에서 또래 괴롭힘은 많은 학생에게 학교생활에 있어 가장 큰 스트레스 중 하나로 여겨지고 있다(Olafsen & Viemerö, 2000). 사회학습이론에 근거하면 괴롭힘을 직접 경험하지 않더라도 이를 목격했을 때 간접적으로 괴롭힘을 경험하기 때문에 피해자가 느끼는 심리적 스트레스를 대리 경험하는 효과를 나타낼 수 있다(Bandura, 1977). 즉, 직접 경험이 아닌 간접 관찰 경험에 의해서도 학습이 이루어질 수 있기 때문에 주변인들도 피해학생이나 가해학생 못지않은 스트레스를 받는다는 것이다.

한편, 이러한 또래 괴롭힘과 같은 스트레스는 스트레스 자체보다 개인이 이를 어떻게 해석하고 대처하는지와 관계된 스트레스 대처전략(stress coping strategy)이 그 영향력을 변화시킬 수 있다고 보고된다(오인수 외, 2019; 임성택, 김성현, 2007; Band & Weisz, 1988). 같은 괴롭힘 상황을 목격했더라도 개인이 어떠한 대처전략을 주로 사용하느냐에 따라 적응에 차이가 발생할 수 있다는 것이다(박영숙, 2007; 이옥주, 2003). 스트레스 대처전략은 다양한 스트레스 상황에 광범위하게 적용될 수 있기 때문에(Pearlin & Schooler, 1978), 또래 괴롭힘 목격 상황에서도 개인의 스트레스 대처전략은 동일할 것이라 가정할 수 있다. 또래 간 괴롭힘 가해행동이 가해학생의 공격행동에서 비롯된 것이라는 점에서 공격적 대처를 주로 사용하는 주변인 역시 가해학생의 행동에 쉽게 동조할 것으로 예상할 수 있다. 실제로 공격성향이 높은 주변인이 동조를 할 가능성이 높으며(오인수, 2010b), 동조 경험이 많을수록 더 높은 집단따돌림 가해행위를 나타낸다는 연구결과가 이를 지지한다(박소현, 2017). 반면에 문제해결을 위해 정보를 탐색하고 스스로 계획 또는 전략을 세워 문제를 근본적으로 해결하려는 적극적 대처 행동은 대표적인 긍정적 대처전략으로 여겨진다(장윤옥, 2013). 일례로 오인수와 임영은(2016)의 연구에서 적극적 대처 행동은 상대적으로 공격성이 낮고 사회적 유능감이 높은 집단에서 가장 많이 사용되는 것으로 나타났다. 또한 김미예와 박완주(2008)의 연구에서 적극적 대처 행동은 비행 성향과 부적 상관을 나타냈고, 김혜정과 백용매(2006)의 연구에서는 이와 반대되는 입장에서 스트레스에 대해 적극적이고 희망적으로 생각하는 낙관성이 적극적 대처방식과 정적 상관을 나타낸다는 것이 밝혀졌다. 이러한 점에서 적극적 대처 행동은 피해학생의 입장에서 신체적, 언어적으로 참여하거나 가해학생을 떼어놓는 등의 능동적 개입을 하는 방어자와의 상관을 기대해 볼 수 있다(O'Connell et al., 1999). 타인의 고통을 묵인하지 않고 능동적으로 개입하는 적극적 대처 행동은 타인을 돕는 방어자의 도움행동에 필수적인 요소라고 볼 수 있다. 실제로 손강숙과 이규미(2015)의 연구결과를 살펴보면 방어자는 이성적 판단보다 몸이 먼저 반응해 적극적으로 피해자를 돕는 행동을 보였으며, 이러한 방어자의 적극적인 도움행동은 가해자의 괴롭힘 행동을 중단시키는 데 효과적이었다.

(5) 괴롭힘에 대한 태도

이상에서 살펴본 공감과 도덕적 이탈, 반사회적 동조성, 스트레스 대처전략 이외에도 다양한 심리 변인과 주변인 행동의 상관성이 연구되었는데, 괴롭힘에 대한 태도(attitude toward bullying)가 부정적일수록 방어자의 역할을 하는 것으로 확인되었다(Pozzoli & Gini, 2013). Pöyhönen 등(2012)은 주변인의 행동에 영향을 미치는 요인으로 자기효능감, 결과 기대(outcome expectations) 및 결과가치(outcome values)의 영향력을 조사하였다. 방어자들은 방어 행동의 결과로 피해학생이 도움을 받을 것이라고 기대하였고 그러한 변화는 가치 있는 것이라고 인식하였다. 반면, 강화자들은 괴롭힘의 결과에 대해 부정적으로 생각하였고 긍정적인 결과에 관심이 없었다. 기대와 가치가 충돌을 일으키는 경우 방관적인 태도를 보이는 경향을 보였다. 국내연구에서도 이러한 자기효능감과 방관적 태도와의 관련성이 연구되었는데, 이지연과 조아미(2012)는 학교폭력의 방관적 태도를 보인 학생들은 일반적 자기효능감과 사회적 자기효능감의 정도가 낮다는 점을 확인하였다. 또한 방관적 태도 중에서 자기방어는 대인관계 중 의사소통에 부적 영향을 미치는 것으로 나타났다. 따라서 방관적 태도가 높을수록 자기효능감과 의사소통 수준이 낮다는 것을 확인하였다. 이와 같은 인식이 주변인의 행동에 미치는 영향은 국가 간 연구에서도 확인이 되었는데 Pozzoli 등(2012)은 이탈리아와 싱가포르의 문화적 차이가 주변인의 행동에 어떻게 영향을 미치는지 확인하는 연구를 하였다. 이탈리아 학생의 경우 개인적인 태도가 주변인 행동에 큰 영향을 미친 반면, 싱가포르 학생의 경우 인식된 또래 기대(perceived peer expectations)가 주변인에 가장 큰 영향을 미치는 것으로 확인되었다.

제 **9** 장

학교폭력
주변학생을 위한 개입

프롤로그

　지난 20여 년간 학교폭력에 관한 다양한 프로그램이 개발되고 개입 전략이 소개되었는데, 대부분은 피해학생과 가해학생을 위한 것들이었다. 이제는 예방과 개입의 패러다임이 변화해야 할 시기이다. 학교폭력을 목격한 주변학생의 역량을 강화시키는 프로그램을 통해 학급과 학교의 분위기 및 문화를 변화시키는 접근이 필요한 시기이다. 한국보다 20여 년 앞서 학교폭력 문제에 직면했던 노르웨이 등의 북유럽 국가를 시작으로 현재 전 세계의 많은 국가는 주변학생의 역량을 강화시켜 학교폭력을 줄이는 개입에 초점을 두고 있다. 그리고 주변학생에 초점을 두어 학교 전체의 체제적 변화를 시도하는 전학교 접근(whole-school approach)이 학교폭력에 가장 효과적인 접근으로 인정받고 있다. 그러나 아쉽게도 아직 한국에서는 대표적인 전학교 접근 기반 프로그램이 없는 실정이다. 주변학생의 역량을 강화하는 외국 프로그램들을 벤치마킹하여 한국에서 효과성이 높은 한국형 전학교 접근이 개발되는 것을 기대해 본다.

학교폭력:
심리적 이해와 상담적 개입

1 주변학생의 역량 강화

1) 주변학생의 역량 강화를 위한 개입

학교폭력 해결의 열쇠를 가지고 있는 주변학생이 학교폭력에 반대하고 적극적으로 피해학생을 보호할 때 학교폭력은 해결될 수 있다. 앞선 장에서 설명한 주변학생의 유형과 관련지어 설명하면 대다수의 방관자를 어떻게 방어자로 전환시킬 수 있을지가 학교폭력 예방의 핵심 주제라고 볼 수 있다. 이 관점에서 학교폭력을 감소시키기 위해 주변학생의 역량을 어떻게 신장시킬 수 있을지를 Salmivalli(2014)가 제시한 방법을 중심으로 살펴보면 다음과 같다.

(1) 주변학생 역할의 중요성 인식

학교폭력이 발생하는 과정에서 학생들이 주변인의 중요성과 그 역할을 인식하는 것은 중요하다. 대부분의 아동 및 청소년은 폭력 상황에 가해학생으로 참여하는 것이 아니라면 폭력을 목격했을 때 아무것도 하지 않아도 문제가 안 된다고 생각할 수 있다. 그런데 이러한 생각을 하게 되면 대부분의 주변인이 방관자가 되어 학교폭력은 지속될 가능성이 높아진다.

① 폭력 상황에서의 본인의 역할 성찰

학생들에게 폭력 상황에서 참여자의 다양한 유형을 설명한 후, 학생 본인은 그중 실제 폭력 상황에서 어떤 유형에 속하는지를 점검해 보게 한다. 그 상황에서 자신의 전형적인 행동을 성찰해 보도록 할 수 있다. 이때 학생들은 교사나 학급 친구들을 통해 그들이 그동안 해 왔던 역할이 학교폭력의 지속에 어떠한 영향을 미쳤는지 깨닫도록 지도해야 한다.

② 행동 변화를 위한 방안 모색

학생들은 폭력 상황에서 본인의 역할에 대한 성찰을 바탕으로, 학교폭력에 방어자로서 반응하기 위한 방법에 대해 토론하거나 브레인스토밍을 할 수 있다. 더 나아가 학급 차원에서 토론한 것, 브레인스토밍한 것을 최종적으로 발표하거나 나누는 시간을 마련하는 것이 좋다. 이를 통해 폭력은 옳지 않으며, 그 상황에서 방어자로서 반응하는 것이 자연스럽고 바람직한 행동이라는 것을 배울 수 있다. 나아가 공동체의 맥락과 분위기를 보다 안전하게 형성하는 데 기여할 수 있다.

(2) 피해학생의 상황에 대한 공감

피해학생이 처한 상황에 대한 주변인 학생의 공감 능력을 향상시키는 것은 그들이 또래 피해학생을 지지하고 옹호하는 것에 대한 동기를 강화할 수 있다. 이후 설명할 주변인 개입 모델에 자세한 설명이 나오겠지만, 공감은 주변인이 실제 개입하여 방어행동을 수행하는 데 결정적인 역할을 한다. 따라서 주변학생의 역량을 강화하기 위해서는 공감 능력의 향상이 필수적이라고 볼 수 있다.

① 짧은 영상 활용

학교폭력이 피해학생의 학교생활에 어떤 영향을 미쳤고, 더 나아가 그들의 삶 전반을 어떻게 바꾸어 놓았는지에 대해 이야기하는 영상을 시청하도록 하는 것은 효과적인 방법일 수 있다. 우선 무심코 지나칠 수 있는 정도의 학교폭력 상황도 큰 피해를 초래할 수 있는 상황이자 도움이 필요한 상황이라는 인식을 함양할 수 있다. 또한 폭력을 당한 학생들이 어떠한 현실과 미래를 마주할 가능성이 높아지는지 그 무게를 가늠하는 데 도움이 될 수 있다.

② 행동에 의한 학습 활동

행동에 의한 학습 활동(learning-by-doing activities)을 통해 학생들이 직접 피해학생의 관점에서 학교폭력으로 인해 발생하는 감정들에 대해 이해할 수 있는 기회를 제공한다. 직접 폭력 상황의 피해학생으로 처한 것을 가정해 봄으로써 발생하는 부정적인 감정들을 느껴 보고, 해당 감정들에 대한 통찰을 가능하게 할 수 있다. 또한 이러한 부정적인 감정을 느끼는 상황을 빨리 끝내고 싶으며, 이때 간절하게 주변 사람들이 도와주면 좋겠다는 마음이 들 수 있도록 활동을 진행한다.

③ 역할극

역할극을 통해 가해학생, 피해학생, 주변학생의 역할 모두를 직접 연기해 봄으로써 폭력과 관련된 다양한 감정을 탐구해 볼 수 있다. 학생들은 이 과정을 통해 피해학생을 위해 아무런 방어 행동을 하지 않은 채 폭력행위를 목격하면 어떤 기분이 드는지, 괴롭힘이 옳지 못한 행동임을 주장하거나, 약한 또래의 편에 서는 것이 왜 어려운지 등에 대해 생각해 보고 나눔을 통해 그 이해의 폭을 확장할 수 있을 것이다. 또한 피해학생 역할 수행 중 주변인의 작은 도움을 받았을 때 얼마나 큰 힘이 되는지 직접 느껴 보는 과정을 통해 피해학생의 마음을 더 이해하고 공감할 수 있는 능력을 기를 수 있다.

(3) 피해학생을 지지할 수 있는 안전한 전략

학교폭력 상황에 학생이 방어자로서 개입을 한다는 것은 학생이 모든 경우 직접적으로 영웅적인 행동을 취해야 함을 의미하는 것은 아니다. 학생들은 더욱 세심한 방법으로 피해학생이 지지를 받고 있으며 외톨이가 아니라고 느낄 수 있도록 할 수 있다. 실제로 학생들이 다른 학생과 함께 폭력에 방어자로서 개입을 하기로 결정했을 때, 그들은 본인들이 안전하면서도 효과적이라고 생각하는 방식으로 개입하고 싶어 한다.

① 학교폭력 중재를 위한 전략 학습

개인적 또는 집단 차원에서 학교폭력을 중재할 수 있는 전략을 학습한다. 실제 발생 가능한 폭력 상황을 가정하고 이를 목격했을 때 어떻게 행동하는 것이 방어자로서 효과적이고 안전한지를 탐색한다. 예를 들어, 학급에서 피해자를 욕하는 험담 쪽지가 돌고 있는 상황에서 나에게 쪽지가 왔다면 '아무도 모르게 버리는 전략' 등을 탐색할 수 있다.

② 학급 또는 소집단에서 전략 시연

전략 학습 후 학생들은 학급 전체 또는 소집단 활동을 통해 학습한 것들을 직접 연습해 볼 수 있다. 또래를 통해 모델링 행동을 관찰하고 피드백을 받거나, 직접 시연을 통해 실행에 옮겨 보는 것은 실제 상황에서 해당 행동 발생 가능성을 높이고, 정확도를 높일 수 있다는 측면에서 매우 중요하다고 할 수 있다. 이후에 소개할 행복나무 프로그램의 경우 프로그램의 참여 학생들이 직접 역할극을 통해 폭력 상황을 제시하고 그 상황에서 어떻게 방어행동을 할지 토론하는 방식을 취하고 있다(정제영 외, 2013).

2) 주변인 개입 모델

Nickerson 등(2014)은 '방관자 효과(bystander effect)'를 설명한 주변인 개입 모델(bystander intervention model; Latané & Darley, 1970)을 학교폭력 상황에 적용한 연구를 실시했다. 이 연구를 통해 5단계로 구성된 주변인 개입 모델을 제시하였다. 이 모델은 폭력을 목격한 주변인이 따르게 되는 의사결정 단계를 제시한 것이다. 하나의 단계에서 성공적인 수행은 다음 단계의 수행을 예측할 수 있다고 보았다. 그리고 일련의 의사결정 단계에는 주변인의 공감, 태도, 괴롭힘에 대한 지식이 관여한다고 주장하였다. 이들이 제시한 주변인 개입 모델의 다섯 단계를 기반으로 주변인이 폭력 상황에 개입을 하면 보다 효과적일 수 있다.

실제로 Fredrick 등(2020)은 인지적, 정서적 공감이 주변인 개입 모델의 각 단계와 관련이 되는지 분석하였는데 그 결과 인지적 공감은 주변인 개입 모델의 단계 중 따돌림 상황을 알아차리는 것, 책임감을 받아들이는 것, 그리고 어떻게 개입해야 하는지를 인식하는 것과 관련이 된다는 결과를 얻었다. 그리고 정서적 공감은 주변인 개입 모델의 단계 중 따돌림 상황을 도움이 필요한 응급 상황으로 해석하는 것, 그리고 실질적으로 개입을 하는 것과 관련성이 있음을 확인했다. Jenkins와 Nickerson(2019) 역시 주변인 개입 모델에 공감 능력이 관여하는지 연구했다. 이 연구에서 공감 능력이 뛰어난 학생일수록 따돌림 사건을 인식하는 단계를 제외한 모든 단계에 개입할 경향이 큰 것을 확인했다. 또한 자기주장성이 높은 경우 괴롭힘 상황에 어떻게 개입할지에 대한 방법을 더 많이 알고 있었다.

이러한 연구자들은 이와 같은 결과를 바탕으로 주변인 개입 훈련은 학생들의 다양한 사회성 기술 수준을 고려해 괴롭힘을 중재할 수 있는 다양한 방안을 교육해야 함을 강조했다. 또한 공감 및 자기주장에 초점을 맞춘 주변인 개입 프로그램이 필요함을 주장했다. 이외에도 공감과 자기주장을 훈련해 학생들의 친사회적 행동을 증진하기 위한 사회정서학습(social-emotional learning)과 같은 주변인 개입 훈련의 구체적인 방향을 다양하게 제시하였다. 주변인 개입 모델 5단계를 요약하면 다음과 같다.

(1) 사건을 알아차리기

개입을 하려면 먼저 목격한 사건이 문제라는 것을 주변인이 알아차려야 한다. 주변인이 사건을 문제 상황으로 인식하는 것은 이들의 개입 가능성을 높이는 것으로 확인되었다(Greitemeyer et al., 2006). 목격한 상황에서 피해자가 문제에 처했다는 것이 비교적 명확하면 주변인은 이를 개입해야 할 상황으로 더 쉽게 받아들인다(Dovidio et al., 2006; Loewenstein & Small, 2007). 반면에 관계적 폭력이나 사이버폭력과 같이 잘 드러나지 않는 비가시적 폭력의 경우 주변인이 이를 문제 상황으로 인식하여 사건을 알아차릴(noticing the event) 가능성은 줄어든다.

(2) 사건을 도움이 필요한 응급 상황으로 해석하기

사건의 발생을 인지한 후, 그 사건을 도움이 필요한 응급 상황으로 해석하는(interpret the event as an urgency that requires help) 것은 방관자 효과가 덜 발생할 수 있도록 한다(Fischer et al., 2011). 하지만 이 단계에서 주변인들은 다른 사람들의 반응과 행동을 단서로 활용해 상황을 해석하려는 잘못된 의사결정 경향을 보인다. 이는 Darley와 Latané(1968)의 실험에서 연기가 점점 들어차는 방 안에 피험자가 혼자 있으면 75%가 연기 발생에 대해 보고했지만 두 명의 반응이 없는 주변인과 함께 있을 경우에는 단 10%만이 사건을 보고한 것을 통해 설명된다. 이처럼 발생한 사건을 응급 상황으로 해석하는 데 어려움을 주는 상황적 모호함은 주변인의 개입 행동을 이끌어 내는 데 큰 장애물로 작용할 수 있다.

(3) 개입에 대한 책임을 받아들이기

사건을 인식하고 폭력 상황을 도움이 필요한 응급 상황으로 해석한 후에는 개입에 대한 개인적인 책임감을 받아들여야 한다(accepting responsibility for intervening). 방관자가 존재할 경우, 다른 사람들이 본인 대신 개입을 할 것이라고 생각할 수 있다. 그러면 개인의 책임감이 집단 내에 분산되는 현상이 발생한다. 이 같은 책임의 분산은 괴롭힘, 성희롱, 그리고 다른 폭력 상황을 받아들이는 주변인들의 태도에 의해 악화될 수 있다(Burn, 2009; Rigby & Johnson, 2005). 따라서 책임감이 분산되지 않고, 폭력 상황에서 나 자신이 상황에 개입해야 한다는 책임을 스스로 인식할 수 있도록 도와야 한다.

(4) 어떻게 개입해야 할지 또는 도움을 제공할지 알기

앞서 제시한 일련의 단계를 통해 개입에 대한 개인적인 책임감을 받아들였다면 주변인은 자신이 어떻게 개입해야 할지에 대한 방법을 알고 있어야 한다(know how to intervene or provide help). 만약 이때 개입에 대한 스킬이 부족하다면 이 단계의 수행은 성공적으로 이루어질 수 없다(Burn, 2009). 따라서 개입에 대한 전략과 도움을 제공하는 다양한 방법을 직

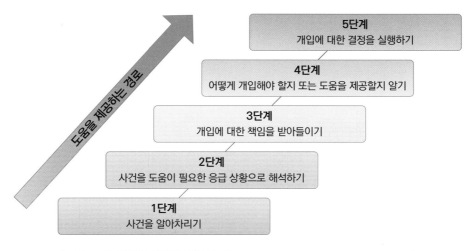

[그림 9-1] 주변인 개입 모델 5단계(Dillon & Bushman, 2015의 모델을 수정함)

접적으로 가르침으로써 개입에 대한 자신감을 높여 주는 것이 필요할 것이다.

(5) 개입에 대한 결정을 실행하기

주변인 개입 모델의 마지막 단계는 상황에 실제로 개입을 하는 것이다(implement intervention decisions). 이 단계에서 의도하는 목표에 대한 낮은 자기효능감(Anker & Feeley, 2011; Banyard, 2008)과 개입 시 개인이 감당해야 하는 대가(cost)는 실제 개입 행동에 영향을 줄 수 있다(Batson, 1995; Piliavin et al., 1975). 자기효능감은 개입했을 때 상황이 개선될 수 있다는 믿음을 말하며, 이는 이전에 유사한 방식으로 개입했을 때의 성공 경험에 기초한다.

3) 주변인을 통한 학급 규준과 분위기의 변화

주변인은 학교폭력이 발생하는 상황에서 대부분을 차지하기 때문에 주변인의 변화는 이들이 속한 학급의 규준과 분위기를 변화시키는 역할을 통해 학교폭력을 억제하는 효과를 나타낸다. Salmivalli(2010)는 학교폭력이 지니는 집단 과정의 속성에 주목하여 주변인으로서의 또래집단의 역할이 괴롭힘을 종식시킬 수 있는 주요 요인이지만, 이때 학급의 규준이 크게 작용한다는 것을 강조한다. 방어 행동에 대한 낮은 수준의 학급 규준을 보이는 학급에서는 학생의 방어 행동이 감소된다는 것을 확인했다.

이는 집단에서 규범적인 행위에 반하는 행동은 또래집단으로부터 비호감을 살 수 있음을 가정하는 개인-집단 차이 모형(person-group dissimilarity model)으로 설명할 수 있다. 학급에서 높은 사회적 지위를 가지고 있는 학생이 폭력을 규범화함으로써 이에 동조할 것과 학급 내의 동질성을 강화하고자 하는 현상과 관련된다고 지적했다. 또한 연구자는 학교폭력 상황에서의 '다원적 무지(pluralistic ignorance)'가 논의되고 있음을 언급하며(Juvonen & Galván, 2008), 많은 학생은 폭력이 옳지 못한 현상이라고 인지한다고 하더라도 그것이 공개적으로 다루어지지 않는다면 학급 규준을 잘못 인식하여 그들이 폭력을 허용하는 태도를 취할 수 있음을 지적했다. 이에 연구자는 괴롭힘에 대한 학생들의 개인적인 인식을 학급 또는 학교 내에서 공적으로 논의하는 것을 통해 다원적 무지를 줄일 필요성을 제기하고 있다.

실제 Sandstrom 등(2013)은 다원적 무지 이론(pluralistic ignorance theory)에 근거하여 학급 규준에 대한 잘못된 인식이 주변학생들의 돕고자 하는 행동을 억제할 수 있다는 사실을 확인했다. 이 연구에서 학생들은 학급 규준이 괴롭힘을 허용한다고 지각한 학생의 경우 실제 괴롭힘에 대해 피해학생을 위한 방어 행동을 하겠다는 응답이 낮았고 괴롭힘에 가담하겠다는 응답은 높았다. 이는 학생들의 방어 행동이 학급의 집단 규준에 대한 그들의 인식을 바탕으로 이루어지며, 괴롭힘이 자신의 학급에서는 허용되는 규범으로 인식한다면 학생들은 방어행동을 하지 않음으로써 안전함과 더 인기 있는 선택을 했다고 느끼는 것으로 보았다. 이러한 결과를 바탕으로 이 연구는 학교 기반 괴롭힘 예방 프로그램이 학교 분위기를 바꿀 수 있는 학생들의 개별적인 역량에 초점을 맞추는 것으로는 불충분하며, 각 학급과 더 나아가서는 학교에 형성되어 있는 집단 규준, 다시 말해 통용되는 분위기에 집중해야 함을 강조한다. 즉, 학생들이 개인적으로 방어 행동을 해야 한다고 생각하고 있고 따라서 괴롭힘이 아닌 방어 행동이 진정한 집단 규준임을 정확하게 알 수 있도록 해야 한다는 것을 주장한다.

Barhight 등(2017)의 연구에서는 주변학생 개입에 대한 학급 수준의 집단 규범이 더 높은 학급에서 실제로 더 많은 주변학생 개입이 이루어진 것으로 나타났다. 또한 학생들의 방관자적 행동은 개인적 특성에 영향을 받음과 동시에 어느 정도는 상황에 영향을 받는다는 것을 시사한다. 이러한 결과는 학교폭력 예방 프로그램을 구성할 때 주변인의 개입을 강조하는 학급 문화를 형성하는 것과 각각의 학생들이 피해학생을 돕는 것에 대한 개인적 책임을 가질 수 있도록 격려하는 것 사이에서 적절한 균형을 이뤄야 함을 시사한다. 따라서 프로그램을 실시할 때 개별학생의 역량을 높임과 동시에 학급의 분위기를 바꾸는 노력이 병행되어야 한다.

🔍 인사이트　학교폭력에 대한 다원적 무지

다원적 무지(pluralistic ignorance)는 개인적으로는 전혀 다른 신념을 가지고 있으면서도 대다수의 다른 사람들은 자신과 다른 생각을 갖고 있다고 판단하여 다수의 행동에 동조하는 현상을 말한다. 다시 말해, 학교폭력 피해를 당하는 친구를 목격했을 때, 그 친구를 도와주는 방어행동을 해야 한다고 믿는다 할지라도, 다수의 방관학생들을 보면서 대다수의 친구가 방어해야 한다는 자신의 생각과는 다른 생각을 하고 있다고 믿는 것이다. 이런 상황에서는 실제로 대다수의 학생이 방어행동을 해야 한다고 믿으면서도, 마치 모두가 그렇게 믿지 않는 것처럼 행동할 수 있다. 특히 학급의 분위기가 폭력에 대해 무관심하거나 피해학생을 도와주지 않는 경우라면, 폭력을 허용하는 학급의 규준이 형성되어 반(反)폭력적 생각을 지닌 학생이라 할지라도 결과적으로는 폭력을 허용하는 행동을 하게 된다. 그렇기에 학생들이 반(反)폭력적인 학급의 규준을 명확하게 인식하도록 돕는 것이 매우 중요하다.

2 주변학생의 역량 강화 프로그램

주변학생 역량 강화 프로그램의 중요성을 강조한 Salmivalli(2014)는 학교폭력 상황에서 주변학생이 가해자에게 일종의 사회적 강화를 제공하기 때문에 폭력이 지속된다고 보았다. 또한 피해학생은 또래로부터 지지가 되거나 방어되지 못하기 때문에 더욱더 심각한 피해가 이루어진다고 보았다. 이러한 관점에서 학교폭력을 감소시키기 위해서는 주변학생의 역량을 높여 주는 것이 결정적이라고 주장한다. 폭력 상황에서 주변학생이 효과적으로 개입하기 위해서는 주변인으로서의 역할 인식, 피해학생의 상황에 대한 공감, 피해학생을 지지할 수 있는 안전한 전략 등의 대처역량이 필요하다. 주변인으로서의 역할 인식을 위해서는 서로 다른 주변인의 유형에 관해 설명한 후, 괴롭힘 상황에서의 학생 본인의 역할은 어떠했는지에 대해 성찰해 보도록 하거나 학급 친구들 또는 선생님으로부터 본인의 역할에 대한 피드백을 받도록 하는 것이 좋다. 방어자로서 본인의 역할을 바꿀 수 있도록 친구들과 토론하거나 브레인스토밍하는 것 또한 좋은 방법이다. 피해학생에 대한 공감은 피해학생들이 학교폭력으로 인해 달라진 본인의 삶에 대해 소개하는 영상을 활용하거나 역할극과 같은 행동에 의한 학습을 통해 함양할 수 있다. 마지막으로 학생들은 개입에 대한 안전한 전략을 개인적, 또는 집단으로 학습한 후 전략을 직접 연습하는 방식이 좋다.

Polanin 등(2012)은 메타분석을 통해 학교폭력 상황에서 주변인의 역량 강화에 초점을 맞춘 괴롭힘 예방 프로그램의 효과성을 종합적으로 분석하였다. 12개의 학교 기반 프로그램을 연구한 문헌을 바탕으로 주변인 개입 프로그램의 특징을 정리했으며, 그 프로그램이 대체로 모든 학교급의 학생들에게 긍정적인 효과를 나타낸다는 것을 실증적으로 확인했다. 특히 고등학교 학생들에게 그 효과가 더 크게 나타났음을 확인했다. 이들은 이러한 결과를 바탕으로, 주변인의 역할 자각, 적극적인 친사회적 행동 격려, 주변인 개입 행동에 대한 역할극과 실천 기회 제공을 위한 프로그램 실행과 긍정적 학교 분위기 형성이 이루어져야 하며 특히 프로그램이 주변인의 태도와 행동에 집중할 때 학생의 친사회적 행동 증진에 효과적임을 제시하였다.

1) 주변학생의 역량 강화 국내 프로그램

학교폭력을 예방하기 위하여 주변인에 초점을 맞춘 프로그램이 많지는 않다. 이번 절에서는 주변인에 초점을 둔 개입에 대해 살펴보고 효과적인 개입을 위한 방법을 살펴보고자 한다. 먼저, 주변인에 초점을 둔 개입 중에서 효과성을 입증한 연구들이 있다. 오해영과 김호영(2005)은 집단상담 또는 학급 단위의 심리교육을 통해 따돌림에 대한 개념을 새롭게 정립하고, 인식의 개선을 도우며, 평화적인 학급 분위기 조성이 이루어졌다는 개입 프로그램의 효과성을 검증하였다. 이를 통해 참여자의 방관적 태도와 자아존중감 및 학교생활만족도에서 개선이 있었던 것으로 확인되었다. 윤성우와 이영호(2007)도 또래 지지를 활용한 집단상담 형식의 개입을 통해 주변인의 집단따돌림에 대한 인식을 변화시키고 공감을 향상시키는 개입의 효과성을 입증하였다. 서기연 등(2011) 역시 학급 단위의 개입을 통해 주변인의 또래지지를 향상시키는 개입의 효과성을 입증하였다. 그러나 이러한 개입은 프로그램 전체가 주변인에 초점을 맞추기보다는 프로그램의 일부에 주변인 내용이 포함된 방식이었다.

반면, 프로그램 전체가 주변인에 초점을 둔 프로그램으로는 행복나무 프로그램(법무부, 2012), 헬핑(Help Encouurage yourself as a Leader of Peace-ing!: HELP-ing) 프로그램(곽금주 외, 2005)과 시우보우(視友保友) 프로그램(교육인적자원부, 2006)이 있다. 헬핑 프로그램은 학교 구성원의 가장 다수이면서 동시에 문제해결의 핵심인 방관자 집단을 중심으로 하고 있다. 이 프로그램은 한국의 교육여건을 반영하여 비교적 단기간에 일반학생을 대상으로 교실에서 실시될 수 있도록 하였으며, 초등용(40분)과 중등용(45분)으로 구성하여 학교 현장에 따라 선택하여 사용할 수 있게 하였다. 반면, 시우보우 프로그램은 '친구를 보면서(視友) 친구를 보호하자(保友)' 뜻으로 학생들의 인지·정서·행동 발달 수준에 맞추어 제작되었다. 이 프로그램은 학교폭력의 예방적 차원에서 또래관계, 의사소통, 문화, 이타행동, 등 기본 교육을 강조하고 있다. 또한 학교폭력에 노출될 수 있는 학생들에게 실질적인 도움이 되기 위해 사례별 대처 요령을 구체적으로 제시하고 있다. 이 프로그램은 초·중·고등학교별로 한 장의 CD로 제작되었고, 교사가 간단하게 설명한 뒤 교실에서 시연할 수 있다. 시연하는 교사가 별도의 준비나 교육이 없이도 다양하게 활용할 수 있다. 짧은 시간(매회 10분 이내의 동영상)의 시연을 학생들이 감상하는 것으로도 학생들은 핵심적인 내용을 전달받을 수 있도록 제작되었으며, 교사는 이에 덧붙여서 다양한 활동(감상 쓰기, 토의, 토론하기)을 전개할 수도 있다.

이 절에서는 가장 최근에 발표되고 효과성이 입증된 행복나무 프로그램에 대해 보다 자세한 정보를 제공하고자 한다.

(1) 행복나무 프로그램

행복나무 프로그램은 법무부(2012)에서 학교폭력의 주변인을 건강한 또래 중재자로 이끌기 위해 개발한 프로그램으로 학교폭력에 대한 스스로의 다짐 및 학급 규칙을 함께 만들어 가는 프로그램이다. 학교폭력이 발생하는 10가지 상황별 역할극을 수행하도록 한 뒤, 충분한 토의를 거쳐 10개의 학급 규칙을 정하고, 행복나무의 가지 아래 나의 마음이나 행동에 대한 다짐을 쓴 나뭇잎을 붙여 학급의 행복나무를 만들고, 프로그램 종료 후 만들어진 학급의 행복나무의 약속들을 지킴으로써 행복나무를 지속적으로 가꾸어 나가는 방식을 취한다. 역할극을 진행하기 어려운 경우를 대비하여 10차시의 상황을 드라마 형식으로 제작하여 무료로 제공하고 있다.[1]

초등학교 고학년용으로 개발되었고 이후 초등학교 저학년 프로그램인 「친한 친구 친친」과 중학생을 대상으로 한 「마음모아 톡톡」 프로그램도 추가로 개발되었다. 회기별 구성은 '설명(5분)-역할극(10분)-토론(15분)-정리(10분)'의 4단계로 구성되며 각 회기는 초등학교 수업 시간인 40분으로 구성되었다. 회기별 프로그램의 내용은 〈표 9-1〉과 같다.

〈표 9-1〉 행복나무 프로그램 구성요소

회기		주제	배경 장소	괴롭힘 유형
기초 과정	1	툭툭 치지 말아요.	교실	외현적 공격성 - 신체
	2	모두 함께 놀아요.	운동장	관계적 공격성
	3	미운 말은 아파요.	교실	외현적 공격성 - 언어
	4	이제 그만, 휴대폰 욕설	교실(사이버)	사이버 공격성
기본 과정	5	나는 미키마우스가 아니에요.	수돗가	관계적 공격성
	6	모두가 행복한 점심시간	교실	외현적 공격성 - 도구
	7	심부름은 싫어요.	복도	관계적 공격성
심화 과정	8	험담 쪽지는 이제 그만	학원	관계적 공격성
	9	내 친구를 도와줘요.	외진 곳	외현적 공격성 - 신체
	10	돈은 그만 빌려요.	하굣길	외현적 공격성 - 도구

---

1) 법무부의 이로운법(법사랑 사이버랜드)-법교육자료 메뉴의 교사자료실에서 행복나무 프로그램 매뉴얼과 동영상을 무료로 사용할 수 있다.

[그림 9-2] 행복나무 프로그램 동영상 자료(법무부 자료실 제공)

역할극 중심의 행복나무 프로그램은 그 효과성도 입증되었는데, 18개 초등학교에 재학 중인 학생 474명을 대상으로 실시된 프로그램의 효과성 검증에서 [그림 9-3]과 같이 프로그램에 참여한 집단이 참여하지 않은 집단에 비해 주변인 척도 중에서 '방어자 행동', 공감 및 태도 영역에서 '괴롭힘에 반대하는 태도', 대처행동 영역에서 '스스로 괴롭힘을 해결하려는 노력'이 유의미하게 상승한 것으로 확인되었다(정제영 외, 2013).

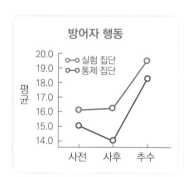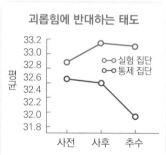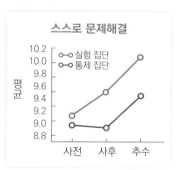

[그림 9-3] 행복나무 프로그램의 효과성 검증 결과

즉, 행복나무 프로그램을 경험한 학생들은 그렇지 않은 학생들에 비하여 학교폭력 상황을 해결하기 위하여 스스로 무엇인가를 하려는 성향과 능력이 강해졌으며, 폭력을 당하는 다른 친구를 방어하고자 하는 성향과 능력이 높아졌을 뿐만 아니라 폭력에 대해서 옳지 않다고 생각하는 경향이 더 커졌음이 확인되었다.

(2) 연극 및 뮤지컬 등의 공연 프로그램

최근 주목을 받는 프로그램은 뮤지컬이나 연극을 활용하여 학교폭력을 예방하는 프로그램이다. 양은영과 김춘식(2019)은 예술을 활용한 학교폭력 예방교육프로그램의 효과에 대한 연구를 통해 관객으로 참여하는 학생과 함께하는 뮤지컬이 학생들의 공감 능력 향상에 효과적이라고 주장하였다. 최혜란(2019) 역시 교육연극을 활용하여 학교폭력 수업을 진행하는 경우 생활지도와 인성교육 측면에서 긍정적인 효과가 있음을 제시하였다. 정희자(2019) 역시 통합예술교육을 활용한 학교별 맞춤형 학교폭력예방교육 프로그램에 대한 사례연구를 통해서 일방적인 교수–학습 형식의 개입이 아니라 다양한 예술적 접근을 통합적으로 적용하는 것이 학교폭력 예방에 더 효과적이라고 주장하였다.

실제로 경기도교육청은 정서적 폭력과 방관자에 대한 이야기를 담은 뮤지컬을 25개 학교를 대상으로 공연하였다. 학교폭력과 학교생활에 대한 고민, 이를 해결하는 과정을 주제로 공연이 이뤄지며 학생이 직접 공연의 과정에 참여하는 상호작용식 뮤지컬로 진행하였다(연합뉴스, 2021. 3. 25.). 울산에서도 장기간 학교폭력과 관련한 교육연극을 제공하였는데, 학생 대상 설문조사에서는 학교폭력에 대한 민감성 향상과 대처방법 모색 등의 인식 변화에 크게 기여했다고 평가받고 있다(한겨레, 2016. 3. 9.). 연극에는 가해자, 피해자, 방관자가 나오며 학교폭력은 누구나 가해자와 피해자가 될 수 있으니 우리 모두의 관심으로 해결해야 한다는 메시지를 전달한다. 관람 후 학생들의 소감 발표 또는 감상문 작성 등의 활동과 연계한다(연합뉴스, 2020. 10. 23.).

최근에는 시·도교육청에서 강사를 파견하여 학급 차원의 연극 및 역할극 형태로 진행하는 방법도 현장 반응이 좋다(뉴스핌, 2024. 4. 4.). 학생들이 피해자, 가해자, 방관자의 마음을 이해하고 직접 연극의 배우가 되어 역할을 바꿔 체험하면서 평화적으로 갈등을 해결해 나가는 내용이다. 주 강사와 보조강사가 파견되어 연극과 역할극을 진행하며, 총 5차시로 진행된다. 5차시는 담임교사와 비폭력 대화 훈련, 학급 규칙 만들기 등 학급 활동으로 이뤄져 있다. 담임교사 만족도 조사 결과 '학교폭력 예방 효과' 95.1%의 긍정적 응답을 보여 학급 차원의 모델로 눈여겨볼 만하다.

2) 주변학생을 위한 국외 프로그램

(1) 키바 코울루 프로그램

키바 코울루(KiVa Koulu) 프로그램은 괴롭힘을 예방하기 위한 핀란드의 프로그램이다.

키바(KiVa)라는 단어는 괴롭힘에 맞서다(Kiussamista vastaan)라는 앞 글자를 딴 것인데 KiVa라는 말 자체가 핀란드어로 '좋은'이라는 의미를 지니기도 한다. 반면, 코울루(Koulu)는 핀란드어로 학교를 뜻한다. 이 프로그램은 학교폭력 해결의 핵심 주체를 주변인으로 보고 또래집단의 '협력'을 이끌어 냄으로써 문제를 해결하는 방식을 취한다. 이 프로그램은 예방을 위한 일반적 프로그램(general actions)과 문제가 발생한 이후 해결을 위한 문제 중심 프로그램(indicated actions)으로 구성되어 있다. 학생들의 발달 단계에 따라 1~3학년용, 4~6학년용, 7~9학년용으로 구분되어 있다.

　일반적인 프로그램의 경우 매회 2시간씩 10회에 걸쳐 총 20시간 동안 프로그램이 진행되고 담임교사가 진행한다. 토론, 협동과제 수행, 역할극, 괴롭힘에 관한 영상 등 다양한 내용으로 구성되며 학급 규칙을 만드는 과정이 포함된다. 이 프로그램의 특징 중 하나는 학교폭력 예방을 위해 컴퓨터 게임을 활용하는 것이다. 이 게임을 통해 괴롭힘에 관한 정보를 습득하고, 괴롭힘 상황에서 적절한 방식으로 대응하는 기술을 배우며, 실제 괴롭힘 장면에서 지식과 기술을 활용할 수 있도록 격려받는 내용으로 구성된다. 뿐만 아니라 프로그램을 운영하는 동안에는 쉬는 시간에 감독자들이 밝은색 조끼를 입어 가시적으로 학생들의 괴롭힘 행동을 모니터링하는 방식을 취한다([그림 9-4] 참조). 이 프로그램을 통해 아이들은 학교폭력이 자신과 친구들에게 어떤 영향을 미치는지 자각하고, 폭력에 대한 자신의 인식과 대응 태도의 불일치를 극복할 자신감을 갖게 한다. 또한 괴롭힘에 직면했을 때의 대처방식을 친구들과 머리를 맞대고 스스로 하나씩 만들어 내는 과정을 밟는다. 프로그램을 실행하기 전에 모든 교사는 키바 전문가를 통해 2일 동안 교육을 받으며, 최소 3개 학교가 네트워크를 만들어서 키바 전문가 1인과 정기적인 협력 모임을 지속한다.

키바 온라인 프로그램 화면

키바 조끼를 입고 운동장을 감독하는 모습

[그림 9-4] 키바 코울루 프로그램 예시

반면, 문제 중심 프로그램은 학교폭력 문제가 발생한 경우 가해학생과 피해학생에 초점을 둔다. 학교폭력이 발생하면 키바 학교팀과 관련된 학생들 사이에 개별 및 집단 토의를 하게 되고 피해학생을 돕기 위한 동료 학생들의 적극적인 참여를 이끌기 위한 전략을 고안한다. 이 과정에서 담임 교사들은 2~4명 정도의 사회성이 높고 영향력을 지닌 학급의 또래들을 활용하여 피해학생을 적극적으로 도와줄 수 있는 방법을 고안하여 실시한다.

키바 프로그램의 효과성 검증은 다양한 장면에서 이루어졌다. 2009년 핀란드에서 시범적으로 실시된 이후 실시된 평가에서 참여한 학생들의 사회성이 신장되었을 뿐만 아니라 학교 만족도, 학습 동기가 향상되었고, 정서적 공감에도 긍정적인 영향을 미쳤으며, 학교폭력 현상도 20% 줄어들었다(Kärnä et al., 2011, 2013; Garandeau et al., 2022). 피해학생 중심의 연구로는 키바 프로그램이 대조집단에 비해 피해학생의 유병률을 줄이는 데 효과적이었으며(Yang & Salminalli, 2015), 학교가 보살핌을 받을 수 있는 공간이라는 피해학생의 인식이 향상되었고, 6학년 피해학생들의 우울증과 자존감에 중재 효과가 있었다(Juvonen et al., 2016), 키바 프로그램의 효과성은 핀란드 이외에 이탈리아(Nocentini & Menesini, 2016)나 뉴질랜드(Green et al., 2020) 등에서도 확인되었다.

김병찬(2012)은 키바 프로그램이 기존의 학교폭력 프로그램과 세 가지 점에서 차이를 지닌다고 요약하였다. 첫째, 학생, 교사, 학부모를 위한 광범위하고 포괄적이며 전문적으로 준비된 자료를 제공하는 총체적인 행동 패키지라는 점이다. 둘째, 인터넷 및 가상 학습환경 등 강력한 학습 미디어를 활용하는 점이다. 셋째, 학교폭력 목격자에 초점을 맞추되 단순히 역할을 강조하는 수준을 넘어 피해자에게 공감, 자기효능감 및 노력 등을 구체적으로 촉진할 수 있는 기술을 신장시켜 준다는 점이다.

(2) FearNot!

FearNot!(Fun with Empathic Agents to Reaching Novel Outcomes in Teaching: FearNot)은 괴롭힘과 사회적 배제를 예방하기 위한 전략을 가르치는 상호작용 드라마/비디오 게임이다. EU가 후원하는 eCircus 및 VICTEC(Virtual ICT with Epositic Characters) 프로젝트를 통해 개발되었다. FearNot!은 초등학교 환경에 기반한 가상 학습 환경(Virtual Learning Environment: VLE)을 구성하였고, 학교폭력 참여자(가해자, 피해자, 방관자, 방어자, 동조자) 캐릭터를 가상 시뮬레이션을 통해 참여하도록 고안되었다(Aylett et al., 2005). 가상 학교 안에서 학교폭력 사건이 에피소드로 재생되며, 이때 학생들은 프로그램 속 캐릭터와 상호작용하고 캐릭터의 학교폭력 참여자 역할 유형에 따라 상황에 대처하거나 해결할 방법을 제

참여자의 상호작용 화면 예시

여학생들의 관계적 따돌림 상황 예시

[그림 9-5] FearNot! 프로그램 화면 예시

안하도록 학습할 수 있다. 이 프로그램의 사용자는 9~11세의 초등학교 저학년을 대상으로 개발되었으며, 현재 UK 버전과 German 버전으로 무료 다운로드하여 사용할 수 있다.

FearNot!의 시작은 영화 예고편과 같은 스냅숏 버전의 영상이 먼저 제공되는데, 이 영상에서는 괴롭힘 가해학생인 루크(Luke)와 피해학생인 존(John), 주변인 겸 내레이터인 마르티나(Martina) 캐릭터가 출연하며 신체적 괴롭힘 시나리오로 구성된 에피소드가 소개된다. 가해학생인 루크가 피해학생인 존에게 따돌림과 신체적 괴롭힘을 행하는 장면 다음에는 피해학생인 존이 주변학생들에게 조언을 구하고 가능한 대처 전략을 상의한다. 구체적으로 선생님에게 학교폭력 사실을 알리고, 가해학생인 루크를 무시해 보거나, 루크에 맞서는 등 다양한 전략이 제시된다. 마지막 장면에서는 '괴롭힘 상황을 침묵하여 지속적으로 고통받기보다는 누군가에게 이야기하라'라는 교육적 메시지가 제공된다. 이러한 과정은 두 명의 강사가 이끌며 30분 정도 시간이 수요된다.

FearNot!의 효과성 검증은 괴롭힘에 대한 주변인의 방어 역할을 높이는 것으로 나타났다. Hall 등(2004)의 연구에서는 10~11세 초등학생 8명을 대상이 참여하였는데, 괴롭힘 참여자 역할을 하고 있는 캐릭터의 감정을 탐색할 수 있었으며, 괴롭힘 상황에 대한 피해자의 대처 전략, 주변인의 방어 행동을 익힐 수 있었음이 검증되었다. 특히 괴롭힘 상황에서 주변인이 피해자에게 대처 방법을 충고해 주는 방법에 대해 긍정적으로 인식하는 것으로 나타났다. FearNot!의 교육적 목적은 참여자(학생)가 피해자에게 일어난 일에 대해 스스로 책임을 지고 위협적이지 않은 환경을 이용하여 괴롭힘 상황을 탐색할 수 있도록 하는 것이고, 주변인의 방어 역할을 강화하도록 한다(Vala et al., 2007). 이러한 책임감은 참여자(학생)와 캐릭터 사이에 공감적 관계(empathic relationship)가 형성되도록 돕고 참여자가 괴롭힘 피해자에게 무슨 일이 일어났고 이를 어떻게 대처하고 도울 수 있는지 신경 쓰도록 함에 있다(Vala et al., 2007).

(3) Steps to Respect

Frey 등(2005)에 의해 개발된 'Steps to Respect' 프로그램은 학교 장면에서의 괴롭힘을 예방하기 위해 8~12세의 초등학생을 대상으로 개발된 보편적(universal) 접근의 괴롭힘 예방 프로그램이다. 특히 가해자-피해자 구조에서 벗어나 주변인에 초점을 두었으며, 주변인의 방어 행동 역할을 증진시키기 위한 목적으로 개발되었다(Andreou et al., 2008; Frey et al., 2009).

구체적으로 Steps to Respect 프로그램은 다음의 네 가지를 통해 학교 내 발생하는 괴롭힘 문제를 감소시키고자 한다. 첫째, 괴롭힘 사건에 대한 교사 또는 부모의 모니터링과 개입을 증가시키기, 둘째, 사회적으로 책임 있는 행동에 대한 체제적 지지를 향상시키기, 셋째, 괴롭힘을 지지하는 학생들의 규준적 믿음을 변화시키기, 넷째, 괴롭힘을 저지하고 사회적 유능성을 지원할 사회-정서적 기술 가르치기로 구성된다. Steps to Respect 프로그램은 초등학교 3~6학년 전체를 대상으로 한 학급 교육과정 이외에 가해자와 피해자 대상의 개별 프로그램, 학교 전체의 환경적 개입을 위한 모든 교직원 대상, 교사, 학부모, 상담자, 행정가 대상 프로그램 및 훈련을 제공하며 교육 자료(kit)는 학년별로 나뉜다.

Steps to Respect의 구성은 다음의 세 가지로 구분할 수 있다.

먼저, '학교 기반 프로그램 가이드'의 경우, 개별 아동 이상의 수준에서 개입하여 학교 전체 환경을 변화시키도록 설계되었다. 학교 관리자와 교직원들은 문제가 확산되기 전에 멈추게 하는 학급 규준을 장려하기 위해 학교폭력에 대한 정책과 절차를 수립하도록 도움받을 수 있다. 이러한 가이드는 학교 구성원 전체가 폭력행동을 줄이기 위한 노력에 참여할 수 있도록 한다.

다음으로 '교직원 교육'에서는 학교 내 성인들에게 학교폭력을 인식하고, 학교폭력행동에 대한 아이들의 보고에 효과적으로 대응할 수 있는 훈련을 제공한다. 교직원들이 학교 내 괴롭힘에 대응하기 위한 기술과 목표를 숙지하도록 하기 위해, 프로그램 목표와 콘텐츠의 주요 특징에 대한 개요를 설명받는다. 교사와 학교 상담자, 학교 관리자는 학교폭력 사건에 연루된 학생들을 지도하는 방법에 대한 추가 훈련을 받는다.

마지막으로 '교실 기반 교육과정'은 프로그램의 핵심 요소이며 12주에서 14주에 걸쳐 제

Steps to Respect 학년별 매뉴얼

Steps to Respect 4학년 수업 장면

[그림 9-6] Steps to Respect 프로그램 예시

시된 11개의 기술 및 문헌 기반 수업으로 구성된다. 학년별 교육과정은 3단계로 나뉘는데, 1레벨은 3~4학년, 2레벨은 4~5학년, 3레벨은 5~6학년이 그 대상이다. 각 수업은 약 50분 정도이며, 사회적 책임 규범을 촉진하고 사회적 정서적 기술을 기르기 위해 인지 행동 기법을 적용한다. 구체적으로 살펴보면, 첫째, 학생이 다양한 형태의 괴롭힘을 식별할 수 있도록 돕는 구체적인 기법을 사용한다. 둘째, 사회적 책임 있는 행동과 괴롭힘에 대한 비공격적 대응에 대한 근거와 명확한 지침을 제공한다. 셋째, 학생의 자기주장행동, 공감 및 감정 조절 능력을 훈련시킨다. 넷째, 학생이 스스로 우정 기술과 갈등 해결을 연습하며, 언제 어떻게 성인에게 괴롭힘을 신고하는지를 가르치는 기술도 포함되어 있다.

Frey 등(2009)은 초등학교 3~5학년(실험군 164명과 196명의 대조군)을 대상으로 종단 연구를 실시하였는데, 괴롭힘 가해행동은 Steps to Respect 개입 그룹에서 유의하게 낮아지는 것으로 나타났으며, 파괴적 주변인 행동(destructive bystander behavior)은 시간이 흐름에 따라 실험군에서 유의하게 감소함을 보였으나 대조군에서는 동일하게 유지되었다. 또한 피해자의 비율도 대조군에 비해 실험군에서 유의하게 낮은 것으로 나타났다.

(4) Step UP!

미국의 Step UP! 주변인 개입 프로그램은 친사회적 행동과 방관자 개입을 통해 타인을 돕는 데 있어 능동적으로 행동하도록 개발되었다. Step UP!은 NCAA CHOICES 알코올 교육 보조금을 지원받아 University of Arizona에서 개발했으며, University of California-Riverside와 University of Virginia가 협력하여 완성하였다. Step UP!은 지식과 이해, 인식을 높여 괴롭힘에 대한 주변인의 개입 동기를 높이고 문제에 대응할 수 있는 기술과 자신감

A Prosocial Behavior/Bystander
Intervention Program

Step UP! 프로그램 매뉴얼 표지

https://youtu.be/491e8Oku0Jw?si=uu_iFfacLN5z58W_

Step UP! YouTube 교육 자료 동영상

[그림 9-7] Step UP! 프로그램 예시

을 신장하도록 구성되어 있다. 특히 방관자 효과(bystander effect)와 5Ds(5Decision Making Steps), S.E.E.K.(Safe; Early; Effective; Kind) Model을 활용하여 중재를 위한 효과적인 의사소통 기술과 학교폭력 상황을 해결하는 틀을 제공한다(Orsini et al., 2019). 최초 운동선수를 대상으로 개발되었으나, 점차 대학교 신입생과 중학생 수준으로도 확대되어 활용 중이다.

Step UP!은 총 90분으로 운영되는데, 처음 15분은 프로그램 운영에 대한 소개와 사전 설문조사를 실시한다. 다음으로 15분은 방관자 효과에 대한 실험을 비디오 방식으로 학습하며, 다음 15분은 5Ds 기술을 통해 주변인의 방어 행동을 수동형에서 능동형으로 단계적 상승할 수 있도록 연습하고, 15분은 학교폭력 상황을 인식하고 효과적으로 대처하는 기술 기술을 S.E.E.K. 모델에 기반하여 학습한다. 이어서 20분은 시나리오로 구성된 괴롭힘 상황을 슬라이드와 함께 제시하면서 각 모둠 토의를 통해 토론을 촉진하고 단계별 괴롭힘 전략을 익히는 반복 훈련을 실시한다. 마지막으로 5분간은 공동의 책임 문화를 상기시키고 사후 설문조사를 실시한다. 이 모든 과정은 학교생활, 분노, 우울증, 차별, 신입생 못살게 굴기(hazing), 성폭력 등 총 10개의 토픽(주제)으로 다양하게 구성하여 진행할 수 있다.

Step UP!의 주요 목표는 다음과 같다. 첫째, 방어 행동에 대한 인식을 제고하기, 둘째, 피해자를 돕고자 하는 동기를 증가시키기, 셋째, 문제 상황에서 대응할 때 기술과 자신감을 키우기, 넷째, 자신과 타인의 안전 및 안녕을 보장하기로 구성된다.

Orsini 등(2019)은 49개교 731명의 대학생을 대상으로 성폭력을 예방하기 위한 주변인 개입 프로그램인 Step UP!을 적용하였고 효과성을 검증하였다. 이 연구의 96%가 괴롭힘을 목격한 것으로 나타났으며 실험군이 대조군에 비해 주변인에 대한 지식, 태도 및 자기효능감을 향상시킨 것으로 나타났다.

(5) STAC

Boise State University의 Midgett 연구팀에서 개발한 STAC 프로그램은 괴롭힘 피해자-가해자 중심에서 벗어나 방어자 역할을 하도록 가르치는 학교 기반 학교폭력 예방 개입 프로그램이다(STAC, 2021). STAC은 다음의 네 가지 괴롭힘 개입 전략을 상징한다. 첫째, 쇼 훔치기(stealing the show)는 학생들이 괴롭힘 상황을 저지하기 위해 유머나 산만함을 사용하는 방법을 배운다. 둘째, 뒤집기(turning it over)는 학생들이 학교폭력을 보고하기 위해 학교 내 안전한 어른을 식별하도록 학습한다. 셋째, 다른 사람과 동행하기(accompanying others)는 학교폭력의 대상이 되는 피해학생을 지원하고 방어하며 돕는 방법을 배운다. 넷째, 동정심 코칭(coaching compassion)은 학생들이 안전하고 효과적으로 가해자에게 대응하는 방법을 가르친다.

이러한 과정은 학교 상담자의 주도하에 90분 동안 실시되며 교육적이고 경험적인 요소들을 포함하여 진행된다. 또한 격주로 2번은 15분간의 촉진 회기(booster sessions)가 독립적으로 운영되는데 학생들이 방어자 역할을 할 수 있도록 지원한다. 학교 상담 프로그램의 일환으로 교실에서 진행되기도 하고, 초중고 학교환경의 시간 제약이 있는 상황에서도 활용할 수 있도록 설계되었다.

Midgett 등(2018)의 연구에서는 학교 상담자를 학교폭력 교육과정 전달의 리더로 확립하기 위해 학교 기반 주변인 개입인 STAC 프로그램을 진행하였다. 이 프로그램을 훈련받은 초등학생은 괴롭힘을 목격했을 때 STAC을 상징하는 네 가지 전략을 활용하여 방어자 역할을 성공적으로 수행했다. 학교폭력에 대한 올바른 인식과 대처 자신감이 증가했으며, 4개월 이후 사후 평가에서도 괴롭힘 피해와 가해가 감소한 것으로 나타났다. 이처럼 STAC 프

학교 기반 STAC 활동 예시

STAC 트레이너들

[그림 9-8] STAC 프로그램 예시

로그램이 주변인의 방어자 역할 행동을 증가시키고 이를 통해 괴롭힘 피해와 가해를 낮춘다는 효과성은 여러 연구에 의해서 입증되었다(Midgett & Doumas, 2019; Midgett et al., 2021).

(6) Project P.A.T.H.S.

홍콩의 프로젝트 P.A.T.H.S.(Positive Adolescent Training through Holistic Social Programmes: P.A.T.H.S.)는 청소년의 긍정적인 발달을 위한 프로그램으로 괴롭힘 예방을 위한 학교 기반 주변인 중재 프로그램을 제공한다. 홍콩 기수 클럽 자선 신탁(The Hong Kong Jockey Club Charities Trust)의 후원을 받아 개발되었으며, 중학생을 대상으로 총 20시간, 12회기로 구성된다(Tsang & Hui, 2015).

P.A.T.H.S.의 확장 버전에서는 학교 내 괴롭힘의 심각성을 반영하여 주변인을 활용한 친사회적 방어자 역량 촉진 교육과정을 포함하였다. 특히 긍정적인 자아정체감(positive identity)과 자기효능감(self-efficacy), 자기결정성(self-determination) 등 심리적 역량과 결합하여 학생들의 괴롭힘 상황에 대한 인식을 제고할 수 있도록 고안하였다. 이 확장 버전에서는 괴롭힘에 다음과 같은 네 가지 목표에 초점을 둔다(Tsang et al., 2011). 첫째, 괴롭힘에 대해 이해하기, 둘째, 괴롭힘에 직면했을 때 자신의 참여자 역할이 미치는 영향을 알기, 셋째, 괴롭힘 상황에서 피해자를 보호하고 도울 방법을 탐색하기, 넷째, 방관자에서 방어자로 역할을 전환하기로 구성된다. 이를 통해 궁극적으로 괴롭힘 상황에서 주변인 역할의 중요성을 깨닫고, 현명한 주변인이 되기 위한 방법을 학습하고 사이버폭력 상황에서 책임 있는 주

Project P.A.T.H.S. 홈페이지

Project P.A.T.H.S. 수업 자료

[그림 9-9] P.A.T.H.S. 프로그램 예시

〈표 9-2〉 Project P.A.T.H.S.의 괴롭힘 단원 예시

구분	단원/단원명	구성	학습목표	교육내용
중학교 1학년	AB1.1 괴롭힘 사건	행동적 역량, 정서적 역량, 탄력성	괴롭힘의 의미와 결과를 이해하고, 피해자가 되지 않기 위한 방법 알기	(1) 괴롭힘의 정의 이해 (2) 괴롭힘 가해자, 피해자의 행동 및 정서적 반응을 조사하고, 괴롭힘 결과에 영향을 미치는 방관자 탐색하기
	AB1.2 괴롭힘 뒤에 숨은 것	행동적 역량, 정서적 역량	괴롭힘 가해자에게 진정으로 사과를 요청하고 괴롭힘 피해를 최소화하기 위한 방법 식별하기	(1) 괴롭힘의 이유를 알고, 괴롭힘 가해자의 사고 방식을 탐색하기 (2) 괴롭힘을 줄이기 위한 적절한 식별 방법 및 대처 방안 익히기
	AB1.3 괴롭힘 예방에 대한 비밀의 책	사회적 역량, 행동적 역량	괴롭힘에 직면했을 때 무엇을 해야 하는지 배우기	괴롭힘 상황에서 할 수 있는 것과 하지 않는 것을 배우기
중학교 2학년	AB2.1 달라질 수 있다	도덕적 역량, 친사회적 규범	주변인이 괴롭힘 상황에서 중요한 역할을 한다는 점 이해하기	(1) '방관자 효과'가 개인의 결정과 행동에 중요한 영향을 미침을 이해하기 (2) 괴롭힘 상황은 주변인의 태도에 따라 달라질 수 있음을 이해하기
	AB2.2 현명한 변화	도덕적 역량, 행동적 역량	현명하고 책임감 있는 주변인이 되는 방법 배우기	(1) 괴롭힘 상황에서 주변인의 태도와 반응(행동)에 영향을 미치는 요인을 탐색하기 (2) 학교 내 괴롭힘을 현명하게 예방할 수 있는 방법을 조사하기
중학교 3학년	AB3.1 온라인 친구	도덕적 역량	사이버폭력 상황에서 책임감 있는 주변인이 되는 방법 배우기	(1) 사이버폭력이 야기하는 엄청난 피해를 알기 (2) 사이버폭력 발생 시 올바른 주변인의 태도 조사하기
	AB3.2 외계인	사회적 역량	'공통점을 찾고 차이를 존중하자, 화합은 추구하지만 통일성은 추구하지 않는다'라는 좌우명을 배우고 연습하기	(1) 모든 사람은 자신의 한계가 있고 다른 사람과 다르다는 것을 이해하기 (2) 우리와 다른 사람들을 이해하고, 관용하고, 받아들이는 법을 배우기

변인이 되는 것, 그리고 주변인의 역할에 따른 차이를 알 수 있도록 한다.

Tsang 등(2011)은 홍콩의 중학생을 대상으로 프로젝트 P.A.T.H.S. 프로그램을 운영하였는데, 긍정적인 자아정체감(positive identity)과 자기효능감(self-efficacy), 자기결정성(self-determination) 등 심리적 역량의 증진을 확인하였고, 이러한 심리적 역량 증진이 학교폭력 상황에서 건설적인 주변인의 역할 행동에 영향을 미칠 수 있음을 확인하였다.

(7) PATHS & Emozi™ Program

PATHS(Promoting Alternative Thinking Strategies: PATHS) & Emozi™ 프로그램은 사회정서 역량 강화 프로그램으로 개발되었으나, 최근 괴롭힘의 심각성을 반영하여 주변인을 활용한 방어 역량 강화 교육과정을 포함하였다. PATHS 교육과정 및 Emozi™ 프로그램으로도 불리며, ABCD(Affective-Behavioral-Cognitive-Dynamic) 개발 모델을 기반으로 사회 · 정서적 역량과 관련하여 정서, 행동 및 인지적 이해의 발달 통합에 초점을 둔다. 이 프로그램은 유치원부터 초등학교, 중학교 학생들을 대상으로 개발되었으며, PATHS는 유치원부터 초등학교 학생들을 대상으로 매뉴얼이 제작되었고, 이를 수정 · 보완하여 중학생 대상 Emozi™ 프로그램을 개발하였다. PATHS와 Emozi™은 모두 학교폭력 상황에서 능동적으로 도움을 주는 주변인이 되기 위해 필요한 대안적 사고 기술을 촉진시키는 것을 목표로 한다.

중학생 대상으로 개발된 Emozi™ 프로그램의 경우, 〈표 9–3〉과 같은 학년별 맞춤 학교폭력 관련 주제를 집중적으로 탐색한다. 이 외에도 Emozi™의 보충 자료로 Upstander 되기, 학교폭력 문제 다루기, 국립 괴롭힘 예방 센터(National Bullying Prevention Center) 및 국가적 괴롭힘 예방의 달(National Bullying Prevention Month) 캠페인, 학교폭력 예방(CDC), Stop Bullying.org 홈페이지 탐색, 어린이를 위한 최고의 괴롭힘 예방 추천 도서 등을 자료로 제공하고 있다. 프로그램의 1차시는 30분으로 구성되며, 구체적으로 1명의 교사가 25명의 학생을 한 학급으로 운영할 수 있도록 교사 매뉴얼(가이드)과 온라인 학습 자료, 학생별 1개의 활동지 복사본, 학생별 사회정서학습 과제, 해당 교사에게 제공되는 온라인 훈련 과정 등으로 구성된다.

〈표 9-3〉 Emozi™ 학년별 괴롭힘 관련 주제 목록

중학교 1학년	중학교 2학년	중학교 3학년
1단원, 4차시: 괴롭힘	1단원, 7차시: 도덕	1단원, 4차시: 문제해결
1단원, 10차시: 의사결정	1단원, 11차시: 갈등	1단원, 7차시: 소속감과 거절
1단원, 11차시: 가치	2단원, 1차시: 존경심을 나타냄	1단원, 10차시: 윤리 및 성실
2단원, 7차시: 원근법	2단원, 9차시: 괴롭힘	2단원, 2차시: 인간 변이
2단원, 8차시: 건강하고 건강하지 않은 관계	2단원, 10차시: 관점	2단원, 7차시: 원근법
2단원, 9차시: 우정 만들기 및 유지	2단원, 12차시: 공감	2단원, 8차시: 관계
2단원, 11차시: 험담	소크라테스 세미나: 안팎으로 다시	2단원, 9차시: 갈등
소크라테스 세미나: 물로 가는 길		2단원, 10차시: 사과와 용서
		소크라테스 세미나: 크로스 오버

교육과정 매뉴얼

포스터 및 교육자료

[그림 9-10] PATHS 프로그램 예시

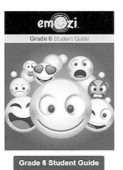
교사용 및 학생용 가이드

Emozi™ 프로그램 화면 구성

[그림 9-11] Emozi™ 프로그램 예시

PATHS는 공격성 발달이론에 근거를 두어 개발되었을 뿐 아니라 다양한 집단을 대상으로 효과성을 검증받은 프로그램이다(Humphrey et al., 2015, 2016, 2018; Panayiotou et al., 2020). 구체적으로 정서 인식능력, 긍정적 교우관계, 문제해결 능력 등 친사회 행동 기술을 가르치기 위해 고안되었고, 괴롭힘에 관한 인식을 향상시키며, 자기반성의 기회나 새로운 행동을 시연해 볼 수 있는 기회를 제공한다. 이를 통해 학생들은 어떻게 괴롭힘이 자신과 타인에게 해로운지를 인식하고 괴롭힘을 당하는 상황에서 스스로를 보호할 수 있는 기술들을 습득한다. 또한 주변인의 역할에 대해서 배우며 학교에서 일어나는 괴롭힘 상황이나 사이버폭력 상황에서 책임감 있는 주변인이 되기 위해 필요한 기술들을 익힌다.

3 주변인을 활용한 전학교 접근

주변인을 포함하는 학교폭력 예방 프로그램들은 전학교 접근(whole-school approach)에서 많이 활용된다. 전학교 접근은 가해와 피해학생 중심의 제한점을 극복하기 위하여 개인상담, 집단상담, 학급 활동 및 학교 정책을 유기적으로 연결하여 종합적으로 접근하는 것이며 학교폭력과 관련하여 가장 효과적인 개입으로 소개되고 있다(Cornu et al., 2023; Dupper, 2013; Garandeau et al., 2014; Heinrich, 2003; Richard et al., 2012; Whitted & Dupper, 2005). 오인수(2010)는 이러한 전학교 접근을 네 가지의 관점에서 요약하였는데, 첫째, 개입의 수준을 개인과 학급 및 학교 수준에서 동시에 실시하는 다층 수준의 접근을 취한다는 것이다. 둘째, 따돌림의 가해자와 피해자뿐만 아니라 주변인을 포함한 모든 학생을 개입의 대상으로 삼는다는 것이다. 셋째, 문제가 발생한 후 개입하는 반응적 접근(reactive approach)보다는 문제 발생 이전에 예방적으로 개입하는 선제적 접근(proactive approach)을 중요시한다는 점이다. 넷째, 상담 프로그램과 교과교육 과정을 통합한 학제적 교육과정(interdisciplinary curriculum)을 구성하고 이를 실시하여 궁극적으로 학교의 체제와 문화를 바꾸는 접근방법이라는 점이다.

이러한 전학교 접근에서는 학교폭력 및 예방을 위해 주변인의 역할이 강조된다. 전학교 접근은 개인 차원을 넘어 학급과 학교 차원의 개입을 실시하기 때문에 학교폭력 상황에서 다수를 차지하는 주변인이 학급과 학교 차원의 개입에 핵심적 역할을 하게 된다. 특히 문제가 발생하기 이전에 예방적으로 개입하는 전학교 접근은 이러한 대다수 주변인의 역량을 신장시킴으로써 안전하고 평화로운 학급 분위기 형성에 주변인을 활용한다. 그리고 행복나무 프로그램처럼 구조화된 주변인의 역량 강화 프로그램을 학교교육과정에 통합시킴으로써 궁극적으로 학교의 체제와 문화를 바꾸는 과정에서도 주변인의 역할은 매우 중요하다. 앞선 절에서 확인된 바와 같이 전학교 접근을 통해 반폭력 학급의 분위기를 형성하는 것은 학교폭력 예방에 결정적이다. 개인 수준의 변화를 추구함과 동시에 학급 수준, 나아가 학교 수준에 이르기까지 다층수준 개입을 실시하는 것이 필요하다. 이상에서 살펴본 바와 같이 학교폭력에서 주변인은 폭력의 예방 및 대처에 있어서 결정적인 역할을 한다. 학교폭력이 참여자 사이의 집단역동에 의해 발생하고 유지되는 성향을 감안할 때 주변인의 다수를 차지하는 방관자의 행동을 변화시키는 개입은 매우 중요하다. 다수인 방관자가 방어자로 역할을 바꾸게 되면 학급의 규준, 즉 학급의 분위기가 피해자를 방어해 주는 방식으로 바뀌게 되며 이와 관련한 영향력은 확인되었다(Barhight et al., 2017; Juvonen & Galván, 2008; Salmivalli, 2010; Sandstrom et al., 2013).

Norman 등(2022)은 학교폭력을 효과적으로 예방하기 위한 전학교 접근이 지나치게 학교에게 그 효과성에 대한 책임을 묻는다는 점을 지적하며 보다 포괄적인 전교육 접근(whole-education approach)의 사용을 제안하여 이 접근의 아홉 가지 핵심적 요소를 〈표 9-4〉와 같이 제안하기도 하였다.

〈표 9-4〉 학교폭력 예방을 위한 전교육 접근의 아홉 가지 핵심 요소

요소	내용
1	강력한 정치적 리더십
2	안전한 심리적 · 물리적 학교 및 교실 환경
3	학교 인력에 대한 훈련 및 지원
4	돌봄적 학교 분위기를 증진시키는 교육과정 및 교수 · 학습
5	의뢰 및 지원 서비스를 포함한 보고 체계
6	교육 부분과 다양한 관계자 사이의 협력과 파트너십
7	부모를 포함한 학교 공동체의 모든 관계자 참여
8	학생 역량 강화 및 참여
9	학교폭력의 감시 및 효과성 평가 시스템

예를 들어, 제시된 첫 번째 요소는 강력한 정치적 리더십(strong political leadership)이다. 폭력을 효과적으로 억제하기 위해서는 폭력을 규제하는 법령뿐만 아니라 시행령 및 가이드라인과 같은 실행력이 있는 조치가 필요하다. 그런데 이러한 조치가 효력을 발휘하려면 이를 실행하는 정부와 교육 당국의 강력한 리더십이 필요하다. 실제 한국의 경우 「학교폭력예방법」이 제정된 이후, 정부는 5년마다 「학교폭력 예방 및 대책 5개년 계획」을 마련하여 이에 기초해 정책을 실행하며 리더십을 구현하고 있다. 그 밖에 제시된 나머지 여덟 가지의 핵심 요소를 살펴보면 매우 다양한 영역에 걸쳐 있다. 다시 말해, 학교폭력을 효과적으로 예방하기 위해서는 한 가지 영역의 단일 요인에 의해 성패가 좌우되지 않고, 매우 다양한 영역에 걸친 다면적 요인이 함께 작용할 때 효과적으로 예방될 수 있다는 점을 알 수 있다.

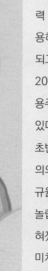

제 10 장

무관용주의와
회복적 정의

프롤로그

학교폭력에 대한 정부 당국의 무관용 원칙은 다양한 학교폭력 정책의 기반을 형성하고 있다. 그 어느 누구도 학교폭력을 허용하는 것을 원치 않으며, 학교폭력에 대한 강경한 조치는 선호되고 지지를 받는 편이다. 그러나 무관용주의에 기반한 정책을 20년 넘게 실시한 현재 학교폭력은 오히려 증가하고 있고, 무관용주의가 남긴 부작용으로 학교 현장은 몸살을 앓는다는 지적도 있다. 우리와 유사한 상황을 미리 경험했던 미국은 2000년대 초반 미국심리학회(APA)에서 태스크포스를 조직하여 무관용주의의 효과성을 검증하고자 하였다. 학교의 문제행동을 규제하는 규율로서 20년간 시행한 무관용주의의 효과성을 분석한 결과, 놀랍게도 효과는 거의 없으며 오히려 부작용이 많다는 점이 밝혀졌다. 나아가 무관용주의는 청소년 문제행동에 부정적 영향을 미치고 발달을 저해하여, 무관용 원칙의 적용에 대한 대안적인 접근의 필요성이 제기되었다. 그리고 그 대안으로서 학교폭력에 대한 회복적 접근과 회복적 생활교육이 최근 주목받고 있다.

학교폭력:
심리적 이해와 상담적 개입

1 무관용주의 개념과 정책

　현행 학교폭력 정책의 기조는 학교폭력행동을 용서하지 않고 관용을 베풀지 않는 무관용 (Zero-tolerance) 원칙에 기반을 두고 있다. 이는 폭력에 대해 징벌적 조치를 부과함으로써 폭력을 억제할 수 있다는 믿음에 기초하고 있다. 이러한 무관용주의가 학교폭력에 미치는 영향과 그 한계점을 살펴보고자 한다.

1) 무관용주의의 개념

　폭력에 대한 무관용주의란 폭력의 정도를 불문하고 모든 폭력의 가해자를 엄격하게 처벌하는 것을 의미한다(정일환, 김영환, 2012). 이러한 무관용 정책은 1990년대 미국 내 학교 현장에서 증가했던 학교폭력 현상에 대한 해결책으로 채택되면서 시작되었다(Insley, 2001). 무관용주의는 학생의 안전과 복지를 증진하고 학교폭력에 대한 강력한 억제력이 있다는 근거에 기반하여 미국의 거의 모든 학교에서 채택되어 왔다. 미국의 교육부(U. S. Department of Education)는 무관용 정책을 '특정한 위반행위에 대해서 사전에 결정된 결론 혹은 처벌을 명하는 정책'으로 정의하고 있다(Civil Rights Project, 2000). 즉, 아무리 경미한 규칙 위반이라고 하여도 가해 행위자 모두에 대해 관용을 베풀지 않고 일률적으로 동일하게 엄격한 처분을 부과하는 것을 의미한다.

　한편, 한국에서도 2004년 「학교폭력예방법」 제정 이후 흉포화, 저연령화, 집단화되고 있는 학교폭력의 심각성을 반영하여 무관용주의로 가해학생을 엄격하게 처벌하고 있다. 실제로 학교폭력 가해학생으로 확인되면 「학교폭력예방법」에 따라 가해학생은 1~9호 중에서 반드시 한 가지 이상의 처벌을 받게 된다. 그러나 최근 이에 대한 부작용과 그 우려에 대한 논의가 많아지고 있다.

　무관용주의 정책은 미국의 정치학자 Wilson과 범죄학자 Kelling이 주장한 '깨진 유리창 이론(broken window theory)'에 그 이론적 기초를 두고 있다(Wilson & Kelling, 1982). 이 이론은 깨진 유리창 하나를 방치해 두면, 그 지점을 중심으로 범죄가 확산되기 시작한다는 주장이다. 이는 사소한 문제를 방치하면 큰 문제로 이어질 가능성이 높다는 의미를 담고 있으며, 공동체가 무질서한 상태로 방치되면 적절하게 통제되고 있지 않다는 인식이 확산되어 이윽고 더 큰 범죄가 증가함을 뜻한다. 이 이론에 의하면 엄격한 법률적 집행과 물리적 상황 개선을 통해 경미한 범죄가 보다 중대한 범죄로 확산되는 것을 사전에 방지할 수 있다고 본다.

실제 1994년 뉴욕시장인 Rudolph Giuliani가 이 이론을 사회 무질서에 대한 정책적 대안으로 실천하면서 무관용주의가 각광을 받게 되었다(강경래, 2012). 1990년대 미국 뉴욕에서는 무관용주의에 따라 치안 정책을 수립하였는데, 그 결과 1994년부터 1996년까지의 뉴욕의 범죄율이 약 37% 감소하였다. 이를 학교폭력에 적용하면 초기에 관찰된 학생의 폭력 행위가 경미한 행동일지라도 엄격한 처벌과 감시, 감독 및 적극적인 조치를 취하여 이후의 더욱 중대한 폭력으로 이행하는 것을 억제하고 예방 및 방지할 수 있다는 것이다.

2) 무관용주의 정책의 배경

미국에서 시행된 무관용주의 정책의 특징은 폭력 및 범죄의 재발 방지를 목적으로 해당 가해학생을 학교로부터 배제하는 조치를 하고 있다는 점이다(Yell & Rozalski, 2000). 이는 학교가 폭력이라고 판단되는 행위에 대하여 가해자의 개별적인 사정 또는 의도 등을 고려하지 않고, 허용하지 않는다는 절대성과 비타협성을 구성요소로 하고 있다(Peden, 2000). 한편, 무관용주의 정책은 1980년대 미국의 마약 단속을 위한 정책에서 유래하였다(American Psychological Association Zero Tolerance Task Force, 2008). 하지만 무관용주의 정책 확대 적용에 대해 미국시민권연합(ACLU)이 헌법상의 권리 침해에 해당한다고 하여 소송을 제기하는 등 문제가 발생하자 1990년에 이와 관련된 무관용주의 정책은 중지되었다(Skiba & Peterson, 1999).

한국과 달리 총기와 마약이 만연된 미국 사회에서는 폭력적 행위, 마약 판매 등 학교 내에서의 폭력·범죄 행위가 중대한 학교폭력 사안으로 지적되어 왔다. 이러한 상황에 대처하기 위하여 미국에서는 흉기(총기, 칼 등)를 학교에 소지하는 행위와 그 외의 학교 안전을 위협하는 위험한 행위를 엄격하게 규제하고, 이러한 규칙을 위반한 학생에 대해서는 규칙 위반의 상황 내지 이유를 묻지 않고 반드시 처벌(정학 또는 퇴학 등의 문제학생의 학교에서의 배제)하도록 하는 무관용정책을 채택하게 되었다(강경래, 2012).

3) 무관용주의 정책의 적용

학교폭력 사안에 대한 한국의 무관용주의 정책은 「학교폭력예방법」이 시행된 이후 일관적으로 적용되어 왔다. 특히 가해학생에 대한 처벌의 강화로 요약될 수 있는데, 가해학생이 피해학생 또는 신고한 학생에게 보복행위를 하거나 장애학생에 대한 폭력을 행사한 경우에는 엄정하게 징계 조치를 하고 있다. 또한 가해학생에 대해 전학 조치를 하는 경우 지역교육장 또는 교육감은 학교구 또는 행정구역과 관계없이 피해학생의 보호에 충분한 거리를 두어 전학 조치를 하도록 하고 있다. 동시에 가해학생에 대해서는 위(Wee)스쿨, 청소년비행예방센터, 시·도 학생교육원, 민간기관, 직업훈련기관 등을 활용하여 재활 프로그램을 운영하도록 하고 있다.

가장 대표적인 무관용주의 정책의 적용은 가해학생에 대한 징계사항을 학교생활기록부에 기재하고 이를 상급학교 진학 시에 자료로 제공할 수 있도록 하는 것이다. 심의위원회가 심의하고 교육장에게 요청하여 결정된 가해학생 조치사항의 경우, 학교에서 조치결정 통보 공문을 접수한 즉시 학교생활기록부 '학교폭력 조치 상황관리(2024년 기준)' 란에 기재해야 한다. 조치사항에 대한 행정심판 및 소송이 청구된 경우에도 기재된 사항을 삭제하면 안되며, 조치가 변경되거나 취소된 경우에만 수정하고 조치결정 일자(교육지원청 내부결재일)는 변경하지 않는다. 유의사항으로는 학교폭력 관련 피해학생 조치사항은 입력하지 않으며, 학적변동(전출, 자퇴)이 발생하는 경우, 조치사항을 입력한 후 학적 처리해야 한다. 그리고 학교폭력 전담기구는 학교폭력 가해학생 조치사항 관리대장을 보관 및 관리하며, 해당학생이 학적 변동 시 전출교에서는 전입교에 관리대장을 송부하여 전입교에서 관리대장을 관리·보유할 수 있도록 한다.

그러나 이는 가해학생에 대한 낙인효과를 가져와서 학교생활에서의 부적응 등에 의해 보다 심각한 문제를 야기할 수도 있다. 이러한 무관용 정책은 학교의 규칙에 따르지 않는 문제 학생에게 적극적인 낙인을 부여하고 이와 동시에 학교생활에서의 배제를 의도한 것에 지나지 않는다는 지적을 받고 있다(강경래, 2012). 이에 학교폭력 가해학생 조치를 생활기록부에 기재할 때 제1호(피해학생에 대한 서면 사과), 제2호(피해학생 및 신고·고발 학생에 대한 접촉, 협박 및 보복행위 금지) 및 제3호(학교에서의 봉사)의 경우에는 기재를 유보하는 규정을 두고 있다. 기재유보 사항은 학교폭력 가해학생 조건부 기재유보 관리대장에 기재하고, 조건부 기재유보 관리대장 관리방식은 가해학생 조치사항 관리대장 관리·보유방법과 동일하다. 하지만 가해학생이 제1호부터 제3호까지의 조치사항을 이행하지 않거나, 동일 학교급에 재학하는 동안 다른 학교폭력 사건으로 조치를 받게 되는 경우(제1호~제9호 모두 포함), 제1호부터 제3호 조치사항에 관한 내용도 함께 생활기록부에 기재해야 한다.

또한 생활기록부에 기재된 학교폭력 조치사항을 삭제하는 기준도 제시하고 있다. 제1호~

제3호의 조치는 졸업과 동시에 삭제해야 하고, 제4호~제7호 조치는 졸업하기 직전에 전담 기구에서 심의를 거쳐 해당 학생의 반성 정도와 긍정적 행동변화 정도를 고려하여 졸업과 동시에 삭제할 수 있다. 그러나 재학기간 동안 서로 다른 학교폭력 사안 2건 이상으로 조치를 각각 받은 경우, 조치 결정일로부터 졸업학년도 2월 말일까지 6개월이 경과되지 않은 경우는 조치사항 삭제 심의 대상이 될 수 없다. 그리고 제8호(전학) 조치는 졸업일로부터 4년 후에 삭제하며, 제9호(퇴학처분)는 삭제 대상이 아니다. 학교생활기록부 내 3개 항목(행동특성 및 종합의견, 출결상황 특기사항, 인적ㆍ학적사항 특기사항)에 분산 기재하던 방식이 '학교폭력 조치사항 관리'로 일원화되었다.

가해학생에 대한 이와 같은 징벌적 정책은 피해학생의 안전을 위해서도 필요하며, 그 외의 일반학생에게 엄벌을 피할 수 없다는 명확한 메시지를 보내는 측면에서 시행되고 있다. 그러나 사안이 심각하지 않은 경우 '학교장 자체해결제'를 시행함으로써 가해학생을 무조건 처벌하기보다는 교육과 교화의 대상으로 인식하고 궁극적으로 가해학생과 피해학생의 관계회복을 시도하고 있다.

🔍 인사이트   생활기록부 학교폭력 조치사항 기재와 대학입시

한국대학교육협의회는 2026학년도 대입부터 학교폭력 조치사항을 필수적으로 반영한다는 입시 정책을 발표했다. 따라서 조치에 따라 학교폭력 조치사항이 학생부에 기재된 학생은 해당 이유만으로도 특정 전형에서 지원 자격이 배제될 수도 있게 되었다. 이러한 강력한 조치는 고위 검사였던 가해학생의 아버지가 학생부에 기록된 징계기록을 완화시키기 위하여 불복 절차를 진행했던 이른바 '권력형 학폭 세탁' 사건이 불거진 이후 발표되었다. 해당 학생이 정시를 통해 서울대에 합격했다는 사실이 알려지며 학폭 전적이 있는 경우 불이익을 강화해야 한다는 여론이 형성되었기 때문이다. 학생부에 학폭 조치를 기재한 것이 2012년인데 당시 21건에 불과하던 행정심판은 2019년 1,609건으로 76배 늘어났다. 실제로 학교폭력을 저지른 자녀의 처분 기록을 지우기 위해 소송을 비롯한 모든 수단을 동원하는 부모들이 늘어나고 있다는 지적이 많다. 사소한 학교폭력 사안도 대학입시에 반영하겠다는 무관용주의는 소송의 증가를 야기할 가능성이 높다. 학생부 기재를 유보하는 제도적 보완이 이루어졌지만, 근본적으로 당사자 간의 관계를 회복하고 분쟁조정을 통해 학생의 인권을 보호하는 교육적 접근이 보다 강화되어야 할 것이다.

2 무관용주의의 효과와 한계

1) 무관용주의의 효과

정일환, 김영환(2012)이 제시한 무관용주의의 효과를 정리하면 다음과 같다.

첫째, 학교폭력행동이 억제된다. 실제로 2012년 무관용 원칙을 매우 강력하게 적용했던 '학교폭력근절 종합대책' 이후 학교폭력은 억제되는 국면으로 전환되었다. 무관용 정책의 경우 가해의 이유와 방법을 불문하고 폭력을 했다는 사실을 근거로 처벌하는 불융통성이 폭력에 대한 억제 효과를 가져온다. 이것은 행동수정의 원리로 설명된다. 폭력행동과 그 결과인 처벌의 관련성이 매우 뚜렷해지기 때문에 결국 학생들은 처벌을 피하고자 폭력행동을 줄이게 된다. 무관용정책과 관련한 이해관계자들의 인식을 살펴본 연구(Kim & Oh, 2017)에서도, '엄격한 처벌은 모든 학생을 보호할 수 있고, 학교폭력이 감소했다'라는 인식이 확인되었다.

둘째, 안전한 학습 분위기를 조성할 수 있다. 무관용 정책의 주요 가정은 문제학생을 배제한다면, 다른 학생들에게 더 학습하기 좋은 환경을 조성해 줄 수 있다는 것이다(Ewing, 2000). 무관용 정책 지지자들은 학교 징벌체계가 느슨했기 때문에 학교의 질서가 파괴되었으며, 무관용 정책은 학습에 적절한 환경을 조정하는 데 필요하다고 주장한다(Scaringi, 2001). 앞선 국내 연구(Kim & Oh, 2017)에 따르면, 한국의 학교 관리자는 실제로 '학교폭력으로 인한 다양한 처벌을 학생들이 인식하게 하는 것은 학교를 더 안전한 장소로 만들며, 이를 통해 부모들은 자녀를 안전한 학교에 보낼 수 있어 안심한다'라고 인식하는 것으로 나타나 이러한 주장과 맥을 같이한다고 볼 수 있다.

셋째, 일관성을 보장하고 차별을 예방할 수 있다. 무관용 정책은 학교 규율과 관련하여 명확하고 일관적인 기준을 제시하기에, 학생들에게 규율에 대한 분명한 의사를 전달할 수 있다. 정책의 일관성은 행동에 영향을 미치는 중요한 요인이다(Patterson et al., 1991). 또한 무관용 정책은 정확한 기준이 있기에, 사안처리 과정에서 교직원이 사적인 감정으로 학생을 차별하는 것을 방지할 수 있다. 따라서 무관용 정책의 규율과 관련된 일관된 메시지를 통해 학생들은 처벌이 주어지는 행동이 무엇인지 분명히 알 수 있고, 교사는 사적인 기준이 아닌 명시된 기준을 따라야 함을 의식할 수 있다.

넷째, 부패를 차단하는 효과를 예상할 수 있다. 만약 모든 사람에게 동일한 기준을 적용한다면, 정책의 공정성을 유지할 수 있을 것이다. 따라서 무관용 정책은 타협의 여지가 없다는 점에서 타협을 시도하려는 부정부패를 예방하는 역할을 한다(Takyi-Boadu, 2006). 앞서 설명한 '권력형 학폭 세탁' 사건이 공분을 산 이유는, 학교폭력의 가해학생 부모가 권력을 이용하여 처벌의 수위를 조절했다는 점으로 학교폭력에 대한 처벌의 공정성이 훼손되었다는 인식 때문이다. 그래서 그 사건 이후 정부는 더 강력하게 무관용주의를 적용한 「학교폭력 근절 종합대책」을 발표하게 된 것으로 볼 수 있다.

2) 무관용주의의 한계

그러나 무관용 정책의 확대는 다수의 경미한 폭력 행위까지 제재의 대상으로 포함하는 결과를 가져왔고, 이를 처리하는 과정에서 오히려 오해와 갈등이 증폭되어 관련 학생들의 관계가 악화되는 일들이 발생하였다. 또한 교사들은 가해학생을 선도하거나 교육하기보다 처벌해야만 하는 역할 갈등을 겪으며 무관용주의의 한계점을 인식하기 시작했다. 한국의 경우 학교폭력에 대한 무관용주의적 대응방식의 한계를 지적한 연구는 교육학 및 범죄학, 법학계에서 찾을 수 있다. 학교폭력에 대하여 교육과 예방적, 회복적 사법주의 관점으로 접근할 것을 주장한 연구(박상식, 2013; 전종익, 정상우, 2013; 홍봉선, 남미애, 2014), 소년사법의 역할을 강조한 연구(강지명, 2014), 무관용주의의 폐해를 분석한 연구(강경래, 2012), 미국의 학교경찰제도의 무관용주의화의 문제를 살펴본 연구(허경미, 2013), 무관용정책과 관련한 이해관계자들의 인식을 살펴본 연구(Kim & Oh, 2017), 담론분석을 통한 무관용주의의 의미를 명료화와 정책요소를 탐색한 연구(홍미영, 최지은, 2023), 학교폭력에 대한 무관용주의 탈피와 비사법적 개입을 주장한 연구(김혜경, 2024) 등이 있다. 이러한 문헌에서 강조하는 무관용 원칙의 한계점을 네 가지로 정리하면 다음과 같다.

첫째, 무관용 정책 시행이 정말 학교폭력을 억제하는 효과가 있는지에 대한 실증적인 자료가 부족하다. 앞서 무관용 정책의 효과로 학교폭력의 억제 효과를 언급하였는데, 이와는 정반대의 견해도 존재한다. Kevin(2002)은 미국의 경우 무관용 정책이 학교 안전과 폭력 예방에 어느 정도 영향을 미쳤는지에 대한 효과적인 검증이 이루어지지 않았음을 주장한다. 오히려 학생들에 대한 징계는 학생의 학습수준과 학습 환경에 부정적인 영향을 미친다는 다양한 연구도 제시되고 있다(Fabelo, 2011; Tobin et al., 1996; Wallace et al., 2008). 한국의 경우에도 무관용 원칙을 기반으로 「학교폭력 근절 종합대책」과 같은 강력한 조치를 하고 있음에도 불구하고 학교폭력은 지속적으로 상승하는 추세가 꺾이지 않고 있다.

둘째, 무관용 원칙이 인종적, 성별 그리고 경제적 수준 등에 따라 차별적으로 적용되며 공정성과 법적 균형을 상실하였다는 점을 지적한 연구들도 지속해서 발표되고 있다 (Curran, 2016; Monahan et al., 2014; Sughrue, 2003; Wilson, 2014). 실제로 2013~2014년 미국 전역에서 경찰에 의해 체포된 7만여 명의 학생 중 70%가 흑인 및 히스패닉계였고, 통계적으로 백인계 학생보다 체포될 가능성이 세 배 정도 높았다. 그리고 체포된 흑인 및 히스패닉계 학생들이 실제로는 교정산업 민영화의 영리 수단으로 전락하였으며, 무관용주의가 교정산업의 수익을 극대화하는 장치로 적극적으로 기여하였다는 비판들마저 제기되고 있다(허경미, 2020). 이와 같은 연구결과는 무관용주의가 학교의 질서정연한 안전과 효과적인 학습환경의 조성에 필요하고 기여하는지에 대한 근본적인 의문을 품게 한다. 학교폭력이 발생하는 다양한 맥락에 대한 이해나 고려 없이 폭력을 결과적으로만 해석하여 무조건적으로 처벌하는 경우 특정 집단에 불리하게 작용할 가능성을 배제할 수 없다.

셋째, 무관용주의 정책으로 처벌을 받은 학생이 증가하면 학교폭력이 청소년 사법으로 이행되는 통로로서 작용한다는 점이다. 무관용 정책에 따른 학교의 통제화 상황에서 학교와 교사는 문제학생을 범죄자로 취급하는 분위기가 형성될 수 있다. 학교폭력 사안을 다룰 때 학생과 그들의 부모 그리고 학교 및 지역사회가 대화와 관심을 통해 문제를 해결할 기회가 선행된다면 상당 부분 문제를 해결할 수 있음에도 불구하고 무관용주의는 이 부분에서 취약하다. 결과적으로 강제전학과 퇴학, 형사처벌 등으로 문제학생, 소년 범죄자라는 낙인을 찍는다는 문제가 있다. 이처럼 무관용 정책은 청소년의 인권침해를 야기할 수 있으며 나아가 사소한 폭력으로도 평생 범죄자로서 낙인이 발생할 수 있는 우려가 있다. 무관용 정책에 따라 학교로부터 배제되는 학생에 대한 효과적인 교육 프로그램이 보장되지 않고 징벌적인 처벌만 이루어져 장래에 범죄자가 된다면 이러한 문제는 이후에 더욱 많은 사회적 비용이 소요될 것이다.

넷째, 무관용주의는 가해학생에 대한 교육보다 처벌을 지나치게 강조하여 학교와 교사의 교육적 기능을 약화시킨다고 지적된다(Kim & Oh, 2017). 또한 무관용 원칙을 적용하면 학교가 삭막해지고 학급 분위기가 경직되며, 학생과 교사 간의 신뢰 관계가 훼손될 수 있다. 학생이 폭력을 행사하면 해당 학생을 혼내고 반성시키는 과정이 중요한데 무관용주의는 그러한 과정 없이 바로 처벌로 대응하는 경우가 많아서 학생들을 실질적으로 선도하기보다는 처벌하는 수준에 그친다는 한계가 존재한다. 그래서 처벌을 받은 학생들도 자신의 잘못을 반성하기보다는 억울하게 느끼거나 학교 당국에 분노로 대처하고 결과적으로 소송이나 심판을 제기하는 경우가 늘어난다. 그래서 처벌을 받으면서 반성하기보다는 학교에 대한 불신과 사회에 대한 반감이 발생한다는 것이다.

마지막으로 무관용 원칙은 학교가 학교폭력 문제를 적극적으로 해결하기보다는 그 모든 책임을 학생에게 전가하기 때문에 본질적으로 비교육적인 접근이라는 비판이 있다(Kim & Oh, 2017). 예를 들어, 가해학생을 학교 밖으로 내쫓는 방식은 결코 교육적인 방식이 아니며 학교폭력 예방의 본연의 취지를 살리지 못하고 있다. 많은 경우 가해학생의 폭력적 행동이 부모의 부정적인 양육방식에 기인하거나, 매우 폭력적이고 열악한 가정 환경에 기인하는 등 실제 폭력의 원인이 학생보다는 학생의 환경에 기인하는 경우가 많은데 그러한 맥락적 특성을 무시하고 가해학생을 처벌하는 것은 적절치 않다고 보는 견해가 존재한다. 처벌을 하는 것은 궁극적으로 반성을 유도하기 위한 것인데 무관용주의 방식은 그 정도가 지나치다는 것이다.

3) 무관용주의의 쟁점: 학교폭력 사안의 학생부 기재

박주형 등(2013)은 학교폭력 사안 중 논란이 되는 학생부 기재의 법적 쟁점을 분석하였다. 가해학생 조치의 학생부 기재는 학생들에게 사소한 괴롭힘도 학교폭력이며 학교폭력이 일어날 경우 일신상의 불이익이 있을 것이라는 강력한 신호(signal)를 제공함으로써 학교폭력을 예방하기 위한 정책이다. 하지만 학교폭력 사안의 학생부 기재는 장기간 학교폭력 사안이 기재됨으로써 상급학교 진학이나 취업 과정에서 직접적인 불이익이 발생할 수 있는데, 사소한 학교폭력으로 인해 가해학생 조치를 받은 학생들에게 가혹하다는 의견과 학교폭력 가해자에 대한 낙인효과를 불러일으킴으로써 본인의 잘못된 행동에 대해 반성할 기회를 가로막는다는 비판이 제기되고 있다.

이러한 대립되는 견해로 인해 법적인 측면에서 가해학생 조치의 학생부 기재가 법령에 근거한 것인지 여부와 중앙정부가 자치사무에 속하는 교육감의 학교 운영 권한을 과도하게 침해하였는지 그리고 학생부 기재가 다른 방법으로 달성될 수 있는 정책목표를 위해서 가해학생의 기본권 내용을 침해하였는지가 논란이 되고 있다. 대립되는 견해로 인한 논란은 다음과 같이 살펴볼 수 있다.

(1) 가해학생의 기본권 침해 여부 검토: 과잉금지원칙 위배 여부

학교폭력 조치의 학생부 기재가 법령에 근거한 합법적 행동이라고 할지라도 가해학생의 기본권 침해가 최소화되어야 한다는 과잉금지원칙에 위배되었는지가 쟁점이 될 수 있다. 학교폭력 조치의 학생부 기재가 「헌법」이 보장하는 여러 기본권(학생의 인격권, 행복추구권

등) 및 학생의 인권을 침해하는 것은 아닌지 판단해 보아야 하는 것이다. 이를 위해 국민의 자유와 권리를 제한할 수 있는 근거인 「헌법」 제37조 제2항이 정하고 있는 조건(공공복리를 위하여 필요한 경우에 한하여 제한하고 제한 시에도 자유와 권리의 본질적인 내용을 침해할 수 없음)을 충족하고 있는지의 검토가 필요하다. 비록 가해학생 조치의 학생부 기재가 가해학생의 기본권을 일부 제한하지만, 최근 개정된 학생부지침에 의해 사소한 학교폭력의 경우 졸업 후 즉시 삭제되고 중대한 학교폭력만 졸업 후 4년간 유지되는 것으로 변경됨으로써 가해학생의 피해를 최소화한 점이 인정된다고 할 수 있다.

한편, 허경미(2018)는 교육부가 2017년 국정감사 자료로 제출한 학교폭력조치 및 재심, 행정소송현황 분석을 통해 조치결과를 학교생활기록부에 기록·보존하는 것에 대해 반발하는 학생 및 학부모들이 증가하고 있음을 확인하였다. 분석 결과, 피해자의 경우보다는 가해자 재심의 인용률이 더 높다는 것이 확인되었는데 이러한 결과는 조치결과에 대한 불만이 더 높아서 승복하지 않거나 자신에 대한 조치 수위를 낮추려는 방법으로 활용될 수 있음을 시사한다. 따라서 학교생활 기록부의 기재 및 보존이 좀 더 신중해질 필요가 있음을 방증하는 결과라고 해석되기도 하였다. 이에 대해 일선 교육청과 전교조 등은 학교폭력의 조치 결과가 학교생활기록부에 기록되고 이것이 중학교 및 고등학교, 나아가 대학교의 입학사정 자료로 활용됨으로써 궁극적으로 학생의 상급학교 진학 여부에 영향을 미칠 수 있다는 피해의식 때문이라는 지적도 나오고 있다. 이러한 인식으로 인해 학교폭력대책심의위원회의 조치결정에 따른 반발과 그에 대한 재심, 행정소송 등의 악순환은 계속될 수밖에 없다고 지적하였다. 학교생활기록부 기재를 포함한 관련 제도의 문제점과 개선방안, 무엇보다 학교생활기록부 기재라는 행정적 제재 방식의 무관용주의적 낙인이 학교폭력의 근본적인 대책이 될 수 없다는 인식이 필요하다는 점을 주장하였다.

🔍 인사이트   무관용 정책의 실효성

앞서 프롤로그에서 APA의 태스크포스팀이 발표한 2008년 보고서의 내용을 간단히 소개하였다(APA, 2008). 미국의 상황을 분석한 보고서라 우리나라에 그대로 적용하기에는 무리지만, 무관용 원칙에 대한 체계적 검증이 부족한 우리는 주목할 수밖에 없는 내용이다. 이 보고서는 학교폭력과 규율에 대해 당연할 것이라고 생각하는 수준의 가정들이 실제로는 그렇지 않다는 점을 강조한다. 예를 들어, 무관용 원칙을 적용하면 학교 규율에 대한 일관성이 높아질 것이라고 생각하나, 그 어떠한 증거도 확인되지 않았다. 문제학생을 전학시키거나 퇴학시키면 학교가 보다 안전한 문화를 형성하고 면학 분위기가 개선될 것이라고 생각하나, 실제 데이터는 그 반대였다. 정학이나 퇴학 조치가 내려진 이후 학생들의 정학 및 퇴학의 비율은 오히려 증가하였다. 한국에서도 무관용 정책의 실효성은 논쟁적인 주제이다. 이 논쟁을 보다 건설적으로 이어 가려면 단순히 철학적, 직관적 수준의 논쟁을 넘어 객관적, 과학적 수준의 토론을 거쳐 보다 효과적인 정책적 대안을 마련하려는 노력이 필요할 것이다.

3 회복적 정의의 개념과 특징

앞서 설명한 무관용 원칙의 적용으로 학교폭력이 2012년 이후 감소 추세를 보였고 이러한 감소 추세는 2017년까지 지속되었다. 이러한 추세에 대해 교육부는 한국 사회 전반적으로 학교폭력에 대한 경각심과 인식 수준이 높아진 것으로 보이며 이는 학교폭력 근절을 위해 그동안 관계 부처 합동으로 종합적인 대책을 지속 추진해 온 결과로 분석하였다. 그러나 2018년 이후 학교폭력은 다시 오름세로 바뀌었으며 '학교폭력대책심의위원회 심의 및 피해·가해학생 조치 현황'에 따르면 (2015) 19,968건 → (2016) 23,673건 → (2017) 31,240건 → (2018) 32,632건 → (2019) 31,130건으로 나타나 지속해서 증가 추세로 나타났다. 2020년 코로나로 인해 학생들의 등교 일수가 제한되면서 학교폭력은 다시 감소했지만, 코로나 종식 이후 다시 증가하는 추세를 보인다. 이처럼 학교폭력의 추세가 증감을 반복하면서 무관용 원칙에 기초한 기존 정책의 효과성에 대해 의문이 제기되었고 그러한 맥락에서 새로운 정책 대안으로 회복적 접근이 소개되고 있다.

1) 회복적 정의에 대한 이해

'회복적 정의(restorative justice)'는 학교폭력 예방 및 대책에 있어 새로운 패러다임으로의 전환을 보여 주고 있다. 회복적 정의는 가해자에 대해 응보적 차원에서의 단순한 징계와 처벌을 부과하기보다는 반성과 성찰에 초점을 둔다. 이를 통해 피해자의 상처와 아픔을 회복시켜 주기 위한 화해 노력을 강조하고 더불어 피해자 스스로가 이를 받아들이고 용서함으로써 진정한 회복이 이루어질 수 있음을 강조한다. 이러한 회복적 정의에 기반한 학교폭력 예방 및 대책은 새로운 패러다임으로의 전환이 가능한 전향적이고도 발전적인 개념으로 관심을 받고 있다(윤태현, 2017).

학교폭력 대책으로서 회복적 정의 모델 도입의 필요성을 분석한 이유진(2015)은 학교폭력이란 가정과 사회 문제가 학교 요인과 결합해 발생하는 것이므로 공동체적 접근이 필요하다고 주장하였다. 또한 피해자의 관점에서 응보적 정의는 학교폭력을 억제할 뿐, 피해학생의 회복에는 도움이 되지 않고 피해학생의 회복을 위해서는 가해학생의 자발적인 사과가 필요함을 강조하였다. 그리고 가해학생의 관점에서 처벌 위주 대책은 문제를 일시적으로만 억압할 수 있을 뿐 재발 방지 효과가 낮음을 지적하며 회복적 정의와 응보적 정의의 균형적 접근이 필요함을 역설하였다. 이처럼 회복적 정의는 피해학생과 가해학생, 가정, 학교, 사회를 모두 포함한 공동체적 접근을 강조한다.

회복적 정의라는 용어는 Albert Eglash가 1977년 처음으로 사용하였으나, Howard Zehr(1990)가 그의 저서 『범죄와 정의에 대한 새로운 접근(Changing Lenses: A New Focus for Crime and Justice)』에서 '피해자–가해자 화해 프로그램(Victim Offender Reconciliation Program)'을 설명하면서 알려지게 되었다. 한국에서는 2000년 이전에도 이 표현이 사용되었으나 2000년 중반부터 '피해자학' 연구와 맞물려 회복적 사법에 대한 연구가 상당한 주목을 받기 시작했다(강지명, 2014). 그 후 2010년에 Zehr(1990)의 저서 『Restorative Justice』가 『회복적 정의란 무엇인가?』라는 제목으로 국내에 번역 출간된 이후 많은 이의 관심을 끌게 되었다.

회복적 정의는 특정한 제도나 프로그램을 의미하기보다는 철학 내지는 패러다임과 관련되어 이해되기 때문에 용어 사용에 있어 혼용이 있다(박철우, 2012). 김지연과 하혜숙(2015)은 회복적 정의에 대한 주요 연구자들의 정의를 〈표 10-1〉과 같이 정리하였다.

〈표 10-1〉 회복적 정의의 개념 비교

연구자	회복적 정의에 대한 개념
Zehr(2002)	범죄 사건에 관련되는 가능한 많은 사람이 관여하는 과정이며, 범죄로 인한 손상이 무엇인지 함께 찾아내어 채워져야 할 욕구와 수행되어야 할 의무를 밝힘으로써 잘못된 것들을 최대한 바로잡고 치유하는 과정
김은경, 이호중(2006)	범죄에 이해관계를 가진 사람들이 해악을 치유할 목적으로 함께 모여 논의하는 것
박상식(2013)	소년법의 이념인 가해자의 건전한 사회복귀와 피해자보호의 시너지 효과를 위하여 기존 형사사법의 틀을 바꾸는 것으로 가해자, 가해자 가족, 피해자, 피해자 가족, 지역사회의 전문지식을 갖춘 조정자 등이 함께 모여 대화를 통하여 범죄를 해결하자는 것
조상제(2013)	피해자와 가해자 또는 지역사회 구성원 등 범죄 사건 관련자들이 사건의 해결 과정에 능동적으로 참여하여 피해자 또는 지역사회의 손실을 복구하고 관련 당사자의 재통합을 추구하는 일체의 범죄 대응 양식

2) 회복적 정의의 특징

　회복적 정의의 접근이 주목을 받는 것은 기존의 처벌 부과만으로는 피해자의 정신적 · 신체적 피해 회복이 충분히 이루어지지 않는다는 공감대 때문이다. 뿐만 아니라 무관용 방식을 통해서는 가해자의 진정한 반성을 기대할 수 없다는 한계를 인식했기 때문이다. 학교폭력에 대한 어떠한 형태의 처벌도 피해학생과 가해학생 그리고 학교 및 사회가 기대하는 효과를 거둘 수 없다는 평가를 받는다면 대안적인 방안을 모색할 필요가 있다. 이러한 맥락에서 회복적 정의는 학교폭력에 대해 단순한 처벌을 부과하는 일벌백계식 대응을 벗어나 피해학생의 회복에 초점을 맞추며 그 과정에 모든 당사자를 관여시키는 접근을 취한다. 또한 가해자에게는 반성과 선도를 통한 학교의 적응 기회를 제공해 주는 것이 주요 목적이다.

　Zehr(1990)는 회복적 정의의 개념을 설명하며 네 가지 주요 사항을 강조하고 있다. 첫째, 회복적 정의는 기존의 처벌 방식인 응보적 정의와 비교하여 피해자의 원상회복과 치유를 가해자에 대한 형벌 부과만큼이나 중요하게 인식한다. 둘째, 피해자와 가해자 간의 관계 치유 또한 중요한 관심 사항이 되어야 한다. 따라서 피해자-가해자 사이의 화해에 초점을 둘 것을 강조한다. 셋째, 가해자도 치유를 받아야 함은 물론이며 자신의 행위에 대한 책임 인식을 통해 치유가 필요한 대상으로 인식해야 한다. 넷째, 피해자와 가해자뿐 아니라 학급 내지는 학교 공동체도 넓은 의미에서 치유의 대상이다. 왜냐하면 학교폭력은 공동체의 안전함과 평화로움을 손상시키며, 손상된 학급의 분위기가 회복되지 않고서는 학생들의 성장을 이끌어 내기 어렵기 때문이다. 종합해 보면, 회복적 정의는 피해학생과 가해학생 그리고 이들을 둘러싸고 있는 공동체 모두의 상처 치유 과정을 강하며 이를 위해서는 당연히 모두가 동참하는 노력이 수반되어야 한다는 점을 강조한다.

　허경미(2018)는 회복적 정의를 무관용 원칙과 대비하여 그 특징을 〈표 10-2〉와 같이 제시하였다.

　회복적 정의는 기존의 응보적 정의(retributive justice)와 비교하여 설명되기도 한다(김은경, 이호중, 2006). 응보적 정의는 기존 사법 체계의 기초를 이루는 이념으로 해당 사건에 대한 책임을 일방적인 처벌로 부과한다. 따라서 이 과정에서 가해자와 피해자는 대립적인 관계에 머물게 되며 피해자의 역할은 축소될 수밖에 없다. 또한 문제해결에 전문적인 대리인이 존재하게 되어 당사자 간의 이해와 합의 과정이 간과되는 취약점을 지닌다. 하지만 회복적 정의에서는 사건 당사자들의 상호 이해와 합의에 근거한 문제의 해결과 치유에 관심을 두면서 기존의 처벌 위주 해결방식을 보완한다. 또한 가해자와 피해자 등 사건 당사자의 직

〈표 10-2〉 학교폭력에 대한 무관용주의 및 회복적 정의의 관점 차이(Hopkins, 2002의 내용을 재구성)

무관용주의	회복적 정의
비행은 학교규칙을 위반하거나 학교를 위험에 빠뜨리는 행위로 인식	비행은 타인의 신체, 정신, 정서에 해를 끼치는 행위로 인식
행위자에 대한 비난, 처벌에 관심	행위자와 피해자의 감정 및 요구를 해결하는 데 관심
학교당국, 사법당국이 징계나 형벌로 문제를 해결	가해자와 피해자, 주변인들의 대화와 조정, 그리고 중재로 문제를 해결
행위자에 대하여 고통, 제재, 처벌을 함으로써 향후 범죄 예방에 초점	선택에 대한 책임 인식, 가해자에 대한 배상과 화해에 초점
공동체 규범, 법적 절차 준수 강조	상호 만족스러운 결과 및 관계회복 강조
갈등, 비행은 개인의 학교, 공동체에 대한 비행으로 간주	갈등, 비행은 학교, 공동체의 기회 차이에서 발생하는 문제로 간주
개인의 일탈은 타인에게 부정적 영향을 준다고 인식	개인의 일탈은 치유가 가능하다고 인식
학교당국, 학교 내외 조직이나 단체는 학교문제에 중립적, 객관적 태도를 취하여야 한다는 인식	학교당국, 학교 내외 조직이나 단체는 학교문제의 해결자로서 적극적으로 개입하여야 한다고 인식
행위자의 수용성이란 처벌 수위를 저항없이 받아들이는 것이라고 인식	행위자의 수용성이란 자신의 행위책임을 인정하고 이해하며 문제를 해결하려는 것이라고 인식

접 관여를 통한 대화와 타협을 중시하기 때문에 응보적 정의에서는 손해 배상이 목표라고 한다면 회복적 정의에서는 화해와 회복을 궁극적 목표로 한다는 차별성을 지닌다.

그러나 이러한 회복적 정의를 활용한 접근이 항상 장점만 지니는 것은 아니다. 김지연과 하혜숙(2015)은 학교폭력 문제를 회복적 정의의 관점에서 해결하는 접근을 SWOT 분석을 통해 다면적으로 설명하였다. 첫째, 회복적 관점의 강점(strengths)은 회복적 정의의 본래 목적인 치유와 회복에 초점을 두어 해당 사건의 직접적인 관련자뿐 아니라 방관자와 학교 공동체 그리고 지역사회의 건강한 기능을 회복하는 데 도움을 준다는 것이다. 둘째, 약점(weaknesses)으로는 회복적 정의를 실현하려면 갈등 조정자의 선정에 신중을 기해야 하며 현 단계에서 학교 구성원이 이 역할을 수행하는 데 역량이 미흡할 수 있다는 점을 지적하였다. 또한 회복적 접근이 체계적으로 운영되기 위해서는 오랜 준비 기간이 필요하며 실제 갈등의 해결 과정에서 많은 노력과 비용, 시간이 소요될 것으로 예상하였다. 셋째, 기회(opportunities)에 해당하는 내용으로 기존의 관련 법과 학교폭력 예방 및 대응 노력에 대한 한계점의 대안으로서 논의되고 있다는 점이다. 기존 정책의 제한점을 바탕으로 학교 단계에서 회복적 접근은 학교폭력문제 해결의 중요한 기회요인이라고 보았다. 마지막 위협(threats) 요인은 일선 학교 교사 또는 전문상담교사 등 회복적 접근의 중요한 조정 역할을 맡은 사람에게 많은 권한이 부여되고 이에 따른 전문가 윤리 및 책임이 부과된다는 점이다. 특히 폭력 문제가 심각한 경우 법적인 공방에 연루될 가능성이 높아져 조정자에 대한 적절한 법적 보호 절차가 먼저 마련되어야 한다고 보았다.

회복적 정의는 가해자의 반성과 성찰로 피해자의 심리적 만족감을 충족할 수 있고, 가해자의 교육적 선도를 통해 재발 방지 위험을 감소시킬 수 있는 등 기존의 응보적 정의 개념을 뛰어넘을 수 있는 다양한 장점이 내재된 접근이다. 그러나 회복적 정의가 기존의 응보적 정의를 완전히 대체할 수는 없으며, 응보적 정의와 회복적 정의의 상호 절충을 통해 보다 완성된 대응체계를 구축하는 것이 필요할 것이다.

3) 회복적 정의의 적용

윤태현(2017)은 학교폭력 사건에서 회복적 정의의 실현은 프로그램을 통해 가능하다고 주장하며 이러한 회복적 정의를 구현하는 대표적 모델 세 가지를 소개하고 있다. 첫째, 피해자-가해자 조정 프로그램(Victim-Offender Mediation Program)은 1970년대 초반 캐나다에서 시작되어 북미 및 유럽까지 확대된 프로그램으로, 현재 회복적 정의의 이념을 실현한 최적의 모델로 평가받고 있다(Kurki, 2000). 중립적인 제3자, 즉 지역공동체의 자원봉사자나 전문가가 피해자와 가해자 사이의 조정자(mediator)로 대화를 통해 둘 사이의 분쟁을 해결함과 동시에 피해에 대한 원상회복을 협의하는 것이다.

둘째, 가족 협의 프로그램(Family Group Conference Program)은 1989년 뉴질랜드에서 시작되어 그 후 호주와 미국에서 다양한 형태로 활용되고 있다. 이 프로그램은 피해자와 가해자, 그리고 가해자의 가족 및 폭력 행위에 의해 영향을 받은 개인들이 모여 관련 사실과 주요 쟁점에 대해 토론을 거치는 절차를 갖는다. 앞선 중재 프로그램과 상당히 유사해 보이지만 가해자, 피해자, 조정자 이외에 다수의 관련자가 참여한다는 점에서 차이점이 있다. 이처럼 다수의 사람이 참여하기에 공동체의 통합과 가해학생의 적응에 있어 보다 큰 장점을 가지고 있는 것으로 평가받는다.

셋째, 서클 프로그램(Circle Program)은 갈등 해결을 위한 조정 프로그램과 달리, 특정한 한 사람에게만 조정 권한을 부여하지는 않는다. 또한 관련 당사자가 아니더라도 공동체 구성원 누구나 참여가 가능하다는 점에서는 가족 협의 프로그램과 차이가 있다. 이처럼 많은 이의 참여를 통해 더욱 원활하고도 효과적인 회복적 정의를 실현하려는 접근이다.

한편, 이유진(2015)은 [그림 10-1]과 같이 학교폭력 해결을 위한 회복적 정의 모델을 제시하기도 하였다. 이 모델은 학교폭력으로 인해 발생한 모든 피해와 상처 그리고 깨어진 관계를 회복하는 데 목표를 둔다. 가해학생의 반성을 통한 피해학생의 치유 및 피해학생의 용서를 통한 가해학생의 치료 그리고 공동체의 참여를 통하여 피해를 회복하고 깨어진 관계를 복원하고자 한다. 회복적 정의 모델의 대상과 목표는 다음과 같다. 가해학생과 부모의 목표는 '반성과 사과 및 원인 치료'이고 피해학생과 부모의 목표는 '용서와 치유 및 피해 회복'이다. 그리고 이들을 둘러싼 다른 학생들과 교사의 목표는 '평화로운 학교문화' 속에서 생활하는 것이고 지역사회의 목표는 '안전한 환경조성'이다.

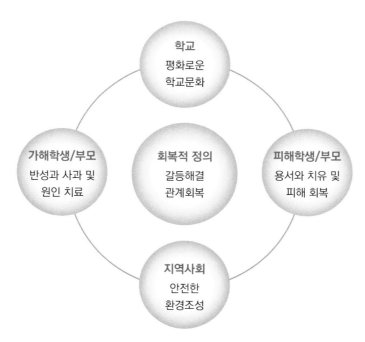

[그림 10-1] 학교폭력 해결을 위한 회복적 정의 모델(이유진, 2015)

유영하 등(2019)은 회복적 정의 이론에 기반하여 학교폭력 가해 청소년을 위한 총 6회기 12개의 모듈로 구성된 상담모형을 개발하였다. 이 모형은 관계증진과 회복을 중점에 두는 생활지도의 대안적 방법인 회복적 생활교육의 회복적 질문을 기본 원리로 하여 구성되었다. 회복적 질문을 통해 가해자가 관계회복을 위한 자발적 책임감을 발휘하도록 돕는 데 초점을 두었다. 회복적 질문은 5단계로 이루어져 있는데, 1단계에서는 문제에 초점을 맞춘 상황 이해에 초점을 둔다. 2단계에서는 문제의 피해와 영향을 파악하고, 3단계에서는 피해와 영향을 직면하고 문제를 바로잡기 위한 자발적 책임을 강조한다. 이어서 4단계에서는 공동체 참여와 갈등 전환 및 재발 방지를 위해 관계를 재설정하고, 마지막 5단계에서는 성장의 기회를 찾기 위한 성장의 기회를 제공한다. 연구결과 참여자의 공격성이 낮아지고 공감, 배려, 책임감이 높아짐을 확인하였다.

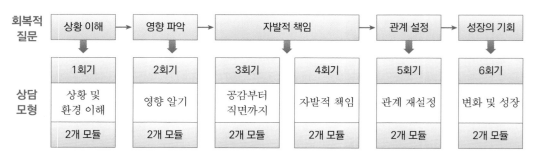

[그림 10-2] 회복적 질문과 상담모형의 관계(유영하 외, 2019)

4   회복적 생활교육과 학교폭력

최근에는 학교폭력이 발생하기 이전에 회복적 정의 차원에서 생활지도를 실천하여 학교폭력을 미연에 방지하는 것이 필요하다는 인식이 확산되고 있다. 회복적 생활교육으로 알려진 이 접근을 평소에 학급운영에 적용함으로써 학교폭력을 선제적으로 예방하려는 운동이 확산되고 있다. 최근 학교 현장에서 회복적 생활교육을 실천하고 있는 학교들이 늘어나고 있으며, 회복적 대화모임을 통해 갈등을 조정하고 관계를 회복하고자 학교 갈등 및 학교폭력 상황을 교육적으로 접근하는 교사들도 늘어나고 있고 이에 대한 교사들의 만족도 또한 높은 편이다(하경남 외, 2024).

1) 회복적 생활교육의 이해

회복적 생활교육은 학생을 훈육하고 처벌하는 기존의 생활지도 방식과 달리 회복적 정의에 기반하여 학생의 성장과 발달에 중점을 둔 패러다임이다. 문제행동에 대한 처벌보다는 관련인의 정서 치유와 관계회복, 공동체 회복에 초점을 둔다. 회복적 접근에서 학교폭력 문제해결의 궁극적인 목표는 단순히 개별 사안의 처리에 있는 것이 아니라, 사건 당사자를 포함한 주변인 등 모든 학교 구성원의 평화로운 학교문화를 조성하는 것이다.

회복적 생활교육은 학교에서 발생할 수 있는 문제를 회피하지 않고 잠재된 문제를 드러내어 건설적인 대안을 찾아 해결하는 배움과 성장의 기회로 전환한다(좋은교사운동, 2012). 따라서 회복적 생활교육은 문제 상황을 건강하게 해결하는 과정에 초점을 두어 학생들이 공동체적 문제해결 역량을 기를 수 있도록 촉진한다. 그리고 학교에서 발생한 문제로 인해 깨진 구성원들의 관계를 회복하고, 물질적 피해뿐만 아니라 정서적인 영역까지 근본적인 회복을 시도한다. 회복을 위해 당사자들이 모여 서로의 입장을 듣고, 발생한 피해에 대한 책임을 나누며, 함께 해결해 나가기 위해 모든 구성원이 민주적으로 노력한다(McNeely et al., 2002).

회복적 생활교육에 대한 관심이 높아지면서 이에 관한 연구들도 이루어졌는데 첫째는 문헌적 연구이다. 학교폭력의 교육적 대안으로서의 회복적 생활교육에 관한 연구(서정기, 2012), 학교폭력 해결을 위한 회복적 정의모델 도입방안 연구(이유진 외, 2014), 회복적 생활교육을 통한 또래중재프로그램 개발연구(이경원 외, 2017), 회복적 생활교육과 도덕교육(이경원, 2019), 초등 3~6학년 학생의 회복적 생활교육을 위한 동요 지도방안 연구(김은주, 2020) 등과 같이 회복적 생활교육의 개념 및 지도방안에 대한 문헌적 연구가 논의되어 왔다. 둘째는 양적연구로, 회복적 생활교육이 학교 공동체 의식에 미치는 효과를 검증하기 위한 실증연구(박희진, 2016), 회복적 생활교육 프로그램이 초등학생의 학급응집력에 미치는 영향에 관한 연구(강인구, 김광수, 2015), 회복적 서클 프로그램이 초등학교 아동의 용서수준에 미치는 영향에 관한 연구(김수진, 김광수, 2016), 긍정적행동지원, 학급긍정훈육법, 회복적 생활교육에 대한 초등교사의 인식 비교(김수희 외, 2022) 등 회복적 생활교육의 효과성 및 인식에 대한 가설과 그것을 검증하는 양적연구가 이루어져 왔다.

2) 회복적 생활교육 모형

회복적 생활교육의 대표적 모형으로는 Brenda Morrison(2005)이 제안한 회복적 전학교 모형(whole-school model of restorative justice)과 Ted Wachtel(2013)이 제안한 사회적 규율 창(social discipline window) 모형이 있다(하경남 외, 2024에서 재인용). 회복적 전학교 모형은 [그림 10-3]과 같다. 이 모델은 학교 구성원 전체에 회복적 생활교육을 진행하기 위한 단계와 단계별 목표, 실천을 제시한다. 이 모형은 학생들을 크게 3단계로 나누어 접근하는데 갈등의 수위가 높은 소수의 학생들(A), 갈등을 겪지만 아주 사소한 수준의 갈등을 겪는 일부 학생들(B), 그리고 갈등을 경험하지 않는 그 밖의 모든 평범한 학생들(C)이다. 이 모형에서는 단계별로 다른 목표를 세우고 회복적 생활교육을 실천해 나간다.

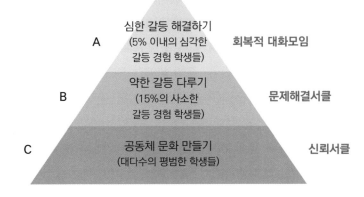

[그림 10-3] Morrison의 회복적 전학교 모형

가해학생과 피해학생은 A 집단에 속할 가능성이 높다. 이들의 학교폭력으로 인해 학급의 안전하고 평화로운 분위기는 상당 부분 훼손된다. 다시 말해 회복이 필요한 상태이다. 따라서 이 단계에서는 '회복적 대화모임'을 통해 가해학생과 피해학생을 중심으로 서로의 관계를 회복시키는 대화를 시작해야 한다. 물론 이들의 폭력으로 인해 영향을 받은 다른 사람들도 참여한다. 회복적 대화를 함으로써 서로가 같은 고통을 나누며 함께 공감하고 서로를 이해하는 과정을 통해 회복으로 나아갈 수 있다. 반면에 폭력으로 드러나지는 않았지만 향후에 충분히 폭력으로 악화될 수 있는 관계 갈등을 겪거나 폭력의 전조행동을 하는 학생들은 B집단에 속할 가능성이 높다. 이들이 보이는 행동은 학생들 사이에서 흔히 볼 수 있는 갈등으로 나타날 수도 있고, 자연스럽게 그러한 갈등이 해결되어 폭력 문제로 드러나지 않

을 수도 있다. 그러나 이 단계에서 선제적으로 '문제해결서클'을 실시하면 폭력으로 악화되는 것을 훨씬 효과적으로 억제할 수 있다. 관계 갈등을 심하게 겪지 않기 때문에 훨씬 대화를 이어가기 쉽고, 서로에게 공감도 잘하며 자신의 행동에 책임지는 방식을 설명해도 그 수용도가 높다. 문제가 발생하기 전에 이러한 문제해결서클을 실시하면 문제가 발생한 후 회복적 대화모임을 하는 것보다 효율적으로 접근할 수 있다. C 집단은 전체 학생의 80% 이상의 대다수를 차지한다. 관계 갈등을 겪지 않기 때문에 이 집단에 주목하지 않게 된다. 그러나 이들은 학급의 대다수를 구성하기 때문에 학급의 분위기와 문화를 형성하는 데 결정적인 역할을 한다. 이들에게는 평소 사회정서학습 등을 통해 공동체의 문화를 만들어 가는 교육을 실시하는 것이 중요하다. 신뢰서클을 활용하여 평소 학생 간 대화와 토론을 일상화하면서 상호존중, 경청 및 신뢰의 문화를 조성하는 것이 중요하다(하경남 외, 2024).

Wachtel(2013)이 제안한 사회적 규율 창 모형은 [그림 10-4]와 같이 지원과 격려(support & encouragement)를 가로축으로, 통제와 규율(control & discipline)을 세로축으로 하여 두 기준을 2×2로 교차시켜 4개의 분면을 생성하여 각 분면의 특징에 따라 개입 방식을 달리한다.

[그림 10-4] 사회적 규율 창 모형

먼저, 통제와 규율 및 지원과 격려가 모두 높은 '회복적인(restorative)' 상태는 회복적 생활교육이 지향하는 영역이다. 교사가 분명하게 기대와 목표를 제시하고, 이를 달성하는 데 필요한 통제와 규율을 강조한다. 동시에 그러한 목표를 이루는 과정에서 학생에게 지원과 격려를 아끼지 않는다. 그래서 폭력이 발생한 경우 책임과 협력 및 문제해결을 강조한다. 이 영역에서 학생들은 서로 존중하고 신뢰하는 문화를 익히게 되며 서로에 대한 공감을 경험한다. 교사와 학생이 힘을 서로 공유하는(with) 특징을 보인다.

통제와 규율은 높지만 지원과 격려가 낮은 '징벌적인(punitive)' 상태는 교사가 권위주의적 태도를 보일 가능성이 높다. 교사는 엄격하고 규칙과 규율을 강조하며 그 기대에 부응하지 못할 경우 처벌하는 것에 중점을 둔다. 상대적으로 지원과 격려가 적은 상태에서 높은 기대에 부응해야 하는 학생들은 자신의 속마음을 숨기며 수동적인 태도를 보일 가능성이 높다. 순응적인 학생들로 보일 수는 있으나 책임지려 하지 않고 갈등 문제를 해결하기보다 회피하거나 숨기려 하는 경향을 보인다.

반대로 통제와 규율이 낮지만 지원과 격려가 높은 '허용적인(permissive)' 상태는 교사가 학생들에게 지원과 격려를 아끼지 않지만 동시에 명확한 통제와 규율이 없고 교사와 학생 사이에 한계설정이 분명하지 않은 특징을 지닌다. 결과적으로 학생은 무책임하고 나태해질 수 있으며, 자기조절력과 문제해결력이 저하되어 혼란스러운 학급 분위기가 형성될 수 있다.

마지막으로 통제와 규율 및 지원과 격려 모두가 낮은 '방임적인(neglectful)' 상태는 교사가 학생들에게 무관심할 뿐만 아니라 학생들에 대한 통제와 규율도 존재하지 않는 무질서한 상태이다. 학교폭력을 제한하는 분명한 규율도 없고, 학생에 대한 지원과 격려도 없기 때문에 학생들은 교실이 무질서하다고 느낌과 동시에 지원받거나 관심받는다는 느낌도 받지 못한다.

3) 회복적 생활교육의 특징

회복적 생활교육은 전통적인 통제 중심의 생활지도와 차이점을 보인다. 한국평화교육훈련원(2015)은 회복적 생활교육의 특징을 다음과 같이 여섯 가지로 요약하였다. 첫 번째는 교육의 기회이다. 회복적 생활교육은 잘못된 행동을 처벌하는 것을 넘어 교육적인 기회를 만들어 낸다. 두 번째는 직면의 기회이다. 자신의 잘못된 행동의 결과를 회피하거나 부정하는 것이 아닌, 자기 잘못을 직면하고 그에 따른 영향과 책임을 받아들이는 기회로 만든다. 세 번째는 공동체로의 재통합이다. 잘못한 결과를 바로잡는 실천을 통하여 당사자가 공동체의 책임 있는 구성원으로 재통합할 기회를 제공한다. 네 번째는 책임에 대한 교육이다. 자신의 잘못된 행동으로 인한 영향을 파악하고 그 결과에 대한 책임을 교육한다. 다섯 번째는 낙인과 죄의식 극복이다. 잘못한 사람은 낙인과 죄의식을 극복하고, 피해자는 피해로부터 회복하는 과정을 통하여 내면의 치유와 함께 자존감을 강화한다. 마지막은 새로운 구조이다. 문제해결 과정을 통해 근본적인 갈등을 해결함으로써 갈등에서 전환된 새로운 구조를 만들어 낸다.

회복적 생활교육은 이 접근이 추구하는 핵심 가치를 통해 고유한 특징을 명확하게 파악할 수 있다. 박희진(2016)은 회복적 생활교육의 핵심 가치를 세 가지로 정리하였는데, 첫 번째로 회복적 생활교육은 상호 존중을 지향한다. 둥글게 앉아서 대화를 나누는 서클 활동을 통하여 존중의 가치를 실천할 수 있는데, 말을 독점하지 않고, 동등한 구조 속에서 서로 존중하며 대화하고, 나와 상대를 공감할 때 사고의 확장과 개인의 성장이 이루어진다. 두 번째로 회복적 생활교육은 학생이 자기 행동에 대한 책임감을 높이는 것에 중점을 둔다. 진정한 책임은 자신이 저지른 행동이 어떠한 영향을 미쳤는지 스스로 인식하는 것으로부터 시작된다. 상대방의 진술 혹은 스스로의 성찰로 자기 행동으로 인한 피해를 깨닫는 과정을 통해 책임감을 느끼도록 돕는다. 세 번째로 회복적 생활교육은 관계를 중요하게 여긴다. 회복적 생활교육은 공동체 구성원 모두가 문제해결 과정을 통해 경청과 성찰, 문제해결 방안 공유, 신뢰와 책임 등을 함양하여 성장할 수 있으며, 이러한 공동체 구성원들의 지지와 안전한 문화가 진정한 사과와 자발적 책임을 질 수 있는 토대가 되기 때문이다.

회복적 생활교육을 학교 장면에 적용하는 방식은 다양한데, 정진(2016)은 실행 단계별 지향하는 가치와 프로그램의 특징을 〈표 10-3〉과 같이 제시하였다.

〈표 10-3〉 회복적 생활교육 프로그램 실행 단계별 내용

단계	프로그램의 주요 내용
1 관계형성	• 문제가 발생하기 이전의 예방적 차원 • 학교 구성원 전체를 대상으로 상호 존중, 신뢰, 경청, 공감 등의 사회 · 정서적 능력 함양을 훈련하고 회복적 교실문화 형성 • 신뢰서클, 감성코칭, 비폭력대화훈련, 또래조정, 학급회의 등의 프로그램으로 구성원들의 호혜적인 관계를 형성하고 갈등을 원만하게 해결해 나갈 수 있는 능력 함양
2 관계개선	• 당사자 간의 문제해결을 주로 다룸 • 학교현장에서 사소한 갈등이 생겼을 때, 그와 관련된 당사자 및 구성원들이 대화로 문제를 해결하는 단계 • 문제해결 서클, 긴급개입 서클, 회복적 상담, 회복적 질문을 통한 성찰문 쓰기 등을 사용하며 관계 개선을 이루도록 함
3 회복접근	• 예방에서 회복으로의 접근 • 심각한 갈등으로 인해 많은 손상을 입은 구성원들이 관계회복을 위하여 적극적으로 개입하는 단계 • 회복적 대화모임, 회복적 서클, 조정 등의 프로그램을 통하여 관계회복을 이루도록 접근함

4) 회복적 생활교육의 효과

회복적 생활교육에 관한 여러 연구는 다양한 교육적 효과를 실증적으로 입증하고 있다. 김찬미(2013)는 회복적 대화 모임을 통해 인지적 공감과 의사소통적 공감이 증진됨을 확인하였다. 또한 친구들의 의견을 듣는 과정에서 정서적 공감이 일어났으며, 이런 공감을 통해 학급 구성원들의 공동체 의식이 증가했다고 보고하였다. 김엄지(2019)의 연구에서도 회복적 생활교육 프로그램을 통해 학생들의 공동체 의식과 학교폭력에 대한 태도가 유의미하게 향상된 것으로 나타났다. 또한 김은아(2017)는 학교폭력의 원인이 되는 갈등의 평화적 해결을 목표로 하는 활동 중심 갈등 해결 프로그램을 통해 학생들의 회복탄력성과 책임감이 유의미하게 향상됨을 밝혔다. 강인구와 김광수(2015) 역시 회복적 생활교육 프로그램을 학교에 적용한 결과 학급 구성원의 학습 응집력과 그 하위요인인 학급 분위기, 상호신뢰, 사기, 일체감, 의사소통에 유의미한 향상을 보인다고 하였다. 이월용(2018)도 회복적 생활교육 프로그램에 참여한 초등학생들은 교사에 대한 친근함과 신뢰가 높아져 교사에 대한 인식이 긍정적으로 변화함을 보고하였다.

허수진과 오인수(2018)는 회복적 생활교육의 긍정적 효과를 개념도로 분석한 결과를 바탕으로 〈표 10-4〉와 같은 효과성 및 도전 요소를 확인하였다.

〈표 10-4〉 회복적 생활교육의 효과성 및 도전 요소

군집	회복적 생활교육의 효과성	군집	회복적 생활교육의 도전 요소
1	학생의 의사소통 기술 향상	1	법과 제도 및 제반 요소의 미흡
2	긍정적 학급 분위기	2	인식 전환의 어려움
3	학교폭력 문제의 예방 및 개선	3	열악한 실천 여건
4	학생의 전인적(인지·정서·행동) 발달	4	적용 범위 설정의 어려움
5	교사·학생의 신뢰관계 형성	5	내면화의 어려움
6	학생 간 갈등 감소	6	동료와 관리자의 인식 및 지지 부족
7	교사 자신의 긍정적 변화	7	적용 초기의 효과 요인 한계
8	학부모의 긍정적 변화	8	체제적 지원의 부족
9	교사의 전문성 강화	9	교사 개인의 적용 및 준비의 어려움

　　아홉 가지의 효과성은 모두 학교폭력을 예방하는 데 긍정적으로 작용할 수 있다. 특히 군집 3(학교폭력 문제의 예방 및 개선)과 군집 6(학생 간 갈등 감소)은 학교폭력 문제의 개선에 직접적인 영향을 미치는 요소로 보인다. 군집 3의 경우, 학교폭력 문제가 발생하더라도 회복적 생활교육을 실천하면 더 원만한 해결이 가능하고 교우관계의 개선에 도움이 된다는 것이 확인되었다. 또한 피해자의 자존감 회복 및 가해자의 진정한 반성에도 회복적 접근이 효과적인 것으로 나타났다. 군집 6과 같이 실제 학생 간 갈등이 줄어들며 학생들의 균형 있는 힘의 분배가 가능해져 힘의 불균형에 기초하여 폭력이 지속되는 것을 막을 수 있을 것으로 보인다. 그 밖에도 긍정적인 학급 분위기가 형성되고(군집 2), 학생들의 의사소통 기술이 향상되어 친구 사이에 오해가 줄어들고 관계갈등이 줄어드는 효과가 있었다.

　　이처럼 효과적인 회복적 생활교육을 실천하기 위해서는 다양한 도전요소를 극복해야 한다. 첫째, 법과 제도 및 제반 요소의 미흡이다. 특히 학교폭력 사안처리 과정은 응보적 패러다임에 기반을 두고 학교폭력 위원회를 열어 가해자를 처벌하는 데 초점을 두고 있으므로 회복적 생활교육과 상충한다. 둘째, 인식 전환의 어려움이 있다. 현재 대다수의 학교 구성원은 응보적 패러다임에서 회복적 패러다임으로 인식 전환이 아직 이루어지지 않고 있어 협조가 미흡하다. 셋째, 열악한 실천 여건의 한계가 있다. 프로그램 운영을 위한 시간과 적절한 장소 확보가 어렵고, 교사들 간의 사례 공유를 할 수 있는 기회가 부족한 것이 저해 요소가 된다. 넷째, 적용 범위 설정의 어려움이 있다. 문제 사안이 복잡하거나 폭력성이 심각할 때, 학생 간 갈등이 오랫동안 쌓인 경우 등에는 교사가 회복적 생활교육으로 개입할 수 있는 범위 설정에 한계가 있을 수 있다. 다섯째, 내면화가 어렵다. 현재 소수의 교사만이 회복적 생활교육을 실천하고 있어 학급 및 학년별 연계와 연결성이 부족하고, 초등학생 발달 특성별 적용 방식을 다양화시키는 것에도 어려움이 있어 내면화에 한계가 있다. 여섯째, 동료와 관리자의 인식 및 지지가 부족하다. 동료교사 및 관리자의 회복적 생활교육에 대한 무지 혹은 무관심으로 인하여 운영의 사기가 저하되고, 운영의 어려움이 발생하는 것으로 보인다. 일곱째, 적용 초기에는 효과 요인의 한계가 있다. 회복적 생활교육은 상대적으로 정착되는 과정이 오래 걸릴 수 있다. 따라서 적용 초기에는 학급 분위기가 혼란스러울 수 있고, 문제행동으로 다른 학생들이 피해를 볼 수도 있으며, 교사의 인내심이 많이 요구될 수 있다. 여덟째, 체제적 지원이 부족하다. 학교 및 교육청 수준의 회복적 생활교육 지원이 아직 미흡하여 회복적 생활교육 체제를 구축하는 데 시간과 비용이 많이 소요될 것으로 예상된다. 아홉째, 교사 개인의 적응 및 준비의 어려움이 있다. 회복적 생활교육은 시간과 에너지가 많이 필요한 경향이 있어 교사의 업무가 가중된 상태에는 교사의 소진 문제가 발생할 수 있고, 응보적 관점에 익숙한 교사의 경우 인내심과 자기 조절력이 요구되어 교사의 정서적 어려움이 발생할 수 있다. 따라서 교사들이 회복적 생활교육을 운영하는 데 부담을 줄일 구체적 방안 모색과 체제 구축을 위한 교육계의 체계적인 논의가 필요함을 알 수 있다.

김혜경(2024)도 회복적 사법을 교육에 적용할 때 경험할 수 있는 제한점과 주의할 점을 제시했다. 먼저, 회복적 접근의 대화는 법적 효력이 없기에 불이행 관련 제재를 하기 힘들다는 점이다. 또한 회복이라는 이름 아래 가해자의 정서적 참회를 강제하고, 중재자의 성향에 따라 자의적으로 해결하는 문제가 발생할 수 있음을 지적한다. 마지막으로 사과라는 행위가 외부에서 강제할 성질의 것이 아님을 강조하였다.

🔍➕ **인사이트** ❱ **회복적 생활교육과 사회정서학습(SEL)**

회복적 생활교육은 평소 학급 구성원이 신뢰에 기반하여 공동체 문화를 형성하도록 돕기 때문에 학교폭력을 선제적으로 억제하는 예방의 효과를 지닌다. 최근 관심이 높아지고 있는 사회정서학습(social-emotional learning: SEL)은 학생의 자기인식과 자기관리 역량을 신장시키고 사회적 인식 및 관계기술을 함양시킴으로써 책임 있는 행동을 촉진한다. 자신의 감정을 인식하고 이를 조절하는 것은 폭력의 예방에 도움이 되며, 공감 등을 기초로 상대의 감정을 인식하고 친사회적 기술을 향상시키는 것 역시 관계 갈등을 줄이는 요소로 작용한다. 따라서 사회정서학습 차원에서 회복적 생활교육을 실천하는 것은 학교폭력을 예방하는 측면에서 효과적인 접근이 될 수 있을 것이다. CASEL(2020) 역시 SEL에 기반하여 I-message를 사용하거나, 공감적 경청을 하거나, 정서적 질문을 하는 방식의 훈련이 회복적 접근에 유용하게 활용될 수 있을 것이라고 제안하고 있다.

제11장

폭력의 진화: 전통적 폭력에서 사이버폭력으로[*]

프롤로그

세상의 변화와 함께 폭력 역시 변화한다. 석기 시대에는 돌도끼가 물리적 폭력의 수단으로 사용되었겠지만, 오늘날 정보화 시대의 디지털 원주민(digital natives) 학생들은 스마트폰으로 폭력을 행사한다. 빠르게 발전하는 정보통신기기는 삶의 편리함을 주었지만, 동시에 사이버폭력의 무기로 사용되어 다양한 역기능을 초래하고 있다. 이젠 기존의 오프라인에서 발생하는 폭력이 '전통적(traditional) 폭력'으로 불릴 만큼 폭력의 대세는 사이버폭력이 되어 가고 있다. 이 책을 개정할 시점이 온다면 아마도 제11장을 가장 많이 수정해야 할 것이다. 왜냐하면 신종 사이버폭력이 급속도로 파생되고 있고 폭력의 양상이 매우 빠르게 변화하기 때문이다. 단언컨대 시대의 변화 흐름을 감안할 때 사이버폭력의 비율은 앞으로 증가할 수밖에 없다. 그런 점에서 사이버폭력에 대한 심도 있는 이해와 효과적 대응의 중요성은 더욱 높아지게 되었다.

---

[*] 이 장은 오인수 등(2022)의 이슈 리포트를 수정·보완하여 작성함.

학교폭력:
심리적 이해와 상담적 개입

1 사이버폭력의 이해

1) 사이버폭력의 개념

인터넷과 스마트폰 사용이 일상화되면서 사이버 공간은 우리 생활의 일부가 되었다. 이에 오프라인의 행위가 사이버 공간으로 옮겨지며 그중 폭력과 관련된 행위 역시 온라인상에서 훨씬 빈번하고 다양하게 발생하고 있다. 사이버 공간에서 일어나는 폭력을 의미하는 사이버폭력은 다양하게 정의될 수 있는데, 이 절에서는 현행「학교폭력예방 및 대책에 관한 법률」(이하「학교폭력예방법」)에서 규정된 정의를 바탕으로 살펴보고자 한다.「학교폭력예방법」에서는 사이버폭력을 〈표 11–1〉과 같이 제시하고 있다. 사이버폭력은 학교폭력의 하위 유형으로 제시되며 인터넷, 휴대전화 등 정보통신기기를 이용하여 정보통신망을 기반으로 발생한 폭력을 일컫는다. 원래「학교폭력예방법」은 '사이버폭력'이 아닌 '사이버 따돌림'이라는 용어를 사용했었다. 그러나 '따돌림'은 폭력의 하위 유형 중 관계적 혹은 사회적 폭력을 칭하기 때문에 '사이버 따돌림'이란 용어가 자칫 사이버 공간에서 발생할 수 있는 물리적, 언어적 폭력을 포함하지 않는 것으로 잘못 해석될 우려가 있었다. 따라서 최근에는「학교폭력예방법」이 일부 개정되어 학교폭력에 사이버폭력이 포함되었고, '사이버 따돌림'이라는 명칭은 '사이버폭력'으로 변경되었다. 이에 따라 이 장에서는 개정된「학교폭력예방법」에 따라 '사이버폭력'이란 용어를 사용하였다. 국내에서는 사이버폭력이라는 용어와 함께 사이버 따돌림, 사이버 괴롭힘, 사이버불링 등의 용어가 혼용되고 있다. 외국에서는 사이버폭력을 일컫는 용어로 '사이버불링(cyberbullying)'이라는 용어가 가장 일반적으로 사용되고 있다. 불링(bullying)은 국내 문헌에서 주로 '괴롭힘'으로 번역되어 사용되는데 국내 문헌에서 사용되는 사이버폭력과 혼용되고 있는 실정이다. 사이버불링은 학자들에 따라 다르게 정의되는데 종합하면 온라인상에서 디지털 전자기기를 사용하여 타인에게 외현적, 의도적인 공격을 가하여 위협함으로써 고통을 주는 행동으로 정의된다(Hinduja & Patchin, 2012; Ybarra & Mitchell, 2004).

〈표 11-1〉 「학교폭력예방법」 중 사이버폭력 관련 조항

- **(제2조 제1호)** "학교폭력"이란 학교 내외에서 학생을 대상으로 발생한 상해, 폭행, 감금, 협박, 약취 · 유인, 명예훼손 · 모욕, 공갈, 강요 · 강제적인 심부름 및 성폭력, 따돌림, 사이버폭력 등에 의하여 신체 · 정신 또는 재산상의 피해를 수반하는 행위를 말한다.
- **(제2조 제1의3호)** "사이버폭력"이란 정보통신망(「정보통신망 이용촉진 및 정보보호 등에 관한 법률」 제2조 제1항 제1호의 정보통신망을 말한다)을 이용하여 학생을 대상으로 발생한 따돌림, 딥페이크 영상 등(인공지능 기술 등을 이용하여 학생의 얼굴 · 신체 또는 음성을 대상으로 성적 욕망 또는 불쾌감을 유발할 수 있는 형태로 편집 · 합성 · 가공한 촬영물 · 영상물 또는 음성물을 말한다)을 제작 · 반포하는 행위 및 그 밖에 신체 · 정신 또는 재산상의 피해를 수반하는 행위를 말한다.

이 장에서는 앞서 설명한 「학교폭력예방법」에 제시된 정의와 국외 학자들의 정의를 종합하여 사이버폭력을 '인터넷, 휴대전화 등 정보통신기기를 이용해 특정 학생을 지속적, 반복적으로 공격하여 상대방이 고통을 느끼도록 하는 일체의 행위'로 규정하여 설명하고자 한다.

2) 사이버폭력의 특징 및 유형

최근에는 오프라인 공간에서 발생하는 대면 폭력을 전통적(traditional) 폭력으로 칭하기도 한다. 스마트폰의 보급을 통해 디지털 기기의 사용이 일상화되면서 폭력 또한 사이버화되고 있는 추세이다. 전통적 폭력과 비교하여 사이버폭력은 다음과 같은 특징으로 인해 그 위험성이 더 높은 것으로 평가된다.

(1) 사이버폭력의 특징

① 비대면성
비대면성은 사이버폭력의 대표적인 특징으로 면대면 상황이 아닌 사이버 공간을 통해 간접적인 상황에서 발생하는 특성을 나타낸다. 이러한 특성으로 인해 가해학생이 피해학생의 반응이나 상태 등을 바로 확인할 수 없어 괴롭힘의 강도나 수위 등 가해정도가 심각해지고, 반복적인 폭력이 발생하는 경향을 보인다. 또한 피해학생에 대한 죄책감이 저하되어 남을 놀리거나 따돌리는 행동을 놀이나 문화로 가볍게 여기는 현상이 나타나고 있다(선미정, 전종설, 2021). 또한 사이버 공간에서는 대면으로 다른 사람과 소통하는 것보다 상대적으로 감정을 잘 읽을 수 없기 때문에 상대방의 감정을 상하게 할 수 있는 지나친 발언을 하거나 의사소통에서 오해가 생기기 쉽다.

② 익명성

익명성은 사이버 공간에서 자신의 정체를 숨길 수 있는 특성이다. 익명성이 보장되는 상황에서는 본능적, 충동적으로 행동하는 탈억제 현상이 보다 더 강하게 나타난다(오세연, 곽영길, 2013). 이러한 익명성이 가해학생으로 하여금 더욱 쉽고 충동적으로 폭력을 행사하도록 만들어 사이버폭력의 가능성을 증가시키며 가해자를 더 공격적으로 만들 수 있다. 방송통신위원회(2021)의 2020년 사이버폭력 실태조사에 따르면 아동과 청소년의 사이버폭력 가해 대상 1위가 같은 학교에 다니고 있는 친구나 선후배가 아닌, 누구인지 모르는 사람인 것으로 나타났다. 이렇듯 가해자를 전혀 알 수 없다는 사실은 피해학생으로 하여금 공포감과 피해의식을 더욱 높인다.

③ 탈억제화

탈억제화는 익명성과 높은 연관성을 가지고 있다. 오프라인에서 다른 사람을 괴롭히거나 폭력을 행사하는 경우에는 주변인들에게 자신의 행동이 어떻게 평가될지를 의식하고 염려하기 때문에 가해행동이 억제될 수 있다. 하지만 사이버 공간에서의 폭력은 익명성을 이용해 자신의 폭력이 다른 사람들에게 목격되지 않기 때문에 억제효과가 낮다(오인수, 2011). 또한 오프라인에서 발생하는 폭력은 어른이나 교사와 같은 주변인들이 감시 기능을 발휘할 수 있으나, 사이버 공간에서의 폭력은 규제도 명확하지 않고 감시 역할이 취약하다(선미정, 전종설, 2021). 이와 같이 사이버 공간에서는 오프라인과 달리 주위 사람들의 통제와 영향으로부터 자유로워 가해학생의 심각한 폭력 행위가 쉽게 유발되는 경향이 있다.

④ 시공간 초월성

시공간 초월성은 시간과 공간의 경계가 없는 사이버 공간의 특성으로 인해 사이버폭력이 언제 어디서든 쉽게 발생할 수 있는 특징을 말한다. 이에 따라 학생들은 시간과 장소에 상관없이 매 순간 사이버폭력에 노출된다. 사이버폭력의 경우 시공간의 제약을 넘어 발생하기 때문에 피해학생이 어디에서도 안전함을 느끼지 못하며, 폭력이 걷잡을 수 없이 확산되면서 더 큰 폭력을 낳기도 한다. 또한 사이버폭력은 시공간의 제약 없이 발생할 수 있으므로 피해학생이 다른 나라로 이민이나 유학을 가더라도 그 범위로부터 완전히 벗어나기는 어렵다. 이처럼 사이버폭력은 시공간 초월성으로 인해 '멈추지 않는 불링(non-stop bullying)' 또는 '언제나 계속되는 불링'으로 불리며 전통적인 학교폭력에 비해 더 높은 지속성을 갖는 특징을 보인다.

⑤ 빠른 확산성과 파급력

사이버폭력은 온라인 매체를 통한 피해의 확산이 매우 빠르고 파급력이 크다는 특징을 가지고 있다. 오프라인에서 전해지는 소문의 속도(신속성) 및 범위(확산성)와 비교하였을 때 매우 짧은 시간 안에 불특정 다수에게 영향을 미친다(김봉섭 외, 2018). 이는 사이버 공간에서 활용되는 인터넷, SNS 등을 통해 손쉽게 글이나 사진 등의 자료를 게시 및 전달할 수 있기 때문이다. 따라서 사이버 공간에서는 빠른 확산성과 파급력을 바탕으로 사실성과 진실성에 대한 검증이나 제재도 없이 피해자에 대한 허위 사실과 괴롭힘 동영상 등이 빠르게 전파될 수 있다. 또한 사이버 공간에 한 번 업로드한 글이나 전송한 메시지는 다른 사람들의 무분별한 퍼 나르기로 순식간에 확산되기 때문에 그 정도와 속도는 아무도 예측할 수 없다.

⑥ 전통적 폭력과의 중복

안성진 등(2015)은 사이버폭력의 가해와 피해의 상관은 전통적 폭력에 비해 매우 높다는 점을 지적한다. 다시 말해, 전통적 폭력과 비교하여 사이버폭력은 가해와 피해를 동시에 경험하는 가해·피해학생의 비율이 높다는 것이다. 가해와 피해를 동시에 경험하는 가해·피해학생은 피해를 당한 후 보복하는 공격적 피해학생일 가능성이 높다. 전통적 폭력이 힘의 불균형에 의해 발생하고 피해학생은 힘이 약하기 때문에 보복하는 대응을 하기 쉽지 않다. 그러나 사이버폭력의 경우에는 힘의 불균형 현상이 약하기 때문에 피해를 당한 학생이 익명성을 이용하여 가해학생에게 보복할 가능성이 높다. [그림 11-1]은 이러한 경향성을 도식화한 것이다.

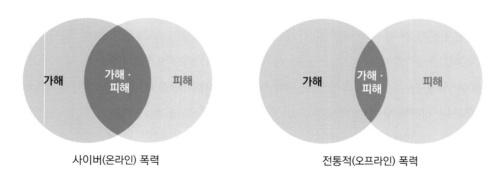

사이버(온라인) 폭력   전통적(오프라인) 폭력

[그림 11-1] 사이버폭력과 전통적 폭력의 가해와 피해의 중첩 비율 비교

> **⊕ 인사이트** **사이버 공간 속 익명성의 위험성**
>
> 사이버폭력 가해자의 1위가 익명의 사람이라는 사실은 매우 섬뜩하다(방송통신위원회, 2021). 피해를 당하고 있지만 가해자를 특정할 수 없다면 피해자의 불안과 공포 및 분노가 가중될 수밖에 없다. 사실 자신을 숨긴 익명의 가해자는 이미 피해자를 아는 사람일 가능성이 높다. 가해자는 피해자에게 고통을 주어 얻는 이익이 있어 폭력을 행사하는 것이기 때문에 '묻지마 폭력'이 아닌 이전에 형성된 관계가 있을 가능성이 높다. 물론 그 관계는 오프라인에서 형성된 관계일 수도 있고(예: 학급 친구), 온라인에서 형성된 관계일 수도 있다(예: SNS 팔로워). 디지털 원주민인 오늘날 청소년의 관계형성 패턴을 보면 후자의 경우가 늘어날 것이다. 온라인에서 관계를 맺은 사람은 오프라인에서 사귀는 사람에 비해 수는 많을 수 있지만 관계의 질은 더 낮을 수 있어 사이버폭력의 위험성은 앞으로 더 높아질 수 있다. 더욱이 익명성이 수반될 때 충동성과 공격성 조절이 약해지는 탈억제화 현상을 감안하면 그 위험성은 가중될 수밖에 없다.

(2) 사이버폭력의 유형

사이버폭력의 유형은 매우 다양하게 분류되며, 새로운 유형이 빠르게 등장하고 사라지는 특징을 보인다. 이 절에서는 오인수 등(2022)이 제시한 다음 일곱 가지 유형별 특징을 중심으로 살펴보고자 한다. 그러나 일곱 가지 유형이 항상 독립적으로 발생하지는 않으며 많은 경우 서로 중첩되어 발생하는 것이 일반적이다.

① 사이버 명예훼손

사이버 명예훼손은 사실 여부와 상관없이 타인의 명예를 훼손시킬 수 있는 구체적인 내용의 게시물을 사이버 공간에서 불특정 다수 또는 특정인에게 노출하는 행위를 말한다. 사이버 공간에서 발생하는 명예훼손은 오프라인의 명예훼손에 비해 전파 속도가 월등히 빨라 피해학생의 인권 침해 정도가 오프라인에 비해 심각할 수 있다. 인터넷에 접속하는 즉시 불특정 다수에게 정보가 유포될 수 있기에 피해가 광범위하며 심각성이 크다. 또한 사이버 공간은 익명성을 바탕으로 상대방을 공격하는 것이 가능하기에 자기의 얼굴과 신상을 노출하지 않은 채로 얼마든지 특정인에 대한 명예훼손이 가능하며, 익명 가해자의 경우 가해자를 찾아 책임을 묻는 것이 어렵다.

② 사이버 모욕

사이버 모욕은 피해자에게 모욕적인 표현을 통해 타인을 무시하거나 욕되게 하는 게시물을 사이버 공간에 올리는 것을 말한다. 사이버 공간에서는 가볍게 재미나 장난으로 생각한 표현이 상대에게는 모욕감을 주는 등 심각한 피해를 입힐 수 있다. 사이버 모욕은 단톡방 '떼카(카톡방에 초대 후 단체로 욕설을 하는 방식)'와 같은 새로운 사이버폭력의 유형으로 나타나기도 한다. 단체 대화방에서 모욕적인 글이 올라온 경우 이에 피해학생이 공격적이고 감정적으로 답을 하면서 가해학생이 되는 경우도 많다. 이로 인해 사이버 모욕이 발생한 경우 가해학생과 피해학생을 분별하기 어렵다. ASK 등 애플리케이션을 통해 일어나는 모욕의 경우 익명성을 바탕으로 하기에 동조가 쉬워 다양한 학교급의 학생들이 폭력에 가담하여 폭력이 집단화되는 경향이 있다.

③ 사이버 성폭력

사이버 성폭력은 사이버 공간에 특정인에 대한 게시물을 제작 또는 유포하여 해당 특정인에게 성적 불쾌감을 주는 행위를 말한다. 구체적으로는 성적인 표현, 성적 비하 발언, 성차별적 메시지, 음란한 동영상 및 사진 등을 사이버 공간에 게시하거나 유포하는 행위가 이에 해당한다. 최근에는 딥페이크, 웹하드·다크웹 등의 새로운 정보통신 기술을 활용하여 성적인 사진 및 영상의 불법적인 제작·유포가 더욱더 악의적이고 다양한 방법으로 진화하고 있다. 청소년들 사이에서는 사이버 성폭력이 마치 장난처럼 생각되는 경우가 많아 일상에서 사이버 성폭력에 자연스럽게 노출되는 경우가 많고 피해를 호소하더라도 2차 가해가 발생하거나 무시되는 경향이 있다. 특히 악의적인 사진합성과 비동의 영상 등이 사이버 공간에 유포되면 순식간에 무수한 사람들에게 공유가 가능해져 부정적 파급효과가 매우 심각하다.

④ 사이버 스토킹

사이버 스토킹은 상대가 원치 않음에도 반복적으로 이메일, 문자 등을 보내거나 특정인의 SNS에 방문 및 게시물을 남기는 행위를 말한다. 사이버 스토킹은 서로 모르는 사이임에도 불구하고 발생할 수 있으나 오프라인에서도 아는 사이로부터 피해를 당하는 경우가 많다. 특히 피해자는 대부분 여학생이며 이전의 이성 친구 또는 현재의 이성 친구가 가해행동을 하는 경우가 많다. 사이버 스토킹에는 단순 위협, 피해학생에 대한 개인정보 수집 및 사생활 침해, 음란물 전송, 바이러스나 유해 프로그램을 통해 상대의 컴퓨터시스템이나 장비에 대한 공격, 피해자로 위장, 괴롭힘 행위 권장 등 다양한 유형이 있다. 사이버 스토킹 피해를 보는 경우 그 영향이 피해학생의 가족을 포함한 주변까지 미칠 가능성이 크다. 특히 피해학생과 그 가족의 신변까지 위협하는 스토킹은 반복적이고 지속적으로 발생하기 때문에 피해학생의 공포심과 불안감이 매우 높다.

⑤ 사이버 따돌림

사이버 따돌림은 사이버 공간에서 특정인을 의도적으로 참여시켜 주지 않거나, 단체 대화방 혹은 카페 등에 초대하였으나 그 공간에 없는 사람처럼 여기는 등의 따돌리는 행위를 말한다. 또한 사이버 공간에서 지속적으로 특정인에게 정신적 고통을 주는 행위를 이어 가는 것을 말한다. 익명성과 기기의 사용이라는 사이버 공간의 특성으로 인해 사이버 따돌림은 오프라인의 따돌림에 비해 더욱더 반복적이며 악의적으로 발생할 가능성이 크다. 사이버 공간에서 발생하는 따돌림은 오프라인의 따돌림에 비해 목격자가 더욱 많을 수 있으나 목격자가 다수라 할지라도 이들이 방관하게 되면 폭력은 지속되는 경향을 보인다. 따돌림은 다른 유형과 비교하여 집단의 형태로 발생하기 때문에 집단의 역동이 폭력의 지속성에 영향을 미치며, 사이버 공간은 익명성의 특징 때문에 따돌림을 목격했을 때 가해자를 동조할 경향이 높아 폭력이 지속될 가능성이 크다.

⑥ 사이버 갈취

사이버 갈취는 사이버 공간에서 금전적 가치가 있는 사이버 머니, 스마트폰 데이터, 게임 아이템 등을 강제로 빼앗는 행위를 의미한다. 직접 대면하지 않고도 금품갈취가 가능하기에 오프라인 갈취에 비해 가해학생들의 죄책감이나 가해행동에 대한 범죄 의식이 낮다. 최근 새로운 사이버폭력의 유형으로 주목되고 있는 와이파이 셔틀, 게임 아이템 셔틀, 기프티콘 셔틀 등 각종 셔틀이 모두 사이버 갈취의 특성을 보인 폭력에 해당한다. 실제 사물 외에도 사이버 공간에서 경제적 가치가 있는 게임 머니, 게임 아이템 등에 대한 갈취가 많이 발생한다. 피해학생이 거부 의사를 표현하더라도 이를 무시하고 반복적으로 갈취가 발생한다. 과도한 용돈 요구 및 사용, 데이터 이용료 급증이 사이버 갈취의 가장 흔한 징후이다.

⑦ 사이버 강요

사이버 강요는 사이버 공간에서 상대방이 원치 않는 말 또는 행동을 하도록 강요하거나 강제 심부름을 시키는 행위를 말한다. 자해를 강요하여 이를 사이버 공간에서 사진이나 동영상 등으로 인증하도록 하는 등 위험한 강요의 양상이 증가하고 있어 그 심각성이 더욱 커지고 있다. 오프라인 공간인 학교에서 발생한 강요가 사이버 공간으로 확대되는 경향이 있다. 따라서 사이버 강요는 신체 폭행과 같은 오프라인에서의 전통적 학교폭력과 함께 발생하는 경향이 있다. 피해학생이 거부 의사를 표현하더라도 이를 무시하고 반복적으로 강요하는 경우가 발생할 수 있다.

3) 사이버폭력의 실태와 영향

(1) 사이버폭력의 실태

사이버폭력의 실태는 대표적으로 공공기관인 교육부와 사단법인인 푸른나무재단의 실태조사를 토대로 설명하고자 한다. 교육부는 매년 학교폭력 실태조사를 하고 있으며 현재 1차는 전수조사, 2차는 표본조사로 진행한다. 전국 17개 시 · 도의 초등학교 4학년부터 고등학교 3학년까지 재학생을 대상으로 온라인 조사방식을 통해 전수 조사한 결과이다. 사이버폭력의 경우 전체 비율에서 매년 비슷한 비율을 차지하고 있는 것을 확인할 수 있다. 사이버폭력의 비율은 9~10% 정도로 확인되며 코로나가 확산된 2020년에는 12.3%로 급증한 것을 알 수 있다. 반면, 푸른나무재단의 경우 2013년부터 2020년에 이르기까지 증가와 감소를 반복하며 가장 낮을 때는 5%대의 피해율과 가장 높을 때는 31%대의 피해율이 보고된 것을 볼 수 있다.

[그림 11-2] 사이버폭력 피해경험 비율 비교(교육부 vs 푸른나무재단)

(2) 사이버폭력의 영향

사이버폭력이 미치는 영향은 기본적으로 전통적 폭력이 미치는 영향과 유사하다(Beckman et al., 2013). 일부 연구자들은 사이버폭력의 폐해가 전통적 폭력보다 더 심하다고 지적한다(조윤오, 2013; Englander, 2013). 그 이유로 사이버폭력이 지니는 독특한 특징이 부정적 영향을 가중시킨다고 본다. 안성진 등(2015)은 사이버폭력의 더 큰 영향력을 다음과 같이 네 가지로 제시하였다. 첫째, 사이버폭력의 경우 상대방의 반응을 직접 실시간으로 확인할 수 없기 때문에 사이버폭력의 가해자는 더욱 심하게 반복적으로 상대를 괴롭힐 가능성이 높다. 둘째, 사이버폭력은 전통적 폭력에 비해 전파속도가 매우 빠르고 광범위하게 이루어지기 때문에 심리적 충격이 더 클 수 있다. 셋째, 일반적으로 폭력의 심리적 폐해는 괴롭힘 행동이 일회성에 그치지 않고 반복적으로 일어나기 때문에 발생하는데, 사이버폭력의 경우 가해학생이 일회적으로 문자를 보낸다 해도 문자를 확인할 때마다 심리적 충격을 받을 수 있어 더 큰 부정적 영향을 일으킬 수 있다. 마지막으로 가해자의 익명성 때문에 오히려 분노와 불안의 복잡한 감정을 경험하게 된다. 선행연구에서 확인된 사이버폭력이 미치는 영향을 심리적, 행동적, 관계적, 신체적 영역별로 정리하여 다음과 같이 제시하고자 한다.

① 심리적 영역에 미치는 영향

사이버폭력의 피해학생은 높은 스트레스로 인해 감정변화 및 우울과 불안을 경험하며 자존감의 저하를 느끼고 심한 경우 자살사고를 하는 경우도 있다(박성원, 윤현정, 2023). 전통적인 오프라인 폭력과 비교하였을 때 사이버폭력의 경우, 익명성을 바탕으로 폭력이 발생할 수 있어 전통적 폭력보다 피해학생에게 더 많은 스트레스가 유발될 수 있다(Nixon, 2014). 손한결과 김은혜(2021)의 연구에서도 사이버폭력의 피해경험으로 인한 스트레스와 우울이 자퇴 충동에 미치는 영향을 연구했는데, 남녀 청소년 모두에 대해 사이버폭력의 피해경험은 스트레스를 유의미하게 증가시킨다는 것으로 나타났다. 최근 여러 연구를 통해 사이버폭력과 자살이 매우 밀접한 관계에 있는 것으로 보고되고 있다(권소희, 김희화, 2022). 장덕희 등(2020)은 사이버폭력의 피해경험은 자살사고에 유의미한 영향을 미치며, 특히 우울을 매개로 자살사고를 증가시킨다는 사실을 확인하였다. 홍성희(2022) 역시 피해경험과 자살사고 사이에서 자아존중감이 매개한다는 것을 확인했다. 이는 사이버폭력 피해학생이 우울감을 보이거나, 자존감의 저하를 경험할 경우 이에 대한 조기개입이 이루어지지 않는다면 자살사고로 이어질 위험이 있음을 시사한다. 또한 여러 연구는 자존감이 낮은 청소년들이 현실 세계에서 하지 못하는 것을 사이버 공간에서 실현하면서 사이버 비행을 저지를 수 있다는 사실을 예견해 왔다(김은경, 2012). Ortega 등(2012)은 사이버폭력 피해자들이 다양한 감정 변화를 겪는 것에 주목하였다. 특히 여러 감정 중에서 당황(embarrassed), 분노(anger), 속상함(upset), 긴장(stressed), 걱정(worried), 두려움(afraid), 외로움(alone), 무력감(defenseless) 등의 감정에 주목하였다. 이러한 감정변화 중에서 가장 눈에 띄는 변화는 분노였다.

② 행동적 영역에 미치는 영향

사이버폭력이 행동적 영역에 미치는 영향 중에서 가장 두드러지게 확인된 것은 폭력행동이다(남연주 외, 2022; 조성진, 박상진, 2022). 사이버폭력의 피해경험은 사이버폭력 가해행동에 대한 직접적인 요인 중 하나인 것으로 나타났다. 전대성과 김동욱(2015)의 연구에 따르면 대학생 또한 사이버폭력의 피해경험이 있는 경우 그에 대한 분노나 좌절과 같은 부정적인 감정을 전환하기 위해 죄책감 없이 사이버폭력 가해행동에 가담하는 것으로 나타났다. 또한 조윤오(2013)의 연구에서는 사이버폭력을 경험한 집단이 경험하지 않은 집단보다 더 우울감을 느끼고, 우울감을 매개로 비행행동이 증가하는 것으로 나타났다. 남연주 등(2022)의 연구에서는 학교폭력 피해경험이 공격성을 증가시키고, 증가된 공격성이 사이버폭력의 가해행동을 증가시키는 것으로 확인되었다. Goebert 등(2011)의 연구는 사이버폭력의 피해학생은 청소년의 약물남용 문제와도 깊은 관련이 있다고 밝혔다. 이들의 연구에서는 사이버폭력의 피해자들은 마약과 폭음을 할 가능성이 그렇지 않은 학생들보다 2.5배 높은 것을 확인하였다. 또한 Schneider 등(2012)은 사이버폭력과 전통적 폭력을 동시에 경험한 고등학생의 경우 경험하지 않은 학생에 비해 자살시도 경험이 5.3배 높은 것을 확인하였다.

③ 관계적 영역에 미치는 영향

사이버폭력을 경험한 피해학생들은 또래 학생들과 원만한 관계를 맺는 것에 어려움을 느낀다. Campbell 등(2012)의 연구에서는 사이버폭력의 피해자들이 전통적인 폭력의 피해자들보다 사회적 관계에서 어려움을 느낄 가능성이 훨씬 더 크다고 밝혔다. Devine과 Lloyd(2012)의 연구에서는 사이버 공간에서 괴롭힘을 당한 학생은 그렇지 않은 학생보다 교우관계뿐만 아니라 부모와의 관계도 좋지 않음을 밝혔다. Williams 등(2000)은 사이버폭력이 미치는 영향에 대한 연구를 통해 온라인에서 그룹을 형성하였을 때 그 안에 소속된 학생들에 비해 소속되지 못한 학생들은 낮은 소속감을 느낀다는 사실을 통해 사이버 따돌림이 청소년들의 소속감을 감소시킨다는 것을 밝혔다.

④ 신체적 영역에 미치는 영향

Sourander 등(2010)은 사이버폭력과 정신의학, 신체적 질환 사이의 관계를 확인하였는데 사이버폭력 피해학생들과 가해 및 피해를 모두 경험한 학생들은 사이버폭력을 경험하지 않은 학생들에 비해 수면장애, 두통, 식욕 부진, 피부 질환 등과 같은 건강상의 문제를 경험할 가능성이 더 높은 것으로 나타났다. 미국 청소년들의 사이버폭력 가해행동에 관한 연구 (Kowalski & Limber, 2013)에서도 선행연구와 마찬가지로 사이버폭력을 경험한 학생들이 그렇지 않은 학생들보다 수면 장애, 두통, 식욕 부진, 피부 질환 등과 같은 건강 문제를 더 많이 겪는다는 사실을 밝혔다. 국내에서도 주은선 등(2019)이 중·고등학생을 대상으로 사이버폭력 피해경험이 신체화 증상에 미치는 영향을 연구한 결과 사이버폭력의 피해경험이 신체화 증상과 유의미한 정적 상관을 보이며 신체화 증상에 대한 주요 설명 변인으로 확인되었다.

2 사이버폭력의 예방 역량 강화

폭력과 관련하여 예방은 매우 중요하다. 사이버폭력은 가시적인 대면 폭력에 비해 발견하기 힘든 특징을 갖고 있다. 따라서 사이버폭력 예방 역량을 강화시켜 폭력을 억제하는 것은 매우 중요하다. 이 절에서는 사이버폭력의 징후를 발견하여 선제적으로 개입하는 방식과 대표적 예방 프로그램인 사이버어울림 프로그램을 소개하고자 한다.

1) 사이버폭력 징후 발견과 예방

사이버폭력의 징후를 발견하는 것은 빠른 개입과 조치를 가능하게 하며 더 심각한 상황으로 이어지는 것을 미리 방지할 수 있도록 한다. 사이버 공간과 학교, 또래 사이에서 학생의 행동 변화에 대해서도 주의 깊게 관찰해야 한다. 사이버폭력의 피해를 당할 수 있다는 것을 암시하는 몇 가지 징후는 다음과 같다.

- 문자나 SNS를 자주 확인하며 긴장하거나 불안해하는 모습을 보인다.
- SNS에 게시하는 사진이나 글이 갑작스럽게 어둡거나 우울하다.
- SNS 계정을 갑작스럽게 삭제하거나 계정을 가지고 있지 않다.
- SNS 등에서 집단으로부터 반복적으로 심리적 공격을 당한다.

- 용돈을 많이 요구하거나 스마트폰 사용요금이 지나치게 많이 나온다.
- 온라인 계정 혹은 활동에 관해 이야기를 나누거나 정보를 공유하는 것을 피한다.
- 스마트폰 사용 패턴의 급격한 변화를 보이며 사람들로부터 스스로를 소외시킨다.
- 식욕을 잃거나 체중이 감소하며 두통, 복통 등의 건강상의 문제를 자주 보인다.

　사이버폭력 징후를 발견하는 것뿐만 아니라 이에 대한 지도 방법을 알고 신속하고 적절한 개입을 하는 것 또한 중요하다. 사이버폭력은 무엇보다 사전 예방이 가장 중요하다. 따라서 사이버폭력 지도 방법을 숙지하여 평상시에 학급 내에서 학생들과 함께 실천하는 것이 필요하다. 사이버폭력 징후와 관련한 지도 및 예방 방법을 정리하면 다음과 같다.

- 자신의 개인정보와 계정을 보호하도록 지도한다.
- 규칙적으로 사이버폭력의 위험성, 심각성 및 예방법에 관해 토론할 기회를 마련한다.
- 학생의 온라인 활동에 대해 주기적으로 평가하고 상담한다.
- 사이버폭력과 관련하여 정기적인 부모교육을 실시한다.
- 스마트폰과 컴퓨터 등 정보통신기기의 올바른 사용법을 교육한다.
- 현실 세계와 마찬가지로 사이버 공간에서도 책임감 있게 행동하고 타인을 존중해야 함을 지도한다.
- 사이버폭력 피해를 당한 경우 피해학생이 가해학생을 직접 만나거나 보복하는 등 직접 해결하기보다는 주위 어른과 우선 상의할 것을 강조한다.
- 주기적으로 사이버폭력 신고 방법을 교육하고 도움을 받을 수 있는 기관을 안내한다.
- 사이버폭력 피해가 의심될 경우 해당 학부모에게 즉시 알리고 협력하여 지도한다.
- 사이버폭력으로부터 안전한 학급 분위기를 형성한다.

⊕ 인사이트 ▶ 디지털 원주민 학생 vs 디지털 이민자 교사

교사들이 학생의 사이버폭력을 지도하기 어려운 이유 중 하나는 교사와 학생 사이의 디지털 격차 때문이다. 학생은 디지털 네이티브로서 PC, 스마트폰, 인터넷, MP3와 같은 디지털 환경에서 태어나 생활 속에서 다양하게 노출되어 디지털 기기를 자유자재로 구사한다. 반면, 교사들은 후천적으로 디지털 기술에 적응해 간 30대 이상의 기성세대, 즉 디지털 이민자가 대부분이다. 이러한 디지털 이민자들은 디지털 언어를 구사함에 있어서도 마치 외국어를 구사할 때 모국어의 억양이 남아 있는 것처럼 디지털 시대 이전의 흔적이 남아 있는 특성을 보인다. 디지털 네이티브는 디지털 환경 속에서 성장했기 때문에 많은 양의 디지털 정보 속에서도 다양한 일을 동시에 처리하고 스마트폰을 통해 언제나 자신이 원하는 때에 상대방과 의사소통을 주고받으며 즉각적인 피드백에 익숙하다. 디지털 이주민에게 디지털 네이티브의 라이프 스타일은 이해하기 힘든 면도 있다. 단순한 디지털 기술 격차를 뛰어넘어 세대 간 문화 격차를 좁히는 것이 필요하다. 그래야 디지털 네이티브의 행동 양식을 이해하며 서로 간 신뢰를 바탕으로 교육의 효과가 높아질 것이다.

2) 사이버어울림 프로그램의 활용

사이버어울림 프로그램은 기존에 학교폭력 예방 프로그램으로 개발된 어울림 프로그램을 사이버폭력으로 확장하여 개발된 프로그램이다. 이 프로그램은 초등학교 저학년과 고학년, 그리고 중등학생을 대상으로 사이버폭력을 예방하기 위해 개발되었다. 〈표 11-2〉와 같이 크게 세 가지 프로그램으로 구성된다. 기본(역량) 프로그램과 심화(유형) 프로그램이 개발된 이후 교과연계 프로그램이 개발되어 활용되고 있다. 각 프로그램을 요약하면 다음과 같다.

〈표 11-2〉 사이버어울림 프로그램 유형과 구성

유형	구성	차시/대상
사이버어울림 기본(역량) 프로그램	여덟 가지 역량: 공감, 의사소통, 자기존중감, 자기조절, 감정조절, 인터넷 윤리의식 및 활용, 사이버상의 갈등 관리와 문제해결, 사이버폭력 인식 및 대처	3권 23종(71차시) 초등 저학년/고학년용, 중등용
사이버어울림 심층(유형) 프로그램	여섯 가지 유형: 사이버 언어폭력, 사이버 명예훼손, 사이버 따돌림, 사이버 갈취, 사이버 스토킹, 사이버 영상유포	2권 12종(32차시) 초등용, 중등용
교과연계 사이버어울림 프로그램	교과별·학교급별로 제작한 중등학교 사이버어울림 기본(역량) 프로그램 중학교: 국어/도덕/사회/영어/기술·가정/체육 고등학교: 국어/윤리/통합사회/영어/기술·가정/체육	12권 95종(260차시) 중학교용, 고등학교용

(1) 사이버어울림 기본(역량) 프로그램

사이버어울림 기본(역량) 프로그램은 〈표 11-3〉과 같이 사이버 공간, 정보통신기술의 양면성, 사이버폭력의 특성을 고려하여 청소년 사이버폭력을 예방하기 위한 여덟 가지 역량을 도출하여 프로그램을 구성하였다. 어울림에서 제시한 공감, 의사소통, 자기존중감, 갈등관리, 감정관리 역량과 사이버폭력에 초점을 두고 사이버 갈등관리와 문제해결, 인터넷 윤리의식과 활용, 사이버폭력 인식과 대처의 구성 요소로 이루어져 있다. 각 차시는 단위 모듈과 같은 형태로 구성되어 있어서 차시를 연계하거나 독립적으로 활용할 수 있다. 다음과 같이 초등 저학년, 고학년 및 중등학교의 세 가지 종류로 개발되어 활용되고 있다.

〈표 11-3〉 사이버어울림 기본(역량)의 프로그램 개요

역량	내용
공감	타인의 경험을 자신의 것처럼 이해하며 느끼고 표현하는 것을 포괄하는 복합적인 과정으로 인지적 요인(관점 및 역할 채택, 상상하기)과 정서적 요인(공감적 관심, 공감적 각성)이 동시에 작용하는 내적 과정
의사소통	언어적, 비언어적 수단을 사용하여 자신들의 생각, 관점, 느낌, 메시지를 전달하며 서로를 이해하고 영향을 미치는 과정으로 면대면 공간뿐만 아니라 사이버 공간에서도 인간관계를 지속, 발전시키는 필수적인 소통 수단
자기존중감	자신의 장점이나 좋은 점에 대하여 자부심이나 효능감을 느껴 자신을 인정하고 소중하게 대우함으로써 긍정적 자아를 형성하는 것
인터넷 윤리의식 및 활용	사이버 공간에서 네티즌으로서 인터넷을 올바르게 사용하기 위해 요청되는 바람직한 가치관 및 윤리관
자기조절	자신이 처한 상황에서 스스로가 주인의식을 가지고 옳음과 그름, 좋고 나쁨의 판단 기준에 따라 자신에게 충동적이고 일시적인 욕구를 정도에 넘지 아니하도록 알맞게 조절하여 행동하는 것
감정조절	주어진 상황에서 필요한 감정을 정확하게 인식하여 표현하며, 알맞게 조절하여 표출하는 것
사이버 갈등관리 및 문제해결	사이버 공간에서 갈등이 발생하는 원인과 유형을 인식하고, 사이버상의 갈등 상황에서 중재 기술과 행동 요령을 알고 실천할 수 있는 능력
사이버폭력 인식 및 대처	다양한 사이버폭력의 유형에는 무엇이 있고, 어떤 특성을 가지며, 그 각 유형은 왜 발생하는지를 정확히 이해하고, 사이버폭력의 심각성을 이해하여 사이버폭력이 발생하였을 때 올바르게 대처하는 것

정태성(2021)은 사이버어울림 프로그램을 재구성하여 초등학교 6학년 학생을 대상으로 한 학기 동안 프로그램을 실시한 결과 인터넷 윤리의식이 향상됨과 동시에 사이버폭력 인식 및 대처 역량에도 긍정적 효과가 있음을 확인하였다. 또한 인터뷰를 통해 대다수의 학생이 사이버폭력 대처 방법을 익히는 것에서 나아가 적극적으로 사이버폭력을 예방하려고 노력하는 모습을 나타냈다고 보고했다.

(2) 사이버어울림 심층(유형) 프로그램

사이버어울림 심층(유형) 프로그램은 초 · 중등 학생들이 관여되기 쉬운 일상적인 사이버폭력과 자주 발생하거나 집중 교육 활동이 필요한 사이버폭력의 신종 유형을 고려하여 개발되었다. 각 차시는 단위 모듈과 같이 독립적으로 활용될 수 있으며, 해당 사이버폭력 유형을 예방하는 데 필요한 역량(기본) 프로그램을 연계하여 활용할 수 있다.

〈표 11-4〉 사이버어울림 심층(유형) 프로그램의 개요

유형	내용
사이버 언어폭력	(비)언어적 형태의 사이버폭력(예: 온라인 비방, 악성댓글, 모욕 등)
사이버 명예훼손	사실이나 거짓정보유출로 타인의 사회적 평판을 저하하고, 개인정보유출로 모욕 행위와 관련된 고의적 · 악의적인 정보 유포 형태의 폭력
사이버불링 · 따돌림	관계적 폭력으로 발생하는 유형으로 떼카, 방폭, 카톡감옥 · 유령 등 사이버 감금 형태
사이버 갈취	힘의 불균형 관계를 이용한 금품갈취형으로 와이파이 셔틀, 게임머니, 중고나라 사기 등 갈취형태의 폭력
사이버 스토킹	메신저, SNS상의 쪽지나 댓글 등으로 불안감을 조성하는 지속적인 괴롭힘
사이버 영상유출	도촬, 몰카, 사이버음란물 등 유해성 영상을 찍거나 유포하는 형태로 괴롭힘 (초 · 중등의 경우 직접적인 성폭력보다는 이러한 형태로 사이버 모욕을 동반한 괴롭힘이 일반적)

(3) 교과연계 사이버어울림 프로그램

중 · 고등학생을 대상으로 한 교과연계 사이버어울림 프로그램은 2020년에는 국어 · 도덕 · 사회, 2021년에는 영어 · 기술가정 · 체육 교과가 개발되었으며, 2022년에는 한문 · 진로 교과가 추가로 개발되었다. 교과연계 사이버어울림 프로그램은 교과의 수업 진도 등을 고려하여 단원별 · 차시별로 선택적 활용이 가능하며 중학교의 경우 자유학기제를 통해 활

용하도록 권장하고 있다. 이때 교과연계라는 것은 교육과정의 성취기준 안에 반드시 사이버폭력이 언급된 부분을 대상으로 연계한 것은 아니다. 성취기준 안에 사이버폭력이 직접 기재된 부분은 희소하므로 성취기준 안에 언급된 대인관계나 정보윤리 등의 내용을 사이버폭력 예방과 연계하여 재구성하였다. 이처럼 교과연계 사이버어울림은 교과와 범교과, 비교과 교육과정의 내용을 발전시켜 재구성한 것을 의미하며 사이버폭력 관련 지식을 습득하도록 하는 학생 중심 활동에 초점이 있다. 또한 학교 상황에 따라 선택적·탄력적으로 유연한 교육 활동이 가능하다. 오인수 등(2021)은 교과연계 사이버어울림 프로그램 교육을 받은 1,212명을 대상으로 이 프로그램에 대한 학생의 인식을 조사하였다. 학생들은 프로그램을 통해 배운 유익한 점으로 네 가지를 제시했다. 사이버상에서 젠더 관련 차별·혐오 표현의 폭력성을 인식하게 되었고 사이버폭력 유형 및 위험성 인식과 대처 역량이 증진되었다고 보고했다. 또한 온라인 기반 디지털 매체의 장점과 역기능을 알게 되었으며 체험 활동을 통해 사이버폭력 피해의 심각성을 이해하고 공감이 향상되었다고 보고했다.

3 사이버폭력의 대응역량 강화

1) 사이버폭력 피해학생 상담 및 보호방법

사이버폭력의 피해를 당한 학생은 우선적으로 불안 및 우울을 감소시키는 심리적 회복이 필요하다. 그리고 이후에 재발을 방지하기 위해 자존감을 높이고 자기주장성을 높이며 친사회적 기술을 향상시키는 상담 방법이 필요하다.

(1) 불안 감소

피해학생의 대표적인 심리적 특성은 증가된 불안이다. 불안은 대부분의 사람이 경험하는 정서적 반응이지만 학교폭력과 같은 사건의 피해경험은 피해학생의 불안을 높이는 직접적인 영향력이 있는 것으로 확인되었으며, 괴롭힘을 경험한 집단은 일반 집단보다 불안이 더 높은 것으로 나타났다(이선미, 유성경, 2013). 또한 사이버폭력 피해경험으로 인한 불안 등 부정적인 감정을 해소하려는 방편으로 사이버폭력 가해행동을 하여 사이버폭력 가해·피해 중복경험을 하지 않도록 학생들의 불안을 감소시키는 접근이 중요하다. 이를 위해서는 사이버 공간의 어떤 특정 상황에서 불안이나 두려움을 느끼는지 탐색하도록 돕는 것이 중요하다. 또한 불안을 조절할 수 있는 다양한 이완훈련을 익히도록 도울 수 있다. 그리고 사이버 공간에서 불안을 일으키는 부정적인 생각을 보다 긍정적인 생각으로 바꿀 수 있도록 돕는 것이 효과적이다.

(2) 우울 감소

우울 역시 피해학생의 대표적인 심리적 특성으로 알려져 있으며 우울을 매개로 자살사고와 자살시도가 증가하는 점에 주목할 필요가 있다. 학교폭력을 경험한 피해학생은 폭력에 노출된 지 한 달 이내에 우울 증상을 포함한 외상후 증상을 보이는 것으로 확인되었는데(김재엽, 이근영, 2010), 사이버폭력 피해경험 역시 청소년의 우울과 같은 정신건강에 영향을 미치는 것으로 알려져 있다(조춘범, 2015). 특히 장덕희 등(2020)은 사이버폭력의 피해경험은 우울을 매개로 자살사고에 유의미한 영향을 미친다는 점을 확인하였다. 다시 말해 사이버 공간에서 폭력을 당한 학생은 우울감이 증가하고 그 결과로 자살생각을 하게 될 가능성이 높다는 점이 확인된 것이다. 사이버폭력 피해학생의 우울을 감소시키기 위해서는 먼저 우울의 신체적, 인지적, 정서적 증상을 피해학생이 이해하도록 돕는 것이 좋다. 또한 사이버상에서 우울을 일으키는 사고 오류를 확인하고 자신의 사고 오류(예: 과잉일반화, 흑백논리 등)를 탐색할 수 있도록 돕는 것이 효과적이다. 그리고 사이버상에서 우울을 일으키는 부정적 사고를 보다 긍정적 사고로 전환할 수 있도록 도울 수 있다.

(3) 자존감 향상

사이버폭력은 피해학생의 자존감에 큰 상처를 입힌다. 피해학생의 자존감은 여러 연구에서 일관적으로 피해를 경험하지 않은 학생에 비해 낮은 것으로 보고되고 있다. 낮은 자존감을 가진 학생들이 주로 괴롭힘의 피해자가 되고, 괴롭힘의 피해로 인해 대체로 자존감이 낮아질 뿐만 아니라, 계속해서 위축되어 자존감이 저하되는 경향이 있는 것으로 나타났다(박종효, 2003; 신혜섭, 2005). 특히 홍성희(2022)는 사이버폭력 피해경험과 자살사고 사이에서 자아존중감이 매개한다는 것을 확인했다. 다시 말해 사이버 공간에서 공격을 당하면 자존감이 저하되고 그 결과로 자살생각을 많이 하게 된다는 점이 확인된 것이다. 따라서 사이버폭력 피해학생의 자존감 향상은 사이버폭력의 지속적인 피해를 차단하며 피해경험을 극복하고 일상으로 회복할 수 있는 보호 요인으로 작용한다. 피해학생의 자존감을 향상하기 위해서는 자신의 장점을 발견하여 자신에 대한 긍정적인 태도를 기를 수 있도록 돕고 단점이라고 여긴 부정적인 측면을 긍정적인 측면으로 전환하도록 돕는 것이 효과적이다. 또한 온라인에서 자주 대화하는 사람 중 자신에게 의미 있는 사람을 찾고 그들과 어떤 방식으로 좋은 관계를 형성하고 있는지 탐색하도록 도울 수 있다. 그리고 다른 사람과 좋은 관계를 통해 자신만의 고유한 개성과 그 가치를 탐색하도록 돕는 것이 필요하다.

(4) 자기주장성 증가

피해학생은 자기주장성(self-assertiveness)이 부족한 것으로 알려져 있다. 자기주장성이란 다른 사람의 권리를 침해하지 않고, 타인과의 갈등 없이 자신의 관심사나 느낌, 생각 등을 편안하고 솔직하게 말하거나 표현하는 능력을 말한다. 낮은 자기주장성은 또래의 폭력을 허용 또는 지속시킬 수 있는 원인이 될 수 있기 때문에 자기주장성 부족과 결여는 학교폭력 피해학생의 대표적인 특성으로 자주 논의되고 있다(강은희 외, 2002). 피해학생의 자기주장성을 증가시키기 위해서는 사이버 공간에서 자신의 주장 행동, 소극적 행동(비주장 행동), 공격적 행동을 파악하고 탐색하도록 도와야 한다. 또한 사이버 공간이라는 특정 상황에서 소극적 행동(비주장 행동), 공격적 행동을 일으키는 비합리적 사고를 발견하고 합리적으로 생각할 수 있도록 돕는 것이 좋다. 그리고 사이버 공간에서 주장 행동이 어려운 상황을 극복하는 방법을 배우고 다양한 사이버 상황에서 주장 행동을 익힐 수 있도록 한다. 신혜정(2016)은 사이버폭력에 대한 대처방식과 심리적 변인의 관계를 분석했는데, 공감이 높거나 사회적 유능이 높거나 우울 및 불안이 낮은 경우 보다 긍정적인 대처 방식(예: 기술적 방어, 적극적 대응, 도움추구 등)을 사용하는 반면, 그 반대의 경우 부정적인 대처 방식(예: 공격적, 소극적, 회피적 대응)을 사용한다는 것을 발견하였다. 이러한 결과는 자기주장성을 증진시킬 때 학생의 심리적 특성을 감안하여 접근하는 것이 효과적일 수 있음을 시사한다.

(5) 친사회적 기술 향상

친사회적 행동(pro-social behavior)이란 행동의 동기와 상관없이 타인에게 유익을 주는 자발적이고 의도적인 행동이다. 긍정적인 사회적 기술은 자신의 필요, 욕구 및 선호도를 적절하게 표현하고 주장할 수 있게 해 주며 친구관계를 맺고 유지하는 데 중요한 역할을 한다. 피해학생의 경우 또래집단 내에서 존중받기 위해 요구되는 친절, 협동, 친사회적 기술이 부족한 것으로 알려져 있다(Hodges et al., 1995). Fu 등(2023)은 친사회적 기술이 떨어지는 학생은 또래 사이에서 소외될 가능성이 높으며 또래 소외(peer alienation)는 사이버폭력 피해를 증가시킨다는 점을 확인했다. 따라서 사이버폭력 피해학생에게 사이버상의 친사회적 기술을 향상하도록 돕는 것은 사이버폭력 예방뿐만 아니라 사이버상에서 지녀야 할 적절한 태도와 소통 기술에도 도움이 되는 접근이라 할 수 있다. 피해학생의 친사회적 기술을 증가시키기 위해서는 사이버 공간에서 대인관계 맺기의 어려움을 인식하고 사이버상에서 바람직한 대인관계를 유지하는 데 필요한 행동을 익히도록 돕는 것이 좋다. 또한 사이버 공간에서 타인을 칭찬하는 방법을 배우고 익히도록 돕고, 타인을 배려하는 것의 중요성을 인식하며 사이버상에서 친구의 고민을 듣고 대화를 나누는 방법을 익히도록 도울 수 있다.

2) 사이버폭력 가해학생 선도 및 지도방법

사이버폭력의 가해학생은 우선적으로 선도 교육을 통해 처벌 결과를 인식시키고 진심 어린 반성을 할 수 있도록 지도해야 한다. 그리고 재발 방지를 위해서는 공격성이나 분노를 조절하고 공감을 향상시키는 상담적 개입이 필요하다.

(1) 처벌 결과에 대한 인식 및 반성

가해학생에게 처벌만을 강조하기보다는 가해 행위에 대한 책임 인정과 사과해야 할 의무를 인지시키는 것이 필요하다. 강력한 처벌만이 효과적인 방법은 아니며 진정한 피해 보상과 소통이 필요하다. 사이버폭력에서 언어폭력이나 일시적 따돌림과 같이 상대적으로 심각성이 덜한 행동의 경우 양심의 가책을 덜 느끼거나 잘못을 깨닫지 못하는 경우가 많아, 가해학생이 피해학생의 심리적 고통이나 피해를 모르는 경우가 많다. 이처럼 피해학생에 대해 공감하지 못하는 가해학생은 추후 또 다른 사이버폭력을 발생시킬 가능성이 높다. 따라서 가해학생은 피해학생이 어떤 감정일지 역지사지의 입장에서 감정을 느끼고 공감하며 진심으로 반성하는 것이 필요하다. 가해학생의 반성을 통해 피해학생의 치유가 시작되고, 피해학생의 용서로 가해학생의 치료가 이뤄지기 때문에 서로의 관계회복을 위해서 진정한 사과는 중요하다.

(2) 공격성 조절

공격성은 사이버폭력에 영향을 미치는 가장 강력한 요인으로 간주되며, 공격성과 폭력에 높은 상관관계가 있는 것으로 밝혀졌다(반지윤, 오인수, 2020; 이아름 외, 2014; 임진형, 전유라, 2023). 가해학생은 공격적 성향이 높으며 이를 조절하지 못하거나 바람직하지 못한 방향으로 사용하여 폭력행동을 하는 경향이 있다. 사이버 공간에서 선제적 공격성을 지닌 가해학생의 경우, 자신의 공격적 행동 이면의 원인이 무엇인지 인식하도록 도와야 한다. 또한 공격성을 보다 바람직한 방식으로 표현하는 방법을 학습할 수 있도록 도울 필요가 있다. 가해학생의 공격성을 조절하고 줄이기 위해서는 사이버 공간에서 발생하는 공격적 행동의 심각성과 부정적 결과를 깨닫도록 도와야 한다. 또한 공격적 행동을 유발하는 사이버 상황에서 효과적인 행동반응을 배우고 자신의 공격적 행동에 대한 대안적 행동을 익히도록 도울 수 있다.

(3) 분노조절

분노는 공격적인 행동의 선행 요인이며 감정과 공격적 행동으로 나타난다. 가해학생일수록 쉽게 흥분하고, 분노의 폭발로 공격적 행동을 강하게 보일 가능성이 높다. 실제로 최진오(2017)는 초등학생 798명을 대상으로 연구한 결과 분노조절에 문제는 사이버폭력의 가해를 직접적으로 증가시킨다는 점을 확인했다. 또한 분노가 유발되면 보복적 행동을 할 가능성이 높은데, 방송통신위원회(2021)에 따르면 사이버폭력 가해의 가장 큰 이유가 상대방이 먼저 그러한 행동을 해서 보복하기 위한 것으로 나타났다. 가해학생의 경우 타인으로부터 상처를 받아 분노 감정을 경험하고, 이러한 분노를 참지 못해 익명의 다수 학생에게 화풀이하듯 온라인상에 자신의 정서를 표출할 수 있다. 분노를 조절하지 못하는 경우 사이버폭력의 강도는 더욱 심각해진다. 가해학생의 분노를 조절하고 줄이기 위해서는 사이버 공간에서 느끼는 분노의 특징이 무엇인지 알아보고, 분노하는 상황을 맥락적으로 이해하도록 도울 수 있다. 또한 감정, 생각, 행동의 관계를 이해하여 사이버 공간에서 분노를 일으키는 자신의 비합리적 생각을 인식하도록 돕는 것이 좋다. 또한 사이버 공간에서 적절하게 분노를 표현하는 다양한 방법을 익히고, 자신의 감정을 정화하는 기회를 제공하는 것이 효과적이다.

(4) 공감 향상

공감이란 타인의 정서를 이해하고 추측하여 효과적으로 반응하는 능력 및 타인이 표현하는 정서에 적절히 반응하는 능력을 의미한다. 공감은 타인을 배려하고 약자에 대한 동정심을 가지는 능력으로, 이 능력이 결여되면 타인을 지배하고 학대하는 모습이 나타나 가해행동을 할 가능성이 크다. 온라인 공간은 비대면의 특징상 상대방의 상태나 감정을 바로 인식하기 어렵기 때문에 더욱 민감한 공감 능력이 요구된다. 강경옥 등(2019)은 중·고등학생 505명을 대상으로 연구한 결과 이들의 공감 능력이 높을수록 사이버폭력 가해행동이 낮아지는 것을 확인했다. 따라서 가해학생의 공감 능력을 향상시키기 위해서는 사이버 공간에서 느낄 수 있는 다양한 감정에 대해 이해하고 상황에 따라 어떤 감정이 생겨날 수 있는지 탐색하도록 돕는 것이 좋다. 또한 사이버 공간의 특정 상황에서 느끼는 자신의 감정을 인식한 후 이를 적절하게 표현하도록 도울 수 있다. 특히 사이버 공간에서 상대방의 감정을 인식하고 상대의 감정과 관점이 나와 다를 수 있음을 인식하도록 도와야 한다.

3) 사이버폭력 주변인의 역량 강화 방법

사이버폭력을 목격한 주변인의 역량을 강화하여 사이버폭력을 예방하는 접근의 중요성이 강조되고 있다(반지윤, 김동화, 2023). 특히 사이버폭력은 디지털 네이티브의 문화를 공유하는 또래들이 보다 많이 목격할 가능성이 높다. 김태성 등(2020)은 이러한 점에 주목하여 사이버폭력을 목격하는 학생 중 또래상담자를 활용하여 이들을 사이버폭력의 방어자로 훈련함으로써 사이버폭력을 예방하는 프로그램을 개발하였다. 이 프로그램은 〈표 11-5〉와 같이 구성되어 있다.

〈표 11-5〉 사이버폭력 예방 또래상담 프로그램의 개요

회기	주제	목표	주요 활동
1회기	인스톨 (Install)	• 집단에 대한 친밀감 및 신뢰감을 형성한다. • 자신의 사이버 세상을 이해하고 활동을 점검한다. • 사이버폭력의 정의와 유형을 알아보고, 사이버폭력이 미치는 영향에 대해 이해한다.	• 사이버 세상 이해하기 • 아낌없이 주는 'chat' • 사이버폭력의 정의 및 유형 이해하기
2회기	컨트롤 (Control)	• 사이버 공간에서의 나의 역할 유형을 탐색해 보고, 올바른 역할에 대해 인식한다. • 사이버폭력 상황에서의 주변인 역할을 이해하고 그 중요성을 깨닫는다. • 또래상담자로서 개입할 수 있는 방안에 대해 알아본다.	• 사이버 공간에서의 나는? • 친구 유형 탐색하기 • 유형별 개입 방안 탐색하기
3회기	펑션 (Function)	• 사이버폭력이 범죄임을 이해한다. • 사이버폭력 피해친구들을 돕기 위한 정서적, 행동적 대처방법을 익힌다.	• 팽숙이의 고민 • 어마무시한 사이버폭력 예방법

회기	주제	목표	주요 활동
4회기	업그레이드 (Upgrade)	• 사이버 공간에서의 기본 예절을 익히고 직접 만드는 활동 등을 통해 사이버 시민의식을 함양한다. • 사이버폭력 방어자로서 또래상담을 활용한 다양한 실천을 다짐하고 이를 실행할 수 있다. • 교실·학교·지역사회에서 또래상담자로서 사이버폭력 예방문화 확산을 위한 다양한 활동을 기획하고 주도할 수 있다.	• 네티켓 N계명 만들기 • 사이버폭력 방어자로서의 또래상담 실천 다짐하기 • 사이버폭력 예방문화 확산을 위한 활동 기획하기(선택)

2회기에 제시된 바와 같이 사이버폭력 상황에서 자신의 주변인 유형을 파악하고 개입할 수 있는 방법을 모색하는 활동이 포함되어 있으며, 3회기에는 피해학생을 정서적, 행동적으로 돕는 방어행동을 탐색하는 활동이 포함되어 있다. 이 프로그램을 또래상담자 64명을 대상으로 효과성 검증을 실시한 결과 중학생 또래상담자의 도덕성 이탈 수준이 유의미하게 감소되었고, 사이버폭력 대처방식과 공감 능력 향상도 확인되었다(김태성 외, 2020).

4) 사이버폭력 관련 학생 관계회복 상담 및 지도방법

(1) 사이버폭력 관계회복의 중요성

2019년 이전의 학교폭력 대책은 사안처리 과정에서 피해학생과 가해학생을 분리시켜 당사자 간의 관계회복이 이루어지기 어려웠다. 폭력이 발생한 이후 화해와 용서의 과정을 충분히 거치지 못한 경우에는 사안이 종료되어도 당사자 간의 관계가 악화될 수 있다. 이처럼 기존의 응보적 접근이 여러 한계에 부딪히며 새로운 도전에 직면하자 문제점을 해결하기 위하여 2019년 「학교폭력예방법」의 규정이 개정되면서 '학교장 자체해결제'가 도입되었다. 이 제도의 도입 이후 학교 현장에서는 이를 근거로 피해학생과 가해학생의 관계를 회복하는 접근이 시도되고 있다.

이 절에서는 '학교폭력 관계회복 프로그램(교육부, 경상남도교육청, 푸른나무재단, 2020a, 2020b)'에서 제시된 방법을 소개하고자 한다. 이 프로그램은 교육적 개입 방법을 통해 가해학생과 피해학생 간의 오해를 풀고, 가해학생의 진정한 사과와 피해학생의 용서로 서로 화해할 기회를 제공한다. 이는 학교폭력 가해학생과 피해학생 사이에 훼손된 관계를 개선 및 회복하는 데 효과적이다.

(2) 사이버폭력 관계회복의 목표

사이버폭력 관계회복의 목표는 사이버폭력 피해학생과 가해학생 간의 관계 개선 및 회복을 통해 2차 피해를 최소화하여 사이버폭력의 재발을 방지하는 것이다. 무관용주의에 기초한 응보적 접근은 피해학생 보호와 가해학생 조치를 통해 학교폭력 및 사이버폭력을 근절시키는 결과에 초점을 두었다. 그러나 관계회복적 접근은 당사자 간의 상처 치유 및 긍정적 회복 경험을 통해 학교폭력 및 사이버폭력을 근절시키는 과정에 초점을 두고 있다. 이 프로그램을 통해 사이버폭력 가해학생은 피해학생의 마음이 어떠했는지 듣고 자신을 성찰하며, 피해학생에게 직접 사과할 수 있는 기회를 얻게 된다. 또한 피해학생은 가해학생과 충분한 대화를 함으로써 치유와 용서, 화해를 경험하고 상처받은 감정을 자발적으로 회복할 기회를 얻는다.

(3) 사이버폭력 관계회복을 위한 상담 및 지도

사이버폭력의 가해 및 피해학생의 관계회복을 위한 상담 및 지도 방법을 정리하면 다음과 같다.

① 사이버폭력 상황에 대한 탐색

사이버폭력 관계회복을 위해서는 먼저 사이버폭력이 발생한 상황에 대해 가해학생과 피해학생이 함께 탐색하는 시간을 갖는 것이 필요하다. 먼저, 피해학생이 가해학생과의 갈등을 유발한 사건에 대해 이야기할 수 있도록 한다. 그런 다음 피해학생이 경험했다고 생각하는 사이버폭력은 어떤 유형인지 선택하도록 한다. 이때 피해학생이 선택한 사이버폭력의 유형과 그 이유에 대해 질문하여 가해학생과 함께 경청한다. 그리고 가해학생에게도 동일하게 사이버폭력의 유형을 선택하고 그 이유를 말할 수 있도록 하여 서로가 경험했다고 생각하는 사이버폭력 유형을 함께 확인한다.

② 사이버폭력 상황에서 상대방의 관점 이해

사이버폭력 가해학생과 피해학생 각각이 경험했다고 생각한 사이버폭력의 유형과 그 이유에 대해 충분히 이야기 나눈 후, 자신이 겪은 사이버폭력의 상황에 대해 적어 보도록 한다. 교사는 가해학생에게는 [그림 11-3]의 왼쪽과 같이 자신이 어떤 행동을 했는지 적을 수 있도록 안내한다. 그리고 피해학생에게는 [그림 11-3]의 오른쪽과 같이 자신이 겪은 일로 인한 피해를 적을 수 있도록 안내한다. 그런 다음 가해학생과 피해학생이 자신들이 적은 내용에 대해 이야기하고 상대방의 이야기에 경청할 수 있도록 한다. 가해학생과 피해학생이 생각하는 피해의 정도가 다를 경우, 교사는 학생들이 서로의 인식에 차이가 있음을 확인할 수 있도록 도와야 한다. 이를 위해 학생들은 작성한 내용을 나란히 놓고 비교하며 상대방의 관점을 이해해 볼 수 있다.

[그림 11-3] 가해학생이 한 일(왼쪽) vs. 피해학생이 겪은 일(오른쪽)

③ 사이버폭력의 특징과 심각성 이해

사이버폭력의 특징과 함께 사이버폭력이 미치는 피해의 심각성을 이해할 수 있도록 지도해야 한다. 사이버폭력의 특징을 통해 가해학생의 행동이 피해학생에게 전달될 때 얼마나 무서운 폭력으로 이어졌는지에 대해 학생들이 잘 이해할 수 있도록 설명해야 한다. 그런 다음 가해학생과 피해학생에게 느낌과 생각을 물어보고 함께 이야기 나누는 시간을 갖는다. 이를 통해 가해학생에게는 자신의 행동에 대해 반성할 기회를 제공한다. 또한 피해학생에게는 가해학생의 이야기를 들으며 어떤 마음이 들었는지를 묻고 가해학생에 대한 분노가 해소될 수 있도록 돕는다. 이때 아직 해결되지 않은 문제나 오해가 있다면 당사자들이 서로의 관점을 이해하고 불편한 감정을 표현하거나 해결하는 활동들을 통해 관련 문제를 해결한 후 관계회복의 과정을 다시 시도할 수 있다.

④ 사이버폭력으로 인한 갈등 해결

사이버폭력 가해학생과 피해학생 사이에 오해가 어느 정도 풀리고 가해학생이 피해학생에게 진심으로 사과한 경우, 학생들은 편지를 통해 자신의 마음을 글로 전할 수 있다. 교사는 관계회복을 위해 함께하는 과정 중 깨달은 점이나 서로에게 하고 싶은 말 등을 편지에 담아 서로에게 진심을 전할 수 있도록 돕는다. 편지를 다 쓰고 난 후 가해학생과 피해학생 순으로 자신이 쓴 편지를 읽도록 한다. 상대방의 진심이 담긴 편지의 내용을 들은 후 상대에게 더 하고 싶은 말이 있다면 충분히 이야기할 수 있도록 한다. 이를 통해 사이버폭력으로 발생한 갈등 및 관계 문제를 해결하고 사이버폭력의 재발을 방지할 수 있다.

5) 사이버폭력 관련 학생 학부모 지원방법

사이버폭력 예방을 효과적으로 하기 위해서는 학부모의 협력은 필수적이며, 교사와 학부모는 협력적 파트너십을 바탕으로 노력해야 한다. 방송통신위원회(2021)가 실시한 2020년 사이버폭력 실태조사에 따르면, 사이버폭력을 예방하기 위해 교육이 필요한 대상으로 교사의 98.3%는 1순위가 학부모, 90.7%는 2순위가 교사라고 응답하였다. 다음 내용을 통해 학부모가 가정에서 사이버폭력 예방을 위한 역할을 잘 수행할 수 있도록 도움을 줄 수 있다.

(1) 학부모-학생 간 신뢰 관계 형성의 중요성에 대한 교육

미국의 학교폭력 예방과 관련된 자료를 제공하는 Stop Bullying 웹사이트(www.stopbullying.gov)에 따르면, 학생들은 어려운 상황에 직면하여 결정을 내려야 할 때 부모와 보호자에게 조언이나 도움을 요청하는 것이 효과적이라고 강조한다. 중요한 것은 하루에 15분이라도 학부모가 자녀와 이야기를 나누는 경우 자녀는 문제가 발생했을 때 부모와 이야기 나눌 수 있다는 확신을 갖게 된다는 것이다. 이처럼 학부모가 자녀의 일상과 활동에 대해 관심을 갖고 소통하며 공감한다면 자녀가 위기 상황에서 부모를 신뢰하며 도움을 요청할 가능성을 높일 수 있다. 따라서 가정에서는 부모와 자녀가 늘 이야기를 나눌 수 있는 분위기를 만들고, 언제든 부모가 자신을 지원하고 도와줄 것이라는 사실을 자녀가 믿고 안심할 수 있도록 신뢰 관계를 형성하기 위해 노력해야 한다. 이는 사이버폭력 예방과 조기 발견 및 빠른 대처에 있어서 매우 중요하다. 이를 위해 교사는 학부모 상담 시 학부모와 학생 간의 관계가 어떠한지 살펴보고, 학생이 학부모를 신뢰할 수 있도록 일상에서 많은 대화를 나누고 이야기를 들어 줄 것을 제안할 수 있다.

(2) 학부모의 모범적인 온라인 사용 태도가 미치는 영향에 대한 교육

학생의 주 양육자인 학부모의 평상시 모습은 학생들의 성장에 큰 영향을 미친다. 학생들은 별 관심이 없는 듯 보여도 부모의 스마트폰 사용 시간과 온라인에서의 언행 및 소통 방법, 또는 타인을 대하는 태도를 보고 배운다. 만약 부모가 온종일 스마트폰을 사용하면서 자녀가 스마트폰을 사용하지 못하도록 통제하거나, 자신은 무분별한 언어표현을 사용하면서 자녀에게는 올바른 언어를 사용하라고 강조하는 것은 강압적으로 느껴질 뿐 긍정적인 효과를 기대하기 어렵다. 따라서 학부모가 먼저 자녀에게 모범이 될 수 있도록 스마트폰과 기타 정보통신기기를 바르게 사용하고, 온라인에서 바른 언어를 사용하여 올바르게 소통하며 친절과 존중으로 타인을 대하는 모습을 보여야 한다.

(3) 가족이 함께하는 다양한 활동 제시

교사는 사이버폭력을 예방하기 위해 가정에서 학부모와 자녀가 함께 참여할 수 있는 다양한 활동을 안내할 수 있다. 예를 들면, 가족용 온라인 사용 규칙 만들기, 온 가족 취미활동 하기, 사이버폭력에 대한 가족 토론하기 등을 안내할 수 있다. 각각에 대한 설명은 다음과 같다.

① 가족용 온라인 사용 규칙 만들기

온 가족이 스마트폰과 컴퓨터, 태블릿PC 등 다양한 온라인 기기를 언제, 얼마나 사용할 것인지에 대해 함께 논의하여 학생이 스스로 적절한 규칙을 세우도록 도울 수 있다. 구체적으로, 온라인에서 개인정보 보호하기, 상대방을 비하하는 발언하지 않기 등과 관련해 상세한 규칙을 만들 수 있다. 이를 통해 장시간 온라인에 노출되거나 스마트폰 또는 PC에 중독되는 현상을 예방할 수 있다. 또한 가족 구성원이 함께 논의하여 지키기로 약속한 규칙을 통해 학생이 안전하고 책임감 있게 정보통신기기와 인터넷을 사용할 수 있도록 도울 수 있다.

② 온 가족 취미활동 하기

온 가족 취미활동 하기는 학생이 좋아하는 활동에 대해 학부모가 함께 참여하거나 학생의 관심사를 함께 공유하는 것이다. 가정에서 부모와 자녀가 각자 자신의 스마트폰을 가지고 SNS나 게임을 하며 시간을 보내는 것보다 흥미 있는 대안 활동을 제시하고 함께함으로써 스마트폰 사용의 절대적인 시간을 줄일 수 있도록 한다. 더 나아가 가족들과 함께하는 즐거운 시간을 통해 건강한 가족관계를 형성하여 학생들이 가정 안에서 안정감과 친밀감을 느끼도록 돕는다.

③ 사이버폭력에 대한 가족 토론하기

학교에서 학생들을 대상으로 사이버폭력에 대해 교육하는 것만으로 사이버폭력을 예방하기에 충분하지 않을 수 있다. 따라서 교사가 학부모에게 제공한 교육자료 및 관련 사이트를 참고하여 학부모와 자녀가 가정에서 함께 정기적으로 사이버폭력에 관해 이야기 나누며 토론할 수 있도록 독려하는 것이 좋다. 구체적으로 사이버폭력의 개념과 유형, 학생 또는 학부모 본인이 이미 경험했거나 주변에서 본 사이버폭력 사례, 사이버폭력이 미치는 영향 등에 대해 토론하여 가족이 함께 사이버폭력에 대해 인식하고 소통할 수 있도록 안내할 수 있다. 또한 온라인에서 발생할 수 있는 다양한 문제에 대해 이야기를 나눔으로써 사이버 공간에서의 행동이 미치는 영향을 이해하고, 공감 능력을 향상시키며 온라인에서 발생하는 문제에 대해 올바른 인식을 가질 수 있도록 격려할 수 있다.

(4) 학생의 인터넷 및 스마트폰 사용 관리 방법 안내

사이버폭력은 시공간을 초월하여 발생하는 특징을 가지고 있다. 따라서 학생들이 항상 소지하고 있는 스마트폰과 집에 설치된 PC를 바르게 사용하도록 돕는 것이 중요하다. 이에 교사는 학교뿐만 아니라 가정에서 인터넷과 스마트폰의 사용 방법을 교육하고 관리할 수 있도록 학부모에게 안내할 필요가 있다. 윤현주(2021)에 따르면 자녀의 미디어 이용에 대한 부모의 관심도와 개입 여부가 자녀의 미디어 이용 실태에 지대한 영향을 미친다. 따라서 학부모는 자녀의 스마트폰 이용 행태를 분석하고, 불법 및 유해 매체나 사이트를 차단하여 온라인에서의 여러 문제로부터 자녀를 보호하도록 도울 수 있다. 또한 교사는 학부모가 자녀의 인터넷 및 스마트폰 사용을 관리해야 할 필요성을 제시하며, 이와 관련한 구체적이고 다양한 정보를 안내할 필요가 있다.

(5) 학부모 인식 개선 지원 및 가정 내 사이버폭력 예방교육 필요성 강조

윤현주(2021)는 많은 학부모가 자신의 자녀가 사이버폭력에 연루되었을 때 어찌할 바를 몰라 대부분 우왕좌왕한다고 지적한다. 따라서 사이버폭력의 심각성에 대한 학부모들의 인식 개선 노력과 교육이 필요함을 주장하였다. 교사가 학교에서 기본적인 사이버폭력 예방교육을 실시하지만, 더욱 중요한 것은 학부모가 평소 가정에서 자녀와의 대화를 통해 자녀의 온라인 행태를 관찰하는 것임을 강조한다. 이처럼 학부모는 사이버폭력에 대해 경각심을 가지고 구체적인 사례와 다양한 교육자료를 통해 학습하고, 가정에서 자녀와 꾸준히 소통함으로써 청소년들의 스마트폰 이용 문화를 이해하여 그에 맞는 예방교육을 실시할 필요가 있다. 교사는 이러한 필요성을 학부모에게 안내하며 학부모의 인식 개선을 돕고, 도움을 요청할 경우 여러 가지 방법을 통해 적극적으로 정보를 제공할 필요가 있다.

> ⊕ **인사이트** ▶ **사이버폭력의 빠른 진화**
>
> 사이버폭력은 디지털 정보기술의 발달로 인해 매우 빠르게 진화하고 있다. 빵셔틀이 와이파이 셔틀로 진화했다가 최근에는 킥보드 셔틀이 확산되고 있다. 킥보드의 사용이 많아지면서 가해학생이 전동 킥보드를 이용한 뒤 피해학생에게 요금 결제를 떠넘기는 방식이다. 그뿐만 아니라 최근에는 기술 발전으로 딥페이크(deepfake)를 악용해 피해학생의 얼굴을 합성하는 방식의 사이버폭력이 발생하고 있다. 가상공간인 메타버스 공간에서도 사이버폭력이 발생하여 이에 대한 법적 보호가 필요하다는 연구가 발표되기도 하였다(반형걸, 남윤재, 2023). 디지털 기기의 사용이 더욱 확산되면서 학생들은 보다 많은 시간을 사이버 공간에서 보내기 때문에 사이버폭력은 증가할 수밖에 없다. 무엇보다 디지털 기기가 급속도로 발전하여 생활은 편리해졌지만, 언제든지 디지털 기술이 폭력의 도구로 악용될 수 있다는 점을 명심해야 한다. 그리고 이처럼 빠르게 변하는 사이버폭력의 진화 속도에 맞춰 대처 역량을 높이는 것을 게을리해서는 안 된다.

제12장

학교폭력 관련 법률과 사안처리

프롤로그

「학교폭력예방 및 대책에 관한 법률」(이하 「학교폭력예방법」)이 제정되고 시행된 지 20년이 지났다. 이 법의 영향으로 인해 학교폭력 사안을 다루는 방식이 많이 바뀌었고 나아가 학교의 문화도 바뀌었다. 이 법을 통해 피해학생이 보다 적극적으로 보호되고 학교가 더욱 안전한 곳이 되었다는 주장도 있지만, 교육적 문제를 법적으로 해결하는 과정에서 발생한 부작용으로 인해 학교의 교육적 기능이 약화되었다는 지적도 많다. 인터넷 블로그와 유튜브에는 학교폭력 변호사의 정보가 넘쳐나며 학교에서 발생하는 학생 간 갈등을 법적으로 처리해야 하는 지경에 이르렀다. 그동안 변화한 학교폭력의 양상과 현장의 요구 등을 반영하여 이 법도 30차례 이상 개정되었다. 그러나 아직도 법률명에 걸맞지 않게 예방보다는 대처가 강조되고 있으며, 피해학생의 보호와 치유보다는 가해학생에 대한 엄벌에 초점을 두고 있다. 무엇보다 당사자의 갈등을 조율하고 관계를 회복시키는 단계에는 이르지 못하는 점이 지적되고 있다.

학교폭력:
심리적 이해와 상담적 개입

---

1 「학교폭력예방법」의 이해

1) 「학교폭력예방법」 제정의 필요성 및 역사

(1) 「학교폭력예방법」 제정의 필요성

1990년대 후반부터 학교폭력을 중심으로 한 학생 범죄가 증가하면서 이를 법적으로 다루는 것이 필요하다는 인식이 높아졌다(문화관광부, 2003; 법무부, 2001). 실제로 1990년부터 10년간 학생 수는 4.9% 증가한 반면, 학생 범죄자 수는 93.1% 증가하였고, 당시 교육인적자원부가 초·중·고등학생을 대상으로 분기별 설문조사한 결과를 보면, 금품 및 폭행피해학생 수가 1995년과 비교하여 2000년에는 23%나 증가했다. 이런 상황에서 지속적인 집단따돌림으로 인한 자살 사건이 발생하자, 학교폭력 문제를 법률을 통해 다뤄야 한다는 사회적 여론이 형성되었다. 당시 학생 범죄와 학교폭력이 증가 추세에 있었으나 당시의 법 체제하에서는 이에 대한 적절한 대처가 이루어지지 못하여 많은 학생이 학교폭력으로 인한 육체적·정신적 피해를 입는 사례가 증가하고 있었다. 이에 정부는 심각한 사회문제로 대두되고 있는 학교폭력 문제에 효과적으로 대처하기 위한 학교폭력 전담기구(이하 전담기구) 설치, 정기적인 학교폭력 예방교육의 실시, 학교폭력 피해학생의 보호와 가해학생에 대한 선도·교육 등 학교폭력 예방 및 대책을 위한 제도적 틀을 마련하기 위하여 「학교폭력예방법」을 제정하기에 이르렀다.

(2) 「학교폭력예방법」 제정의 과정

학교폭력이 점차 사회문제로 인식되면서 16대 국회(2000. 5.~2004. 5.)에서는 학교폭력을 예방하고 피해학생에 대한 보호와 가해학생에 대한 선도 및 조치를 위한 법률안 마련에 착수하였다. 2001년에는 교육인적자원부에서 '학교폭력 대폭 경감의 해'를 선언하고 학교, 가정, 사회, 관련 정부 부처와 긴밀한 협조를 통해 학교폭력 사안 감소를 위해 노력하였다. 그러나 2000년부터 2004년까지의 대검찰청 통계수치 분석 결과, 학교폭력 피해학생의 신고 접수 건수가 현저하게 줄어들었음에도 불구하고 학교폭력 문제가 오히려 점차 음성화되고 있다는 사실이 드러났다. 이에 따라 학교폭력 발생을 원천적으로 예방하기 위한 국가적 대책, 피해학생 보호 및 가해학생 선도, 학교폭력 발생에 따른 분쟁 조정에 대한 체계적인 법적·제도적 장치의 필요성이 대두되었다. 2003년 6월 23일 의원 50명이 「학교폭력예방 및 대책에 관한 법률안」을 발의하였고, 2004년 1월 29일 「학교폭력예방 및 대책에 관한 법률」 제7119호가 제정·공포되었다. 이 법률은 1990년대 중반부터 시민사회 및 민간단체로부터 진행되던 학교폭력 대처운동을 법제화하기 위해 2001년에 구성된 학교폭력 대책에 관한 입법 시민연대를 통해 의원입법을 추진한 것에 큰 영향을 받았다. 이를 통해 정기적인 학교폭력 예방교육 실시, 학교폭력 신고 의무화, 학교폭력 예방 및 대책 전담기구 설치, 국가의 재정적 지원을 위한 제도적 틀을 마련하였다. 또한 교육인적자원부는 '학교폭력근절 5개년 계획'을 추진하였다.

2) 「학교폭력예방법」의 이해

(1) 「학교폭력예방법」의 정의

「학교폭력예방법」은 학교폭력의 개념 정의로부터 시작하여, 학교폭력 예방과 대처를 위한 시스템, 그리고 가해·피해학생에 대한 조치 등을 포괄하는 종합적인 법률이다. 이 법은 시행령과 각종 규칙을 아우르는 법령체계를 구성하고 있으며, 법의 목적, 학교폭력의 정의, 국가 및 지방자치단체의 책무 등에 관한 일반적인 내용을 담고 있다. 또한 학교폭력에 효과적으로 대처하기 위한 조직 구성 및 계획 수립에 관한 사항을 규정하고 있으며, 학교폭력 예방과 발생 시 가해학생의 선도 및 피해학생 보호를 위한 학교의 역할과 책임에 대해서도 명시하고 있다(이규미 외, 2014).

(2) 「학교폭력예방법」의 내용

이 법은 제1조부터 제23조까지는 학교폭력의 예방과 대책에 관한 종합적인 내용을 담고 있다. 제1조부터 제5조까지는 「학교폭력예방법」의 목적, 정의, 국가 및 지방자치단체와 학부모, 지역사회의 책무를 규정하고 있다. 제6조와 제7조는 학교폭력 예방 및 근절을 위한 계획 수립과 학교폭력대책위원회에 대해 다루고 있다. 제8조부터 제11조까지는 교육감의 역할과 전담부서 및 전문기관 설치에 대해 규정하고 있다. 제12조부터 제15조까지는 학교폭력자치위원회, 전문상담교사, 전담기구 등 학교폭력 대처를 위한 조직 구성과 예방교육에 대해 다루고 있다. 제16조부터 제18조까지는 피해학생 보호와 가해학생 조치에 대한 절차와 기준을 제시하고 있다. 마지막으로 제19조부터 제23조까지는 학교폭력 발생 시 신고 의무, 긴급전화 설치, 정보통신망 이용, 인력 배치, 영상정보처리기기 사용, 비밀엄수 등에 대한 법적 근거를 마련하고 있다.

(3) 「학교폭력예방법」의 구조

「학교폭력예방법」은 크게 네 가지 영역으로 구성되어 있다. 첫째, 개관 부분에서는 법의 목적, 정의, 해석·적용의 주의의무, 국가 및 지방자치단체의 책무, 다른 법률과의 관계 등을 다룬다. 둘째, 조직과 기능 영역에서는 정책적 대응체제, 국가·지역·교육청·학교 및 관련 기관들의 협력체제, 학교의 학교폭력대책 조치 등에 대해 규정한다. 셋째, 피해학생 보호 및 가해학생 선도 영역에서는 피해·가해학생 조치와 재심절차 및 분쟁조정에 대해 다룬다. 넷째, 의무·보호 및 벌칙 조항 영역에서는 학교폭력 신고체제 및 학교보호 시스템, 비밀 보호와 벌칙 등에 대해 규정한다. 〈표 12-1〉은 이러한 「학교폭력예방법」의 구조와 각 조항의 내용을 정리한 것이다.

〈표 12-1〉 「학교폭력예방법」의 구조와 내용

구분	영역	법 조항
개관	정의, 기관의 책무	제1조(목적), 제2조(정의), 제3조(해석·적용의 주의의무), 제4조(국가 및 지방자치단체의 책무), 제5조(다른 법률과의 관계)
조직과 기능	정책적 대응체제, 국가·지역·교육청·학교 및 관련기관들의 협력 체제, 학교의 학교폭력 대책 조치	제6조(기본계획의 수립 등), 제7조(학교폭력대책위원회의 설치·기능), 제8조(대책위원회의 구성), 제9조(학교폭력대책지역위원회의 설치), 제10조(학교폭력대책지역위원회의 기능 등), 제10조의2(학교폭력대책지역협의회 설치·운영), 제11조(교육감의 의무), 제11조의2(학교폭력 조사·상담 등), 제11조의3(관계 기관과의 협조 등), 제11조의4(학교폭력 업무 담당자에 대한 지원 및 면책), 제12조(학교폭력대책심의위원회의 설치·기능), 제13조(심의위원회의 구성·운영), 제13조의2(학교의 장의 자체해결), 제14조(전문상담교사 배치 및 전담기구 구성), 제15조(학교폭력 예방교육 등)
피해학생 보호 및 가해학생 선도	피해·가해학생 조치와 재심절차 및 분쟁조절	제16조(피해학생의 보호), 제16조의2(장애학생의 보호), 제16조의3(피해학생 지원 조력인), 제16조의4(사이버폭력의 피해자 지원), 제17조(가해학생에 대한 조치), 제17조의2(행정심판), 제17조의3(행정소송), 제17조의4(집행정지), 제17조의5(재판 기관에 관한 규정), 제18조(분쟁조정)

구분	영역	법 조항
의무, 보호 및 벌칙 조항	학교폭력 신고체제 및 학교보호 시스템, 비밀 보호와 벌칙	제19조(학교의 장의 의무), 제20조(학교폭력의 신고의무), 제20조의2(긴급전화의 설치 등), 제20조의4(정보통신망의 이용 등), 제20조의5(학생보호인력의 배치 등), 제20조의6(학교전담경찰관), 제20조의7(영상정보처리기기의 통합 관제), 제21조(비밀누설금지 등), 제21조의2(「지방교육자치에 관한 법률」에 관한 특례), 제22조(벌칙), 제23조(과태료)

3) 「학교폭력예방법」의 주요 개정 사항

「학교폭력예방법」은 2004년 1월 29일 제정 이후 2024년 현재까지 총 31번의 전부·일부 및 일괄 개정이 이루어졌다. 그중 타법에 의한 개정을 제외하고는 2008년, 2012년, 그리고 2019년의 개정이 대표적이라고 할 수 있다(김규태 외, 2019; 한유경 외, 2014; 홍경선, 2017). 그러나 최근 학교폭력의 심각성과 사회적 우려가 지속됨에 따라 2023년 10월 및 2024년 1월에 다시 법률 개정이 이루어졌다. 이번 개정은 그동안의 학교폭력 예방 및 대책의 한계를 보완하고, 보다 실효성 있는 대응 체계를 마련하기 위한 목적으로 추진되었다. 주요 개정 이유와 개정 내용은 다음과 같다.

(1) 2008년 3월 개정

2008년 3월 개정에서는 학교폭력의 개념에 성폭력을 포함시키고, 다른 법률에 특별한 규정이 있을 경우 이 법을 적용하지 못하게 함으로써 성폭력 피해학생의 프라이버시 보호를 강화하였다. 또한 피해학생 치료비에 대한 구상권을 신설하고, 가해학생의 보호자도 특별교육을 받게 할 수 있도록 하는 등 피해학생에 대한 보호와 치료 및 가해학생에 대한 선도를 강화하는 내용을 담고 있다. 주요 개정 사항을 살펴보면, 학교폭력에 성폭력을 포함시키고(법 제2조 및 제5조 제2항), 학교폭력대책기획위원회에 학생생활지도 경력 10년 이상 교원, 의사, 학교운영위원회 활동 및 청소년보호활동 경험이 풍부한 학부모를 참여시키도록 하였다(법 제8조 제3항). 또한 학교의 장이 학교폭력문제 전담기구를 구성하고 행정적·재정적 지원을 할 수 있도록 하였으며(법 제14조 제3항 및 제5항), 피해학생의 치료비용은 가해학생의 보호자가 부담하되, 미부담 시 학교안전공제회 또는 시·도 교육청이 부담한 후 구상권을 행사할 수 있도록 하였다(법 제16조 제5항). 마지막으로 가해학생이 특별교육을 이수할 경우 보호자도 함께 교육을 받게 할 수 있도록 하였다(법 제17조 제8항).

(2) 2012년 1월 개정

2011년과 2012년 1월에 발생한 학교폭력 피해학생의 잇따른 자살로 인해 학교폭력 문제의 심각성이 대두되었다(김동건, 2012; 김영천, 김정현, 2012; 박주형 외, 2012). 이에 따라 학교폭력의 정의를 구체화하고, 예방 및 대책의 실효성을 확보하며, 피해학생 보호와 가해학생에 대한 조치를 강화하기 위해 사실상 전면개정에 가까운 일부개정이 이루어졌다(문영희, 강동욱, 2015). 개정의 주요 방향은 따돌림의 정의를 신설하고, 강제적인 심부름도 학교폭력 정의에 추가하여 학교폭력의 범위를 명확히 하는 것이었다. 강제 심부름은 당시 유행한 일명 '빵셔틀'의 내용이 법령에 포함된 것이다. 또한 교육과학기술부장관이 시·도교육청의 학교폭력 예방 및 대책을 평가하고 공표하도록 하여 실효성을 높이고자 하였다. 피해학생 보호를 위해 가해학생의 보호자가 부담해야 하는 비용 범위를 확대하고, 가해학생에 대한 조치도 강화하였다. 또한 피해학생과 가해학생의 치료 등을 위한 상담·교육·치료기관을 지정하고 이를 알리도록 하였다. 아울러 학교폭력 관련 업무 담당자의 비밀 누설 금지 대상을 확대하고, 학교폭력대책기획위원회 위원에 심리학자를 포함하는 등 제도 운영상의 미비점을 개선·보완하고자 하였다. 그리고 자치위원회의 조치 이행 기한을 설정하고, 가해학생이 피해학생의 소속 학교로 재전학할 수 없도록 하였다. 또한 전학 및 퇴학 조치에 대한 재심 청구 절차를 마련하고, 교원의 학부모 통지 의무를 확대하였다.

(3) 2012년 3월 개정

「학교폭력예방법」의 지속적인 개정에도 불구하고 학교폭력이 심각해지자 정부는 학교폭력을 4대악의 하나로 규정하였고, 이에 따라 2012년 2월 6일 발표한 '학교폭력 근절 종합대책'을 뒷받침하고자 대폭 개정이 이루어졌다(김동건, 2012; 문영희, 2012; 문영희, 강동욱, 2015). 이 대책은 잘 알려진 '대구 중학생 자살사건' 이후 정부가 내놓은 대책안이다. 개정의 주요 방향은 학교폭력 피해학생을 두텁게 보호하고 치유 부담을 완화하기 위해 학교폭력의 범위를 학생 간 사건에서 학생 대상 사건으로 확대하고 학교폭력의 개념에 사이버폭력을 추가하는 한편, 피해학생에 대한 조치와 가해학생에 대한 처분을 신속히 이행함으로써 가해학생에 대한 처분을 의무화했다. 또한 학교폭력을 축소·은폐한 학교 관계자에 대한 징계 근거를 마련하고, 예방에 기여한 교직원에게는 인센티브를 부여하는 등 학교 현장의 적극적인 대처를 유도하고자 하였다. 그리고 국무총리 소속 학교폭력대책위원회 설치, 시·군·구 학교폭력대책지역협의회 신설, 학교폭력 실태조사 의무화, 전문기관 설치·운영 근거 마련 등이 포함되었다. 이 외에도 피해학생 조치와 가해학생 처분의 이행 기한을 설정하고, 피해학생의 신속한 치료를 위한 비용 부담의 주체를 명확히 하였으며, 가해학생에 대한 출석정지, 전학 등의 조치를 의무화하고, 특별교육 시 학부모 동참을 의무화하였다. 아울러 재심청구 기회를 피해학생까지 확대하고, 정보통신망을 이용한 학교폭력 사안의 법적 근거도 마련하였다.

> ### ⊕ 인사이트 　대구 중학생 자살 사건의 영향
>
> 학교폭력 정책에 가장 큰 영향을 준 사건은 아마도 2011년 12월에 발생한 일명 '대구 중학생 자살 사건'일 것이다. 중학교 2학년이었던 권승민 군은 같은 반 친구들의 상습적인 괴롭힘을 이겨 내지 못하고 자살을 선택했다. 유서에 나오는 가해자들의 가혹행위는 너무 잔인해 공분을 불러일으켰고 가해자가 미성년자일지라도 강경 처벌해야 한다는 여론이 형성되었다. 특히 권 군이 성실하고 교우관계도 원만하며, 교사 집안의 자녀로 성장하고 있었던 점도 충격을 주었다. 권 군은 심지어 집에서조차 친구들로부터 물고문을 당했고, 전선이 목에 감긴 채 끌려다니면서 바닥에 떨어진 과자 부스러기를 주워 먹어야 했다. 이 충격적인 사건에 대한 대응으로 정부는 학교폭력 신고전화를 경찰청 117로 통합하고 교사양성과정에서 학교폭력 과목을 필수로 이수하게 하는 등 「학교폭력 근절 종합대책」을 발표하였다. 10년이 지난 2023년 「꼬리에 꼬리를 무는 그 날 이야기」 시즌 3의 78회는 이 사건을 상세하게 다루어 잊혔던 그날의 끔찍했던 사건을 다시 재조명하였다. 권 군은 유서의 마지막에 이런 문구를 썼다. "매일 불효를 했지만 저를 너무나 잘 생각해 주시는 엄마 사랑합니다. 저희 집 도어 키 번호를 바꿔 주세요. 걔들이 알고 있어서 또 문 열고 저희 집에 들어올지도 몰라요"라는 문구에 다시금 마음이 아프다.

(4) 2019년 8월 개정

2019년 8월 개정은 학교폭력대책자치위원회의 심의 건수 증가로 인한 담당 교원 및 학교의 업무 부담 가중, 학부모 대표 중심의 구성에 따른 전문성 부족, 경미한 학교폭력 사안에 대한 교육적 해결 곤란 등의 문제점을 해소하기 위해 이루어졌다. 이에 학교폭력대책자치위원회를 교육지원청으로 상향 이관하여 학교폭력대책심의위원회(이하 심의위원회)를 두고, 경미한 학교폭력의 경우 학교장이 자체적으로 해결할 수 있도록 하였다. 또한 피해학생과 가해학생에 대한 재심기구를 행정심판위원회로 일원화하는 등 제도 운영상의

미비점을 개선·보완하고자 했다. 경미한 학교폭력의 경우 피해학생 및 보호자가 원하지 않으면 학교장이 자체적으로 해결할 수 있도록 하는 '학교장 자체해결제'를 신설하였다. 교육지원청에 구성된 심의위원회는 10명 이상 50명 이내의 위원으로 구성하되, 전체위원의 3분의 1 이상을 학부모로 위촉하도록 하였다. 아울러 학교폭력 조치에 이의가 있는 피해학생 및 가해학생은 행정심판을 청구할 수 있도록 하였다.

(5) 2023년 10월 및 2024년 1월 개정

최근 학교폭력 근절에 대한 사회적 요구가 높아짐에 따라, 정부는 2023년 4월 12일 중대한 학교폭력에 대한 엄정한 대처, 피해학생 보호 강화, 현장 대응력 제고 등을 골자로 하는 '학교폭력 근절 종합대책'을 수립하였고, 이에 따라 법률이 개정되었다. 개정법률안의 안정적인 시행을 위해 구체적인 사항을 정비할 필요성이 대두되었는데, 특히 교원의 학교폭력 관련 업무 부담을 경감시키기 위해 학교폭력 처리 절차를 효율화하고, 학교전담경찰관의 역할을 강화하며, 심의위원회의 전문성과 공정성을 제고하는 등 학교폭력 사안처리 제도를 개선하고 보완하는 것을 목표로 하고 있다. 그리고 가해학생에 대한 엄중 조치, 피해학생 보호 및 지원 강화, 사안처리 절차의 공정성 및 전문성 제고에 초점을 맞추고 있다. 구체적으로, 가해학생에 대해서는 접촉·협박·보복 금지를 의무화하고, 조치 위반 시 심의위원회의 추가 조치를 가능하게 하였으며, 학교장의 긴급조치 범위를 확대하였다. 피해학생 보호를 위해 국가 수준의 전문교육기관 설치, 피해학생 지원 조력인 제도 도입, 사이버폭력 대응 강화 등의 조치를 마련하였으며, 사안처리 과정에서 피해학생의 의견 청취 및 절차 참여권을 보장하고, 교육청 내 전담 조사관 활용 및 학교관리자 교육 의무화 등을 통해 공정성과 전문성을 제고하고자 하였다.

4) 주요 개정 요소별 신·구법 비교

앞선 절에서 설명했던 주요 개정사항을 주제별로 비교하여 설명하면 다음과 같다.

(1) 학교폭력의 대상 확대

「학교폭력예방법」 제2조 제1호의 2012년 3월 개정을 통해 학교폭력 피해학생에 대한 보호와 치유 부담 완화를 위하여 학교폭력의 범위가 확대되었다. 기존에는 학교폭력을 '학생 간에 발생한' 사건으로 한정하였으나, 개정 이후에는 '학생을 대상으로 발생한' 사건으로 그 범위를 확대하여 학교 밖 청소년 등에 의해 발생한 학교폭력도 이 법에 따른 지원을 받을 수 있게 되었다.

(2) 학교폭력의 유형 확대

2008년 3월 개정(「학교폭력예방법」 제2조 및 제5조 제2항)에서는 2004년 밀양의 중학생 집단성폭행 사건이 보도된 후 청소년 사이에서 벌어지는 집단성폭행 문제의 심각성이 대두되다 2007년 동급생 성폭행 사건이 드러나자 학교폭력의 범주에 성폭행을 추가해야 한다는 논의가 시작되었다(김성태, 2015; 김혜경, 2013; 신현석 외, 2013; 이진국, 2007; 조종태, 2013). 이에 본 개정에서는 학교폭력의 개념 속에 성폭력을 포함시키도록 하되 다른 법률에 특별한 규정이 있을 경우에는 이 법을 적용하지 못하게 함으로써 성폭력 피해학생의 프라이버시 보호를 강화하였다.

2012년 1월 개정(「학교폭력예방법」 제2조 제1호)에서는 학교폭력의 정의를 보다 구체화하였다. 학교 내외 관련 종사자들이 따돌림의 심각성을 인식할 수 있도록 따돌림의 정의를 신설하였으며, 이른바 '빵셔틀' 문제를 포함한 강제 심부름에 의한 학교폭력이 심각해지자(박주형 외, 2012; 이승현, 2012; 이영돈, 2012; 조종태, 2013) 강제적인 심부름도 학교폭력의 범주에 추가하였다. 이를 통해 학교폭력의 개념을 보다 명확히 하고, 다양한 유형의 학교폭력에 대응할 수 있는 기반을 마련하고자 하였다.

2012년 3월 개정(「학교폭력예방법」 제2조 제1호)에서는 인터넷 카페와 소셜네트워크서비스(SNS), 문자메시지 등을 통해 발생하는 사이버 따돌림 문제에 대응하기 위해 학교폭력의 정의를 다시 한번 구체화하였다. 가상공간에서 벌어지는 학교폭력의 특성상 가해학생들이 죄의식을 느끼지 않고, 교사나 학부모가 이를 제지하기 어려운 상황이었다(권오걸, 2013; 김영천, 김정현, 2012; 문영희, 강동욱 2015; 이승현, 2012; 조종태 2013). 이에 사이버폭력을 학교폭력의 범주에 추가하고 이에 대한 정의도 신설함으로써, 새로운 유형의 학교폭력에 대한 인식을 제고하고 적극적인 대응 방안을 마련하고자 하였다.

(3) 학교장의 자체해결제도 및 관계회복 프로그램 관련 조항 신설

2019년 8월 개정(「학교폭력예방법」 제13조의2 및 「학교폭력예방법 시행령」 제14조의3)에서는 학교폭력대책자치위원회의 심의 건수 증가로 인한 담당 교원 및 학교의 업무 부담 가중과 경미한 학교폭력 사안에 대한 교육적 해결 곤란이라는 문제점을 해소하고자 하였다. 이에 2주 이상의 신체적·정신적 치료를 요하는 진단서를 발급받지 않은 경우 등 경미한 학교폭력에 대해서는 학교장이 자체적으로 해결할 수 있도록 하였다. 또한 학교장이 학교폭력사건을 자체적으로 해결할 경우 피해학생, 가해학생 및 그 보호자 간의 관계회복을 위한 프로그램을 운영할 수 있도록 함으로써 학교의 교육적 기능을 강화하고자 하였다(성문주, 2020; 성병창, 이상철, 2019; 신강숙, 2020; 하윤수, 2018; 허종렬, 2019). 이를 통해 학교폭력 사안에 대한 효과적이고 교육적인 대응을 도모하고, 학교현장의 부담을 경감시키고자 한 것으로 볼 수 있다.

(4) 현장대응력 제고, 피해학생 보호 강화 및 가해자 엄벌

2023년 10월 개정된 「학교폭력예방법」에서는 교육감의 책임과 역할을 강화하여 학교 현장의 대응력을 제고하고자 하였다. 교육감은 학교폭력 예방·대책 및 피해학생 보호를 위한 통합지원을 위해 전담부서와 전문기관을 의무적으로 설치·운영해야 하며(제11조 제1항, 제9항), 전담기구 구성원과 학교장, 교감을 대상으로 한 교육을 실시하여 전문성을 강화해야 한다(제11조 제10항, 제13항). 아울러 학교폭력 사안처리에 헌신하는 교원들을 보호하기 위해 학교폭력 업무 담당자에 대한 지원 및 면책 규정을 신설하여(제11조의4), 책임교사 활동 지원(제11조의4 제1항), 법률서비스 제공(제11조의4 제2항), 정당한 학교폭력사건 처리 시 민·형사상 책임 면제(제11조의4 제3항) 등을 가능하게 하였다. 또한 피해학생의 보호와 관련하여 학교의 장이 내릴 수 있는 긴급보호 조치 범위가 확대되었다. 기존에는 피해학생이 긴급보호를 요청하는 경우 학교의 장이 제1호, 제2호 및 제6호의 조치만 할 수 있었으나, 개정안에서는 제1호부터 제3호까지 및 제6호의 조치로 확대되었다(제16조 제1항). 이를 통해 학교의 장이 피해학생 보호를 위해 신속하고 적극적으로 대응할 수 있는 권한이 강화되었다. 더불어 가해학생에 대한 조치에 있어 학교의 장이 학교폭력을 인지한 경우 피해학생 및 신고·고발 학생에 대한 접촉, 협박 및 보복행위의 금지 조치를 의무적으로 하도록 변경되었다(제17조 제4항).

2024년 1월 개정에서는 심의위원회가 피해학생 보호를 위해 전문가의 의견을 적극 반영하도록 하고, 피해학생 또는 보호자가 요청할 경우 반드시 의견을 청취하도록 의무화하였다(제13조 제5항). 뿐만 아니라 가해학생에 대한 조치나 징계가 지연되거나 이행되지 않을 경우, 피해학생 및 보호자가 교육감에게 직접 신고할 수 있는 통로를 마련하였다(제17조 제16항). 교육감은 신고가 접수되면 즉시 교육장 또는 학교장을 조사하여 사실 관계를 확인해야 한다(제17조 제16항). 이를 통해 가해학생에 대한 신속하고 엄중한 조치가 이루어지도록 하여 피해학생을 두텁게 보호하고자 하였다.

2 학교폭력 사안처리의 절차와 쟁점[1)]

학교폭력이 발생하면 「학교폭력예방법」에 제시된 사안처리 절차에 따라 사건을 엄정하고 공정하게 처리해야 한다. 「학교폭력예방법」 제14조에 따라 학교장은 학교폭력 사태를 인지한 경우 지체 없이 전담기구 또는 소속 교원으로 하여금 가해 및 피해 사실 여부를 확인하도록 하고, 전담기구로 하여금 제13조의2에 따른 학교장의 자체해결 부의 여부를 심의하도록 해야 한다. 이러한 일련의 절차는 [그림 12-1]로 요약할 수 있다.

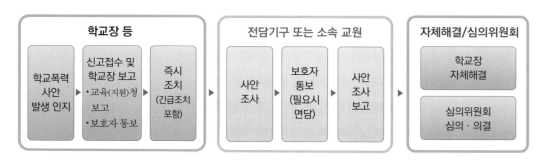

[그림 12-1] 사안의 발생-조사-보고의 진행 과정

1) 학교폭력 감지 및 인지 노력

학교폭력을 초기에 감지하고 인지하는 것은 매우 중요하다. 우선, 교사는 학생들과 많은 시간을 보내므로 학교폭력 발생 전에 징후를 발견할 가능성이 크며, 학교폭력 상황을 감지·인지했을 때 신속하고 적극적으로 개입해야 한다. 감지는 학생들의 행동이나 교실 분위기 등을 통해 학교폭력을 느끼게 되는 것이고, 인지는 직접 신고, 목격자 신고, 제3자 신고, 고발전화, 언론 및 방송 보도, 상담 등으로 학교폭력 사안을 알게 되는 것이다. 학교폭력이 감지·인지된 경우, 교사는 학교장에게 보고하여야 하며(제20조 제4항), 학교장은 지체 없이 전담기구 또는 소속 교원으로 하여금 사실 여부를 확인하도록 해야 한다(제20조 제4항, 제14조 제4항). 또한 학교는 학교폭력 예방을 위해 학교전담경찰관과 협력해야 한다.

---

1) 이 절의 내용은 학교폭력 사안처리 가이드북(교육부, 이화여자대학교 학교폭력예방연구소, 2024)의 내용을 수정·보완하였음.

2) 학교폭력 신고 및 접수

「학교폭력예방법」에 제시된 학교폭력 신고의무에 따라 학교폭력 현장을 보았거나 그 사실을 알게 된 자는 누구든지 즉시 학교 등 관계기관에 신고해야 하는 신고의무가 있다(제20조 제1항). 학교장은 피해학생이나 보호자가 신고하지 않더라도 학교폭력 사실을 인지한 경우 전담기구나 소속 교원을 통해 사실 여부를 확인하고(제19조 제4항), 필요시 조사관을 통한 사안조사를 진행해야 한다. 또한 교원이 학교폭력의 예비·음모 등을 알게 되었을 때는 학교장에게 보고하고 해당 학부모에게 알려야 하는 보고의무가 있다(제20조 제4항). 아울러 교원 등은 신고자와 고발자의 개인정보 등을 포함한 관련 자료를 누설해서는 안 되는 비밀누설 금지의무를 지닌다(제21조 제1항). 이처럼 「학교폭력예방법」은 학교폭력 근절을 위해 신고의무, 보고의무, 비밀누설 금지의무 등을 규정하고 있다.

이러한 신고 및 접수 절차를 요약하면 [그림 12-2]와 같다.

[그림 12-2] 학교폭력 신고 및 접수 절차의 과정(교육부, 이화여자대학교 학교폭력예방연구소, 2024)

학교폭력 신고 방법에는 교내 신고 방법과 교외 신고 방법이 있다. 교내 신고 방법의 경우, 학교폭력은 구두 신고와 신고함 및 설문조사 등을 통해 신고할 수 있다. 구두 신고는 피해학생, 목격학생, 보호자 등이 직접 교사에게 말하거나 교사가 개별 상담을 통해 파악하는 경우이다. 신고함은 일정한 장소에 설치하여 안내하되, 신고 학생이 신고서를 넣는 것을 두려워하지 않도록 위치를 신중히 정한다. 설문조사는 모든 학생에게 신고 기회를 제공하여 심도 있는 정보를 얻기 위해 실시하며, 학생들이 설문지를 편안히 작성할 수 있도록 시험대

형으로 앉게 하고 서로 보지 못하도록 하며, 작성 후 설문지를 반으로 접어 제출하게 하고 교사가 직접 회수한다. 설문 결과는 비밀을 보장하여 피해 및 가해학생과 다른 학생들에게 유출되지 않도록 하며, 교사는 이를 반드시 지켜야 한다. 이 외에 이메일이나 SNS, 홈페이지의 비밀 게시판, 학교 명의의 휴대전화 등을 통한 신고도 가능하다. 교외 신고 방법으로는 112 경찰청 긴급범죄 신고, 117 학교폭력 신고센터, 학교전담경찰관을 통한 신고 등이 있으며, 이 중 117 신고센터는 24시간 운영되고, 긴급구조, 수사, 법률상담 등의 종합지원을 제공한다. 비밀보장을 위해 신고자는 절대 노출되지 않도록 하며, 교사와 학부모는 학교폭력 사실을 심각하게 받아들이고 적절히 대처할 것을 학생들에게 인식시켜야 한다.

학교폭력에 대한 신고가 접수되면 신고자의 유형에 따라 적절하게 대처하는 것이 중요하다. 첫째, 신고자가 보호자인 경우에는 교사는 보호자를 안심시키고 신뢰를 주기 위해 적극적으로 사안을 조사하여 해결하겠다는 의지를 보여 주어야 한다. 사안처리 과정에서 보호자와 긴밀한 협력관계를 유지하는 것이 중요하며, 궁극적 목적이 피해학생과 가해학생 모두의 안전한 학교생활임을 인지시켜야 한다. 신고자가 피해학생인 경우, 교사는 피해학생의 신체적, 심리적 상태를 파악하고 신변을 보호하는 한편, 객관적 사실 파악을 통해 문제를 적절히 해결하는 해결자의 역할과 피해학생을 정서적으로 지지하는 상담자의 역할도 수행해야 한다. 신고자가 주변학생인 경우, 교사는 신고 행동을 칭찬하고 학생의 불안감을 해소해 주며, 다른 목격 학생이 있는지 확인하여 학교폭력 주위의 숨은 학급 집단 구조와 학생들 간의 권력 관계를 파악해야 한다.

3) 학교폭력 발생 시 대응 방법

학교폭력이 신고되어 접수되면 이에 대해 학교는 즉각적으로 대응해야 한다. 대상별로 초기 대응 방식은 다르다. 우선, 피해학생의 경우, 안전을 확보하여 안심을 시키고 신뢰 관계를 형성하는 것이 중요하다. 그리고 경미한 상처는 보건실에서 치료하고 심각한 경우에는 병원으로 이송해야 하는데, 생명이 위협받는 상황이라면 즉시 119에 도움을 요청해야 한다. 가해학생에 대해서는 상황을 종료시키고 피해학생과 분리한 후, 가해학생의 예측 불가한 행동에 주의하면서도 그들의 입장을 경청하고 소통하는 자세가 필요하다. 양측 보호자에게 신속히 연락하여 정확한 정보를 전달하고, 학교 방문 시 면담 장소와 시간을 안내해야 한다. 아울러 학교의 대응 계획을 안내하고 추후 협조를 요청하는 것이 좋다. 목격학생 혹은 주변학생들의 충격 수준을 파악하여 심리적 안정을 도모하고, 사안에 대한 언급을 자제하며 관련 학생들을 보호해 줄 것을 당부해야 한다. 또한 학생들의 동요나 의구심을 모니터링하고 필요한 사항을 적절한 수준에서 안내함으로써 불안 요소를 해소하는 것이 중요하다.

특히 사안처리 초기 과정에서 긴급조치가 필요한 경우에는 긴급조치를 내려야 한다. 긴급조치는 피해학생 보호가 긴급하다고 판단될 경우, 학교장은 피해학생에 대한 일부 조치를 선행할 수 있으며, 이 경우 심의위원회에 즉시 보고해야 한다. 또한 학교장은 가해학생에 대한 선도가 긴급하다고 인정될 경우, 출석정지 등의 조치를 할 수 있으며, 이를 가해학생과 보호자에게 통지해야 한다. 만약 가해학생이 이를 거부하거나 회피할 경우, 학교장은 「초·중등교육법」에 따라 징계해야 한다. 학교장이 선행 조치 가능한 출석정지 사유로는 고의적·지속적 폭력, 전치 2주 이상의 상해, 보복 목적의 폭력, 피해학생 긴급보호 필요 등이 있으며, 출석정지 시 해당 학생 또는 보호자의 의견을 들어야 한다.

4) 사안조사

(1) 전담기구의 구성 및 역할

특히 사안을 조사하는 과정은 엄정하고 공정하게 이뤄져야 한다. 사안을 조사할 때에는 먼저 전담기구를 구성해야 한다. 이 경우 학부모는 구성원의 3분의 1 이상이어야 한다. 전담기구의 인원이 5~6명일 경우 학부모는 2명 이상, 인원이 7~9명일 경우 학부모는 3명 이상, 인원이 10~11명일 경우 학부모는 4명 이상이어야 한다. 전담기구는 학교폭력 사태를 인지한 경우 즉시 가해 및 피해 사실 여부를 확인하고, 자체해결 부의 여부를 심의하며, 학교폭력 예방 프로그램을 구성·실시하고, 심의위원회의 요구가 있는 경우 활동결과를 보고한다. 또한 전담기구는 성폭력 등 특수한 학교폭력사건에 대한 실태조사의 전문성을 확보하기 위해 필요시 전문기관에 실태조사를 의뢰할 수 있다. 전담기구를 구성하는 학부모는 학교운영위원회에서 추천한 사람 중 학교장이 위촉하며, 운영에 필요한 사항은 학교장이 정한다.

전담기구는 학교폭력 신고 접수대장을 비치하고, 신고받은 사안에 대해 기록·관리하며, 관련 학생의 보호자에게 통보한다. 학교폭력을 인지한 경우 피해 및 가해 사실 여부를 확인하고, 인지 후 48시간 이내에 교육(지원)청으로 사안을 보고한다. 긴급하거나 중대 사안일 경우 수사기관에 신고하며, 학교장 자체해결 부의 여부와 긴급조치 여부를 심의한다. 또한 가해학생과 피해학생의 분리, 졸업 전 가해학생 조치사항 삭제, 집중보호 또는 관찰대상 학생에 대한 생활지도, 학교폭력 실태조사 등을 수행한다. 전담기구는 학교폭력 예방과 조기 발견을 위해 실태조사를 실시하고, 관련 학생 담임교사와 함께 지속적인 상담 및 기록을 진행하며, 학교생활기록부 기재유보 사항을 관리한다.

(2) 학교폭력 전담 조사관의 역할

2024년부터 학교폭력 전담 조사관 제도가 시행되었다.「학교폭력예방법」제11조에 따라 교육감은 시ㆍ도교육청에 학교폭력 예방ㆍ대책 및 법률지원을 포함한 통합지원을 담당하는 전담부서를 설치ㆍ운영해야 한다. 이 전담부서는 학교폭력 실태조사, 전문기관 설치, 교육 실시 등의 업무를 수행하며, 필요한 경우 관계 기관에 협조를 요청할 수 있다. 교육감은 학교폭력 예방과 사후조치를 위해 피해학생 상담, 가해학생 조사, 학교폭력 예방 및 대책계획의 이행 지도, 학교폭력서클 단속, 민간 기관 및 업소 출입ㆍ검사 등의 조사ㆍ상담 업무를 수행할 수 있으며, 그 결과는 학교장 및 보호자에게 통보해야 한다. 이 업무는 대통령령으로 정하는 기관 또는 단체에 위탁할 수 있다.

조사관의 임명ㆍ위촉권자는 교육감 또는 교육장으로, 교육감은 학교폭력 조사ㆍ상담 관련 전문가를 임명하거나 위촉할 수 있다. 조사관은 학교폭력 예방과 근절을 위한 대책 수립 및 추진, 피해학생 치료 및 가해학생 조치, 피해학생과 가해학생 간의 관계회복, 법률 자문 및 지원, 학교폭력 관련 조사ㆍ상담 등의 업무를 수행한다. 조사관은 그 권한을 표시하는 증표를 지니고 이를 관계인에게 보여 주어야 하며, 필요시 관계 기관의 협조를 요청할 수 있다. 조사관의 역할, 요건, 수당 지급 등에 관한 세부 사항은 교육감이 정하며, 조사ㆍ상담 업무의 효율적 수행을 위해 전문가를 활용할 수 있다.

(3) 사안조사 절차 및 방법

지금까지 설명한 학교폭력 전담 조사관의 조사와 전담기구의 심의 절차 및 방법을 정리하면 [그림 12-3]과 같다. 학교의 경우에는 117 학교폭력 신고센터로부터의 통보 및 교사, 학생, 보호자 등의 신고 접수를 통해 학교폭력 발생을 인지하게 된다. 신고 접수된 사안은 학교폭력신고 접수대장에 반드시 기록하고, 학교장에게 보고 및 담임교사에게 통보해야 한다. 초기 사실 확인을 위한 최초 학생 작성 확인서 접수 및 관련 학생의 보호자에게 통보하고, 가해학생과 피해학생을 분리하며, 가해학생에게 제2호 조치를 시행한다. 이러한 분리 및 조치 시행 사실을 관련 학생 및 보호자에게 통보하고, 교육(지원)청에 48시간 이내에 보고한다. 피해학생의 신체적ㆍ정신적 피해를 치유하기 위한 조치를 우선적으로 실시하고,

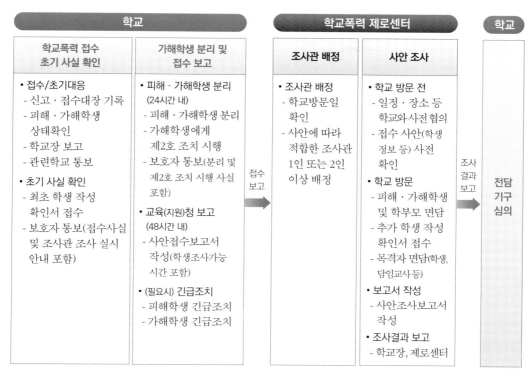

[그림 12-3] 사안조사 절차 및 방법(교육부, 이화여자대학교 학교폭력예방연구소, 2024)

성범죄인 경우 수사기관에 신고하며, 긴급한 필요가 있는 경우 법률에 따라 긴급조치를 실시할 수 있다. 또한 학교는 자체해결 요건 충족 여부를 서면으로 확인하고, 피해학생과 그 보호자의 동의를 받아 자체해결을 진행할 수 있으며, 관계회복을 위한 프로그램을 권유할 수 있다.

　학교폭력 제로센터를 통해 파견된 조사관은 피해 및 가해사실 여부 확인을 위한 구체적인 사안 조사를 실시한다. 관련 학생과의 면담, 주변학생 조사, 설문조사, 객관적인 입증자료 수집 등을 통해 심층 면담을 진행하고, 육하원칙에 따라 사안조사 보고서를 작성한다. 성폭력의 경우 비밀유지에 특별히 유의하며, 장애학생이나 다문화학생의 경우 특수교육 전문가 등을 참여시켜 진술 기회를 확보하고 조력을 제공한다. 필요한 경우 보호자 면담을 통해 요구사항을 파악하고, 조사된 내용을 보호자가 충분히 이해할 수 있도록 안내한다. 이 과정에서 학교는 전담기구의 심의를 통해 사안처리를 진행하며, 조사 결과와 관련된 사항을 교육(지원)청에 보고한다. [그림 12-3]은 이러한 단계별 조치사항과 각 기관의 역할을 시각적으로 설명하고 있다.

3 학교폭력 학교장 자체해결 제도

1) 학교장 자체해결 요건

　'학교장 자체해결제'란 경미한 학교폭력 사안을 학교의 장이 자체적으로 해결할 수 있도록 하기 위해 마련한 조치이다. 구체적으로 피해학생 및 그 보호자가 심의위원회 개최를 원하지 않고, 다음의 네 가지 요건에 모두 해당하는 경우 학교장 자체해결 가능한 것으로 본다. 첫째, 2주 이상의 신체적·정신적 치료를 요하는 진단서를 발급받지 않은 경우이다. 이때, 전담기구 심의일 이전에 진단서를 제출하지 않은 경우에는 자체해결 요건에 해당하는 것으로 판단 가능하다. 단, 피해학생 측이 학교에 진단서를 제출한 이후에는 의사를 번복하여 진단서를 회수하는 것은 불가하다. 둘째, 재산상 피해가 없거나 즉각 복구된 경우이다. 재산상 피해의 복구 여부는 전담기구 심의일 이전에 재산상 피해가 복구되거나 가해 관련 학생 보호자가 피해 관련 학생 보호자에게 재산상 피해를 복구해 줄 것을 확인해 주고 피해 관련 학생 보호자가 인정한 경우로, 요건 중 '재산상 피해가 없거나 즉각 복구'에 '복구약속이 있는 경우'를 포함하도록 확대되었다. 이때 재산상 피해는 신체적·정신적 피해의 치료비용을 포함한다. 셋째, 학교폭력이 지속적이지 않은 경우로 지속성의 여부는 피해 관련학생의 진술이 없을지라도 전담기구에서 보편적 기준을 통해 판단한다. 넷째, 학교폭력에 대한 신고, 진술, 자료 제공 등에 대한 보복행위가 아닌 경우이다. 가해 관련 학생이 조치받은 사안 또는 조사 과정 중에 있는 사안과 관련하여 신고, 진술, 증언, 자료 제공 등을 한 학생에게 학교폭력을 행사하였다면 보복행위로 판단할 수 있다.

　자체해결 요건을 충족하는 경미한 사안임에도 피해학생 측이 심의를 요청한 사안은 전담기구에서 관계회복 프로그램을 권유할 수 있도록 「학교폭력예방법」이 개정되었다. 이를 통해 학교장 자체해결 범위를 확대하여 가해학생의 진정한 사과와 반성을 이끌 수 있는 교육적 해결 기능을 강화하고자 노력하고 있다. 특히 초등 저학년(1~2학년) 사안은 학교장 자체해결로 우선 적용하고 미해결 시 심의위원회 상정을 검토하도록 하였다. 또한 학교장이 자체적으로 종결한 사안의 가해학생에게 상담, 캠페인 활동 등 별도 선도·교육 프로그램 운영을 필수화하였다. 현장 지원을 위해 교육(지원)청에 상담·복지 전문가, 화해·분쟁조정 전문가 등으로 구성된 피해회복·관계개선 지원단을 구성·운영하여 관계회복 프로그램 운영 지원, 가해·피해학생 찾아가는 서비스 등을 제공할 수 있다. 마지막으로, 학생·학부모가 구성원으로서 학교폭력에 대한 책임을 인식하는 '학교-학생·학부모' 간 책임계약을 맺고 실천하도록 하였다. 이를 통해 학교폭력의 정의·유형, 조치사항, 학교장 긴급조치 등 「학교폭력예방법」의 내용 및 책임을 확인하고, 학부모의 예방교육 의무 이수에 관한 내용을 포함하여 학교폭력에 대한 학부모의 책임의식 및 이행 실효성을 제고하고자 하였다.

2) 학교장 자체해결 절차

학교장 자체해결 절차를 요약하면 [그림 12-4]와 같다. 학교폭력 사안조사가 이뤄진 후 피해학생 및 그 보호자는 서면을 통해 조사 내용을 확인하게 된다. 사안이 학교장 자체해결 요건에 해당하면 피해학생과 그 보호자는 학교장 자체해결 절차를 따르게 되는데, 구체적으로 다음의 5단계로 구분된다. 첫째, 학교폭력 사안 조사 단계에서는 전담기구가 사안을 조사하며, 이 과정에서 피해 관련 학생 및 그 보호자를 상담할 때 학교장 자체해결을 강요하지 않도록 유의해야 한다. 둘째, 전담기구 심의 시 유의사항으로, 학교장의 자체해결 요건 해당 여부는 전담기구의 심의를 통해 협의하여 결정된다. 단, 2주 이상의 신체적·정신적 치료를 요하는 진단서를 발급받아 제출한 경우, 학교장은 전담기구의 심의를 거치지 않고 심의위원회 개최를 요청할 수 있다. 또한 가해학생이 여러 명인 학교폭력 사안의 경우, 가해학생 모두가 학교장 자체해결 요건에 부합해야 학교장 자체해결이 가능하다. 셋째, 피해학생 및 그 보호자의 서면 확인 단계에서 전담기구의 심의 결과 학교장 자체해결 요건에 해당하는 사안의 경우, 전담기구는 객관적으로 판단한 기준에 대해 피해학생 및 그 보호자에게 설명한다. 피해학생과 그 보호자가 심의위원회 개최 요구 의사 확인서를 통해 학교장 자체해결에 동의하면 학교장이 자체해결할 수 있다. 학교장이 자체해결한 학교폭력 사안에 대해서는 재산상의 피해 복구가 이행되지 않거나 조사 과정에서 확인되지 않았던 사실이 추가적으로 확인된 경우를 제외하고는 피해학생 및 그 보호자가 심의위원회 개최를 요청할 수 없다는 사실을 설명한다. 넷째, 학교장 자체해결 결재 및 교육(지원)청 보고 단계에서는 전담기구의 학교폭력 사안조사 보고서, 전담기구의 심의 결과 보고서, 피해학생 및 그 보호자의 심의위원회 개최 요구 의사 확인서를 첨부한다. 학교장은 자체해결 결과를 교육(지원)청에 보고하며, 가해학생 우선 출석정지 후 학교장 자체해결로 처리할 경우 긴급조치를 직권으로 취소하고 기타 부득이한 사유로 학교장의 허가를 받아 결석하는 경우 출석으로 인정할 수 있다. 다섯째, 관련 학생 보호자 통보 단계에서는 관련 학생의 보호자에게 서면, 유선, 문자 등으로 통보한다.

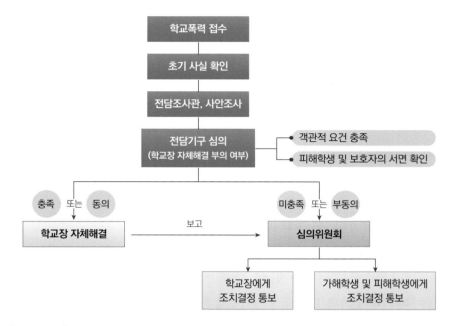

[그림 12-4] 학교장 자체해결 사안처리 흐름도(교육부, 이화여자대학교 학교폭력예방연구소, 2024)

학교폭력 발생 건수는 [그림 12-5]에 제시된 바와 같이 코로나 시기를 제외하면, 매년 증가하고 있다. 학교장 자체해결제가 도입된 2019년에는 전체 심의 건수 중에서 자체해결 건수가 차지하는 비율이 27%에 불과했지만, 2020년부터는 60%를 상회하는 비율을 차지하고 있다.

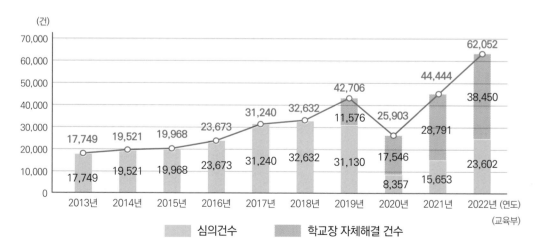

[그림 12-5] 연도별 학교폭력 발생 건수

4 관계회복 및 분쟁조정

1) 학교폭력 관계회복의 이해

관계회복은 학교장 자체해결제가 시행되면서 개정된 「학교폭력예방법」에 피해학생과 가해학생 사이의 관계를 회복시켜 원래 상태 또는 일상생활로 돌아갈 수 있도록 노력하는 것을 말한다. 관계회복을 시도하는 목적은 관련 당사자 사이에 발생한 사안을 중심으로 개입하여 양측 관계를 회복시키는 것이며, 상호 이해와 소통, 대화 과정을 통해 피해학생의 입장을 충분히 고려한 진심 어린 사과와 가해학생의 반성을 이끌어 내는 데 있다. 또한 이를 통해 심리 · 정서적 안정을 도모하고, 학교와 일상생활, 또래관계에 안정적으로 적응하고 신속히 복귀할 수 있도록 조력하는 데 목적이 있다. 학교장은 경미한 학교폭력사건에 대해 피해학생 및 그 보호자가 심의위원회 개최를 원하는 경우 관계회복 프로그램을 권유할 수 있으며, 사안이 발생한 관련 학생들을 대상으로 사전 개별면담을 통해 각각의 욕구와 심리 · 정서적 상태를 탐색한 후, 준비와 동의가 되었을 때 직접 대면하여 소통의 과정을 거쳐 관계를 회복하도록 조력한다. 이 과정에서 학교는 사안에 따라 적합한 교사를 배정하여 역할을 수행하게 한다.

이러한 관계회복은 구조화된 프로그램을 통해 진행되는데 교육부 등(2019)은 관계회복 프로그램 절차를 [그림 12-6]과 같이 제시하고 있다.

[그림 12-6] 학교폭력 관계회복 프로그램의 진행 절차

사전안내 단계에서는 사안의 특징을 고려하여 피해학생과 가해학생의 심리적 상태를 파악하여 프로그램 진행 시 주의할 점을 생각해야 하며, 이때 관련 교사들은 사전 협의를 통해 준비해야 한다. 이후에는 사전 개별면담 단계를 진행하여야 한다. 이 단계에서는 피해학생과 가해학생을 각각 개별적으로 만나 그들의 감정, 요구사항, 관계회복에 대한 의지 등

을 청취하여야 한다. 이 과정에서 수집된 정보를 바탕으로 적절한 관계회복 프로그램을 구성할 수 있다. 이어서 관계회복 프로그램을 실제로 진행할 때에는 피해학생과 가해학생이 서로의 입장을 이해하고 소통할 수 있도록 교사가 적절히 개입하고 조율하는 것이 중요하다. 마지막으로 프로그램이 종결된 후에도 지속적인 관심을 가지고 사후관리를 해 주어야 한다. 피해학생과 가해학생이 학교생활에 잘 적응하고 있는지, 후유증은 없는지 꾸준히 모니터링하고 필요시 추가 조치를 취하여야 한다. 이러한 일련의 과정을 통해 진정한 관계회복이 가능해질 것이다.

이 프로그램은 3회기로 구성되어 있으며 추가로 회기를 선택할 수 있는 모듈형 프로그램이다. 구체적인 프로그램의 구성은 〈표 12-2〉와 같다. 관계회복 프로그램은 양측 학생이 동의할 경우에만 진행해야 하며 한 명이라도 중단 의사를 밝히면 종결될 수 있다. 이는 학생들의 자발적 참여와 결정권을 존중하는 것으로, 학생 간 갈등 해결을 위한 프로그램의 기본 원칙 중 하나이다. 이러한 원칙 아래, 교사는 프로그램 진행 시 몇 가지 중요한 사항을 유의해야 한다.

첫째, 교사는 문제를 직접 해결해 주기보다는 학생들이 스스로 문제를 해결할 수 있도록 촉진하는 역할에 초점을 둔다. 이를 통해 학생들의 자기 결정성을 높이고 책임감을 강화할 수 있다. 둘째, 교사는 기존의 교사-학생 관계를 넘어서 중립적이고 객관적인 태도를 유지한다. 이는 조정 과정에서 공정성을 확보하고 학생들의 신뢰를 얻는 데 도움이 된다. 셋째, 교사는 학생들이 진정성을 가지고 프로그램에 참여할 수 있도록 돕는다. 학생들의 이면 욕구를 파악하고 그들이 준비된 범위 내에서 진심을 표현할 수 있도록 지도한다. 넷째, 교사는 전문성과 상담기술을 유연하게 활용한다. 매뉴얼을 상황에 맞게 적절히 변용하고, 학생들의 정서를 고려하여 민감하게 대처할 수 있어야 한다. 다섯째, 프로그램에서는 사실 확인보다는 관계회복에 초점을 둔다. 학생들 간의 오해와 감정을 풀어 주는 것이 우선시되어야 하며, 이를 통해 관계 개선과 화해를 이끌어 낸다. 여섯째, 학생들이 중심이 되어 서로 합의할 수 있도록 돕는다. 개선, 화해, 회복의 정도는 학생들이 합의한 수준에서 결정된다. 일곱째, 피해학생과 가해학생의 수, 힘의 균형을 고려하여 피해학생을 지지하려는 노력이 필요하다. 특히 피해학생이 소수일 경우, 교사의 세심한 지원이 요구된다. 마지막으로, 교사는 학생들이 효과적이고 실현 가능한 계획을 세울 수 있도록 돕는다.

〈표 12-2〉 관계회복을 위한 맞춤형 프로그램의 회기별 내용(교육부 외, 2019)

회기	모듈	내용	비고
1회기	서로 마주하기	프로그램을 소개하고, 프로그램 규칙을 정한다. 프로그램 규칙에 대해 서약하며 참여 동기 높인다.	필수
2회기	서로의 관점 이해하기	관점의 차이로 오해가 생길 수 있다는 것을 이해하고, 갈등 상황을 상대방의 관점에서 이해한다. 서로 오해한 점을 이야기하며 갈등 관계의 개선을 도모한다.	필수 (택1)
	미해결 감정을 표현하고 해결하기	자신의 견해에서 가지고 있는 미해결 감정을 이해하고 자신의 감정을 표현할 수 있도록 하며, 상대방의 감정을 이해하고 표현해서 서로의 미해결 감정을 줄인다.	
	사이버폭력의 갈등 해결하기	사이버폭력의 심각성에 대해 이해하고, 사이버폭력으로 인한 갈등을 해결한다.	
2회기*	서로의 갈등 해결하기	관련 학생이 가진 관계회복의 욕구를 확인하고, 현재의 행동을 탐색하여 관계회복에 도움이 되는 행동인지를 평가한다. 관계회복을 위한 구체적인 행동계획을 수립한다.	추가 선택
	나의 대처행동 이해하기	갈등 상황에서 취하는 자신의 대처 행동에 대해서 이해하고, 갈등 상황에서 필요한 보다 적응적인 대처 행동에 대해서 배운다.	
	문제에서 해결로 나아가기	'기적질문'을 사용하여 현재의 문제에서 벗어나 문제가 해결되었을 때를 구체적으로 상상해 보고, 문제해결을 위해 당장 실천할 수 있는 행동목록을 만들어 실천해 본다.	
	갈등 상황을 이해하고 개선하기	'척도질문'을 사용하여 갈등 해결에 관한 생각을 현실적이며 구체적으로 정리하게 한다. 자신의 구체적 기대와 목표, 성찰과 변화의 상태를 확인하다.	
3회기	서로 화해의 약속하기	서로의 갈등 해결 유형을 파악하고 서로에게 해결을 위한 방법을 제안한다. 제안사항을 기초로 서로에게 편지를 쓰고 서약서를 작성한다.	필수

2) 학교폭력 분쟁조정의 이해

분쟁조정이란 피해 및 가해학생 간 또는 그 보호자 간의 손해배상에 관련된 합의조정 및 그 밖에 심의위원회가 필요하다고 인정하는 사항에 대한 심의위원회 또는 교육감의 조정을 의미한다. 이는 당사자들 간의 자체적인 해결을 최대한 도모하여 법적인 소송으로 인하여 발생할 수 있는 불필요한 사회적 비용을 감소시키는 효과가 있다. 학교폭력과 관련하여 분쟁이 있는 경우, 심의위원회 또는 교육감이 분쟁을 조정할 수 있으며(제18조 제1항, 제6항, 제7항), 심의위원회는 분쟁조정을 위하여 필요하다고 인정하는 때에는 관계 기관의 협조를 얻어 학교폭력과 관련한 사항을 조사할 수 있다(제18조 제4항). 분쟁조정은 피해학생, 가해학생, 학교 각 3주체의 동의가 확인된 후 진행되어야 하며, 조정의 객관성, 공정성, 중립성을 기반으로 전문적인 조정을 위해 관계 기관의 협조를 얻어 진행할 수 있다. 또한 현장 지원을 위해 교육(지원)청에 상담·복지 전문가, 화해·분쟁조정 전문가 등으로 구성된 피해회복·관계개선 지원단을 구성 및 운영할 수 있으며, 이들은 관계회복 프로그램 운영 지원, 가해·피해학생 찾아가는 서비스(필요시) 등을 제공함으로써 분쟁조정 과정에서 실질적인 도움을 줄 수 있다.

분쟁조정이 성립되려면 다음 두 가지 요건에 부합해야 한다. 첫째, 피해 및 가해학생 간 또는 그 보호자 간의 손해배상에 관련된 합의조정(제18조 제3항)으로, 피해학생 측에서 치료비, 위자료 등 금전적 손해에 대한 배상을 요구하는 경우와 가해학생 측에서 치료비, 위자료 등 금전적 손해배상을 통해 합의하고자 하는 경우를 포함한다. 둘째, 그 밖에 심의위원회가 필요하다고 인정하는 사항으로, 심의위원회의 조치만으로는 해결이 불가능한 갈등이 있는 경우와 제3의 전문기관을 통한 객관적, 전문적, 공정한 개입이 필요한 경우를 포함한다.

분쟁조정은 분쟁당사자(피해 및 가해측)가 신청할 수 있다. 당사자는 분쟁조정신청서(분쟁조정 신청인의 성명 및 주소, 보호자의 성명 및 주소, 분쟁조정 신청의 사유가 포함되어 있음)를 작성하여 심의위원회나 교육감에게 제출한다. 이를 위해서는 해당 당사자들에게 분쟁조정 제도가 있다는 것을 알리고 분쟁조정 관련 절차와 내용에 대해 안내해야 한다. 심의위원회 또는 교육감은 분쟁조정의 신청을 받으면 5일 이내에 분쟁조정을 시작해야 한다(시행령 제27조 제1항). 단, 분쟁의 조정기간은 1개월을 넘지 못하며(제18조 제2항), 분쟁조정의 관할권은 다음과 같다. 피해 및 가해학생이 같은 교육지원청 소속일 경우, 심의위원회에서 분쟁을 조정한다. 피해 및 가해학생이 다른 교육지원청 소속일 경우, 동일한 시·도교육청 관할 구역이면 해당 시·도 교육감이 분쟁을 조정하고, 관할구역이 다른 시·도교육청일 경우에는 각 지역의 교육감 간에 협의를 거쳐 분쟁을 조정한다.

심의위원회 또는 교육감은 다음의 세 가지 사유가 발생한 경우에는 분쟁조정의 개시를 거부하거나 분쟁조정을 중지할 수 있다. 첫째, 분쟁당사자 중 어느 한쪽이 분쟁조정을 거부한 경우, 둘째, 피해학생 등이 관련된 학교폭력에 대하여 가해학생을 고소·고발하거나 민사소송을 제기한 경우, 셋째, 분쟁조정의 신청내용이 거짓임이 명백하거나 정당한 이유가 없다고 인정되는 경우이다. 또한 분쟁조정을 거부하거나 중지할 경우에는 그 사유를 분쟁 당사자에게 서면으로 통보해야 한다.

분쟁조정이 성립되면, 심의위원회 또는 교육감은 분쟁당사자의 주소와 성명, 조정대상의 분쟁내용(분쟁의 경위, 조정의 쟁점), 조정 결과를 적은 합의서를 작성하여 분쟁당사자와 피해 및 가해학생이 소속된 학교의 장에게 각각 통보해야 한다(시행령 제29조 제1항). 합의서에는 심의위원회가 조정한 경우에는 분쟁당사자와 조정에 참가한 위원이, 교육감이 조정한 경우에는 분쟁당사자와 교육감이 서명, 날인해야 한다(시행령 제29조 제2항).

분쟁당사자 간에 합의가 이루어지거나 심의위원회 또는 교육감이 제시한 조정안을 분쟁 당사자가 수락하는 등 분쟁조정이 성립한 경우 또는 분쟁조정 개시일로부터 1개월이 경과하도록 분쟁조정이 성립하지 않은 경우, 분쟁조정을 종료해야 한다(시행령 제28조 제2항). 심의위원회 또는 교육감은 시행령 제28조 제1항에 따라 분쟁조정을 거부 또는 중지하거나 시행령 제28조 제2항 제2호에 따라 분쟁조정을 종료한 경우에는 그 사유를 분쟁당사자에게 각각 통보해야 한다(시행령 제28조 제3항). 심의위원회의 위원장은 분쟁조정의 결과를 교육감에게 보고해야 한다(시행령 제29조 제3항). 다만, 분쟁조정이 성립되었다고 해서 심의위원회를 개최하지 않거나 가해학생에 대한 조치를 하지 않는 것은 아니지만, 조치별 적용기준(시행령 제19조 제4호)에 고려될 수 있다.

5 조치결정 및 이행

1) 심의위원회의 조치결정

심의위원회는 학교폭력의 예방 및 대책에 관련된 사항을 심의하는 교육지원청 내의 법정 위원회이다. 심의위원회는 학교폭력 예방 및 대책, 피해학생 보호, 가해학생 교육·선도 및 징계, 분쟁조정 등을 심의하며(제12조 제2항), 학교폭력 조사, 자료 제출 및 의견 진술 요청 권한을 가진다(제12조 제3항, 제13조 제5항, 시행령 제14조 제8항). 심의위원회는 위원장 1인을 포함하여 10명 이상 50명 이내의 위원으로 구성되며, 전체위원의 3분의 1 이상을 학부모로 위촉해야 한다(제13조 제1항). 학교폭력 피해 및 가해학생이 서로 다른 교육지원청 관할 구역 내 학교에 재학 중인 경우, 교육감의 보고를 거쳐 둘 이상의 교육지원청이 공동으로 심의위원회를 구성할 수 있다(제12조 제1항). 회의는 재적위원 과반수 출석과 출석위원 과반수 찬성으로 의결하며(시행령 제14조 제5항), 회의록을 작성하고 공개 범위를 규정하고 있다(제13조 제3항, 제21조 제3항). 심의기간은 학교 요청일로부터 21일 이내이며, 7일 이내 연장이 가능하다. 학교장 자체해결에 피해학생과 보호자가 동의하지 않아 심의위원회 개최가 요청된 경우, 피해학생과 보호자가 조치 의결 전까지 취소 의사를 서면으로 표명하면 학교장은 심의위원회 개최 요청을 취소할 수 있다(제13조의2 제1항).

2) 피해 및 가해학생의 조치

(1) 피해학생에 대한 보호조치

피해학생에 대한 보호조치는 피해학생 보호자의 동의를 받아 7일 이내에 〈표 12-3〉에 제시된 해당 조치를 해야 한다.

〈표 12-3〉 피해학생 보호조치의 종류와 내용

구분		내용
제1호	학내외 전문가에 의한 심리상담 및 조언	학교폭력으로 인한 정신적 · 심리적 충격 회복을 위해 학교 내 · 외 심리상담 전문가의 상담 및 조언을 받는 조치이다. 학교 내 상담교사가 부재 시, 지역 내 다양한 외부 기관을 통해 진행할 수 있다.
제2호	일시보호	가해학생의 지속적인 폭력이나 보복 우려 시, 일시적으로 보호시설, 집, 학교상담실 등에서 보호받을 수 있는 조치이다.
제3호	치료 및 치료를 위한 요양	학교폭력으로 인한 신체적 · 정신적 상처 치유를 위해 의료기관 등에서 치료받는 조치이다. 집이나 요양기관에서 치료 시, 치료기간이 명시된 증빙자료를 학교에 제출하도록 안내할 수 있다.
제4호	학급교체	지속적인 학교폭력 상황 및 정신적 상처에서 벗어나기 위해 동일 학교 내 다른 학급으로 소속을 변경하는 조치이다. 피해학생의 새로운 학급 적응 부담을 고려하여, 피해학생 및 보호자 의견을 적극 반영하는 것이 바람직하다.
제5호	삭제	-

구분		내용
제6호	그 밖에 피해학생의 보호를 위하여 필요한 조치	피해 유형 및 연령 특성 등을 고려하여, 해바라기센터 등 의료기관 연계, 법률구조기관 및 학교폭력 관련 기관 등에 필요한 협조와 지원을 요청할 수 있다.

※ 피해학생 보호조치의 요청이 있는 때에는 교육장은 피해학생의 보호자의 동의를 받아 7일 이내에 해당 조치를 하여야 함(「학교폭력예방법」 제16조 제3항).

피해학생이 교육감이 정한 전문상담 기관에서 심리상담 및 치료 등을 받는 데 드는 비용은 가해학생의 보호자가 부담하여야 한다. 다만, 피해학생의 신속한 치료를 위하여 학교의 장 또는 피해학생의 보호자가 원하는 경우에는 학교안전공제회 또는 시·도교육청이 치료비를 부담하고 이에 대한 상환청구권을 행사할 수 있다(제16조 제6항). 지원 범위와 내용은 다음과 같다(시행령 제18조). 1호의 경우, 학내외 전문가에 의한 심리상담 및 조언을 받는 데 드는 비용을 2년(필요시 사례에 따라 기간 연장 가능)간 지원한다. 2호의 경우, 일시보호에 필요한 숙식비용을 포함한 비용을 30일간 지원한다. 3호의 경우, 치료 및 치료를 위한 요양에 필요한 비용을 2년(필요시 사례에 따라 기간 연장 가능)간 지원하며, 이는 의사 소견서, 진단서, 영수증 등의 증빙서류에 따른 실제 치료비를 기준으로 한다.

(2) 가해학생에 대한 교육 및 선도 조치

가해학생에 대한 조치는 특별한 경우(방학기간 중, 자율학습, 졸업예정 등)를 제외하고는 〈표 12-4〉에 제시된 해당 조치를 학기 중에 이행할 수 있도록 한다.

〈표 12-4〉 가해학생 교육 및 선도 조치의 종류와 내용

구분		내용
제1호	피해학생에 대한 서면사과	가해학생이 피해학생에게 서면으로 그동안의 폭력행위에 대하여 사과하는 조치이다.
제2호	피해학생 및 신고·고발학생에 대한 접촉, 협박 및 보복행위의 금지	피해학생이나 신고·고발학생에 대한 가해학생의 접근을 막아 더 이상의 폭력이나 보복을 막기 위한 조치이다.
제3호	학교에서의 봉사	교내에서 봉사활동을 통해 자신의 행동을 반성하는 기회를 주기 위한 조치이다.

구분		내용
제4호	사회봉사	학교 밖 행정 및 공공기관 등 관련기관에서 사회 구성원으로서의 책임감을 느끼고, 봉사를 통해 반성하는 시간을 마련하기 위한 조치이다.
제5호	학내외 전문가, 교육감이 정한 기관에 의한 특별 교육이수 또는 심리치료	가해학생이 봉사활동 등을 통하여 스스로의 행동을 반성하는 것이 어려워 보이는 경우에 전문가의 도움을 받아 폭력에 대한 인식을 개선하고 스스로의 행동을 반성하게 하는 조치이다.
제6호	출석정지	가해학생에 대한 출석정지는 피해학생과의 일시적 격리를 통해 피해학생을 보호하고, 가해학생에게 반성의 기회를 주기 위한 조치로, 출석정지 기간은 출석일수에 산입하지 않으며 미인정결석으로 처리한다. 학교장은 출석정지 기간 동안 가해학생에게 적절한 교육이 이루어질 수 있도록 필요한 교육 방법을 마련해야 한다.
제7호	학급교체	가해학생을 수업에 출석하지 못하게 함으로써 일시적으로 피해학생과 격리시켜 피해학생을 보호하고, 가해학생에게는 반성의 기회를 주기 위한 조치이다. 가해학생에 대한 출석정지 기간은 출석일수에 산입하지 않는다.
제8호	전학	가해학생에 대한 전학은 피해학생으로부터의 격리와 더 이상의 폭력행위 방지를 위해 다른 학교로 소속을 옮기는 조치이며, 전학 후에는 피해학생 소속 학교로 재전학이 불가하다. 전학 조치가 결정되면, 해당 학교의 장은 7일 이내에 교육감 또는 교육장에게 학생이 전학할 학교의 배정을 요청해야 한다.
제9호	퇴학처분	피해학생을 보호하고 가해학생을 선도·교육할 수 없다고 인정될 때 취하는 조치이다. 다만 의무교육과정에 있는 가해학생에 대하여는 적용하지 아니한다.

　학교폭력 사안이 신고된 때부터 「학교폭력예방법」 제17조에 따른 조치 이행이 완료될 때까지 원칙적으로 가해학생의 신청에 의한 학적변동은 제한한다. 다만, 가해학생에게 동법 제17조 제1항 제8호(전학)에 따른 조치와 함께 여러 개의 조치가 동시에 부과된 경우 교육장은 제8호(전학)의 조치를 우선적으로 시행할 수 있다. 중학교까지는 의무교육이기 때문에 제9호 퇴학처분은 오직 고등학생에 한하여 부과할 수 있다.

(3) 가해학생 및 보호자 특별교육

가해학생 특별교육은 심의위원회에서 특별교육을 부과한 경우 이행해야 하며 이런 경우 가해학생의 보호자에게도 특별교육을 이수하도록 해야 한다. 특히 보호자가 특별교육에 불응할 경우 교육감은 법률에 따라 300만 원의 과태료를 부과 및 징수할 수 있다. 특별교육의 운영은 운영 원칙과 교육 내용을 고려해야 한다. 운영 원칙으로는 기관 특성, 학교폭력의 유형 등을 고려한 다양한 교육 프로그램 마련을 통해 가해 유형별 사례 관리 및 추수 관리가 필요하며, 보호자들의 특별교육 참가율 제고를 위하여 주말, 야간교육 개설 권장 등이 있다.

교육 내용으로는 학교폭력의 전반적 이해를 통한 예방 및 대처 방안, 바람직한 학부모상 등 자녀 이해 교육, 가해학생의 심리 이해 및 학교 · 학부모 간의 공동 대처 방안 협의 등이 포함된다. 가해학생 학부모 특별교육 이수시간은 교육대상에 따라 보호자, 학생, 보호자 동반 등으로 나뉘며 최소 4시간에서 5시간 이상 부과한다.

특별교육 기관 선정 시에는 교육(지원)청은 전국 시 · 도청부모지원센터(교육부 평생교육진흥원), 위(Wee)센터, 청소년상담센터(법무부), 청소년상담복지센터(여가부), 평생교육센터(지자체) 등 부처 산하기관, 대안교육기관, 학교폭력 관련 기관 및 단체(푸른나무재단, 평화교육 전문가 단체 등) 등의 다양한 기관 및 프로그램을 발굴 · 개발하여 운영할 수 있으며 교육 운영 주체는 이수기관을 선정하고 학부모에게 안내한다.

3) 가해학생에 대한 조치사항 학교생활기록부 기재

(1) 기재 및 기재유보

학교폭력 가해학생에 대한 조치사항은 학교생활기록부에 기재하게 된다. 기재사항은 조치사항에 대한 행정심판 및 소송이 청구된 경우에도 삭제하지 아니하고, 향후 조치가 변경되거나 취소될 경우에 한하여 수정할 수 있다. 단, 가해학생 조치(법률 제17조 제1항 제1호, 제2호, 제3호)에 대해 조건부로 기재를 유보할 수 있다. 그러나 다음 두 가지 경우 이를 기재해야 하는데, 첫째, 해당 학생이 조치사항을 이행하지 않은 경우이다. 둘째, 해당 학생이 동일 학교급 재학 중(초등학생은 조치받은 날로부터 3년 이내 동일 학교급 재학 중) 다른 학교폭력으로 인해 같은 조치를 받은 경우로, 이때는 두 사건의 조치사항을 모두 기재해야 한다.

심의위원회가 정한 이행기간 내에 조치사항을 이행하지 않으면 조치사항을 기재하며, 이후 조치사항을 이행하여도 기재내용은 유지된다. 가해학생이 조치를 받고 이행기간 만료 이전에 집행정지(효력정지) 인용결정을 받아 조치를 미이행했을 경우, 집행정지 기간 동안은 조치 이행의무가 정지된 점을 고려하여 학교생활기록부 기재를 보류한다. 다만, 본안심리 결과 청구가 기각되면 집행정지 결정 당시 남은 이행기간 내 조치 이행 여부에 따라 학교생활기록부 기재 여부를 결정한다. 「초·중등교육법 시행규칙」 제21조 제2항에 따른 기재유보 사항은 학교폭력 가해학생 조치(제1호, 제2호, 제3호) 조건부 기재유보 관리대장에 기재하고 학적변동 시 소속 학교에서 관리·보유한다.

(2) 기재내용 삭제

앞서 설명한 기재 내용 중 제1호~제3호 조치는 졸업과 동시에 삭제가 가능하다. 그러나 학교생활기록부에 기재된 학교폭력 가해학생 조치사항은 일정 기간이 지난 후에 삭제가 가능하며 조치사항에 따른 삭제 시기는 〈표 12-5〉와 〈표 12-6〉에 정리하였다. 다음과 같이 삭제 시기는 학교폭력이 신고된 시점에 따라 다르다.

〈표 12-5〉 초·중·고 1학년 가해학생 조치사항에 따른 삭제 시기

학생부 영역	가해학생 조치사항	삭제 시기(신고일 기준) 2024. 3. 1. 이후
학교폭력 조치상황 관리	제1·2·3호	졸업과 동시
	제4호	졸업일로부터 2년 후 ※ 졸업 직전 심의를 통해 졸업과 동시 삭제 가능
	제5호	
	제6호	졸업일로부터 4년 후 ※ 졸업 직전 심의를 통해 졸업과 동시 삭제 가능
	제7호	졸업일로부터 4년 후 ※ 졸업 직전 심의를 통해 졸업과 동시 삭제 가능
	제8호	졸업일로부터 4년 후
	제9호	삭제 대상 아님

〈표 12-6〉 초 · 중 · 고 2학년 이상 가해학생 조치사항에 따른 삭제 시기

학생부 영역	가해학생 조치사항	삭제 시기(신고일 기준)		
		2024. 3. 1. 이후	2023. 3. 1.~2024. 2. 29.	2023. 2. 28. 이전
행동특성 및 종합의견	제1 · 2 · 3호	졸업과 동시	졸업과 동시	졸업과 동시
출결상황 특기사항	제4호	졸업일로부터 2년 후 ※졸업 직전 심의를 통해 졸업과 동시 삭제 가능	졸업일로부터 2년 후 ※졸업 직전 심의를 통해 졸업과 동시 삭제 가능	졸업일로부터 2년 후 ※졸업 직전 심의를 통해 졸업과 동시 삭제 가능
	제5호			
	제6호	졸업일로부터 4년 후 ※졸업 직전 심의를 통해 졸업과 동시 삭제 가능		
행동특성 및 종합의견	제7호	졸업일로부터 4년 후 ※졸업 직전 심의를 통해 졸업과 동시 삭제 가능	졸업일로부터 2년 후 ※졸업 직전 심의를 통해 졸업과 동시 삭제 가능	졸업과 동시
인적 · 학적 사항 특기사항	제8호	졸업일로부터 4년 후	졸업일로부터 2년 후	졸업일로부터 2년 후 ※졸업 직전 심의를 통해 졸업과 동시 삭제 가능
	제9호	삭제 대상 아님	삭제 대상 아님	삭제 대상 아님

4) 조치에 대한 불복 절차

행정심판은 내려진 처분이 부당하다고 판단될 경우, 교육청의 행정심판위원회에 청구하는 것으로, 행정소송에 비해 신속하고 비용이 낮다는 장점이 있다. 반면, 행정소송은 행정청의 위법한 처분 등을 다투기 위해 법원이 진행하는 재판절차이다. 그런데 최근 학교폭력 조치결정 이후에 가해학생이 행정심판을 청구하거나 행정소송을 제기하는 건수가 〈표 12-7〉과 같이 증가하는 추세이다. 특히 이러한 행정심판과 행정소송의 집행정지 인용률은 본안 심판과 소송의 최종 인용률을 훨씬 상회하여 학교폭력 조치의 실효성이 저하된다는 지적이 많다.

〈표 12-7〉 행정심판과 행정소송 건수 및 인용률(2020~2022)(교육부)

	행정심판			행정소송		
	2020	2021	2022	2020	2021	2022
건수	480	751	889	111	211	265
집행정지 인용률	59.3%	49.9%	52.4%	67.1%	61.6%	60.0%
본안 인용률	17.7%	14.5%	11.7%	11.7%	12.8%	4.9%

(1) 행정심판

행정심판이란 행정청의 위법·부당한 처분이나 부작위로 권리 또는 이익을 침해받은 국민이 제기할 수 있는 권리구제 제도로, 학교폭력 사안에서는 피해학생, 가해학생 또는 그 보호자가 교육장의 조치(「학교폭력예방법」 제16조 제1항 각호 및 제17조 제1항 각호)에 대해 행정심판을 청구할 수 있다. 행정심판 청구기간은 처분이 있음을 알게 된 날부터 90일 이내, 처분이 있었던 날부터 180일 이내이며, 이 중 어느 하나라도 기간을 넘기면 청구할 수 없다(「행정심판법」 제27조 제1항). 행정심판 절차는 청구인이 처분청이나 행정심판위원회에 청구서와 신청서를 제출하면서 시작되며, 처분청의 답변서 송달, 행정심판위원회의 심리기일 및 구술심리 안내, 재결서 송부 등의 과정을 거친다. 행정심판의 청구는 처분의 효력이나 집행에 영향을 주지 않으므로, 처분의 효력이나 집행을 정지하려면 행정심판위원회의 집행정지 결정이 필요하다.

행정심판위원회 및 법원이 「학교폭력예방법」 제17조 제1항에 따른 조치에 대해 집행정지 결정을 하려는 경우, 피해학생 또는 그 보호자의 의견을 청취해야 하며(동법 제17조의2 제1항), 피해학생 또는 그 보호자가 가해학생 또는 그 보호자를 대면하여 진술하기 어려운 경우에는 서면으로 의견을 제출하게 할 수 있다(시행령 제24조 제3항). 교육감 또는 교육장은 집행정지 신청 사실 및 결과를 피해학생 또는 그 보호자 및 피해·가해학생의 소속 학교에 통지해야 하며, 집행정지 신청이 인용된 경우 피해학생 및 그 보호자는 학교의 장에게 가해학생과의 분리를 요청할 수 있고, 학교의 장은 전담기구 심의를 거쳐 가해학생과 피해학생을 분리해야 한다(동법 제17조의2 제2항).

(2) 행정소송

행정소송은 행정청의 위법한 처분 및 그 밖에 공권력의 행사·불행사 등으로 인한 국민의 권리 또는 이익의 침해를 구제하고, 공법상의 권리관계 또는 법적용에 관한 다툼을 적정하게 해결하기 위한 법원의 재판절차이다. 교육장의 조치에 이의가 있는 당사자는 행정심판을 거치지 않고 바로 행정소송을 제기할 수 있다(「행정소송법」 제18조 제1항). 취소소송은 처분이 있음을 안 날부터 90일 이내에 제기해야 하며, 처분이 있은 날로부터 1년을 경과하면 제기할 수 없다(「행정소송법」 제20조). 행정심판을 거쳐 행정소송을 제기한 경우에는 행정심판 재결서의 정본을 송달받은 날부터 기간을 계산한다. 취소소송의 원고는 처분의 취소 또는 무효를 구하는 학생이 되고(미성년자인 경우 법정대리인이 대리), 피고는 교육장이 된다. 취소소송의 제기는 처분의 효력이나 집행에 영향을 주지 않으므로, 처분의 절차 또는 효력을 정지하려면 집행정지 결정이 필요하다(「행정소송법」 제23조).

행정소송의 청구는 처분의 효력이나 집행에 영향을 주지 않으므로, 처분의 효력이나 집행을 정지하려면 법원의 집행정지 결정이 필요하다. 행정심판위원회 및 법원이 「학교폭력예방법」 제17조 제1항에 따른 조치에 대해 집행정지 결정을 하려는 경우, 피해학생 또는 그 보호자의 의견을 청취해야 한다(동법 제17조의2 제1항). 다만, 피해학생 또는 그 보호자가 의견진술의 기회를 포기한다는 뜻을 명백히 표시한 경우 등에는 의견청취를 하지 않을 수 있다. 법원이 집행정지 결정을 위해 피해학생 또는 그 보호자의 의견을 청취할 때는 심문기일을 지정하여 의견을 청취하는 방법을 사용하되, 특별한 사정이 있는 경우 기한을 정하여 의견서를 제출하게 할 수 있다(「행정소송규칙」 제10조의2 제1항). 피해학생 등이 의견서나 서면을 제출한 경우, 법원은 가해학생에게 그 사실을 통지해야 한다(「행정소송규칙」 제10조의2 제7항). 교육감 또는 교육장은 집행정지 신청 사실 및 결과를 피해학생 또는 그 보호자 및 피해·가해학생의 소속 학교에 통지해야 하며, 집행정지 신청이 인용된 경우 피해학생 및 그 보호자는 학교의 장에게 가해학생과의 분리를 요청할 수 있고, 학교의 장은 전담기구의 심의를 거쳐 가해학생과 피해학생을 분리해야 한다(동법 제17조의2 제2항).

앞서 설명한 행정심판과 행정소송을 비교하면 〈표 12-8〉로 요약할 수 있다.

〈표 12-8〉 학교폭력 행정심판과 행정소송의 비교

	행정심판		행정소송
판단의 주체	교육청 내 행정심판위원회		행정법원
피청구인	심의위원회 담당 교육지원청 교육장	피고	심의위원회 담당 교육지원청 교육장
청구인	심의위원회의 피해자 or 가해자	원고	심의위원회의 피해자 or 가해자
진행방식	통상 서면으로 심리		통상 변호사가 재판 출석
소요기간	약 3개월		6개월~1년 소요
비용	비교적 저렴		소송비용 발생
불복의 이유	사안에 비해 너무 중한 처분이 내려졌거나 징계조치 이후 피해자와 합의를 통해 상황의 변화가 있는 경우		사실관계의 정확한 확정이 필요한 경우나 법리적 해석의 다툼 여지가 있는 경우
불복방법	행정소송 제기 가능		항소, 상고 가능

⊕ **인사이트** ▶ **권력형 학교폭력사건의 영향**

최근 심의위원회의 결정에 불복하여 진행된 소송에 사람들이 주목했던 사건이 있었다. 2023년 정부 고위직에 임명된 한 변호사의 아들이 고등학교 시절 학교폭력의 가해자로 강제전학 처분을 받은 사실이 밝혀지면서 결국 취임 전에 임명이 취소되는 일이 있었다. 특히 가해학생의 아버지가 고위 검사였기 때문에 이 사건은 '권력형 학폭 세탁'으로 불렸다(KBS 뉴스, 2023). 피해측과 가해측 사이에는 두 번의 심의위원회를 포함하여 총 7차례의 불복 절차가 진행되었다. 심의위원회에 재심을 신청했고, 법원 소송 중 징계 처분을 취소해 달라는 집행정지를 신청하기도 했다. 특히 가해학생이 서울대에 진학한 사실이 밝혀지면서 대학입시에서 학교폭력 전적이 있는 경우 불이익을 더욱 강화해야 한다는 여론이 형성되었다. 또한 해당 학생이 고등학교 졸업과 동시에 학교생활기록부에서 징계기록이 삭제되었다는 사실이 알려지면서 징계 삭제 심의가 강화되어야 한다는 여론도 높아졌다. 결국 국회는 이 문제를 다루기 위한 청문회까지 열기에 이른다. 그리고 정부는 앞서 살펴본 바와 같이 학교생활기록부의 보존기간을 연장하는 「학교폭력 근절 종합대책」을 발표하게 되었다.

참고문헌

제1장

곽금주(1999). 학교폭력 및 왕따 예방프로그램(1). 한국심리학회지: 문화 및 사회문제, 5(2), 105-122.

구본용(1997). 청소년들의 집단따돌림 원인과 지도방안, 따돌리는 아이들, 따돌림당하는 아이들(pp. 7-36). 서울: 청소년 대화의 광장.

권준모(1999). 한국의 왕따 현상의 개념화와 왕따 연구의 방법론적 고찰. 한국심리학회지: 문화 및 사회문제, 5(2), 59-72.

교육부(2023a). 2022년 2차 학교폭력 실태조사 표본조사 결과.

교육부(2023b). 2023년 1차 학교폭력 실태조사 결과.

교육부(2024). 2024년 1차(전수조사) 및 2023년 2차(표본조사) 학교폭력 실태조사 결과 발표.

교육부, 이화여대학교 학교폭력예방연구소(2024). 학교폭력사안처리 가이드북.

권유경(2016). 정신분석학적 관점에서 본 공격성과 심리적 자아: 여성 자해 환자의 사례연구. 한국심리학회지: 임상심리 연구와 실제, 2(1), 89-113.

김원영, 김경식(2018). 한국 청소년의 학교폭력 가해행동 관련 유발변인에 대한 메타분석. 중등교육연구, 66(3), 783-814.

김원중(2004). 왕따: 의미, 실태, 원인에 관한 종합적 고찰. 상담학연구, 5(2), 451-472.

김창군, 임계령(2010). 학교폭력의 발생원인과 대처방안. 법학연구, 38, 173-198.

나재은(2016). 학교폭력 사후개입 집단프로그램 메타분석. 학교사회복지, 35, 1-19.

도기봉(2008). 학교폭력에 영향을 미치는 공격성과 생태체계요인의 상호작용효과. 청소년복지연구, 10(2), 73-92.

문장수(2014). 도착증에 대한 프로이트와 들뢰즈의 논쟁에 대한 비판적 분석. 철학연구, 132, 49-78.

박진규(1999). [99-26] 청소년 집단따돌림(왕따) 현상에 대한 사회문화적 분석연구. 한국청소년정책연구원 연구보고서, 1-66.

보건복지부(2001). 의료기관을 방문한 학교폭력 피해자의 정신병리조사.

오인수(2008). 초등학생의 학교 괴롭힘에 영향을 미치는 성별에 따른 심리적 요인. 초등교육연구, 21(3), 91-110.

오인수(2010a). 괴롭힘을 목격한 주변인의 행동에 영향을 미치는 심리적 요인: 공감과 공격성을 중심으로. 초등교육연구, 23(1), 45-63.

오인수(2010b). 집단따돌림 해결을 위한 전문상담교사의 전학교 접근. 상담학연구, 11(1), 303-316.

오인수, 김서정, 임영은(2019). 초등학생의 반괴롭힘 태도와 주변인 행동과의 관계: 지각된 교사개입의 조절효과. 한국초등교육, 30(1), 205-219.

오인수, 이승연, 이미진, 김혜미(2015). 학교폭력 피해·가해학생을 위한 교육적 개입에 관한 연구(III): 도담도담 프로그램 효과성 검증. 서울: 이화여자대학교 학교폭력예방연구소.

오정아, 박주현, 임소진(2016). 부모 간 갈등과 아버지 양육행동 및 폭력허용도가 학교폭력 가해행동에 미치는 영향. 한국가족복지학, 21(3), 565-582.

이동갑, 유경희, 최건(2019). 학교폭력을 넘어: 외상 후 성장으로-2019 학교폭력예방법 학교장 해결제를 위한 열쇠. 경기: 형설출판사.

이선경(2011). 발달심리. 서울: 교육아카데미.

이승현(2012). [학교폭력 예방 및 대책에 관한 법률]의 개정내용 및 개선방안. 형사정책연구, 90, 157-190.

이혜미, 김광수(2016). 학교폭력 외상 피해의 이해와 대처. 초등상담연구, 15(2), 141-163.

이희경(2003). 문화성향·공감과 동조가 집단따돌림 현상에 미치는 영향. 교육심리연구, 17(4), 1-25.

장안식(2013). 학교폭력 피해경험에 따른 발달적 변화. 한국범죄학, 7(1), 61-82.

정제영, 이승연, 오인수, 강태훈, 류성창(2013). 주변인 대상 학교폭력 예방교육 프로그램 개발 연구. 교육과학연구, 44(2), 119-143.

정지선, 안현의(2008). 청소년 학교폭력의 복합 외상(Complex Trauma)적 접근. 한국심리학회지: 상담 및 심리치료, 20(1), 145-160.

조성희, 김혜선(2021). 청소년의 학교폭력 피해경험이 복합 외상 후 스트레스에 미치는 영향 -자아존중감의 조절효과를 중심으로. 한국콘텐츠학회논문지, 21(12), 621-631.

청소년폭력예방재단(2013). 전국 학교폭력실태조사 결과발표. 2013년 4월 22일, 한국청소년폭력예방재단 블로그: http://blog.naver.com/bakbht/185854849에서 검색.

채기화(2004). 정신분석적 관점에서 본 아동의 공격성과 교육적 개입. 유아특수교육연구, 4(2), 214-231.

최충옥(1999). 청소년기 왕따 현상의 실태와 대응방향: 청소년 왕따 문제, 해결방안은 무엇인가? 서울: 홍사단.

푸른나무재단(2023). 2023년 전국학교폭력·사이버폭력 실태조사 연구.

Barhight, L. R., Hubbard, J. A., & Hyde, C. T. (2013). Children's physiological and emotional reactions to witnessing bullying predict bystander intervention. *Child Development*, *84*(1), 375-390.

Bowes, L., Maughan, B., Ball, H., Shakoor, S., Ouellet-Morin, I., Caspi, A., Moffitt, T. E., & Arseneault, L. (2013). Chronic bullying victimization across school transitions: The role of genetic and environmental influences. *Development and Psychopathology*, *25*(2), 333-346.

Buss, D. M. (2012). 진화심리학: 마음과 행동을 탐구하는 새로운 과학. (이충호 역). 서울: 웅진지식하우스.

Buss, D. M., & Dedden, L. A. (1990). Derogation of competitors. *Journal of Social and Personal Relationships*, *7*(3), 395-422.

Fischer, S. M., & Bilz, L. (2024). Traditional bullying and cyberbullying at schools in Germany: Results of the HBSC study 2022 and trends from 2009/10 to 2022. *Journal of Health Monitoring*, *9*(1), 42.

Fonagy, P., Gergely, G., Jurist, E., & Target, M. (2002). *Affect regulation, mentalization, and the development of the self*. New York: Other Press.

Freud, S. (2011). 정신분석학의 근본 개념. (윤희기, 박찬부 공역). 경기: 열린책들.

Heinemann, E. (1996). *Aggression*. Berlin & Heidelberg: Verstehen und bewältigen.

Kernberg, O. F. (1976). *Object-relations theory and clinical psychoanalysis*. New York: Jason Aronson.

Klein, M. (1950). *Contributions to Psycho-Analysis*. London: Hogarth.

Liu, F., Yang, Y., Lin, P., Xiao, Y., Sun, Y., Fei, G., ⋯ & Zhang, X. (2024). Associated factors and patterns of school bullying among school-aged adolescents in China: A latent class analysis. *Children and Youth Services Review, 156*, 107348.

Nocentini, A., & Menesini, E. (2016). KiVa Anti-bullying Program in Italy: Evidence and effectiveness in a randomized control trial. *Prevention Science, 17*(8), 1012-1023.

O'Connell, P., Pepler, D., & Craig, W. (1999). Peer involvement in bullying: Insights and challenges for intervention. *Journal of Adolescence, 22*(4), 437-452.

Olweus, D. (1993). Bullying: What we know and what we can do. *Mental Disorder and Crime*, 353-365.

Pepler, D., & Craig, W. (1997). Bullying: Research and interventions. *Youth Update, 15*(1), 1-15.

Peter K. Smith, Kwak, K., & Toda, Y. (2016). *School bullying in different cultures: Eastern and western perspectives*. Cambridge: Cambridge University Press.

Price, J. M., & Dodge, K. A. (1989). Reactive and proactive aggression in childhood: Relation to peer status and social context dimension. *Journal of Abnormal Child Psychology, 17*, 455-471.

Rapp-Paglicci, L. A., Dulmus, C. N., & Wodarski, J. S. (2013). 아동·청소년을 위한 예방적 개입 [*Handbook of preventive interventions for children and adolescents*]. (오인수 역). 서울: 학지사. (원전 출판 2004).

Salmivalli, C. (1999). Participant role approach to school bullying: Implications for interventions. *Journal of Adolescence, 22*(4), 453-459.

Salmivalli, C. (2010). Bullying and the peer group:

A review. *Aggression and Violent Behavior, 15*(2), 112-120.

Salmivalli, C. (2014). Participant roles in bullying: How can peer bystanders be utilized in interventions?. *Theory Into Practice, 53*(4), 286-292.

Salmivalli, C., Lagerspetz, K., Björkqvist, K., Österman, K., & Kaukiainen, A. (1996). Bullying as a group process: Participant roles and their relations to social status within the group. *Aggressive Behavior, 22*(1), 1-15.

Salmivalli, C., & Poskiparta, E. (2012). Making bullying prevention a priority in Finnish schools: The KiVa antibullying program. *New Directions for Youth Development, 2012*(133), 41-53.

Salmivalli, C., & Voeten, M. (2004). Connections between attitudes, group norms, and behaviour in bullying situations. *International Journal of Behavioral Development, 28*(3), 246-258.

Salmivalli, C., Voeten, M., & Poskiparta, E. (2011). Bystanders matter: Associations between reinforcing, defending, and the frequency of bullying behavior in classrooms. *Journal of Clinical Child & Adolescent Psychology, 40*(5), 668-676.

Smith, P. K., Kwak, K., & Toda, Y. (Eds.). (2016). *School bullying in different cultures: Eastern and western perspectives*. New York: Cambridge University Press.

Staub, E. (1989). The evolution of bystanders, German psychoanalysts, and lessons for today. *Political Psychology*, 39-52.

Toda, Y., & Oh, I. (2020). *Tackling cyberbullying and related problems: Innovative usage of games, apps and manga*. London & New York: Routledge.

Veenstra, R., Lindenberg, S., Huitsing, G., Sainio, M., & Salmivalli, C. (2014). The role of teachers in bullying: The relation between antibullying attitudes, efficacy, and efforts to reduce bullying. *Journal of Educational Psychology, 106*(4), 1135-1143.

경향신문(1995). "내 아들은 갔어도 남은 아이들은 보호해야" 아버지 「학교폭력과 전쟁」 선언.

제2장

교육부(2022). 2022년 개정 어울림 프로그램으로 열어가는 학교폭력 예방교육 안내서(초, 중, 고등학교용).

교육부 보도자료(2021. 1. 21.). 2020년 학교폭력 실태조사 결과 발표.

교육부 보도자료(2022. 9. 6.) 2022년 1차 학교폭력 실태조사 결과 발표.

교육부 보도자료(2023. 12. 14.). 2023년 1차 학교폭력 실태조사 결과 발표.

교육부 보도자료(2024. 9. 26.). 2024년 1차 학교폭력 실태조사 결과 발표.

교육부, 이화여자대학교 학교폭력예방연구소(2024). 학교폭력 사안처리 가이드북 2024년 개정판.

권기준, 이홍표(2009). 사회적 배척이 친족에 대한 자기 유용성 지각에 미치는 효과. 한국심리학회지: 사회 및 성격, 23(4), 27-45.

김동민, 이미경, 심용출, 이창호(2014). 학교폭력 영향 요인 메타분석. 청소년상담연구, 22(2), 441-458.

김두규, 장소은, 한현우(2017). 어머니 애착과 학교폭력간의 관계에서 정서조절력의 매개효과. 학습자중심교과교육연구, 17(17), 751-772.

김수진, 정종원(2015). 초등학교폭력 가해 관련변인에 대한 국내연구 메타분석. 교육방법연구, 27(4), 601-626.

김순혜(2006). 학교폭력에 대한 발달적·맥락적 분석. 교육심리연구, 20(4), 1027-1042.

김순혜(2012). 초등학교 학교폭력 피해아동의 위험요인과 보호요인 분석. 아동교육, 21(3), 5-17.

김원영, 김경식(2018). 한국 청소년의 학교폭력 가해행동 관련 유발변인에 대한 메타분석. 중등교육연구, 66(3), 783-814.

김재엽, 이지현, 정윤경(2008). 청소년들의 가정폭력노출경험이 학교폭력가해행동에 미치는 영향. 한국아동복지학, 26, 31-59.

김재엽, 이진석, 이선우(2010). 인터넷 게임의 폭력성이 청소년의 학교폭력 가해행동에 미치는 영향과 폭력생각의 매개효과. 청소년학연구, 17(1), 249-278.

김재엽, 정윤경(2007). 부모의 양육태도와 청소년의 공격성 및 폭력행동과의 관계. 청소년학연구, 14(5), 169-197.

김재엽, 정윤경, 이진석(2008). 부모간 폭력 목격경험이 학교폭력 가해에 미치는 영향과 지지적 사회관계망의 조절효과. 청소년학연구, 15(4), 89-115.

김재영(2005). 실업계고교에서의 가정폭력 경험과 학교폭력과의 관계에 관한 연구. 대전대학교 교육대학원 석사학위논문.

김현욱, 안세근(2013). 학교폭력 가해자 심리와 가해자 유형에 관한 연구. 학습자 중심교과교육연구, 13(5), 19-40.

김혜원(2011). 청소년들의 집단따돌림과 집단괴롭힘 피해경험에 따른 심리적 부적응 및 학교 부적응. 청소년학연구, 18(5), 321-356.

김혜원, 이해경(2000). 집단괴롭힘의 가해와 피해행동에 영향을 미치는 사회적, 심리적 변인들. 한국심리학회지: 사회 및 성격, 14(1), 45-64.

김혜원, 조성연(2011). 청소년의 우울과 자살생각과의 관계에 대한 부모-자녀 의사소통방식과 학교생활만족도의 중재효과. 가정과삶의질연구, 29(2), 127-142.

김혜원, 조성연, 김민(2010). 청소년 삶의 만족도에 대한 공부 중요성 인식, 공부압력과 성공압력의 영향력 및 부모-자녀 의사소통의 중재효과. 대한가정학회지, 48(5), 49-60.

남미애, 홍봉선(2015). 학교폭력 주변인 역할에 영향을 미치는 요인. 한국아동복지학, 50, 109-144.

류수현(2018). 청소년의 부모애착, 또래관계 및 인터넷 과몰입이 자아정체감에 미치는 영향. 한국청소년상담학회지, 3(2), 83-98.

문용린, 최지영, 백수현, 김영주(2007). 학교폭력 발생과정에 대한 남녀 차이 분석: 피해자 상담사례 분석을 중심으로. 교육심리연구, 21(3), 703-722.

문예은, 이주연(2021). 아동의 행복감에 대한 부모 양육태도 및 부모와 대화시간의 영향. 한국보육지원학회지, 17(1), 85-104.

박민영(2014). 청소년의 욕, 욕, 욕. 인물과사상, 11, 158-170.

박민정, 최보가(2004). 청소년의 관계적 공격성에 영향을 미치는 생태학적 변인들. 한국가정관리학회지, 22(4), 95-104.

박상미, 박경(2014). 학교폭력가해청소년의 공격성 및 공감능력과 무용/동작 심리치료와의 관계 고찰. 심리치료: 다학제적 접근, 14(2), 53-73.

박영신, 김의철(2001). 학교폭력과 인간관계 및 청소년의 심리 행동특성: 폭력가해, 폭력피해, 폭력무경험 집단의 비교를 중심으로. 한국심리학회지, 7(1), 63-89.

박예라, 오인수(2018). 초등학생의 괴롭힘 경험과 주변인행동의 관계: 또래동조성과 학급규준의 조절효과를 중심으로. 아시아교육연구, 19(1), 1-27.

박재연(2017). 청소년의 학업스트레스, 학교폭력, 주관적 행복감의 관계: 친구, 가족, 교사의 지지의 매개효과를 중심으로. 사회과학연구, 43(2), 263-289.

배성만, 홍지영, 현명호(2015). 청소년 또래관계 질 척도의 타당화 연구. 청소년학연구, 22(5), 325-344.

백지은(2015). 자기 통제성과 사회적 지지가 초기 청소년의 집단따돌림 피해 및 가해에 미치는 영향. 아동학회지, 36(5), 59-74.

서영석, 안하얀, 이채리, 박지수, 김보흠, 성유니스(2016). 집단따돌림 피해자들의 극복과정 유형. 상담학연구, 17(1), 39-64.

서울특별시교육청(2014). 2014학년도 학교폭력 사안 처리점검 지원단 활동사례집.

설경옥, 경예나, 지영진(2015). 중학생의 성별, 수줍음, 자기조절의 상호작용이 또래 괴롭힘 피해에 미치는 영향. 한국심리학회지: 발달, 28(4), 33-54.

성지희, 정문자(2007). 학교폭력 피해아동의 학교적응과 보호요인. 아동학회지, 28(5), 1-18.

신지은, 심은정(2013). 집단따돌림 관여유형에 따른 심리적 특성의 차이. 한국심리학회지: 학교, 10(1), 19-39.

신현숙(2014). 공격성과 비방어적 주변인 행동의 관계: 괴롭힘 찬성태도와 위험부담감의 중다매개효과. 청소년학연구, 21(10), 119-146.

신효정, 송미경, 오인수, 이은경, 이상민, 천성문(2022). 생활지도와 상담(제2판). 서울: 박영스토리.

신희영(2019). 학교폭력 가해자와 피해자의 행동 발달, 또래 상호 작용 및 사회적 영향의 특성 연구. 한국심리학회지: 발달, 32(2), 1-21.

심희옥(2008). 또래 괴롭힘 참여자의 사회적지위 및 사회적 정서에 관한 연구: 성별을 중심으로. 한국아동학회, 29(3), 191-205.

안소현, 이승연, 이솔, 안지현, 안제원(2012). 중학생의 지각된 인기도와 또래괴롭힘 행동 간의 관계: 부적응적 자기애, 도덕적 이탈의 매개효과. 아시아교육연구, 13(4), 225-246.

안지영(2016). 초등학생의 학교폭력경험에 대한 폭력허용도 공감능력 및 자아탄력성의 영향에 관한 연구. 예술인문사회융합멀티미디어논문지, 6(10), 175-183.

안효영(2016). 또래 괴롭힘과 주변인 행동의 이해: 실제 사례를 통해 본 학교폭력의 실태와 해결방법. 서울: 북랩.

안효영, 진영은(2014). 또래 괴롭힘 상황에서의

주변인 역할 연구동향 및 과제. 열린교육연구, 22(4), 95-117.

양수연(2023). 청소년 행복감에 영향을 미치는 부모의 양육태도, 그릿, 학업열의 사이의 종단적 관계. 이화여자대학교 대학원 석사학위논문.

양재영, 임승엽(2021). 중학생들의 학교폭력 주변인으로서의 인식 탐색. 한국사회, 22(2), 75-101.

오복숙, 원유순, 함승례(2017). 부모양육태도가 청소년의 대인관계 적응에 미치는 영향: 공격성의 매개효과를 중심으로. 한국콘텐츠학회논문지, 17(6), 106-115.

오승환(2007). 청소년의 집단괴롭힘 관련 경험에 영향을 미치는 생태체계적 요인 분석. 정신보건과 사회사업, 25(1), 72-98.

오연희(2012). 피학대경험이 아동의 비행과 또래관계 소외에 미치는 영향과 사회적 지지의 조절효과. 사회복지실천, 11, 95-117.

오인수(2010). 괴롭힘을 목격한 주변인의 행동에 영향을 미치는 심리적 요인: 공감과 공격성을 중심으로. 초등교육연구, 23(1), 45-63.

오인수(2011). 초등학생 온라인 괴롭힘의 실태 및 오프라인 괴롭힘과의 비교분석. 아시아교육연구, 12(3), 75-98.

오인수(2012). 학교 괴롭힘 문제 해결의 열쇠를 쥐고 있는 주변학생의 재조명. 한국교육개발원 교육정책포럼 현안문제진단(발행일 2012. 9. 10.).

오인수, 김서정, 임영은(2019). 초등학생의 반괴롭힘 태도와 주변인 행동과의 관계: 지각된 교사개입의 조절효과. 한국초등교육, 30(1), 205-219.

오인수, 이승연, 이미진, 김혜미(2018). 학교폭력 피해가해학생의 상담을 위한 도담도담 프로그램 매뉴얼. 서울: 이화여자대학교 학교폭력예방연구소.

윤성희, 곽대훈(2019). 비행청소년의 심리사회적요인과 사이버언어폭력에 관한 연구. 한국범죄심리연구, 15(3), 27-42.

이규미, 지승희, 오인수, 송미경, 장재홍, 정제영, 조용선, 이정윤, 유형근, 이은경, 고경희, 오혜영,

이유미, 김승혜, 최희영(2014). 학교폭력 예방의 이론과 실제. 서울: 학지사.

이상균(2005). 청소년의 또래폭력 가해경험에 대한 생태 체계적 영향 요인. 한국아동복지학, 19, 141-170.

이숙정, 박소연, 이희현, 유지현(2015). 학교폭력 피해경험 관련 학교차원 보호요인에 대한 메타분석. 교육심리연구, 29(3), 633-652.

이승연(2013). 또래괴롭힘: 주변인 개입과 사회적 맥락 변화의 필요성. 한국심리학회지: 학교, 10(1), 59-82.

이은희, 공수자, 이정숙(2004). 청소년들의 가정, 학교, 지역의 심리사회적 환경과 학교폭력과의 관계: 분노조절과 비행친구 접촉의 매개효과. 한국심리학회지: 상담 및 심리치료, 16(1), 123-145.

이인숙, 박재연(2019). 학교폭력 주변인 중 방어자의 특성에 대한 고찰. 예술인문사회융합멀티미디어논문지, 9(4), 219-227.

이해경, 김혜원(2001). 초등학생들의 집단괴롭힘 가해행동과 피해행동에 대한 사회적, 심리적 예측변인들: 학년과 성별을 중심으로. 한국심리학회지: 사회및성격, 15(1), 117-138.

이현주(2018). 보호치료시설 청소년이 지각하는 부정적 부모양육태도와 학교폭력성향의 관계에서 자아탄력성의 매개효과 분석. 경인교육대학교 교육연구원 교육논총, 38(1), 23-45.

이혜순(2010). 청소년의 집단따돌림과 자아존중감, 스트레스, 우울 및 학교생활적응 관계. 기본간호학회지, 17(4), 548-556.

임수지, 김기현(2020). 부모의 비일관적 양육방식이 청소년의 자아탄력성과 또래 애착에 미치는 영향: 성별의 조절된 매개효과 검증. 한국사회복지조사연구, 65, 5-37.

임영은, 오인수(2019). 중학교 여학생들의 관계적 괴롭힘 유형에 관한 질적연구. 교육문제연구, 32(2), 89-116.

장미향, 성한기(2007). 집단따돌림 피해 및 가해경

험과 사회정체성 및 사회지지의 관계. 한국심리학회지: 사회및성격, 21(1), 77-87.

전승혜(2020). 청소년기 또래관계의 형성을 통한 학교폭력상담의 활용에 관한 연구. 산업진흥연구, 5(4), 55-61.

정여진, 손서희(2017). 청소년의 모바일 SNS 사이버 언어폭력 경험 관련 요인에 관한 연구. 한국가정관리학회지, 35(2).

정제영, 이승연, 오인수, 강태훈, 유성창(2013). 주변인 대상 학교폭력 예방교육 프로그램 개발 연구. 교육과학연구, 44(2), 119-143.

정진성(2009). 학교폭력의 원인에 대한 연구: 지역사회의 영향을 중심으로. 한국공안행정학회, 35, 365-390.

조민경, 조한익(2019). 가정학대가 청소년의 학교폭력 가해 및 피해경험에 미치는 영향: 공격성과 우울의 매개효과. 한국심리학회지: 학교, 16(1), 17-38.

최영규(2021). 청소년 인권의식이 학교폭력에 미치는 영향에서 자아존중감 매개 효과. 학습자중심교과교육연구, 21(1), 1293-1315.

최월성, 김은혜(2016). 성폭력 피해자에 대한 이야기 치료적 접근. 사회복지경영연구, 3(2), 81-106.

최유진, 오인수(2018). 괴롭힘 상황에서 주변인 행동과 피해학생 반응의 관계: 통제욕구, 통제지각 및 대처전략을 중심으로. 한국교육학연구, 24(2), 5-23.

최지훈, 남영옥(2017). 학교폭력과 주변인 역할에 관한 연구. 복지상담교육연구, 6(2), 275-297.

푸른나무재단(2024). 전국 학교폭력·사이버폭력 실태조사연구.

하은혜, 조유진(2007). 또래동조성이 집단괴롭힘 가해행동에 미치는 영향에 대한 개인내적 중재요인: 남·여 초등학생을 대상으로. 인간발달연구, 14(4), 49-64.

한경혜, 김영희(1999). 부모의 청소년 자녀에 대한 신체적 폭력실태와 관련요인. 대한가정학회지, 37(2), 27-39.

한하나, 오인수(2014). 괴롭힘 주변인의 행동과 감사, 공감, 학교소속감의 관계. 교육문제연구, 27(4), 53-75.

황혜원, 신정이, 박현순(2006). 초기 청소년의 학교폭력에 대한 생태체계적 요인들 간의 경로분석. 아동과 권리, 10(4), 497-526.

Anderson, C. A., Shibuya, A., Ihori, N., Swing, E. L., Bushman, B. J., Sakamoto, A., et al. (2010). Violent video game effects on aggression, empathy, and prosocial behavior in eastern and western countries: A meta-analytic review. *Psychol Bull, 136*(2), 151-173.

Baldry A. C., & Farrington, D. P. (2005). Protective factors as moderators of risk factors in adolescence bullying. *Social Psychology of Education, 8*, 263-284.

Baraldsnes, D., Fandrem, H., & Strohmeier, D. (2020). Bullying prevention and school climate: Correlation between teacher bullying prevention efforts and their perceived school climate. *International Journal of Developmental Science, 14*(3/4), 85-95.

Barhight, L. R., Hubbard, J. A., Hyde, C. T. (2013). The role of emotional reactivity in children's aggression and peer victimization. *Child Development, 84*(1), 375-390.

Barhight, L. R., Hubbard, J. A., Grassetti, S. N., & Morrow, M. T. (2017). Relations between actual group norms, perceived peer behavior, and bystander children's intervention to bullying. *Journal of Clinical Child & Adolescent Psychology, 46*(3), 394-400.

Benedini, K. M., Fagan, A. A., & Gibson, C. L. (2016). The cycle of victimization: The relationship between childhood maltreatment and adolescent peer victimization. *Child Abuse*

& Neglect, 59, 111-121.

Bollmer, J. M., Milich, R., Harris, M. J., & Maras, M. A. (2005). A friend in need the role of friendship quality as a protective factor in peer victimization and bullying. *Journal of Interpersonal Violence, 20*(6), 701-712.

Brady, J. (2001). Bullying: An interview with Russell Skiba, *Communique, 30*(3), 8-31.

Bronfenbrenner, U. (1994). Ecological models of human development. In T. Husen & T. N. Postlethwaite (Eds.), *International encyclopedia of education* (2nd ed., pp. 1643-1647). New York: Elsevier Science.

Caravita, S. C. S., & Cillessen, A. H. N. (2012). Agentic or communal? Associations between interpersonal goals, popularity, and bullying in middle childhood and early adolescence. *Social Development, 12*(2), 376-395.

Chui, W. H., & Chan, H. C. O. (2015). Self-control, school bullying perpetration, and victimization among Macanese adolescents. *Journal of Child and Family Studies, 24*, 1751-1761.

Craig, W. M., Pepler, D., & Atlas, R. (2000). Observations of bullying in the playground and in the classroom. *School Psychology International, 21*(1), 22-36.

Crick, N. R., & Grotpeter, J. K. (1995). Relational aggression, gender, and socialpsychological adjustment. *Child Development, 66*(3), 710-722.

Crick, N. R., Nelson, D. A., Morales, J. R., Cullerton Sen, C., Casas, C. F., & Hickman, S. E. (2001). Relational victimization in childhood and adolescence: I hurt you through the grapevine. In J. Junoven & S. Graham (Eds.), *Peer harassment in school: The plight of the*

vulnerable and victimized (pp. 196-214). New York: Guilford Press.

Deković, M., & Meeus, W. (1997). Peer relations in adolescence: Effects of parenting and adolescents' self-concept. *Journal of Adolescence, 20*(2), 163-176.

Dukes, R. L., Stein, J. A., & Zane, J. I. (2010). Gender differences in the relative impact of physical and relational bullying on adolescent injury and weapon carrying. *Journal of School Psychology, 48*, 511-532.

Dunn, S. T. M. (2010). Upstanders: Student experiences of intervening to stop bullying. Dissertation Abstracts International Section A. *Humanities and Social Sciences, 71*(1-A), 81.

Espelage, D. L., Bosworth, K., & Simon, T. R. (2000). Examining the social context of bullying behaviors in early adolescence. *Journal of Counseling & Development, 78*(3), 326-333.

Farley, J. (2018). Teachers as obligated bystanders: Grading and relating administrator support and peer response to teacher direct intervention in school bullying. *Psychology in the Schools, 55*(9), 1056-1070.

Ferguson, C. J., Miguel, C. S., & Hartley, R. D. (2009). A multivariate analysis of youth violence and aggression: The influence of family, peers, depression, and media violence. *The Journal of Pediatrics, 155*(6), 904-908.

Flaspohler, P. D., Elfstrom, J. L., Vanderzee, K. L., & Sink, H. E. (2009). Stand by me: The effects of peer and teacher support in mitigating the impact of bullying on quality of life. *Psychology in the Schools, 46*, 636-649.

Furlong, M. J., Chung, A., Bates, M., & Morrison, R. L. (1995). Who are the victims of school violence? A comparison of student non-victims and multi-victims. *Education & Treatment of Children, 18*, 282-298.

Garandeau, C. F., Laninga-Wijnen, L., & Salmivalli, C. (2022). Effects of the KiVa Anti-Bullying Program on Affective and Cognitive Empathy in Children and Adolescents. *Journal of Clinical Child and Adolescent Psychology, 51*(4), 515-529.

Glover, D., Gough, G., Johnson, M., & Cartwright, N. (2000). Bullying in 25 secondary schools: Incidence, impact and intervention. *Educational Research, 42*(2), 141-156.

Gini, G., Albiero, P., Benelli, B., & Altoe, G. (2008). Determinants of adolescents' active defending and passive bystanding behavior in bullying. *Journal of Adolescence, 31*, 93-105.

Huang, N., Zhang, S., Mu, Y., Yu, Y., Riem, M M. E., & Guo, J. (2023). Does the COVID-19 Pandemic Increase or Decrease the Global Cyberbullying Behaviors? A Systematic Review and Meta-Analysis. *Trauma, Violence, & Abuse, 25*(2), 1018-1035.

Huesmann, L. R., Moise-Titus, J., Podolski, C.-L., & Eron, L. D. (2003). Longitudinal relations between children's exposure to TV violence and their aggressive and violent behavior in young adulthood: 1977-1992. *Developmental Psychology, 39*(2), 201-221.

Lavrič, M., & Naterer, A. (2020) The power of authoritative parenting: A cross-national study of effects of exposure to different parenting styles on life satisfaction. *Children and Youth Services Review, 116*, 1-9.

Lee, S. Y., & Oh, I. (2012). School violence in South Korea: An overview of school violence and intervention efforts. In S. Jimerson, M.

Furlong., A. Nickerson, & M. Mayer (Eds.), *Handbook of school violence and school safety: International research and practice* (2nd ed.). New York: Routledge.

Lester, L., Coss, D., Dooley, J., & Shaw, T. (2013). Developmental trajectories of adolescents victimization: Predictors and outcomes. *Social Influence, 8*(2-3), 107-130.

Loukas, A., Ripperger-Suhler, K. G., Herrera, D. E. (2012). Examining competing models of the associations among peer victimization, adjustment problems, and school connectedness. *Journal of School Psychology, 50*, 825-840.

Luo, S., Ban, Y., Qiu, T., & Liu, C. (2023). Effects of stress on school bullying behavior among secondary school students: Moderating effects of gender and grade level. *Frontiers in Psychology, 14*.

Macklem, G. L. (2003). *Bullying and teasing: Social power in children's groups*. New York, NY: Kluwer Academic/Plenum.

Mullin, C. R., & Linz, D. (1995). Desensitization and resensitization to violence against women: Effects of exposure to sexually violent films on judgments of domestic violence victims. *Journal of Personality and Social Psychology, 69*(3), 449-459.

Natvig, G. K., Albrektsen, G., & Qvarnstrom, U. (2001). School-related stress experience as risk factor for bullying behavior. *Journal of Youth and Adolescence, 30*, 561-575.

O'Brennan, L. M., & Furlong, M. J. (2010). Relations between students' perceptions of school connectedness and peer victimization. *Journal of School Violence, 9*, 375-391.

Olenik-Shemesh, D., & Heiman, T. (2017). Cyberbullying victimization in adolescents as related to body esteem, social support, and social self-efficacy. *The Journal of Genetic Psychology, 178*(1), 28-43.

Owens, L., Daly, A., & Slee, P. (2005). Sex and age differences in victimization and conflict resolution among adolescents in a South Australian school. *Aggressive Behavior, 31*(1), 1-12.

Papanikolaou, M., Chatzikosma, T., & Kleio, K. (2011). Bullying at school: The role of family. *Procedia-Social and Behavioral Science, 29*, 433-442.

Pathch, J. W., & Hinduja, S. (2010). Traditional and nontraditional bullying among youth: A test of general strain theory. *Youth & Society, 43*(2), 727-751.

Rose, A. J., & Rudolph K. D. (2006). A review of sex differences in peer relationship processes: Potential tradeoffs for the emotional and behavioral development of girls and boys. *Psychological Bulletin, 132*(1), 98-131.

Salmivalli, C. (2014). Participant roles in bullying: How can peer bystanders be utilized in interventions? *Theory into Practice, 53*(4), 286-292.

Salmivalli, C., Lagerspetz, K., Björkqvist, K., Österman, K., & Kaukianen, A. (1996). Bullying as a group process: Participant roles and their relations to social status within the group. *Aggressive Behavior, 22*, 1-15.

Schneider, S. K., O'donnell, L., Stueve, A., & Coulter, R. W. (2012). Cyberbullying, school bullying, and psychological distress: A regional census of high school students. *American Journal of Public Health, 102*(1), 171-177.

Scholte, R., Sentse, M., & Granic, I. (2010). Do actions speak louder than words? Classroom attitudes and behavior in relation to bullying in early adolescence. *Journal of Clinical Child and Adolescent Psychology, 39*, 789-799.

Skues, J. L., Cunningham, E. G., & Pokharel, T. (2005). The influence of bullying behaviours on sense of school connectedness, motivation and self-esteem. Australian. *Journal of Guidance & Counselling, 15*(1), 17-26.

Swearer, S. M., & Hymel, S. (2015). Understanding the psychology of bullying: Moving toward a social-ecological diathesis-stress model. *American Psychologist, 70*(4), 344-353.

Turanovic, J. J., & Siennick, S. E. (2022). *The causes and consequences of school violence: A review* (Contract No. GS-00F-219CA). National Institute of Justice. https://www.ojp.gov/pdffiles1/nij/302346.pdf

Utomo, K. D. M. (2022). Investigations of cyber bullying and traditional bullying in adolescents on the roles of cognitive empathy, affective empathy, and age. *International Journal of Instruction, 15*(2), 937-950.

Vaillancourt, T., Hymel, S., & McDougall, P. (2003). Bullying is power: Implications for school based intervention strategies. *Journal of Applied School Psychology, 19*, 157-176.

Yoon, J., Sulkowski, M., & Bauman, S. (2016). Teachers' responses to bullying incidents: Effects of teacher characteristics and contexts. *Journal of School Violence, 15*(1), 91-113.

서울경제 https://www.sedaily.com/NewsView/2DBO7T2CF7

일요시사(2012). 〈충격세태〉 '패드립' 수렁에 빠진 청소년 실태. 일요시사. https://www.ilyosisa.co.kr/news/article.html?no=18319

제3장

강만철, 김광운, 노안영, 오익수, 정민(2011). 개인심리학 상담 원리와 적용. 서울: 학지사.

공마리아, 강윤주(2010). 장애대학생의 장애수용과 대학생활 적응에 관한 연구. 재활심리연구, 17(3), 1-23.

곽상은, 김춘경(2013). 애착, 비공식낙인, 공격성이 청소년비행에 미치는 영향: 경로분석을 중심으로. 미래청소년학회지, 10(1), 77-95.

구정화(2016). 가정환경 요인이 초등학생의 차별 및 학교폭력 피해경험에 미치는 영향 분석. 법과인권교육연구, 9(1), 1-25.

권현용, 김현미(2009). 학교폭력 가해청소년의 심리사회적 요인에 관한 질적 분석. 한국동서정신과학회지, 12(1), 1-12.

김경은, 윤혜미(2012). 청소년의 폭력피해경험, 폭력용인태도와 사이버폭력 가해행동의 관련성. 한국아동복지학, 39, 213-244.

김경집(2005). 초기 청소년의 또래폭력에 영향을 미치는 요인: 학교환경과 학구를 중심으로. 한국청소년연구, 16(1), 421-448.

김두규, 장소은, 한현우(2017). 어머니 애착과 학교폭력간의 관계에서 정서조절력의 매개효과. 학습자중심교과교육연구, 17(7), 751-772.

김수민(2024). 학업중단경험 청소년의 사회적 낙인감이 SNS 폭력 가해에 미치는 영향: 또래·부모 애착의 조절효과를 중심으로. 한국민간경비학회보, 23(2), 85-112.

김시현(2023). 초등학생이 지각하는 학급풍토에 따른 자아존중감, 공동체의식 및 학교폭력 피해 차이 분석: 잠재프로파일 분석을 활용하여. 육아정책연구, 17(2), 81-104

김영화(2012). 학교폭력, 청소년 문제와 정신 건강. 서울: 도서출판 한울.

김예성, 김광혁(2008). 초등학교 아동의 또래괴롭힘 경험 유형에 따른 우울불안, 학교 유대감, 공격성의 차이 및 피해경험을 통한 가해경험의 변화. 아동학회지, 29(4), 213-229.

김예지, 박성옥(2022). 어머니의 과보호적 양육태도가 사이버불링 가해에 미치는 영향: 관계적 공격성과 자기통제력의 매개효과. 영유아아동정신건강연구, 15(1), 1-18.

김예지, 허자연(2024). 남녀 청소년의 부모관여와 사이버불링 가해행동 간의 관계: 자기통제와 또래동조의 순차적 이중 매개효과를 중심으로. 교육문제연구, 91, 139-165.

김은경(2012). 청소년의 사이버 불링에 영향을 미치는 관련 변인 연구. 명지대학교 대학원 박사학위논문.

김재엽, 최선아, 임지혜(2015). 지역사회 환경이 청소년의 학교폭력 가해행동에 미치는 영향: 폭력허용도의 매개효과 검증. 청소년학연구, 22(11), 111-135.

김진호(2009). 학교폭력 가해 청소년의 인간관계적 특성에 관한 연구. 전북대학교 대학원 박사학위논문.

남미애, 홍봉선(2013). 학교폭력 주변인 역할에 영향을 미치는 요인. 한국아동복지학, 50, 109-144.

노안영(2005). 상담심리학의 이론과 실제. 서울: 학지사.

노언경(2017). 다층 잠재프로파일 분석을 적용한 중학생의 학교폭력 집단 분류와 개인 및 학교요인 검증. 조사연구, 18(2), 67-98.

도기봉(2008). 학교폭력에 영향을 미치는 공격성과 생태체계요인의 상호작용효과. 청소년복지연구, 10(2), 73-92.

박수희(2020). 학급풍토가 학교폭력 예방문화에 미치는 영향. 학습자중심교과교육연구, 20(11), 1289-1310.

박영신, 김의철(2001). 학교폭력과 인간관계 및 청소년의 심리 행동특성: 폭력가해, 폭력피해, 폭력무경험집단의 비교를 중심으로. 한국심리학회지, 7, 63-89.

박현숙, 홍현희, 한윤선(2018). 청소년의 스트레스와 주관적 행복감이 학교폭력 가해행동에 미치는 영향: 일반긴장이론을 기반으로 한 구조모형. 조사연구, 19(2), 1-23.

성동규, 김도희, 이윤석, 임성원(2006). 청소년의 사이버폭력 유발요인에 관한 연구: 개인성향·사이버폭력 피해경험·윤리 의식을 중심으로. 사이버커뮤니케이션학보, 19, 79-129.

손혜진, 전귀연(2003). 미혼 남녀의 개인적, 관계적, 상황적 변인이 데이팅 폭력에 미치는 영향. 대한가정학, 14(2), 43-63.

송경희, 송주현, 백지현, 이승연(2009). 남녀 중학생의 정서적, 인지적 특성, 부모의 양육행동과 또래괴롭힘의 관계. 한국심리학회지: 발달, 22(2), 1-22.

시은아, 이현정(2022). 학업중단 청소년의 사회적 낙인감과 SNS 사이버폭력 가해행동의 관계: 부모 애착에 의해 조절된 충동성의 매개효과를 중심으로. 한국정신간호학회지, 31(4), 427-437.

신민섭(2014). 공격성과 괴롭힘을 설명하는 이론. 이화여자대학교 학교폭력예방연구소 편, 학교폭력과 괴롭힘 예방: 원인진단과 대응(pp. 108-132). 서울: 학지사.

신소라(2016). 폭력물 시청과 폭력 목격이 청소년의 사이버불링과 학교폭력에 미치는 영향: 자기통제력의 매개효과. 교정복지연구, 44, 139-158.

신혜섭(2005). 중학생의 학교폭력 유형에 영향을 미치는 변인: 가해경험, 피해경험, 가해 피해 중복 경험에 대한 분석. 청소년학연구, 12(4), 123-149.

안효영(2016). 또래 괴롭힘과 주변인 행동의 이해: 실제 사례를 통해 본 학교폭력의 실태와 해결방법. 서울: 북랩.

연성진, 김왕배, 원영신, 이경용, 홍영오(2008). 한국 사회 폭력문화의 구조화에 관한 연구. 형사정책연구원 연구총서 08-13.

오인수(2014). 성별에 따른 유형별 공격성과 전통적 괴롭힘 및 사이버 괴롭힘 가해의 관계. 상담학연구, 15(5), 1871-1885.

오인수, 이승연, 황혜영, 임영은(2017). 학교폭력 영역별 실태 분석 및 대안 탐색(Ⅱ): 장애학생의 학교폭력 경험분석 및 효과성 개입방안. 서울: 이화여자대학교 학교폭력예방연구소.

이성식(2003). 지역무질서, 지역유대와 범죄피해의 관계. 피해자학 연구, 11(1), 87-106.

이성식(2006). 중학생 오프라인과 온라인 폭력 원인 모색을 위한 주요 요인들의 적용. 청소년학연구, 13(6), 179-200.

이순례(2002). 학교폭력의 원인 및 대처방안에 관한 연구. 서울: 한국형사정책연구원.

이승연, 오인수, 이주연(2014). 초등학교 학교폭력 가해, 피해, 가해-피해 집단의 심리사회적 특성. 청소년학연구, 21(5), 391-416.

이승원, 원도연, 박상현(2016). 청소년의 학교체육 참여, 여가스포츠 참여, 사회적 유대감, 폭력성 및 우울감의 인과관계 검증. 한국사회체육학회지, 65, 411-422.

이승준, 곽대경(2023). 사이버폭력에 대한 자기통제력과 다차원적 도덕성 요인의 상호작용효과: 상황적 행동이론(SAT)의 부분적 검증. 한국범죄심리연구, 19(4), 127-142.

이지영, 김희정(2015). 또래 괴롭힘 관여 유형별 공격성에 관한 연구: 적대적 귀인 및 규범적 신념의 매개효과를 중심으로. 학습자중심교과교육연구, 15(12), 685-714.

이창재(2003). 프로이트와의 대화. 서울: 민음사.

장희순, 이승연(2013). 아동의 신체적 학대 경험과 반응적 공격성과의 관계에서 의도적 통제와 사회정보처리의 매개효과. 한국심리학회지: 발달, 26(3), 19-48.

전동일, 위수경, 최종복, 이선주(2008). 청소년 사이버 비행 영향 요인. 사회복지리뷰, 13, 149-170.

전신현, 이성식(2010). 연구논문: 청소년의 휴대전화를 이용한 사이버 집단 괴롭힘 현상의 원인 모색. 청소년학연구, 17(11), 159-181.

정동욱, 김영식, 양민석, 이성은(2014). 학교환경 위생정화구역 내 유해환경과 단위 학교의 학교폭력 및 학업 중단 간의 관계 분석. 교육정치학연구, 21(1), 51-75.

정종진(2012). 학교폭력의 원인에 관한 이론적 고찰. 대구교육대학교 초등교육연구논총, 28(1), 163-180.

조아미(2014). 학교폭력에서 분노의 매개효과와 부모애착의 조절효과. 청소년학연구, 21(9), 177-199.

최운선(2005). 학교폭력 관련변인에 관한 메타분석. 한국가족복지학, 10, 95-111.

허승희, 이희영(2019). 학교폭력의 학교 생태학적 요인과 대처 방안: 미시체계와 중간체계를 중심으로. 교육연구, 31(6), 1671-1682.

황정훈(2023). 인접 중학교 학교폭력이 초등학교 학교폭력에 미치는 외부 효과 탐색: Sutherland의 차별접촉이론을 중심으로. 한국교원교육연구, 40(4), 55-78.

황혜원, 신정이, 박현순(2006). 초기 청소년의 학교폭력에 대한 생태체계적 요인들 간의 경로분석. 아동권리연구, 10(4), 497-526.

Adams, M. S., Robertson, C. T., Gray-Ray, P., & Ray, M. C. (2003). Labeling and delinquency. *Adolescence, 38*, 171-186.

Adler, A. (1927). Individual psychology. *The Journal of Abnormal and Social Psychology, 22*(2), 116-122.

Adler, A. (1956). *The individual psychology of Alfred Adler*. In H. Ansbacher & R. Ansbacher (Eds.). New York: Basic Books, Inc.

Agnew, R. (1992). Foundation for a general strain theory of crime and delinquency. *Criminology, 30*(1), 47-88.

Agnew, R., & Brezina, T. (2012). *Juvenile delinquency: Causes, and control*. Oxford: Oxford University Press.

Aichhorn, A. (1925). *Wayward youth*. New York: Meridian Books.

Bandura, A. (1986). *Social foundation of thought and action: A social cognitive theory*. Englewood Cliffs, New Jersey: Prentice-Hall.

Batista-Foguet, J. M. (2008). Juvenile delinquency: Analysis of risk and protective factors using quantitative and qualitative methods. cognition, brain, behavior. *An Interdisciplinary Journal, 12*(4), 389-408.

Bronfenbrenner, U. (1994). Ecological models of human development. In T. Husen & T. N. Postlethwaite (Eds.), *International encyclopedia of education* (2nd ed., pp. 1643-1647). New York: Elsevier Science.

Cornish, D., & Clarke, R. (1986). *The reasoning criminals: Rational choice perspectives on offending*. New York: Springer-Verlag.

Crick, N. R., & Dodge, K. A. (1994). A review and reformulation of social information-processing mechanisms in children's social adjustment. *Psychological Bulletin, 115*, 74-101.

Dodge, K. A. (1986). A social information processing model of social competence in children. In M. Perlmutter (Org.), *Minnesota symposium in child psychology. Cognitive Perspectives in Children's Social and Behavioral Development, 18*, 77-125.

Evans, C. B. R., & Smokowski, P. R. (2015). Theoretical explanations for bullying in school: How ecological processes propagate perpetration and victimization. *Child and Adolescence Social Work Journal, 33*(4), DOI:10.1007/s10560-015-0432-2

Freud, S. (1923). *Das Ich und das Es*. Leipzig-Wien-Zürich, Internationaler psycho-analytischer Verlag; G.W., XIII, 237-289; The ego and the id. SE, 19, 1-66.

Giovazolias, T., Kourkoutas, E., Mitsopoulou,

E., & Georgiadi, M. (2010). The relationship between perceived school climate and the prevalence of bullying behavior in Greek schools: Implications for preventive inclusive strategies. *Procedia-social and Behavioral Sciences, 5,* 2208-2215.

Gottfredson, M. R., & Hirschi, T. (1990). *A general theory of crime.* Stanford, CA: Stanford University Press.

Hess, R. S., Magnuson, S., & Beeler, L. (2016). 아동·청소년을 위한 학교상담[*Counseling children and adolescents in schools*]. (오인수 역). 서울: 시그마프레스. (원전 출판 2012).

Hirschi, T. (1969). *Causes of delinquency.* Berkeley, CA: University of California Press.

Jeong, S., & Lee, B. H. (2013). A multilevel examination of peer victimization and bullying preventions in schools. *Journal of Criminology, 2013,* 1-10.

Kostas, F., Andreas, D., & Veronica V. H. (2012). A longitudinal study of cyberbullying: Examining riskand protective factors. *European Journal of Developmental Psychology, 9*(2), 168-81.

Long, J. D., & Pellegrini, A. D. (2003). Studying change in dominance and bullying with linear mixed models. *School Psychology Review, 32*(3), 401-417.

Magnusson, D. (1992). Individual development: A longitudinal perspective. *European Journal of Personality, 6*(2), 119-138.

Navarro, R., Ruiz-Oliva, R., Larrañaga, E., & Yubero, S. (2015). The impact of cyberbullying and social bullying on optimism, global and school-related happiness and life satisfaction among 10-12-year-old Schoolchildren. *Applied Research in Quality of Life, 10*(1), 15-36.

OIweus, D. (1994). Bulling at school: Basic facts and effects of a school based intervention Program. *Journal of Child Psychiatry, 35*(7), 1171-1190.

Patchin, J. W., Huebner, B. M., McCluskey, J. D., Varano, S. P., & Bynum, T. S. (2006). Exposure to community violence and childhood delinquency. *Crime & Delinquency, 52*(2), 307-332.

Putnam, R. (1995). Bowling alone: America's decline in social capital. *Journal of Democracy, 6,* 65-78.

Scholte, R. H. J., Overbeek, G., ten Brink, G., Rommes, E., de Kemp, R. A. T., Goossens, L., & Engles, R. C. M. E. (2008). The significance of reciprocal and unilateral friendships for peer victimization in adolescence. *Journal of Youth and Adolescence, 89,* 89-100.

Sidanius, J., & Pratto, F. (1999). *Social dominance: An intergroup theory of social hierarchy and oppression.* Cambridge: Cambridge University Press.

Siegel, L. J. (2020). 범죄학: 이론과 유형[*Criminology: Theories, patterns and typologies,* 13th ed.]. Boston: Cengage Learning. (김상원, 박미랑, 박정선, 신동준, 윤옥경, 이창배, 황성현 공역). 서울: 센게이지러닝코리아. (원전 출판 2018).

Sutherland, E. H. (1947). *Principles of criminology* (4th ed.). Philadelphia: Lipincot.

Swit, C. S. (2018). Early childhood educators' and parents' perceptions of bullying in preschool. *New Zealnad Journal of Psychology, 47*(3), 19-27.

Tunnell, K. D. (1990). Choosing crime: Close your eyes and take your chances. *Justice Quarterly, 7*(4), 673-690.

Vannucci, M., Nocentini, A., Mazzoni, G., &

Menesini, E. (2012). Recalling unpresented hostile words: false memories predictors of traditional and cyberbullying. *European Journal of Developmental Psychology, 9*, 182-194.

Wang, C., Berry, B., & Swearer, S. M. (2013). The critical role of school climate in effective bullying prevention. *Theory into Practice, 52*(4), 296-302.

Wolfgang, M. E., & Ferracuti, F. (1967). *The subculture of violence*. London: Travistock.

제4장

강진령(2000). 집단 괴롭힘. 서울: 학지사.

고경은, 이수림(2015). 학교폭력 가해피해 중복경험 중학생의 특성 및 학교생활적응에 영향을 미치는 요인 연구: 학교폭력 유형별 집단비교를 중심으로. 청소년상담연구, 23(1), 1-28.

고수현, 강석기(2014). 고등학생의 우울과 불안이 학교폭력에 미치는 영향: 분노의 매개효과를 중심으로. 청소년복지연구, 16(4), 149-172.

권이종(2000). 학교 내에서의 집단따돌림의 발생원인과 해결방안에 관한 연구: 학교내의 폭력을 중심으로. 청소년학연구, 7(2), 1-37.

김경희(1998). 비행청소년의 사회적 문제해결능력과 사회적 지지와의 관계: 서울보호관찰소를 중심으로. 가톨릭대학교 대학원 석사학위논문.

김선애(2007). 가정, 학교, 친구관련변인과 학교폭력과 관계. 청소년학연구, 14(1), 101-126.

김영근, 김창대(2015). 상담과정에서 정서의 활성화 및 반복적 수용의 역할에 관한 이론적 고찰. 상담학연구, 16(6), 1-23.

김옥엽(1999). 전라북도 지역 청소년의 집단따돌림에 대한 실태조사 연구. 원광대학교 대학원논문집, 23, 85-124.

김용태, 박한샘(1997). 비행청소년 부모교육프로그램. 청소년상담연구(총서), (45), 1-146.

김은경, 이정숙(2009). 아동의 학대경험이 정서와 인지적 편향을 매개로 우울과 공격성에 미치는 영향. 한국심리학회지: 발달, 22(3), 1-18.

김종운, 이명순(2009). 지각된 부모양육태도와 초등학생의 집단따돌림 피해정도와의 관계: 사회적 고립을 매개로. 상담학연구, 10(3), 1645-1661.

김재엽, 정윤경(2007). 학교폭력 피해경험이 우울에 미치는 영향에서 가족요인의 조절효과. 한국가족복지학, 19, 5-28.

김재철, 최지영(2011). 부모학대가 공격성에 미치는 영향: 자존감, 학교폭력 피해경험의 매개효과. 아동교육, 20(1), 19-32.

김진구, 신희영(2018). 초기 청소년기 또래거부의 사회화 과정: 친구네트워크와 교사-학생 관계의 영향. 한국심리학회지: 발달, 31(3), 163-182.

김혜경(2012). 대학생의 상담전문가에 대한 도움요청 연구: 도움요청태도가 도움요청 의도에 미치는 영향. 청소년복지연구, 14(1), 93-111.

나옥희(2017). 비폭력대화와 감정코칭을 통합한 청소년 정서조절 프로그램 개발 및 효과. 목포대학교 대학원 박사학위논문.

남미애(2015). 학교폭력에 대한 도움요청 의도에 영향을 미치는 예측요인: 부산지역 초중학생을 중심으로. 청소년학연구, 22(7), 95-127.

도금혜, 최보가, 이지민(2005). 청소년의 사회측정적 인기도 및 지각된 인기도와 공격성과의 관계. 대한가정학회지, 43(2), 57-67.

도금혜, 최보가, 이지민(2006). 청소년의 지각된 인기도에 따른 공격성과 자아존중감. 대한가정학회지, 44(2), 1-11.

도금혜, 최보가(2007). 청소년의 또래집단이 지각한 인기도에 영향을 미치는 생태학적 변인. 한국청소년연구, 18(1), 107-134.

도현심, 권정임, 박보경, 홍성흔, 홍주영, 황영은 (2003). 또래 괴롭힘 피해아의 특성에 기초한 중재 프로그램의 개발: 부모교육 프로그램과 사회적 기술 훈련 프로그램을 중심으로: 부모교육 프로그램과 사회적 기술 훈련 프로그램을 중심으로. 아동학회지, 24(4), 103-121.

두경희(2015). 사이버 폭력 피해자의 정서적, 인지적 경험 및 대처행동. 청소년학연구, 22(11), 82-110.

마영화, 박성희(2019). 초기청소년이 지각한 부모-자녀 간 의사소통유형과 학교생활적응과의 관계에서 분노의 매개효과. 청소년학연구, 26(11), 31-59.

문동규(2020). 청소년의 집단따돌림 피해경험과 관련된 요인에 대한 메타분석. 한국산학기술학회 논문지, 21(1), 685-697.

민원홍, 김다은(2016). 청소년기 또래 괴롭힘 피해와 내재화 문제 간의 종단적 상호관계. 청소년학연구, 23(6), 397-426.

민하영, 유안진(1999). 스트레스 상황에 대한 지각된 통제감과 아동의 스트레스 대처행동. 아동학회지, 20(1), 61-77.

박경숙, 손희권, 송혜정(1998). 학생의 왕따 현상에 관한 연구. 한국교육개발원.

박영신, 김의철(1998). 한국인의 성공양식과 귀인양식. 교육심리연구, 12(2), 51-84.

박순진(2009). 청소년 폭력에 있어서 피해-가해 경험의 발전. 형사정책연구, 20(7), 71-94.

박종효(2003). 공격적 피해자의 심리·사회적 특성과 문제행동. 교육학연구, 41(3), 423-449.

박진영, 채규만(2011). 집단따돌림 피해 및 가해 아동의 관련 변인 분석. 한국심리학회지: 일반, 30(1), 45-67.

배미희, 최중진, 김청송(2016). 학교폭력 가해자, 피해자, 방관자 예측모형 연구. 청소년학연구, 23(8), 385-413.

보건복지부(2001). 의료기관을 방문한 학교폭력 피해자의 정신병리 조사. 서울: 보건복지부.

서수균(2011). 비합리적 신념과 공격성 사이에서 부적응적 인지전략과 대인관계 양상의 매개효과. 한국심리학회지: 상담 및 심리치료, 23(4), 901-919.

석지혜(2013). 초등학교 아동의 학업스트레스가 학교폭력 가해행동에 미치는 영향과 공격성의 매개효과. 연세대학교 대학원 석사학위논문.

송동호, 육기환, 이호분, 노경선(1997). 학교폭력 피해 청소년의 정신의학적 후유증에 관한 사례연구. 소아청소년정신의학, 8(2), 232-241.

신유림(2007). 학령기 아동의 사회적 위축성과 친구관계. 아동학회지, 28(5), 193-207.

신종호, 윤영, 김명섭(2018). 폭력없는 행복학교 만들기. 서울: 학지사.

신현숙, 구본용(2001). 청소년의 스트레스 대처방식과 적응과의 관계. 청소년상담연구, (9), 189-225.

신희경(2006). 가해 청소년, 피해 청소년, 가해/피해 청소년 집단유형의 발달에 영향을 미치는 변인. 한국청소년연구, 17(1), 297-323.

신혜섭(2005). 중학생의 학교폭력 유형에 영향을 미치는 요인: 가해경험, 피해경험, 가해피해 중복경험에 대한 분석. 청소년학연구, 12(4), 123-149.

심희옥(2000). 또래지지와 대인관계 갈등 대처방법 및 사회적 기술과의 관계. 아동학회지, 21(1), 19-33.

심희옥(2002). 아동의 심리사회적인 발달과 또래 괴롭힘의 가해, 피해, 친사회적 행동과의 횡종단적인 관계. 아동학회지, 23(3), 1-15.

심희옥(2008). 또래 괴롭힘 참여자의 사회적 지위 및 사회적 정서에 관한 연구: 성별을 중심으로. 아동학회지, 29(3), 191-205.

양원경, 도현심(1999). 또래수용성 및 또래괴롭힘과 청소년의 자아존중감 간의 관계. 아동학회지, 20(1), 223-238.

양윤란, 양재원, 오경자(2008). 아동과 청소년의 사회불안과 우울 증상 간의 시간적 관계. 한국심리학회지: 임상, 27(1), 35-50.

엄태완, 이기영(2004). 북한이탈 주민의 우울과 사회적 문제해결능력 및 사회적 지지와의 관계. 정신보건과사회사업, 18(1), 5-35.

오승화, 오인수(2018). 초등학교 고학년 학생의 개인, 또래, 교사, 학급 변인이 괴롭힘 참여자의 행동에 미치는 영향. 교육과학연구, 49(4), 1-26.

오인수(2008). 초등학생의 학교 괴롭힘에 영향을 미치는 성별에 다른 심리적 요인. 한국초등교육학회, 21(3), 91-110.

오인수(2010). 괴롭힘을 목격한 주변인의 행동에 영향을 미치는 심리적 요인: 공감과 공격성을 중심으로. 초등교육연구, 23(1), 45-63.

오인수, 임영은(2016). 공격성과 사회적 유능감의 수준에 따른 또래 괴롭힘 가해경험 및 문제해결 방식의 차이. 교육문제연구, 59, 23-46.

유지희(2011). 귀인양식과 스트레스 대처행동이 청소년의 사회불안에 미치는 영향. 성균관대학교 대학원 석사학위논문.

윤영미(2007). 초·중·고등학생의 집단따돌림 경향분석. 한국보건간호학회지, 21(2), 230-240.

이경님(2001). 아동의 또래 괴롭힘과 관련변인간의 인과관계: 아동의 행동문제, 내외통제소재와 어머니의 양육행동을 중심으로. 대한가정학회지, 39(8), 37-52.

이경원, 이용훈, 김순자, 박균열(2017). 회복적 생활교육을 통한 또래중재프로그램 개발연구. 한국윤리교육학회 학술대회, 295-324.

이규미, 문형춘, 홍혜영(1998). 상담 사례를 통해서 본 "왕따" 현상: 서울청소년상담연구 '왕따' 현상에 대한 이해와 상담 접근. 서울: 서울특별시청소년종합상담실.

이미욱, 하정희, 최윤영(2015). 또래괴롭힘에서 주변인 역할 집단에 따른 비합리적 신념, 공격성, 사회불안의 차이. 청소년학연구, 22(9), 137-161.

이봉주, 김세원(2014). 아동학대가 아동·청소년 발달에 미치는 영향에 대한 종단적 연구. 아동과 권리, 18(2), 163-195.

이봉주, 민원홍, 김정은(2014). 청소년기 사회적 위축 문제의 발달궤적에 영향을 미치는 요인: 발달-맥락주의적 관점을 적용한 탐색적 연구. 청소년학연구, 21(8), 317-346.

이상균(1999). 학교에서의 또래폭력에 영향을 미치는 요인. 서울대학교 대학원 박사학위논문.

이상균, 정현주(2013). 학교폭력 경험과 부모양육행동간의 종단적 관계 및 잠재유형분석: 부모교육프로그램의 필요성을 중심으로. 학교사회복지, 24, 1-29.

이선미, 유성경(2013). 또래 괴롭힘 피해와 우울, 불안 관계에서 소극/회피적 대처행동과 공격적 대처행동의 매개효과. 상담학연구, 14(2), 1209-1226.

이시형(1997). 학교폭력 실태와 그 예방. 대한의사협회지, 40(10), 1268-1273.

이영옥, 천성문, 류위자, 정환경(2009). 학급단위 비폭력 의사소통훈련이 중학생의 의사소통 및 또래관계에 미치는 효과. 한국동서정신과학회지, 12(2), 47-57.

이은아, 박상복(2007). Rosenberg의 비폭력 의사소통훈련 프로그램이 배척아동의 자아존중감과 또래관계에 미치는 효과. 한국동서정신과학회지, 10(1), 33-48.

이은희, 김혜진, 홍경자(2002). 청소년들의 학교폭력예방을 위한 집단상담 프로그램의 효과. 상담학연구, 3(1), 185-202.

이지연(2004). 스트레스와 부모-자녀간 의사소통이 청소년 자살생각에 미치는 영향. 중앙대학교 대학원 석사학위논문.

이홍, 김은정(2012). 청소년의 공격성 하위유형에 따른 인지 및 정서 특성. 청소년학연구, 19(1), 227-250.

이훈구(1980). 내외통제성: 한국 초, 중, 고학생의 내외통제 경향성. 충북대학교 학생생활연구소, 5, 41-59.

이훈구, 권준모, 곽금주, 조성호, 전우영, 이혜주(2000). 학급내 부정적 행동과 응집력과의 관계: 왕따, 학내폭력, 수업저해행동을 중심으로. 한국심리학회 학술대회 자료집, 2000(1), 58-59.

이춘재, 곽금주(2000). 집단따돌림 경험 유형에 따른 자기개념과 사회적지지. 한국심리학회지: 발달, 13(1), 65-80.

임신일, 이정미(2013). 남자 고등학생의 부모 간 폭력 목격 경험, 자존감, 학교폭력 피해, 학교폭력 가해의 관계. 학교사회복지, 26, 27-45.

장덕희(2004). 가정폭력 경험이 자녀의 정서적, 행동적, 사회적 부적응에 미치는 영향. 청소년학연구, 11(3), 65-91.

장덕희(2007). 청소년 학교폭력의 중복특성과 요인에 관한 연구. 청소년학연구, 14(6), 69-97.

장휘순, 이승연(2013). 아동의 신체적 학대 경험과 반응적 공격성과의 관계에서 의도적 통제와 사회정보처리의 매개효과. 한국심리학회지: 발달, 26(3), 19-48.

전재천(2000). 초등학생의 집단따돌림과 부모의 양육태도, 학교적응과의 관계. 연세대학교 대학원 석사학위논문.

정문경(2014). 청소년기 학교폭력 피해경험과 사회불안의 관계에서 사회적 유능성의 매개효과. 학교사회복지, 29, 73-93.

정재영(1998). 집단상담 프로그램이 따돌림을 당한 중학생의 사회성숙도 및 성격특성에 미치는 효과. 서강대학교 교육대학원 석사학위논문.

정정호(2000). 또래폭력 피해경험에 관한 연구. 서울대학교 대학원 석사학위논문.

정지선(2008). 복합 외상과 단순 외상의 중첩에 따른 심리적 증상의 차이: 학교폭력피해 청소년을 중심으로. 한국심리학회 학술대회 자료집, 2008(1), 322-323.

정지선, 안현의(2008). 청소년 학교폭력의 복합 외상(Complex Trauma)적 접근. 한국심리학회지 상담 및 심리치료, 20(1), 145-160.

정향기, 최태진(2013). 중학생의 학교폭력 경험 유형에 따른 의사소통 특성. 상담학연구, 14(1), 573-591.

조학래(2002). 중학생 집단따돌림의 실태와 대응방안. 연세사회복지연구, 8, 1-26.

천성문, 박순득, 배정우, 박원모, 김정남, 이영순(2006). 상담심리학의 이론과 실제. 서울: 학지사.

청소년폭력예방재단(2002). 2001 학교폭력 실태조사 보고서. 서울: 청소년폭력예방재단.

최보가, 임지영(1999). 또래괴롭힘이 아동의 외로움과 불안에 미치는 영향: 초등학생과 중학생을 대상으로. 대한가정학회지, 37(5), 111-122.

최정원(2008). 학교폭력의 심리평가적 접근방법. 문용린 외 공저. 학교폭력의 위기개입의 이론과 실제. 서울: 학지사.

최태진, 허승희, 박성미, 이희영(2006). 초등학교폭력 양상 및 과정 분석. 상담학연구, 7(2), 613-632.

한영경, 김은정(2011). 초기청소년기 관계적 공격성 하위유형의 특성 탐색: 사회평가불안과 인정에 대한 과도한 요망을 중심으로. 한국심리학회지: 임상, 30(4), 985-1002.

한영옥(1999). 품행장애 청소년의 사회정보처리 과정에 관한 연구. 서울여자대학교 대학원 박사학위논문.

허규(1999). 충동성과 사회적 문제해결 능력이 청소년 비행에 미치는 영향. 한양대학교 대학원 석사학위논문.

허승희, 최태진(2008). 초등학교폭력예방을 위한 집단상담 프로그램의 적용과 그 효과(1): 가해 성향 아동을 대상으로. 초등교육연구, 21(3), 175-197.

허인영(2017). 부모에 의한 정서폭력이 청소년 또래에 의한 정서폭력 재피해에 미치는 영향: 우울과 사회적 위축의 다중매개효과분석. 한국사회복지학, 69(2), 63-88.

허준경, 이기학(2013). 중학생의 학업스트레스 수준과 공격성향 간의 관계에서 자율성의 조절효과 검증 연구. 한국심리학회지: 학교, 10(3), 429-448.

홍경자(2007). 의사소통의 심리학. 서울: 학지사.

Agnew, R. (1992). Foundation for a general strain theory of crime and delinquency. *Criminology*, *30*, 47-87.

Alloy, L. B., Kelly, K. A., Mineka, S., & Clements,

C. M. (1990). Comorbidity of anxiety and depressive disorders: A helplessness-hopelessness perspective. In J. D. Maser & C. R. Cloninger (Eds.), *Comorbidity of mood and anxiety disorders* (pp. 499-543). American Psychiatric Association.

American Psychiatric Association. (1994). *Diagnostic and statistical manual of mental disorders* (4th ed.). Washington, DC: American Psychiatric Press.

American Psychiatric Association. (2015). *Diagnostic and statistical manual of mental disorders*. 권준수, 김재진, 남궁기 공역. 서울: 학지사.

Amirkhan, J. H. (1990). A factor analytically derived measure of coping: The coping strategy indicator. *Journal of Personality and Social Psychology, 59*(5), 1066.

Asendorpf, J. B. (1993). Abnormal shyness in children. *Journal of Child Psychology and Psychiatry, 34*(7), 1069-1083.

Beidel, D. C., Turner, S. M., & Morris, T. L. (1999). Psychopathology of childhood social phobia. *Journal of the American Academy of Child & Adolescent Psychiatry, 38*(6), 643-650.

Bergevin, T., Gupta, R., Derevensky, J., & Kaufman, F. (2006). Adolescent gambling: Understanding the role of stress and coping. *Journal of Gambling Studies, 22*(2), 195-208.

Boulton, M. J., & Smith, P. K. (1994). Bully/victim problems in middle-school children: Stability, self-perceived competence, peer perceptions and peer acceptance. *British Journal of Developmental Psychology, 12*(3), 315-329.

Brendgen, M., & Poulin, F. (2018). Continued bullying victimization from childhood to young adulthood: A longitudinal study of mediating and protective factors. *Journal of Abnormal Child Psychology, 46*(1), 27-39.

Bryson, M. H. E., Mensah, F., Goldfeld, S., & Price, A. M. (2019). Using hair cortisol to examine the role of stress in children's health inequalities at 3 years. *Academic Pediatrics, 20*, 193-202.

Burton, D., Foy, D. W., Bwananusi, C., Johnson, J., & Moore, L. (1994). The relationship between traumatic exposure, family dysfunction, and post-traumatic stress symptoms in male juvenile offenders. *Journal of Traumatic Stress, 7*, 83-93.

Caravita, S. C., Di Blasio, P., & Salmivalli, C. (2009). Unique and interactive effects of empathy and social status on involvement in bullying. *Social Development, 18*(1), 140-163.

Caster, J. B., Inderbitzen, H. M., & Hope, D. (1999). Relationship between youth and parent perceptions of family environment and social anxiety. *Journal of Anxiety Disorders, 13*(3), 237-251.

Chen, X., DeSouza, A. T., Chen, H., & Wang, L. (2006). Reticent behavior and experiences in peer interactions in Chinese and Canadian children. *Developmental Psychology, 42*(4), 656.

Cluver, L., Bowes, L., & Gardner, F. (2010). Risk and protective factors for bullying victimization among AIDS affected and vulnerable children in South Africa. *Child Abuse and Neglect, 34*(10), 793-803.

Crick, N. R., & Dodge, K. A. (1994). A review and reformulation of social information-processing mechanisms in children's social adjustment. *Psychological Bulletin, 115*(1), 74-101.

Crick, N. R., & Bigbee, M. A. (1998). Relational

and overt forms of peer victimization: A multiinformant approach. *Journal of Consulting and Clinical Psychology, 66*(2), 337.

Cunningham, N. J. (2007). Level of bonding to school and perception of the school environment by bullies, victims, and bully victims. *Journal of Early Adolescence, 27*(4), 457-478.

D'Zurilla T. J. (1986). *Problem-solving therapy: A social competence approach to clinical intervention.* New York: Springer.

D'Zurilla T. J., & Chang, E. C. (1995). The relations between social problem solving and coping. *Cognitive Therapy and Research, 19*(5), 547-562.

D'Zurilla T. J., Chang, E. C., Nottingham, E. J., & Faccimi, L. (1998). Social problem solving deficits and hopelessmess, depression and suicidal risk in college students and syghiatric inpatients. *Journal of Clinical Psyshology, 54*(8), 1091-1107.

D'Zurilla T. J., & Nezu, A. M. (1982). Social problem-solving in adults. In P. C. Kendall (Ed.), *Advances in cognitive-behavioral research and therapy.* New York: Academic Press.

D'Zurilla T. J., & Nezu, A. M. (2007). *Problem solving therapy.* New York: Springer Publisher.

Dodge, K. A. (1991). The structure and function of reactive and proactive aggression. In D. J. Pepler & K. H. Rubin (Eds.), *The development and treatment of childhood aggression* (pp. 201-218). New York: Psychology Press.

Dougherty, A. (2013). *Psychological consultation and collaboration in school and community settings.* Boston: Cengage Learning.

Duke, M. P., & Nowicki, J. R. (1973). Personality correlates of the Nowicki-strickland locus of control scale for adults. *Psychological Reports, 33*, 267-270.

Duncan, R. D. (1999). Peer and sibling aggression: An investigation of intra-and extra-familial bullying. *Journal of Interpersonal Violence, 14*(8), 871-886.

Elias, M., Zins, J. E., & Weissberg, R. P. (1997). *Promoting social and emotional learning: Guidelines for educators.* ASCD.

Espelage, D. L., Low, S., & De La Rue, L. (2012). Relations between peer victimization subtypes, family violence, and psychological outcomes during adolescence. *Psychology of Violence, 2*, 313-324.

Ellis, A. E. (1962). *Reason and emotion in psychotherapy.* New York: Lyle Stuart.

Faris, R., & Felmlee, D. (2011). Status struggles: Network centrality and gender segregation in same-and cross-gender aggression. *American Sociological Review, 76*(1), 48-73.

Finkelhor, D., Ormrod, R. K., &Turner, H. A. (2007). Poly-victimization: A neglected component in child victimization. *Child Abuse & Neglect, 31*(1), 7-26.

Folkman, S., & Lazarus, R. S. (1980). An Analysis of Coping in a Middle-Aged Community Sample. *Journal of Health and Social Behavior, 21*(3), 219-239.

Fordham, K., & Stevenson-Hinde, J. (1999). Shyness, friendship quality, and adjustment during middle childhood. *Journal of Child Psychology and Psychiatry, 40*(5), 757-768.

Fu, F., Chow, A., Li, J., & Cong, Z. (2018). Emotional flexibility: Development and application of a scale in adolescent earthquake survivors. *Psychological Trauma: Theory,*

Research, Practice, and Policy, 10(2), 246.

Garber, J. (2010). Vulnerability to depression in childhood and adolescence. In R. E. Ingram & J. M. Price (Eds.), *Vulnerability to psychopathology: Risk across the lifespan* (2nd ed.). New York: The Guilford Press.

Gazelle, H., & Rudolph, K. D. (2004). Moving toward and away from the world: Social approach and avoidance trajectories in anxious solitary youth. *Child Development, 75*(3), 829-849.

Georgiou, S. N. (2008). Bullying and victimization at school: The role of mothers. *British Journal of Educational Psychology, 78*(1), 109-125.

Gini, G., & Pozzoli, T. (2009). Association between bullying and psychosomatic problems: A meta-analysis. *Pediatrics, 123*(3), 1059-1065. doi:10.1542/peds.2008-1215

Gladstone, G. L., Parker, G. B., & Malhi, G. S. (2006). Do bullied children become anxious and depressed adults?: A cross-sectional investigation of the correlates of bullying and anxious depression. *The Journal of Nervous and Mental Disease, 194*(3), 201-208.

Grotpeter, J. K., & Crick, N. R. (1996). Relational aggression, overt aggression, and friendship. *Child Development, 67*(5), 2328-2338.

Greenberg, L. S. (2002). *Emotion-focused therapy: Coaching clients to work with their feelings.* Washington, DC: American Psychological Association.

Gresham, F. M. (1988). Social skills: Conceptual and applied aspects of assessment, training, and social validation. In *Handbook of behavior therapy in education* (pp. 523-546). Boston, MA: Springer US.

Gresham, F. M., & Nagle, R. J. (1980). Social skills training with children: Responsiveness to modeling and coaching as a function of peer orientation. *Journal of Consulting and Clinical Psychology, 48*(6), 718.

Grills, A. E., & Ollendick, T. H. (2002). Peer victimization, global self-worth, and anxiety in middle school children. *Journal of Clinical Child and Adolescent Psychology, 31*(1), 59-68.

Heppner, P. P., & Peterson, C. H. (1982). The social readjustment rating scale. *Journal of Psychosomatic Research, 11*, 213-218.

Hong, J. S., & Espelage, D. L. (2012). A review of research on bullying and peer victimization in school: An ecological system analysis. *Aggression and Violent Behavior, 17*(4), 311-322.

Holt, M. K., Vivolo-Kantor, A. M., Polanin, J. R., Holland, K. M., DeGue, S., Matjasko, J. L., Wolfe, M., & Reid, G. (2015). Bullying and suicidal ideation and behaviors: A metaanalysis. *Pediatrics, 135*(2), e496-e509. doi:10.1542/peds.2014-1864

Juvonen, J., & Graham, S. (Eds.). (2001). *Peer harassment in school: The plight of the vulnerable and victimized.* New York: Guilford Press.

Juvonen, J., Nishina, A., & Graham, S. (2001). Self-views versus peer perceptions of victim status among early adolescents. *Peer Harassment in School: The Plight of the Vulnerable and Victimized*, 105-124.

Kennedy-Moore, E., & Watson, J. C. (1999). *Expressing emotion: Myths, realities, and therapeutic strategies.* New York: Guilford Press.

Kim, J., & Lee, J. (2013). Prospective study on the reciprocal relationship between intimate partner violence and depression among women in Korea. *Social Science & Medicine, 99*, 42-48.

Kljakovic, M., & Hunt, C. (2016). A meta-analysis of predictors of bullying and victimisation in adolescence. *Journal of Adolescence, 49*, 134-145. doi:10.1016/j.adolescence.2016.03.002

Kozasa, S., Oiji, A., Kiyota, A., Sawa, T., & Kim, S. Y. (2017). Relationship between the experience of being a bully/victim and mental health in preadolescence and adolescence: A crosssectional study. *Annals of General Psychiatry, 16*(1), 37-47.

Kupersmidt, J. B., Coie, J. D., & Dodge, K. A. (1990). The role of poor peer relationships in the development of disorder. In S. R. Asher & J. D. Coie (Eds.), *Peer rejection in childhood* (pp. 274-305). Cambridge: Cambridge University Press.

Ladd, B. K., & Ladd, G. W. (2001). Variations in peer victimization. Peer harassment in schools. *The plight of the vulnerable and vicfimized*, 25-48.

Lasky, N. V. (2019). Victim precipitation theory. In *The encyclopedia of women and crime* (pp. 1-2). https://doi.org/10.1002/9781118929803. ewac0517

Lazarus, R. S., & Folkman, S. (1984). *Stress, appraisal, and coping*. New York: Springer Publishing Co.

Lereya, S. T., Samara, M., & Wolke, D. (2013). Parenting behavior and the risk of becoming a victim and a bully/victim: A meta-analysis study. *Child Abuse & Neglect, 37*(12), 1091-1108.

Leventhal, A. M. (2008). Sadness, depression, and avoidance behavior. *Behavior Modification, 32*(6), 759-779.

Lipowski, Z. J. (1988). Somatization: The concept and its clinical application. *American Journal of Psychiatry, 145*(11), 1358-1368.

Liu, R. X., & Kaplan, H. B. (2004). Role stress and aggression among young adults: The moderating influence of gender and adolescent aggression. *Social Psychology Quarterly, 67*(1), 88-102.

Macklem, G. L. (2003). *Bullying and teasing: Social power in children's groups*. New York: Springer Science & Business Media.

McCabe, R. E., Liss, A. L., Summerfeldt, L. J., Antony, M. M., Lee, J., & Ararat, T. (2000). *An examination of the relation between anxiety disorders and self-reported history of teasing or bullying experience during adolescence and childhood*. *Proceedings of the 12th annual research day*. Department of Psychiatry and Behavioural Neurosciences, McMaster University, Hamilton, Ontario.

Meijwaard, S. C., Kikkert, M., de Mooij, L. D., Lommerse, N. M., Peen, J., Schoevers, R. A., & Dekker, J. J. (2015). Risk of criminal victimisation in outpatients with common mental health disorders. *Plos One, 10*(7).

Messman-Moore, T. L., Ward, R. M., & Zerubavel, N. (2013). The role of substance use and emotion dysregulation in predicting risk for incapacitated sexual revictimization in women: Results of a prospective investigation. *Psychology of Addictive Behaviors, 27*(1), 125.

Murphy, T. P., Laible, D., & Augustine, M. (2017). The influences of parent and peer attachment on bullying. *Journal of Child and Family Studies, 26*, 1388-1397.

Nansel, T. R., Overpeck, M., Pilla, R. S., Ruan, W. J., Simons-Morton, B., & Scheidt, P.

(2001). Bullying behaviors among US youth: Prevalence and association with psychosocial adjustment. *Jama, 285*(16), 2094-2100.

Newcomb, A. F., Bukowski, W. M., & Pattee, L. (1993). Children's peer relations: A meta-analytic review of popular, rejected, neglected, controversial, and average sociometric status. *Psychological Bulletin, 113*(1), 99.

Olweus, D. (1978). *Aggression in the schools: Bullies and whipping boys.* Hemisphere.

Olweus, D. (1993). Bullies on the playground: The role of victimization. In C. H. Hart (Ed.), *Children on playgrounds: Research perspectives and applications* (pp. 85-128). State University of New York Press.

Owen, A. E., Thomson, M. P., & Kaslow, N. J. (2006). The mediating role of parenting stress in the relation between intimate partner violence and child adjustment. *Journal of Family Psychology, 20*(3), 505-513.

Parker, J. G., & Endler, N. S. (1996). Coping and defence: A historical overview. In M. Zeidner & N. S. Endler (Eds.), *Handbook of coping: Theory, research, application* (pp. 3-23). New York: John Wiley & Sons.

Phares, E. J. (1957). Expectancy changes in skill and chance situations. *Journal of Abnormal and Social Psychology, 54*(3), 339-342.

Pozzoli, T., & Gini, G. (2010). Active defending and passive bystanding behavior in bullying: The role of personal characteristics and perceived peer pressure. *Journal of Abnormal Child Psychology, 38*, 815-827.

Raskauskas, J., & Stoltz, A. (2007). Involvement in traditional and electronic bullying among adolescents. *Developmental Psychology, 43*(3), 564-575.

Roberts, W. B., & Coursol, D. H. (1996). Strategies for intervention with childhood and adolescent victims of bullying, teasing, and intimidation in school settings. *Elementary School Guidance & Counseling, 30*(3), 204-212.

Roth, S., & Cohen, L. J. (1986). Approach, avoidance, and coping with stress. *American Psychologist, 41*(7), 813.

Rotter, J. B. (1954). *Social learning and clinical psychology.* New York: Prentice Hall Inc.

Rotter, J. B. (1990). Internal versus external control of reinforcement: A case history of a variable. *American Psychologist, 45*(4), 489-493.

Ruback, R. B., Clark, V. A., & Warner, C. (2014). Why are crime victims at risk of being victimized again? Substance use, depression, and offending as mediators of the victimization-revictimization link. *Journal of Interpersonal Violence, 29*(1), 157-185.

Rubin, K. H., & Burgess, K. B. (2001). Social withdrawal and anxiety. *The Developmental Psychopathology of Anxiety*, (Pt III), 407-434.

Rubin, K. H., & Coplan, R. J. (2004). Paying attention to and not neglecting social withdrawal and social isolation. *Merrill-Palmer Quarterly, 50*(4), 506-534.

Rubin, K. H., LeMare, L. J., & Lollis, S. (1990). Social withdrawal in childhood: Developmental pathways to peer rejection. In S. R. Asher & J. D. Coie (Eds.), *Peer Rejection in Childhood* (pp. 217-249). Cambridge: Cambridge University Press.

Schlenker, B. R., & Leary, M. R. (1982). Social anxiety and self-presentaion: Aconceprualization and model. *Psychological Bulletin, 92*, 641-649.

Schmuck, R. A., & Schmuck, P. A. (1992).

Small districts, big problems: Making school everybody's house. Corwin Press, Inc., 2455 Teller Rd., Newbury Park, CA 91320.

Schoeler, T., Duncan, L., Cecil, C. M., Ploubidis, G. B., & Pingault, J. (2018). Quasi-experimental evidence on short- and long-term consequences of bullying victimization: A meta-analysis. *Psychological Bulletin, 144*(12), 1229-1246. doi:10.1037/bul0000171

Schwartz, D., Dodge, K. A., & Cowie, J. D. (1993). The emergence of chronic peer victimization in boy's play groups. *Child Development, 64,* 1755-1772.

Schwartz, D., Farver, J. M., Chang, L., & Lee-Shin, Y. (2002). Victimization in South Korean children's peer groups. *Journal of Abnormal Child Psychology, 30,* 113-125.

Shields, A., & Cicchetti, D. (2001). Parental maltreatment and emotion dysregulation as risk factors for bullying and victimization in middle childhood. *Journal of Clinical and Child Psychology, 30,* 349-363.

Skinner, E. A., Edge K., Altman, J., & Sherwood, H. (2003). Searching for the structure of coping: A review and critique of category systems for classifying ways of coping. *Psychological Bulletin, 129*(2), 216-269.

Slee, P. T. (1993a). Bullying at school: Its hard not to feel helpless. *Children Ausfrulia, 18,* 14-16.

Slee, P. T. (1993b). Peer victimization and its relationship to depression among Australian primary school students. *Personality and Individual Differences, 18*(1), 57-62.

Smith, P. K., & Shu, S. (2000). What good schools can do about bullying: Findings from a survey in English schools after a decade of research and action. *Childhood: A Global Journal of*

Child Research, 7(2), 193-212.

Solberg, M. E., Olweus, D., & Endresen, I. M. (2007). Bullies and victims at school: Are they the same pupils?. *British Journal of Educational Psychology, 77*(2), 441-464.

Spotts, E., Neiderhiser, J. M., Hetherington. E. M., & Reiss, D. (2001). The relation between observational measures of social problem solving and familial antisocial behavior: Genetic and environmental influences. *Journal of Research on Adolescence, 11*(4), 351-374.

Stevens, V., De Bourdeaudhuij, I., & Van Oost, P. (2002). Relationship of the family environment to children's involvement in bully/victim problems at school. *Journal of Youth and Adolescence, 31,* 419-428.

Storch, E. A., & Masia-Warner, C. (2004). The relationship of peer victimization to social anxiety and loneliness in adolescent females. *Journal of Adolescence, 27*(3), 351-362.

Strauss, C. C., & Last, C. G. (1993). Social and simple phobias in children. *Journal of Anxiety Disorders, 7*(2), 141-152.

Troy, M., & Sroufe, L. A. (1987). Victimization among preschoolers: Role of attachment relationship history. *Journal of the American Academy of Child & Adolescent Psychiatry, 26*(2), 166-172.

Unnever, J. D. (2005). Bullies, aggressive victims, and victims: Are they distinct groups?. Aggressive Behavior: *Official Journal of the International Society for Research on Aggression, 31*(2), 153-171.

Unnever, J. D., & Cornell, D. G. (2004). Middle school victims of bullying: Who reports being bullied?. *Aggressive Behavior, 30,* 373-388.

Walsh, K., DiLillo, D., & Messman-Moore, T. L.

(2012). Lifetime sexual victimization and poor risk perception: Does emotion deregulation account for the links? *Journal of Interpersonal Violence, 27*(15), 3054-3071.

Westen, D., & Gabbard, G. O. (1999). Psychoanalytic approaches to personality. In L. A. Pervin & O. P. John (Eds.), *Handbook of personality: Theory and research* (2nd ed., pp. 57-101). New York: Guilford Press.

Westen, D., Gabbard, G. O., & Ortigo, K. M. (2008). Psychoanalytic approaches to personality. In O. P. John, R. W. Robins, & L. A. Pervin (Eds.), *Handbook of personality: Theory and research* (3rd ed., pp. 61-113). New York: Guilford Press.

Wilson, K. G., Stelzer, J., Bergman, J. N., Kral, M. J., Inayatullah, M., & Elliot, C. A. (1995). Problem solving, stress and coping in adolescent suicide attempts. *Suicide and Life-Threatening Behavior, 25*, 241-252.

Wicks-Nelson, R., & Israel, A. C. (2015). *Abnormal child and adolescent psychology: Pearson new international edition course smart e textbook*. London: Psychology Press.

헤럴드 경제(2023. 3. 17.). '더글로리' 꿈꾸는 피해자가 90%… 학폭 중단 후에도 후유증 수년 지속. 헤럴드경제. https://news.heraldcorp.com/view.php?ud=20230317000260&pos=naver

제5장

권선애, 안석(2012). 학교폭력 가해 및 피해학생을 위한 음악치료 프로그램 연구. 한국기독교상담학회지, 23(3), 9-57.

김미영, 은혁기(2018). 학교폭력예방을 위한 해결중심 집단상담이 초등학생의 가해 및 피해행동과 방관자적 태도에 미치는 영향. 교육치료연구, 10(1), 75-88.

김소희(2008). 스트레스 사건, 인지적 정서조절전략과 심리적 안녕감 간의 관계. 학생생활상담, 26, 5-29.

김수미, 이숙(2000). 아동의 위축행동에 대한 연구. 生活科學硏究, 10, 13-21.

김희진(2014). 통합예술치료 프로그램이 학교폭력 피해 청소년의 자아존중감 및 또래관계에 미치는 효과. 문화예술교육연구, 9(6), 133-156.

박슬기, 김효원(2013). 집단모래놀이치료가 학교폭력 피해 청소년의 자기표현과 학교적응에 미치는 효과. 청소년학연구, 20(8), 175-202.

박지선, 오인수(2017). 청소년기에 괴롭힘을 경험한 성인 피해자들의 회복과 성장에 관한 내러티브 탐구. 한국교육문제연구, 35(2), 1-33.

박창우(2005). 학교급별, 성별, 지역별, 비주장행동 원인비교. 경북대학교 대학원 석사학위논문.

박형준, 김충희(2012). 동물매개치료 프로그램이 학교폭력 피해경험 청소년의 우울과 자아존중감에 미치는 영향. 한국가축위생학회, 35(4), 327-332.

방송통신위원회(2022. 4. 7.). "2021년 사이버폭력 실태조사 결과 발표". 보도자료.

배우열, 선우현(2018). 학교폭력 피해로 또래관계 어려움을 호소하는 청소년 내담자 인형치료 사례연구. 한국청소년시설환경학회, 16(2), 15-27.

사공미숙(2015). 우울을 겪고 있는 학교폭력 피해 여중생의 미술치료 사례. 한국과학예술융합학회, 19, 387-403.

오승호(2009). 폭력의식의 형성과 유형에 대한 연구. 법교육연구, 4(2), 95-132.

오인수, 김혜미, 이승연, 이미진(2016). 학교폭력의 맥락적 이해에 기초한 효과적인 상담전략. 상담학연구, 17(2), 257-279.

오인수, 이승연, 이미진(2015). 학교폭력 피해·가해학생 상담을 위한 도담도담 프로그램 매뉴얼. 서울: 이화여자대학교 학교폭력예방연구소.

오인수, 한혜원, 전은경, 김민정(2022). 도구를 활용한 아동·청소년 상담 기법. 서울: 학지사.

이송화, 박재황(2017). 현실치료집단상담이 학교폭력 피해학생 부모의 분노, 불안, 우울 감소에 미치는 효과. 현실치료연구, 6(2), 1-12.

이세나, 김춘경(2013). 강점기반 문학치료 프로그램이 학교폭력 피해아동의 심리적 안녕감과 내면화·외현화 문제행동에 미치는 효과. 어린이문학교육연구, 14(2), 157-180.

이은숙, 강희순(2014). 대학생의 성별에 따른 성역할 고정관념, 성적 자기주장성, 성폭력 인식도, 성폭력 허용도 및 데이트 성폭력경험. 동서간호학연구지, 20(1), 48-56.

이지언, 정익중(2020). 청소년기 친사회적 행동의 발달궤적과 예측요인. 학교사회복지, 50, 79-101.

한상희, 신동열(2018). 점토치료를 활용한 학교폭력 피해 청소년의 자아효능감 회복과정의 현상학연구. 인문사회 21, 9(6), 413-428.

허승희, 최태진, 박성미(2009). 초등학교폭력예방을 위한 집단상담 프로그램의 적용과 그 효과(Ⅱ): 피해성향 아동을 대상으로. 아동학회지, 30(1), 149-164.

Campbell, M. L. C., & Morrison, A. P. (2007). The relationship between bullying, psychotic-like experiences and appraisals in 14-16-year olds. *Behaviour Research and Therapy, 45*(7), 1579-1591.

Fergus, T., Valentiner, D., McGrath, P., & Jencius, S. (2010). Shame- and guilt-proneness: Relationships with anxiety disorder symptoms in a clinical sample. *Journal of Anxiety Disorders, 24*, 811-815.

Garnefski, N., Legerstee, J., Kraaij, V., van den Kommer, T., & Teerds, J. (2002). Cognitive coping strategies and symptoms of depression and anxiety: A comparison between adolescents and adults. *Journal of Adolescence, 5*, 603-611.

Helmond, P., Overbeek, G., Brugman, D., & Gibbs, J. C. (2015). A meta-analysis on cognitive distortions and externalizing problem behavior: Associations, moderators, and treatment effectiveness. *Criminal justice and behavior, 42*(3), 245-262.

Nelson, L. (2013). Going it alone: Comparing subtypes of withdrawal on indices of adjustment and maladjustment in emerging adulthood. *Social Development, 22*(3), 522-538.

Salovey, P., & Mayer, J. D. (1997). What is emotional intelligence? P. Salovey, & D. J. Sluyter (Eds.), *Emotional development and emotional intelligence.* New York: Basic Books.

제6장

강태신, 임영식(2009). 청소년의 반복적 비행에 영향을 미치는 심리적 요인. 미래청소년학회지, 6(2), 113-129.

고수현, 강석기(2014). 고등학생의 우울과 불안이 학교폭력에 미치는 영향: 분노의 매개효과를 중심으로. 청소년복지연구, 16(4), 149-172.

고혜빈, 이소연(2021). 고등학생의 공격신념과 공감능력이 사이버불링 참여 유형에 미치는 영향. 청소년상담연구, 29(1), 21-43.

교육부, 보건복지부, 질병관리청(2023). 제18차(2022년) 청소년건강행태조사 통계. 세종: 교육부.

곽금주, 윤진, 문은영(1993). 한국 청소년 비행 연구의 동향과 심리학적 과제. 서울: 한국심리학회, 12-27.

권이종(1997). 청소년 폭력의 심각성과 그 대책. 사학, 82, 47-51.

권재환, 이은희(2006). 남녀 청소년의 충동성, 부모의 양육태도, 개인의 통제력, 부모-자녀 의사소통이 문제행동에 미치는 영향. 한국청소년연구, 17(1), 325-351.

구현지, 문경주, 오경자(2007). 문제해결기술 훈련의 비행 감소효과: 경미한 비행청소년을 대상으로. 한국심리학회지: 임상, 26(2), 345-364.

김경호(2019). 청소년의 우울과 공격성 간의 종단적 인과관계: 자기회귀 교차지연 모형의 적용. 보건사회연구, 39(3), 239-279.

김광수, 이시화(2009). 정서지능 교육 프로그램이 초등학생의 갈등해결전략과 또래관계에 미치는 효과. 한국초등교육, 20(1), 171-191.

김두규, 장소은, 한현우(2017). 어머니 애착과 학교폭력간의 관계에서 정서조절력의 매개효과. 학습자중심교과교육연구, 17(17), 751-772.

김보은, 최수미(2016). 초기청소년의 도덕추론이 또래가해행동에 미치는 영향: 동조성의 조절효과와 공감의 매개효과. 청소년학연구, 23(3), 29-52.

김수정(2005). 집단따돌림의 가해·피해 경향에 영향을 미치는 심리적·사회적 요인. 상담학연구, 6(2), 359-371.

김수진, 정종원(2015). 초등학교폭력 가해 관련변인에 대한 국내연구 메타분석. 교육방법연구, 27(4), 601-626.

김순혜(2007). 청소년의 학교폭력에 영향을 미치는 요인에 관한 연구. 애니어그램연구, 4(1), 77-97.

김연일, 임선아(2020). 학급 내 학교폭력 발생 유무에 따른 학급 사회연결망의 차이-교우관계 및 학급응집력을 중심으로. 교육심리연구, 34(3), 563-579.

김원영, 김경식(2018). 한국 청소년의 학교폭력 가해행동 관련 유발 변인에 대한 메타분석. 중등교육연구, 66(3), 783-814.

김재엽, 성신명, 김준범(2015). 학교폭력 가해-피해 중복경험 청소년의 우울, 공격성, 자기 통제력과 가정폭력 경험에 관한 연구: 가해, 피해 집단과의 비교를 중심으로. 학교사회복지, 31, 83-109.

김정옥, 김완일(2019). 초등학교 고학년 아동의 공감능력과학교폭력태도의 관계에서 학급응집력의 매개효과. 청소년학연구, 26(1), 205-226.

김종운, 이명순(2009). 지각된 부모양육태도와 초등학생의 집단따돌림 피해정도와의 관계: 사회적 고립을 매개로. 상담학연구, 10(3), 1645-1661.

김준호(1997). 한국의 학교폭력에 관한 연구: 피해와 가해를 중심으로. 청소년개발원 국제학술회의 자료집.

김청송(2007). 청소년의 우울, 스트레스 대처, 강인성이 비행에 미치는 영향. 한국심리학회지: 건강, 12(3), 587-598.

김치영(2002). 학교환경요인이 청소년비행에 미치는 영향에 관한 연구. 동아대학교 정책과학대학원 석사학위논문.

김혜리(2013). 또래괴롭힘 참여역할에 따른 인지적·정서적 공감의 차이. 한국심리학회지: 발달, 26(4), 1-20.

김혜리, 이진혜(2006). 마음읽기 능력과 괴롭힘 행동. 한국심리학회지 발달, 19(2), 1-19.

남미애, 홍봉선(2013). 학교폭력 주변인 역할에 영향을 미치는 요인. 한국아동복지학, 50, 109-144.

남영옥, 한상철(2007). 청소년폭력 예방을 위한 보호요인들의 영향력 탐색. 청소년상담연구, 15(1), 77-89.

노경훈, 한대동(2017). 초등학생이 지각한 부모의 양육태도가 공격성과 학교폭력 허용도에 미치는 영향. 교육혁신연구 27(1), 159-180.

노성호(1994). 청소년 학교생활과 비행. 수사연구, 4.

노충래, 이신옥(2003). 중학생의 학교폭력에 영향을 미치는 요인에 관한 연구: 부부폭력 목격경험, 아동학대 피해경험, 내적 통제감 및 학교생활을 중심으로. 학교사회복지, 6, 1-35.

모혜연(2000). 청소년기 스트레스 요인과 완벽주의 성향이 우울에 미치는 영향. 서강대학교 교육대학원 석사학위청구논문.

박선우, 오인수, 이승연, 정지연(2022). 관계적 집단폭력 실태 및 영향 요인에 관한 질적 연구. 교육논총, 43(2), 29-64.

박성연, 강지흔(2005). 남·여 아동의 정서조절 능력 및 공격성과 학교생활 적응 간의 관계. 아동학회지, 26(1), 1-14.

박소현, 정원철(2017). 집단따돌림 가해자동조경험이 집단따돌림 가해행위에 미치는 영향-공감능력의 매개효과 검증. 학교사회복지, 40, 1-19.

박신영(2020). 중학생이 지각한 공격성과 집단따돌림 가해 및 피해행동 관계에서 자기조절력과 또래친구 및 교사의 사회적지지 매개효과 분석. 학습자중심교과교육연구, 20(5), 1275-1303.

박영신, 김의철(2001). 학교폭력과 인간관계 및 청소년의 심리 행동특성: 폭력가해, 폭력피해, 폭력 무경험 집단의 비교를 중심으로. 한국심리학회지: 사회문제, 7(1), 63-89.

박지현, 이동혁(2016). 어머니의 양육행동 결정요인, 어머니의 양육행동과 청소년문제행동 간의 관계: 일반청소년집단과 비행청소년집단 비교. 청소년학연구, 23(6), 201-232.

박진희, 김현주(2015). 학교폭력 가해행동에 영향을 미치는 요인에 대한 메타분석-학교와 지역사회 요인의 부상-. 청소년시설환경, 13(4), 115-128.

박혜경, 박성연(2002). 아버지의 양육행동 및 남아의 정서조절 능력과 공격성 간의 관계. 가정과 삶의 질 학회 학술발표대회 자료집, 113-113.

반지윤, 오인수(2020). 중학생이 지각한 부정적 부모양육태도가 공격성을 매개로 사이버폭력 가해경험에 미치는 영향: 성별 다중집단분석 적용. 한국청소년연구, 31(1), 129-156.

백용매, 문수백(2009). 청소년 비행행동 관련변인들 간의 관계구조분석: 가족체계유형과 사회문제해결능력을 중심으로. 재활심리연구, 16(3), 143-162.

서미정(2015). 가해행동에 대한 태도 및 공감이 또래 괴롭힘 방관행동에 미치는 영향. 한국아동복지학, 52, 139-161.

서수균(2011). 비합리적 신념과 공격성 사이에서 부적응적 인지전략과 대인관계 양상의 매개효과. 한국심리학회지: 상담 및 심리치료, 23(4), 901-919.

송지원(1997). 청소년의 공격성과 자아존중감에 영향을 미치는 변인에 관한 연구. 고려대학교 교육대학원 석사학위논문.

송진영(2016). 중학생이 지각한 부모-자녀간 개방적 의사소통과 자녀의 공격성의 관계에서 자기통제력의 매개효과. 청소년학연구, 23(7), 29-58.

신나민(2012). 청소년 또래 괴롭힘의 참여유형에 영향을 미치는 요인들: 공감 구인을 중심으로. 청소년복지연구, 14(4), 25-45.

신민정, 정경미, 김은성(2012). 한국 청소년들의 우울 및 불안에 대한 성차 연구: 발현시기와 연령별 변화를 중심으로. *Korean Journal of Clinical Psychology*, 31(1), 93-114.

신수진, 장혜인(2021). 행동억제체계 및 행동활성화체계가 불안과 공격성에 미치는 영향: 정서조절곤란의 매개효과. 한국심리학회지: 건강, 26(2), 391-414.

신재선, 정문자(2002). 초등학생의 또래 괴롭힘 유형과 스트레스 대처행동에 관한 연구. 아동학회지, 23(5), 123-139.

신현숙, 이경성, 이해경, 신경수(2004). 비행 청소년의 생활적응문제에서 우울/불안 및 공격성의 합병 효과와 성차. 한국심리학회지 상담 및 심리치료, 16(3), 491-510.

신혜섭, 양혜원(2005). 청소년 초기의 이성친구에 대한 신체적 폭력에 영향을 미치는 변인. 청소년학연구, 12(1), 300-324.

심희옥(2000). 또래 지지와 대인관계 갈등 대처방법 및 사회적 기술과의 관계. 아동학회지, 21(1), 19-33.

심희옥(2001). 또래와의 갈등 대처양식과 또래 괴롭힘의 가해·피해·친사회적 행동과의 횡·종단적인 관계. 한국아동학회지, 22(3), 49-61.

여성가족부(2024). 2023 청소년백서. 서울: 여성가족부.

염영옥(1999). 폭력청소년의 대인관계능력 향상을 위한 REBT 집단치료 프로그램 개발에 관한 연구. 한국아동복지학회 학술발표논문집.

오인수(2008). 초등학생의 학교괴롭힘에 영향을 미치는 성별에 따른 심리적 요인. 초등교육연구, 21(3), 91-110.

오인수, 임영은(2016). 공격성과 사회적 유능감의 수준에 따른 또래 괴롭힘 가해경험 및 문제해결 방식의 차이. 教育問題研究, 29(2), 23-46.

오종은, 이재연(2014). 일반청소년과 학교폭력 가해 청소년의 불안이 폭력행동에 미치는 영향에 대한 분노표현양식의 매개효과. 가정과삶의질연구, 32(5), 163-178.

이경숙, 김영숙(2017). 초등학교 4~6학년 학생들의 공감능력과 정서조절능력이 반응적 폭력행동에 미치는 영향. 예술인문사회 융합 멀티미디어 논문지, 7(8), 439-451.

이금주(2002). 학교폭력의 실태 및 관련 요인에 관한 연구: 광주광역시를 중심으로. 호남대학교 행정대학원 석사학위논문.

이미영, 장은진(2015). 학교폭력 가해자가 경험한 학교폭력 맥락에 관한 질적 연구. 한국심리학회지: 발달, 28(3), 115-140.

이미정(2006). 청소년의 비행경험 수준에 따른 사회적 문제해결 훈련효과. 한국심리학회지: 상담 및 심리치료, 18(1), 71-91.

이미희, 유순화(2005). 학교폭력 가해경험 유무에 따른 자아정체감수준 및 사회적 문제해결능력의 차이. 교육연구, 15, 51-68.

이복실(2007). 중학생이 인지하는 부모양육행동이 자아존중감, 공격성, 학교폭력경험 및 폭력허용도에 미치는 영향. 학교사회복지, 13, 25-50.

이상균(1999). 학교에서의 또래 폭력에 영향을 미치는 요인. 서울대학교 대학원 박사학위논문.

이수경, 오인수(2012). 충동성, 공격성과 직접, 관계적 괴롭힘 가해의 관계에서 죄책감의 매개효과 분석. 상담학연구, 13(4), 1563-1578.

이순희, 허만세(2015). 청소년의 우울과 비행의 종단적 인과관계 분석. 청소년복지연구, 17(2), 241-264.

이승주, 정병수(2015). 가정폭력 노출경험과 학교폭력 가해행동의 관계: 공격성의 매개효과 검증. 한국경찰학회보, 17(3), 223-250.

이승현(2023). 학교 밖 청소년들의 사이버폭력에 영향을 미치는 비행친구 요인 분석. 한국공안행정학회보, 32(2), 195-220.

이은주(2000). 청소년 비행에 대한 자아개념과 사회적 지지의 상호작용 효과. 청소년학연구, 7(1), 149-168.

이은희(2022). 대학생의 자기애와 자존감이 공격성에 미치는 영향: 분노조절의 역할. 청소년학연구, 29(1), 121-145.

이주영, 오경자(2011). 자기회귀 교차지연 모형을 적용한 청소년기 우울과 비행의 시간적 발달 관계 검증: 성별 간 다집단 분석. *Korean Journal of Clinical Psychology*, *30*(2), 497-518.

이준상(2016). 어머니의 양육태도가 초기 청소년의 학교폭력 가해행동에 미치는 영향: 도덕성의 매개효과. 학교사회복지, 36, 73-95.

이춘재, 곽금주(2000). 집단따돌림 경험 유형에 따른 자기개념과 사회적지지. 한국심리학회지, 13(1), 65-80.

이혜은, 최정아(2008). 청소년의 지위비행과 폭력비행에 영향을 미치는 환경 및 개인요인 검증. 청소년학연구, 15(1), 197-221.

이홍, 김은정(2012). 청소년의 공격성 하위유형에 따른 인지 및 정서 특성. 청소년학연구, 19(1), 227-250.

이훈구, 권준모, 곽금주, 조성호, 전우영, 이혜주(2000). 학급내 부정적 행동과 응집력과의 관계: 왕따, 학내폭력, 수업저해행동을 중심으로. 2000년도 한국심리학회 연차학술발표대회 논문집.

임연진(2002). 어머니의 양육태도 및 아동의 정서 조절 능력과 또래 유능성간의 관계. *Human*

Ecologoy Research, 40(1), 113-124.

임정임, 김예성(2010). 폭력에 대한 부모의 허용적 태도가 자녀의 또래괴롭힘 경험에 영향을 미치는 경로 탐색. 인간발달연구, 17(1), 243-262.

장동산, 이길홍, 민병근(1985). 한국 청소년의 불안 및 우울 성향이 청소년 비행에 미치는 영향 분석. 중앙의대지, 10(4), 405-422.

장희순, 이승연(2013). 아동의 신체적 학대 경험과 반응적 공격성과의 관계에서 의도적 통제와 사회정보처리의 매개효과. 한국심리학회지: 발달, 26(3), 19-48.

정주영(2014). 부모-자녀의 부정적 상호작용이 유울, 분노를 매개로 청소년의 공격성에 미치는 영향. 한국청소년연구, 25(2), 237-263.

정향기, 최태진(2013). 중학생의 학교폭력 경험 유형에 따른 의사소통 특성. 상담학연구, 14(1), 573-591.

차재선, 임성문(2016). 청소년의 자존감과 공격성의 관계에서 자기애, 자기개념명확성의 조절효과. 한국청소년연구, 27(4), 231-258.

최두진, 장주병, 이주황, 김욱진, 배광덕, 이재인, 이채린(2018). 2018년 사이버폭력 실태조사. 대구: 한국정보화진흥원.

최운선(2005). 학교폭력 관련변인에 관한 메타분석. 한국가족복지학, 10(2), 95-111.

최윤영, 하정희(2016). 남녀 중학생의 또래괴롭힘 가해, 피해 가능성에 영향 미치는 심리적 특성들의 구조모형 검증. 청소년학연구, 23(12), 129-157.

최정아(2010). 초기 청소년기의 비행과 우울의 상호 인과관계: 자기회귀 교차지연 모형을 통한 검증. 한국청소년연구, 21(4), 143-169.

최지은(1998). 청소년의 폭력에 대한 태도와 행동에 영향을 미치는 요인에 관한 연구. 이화여자대학교 대학원 석사학위논문.

최희영(2011). 신문활용교육(NIE)프로그램이 학교폭력 가해학생의 공격성과 폭력허용도에 미치는 효과. 충남대학교 대학원 석사학위논문.

한세영(2010). 가해집단과 가해피해집단의 공격성에 관련된 자존감, 수치심 및 부모와의 의사소통. 인간발달연구, 17(1), 125-143.

한영경, 김은정(2011). 초기청소년기 관계적 공격성 하위유형의 특성 탐색: 사회평가불안과 인정에 대한 과도한 요망을 중심으로. 한국심리학회지: 임상, 30(4), 985-1002.

한유진(2004). 아동의 정서조절 동기 및 정서조절 능력과 행동문제. 대한가정학회지, 42(3), 65-77.

허규(1999). 충동성과 사회적 문제해결능력이 청소년 비행에 미치는 영향. 한양대학교 대학원 석사학위논문.

홍승혜(1999). 학교폭력 가해청소년의 불안에 관한 연구. 가톨릭대학교 사회복지대학원 석사학위논문.

황흠, 신태섭, 최윤정, 추지윤, 신민경, 김예원(2023). 학교폭력 가해경험에 대한 메타분석. 청소년학연구, 30(7), 233-271.

Adams, R., Bukowski, W., & Bagwell, C. (2005). Stability of aggression during early adolescence as moderated by reciprocated friendship status and friend's aggression. *International Journal of Behavioral Development, 29*(2), 139-145.

Ang R. P., Goh D. H. (2010). Cyberbullying among adolescents: The role of affective and cognitive empathy, and gender. *Child Psychiatry & Human Development, 41,* 387-397.

Ang, R. P., Li, X., & Seah, S. L. (2017). The Role of Normative Beliefs About Aggression in the Relationship Between Empathy and Cyberbullying. *Journal of Cross-Cultural Psychology, 48*(8), 1138-1152.

Asher, S. R., & McDonald, K. L. (2011). The behavioral basis of acceptance, rejection, and perceived popularity. In K. H. Rubin, W. M. Bukowski, & B. Laursen (Eds.), *Handbook of peer interactions, relationships and groups* (pp.

232–248). New York: Guilford.

Bandura, A., Ross, D., & Ross, S. A. (1961). Transmission of aggression through imitation of aggressive models. *Journal of Abnormal and Social Psychology, 63*(3), 575–582.

Barton, B. (2006). The bully, victim, and witness relationship defined. In *Understanding school bullying: A comprehensive framework for intervention and prevention* (pp. 3–25). Thousand Oaks, CA: Sage Publications.

Belacchi, C., & Farina, E. (2012). Feeling and thinking of others: Affective and cognitive empathy and emotion comprehension in prosocial/hostile preschoolers. *Aggressive Behavior, 38*(2), 150–165.

Berger, J. (2008). Identity signaling, social influence, and social contagion. In M. J. Prinstein, & K. A. Dodge (Eds.), *Understanding peer influence in children and adolescents* (pp. 181–199). New York, NY: Guilford.

Berking, M., Wupperman, P., Reichardt, A., Pejic, T., Dippel, A., & Znoj, H. (2008). Emotion–regulation skills as a treatment target in psychotherapy. *Behaviour Research and Therapy, 46*(11), 1230–1237.

Berndt, T. J. (1979). Developmental changes in conformity to peers and parents. *Developmental Psychology, 15*(6), 608–616.

Berstein, J. Y., & Watson, M. W. (1997). Children who are targets of bullying. *Journal of Interpersonal Violence, 12*(4), 483–498.

Bijttebier, P., & Vertommen, H. (1998). Coping with peer arguments in school-age children with bully/victim problems. *British Journal of Educational Psychology, 68*(3), 387–394.

Björkqvist, K., Österman, K., & Kaukiainen, A. (2000). Social intelligence, empathy, and aggression in adolescent girls. *Aggressive Behavior, 26*(4), 281–291.

Blair, B. L., Gangel, M. J., Perry, N. B., O'Brien, M., Calkins, S. D., Keane, S. P., & Shanahan, L. (2016). Indirect effects of emotion regulation on peer acceptance and rejection: The roles of positive and negative social behaviors. *Merrill–Palmer Quarterly, 62*(4), 415–439.

Boivin, M., Dodge, K. A., & Coie, J. D. (1995). Individual–group behavioral similarity and peer status in experimental play groups of boys: The social misfit revisited. *Journal of Personality and Social Psychology, 69*(2), 269–279.

Brown, B. B., Clasen, D. R., & Eicher, S. A. (1986). Perceptions of peer pressure, peer conformity dispositions, and self-reported behavior among adolescents. *Developmental Psychology, 22*(4), 521–530.

Breen, W. E., & Kashdan, T. B. (2011). Anger suppression after imagined rejection among individuals with social anxiety. *Journal of Anxiety Disorders, 25*(7), 879–887.

Burgess, K. B., Wojslawowicz, J. C., Rubin, K. H., Rose–Krasnor, L., & Booth–LaForce, C. (2006). Social information processing and coping strategies of shy/withdrawn and aggressive children: Does friendship matter? *Child Development, 77*(2), 371–383.

Bukowski, W. M. (2011). Popularity as a social concept: Meanings and significance. In A. H. N. Cillessen, D. Schwartz, & L. Mayeux (Eds.), *Popularity in the peer system* (pp. 3–24). The New York: Guilford Press.

Burger, C., & Bachmann, L. (2021). Perpetration and victimization in offline and cyber contexts: A variable- and person-oriented examination of associations and differences regarding domain-specific self-esteem and school adjustment. *International Journal of Environmental Research and Public Health, 18*(19), 10429.

Buss, A. H., & Perry, M. (1992). The aggression questionnaire. *Journal of Personality and Social Psychology, 63*(3), 452-459.

Bussey, K., Fitzpatrick, S., & Raman, A. (2021). Aggression, moral disengagement, and empathy: A longitudinal study within the interpersonal dynamics of bullying. *Frontiers in Psychology, 12*, 703468.

Butler, E. A., & Gross, J. J. (2009). Emotion and emotion regulation: Integrating individual and social levels of analysis. *Emotion Review, 1*(1), 86-87.

Campos, J. J., Walle, E. A., Dahl, A., & Main, A. (2011). Reconceptualizing emotion regulation. *Emotion Review, 3*(1), 26-35.

Caravita, S. C., Di Blasio, P., & Salmivalli, C. (2009). Unique and interactive effects of empathy and social status on involvement in bullying. *Social Development, 18*(1), 140-163.

Card, N. A., & Little, T. D. (2006). Proactive and reactive aggression in childhood and adolescence: A meta-analysis of differential relations with psychosocial adjustment. *International Journal of Behavioral Development, 30*(5), 466-480.

Cerezo, F. (2001). Variables de personalidad asociadas en la dinámica bullying (agresores versus víctimas) en niños y niñas de 10 a 15 años. *Anales de Psicología, 17*, 37-43.

Cerezo, F. (2006). Violencia y victimización entre escolares. El bullying: estrategias de identificación y elementos para la intervención a través del Test Bull-S. *Revista de Estudios Sociales, 22*, 123-142.

Christmas, D., & Mario, R. (2002). Toward a more comprehensive understanding of bullying in school settings. *Educational Psychology Review, 14*(2), 101-119.

Cillessen, A. H. N. (2009). Sociometric methods. In K. H. Rubin, W. M. Bukowski, & B. Laursen (Eds.), *Handbook of peer interactions, relationships, and groups* (pp. 82-99). New York, NY: Guilford Press.

Cillessen, A. H., & Borch, C. (2006). Developmental trajectories of adolescent popularity: A growth curve modelling analysis. *Journal of Adolescence, 29*(6), 935-959.

Cillessen, A. H., & Marks, P. E. (2011). Conceptualizing and measuring popularity. In A. H. N. Cillessen, D. Schwartz, & L. Mayeux (Eds.), *Popularity in the peer system* (pp. 25-56). New York, NY: Guilford Press.

Cillessen, A. H., & Mayeux, L. (2004). From censure to reinforcement: Developmental changes in the association between aggression and social status. *Child Development, 75*(1), 147-163.

Crapanzano, A. M., Frick, P. J., Childs, K., & Terranova, A. M. (2011). Gender differences in the assessment, stability, and correlates to bullying roles in middle school children. *Behavioral Sciences & the Law, 694*, 677-694.

Crawford, T. N., Cohen, P., Midlarsky, E., & Brook, J. S. (2001). Internalizing symptoms in adolescence: Gender differences in vulnerability to parental distress and discord. *Journal of Research on Adolescence, 11*(1), 95-118.

De Castro, B. O., Veerman, J. W., Koops, W., Bosch, J. D., & Monshouwer, H. J. (2002). Hostile attribution of intent and aggressive behavior: A meta-analysis. *Child Development,*

73(3), 916-934.

de Haan, A. D., Prinzie, P., & Dekovic, M. (2012). Change and reciprocity in adolescent aggressive and rule-breaking behaviors and parental support and dysfunctional discipline. *Development and Psychopathology, 24*(1), 301-315.

DeWall, C. N., Buckner, J. D., Lambert, N. M., Cohen, A. S., & Fincham, F. D. (2010). Bracing for the worst, but behaving the best: Social anxiety, hostility, and behavioral aggression. *Journal of Anxiety Disorders, 24*(2), 260-268.

Diaz, A., & Eisenberg, N. (2015). The process of emotion regulation is different from individual differences in emotion regulation: Conceptual arguments and a focus on individual differences. *Psychological Inquiry, 26*(1), 37-47.

Dijkstra, J. K., Cillessen, A. H., Lindenberg, S., & Veenstra, R. (2010). Basking in reflected glory and its limits: Why adolescents hang out with popular peers. *Journal of Research on Adolescence, 20*(4), 942-958.

Ding, X. P., Wellman, H. M., Wang, Y., Fu, G., & Lee, K. (2015). Theory-of-mind training causes honest young children to lie. *Psychological Science, 26*(11), 1812-1821.

Espelage, D. L., Low, S., Rao, M., Hong, J. S., & Little, T. D. (2013). Family violence, bullying, fighting, and substance use among adolescents: A longitudinal mediational Model. *Journal of Research on Adolescence, 24*(2), 337-349.

Estevez, E., Murgui, S., & Musitu, G. (2009). Psychological adjustment in bullies and victims of school violence. *European Journal of Psychology of Education, 24*(4), 473-489.

Falla, D., Romera, E. M., & Ortega-Ruiz, R.

(2021). Aggression, moral disengagement and empathy. A longitudinal study within the interpersonal dynamics of bullying. *Frontiers in Psychology, 12*, Article 703468.

Farrell, A. D., & Sullivan, T. N. (2004). Impact of witnessing violence on growth curves for problem behaviors among early adolescents in urban and rural settings. *Journal of Community Psychology, 32*, 505-525.

Farrington, D.(1993). Understanding and preventing bullying. In M. Tonry (Ed.), *Crime and justice: A review of research* (pp. 348-358). Chicago: University of Chicago Press.

Fite, P. J., Rathert, J., Colder, C. R., Lochman, J. E., Wells, K. C. (2011). Proactive and reactive aggression. In R. J. R. Levesque (Ed.), *Encyclopedia of adolescence*. New York, NY: Springer.

Garandeau, C. F., Ahn, H. J., & Rodkin, P. C. (2011). The social status of aggressive students across contexts: The role of classroom status hierarchy, academic achievement, and grade. *Developmental Psychology, 47*(6), 1699-1710.

Garthe, R. C., Sullivan, T. N., & Larsen, R. A. (2015). Bidirectional associations between perceived parental support for violent and nonviolent responses and early adolescent aggressive and effective nonviolent behaviors. *Journal of Adolescence, 45*, 183-195.

Gibbons, F. X., Gerrard, M., Blanton, H., & Russell, D. W. (1998). Reasoned action and social reaction: Willingness and intention as independent predictors of health risk. *Journal of Personality and Social Psychology, 74*(5), 1164-1180.

Gifford-Smith, M. E., & Brownell, C. A. (2003). Childhood peer relationships: Social acceptance, friendships, and peer networks. *Journal of School Psychology, 41*(4), 235-284.

Gini, G. (2006). Social cognition and moral cognition in bullying: What's wrong? *Aggressive Behavior, 32*(6), 528-539.

Gini, G., Albiero, P., Benelli, B., & Altoe, G. (2007). Does empathy predict adolescents' bullying and defending behavior? *Aggressive Behavior, 33*(5), 467-476.

Glied, S., & Pine, D. S. (2002). Consequences and correlates of adolescent depression. *Archives of Pediatrics & Adolescent Medicine, 156*(10), 1009-1014.

Goodwin, R. D., & Hamilton, S. P. (2003). Lifetime comorbidity of antisocial personality disorder and anxiety disorders among adults in the community. *Psychiatric Services, 54*(5), 688-690.

Gorman-Smith, D., Tolan, P. H., Zelli, A., & Huesmann, L. R. (1996). The relation of family functioning to violence among inner-city minority youths. *Journal of Family Psychology, 10*, 115-129.

Gottfredson, M. R., & Hirschi, T. (1990). *A general theory of crime.* Stanford, CA: Stanford University Press.

Graham, S., & Bellmore, A. D. (2007). Peer victimization and mental health during early adolescence. *Theory into Practice, 46*(2), 138-146.

Guerra, N. G., & Slaby, R. G. (1990). Cognitive mediators of aggression in adolescent offenders: II. Intervention. *Developmental Psychology, 26*(2), 269-277.

Harootunian, B., & Apter, S. J. (1993). Violence in school. In A. P. Goldstein & J. C. Conoley (Eds.), *School violence intervention: A practical handbook* (pp. 3-25). New York, NY: Guilford Press.

Heather, M. G., & Vangie F. (1997). Adolescent dating violence: Differences between one-sided and mutually violent profiles. *Journal of Interpersonal Violence, 12*, 126-141.

Hensums, M., Brummelman, E., Larsen, H., van den Bos, W., & Overbeek, G. (2023). Social goals and gains of adolescent bullying and aggression: A meta-analysis. *Developmental Review, 68*, N.PAG.

Hubbard, J. A. (2001). Emotion expression processes in children's peer interaction: The role of peer rejection, aggression, and gender. *Child Development, 72*(5), 1426-1438.

Ireland, J. L. (2005). Psychological health and bullying behavior among adolescent prisoners: A study of young and juvenile offenders. *Journal of Adolescence, 28*(3), 411-419.

Jolliffe, D., & Farrington, D. P. (2006). Examining the relationship between low empathy and bullying. *Aggressive Behavior, 32*(6), 540-550.

Jones, S., Eisenberg, N., Fabes, R. A., & MacKinnon, D. P. (2002). Parents' reactions to elementary school children's negative emotions: Relations to social and emotional functioning at school. *Merrill-Palmer Quarterly, (1982-)*, 133-159.

Juvonen, J., & Galván, A. (2008). Peer influence in involuntary social groups: Lessons from research on bullying. In M. J. Prinstein & K. A. Dodge (Eds.), *Understanding peer influence in children and adolescents* (pp. 225-244). New York, NY: Guilford Press.

Katz, L. G., & McCellan, D. E. (1997). Fostering children's social competence: The teacher's role. *NAEYC research into practice Series, 8*, Washington, D.C.: NAEYC.

Kaukiainen, A., Björkqvist, K., Lagerspetz, K., Österman, K., Salmivalli, C., Rothberg, S., & Ahlbom, A. (1999). The relationships between social intelligence, empathy, and three types of aggression. *Aggressive Behavior, 25*(2), 81-89.

Kowalski, R. M., Limber, S. P., & McCord, A. (2019). A developmental approach to cyberbullying: Prevalence and protective factors. *Aggression and Violent Behavior, 45*, 20-32.

Kristensen, S. M., & Smith, P. K. (2003). The use of coping strategies by Danish children classed as bullies, victims, bully/victims, and not involved, in response to different (hypothetical) types of bullying. *Scandinavian Journal of Psychology, 44*(5), 479-488.

Ladd, B, K., & Skinner, K. (2000). *Children's coping strategies: Moderators of the effects of peer victimization*. Chicago, IL.

LaFontana, K. M., & Cillessen, A. H. N. (2010). Developmental changes in the priority of perceived status in childhood and adolescence. *Social Development, 19*(1), 130-147.

Lambert, N. M., Gwinn, A. M., Baumeister, R. F., Strachman, A., Washburn, I. J., Gable, S. L., & Fincham, F. D. (2005). A boost of positive affect: The perks of sharing positive experiences. *Journal of Social and Personal Relationships, 30*, 24-43.

Lease, A. M., Musgrove, K. T., & Axelrod, J. L. (2002). Dimensions of social status in preadolescent peer groups: Likability, perceived popularity, and social dominance. *Social Development, 11*(4), 508-533.

Lee, C., & Shin, N. (2017). Prevalence of cyberbullying and predictors of cyberbullying perpetration among Korean adolescents. *Computers in Human Behavior, 68*, 352-358.

Mahady Wilton, M. M., Craig, W. M., & Pepler, D. J. (2000). Emotional regulation and display in classroom victims of bullying: Characteristic expressions of affect, coping styles and relevant contextual factors. *Social Development, 9*(2), 226-245.

Marcus-Newhall, A., Pedersen, W. C., Carlson, M., & Miller, N. (2000). Displaced aggression is alive and well: A meta-analytic review. *Journal of Personality and Social Psychology, 78*(4), 670-689.

Mavroveli, S., & Sánchez-Ruiz, M. J. (2011). Trait emotional intelligence influences on academic achievement and school behaviour. *British Journal of Educational Psychology, 81*(1), 112-134.

Menesini, E., Sanchez, V., Fonzi, A., Ortega, R., Costabile, A., & Feudo, G. L. (2003). Moral emotions and bullying: A cross-national comparison of differences between bullies, victims and outsiders. *Aggressive Behavior, 29*, 515-530.

Nobakht, H. N., Steinsbekk, S., & Wichstrøm, L. (2024). Development of symptoms of oppositional defiant disorder from preschool to adolescence: The role of bullying victimization and emotion regulation. *Journal of Child Psychology, 65*(3), 343-353.

Olafsen, R. N., & Viemerö, V. (2000). Bully/victim problems and coping with stress in school among 10- to 12-year-old pupils in Åland, Finland. *Aggressive Behavior, 26*(1), 57-65.

Olweus, D. (1978). *Aggression in the schools' bullies and whipping boys*. Washington, D. C.: Hemisphere.

Olweus, D. (1993). *Bullying at school: What we know and what we can do*. Oxford: Blackwell.

Olweus, D. (1994). Bullying at school: basic facts and effects of a school based intervention program. *Journal of Child Psychology and Psychiatry, 35*(7), 1171-1190.

O'Moore, M., & Kirkham, C. (2001). Self-esteem and its relationship to bullying behaviour. *Aggressive Behavior, 27*(4), 269-283.

Parkhurst, J. T., & Hopmeyer, A. (1998). Sociometric popularity and peer-perceived popularity: Two distinct dimensions of peer status. *The Journal of Early Adolescence, 18*(2), 125-144.

Pellegrini, A. D., Roseth, C. J., Van Ryzin, M., & Solberg, D. (2011). Popularity as a form of social dominance. In A. H. Cillessen, D. Schwartz, & L. Mayeux (Eds.), *Popularity in the peer system* (pp. 123-139). New York: Guilford Press.

Perry, D. G., Perry, L. C., & Kennedy, E. (1992). Conflict management in boys' playgroups. *Child Development, 63*(1), 127-137.

Pine, D. S., & Cohen, P. (2000). Trauma in children and adolescents: Risk and treatment of psychiatric sequelae. *Journal of Child Psychology and Psychiatry, 41*(1), 41-49.

Pornari, C. D., & Wood, J. (2010). Peer and cyber aggression in secondary school students: The role of moral disengagement, hostile attribution bias, and outcome expectancies. *Aggressive Behavior, 36*(2), 81-94.

Poteat, V. P., & Espelage, D. L. (2005). Exploring the relation between bullying and homophobic verbal content: The Homophobic Content Agent Target (HCAT) Scale. *Violence and Victims, 20*(5), 513-528.

Prinstein, M. J., & Dodge, K. A. (2008). Current issues in peer influence research. In M. J. Prinstein, & K. A. Dodge (Eds.), *Understanding peer influence in children and adolescents* (pp. 3-13). New York, NY: Guilford.

Raine, A., Dodge, K., Loeber, R., Gatzke-Kopp, L., Lynam, D., Reynolds, C., Stouthamer-Loeber, M., & Liu, J. (2006). The reactive-proactive aggression questionnaire: Differential correlates of reactive and proactive aggression in adolescent boys. *Aggressive Behavior, 32*(2), 159-171.

Renati, R., Berrone, C., & Zanetti, M. A. (2012). Morally disengaged and unempathic: Do cyberbullies fit these definitions? An exploratory study. *Cyber Psychology, Behavior & Social Networking, 15*(8), 391-398.

Roberton, T., Daffern, M., & Bucks, R. S. (2012). Emotion regulation and aggression. *Aggression and violent behavior, 17*(1), 72-82.

Rodkin, P. C., Farmer, T. W., Pearl, R., & Van Acker, R. (2000). Heterogeneity of popular boys: Antisocial and prosocial configurations. *Developmental psychology, 36*(1), 14-24.

Röll, J., Koglin, U., & Petermann, F. (2012). Emotion regulation and childhood aggression: Longitudinal associations. *Child Psychiatry & Human Development, 43*(6), 909-923.

Salmivalli, C. (2010). Bullying and the peer group: A review. *Aggression & Violent Behavior, 15*(2), 112-120.

Salavera, C., Usán, P., Teruel, P., Urbón, E., & Murillo, V. (2021). School bullying: Empathy among perpetrators and victims. *Sustainability, 13*(3), 1548.

Sandstrom, M. J. (2011). The power of popularity: Influence processes in childhood and adolescence. In A. H. Cillessen, D. Schwartz, & L. Mayeux (Eds.), *Popularity in the peer system* (pp. 219–244). New York: Guilford Press.

Sandstrom, M. J., & Romano, L. J. (2007). Stability of and behaviors associated with perceived popular status across the middle school transition. In M. J. Sandstrom & L. J. Romano (Authors), *Remarks presenting paper at the biennial meeting of the society for research in child development*. Boston, MA.

Schwartz, D., Dodge, K. A., Coie, J. D., Hubbard, J. A., Cillessen, A. H. N., Lemerise, E. A., & Bateman, H. (1998). Social-cognitive and behavioral correlates of aggression and victimization in boys' play groups. *Journal of Abnormal Child Psychology, 26*, 431–440.

Schwartz, D., & Proctor, L. J. (2000). Community violence exposure and children's social adjustment in the school peer group: The mediating roles of emotion regulation and social cognition. *Journal of Consulting and Clinical Psychology, 68*(4), 670.

Sentse, M., Kiuru, N., Veenstra, R., & Salmivalli, C. (2014). A social network approach to the interplay between adolescents' bullying and likeability overtime. *Journal of Youth and Adolescence, 43*(9), 1409–1420.

Sijtsema, J. J., Veenstra, R., Lindenberg, S., & Salmivalli, C. (2009). Empirical test of bullies' status goals: Assessing direct goals, aggression, and prestige. *Journal of Adolescent Research, 24*(1), 37–65.

Slaby, R. G., & Guerra, N. G. (1988). Cognitive mediators of aggression in adolescent offenders: I. Assessment. *Developmental Psychology, 24*(4), 580–588.

Slopen, N., Williams, D. R., Fitzmaurice, G. M., & Gilman, S. E. (2011). Poverty, food insecurity, and the behavior for childhood internalizing and externalizing disorders. *Journal of the American Academy of Child & Adolescent Psychiatry, 50*(4), 360–369.

Snyder, J., Cramer, A., Afrank, J., & Patterson, G. R. (2005). The contributions of ineffective discipline and parental hostile attributions of child misbehavior to the development of conduct problems at home and school. *Developmental Psychology, 41*, 30–41.

Solomon, B. S., Bradshaw, C. P., Wright, J., & Cheng, T. L. (2008). Youth and parental attitudes toward fighting. *Journal of Interpersonal Violence, 23*(4), 544–560.

Stavrinides, P., Georgiou, S., & Theofanous, V. (2010). Bullying and empathy: A short-term longitudinal investigation. *Educational Psychology, 30*(7), 793–802.

Sutton, J., Smith, P. K., & Swettenham, J. (1999a). Bullying and 'theory of mind': A critique of the 'social skills deficit' view of anti-social behaviour. *Social Development, 8*(1), 117–127.

Sutton, J., Smith, P. K., & Swettenham, J. (1999b). Social cognition and bullying: Social inadequacy or skilled manipulation?. *British Journal of Developmental Psychology, 17*(3), 435–450.

Tamir, M. (2011). The maturing field of emotion regulation. *Emotion Review, 3*(1), 3–7.

Thompson, R. A. (1994). Emotion regulation: A theme in search of definition. *Monographs of the society for research in child development*, 25–52.

Thornbery, T. P. (1994). *Violent Families and Youth Violence* (Office of Juvenile Justice and Delinquency Preventio, Fact Sheet No. 21). Washington, DC: Department of Justice.

Tolan, P. H., Cromwell, R. E., & Braswell, M.

(1986). The application of families therapy to juvenile delinquency: A critical review of the literature. *Family Process, 15*, 619-649.

Turanovic, J. J., & Siennick, S. E. (2022). *The causes and consequences of school violence: A review*. National Institute of Justice.

Vaillancourt, T., Hymel, S., & McDougall, P. (2007). Bullying is power: Implications for school-based Intervention strategies. In J. E. Zins, M. J. Elias, & C.A. Maher (Eds.), *Bullying, victimization, and peer harassment: A handbook of prevention and intervention* (pp. 317-337). New York: Haworth.

Van Noorden, T. H., Haselager, G. J., Cillessen, A. H., & Bukowski, W. M. (2015). Empathy and involvement in bullying in children and adolescents: A systematic review. *Journal of Youth and Adolescence, 44*(3), 637-657.

Van Ryzin, M. J., & Solberg, C. J. (2011). Protective factors at school: Reciprocal effects among adolescents' perceptions of the school environment, engagement in learning, and hope. *Journal of Youth and Adolescence, 40*(12), 1568-1580.

Weiner, B. (1986). *An attributional theory of motivation and emotion*. New York: Springer-Verlag.

Wolff, J. C., & Ollendick, T. H. (2006). The comorbidity of conduct problems and depression in childhood and adolescence. *Clinical Child and Family Psychology Review, 9*(3-4), 201-220.

Yen, J. Y., Yen, C. F., Chen, C. C., Chen, S. H., & Ko, C. H. (2010). Bullying victimization, school bullying perpetration, and the psychological health of junior high school students in Taiwan. *Journal of Community Health, 35*(3), 223-230.

Zimmer-Gembeck, M. J., & Collins, W. A. (2003). Autonomy development during adolescence. In G. R. Adams & M. D. Berzonsky (Eds.), *Blackwell handbook of adolescence* (pp. 175-204). Malden, MA: Blackwell.

제7장

고경은, 이수림(2015). 학교폭력 가해피해 중복경험 중학생의 특성 및 학교생활적응에 영향을 미치는 요인 연구: 학교폭력 유형별 집단비교를 중심으로. 청소년상담연구, 23(1), 1-28.

교육부(2021). 2021년 학교폭력 실태조사 결과 발표. 보도자료.

곽미선, 전혜성(2019). 학교폭력 가해 청소년의 자아정체감 탐색을 위한 집단프로그램 적용 이야기치료에 기초하여. 예술인문사회융합멀티미디어논문지, 9(5), 1-10.

김나경, 양난미(2016). 대학생의 성인애착과 사회불안의 관계: 거부민감성과 부적응적 인지적 정서조절 전략의 매개효과. 상담학연구, 17(2), 217-238.

김동민, 이미경, 심용출, 이창호(2014). 학교폭력 영향 요인 메타분석. 청소년상담연구, 22(2), 441-458.

김미영, 은혁기(2018). 학교폭력예방을 위한 해결중심 집단상담이 초등학생의 가해 및 피해행동과 방관자적 태도에 미치는 영향. 교육치료연구, 10(1), 75-88.

김재엽, 성신명, 김준범(2015). 학교폭력 가해-피해 중복경험 청소년의 우울, 공격성, 자기통제력과 가정폭력 경험에 관한 연구: 가해, 피해 집단과의 비교를 중심으로. 학교사회복지, 31, 83-109.

김정은(2016). 긍정심리기반 집단상담 프로그램이 학교폭력 가해 청소년의 학교적응유연성과 긍정성에 미치는 효과. 사회과학연구, 27(4), 145-162.

김지민, 노충래(2015). 학교폭력 피해경험이 학교폭력 가해행동에 미치는 영향: 자기통제력과 회복탄력성의 매개효과와 Wee클래스의 조절효과를 중심으로. 학교사회복지, 30, 95-120.

김하강, 한미라(2015). 학교폭력 가해청소년 분노조절을 위한 영화치료 프로그램의 효과 연구. 한국자치행정학보, 29(4), 177-198.

김혜숙(2023). 학교폭력의 감소를 위한 학교상담: 가해학생 개인상담을 중심으로. 초등상담연구, 22(3), 293-309.

박남이, 김춘경(2013). 그림책을 활용한 문학치료 프로그램이 학교폭력 가해경험아동의 공격성에 미치는 효과. 어린이문학교육연구, 14(4), 165-184.

박상근, 윤초희(2013). 학교폭력 가해자 대상 상담 및 심리치료 프로그램과 학교폭력 예방 프로그램의 효과에 대한 메타분석. 한국심리학회 학술대회 자료집, 2013(1), 215.

서미정(2008). 방관자의 집단 특성에 따른 또래 괴롭힘 참여 역할행동. 아동학회지, 29(5), 79-96.

신희경(2006). 가해 청소년, 피해 청소년, 가해/피해 청소년 집단유형의 발달에 영향을 미치는 변인. 한국청소년연구, 17(1), 297-323.

오인수, 김혜미, 이승연, 이미진(2016). 학교폭력의 맥락적 이해에 기초한 효과적인 상담전략. 상담학연구, 17(2), 257-279.

오인수, 이승연, 이미진(2015). 학교폭력 피해·가해학생 상담을 위한 도담도담 프로그램 매뉴얼. 서울: 이화여자대학교 학교폭력예방연구소.

유영하, 임현선, 정주리(2019). 회복적 정의 이론에 기반한 학교폭력 가해 청소년을 위한 개인상담 모형 개발. 청소년상담연구, 27(2), 1-22.

윤주리(2014). 조건부 기소유예 판결을 받은 학교폭력 가해 청소년의 음악치료 경험에 관한 연구. 인간행동과 음악연구, 11(1), 63-82.

윤행란(2018). 모래상자치료가 학교폭력 가해 아동에게 미치는 영향. 예술인문사회 융합 멀티미디어 논문지, 8(9), 847-854.

이근매, 김은지, 송호준(2015). 집단미술치료프로그램이 학교폭력 가해청소년의 자아존중감 및 학습동기 향상에 미치는 효과. 예술심리치료연구, 11(3), 263-284.

이미영, 장은진(2016). 학교폭력 가해 학생의 심리적 특성에 따른 유형. 디지털융복합연구, 14(4), 459-469.

이에스더, 김나경(2019). 학교폭력 가해자 대상 예술치료 중심의 연구동향 분석. 음악교육공학, 39, 117-136.

이은희, 공수자, 이정숙(2004). 청소년들의 가정, 학교, 지역의 심리사회적 환경과 학교폭력과의 관계: 분노조절과 비행친구 접촉의 매개효과. 한국심리학회지: 상담 및 심리치료, 16(1), 123-145.

이주영, 이아라(2015). 학교폭력 가해자 대상 상담에서의 상담자 경험과 인식에 대한 질적 연구. 한국심리학회지: 상담 및 심리치료, 27(4), 849-880.

이호숙(2022). 학교폭력 가해 학생의 특별교육 경험이 자아존중감, 공격성, 학교생활적응, 우울에 미치는 효과. 상담심리교육복지, 9(1), 65-77.

임재연, 김미정, 조영선(2019). 학교폭력 가해학생의 특별교육 경험에 관한 질적 연구. 청소년상담연구, 27(1), 45-74.

천한나, 박지연(2013). 동영상을 활용한 분노조절 프로그램이 통합학급 초등학생의 공격성, 분노조절능력, 사회적 기술에 미치는 영향. 정서·행동장애연구, 29(3), 61-84.

최수연, 오인수(2023). 초등학교 전문상담교사의 학교폭력 가해 학생 특별교육 실시 경험에 관한 질적 연구. 교육과학연구, 54(1), 103-133.

최지은, 홍미영(2023). 학교폭력 가해학생 조치에 대한 논의: 대상별 인식과 제언을 중심으로. 청소년학연구, 30(12), 125-155.

최태진, 허승희, 박성미, 이희영(2006). 초등학교폭력 양상 및 과정 분석. 상담학연구, 7(2), 613-632.

허승희, 최태진, 박성미(2009). 초등학교폭력예방을 위한 집단 상담 프로그램의 적용과 그 효과: 피해성향을 중심으로. 아동학회지, 3(1), 149-163.

Dodge, K. A., & Coie, J. D. (1987). Social information-procession factors in reactive and proactive aggression in children's groups. *Journal of Personality and Social Psychology, 53*, 1146-1158.

Ellis, A., & MacLaren, C. (2005). *Rational emotive behavior therapy: A therapist's guide* (2nd ed.). Atascadero, CA: Impact Publishers.

Gardner, F. L., & Moore, Z. E. (2008). Understanding clinical anger and violence: The anger avoidance model. *Behavior Modification, 32*(6), 897-912.

Garnefski, N., Legerstee, J., Kraaij, V., van den Kommer, T., & Teerds, J. (2002). Cognitive coping strategies and symptoms of depression and anxiety: A comparison between adolescents and adults. *Journal of Adolescence, 5*, 603-611.

Lemerise, E. A., & Arsenio, W. F. (2000). An intergrated model of emotion processes and cognition in social information processing. *Child Development, 71*(1), 107-118.

Lokhorst, A. M., Werner, C., Staats, H., van Dijk, E., & Gale, J. L. (2013). Commitment and behavior change: A meta-analysis and critical review of commitment-making strategies in environmental research. *Environment and Behavior, 45*(1), 3-34.

Salovey, P., & Grewal, D. (2005). The science of emotional intelligence. *Current Directions in Psychological Science, 14*(6), 281-285.

Salovey, P., & Mayer, J. D. (1997). What is emotional intelligence? P. Salovey, & D. J. Sluyter (Eds.), *Emotional development and emotional intelligence*. New York: Basic Books.

Slavin-Spenny, O., Lumley, M. A., Thakur, E. R., Nevedal, D. C., & Hijazi, A. M. (2013). Effects of anger awareness and expression training versus relaxation training on headaches: A randomized trial. *Annals of Behavioral Medicine, 46*(2), 181-192.

Sutton, J., & Smith, P. K. (1999). Bullying as a group process: An adaptation of the participant role approach. *Aggressive Behavior, 25*(2), 97-111.

Van Doorn, J., Zeelenberg, M., & Breugelmans, S. M. (2014). Anger and prosocial behavior. *Emotion Review, 6*(3), 261-268.

제8장

강은경(2007). 집단과정으로서의 왕따: 왕따 참여자 역할과 심리적 특성의 관계: 공격 행동, 사회적 능력, 공감을 중심으로. 서울대학교 대학원 석사학위논문.

권유란, 김성희(2012). 특성화고등학생용 집단따돌림 방관태도 척도 개발. 상담학연구, 13(6), 2715-2732.

김미예, 박완주(2008). 중학생의 자아탄력성과 스트레스 대처방식 및 비행성향. 아동간호학회지, 14(4), 415-422.

김민지(2013). 정서적 공감, 자기효능감, 사회적 책임감이 또래 괴롭힘 방어 행동에 미치는 효과. 중앙대학교 대학원 석사학위논문.

김영은, 오인수, 송지연(2019). 전통적 괴롭힘과 사이버 괴롭힘 상황에서 주변인의 방어행동 의도에 영향을 미치는 요인 비교. 교육과학연구, 50(4), 31-55.

김용태, 박한샘(1997). 청소년 친구 따돌림의 실태 조사. 따돌리는 아이들 따돌림 당하는 아이들(pp.

55-84). 서울: 청소년대화의광장.

김은아(2011). 또래괴롭힘 방어 행동과 공감, 자기효능감, 학급규준에 대한 믿음의 관계. 이화여자대학교 대학원 석사학위논문.

김지원, 한세영(2020). 집단의 도덕적 이탈이 남녀청소년의 또래괴롭힘 방관 및 방어 행동에 미치는 영향: 또래동조성의 조절효과를 중심으로. 아동학회지, 41(3), 51-63.

김현주(2003). 집단따돌림에서의 동조집단 유형화연구. 숙명여자대학교 대학원 박사학위논문.

김혜정, 백용매(2006). 낙관성과 스트레스 대처양식이 대학생의 우울과 생활 만족도에 미치는 영향. 상담학연구, 7(3), 683-699.

남미애, 홍봉선(2015). 학교폭력 주변인 역할에 영향을 미치는 요인. 한국아동복지학, (50), 109-144.

류경희(2006). 초등학교 학생의 공동체의식과 학교생활 만족도 및 학교폭력 태도와의 관계 탐색. 대한가정학회지, 44(12), 139-154.

문미영, 오인수(2018). 중학생의 지각된 부모 양육태도와 또래괴롭힘 주변인 행동의 관계에서 성격강점의 매개효과. 교육과학연구, 49(3), 1-29.

문희경(2015). 타인의 영향력. 서울: 어크로스.

박소현(2017). 집단따돌림 동조유형이 집단따돌림 가해행위에 미치는 영향: 공감능력의 조절효과 검증. 한국콘텐츠학회논문지, 17(2), 125-136.

박수경, 김영혜(2015). 중학생의 또래동조성과 SNS 사용정도 및 인식이 집단따돌림 가해경험에 미치는 영향. 청소년학연구, 22(1), 1-27.

박영숙(2007). 학교폭력 실태 및 대처방안에 관한 연구. 인권복지연구, 1, 101-121.

배미희(2013). 청소년 학교폭력의 가해자, 피해자 및 방관자 예측모형 연구. 경기대학교 대학원 박사학위논문.

백지현(2010). 남녀 청소년의 또래괴롭힘 참여자 역할 유형에 따른 인지적·정서적·사회적 특성. 이화여자대학교 대학원 석사학위논문.

서미정(2006). 또래괴롭힘 완화요인의 탐색. 부산대학교 대학원 박사학위논문.

서미정(2008). 방관자의 집단 특성에 따른 또래 괴롭힘 참여 역할행동. 아동학회지, 29(5), 79-96.

서미정(2013). 도덕적 이탈 및 도덕적 정서가 또래괴롭힘에 대한 가해동조행동에 미치는 영향. 아동학회지, 34(6), 123-138.

성윤숙(2012). SNS를 중심으로 한 사이버 따돌림 대응방안. NYPI 기획세미나, 한국청소년정책연구원·한국소통학회.

손강숙, 이규미(2015). 학교폭력의 방어자 역할 경험에 대한 질적 연구. 한국심리학회지: 학교, 12(3), 317-348.

송지연, 오인수(2016). 또래 괴롭힘 상황에서 주변인의 방어성향에 영향을 미치는 경험적, 심리적, 상황적 요인. 청소년학연구, 23(5), 457-478.

심희옥(2005). 또래 괴롭힘과 대인간 행동특성에 관한 횡단 및 단기종단연구: 참여자 역할을 중심으로. 아동학회지, 26(5), 263-279.

심희옥(2008). 또래 괴롭힘 참여자의 사회적 지위 및 사회적 정서에 관한 연구: 성별을 중심으로. 아동학회지, 29(3), 191-205.

양재영, 임승엽(2021). 중학생들의 학교폭력 주변인으로서의 인식 탐색. 한국사회, 22(2), 75-101.

오인수(2010a). 괴롭힘을 목격한 주변인의 행동에 영향을 미치는 심리적 요인: 공감과 공격성을 중심으로. 초등교육연구, 23(1), 45-63.

오인수(2010b). 집단따돌림 해결을 위한 전문상담교사의 전학교 접근. 상담학연구, 11(1), 303-316.

오인수(2021). 학교폭력 주변학생의 이해 및 개입. 푸른나무재단 학교폭력문제연구소(편), 이규미 외. 학교폭력 예방의 이론과 실제(pp. 93-113). 서울: 학지사.

오인수, 임영은(2016). 공격성과 사회적 유능감의 수준에 따른 또래 괴롭힘 가해경험 및 문제해결 방식의 차이. 교육문제연구, 29(2), 23-46.

오인수, 임영은, 김서정(2019). 스트레스 대처전략과 괴롭힘 주변인의 방어 및 동조 행동의 관계에서 집단효능감의 조절효과. 아시아교육연구, 20(4), 943-960.

유계숙, 이승출, 이혜미(2013). 집단따돌림 참여자 역할에 영향을 미치는 개인·가족·학교 관련변인. 한국가족관계학회지, 18(3), 63-89.

이승연(2013). 또래괴롭힘: 주변인 개입과 사회적 맥락 변화의 필요성. 한국심리학회지: 학교, 10(1), 59-82.

이아름, 김하영(2018). 학교폭력예방을 위한 주변인의 경험탐색 연구. 한국체육과학회지, 27(2), 869-882.

이옥주(2003). 성격특성과 스트레스 대처 양식이 학교 적응에 미치는 영향. 한국심리학회지: 사회 및 성격, 17(3), 77-85.

이인숙, 박재연(2019). 학교폭력 주변인 중 방어자의 특성에 대한 고찰. 예술인문사회 융합 멀티미디어 논문지, 9(4), 219-227.

이인희(2012). 초등학생의 또래괴롭힘 참여자 역할에 따른 스트레스 대처행동과 사회적 지지의 차이. 숙명여자대학교 대학원 석사학위논문.

이종원, 윤상연, 김혜진, 허태균(2014). 권위주의 성격과 인기도에 따른 학교 괴롭힘의 참여 역할. 한국심리학회지: 학교, 11(1), 109-135.

이지연, 조아미(2012). 학교폭력에 대한 청소년의 방관적 태도가 자기효능감과 대인관계에 미치는 영향. 청소년복지연구, 14(4), 337-357.

이필주(2018). 학교폭력 방관자 연구 동향 분석. 인성교육연구, 3(2), 41-58.

이현진, 오인수, 송지연(2019). 또래괴롭힘 주변인 역할과 성격강점의 관계에서 지각된 학급규준의 매개효과. 한국교육학연구, 25(1), 79-101.

임성택, 김성현(2007). 스트레스자극-학교폭력의 관계에 대한 스트레스 대처방식의 통제 및 조절효과. 상담학연구, 8(2), 451-466.

장윤옥(2013). 청소년의 학교폭력피해경험과 대처행동과의 관계에서 가족건강성의 조절효과. 중등교육연구, 61(1), 231-260.

전주연, 이은경, 유나현, 이기학(2004). 집단따돌림에 대한 동조성향과 심리적 특성과의 관계 연구. 한국심리학회지: 학교, 1(1), 23-35.

정영희(2013). 초등학생의 따돌림 상황에서 방어 및 방관 행동에 미치는 집단규범 인식과 도덕적 정서의 영향. 단국대학교 교육대학원 석사학위논문.

주지선, 조한익(2020). 의사결정나무분석을 이용한 학교폭력 주변인 행동유형 예측모형 탐색. 청소년상담연구, 28(2), 135-158.

진천사, 오인수(2018). 루머 확산의 사이버 괴롭힘을 목격한 주변인 행동에 영향을 미치는 요인. 아시아교육연구, 19(4), 995-1019.

최지영, 허유성(2008). 괴롭힘 상황에서의 참여자 역할 및 관계적 공격행동 지각유형에 따른 도덕판단력과 사회적 상호의존성. 청소년학연구, 15(6), 171-196.

최지훈, 남영옥(2017). 학교폭력과 주변인 역할에 관한 연구. 복지상담교육연구, 6(2), 275-297.

평화를 만드는 여성회 갈등해결센터(2014). 차이와 불일치를 다루는 갈등해결. 평화를 만드는 여성회.

한하나, 오인수(2014). 괴롭힘 주변인의 행동과 감사, 공감, 학교소속감의 관계. 교육문제연구, 27(4), 53-75.

Adewoye, S. E., & Ndou, N. N. (2023). Self-debasing cognitive distortions as predictor of emotional disturbance among school bullying bystanders. *Emotional & Behavioural Difficulties*, 28(1), 86-97.

Band, E. B., & Weisz, J. R. (1988). How to feel better when it feels bad: Children's perspectives on coping with everyday stress. *Developmental Psychology*, 24(2), 247-253.

Bandura, A. (1977). Self-efficacy: Toward a unifying theory of behavioral change. *Psychological Review*, 84(2), 191-215.

Barlińska, J., Szuster, A., & Winiewski, M. (2018). Cyberbullying among adolescent bystanders:

Role of affective versus cognitive empathy in increasing prosocial cyberbystander behavior. *Frontiers in Psychology, 9*, 799.

Barnett, V. J. (1999). *Bystanders: Conscience and complicity during the Holocaust*. Westport, CT: Green wood Press.

Bastiaensens, S., Pabian, S., Vandebosch, H., Poels, K., Van Cleemput, K., DeSmet, A., & De Bourdeaudhuij, I. (2016). From normative influence to social pressure: How relevant others affect whether bystanders join in cyberbullying. *Social Development, 25*(1), 193–211.

Berndt, T. J. (1979). Developmental changes in conformity to peers and parents. *Developmental Psychology, 15*(6), 608.

Boulton, M. J., Trueman, M., & Flemington, I. (2002). Associations between secondary school pupils' definitions of bullying, attitudes towards bullying, and tendencies to engage in bullying: Age and sex differences. *Educational Studies, 28*(4), 353–370.

Boyes, M. E., Bowes, L., Cluver, L. D., Ward, C. L., & Badcock, N. A. (2014). Bullying victimisation, internalising symptoms, and conduct problems in South African children and adolescents: A longitudinal investigation. *Journal of Abnormal Child Psychology, 42*, 1313–1324.

Cappadocia, M. C., Pepler, D., Cummings, J., & Craig, W. (2012). Individual motivations and characteristics associated with bystander interventions during bullying episodes. *Journal of School Psychology, 43*(1), 45–58.

Carney, J. V., Hazler, R. J., Oh, I. H., & Heath, M. A. (2010). The relations between bullying exposures in middle school and the subsequent mental health concerns of early adulthood.

School Psychology Quarterly, 25(2), 65–83.

Chaux, E. (2005). Role of third parties in conflicts among Colombian children and early adolescents. *Aggressive Behavior: Official Journal of the International Society for Research on Aggression, 31*(1), 40–55.

Choi S., & Cho Y. I. (2013). Influence of psychological and social factors on bystanders' roles in school bullying among Korean-American students in the United States. *School Psychology International, 34*(1), 67–81.

Coyne, S. M., Padilla-Walker, L. M., Holmgren, H. G., Davis, E. J., Collier, K. M., Memmott-Elison, M. K., & Hawkins, A. J. (2018). A meta-analysis of prosocial media on prosocial behavior, aggression, and empathic concern: A multidimensional approach. *Developmental Psychology, 54*(2), 331–347.

Craig, W. M. (1998). The relationship among bullying, victimization, depression, anxiety, and aggression in elementary school children. *Personality and Individual Differences, 24*(1), 123–130.

Darley, J. M., & Latané, B. (1968). Bystander intervention in emergencies: Diffusion of responsibility. *Journal of Personality and Social Psychology, 8*, 377–383.

Davidson, L., M., & Baum, A. (1990). Posttraumatic stress in children following natural and human-made trauma. In M. Lewis & S. M. Miller (Eds.), Handbook of developmental psychopathology. *Perspectives in developmental psychology* (pp. 251–259). New York, NY: Plenum Press.

Dodge, K. A. (1986). A social information processing model of social competence in children. In *The Minnesota Symposia on Child Psychology, 18*, 77–125.

Fredrick, S. S., & Jenkins, L. N. (2020). Dimensions of empathy and bystander intervention in bullying in elementary school. *Journal of School Psychology, 79*, 31-42.

Gini, G. (2006). Social cognition and moral cognition in bullying: What's wrong?. Aggressive Behavior: *Official Journal of the International Society for Research on Aggression, 32*(6), 528-539.

Gini, G., Pozzoli, T., Borghi, F., & Franzoni, L. (2008). The role of bystanders in students' perception of bullying and sense of safety. *Journal of School Psychology, 46*(6), 617-638.

Greeff, P., & Grobler, A. A. (2008). Bullying during the intermediate school phase: A South African study. *Childhood, 15*(1), 127-144.

Hazler, R. J. (1996). Bystanders: An overlooked variable in peer abuse. *The Journal for the Professional Counselor, 11*, 11-21.

Hong, Y.-J., & Lee, K. (2022). Adolescent bystanders' moral emotions in cyberbullying. *School Psychology International, 43*(3), 271-295.

Hosch, H. M., & Bothwell, R. K. (1990). Arousal, description and identification accuracy of victims and bystanders. *Journal of Social Behavior and Personality, 5*(5), 481-488.

Hutchinson, M. (2012). Exploring the impact of bullying on young bystanders. *Educational Psychology in Practice, 28*(4), 425-442.

Jambon, M., Colasante, T., Peplak, J., & Malti, T. (2019). Anger, sympathy, and children's reactive and proactive aggression: Testing a differential correlate hypothesis. *Journal of Abnormal Child Psychology, 47*, 1013-1024.

Janson, G. R., & Hazler, R. J. (2004). Trauma reactions of bystanders and victims to repetitive abuse experiences. *Violence and Victims, 19*, 239-255.

Janson, G. R., Hazler, R. J., Carney, J. V., & Oh, I. (2009). Bystanders' reactions to witnessing repetitive experiences. *Journal of Counseling and Development, 87*(3), 319-326.

Knauf, R., Eschenbeck, H., & Hock, M. (2018). Bystanders of bullying: Social-cognitive and affective reactions to school bullying and cyberbullying. *Cyberpsychology: Journal of Psychosocial Research on Cyberspace, 12*(4), 3.

Laner, M. R., Benin, M. H., & Ventrone, N. A. (2001). Bystander attitudes toward victims of violence: Who's worth helping?. *Deviant Behavior, 22*(1), 23-42.

Latané, B., & Darley, J. M. (1970). *The unresponsive bystander: Why doesn't he help?* New York: Appleton-Century-Crofts.

Levine, M., Cassidy, C., Brazier, G., & Reicher, S. (2002). Self-categorization and bystander non-intervention: Two experimental studies. *Journal of Applied Social Psychology, 32*(7), 1452-1463.

Menesini, E., Fonzi, G., & Sanchez Vitorino, M. (1997). Individual and contextual factors in bullying: A cross-national comparison between Italy and England. *Aggressive Behavior, 23*(1), 1-12.

Midgett, A., & Doumas, D. M. (2019). The Impact of a brief bullying bystander intervention on depressive symptoms. *Journal of Counseling & Development, 97*(3), 270-280.

Moreno-Bataller, C. B., Segatore-Pittón, M. E., & Tabullo-Tomas, A. J. (2019). Empathy, prosocial behavior and bullying. The actions of the bystanders. *Estudios Sobre Educación, 37*, 113-134.

Obermann, M. L. (2011). Moral disengagement

among bystanders to school bullying. *Journal of School Violence, 10*(3), 239-257.

O'Connell, P., Pepler, D., & Craig, W. (1999). Peer involvement in bullying: Insights and challenges for intervention. *Journal of Adolescence, 22*(4), 437-452.

Oh, I., & Hazler, R. J. (2009). Contributions of personal and situational factors to bystanders' reactions to school bullying. *School Psychology International, 30*(3), 291-310.

Olafsen, R. N., & Viemerö, V. (2000). Bully/victim problems and coping with stress in school among 10- to 12-year-old pupils in Åland, Finland. *Aggressive Behavior, 26*(1), 57-65.

Pearlin, L., & Schooler, C. (1978). The structure of coping. *Journal of Health and Social Behavior, 19*(1), 2-21.

Perry, D. G., Kusel, S. J., & Perry, L. C. (1988). Victims of peer aggression. *Developmental Psychology, 24*(6), 807-814.

Pozzoli, T., Ang, R. P., & Gini, G. (2012). Bystanders' reactions to bullying: A cross-cultural analysis of personal correlates among Italian and Singaporean students. *Social Development, 21*(4), 686-703.

Pozzoli, T., & Gini, G. (2013). Why do bystanders of bullying help or not? a multidimensional model. *Journal of Early Adolescence, 33*(3), 315-340.

Pozzoli, T., Gini, G., & Vieno, A. (2012). The role of individual correlates and class norms in defending and passive bystanding behavior in bullying: A multilevel analysis. *Child Development, 83*(6), 1917-1931.

Pöyhönen, V., Juvonen, J., & Salmivalli, C. (2012). Standing up for the victim, siding with the bully or standing by? bystander responses in bullying situations. *Social Development, 21*(4), 722-741.

Rigby, K. (1997). Attitudes and beliefs about bullying among Australian school children. *The Irish Journal of Psychology, 18*(2), 202-220.

Rigby, K., & Johnson, B. (2006). Expressed readiness of Australian school children to act as bystanders in support of children who are being bullied. *Educational Psychology, 26*(3), 425-440.

Rigby, K., & Slee, P. T. (1991). Bullying among Australian school children: Reported behavior and attitudes toward victims. *The Journal of Social Psychology, 131*(5), 615-627.

Rigby, K., Cox, I., & Black, G. (1997). Cooperativeness and bully/victim problems among australian schoolchildren. *The Journal of Social Psychology, 137*(3), 357-368.

Rock, P. F., & Baird, J. A. (2012). Tell the teacher or tell the bully off: children's strategy production for bystanders to bullying. *Social Development, 21*(2), 414-424.

Salmivalli, C. (1999). Participant role approach to school bullying: Implications for interventions. *Journal of Adolescence, 22*(4), 453-459.

Salmivalli, C. (2014). Participant roles in bullying: How can peer bystanders be utilized in interventions? *Theory into Practice, 53*(4), 286-292.

Salmivalli, C., Lagerspetz, K., Björkqvist, K., Österman, K., & Kaukiainen, A. (1996). Bullying as a group process: Participant roles and their relations to social status within the group. *Aggressive Behavior: Official Journal of the International Society for Research on Aggression, 22*(1), 1-15.

Salmivalli, C., & Poskiparta, E. (2012). Development, evaluation, and diffusion of a national anti-bullying program: The KiVa program. *International Journal of Behavioral Development, 35*(5), 405-411.

Scheier, M. F., & Carver, C. S. (1992). Effects of optimism on psychological and physical well-being: Theoretical overview and empirical update. *Cognitive Therapy and Research, 16*(2), 201-228.

Shore, K. (2009). Preventing bullying. *Education Digest, 75*(4), 39-44.

Smith, J. D., Schneider, B. H., Smith, P. K., & Ananiadou, K. (2004). The effectiveness of whole-school antibullying programs: A synthesis of evaluation research. *School Psychology Review, 33*(4), 547-560.

Song, J., & Oh, I. (2017). Investigation of the bystander effect in school bullying: Comparison of experiential, psychological, and situational factors. *School Psychology International, 38*(3), 319-336.

Storch, E. A., Masia-Warner, C., Crisp, H., & Klein, R. G. (2005). Peer victimization and social anxiety in adolescence: A prospective study. *Aggressive Behavior: Official Journal of the International Society for Research on Aggression, 31*(5), 437-452.

Tani, F., Greenman, P. S., Schneider, B. H., & Fregoso, M. (2003). Bullying and the big five: A study of childhood personality and participant roles in bullying incidents. *School Psychology International, 24*(2), 131-146.

Tapper, K., & Boulton, M. J. (2005). Victim and peer group responses to different forms of aggression among primary school children. *Aggressive Behavior, 31*(3), 238-253.

Thornberg, R., & Jungert, T. (2013). Bystander behavior in bullying situations: Basic moral sensitivity, moral disengagement and defender self-efficacy. *Journal of Adolescence, 36*(3), 475-483.

Tisak, M. S., & Tisak, J. (1996). Expectations and judgments regarding bystanders' and victims' responses to peer aggression among early adolescents. *Journal of Adolescence, 19*(4), 383-392.

Twemlow, S. W., Fonagy, P., & Sacco, F. C. (2004). The role of the bystander in the social architecture of bullying and violence in schools and communities. *Annals of the New York Academy Science, 1036*(1), 215-232.

Walters, G. D., & Espelage, D. L. (2018). Resurrecting the empathy-bullying relationship with a pro-bullying attitudes mediator: The Lazarus effect in mediation research. *Journal of Abnormal Child Psychology, 46*(6), 1229-1239.

Wang, F. M., Chen, J. Q., Xiao, W. Q., Ma, Y. T., & Zhang, M. (2012). Peer physical aggression and its association with aggressive beliefs, empathy, self-control, and cooperation skills among students in a rural town of China. *Journal of Interpersonal Violence, 27*(16), 3252-3267.

Webster's Encyclopedic Unabridged Dictionary of English Language (1996). NY: Gramercy.

Wentzel, K. R., Filisetti, L., & Looney, L. (2007). Adolescent prosocial behavior: The role of self-processes and contextual cues. *Child Development, 78*(3), 895-910.

Whitney, I., & Smith, P. K. (1993). A survey of the nature and extent of bullying in junior/middle and secondary schools. *Education Research, 35*(1), 3-25.

Woodruff, P. (1977). The bystander paradox. *Analysis, 37*(2), 74-78.

제9장

교육인적자원부(2006). 시우보우(중고등학생용): 친구에게 눈길을, 친구에게 손길을!. [컴퓨터 프로그램: CD-ROM]. 서울: 교육인적자원부.

곽금주, 김대유, 김현수, 구효진(2005). 학교폭력 예방 프로그램 개발에 관한 연구. KT&G 복지재단 연구보고서.

김병찬(2012). 핀란드의 키바 코울루(KiVa Koulu) 프로그램 및 한국교육에 주는 시사점. 교육정책네트워크 세계교육정책 인포메이션 8호. 한국교육개발원.

법무부(2012). 행복나무 프로그램. 이로운법(법사랑 사이버랜드). https://www.lawnorder.go.kr/portal/cluser/intro/happytree.do

서기연, 유형근, 권순영(2011). 초등학교 고학년을 위한 또래지지 중심 집단따돌림 예방 프로그램 개발. 아동교육, 20(2), 131-146.

양은영, 김춘식(2019). 예술을 활용한 학교폭력 예방교육프로그램. 문화와융합, 41(5), 1-30.

오인수(2010). 집단따돌림 해결을 위한 전문상담교사의 전학교 접근. 상담학연구, 11(1), 303-316.

오해영, 김호영(2005). 중학생 집단따돌림 예방 프로그램의 효과에 관한 연구. 미래청소년학회지, 2(1), 47-60.

윤성우, 이영호(2007). 집단따돌림 방관자에 대한 또래지지 프로그램의 효과. 한국심리학회지: 임상, 26(2), 271-292.

정제영(연구책임자)(2013). (초등학교 3~5학년 학교폭력 예방 교육 프로그램) 행복나무 프로그램. 서울: 법무부 · 이화여자대학교 학교폭력예방연구소.

정제영(연구책임자)(2014). (중학교 학교폭력 예방 교육 프로그램) 마음모아 톡톡 프로그램. 서울: 법무부 · 이화여자대학교 학교폭력예방연구소.

정제영(연구책임자)(2016). (초등학교 1~2학년 인성교육(학교폭력 예방) 프로그램) 서로 배려하는 친한친구. 서울: 법무부 · 이화여자대학교 학교폭력예방연구소.

정제영, 이승연, 오인수, 강태훈, 류성창(2013). 주변인 대상 학교폭력 예방 교육 프로그램 개발 연구. 교육과학연구, 44(2), 119-143.

정희자(2019). 통합예술교육을 활용한 학교별 맞춤형 학교폭력 예방교육 프로그램 사례연구. 학습자중심교과교육, 19(3), 1045-1071.

최혜란(2019). 교육연극을 활용한 학교폭력 수업 사례 분석: 생활지도와 인성 수업 운영 사례를 중심으로. 문화와 융합, 41(5), 425-448.

Andreou, E., Didaskalou, E., & Vlachou, A. (2008). Outcomes of a curriculum-based anti-bullying intervention program on students' attitudes and behavior. *Emotional and Behavioural Difficulties, 13*(4), 235-248.

Anker, A. E., & Feeley, T. H. (2011). Are nonparticipants in prosocial behavior merely innocent bystanders? *Health Communication, 26*(1), 13-24.

Aylett, R. S., Louchart, S., Dias, J., Paiva, A., & Vala, M. (2005). FearNot!-an experiment in emergent narrative. In T. Panayiotopoulos, J. Gratch, R. Aylett, D. Ballin, P. Olivier, & T. Rist (Eds.), *Intelligent virtual agents proceedings* (pp. 305-316). Berlin: Springer.

Banyard, V. L. (2008). Measurement and correlates of prosocial bystander behavior: The case of interpersonal violence. *Violence and Victims, 23*(1), 83-97.

Barhight, L. R., Hubbard, J. A., Grassetti, S. N., & Morrow, M. T. (2017). Relations between actual group norms, perceived peer behavior, and bystander children's intervention to bullying. *Journal of Clinical Child & Adolescent Psychology, 46*(3), 394-400.

Batson, C. D. (1995). Prosocial motivation: Why do we help others? In A. Tesser (Ed.), *Advanced social psychology* (pp. 333-381).

New York: McGraw-Hill.

Burn, S. M. (2009). A situational model of sexual assault prevention through bystander intervention. *Sex Roles, 60*(11-12), 779-792.

Cornu, C., Abduvahobov, P., Laoufi, R., Liu, Y., & Séguy, S. (2023). An introduction to a whole-education approach to school bullying: recommendations from UNESCO scientific committee on school violence and bullying including cyberbullying. *International Journal of Bullying Prevention, 5*(4), 317-318.

Darley, J. M., & Latané, B. (1968). Bystander intervention in emergencies: Diffusion of responsibility. *Journal of Personality and Social Psychology, 8*, 377-383.

Dillon, K. P., & Bushman, B. J. (2015). Unresponsive or un-noticed?: Cyberbystander intervention in an experimental cyberbullying context. *Computers in Human Behavior, 45*, 144-150.

Dovidio, J. F., Piliavin, J. A., Schroeder, D. A., & Penner, L. A. (2006). *The social psychology of prosocial behavior.* New York: Psychology Press.

Dupper, D. R. (2013). *School bullying: New perspectives on a growing problem.* Oxford: Oxford University Press.

Fischer, P., Krueger, J. I., Greitemeyer, T., Vogrincic, C., Kastenmüller, A., Frey, D., Heene, M., Wicher, M., & Kainbacher, M. (2011). The bystander-effect: A meta-analytic review on bystander intervention in dangerous and non-dangerous emergencies. *Psychological Bulletin, 137*(4), 517-537.

Fredrick, S. S., Jenkins, L. N., & Ray, K. (2020). Dimensions of empathy and bystander intervention in bullying in elementary school.

Journal of School Psychology, 79, 31-42.

Frey, K. S., Hirschstein, M. K., Edstrom, L. V., & Snell, J. L. (2009). Observed reductions in school bullying, nonbullying aggression, and destructive bystander behavior: A longitudinal evaluation. *Journal of Educational Psychology, 101*(2), 466.

Frey, K. S., Hirschstein, M. K., Snell, J. L., Edstrom, L. V. S., MacKenzie, E. P., & Broderick, C. J. (2005). Reducing playground bullying and supporting beliefs: An experimental trial of the steps to respect program. *Developmental Psychology, 41*(3), 470-491.

Garandeau, C. F., Poskiparta, E., & Salmivalli, C. (2014). Tackling acute cases of school bullying in the KiVa anti-bullying program: A comparison of two approaches. *Journal of Abnormal Child Psychology, 42*, 981-991.

Garandeau, C. F., Laninga-Wijnen, L., & Salmivalli, C. (2022). Effects of the KiVa Anti-Bullying Program on Affective and Cognitive Empathy in Children and Adolescents. *Journal of clinical child and adolescent psychology: the official journal for the Society of Clinical Child and Adolescent Psychology, American Psychological Association, Division 53, 51*(4), 515-529.

Green, V. A., Woods, L., Wegerhoff, D., Harcourt, S., & Tannahill, S. (2020). An evaluation of the KiVa anti-bullying program in New Zealand. *International Journal of Bullying Prevention, 2*, 225-237.

Greitemeyer, T., Fischer, P., Kastenmüller, A., & Frey, D. (2006). Civil courage and helping behavior: Differences and similarities. *European Psychologist, 11*(2), 90-98.

Hall, L., Woods, S., & Dautenhahn, K. (2004).

FearNot! designing in the classroom. presented at British HCI, Leeds, UK.

Heinrich, R. R. (2003). A whole-school approach to bullying: Speical considerations for children with exceptionalities. *Intervention in School and Clinic, 38*(4), 195-204.

Humphrey, N., Barlow, A., Wigelsworth, M., Lendrum, A., Pert, K., Joyce, C., et al. (2016). A cluster randomized controlled trial of the promoting alternative thinking strategies (PATHS) curriculum. *Journal of School Psychology, 58*, 73-89.

Humphrey, N., Barlow, A., Wigelsworth, M., Lendrum, A., Pert, K., Joyce, C., et al. (2015). *Promoting Alternative Thinking Strategies (PATHS): Evaluation report and executive summary*. London: Education Endowment Foundation.

Humphrey, N., Hennessey, A., Lendrum, A., Wigelsworth, M., Turner, A., Panayiotou, M., Joyce, C., Pert, K., Stephens, E., Wo, L., Squires, G., Woods, K., Harrison, M., & Calam, R. (2018). The PATHS curriculum for promoting social and emotional well-being among children aged 7-9 years: A cluster RCT. *Public Health Research, 6*, 1-116.

Jenkins, L. N., & Nickerson, A. B. (2019). Bystander intervention in bullying: Role of social skills and gender. *Journal of Early Adolescence, 39*(2), 141-166.

Juvonen, J., & Galván, A. (2008). Peer influence in involuntary social groups: Lessons from research on bullying. In M. J. Prinstein & K. A. Dodge (Eds.), *Understanding peer influence in children and adolescents* (pp. 225-244). New York: Guilford Press.

Juvonen, J., Schacter, H. L., Sainio, M., &

Salmivalli, C. (2016). Can a school-wide bullying prevention program improve the plight of victims? Evidence for risk × intervention effects. *Journal of Consulting and Clinical Psychology, 84*(4), 334-344.

Kärnä, A., Voeten, M., Little, T., Poskiparta, E., Kaljonen, A., & Salmivalli, C. (2011). A large-scale evaluation of the KiVa anti-bullying program: Grades 4-6. *Child Development, 82*(1), 311-330.

Kärnä, A., Voeten, M., Little, T. D., Alanen, E., Poskiparta, E., & Salmivalli, C. (2013). "Effectiveness of the KiVa Antibullying Program: Grades 1-3 and 7-9." *Journal of Educational Psychology, 105*(2), 535-551.

Latané, B., & Darley, J. M. (1970). *The unresponsive bystander: Why doesn't he help?* New York: Appleton-Century-Crofts.

Loewenstein, G., & Small, D. A. (2007). The scarecrow and the tin man: The vicissitudes of human sympathy and caring. *Review of General Psychology, 11*(2), 112-126.

Midgett, A., & Doumas, D. M. (2019). The impact of a brief bullying Bbystander intervention on depressive symptoms. *Journal of Counseling & Development, 97*(3), 270-280.

Midgett, A., Doumas, D. M., & Johnston, A. (2018). Establishing school counselors as leaders in bullying curriculum delivery: Evaluation of a brief, school-wide bystander intervention. *Professional School Counseling, 21*, 1-9.

Midgett, A., Doumas, D. M., Myers, V. H., Moody, S., & Doud, A. (2021). Technology-based bullying intervention for rural schools: Perspectives on needs, challenges, and design. *Journal of Rural Mental Health, 45*(1), 14-30.

Nickerson, A. B., Aloe, A. M., Livingston, J. A.,

& Feeley, T. H. (2014). Measurement of the bystander intervention model for bullying and sexual harassment. *Journal of Adolescence, 37*(4), 391-400.

Nocentini, A., & Menesini, E. (2016). KiVa anti-bullying program in Italy: Evidence of effectiveness in a randomized control trial. *Prevention Science, 17*(8), 1012-1023.

Norman J. O., Berger, C., Yoneyama, S., & Cross, D. (2022). School bullying: Moving beyond a single school response to a whole education approach. *Pastroal Care in Education, 40*(3), 328-341.

Orsini, M. M., Milroy, J. J., Bernick, J. B, Bruce, S., Gonzalez, J., Bell, B., & Wyrick, D. L. (2019). Bystander intervention training for that goes beyond sexual violence prevention. *American Journal of Health Studies, 34*(2), 80-87.

Panayiotou, M., Humphrey, N., & Hennessey, A. (2020). Implementation matters: Using complier average causal effect estimation to determine the impact of the Promoting Alternative Thinking Strategies (PATHS) curriculum on children's quality of life. *Journal of Educational Psychology, 112*(2), 236-253.

Piliavin, I. M., Piliavin, J. A., & Rodin, J. (1975). Costs, diffusion, and the stigmatized victim. *Journal of Personality and Social Psychology, 32*(3), 429-438.

Polanin, J. R., Espelage, D. L., & Pigott, T. D. (2012). A meta-analysis of school-based bullying prevention programs' effects on bystander intervention behavior. *School Psychology Review, 41*(1), 47-65.

Richard, J. F., Schneider, B. H., & Mallet, P. (2012). Revisiting the whole-school approach to bullying: Really looking at the whole school.

School Psychology International, 33(3), 263-284.

Rigby, K., & Johnson, K. (2005). Expressed readiness of Australian schoolchildren to act as bystanders in support of children who are being bullied. *Educational Psychology, 25*(3), 287-299.

Salmivalli, C. (2010). Bullying and the peer group: A review. *Aggression & Violent Behavior, 15*(2), 112-120.

Salmivalli, C. (2014). Participant roles in bullying: How can peer bystanders be utilized in interventions? *Theory Into Practice, 53*(4), 286-292.

Sandstorm, M., Makover, H., & Bartini, M. (2013). Social context of bullying: Do misperceptions of group norms influence children's responses to witnessed episodes?. *Social Influence, 8*(2), 196-215.

STAC bullying intervention program (2021, March 21). Counselor education: STAC bullying intervention program. https://www.boisestate.edu/education-counselored/stac

Step Up! Bystander Intervention Program. (2018). *Step UP! Facilitator Guide* (6th ed.). https://stepupprogram.org/docs/guides/18_StepUP_Guidebook-Print.pdf

Tsang, S. K. M., Hui, E. K. P., & Law, B. C. M. (2011). Bystander Position Taking in School Bullying: The Role of Positive Identity, Self-Efficacy, and Self-Determination. *The Scientific World Journal, 11*(2), 2278-2286.

Tsang, S. K., & Hui, E. K. (2015). Contrasting school bullying: The PATHS program. In *Student well-being in Chinese adolescents in Hong Kong: Theory, intervention and research* (pp. 167-183). Singapore: Springer Singapore.

Vala, M., Sequeira, P., Paiva, A., & Aylett, R. (2007). *FearNot! demo*: A virtual environment with synthetic characters to help bullying. In Proceedings of the sixth International Conference on Autonomous Agents and Multiagent Systems (AAMAS 2007) (pp. 1381-1382). Honolulu: Hawaii.

Whitted, K. S., & Dupper, D. R. (2005). Best practices for preventing or reducing bullying in schools. *Children and Schools, 27*(3), 167-175.

Yang, A., & Salmivalli, C. (2015). Effectiveness of the KiVa antibullying programme on bully-victims, bullies and victims. *Educational Research, 57*(1), 80-90.

뉴스핌(2024. 4. 4.). 전북교육청 '학교폭력예방 역할극' 확대 운영. 뉴스핌. https://www.newspim.com/news/view/20240404000436

연합뉴스(2020. 10. 23.). 8년째 이어진 울산시 학교폭력 예방 청소년 교육극. 연합뉴스. https://www.yna.co.kr/view/AKR20201023050700057?input=1195

연합뉴스(2021. 3. 25.). 경기교육청, 25개교서 학교폭력 예방 뮤지컬 순회공연. 연합뉴스. https://www.yna.co.kr/view/AKR20210325113800060?section=search

한겨레(2016. 3. 9.). 연극, 학교폭력 예방 효과 '만점'. 한겨레. http://www.hani.co.kr/arti/area/area_general/734210.html#csidxba9a3706df289db9bf8d775a8775f72

제10장

강경래(2012). 학교폭력과 무관용(zero tolerance) 정책. 소년보호연구, 19, 129-166.

강인구, 김광수(2015). 회복적 생활교육 개입이 학급 응집력에 미치는 효과. 초등상담연구, 14(1), 43-61.

강지명(2012). 형사절차에서의 협상과 합의: 소년법상 화해권고제도 규정의 문제점과 개선방안. 형사정책, 24(3), 99-130.

강지명(2014). 학교폭력 대응정책에서 소년사법의 역할에 관한 연구. 성균관법학, 26(3), 249-275.

교육부, 이화여자대학교 학교폭력예방연구소(2024). 학교폭력 사안처리 가이드북 2024년 개정판.

김수진, 김광수(2016). 회복적 서클 프로그램이 초등학교 아동의 용서수준에 미치는 영향. 초등상담연구, 15(3), 257-276.

김수희, 김수연, 김혜랑, 김현령(2022). 긍정적행동지원, 학급긍정훈육법, 회복적생활교육에 대한 초등교사의 인식 비교. 통합교육연구, 17(1), 81-109.

김엄지(2019). 학교폭력 예방을 위한 회복적 생활교육의 효과 연구. 서울교육대학교 대학원 석사학위논문.

김은경, 이호중(2006). 학교폭력 대응방안으로서 회복적 소년사법 실험연구. 서울: 한국형사정책연구원.

김은아(2017). 회복적 생활교육에 근거한 활동중심 갈등해결 프로그램이 초등학생의 공동체의식에 미친 효과. 행동분석·지원연구, 14(1), 49-73.

김은주(2020). 초등 3~6학년 학생의 회복적 생활교육을 위한 동요 지도 방안 연구. 문화교류와 다문화교육, 9(2), 199-226.

김지연, 하혜숙(2015). 학교상담의 관점에서 바라본 회복적 사법: 학교폭력을 중심으로. 청소년학연구, 22(7), 491-517.

김찬미(2013). 회복적 정의의 적용을 통한 학교폭력 문제의 대안 모색: 회복적 대화모임의 과정과 결과에 대한 이해. 서울대학교 대학원 석사학위논문.

김혜경(2024). 학교폭력에 대한 무관용주의 탈피와 비사법적 개입. 형사정책, 35(4), 212-244.

박상식(2013). 소년범죄와 학교폭력 예방을 위한 회복적 사법의 도입에 관한 연구. 법학연구, 21(2), 211-241.

박주형, 정제영, 이주연(2013). 학교폭력 사안의 학교생활기록부 기재에 관한 법적 쟁점 분석. 교육법학연구, 25(1), 129-150.

박철우(2012). 학교폭력과 대응상의 문제점과 개선방안-경찰에서 당사자의 처우를 중심으로-. 법학연구, 48, 255-276.

박희진(2016). 회복적 생활교육이 학교 공동체 의식에 미치는 효과분석. 단국대학교 대학원 석사학위논문.

서정기(2011). 학교폭력에 따른 갈등경험과 해결과정에 대한 질적 사례연구: 회복적 정의에 입각한 피해자-가해자 대화모임을 중심으로. 연세대학교 대학원 박사학위논문.

서정기(2012). 학교폭력 이후 해결과정에서 경험하는 갈등의 구조적 요인에 대한 질적 사례연구. 교육인류학연구, 15(3), 133-164.

원용연, 김범수, 배은경, 오인수, 손지향, 조유경, 노은희, 이승은(2019). 학교폭력 관계 회복 프로그램: 중학교. 서울: 푸른나무재단.

유영하, 임현선, 정주리(2019). 회복적 정의 이론에 기반한 학교폭력 가해 청소년을 위한 개인상담 모형 개발. 청소년상담연구, 27(2), 1-22.

윤태현(2017). 회복적 정의를 통한 학교폭력예방 및 대책의 발전방안 연구. 소년보호연구, 30(2), 89-123.

이경원(2019). 회복적 생활교육과 도덕교육: 회복적 생활교육을 통한 치유. 초등도덕교육, 65, 339-362.

이경원, 이용훈, 김순자, 박균열(2017). 회복적 생활교육을 통한 또래중재프로그램 개발연구. 2017년 한국윤리교육학회 춘계 학술대회, 295-324.

이월용(2018). 회복적 생활교육 프로그램이 초등학생의 학교적응력에 미치는 영향. 인하대학교 대학원 석사학위논문.

이유진(2015). 학교폭력 해결을 위한 회복적 정의 모델 모형 개발 연구. 소년보호연구, 28(4), 169-207.

이유진, 이창훈, 강지명, 이상희(2014). 학교폭력 해결을 위한 회복적 정의모델 도입방안 연구. 세종: 한국청소년정책연구원.

전종익, 정상우(2013). 학교폭력예방 및 대책에 관한 법률 개선방안 연구: 교육과 예방 및 회복 기능을 중심으로. 교육법학연구, 25(1), 205-229.

정일환, 김영환(2012). 미국 학교폭력에 대한 무관용정책의 변화와 시사점. 비교교육연구, 22(4), 25-49.

정진(2016). 회복적 생활교육 학급운영 가이드북: 회복적 학급운영에 관한 교사 플래너. 경기: 피스빌딩.

조상제(2013). 학교폭력과 회복적 사법. 안암법학, 41, 315-342.

좋은교사운동(2012). 학교폭력과 생활지도의 새로운 대안 '회복적 생활교육'. 현장 적용 사례를 통한 확산 방안을 말한다. 서울: 좋은교사운동 문서출판부.

하경남, 강주리, 위미나, 김경미(2024). 학내 갈등 및 학교폭력 사안에 대한 교육적 접근으로서 회복적 생활교육의 교사 실천 경험 연구. 교육공동체 연구와 실천, 6(2), 109-137.

한국평화교육훈련원(2015). 회복적 교실, 회복적 학교-회복적 생활교육 워크숍 자료집.

한유경, 이주연, 박주형(2013). 학교폭력 대책 강화에 따른 단위학교 사안 처리 과정에서의 갈등 분석. 교육과학연구, 44(4), 73-97.

허경미(2013). 미국의 학교경찰제도 진단 및 정책적 착안점 연구. 경찰학논총, 8(1), 181-201.

허경미(2018). 학교폭력의 무관용주의적 접근에 대한 비판과 정책적 제언. 경찰학논총, 13(2), 223-254.

허경미(2020). 미국의 민영교정산업의 성장배경과 쟁점. 한국교정학회, 30(1), 65-96.

허수진, 오인수(2018). 초등교사의 회복적 생활교육의 효과 요인 및 도전 요인에 대한 개념도 분석. 아시아교육연구, 19(3), 767-793.

홍미영, 최지은(2023). 담론분석을 통한 국내·외 학교폭력 정책의 '무관용주의' 의미 명료화 및 정책 요소 탐색. 교육연구논총, 44(3), 69-110.

홍봉선, 남미애(2014). 학교폭력 문제해결을 위한 학교 차원의 회복적 사법의 적용. 형사정책, 26(2), 45-79.

American Psychological Association Zero Tolerance Task Force (2008). Are zero tolerance policies effective in the schools?: An evidentiary review and recommendations. *American Psychologist, 63*(9), 852-862.

CASEL (2020). *Restorative practices and SEL alignment. Guide to schoolwide SEL.* Chicago, IL: CASEL.

Civil Rights Project. (2000). *Opportunities suspended: The devastating consequences of zero tolerance and school discipline policies.* Cambridge: Harvard University.

Curran, F. C. (2016). Estimating the effect of state zero tolerance laws on exclusionary discipline, racial discipline gaps, and student behavior. *Educational Evaluation and Policy Analysis, 38*(4), 647-668. doi:10.3102/0162373716652728

Ewing, C. P. (2000). Sensible zero tolerance protects student, Harvard education letter, http://www.edlettr.org/past/issues/2000-jf/zero.shtml 2012. 7. 10. 인출.

Fabelo, A. (2011). *Breaking schools rules: A statewide study of how school discipline relates to students success and juvenile justice involvement.* New York: Justice Center, Council of State Governments.

Insley, A. C. (2001). Suspending and expelling children from educational opportunity: Time to reevaluate zero tolerance policies. *American University Law Review, 50*(4), 1039-1074.

Kevin, P. B. (2002). *Zero tolerance or (in)tolerance policies?, weaponless school violence, due process, and the law of student suspensions and expulsions.* An Examination of Fuller v. Decatur Public School Board of Education School District, Education Law Association.

Kim, N., & Oh, I. (2017). Analysis of stakeholder's perception on zero-tolerance policy for school violence in South Korea. *KEDI Journal of Educational Policy, 14*(1), 61-78.

Kurki, L. (2000). Restorative and community justice in the United States. *Crime and Justice, 27,* 235-303.

McNeely, C. A., Nonnemaker, J. M., & Blum, R. W. (2002). Promoting school connectedness: Evidence from the national longitudinal study of adolescent health. *Journal of School Health, 72*(4), 138-146.

Monahan, K. C., Vanderhei, S., Bechtold, J., & Cauffman, E. (2014). From the school yard to the squad car: School discipline, truancy, and arrest. *Journal of Youth and Adolescence, 43*(7), 1110-1122. doi:10.1007/s10964-014-0103-1

Patterson, G. R., Capaldi, D. M., & Bank, L. (1991). *An early starter model for predicting delinquency.* In D. J. Pepler & K. H. Rubin (Eds.), *The development and treatment of childhood aggression.* Hillsdale, NJ: Erlbaum.

Peden, J. M. (2000). Through a glass darkly: Educating with zero tolerance. *Kansas Journal of Law & Public policy, 10,* 369-389.

Scaringi, D. (2001). *Zero tolerance needed for safe schools.* St. Petersburg (FL) Times, June 24, 2001.

Skiba, R. J., & Peterson, R. L. (1999). The dark side of zero tolerance: Can punishment lead to safe schools?. *Phi Delta Kappan, 80*(5), 372-376.

Sughrue, J. A. (2003). Zero tolerance for children: Two wrongs do not make a right. *Educational Administration Quarterly, 39*(2), 238-258.

Takyi-Boadu, C. (2006). On zero-tolerance corruption not province of politicians. *The Ghanaian Chronicle.* March 16.

Tobin, T., Sugai, G., & Colvin, G. (1996). Patterns in middle school discipline records. *Journal of Emotional and Behavioral Disorders, 4*(2), 82-94.

Wachtel, T. (2013). *Dreaming of a new reality: How restorative practices reduce crime and violence, improve relationships and strengthen civil society.* Bethlehem, PA: The Piper's Press.

Wallace, J. M., Goodkind, S., Wallace, C. M., & Bechman, J. G. (2008). Racial, ethnic, and gender differences in school discipline among US high school students: 1991-2005. *The Negro Educational Review, 59*(1-2), 47-62.

Wilson, H. (2014). Turning off the school-to-prison pipeline. *Reclaiming Children and Youth, 23*(1), 49-53.

Wilson, J. Q., & Kelling, G. L. (1982). Broken windows: The police and neighborhood safety. *The Atlantic Monthly, 211*, 29-38.

Yell, M. L., & Rozalski, M. E. (2000). Searching for safe schools: Legal issues in the prevention of school violence. *Journal of Emotional and Behavioral Disorders, 8*(3), 187-196.

Zehr, H. (1990). *Changing lenses: A new focus for crime and justice.* Scottsdale, PA: Herald Press.

제11장

강경옥, 조춘범, 김정화(2019). 부모-자녀 의사소통 방식이 사이버폭력 가해행동에 미치는 영향: 청소년의 공감능력 매개효과를 중심으로. 한국사회복지조사연구, 63, 225-245.

강은희, 이은희, 임은정(2002). 집단따돌림 행동유형과 심리적 특성. 한국심리학회지: 상담 및 심리치료, 14(2), 445-460.

권소희, 김희화(2022). 여자 중학생의 사이버폭력 피해와 자살생각 간의 관계에서 피해행동에 대한 반응의 조절효과. 한국청소년학회, 29(3), 1-26.

교육부, 경상남도교육청, 푸른나무재단(2020a). 학교폭력 관계회복 프로그램(중등용). 교육부.

교육부, 경상남도교육청, 푸른나무재단(2020b). 학교폭력 관계회복 프로그램(초등용). 교육부.

김봉섭, 김세진, 김의성, 김혜영, 박선아, 서미, 신주식, 천미아, 허혜정, 최성보(2018). 학교폭력 예방 및 학생생활의 이해: 사이버폭력 예방을 중심으로. 경기: 교육과학사.

김은경(2012). 청소년의 사이버폭력에 영향을 미치는 관련 변인 연구. 명지대학교 대학원 박사학위논문.

김재엽, 이근영(2010). 학교폭력 피해청소년의 자살생각에 대한 연구. 청소년학연구, 17(5), 121-149.

김태성, 박선영, 오인수, 김선일, 오여원, 정일용, 이지선(2020). 청소년 사이버폭력 예방 또래상담 프로그램 개발. 부산: 한국청소년상담복지개발원.

남연주, 유은식, 김한샘, 정선영, 강근모(2022). 학교폭력 피해경험이 사이버폭력 가해에 미치는 영향: 공격성과 사회적 지지의 조절된 매개효과. 미래청소년학회지, 19(1), 1-28.

박성원, 윤현정(2023). 청소년의 사이버폭력 피해경험이 자살생각에 미치는 영향: 부모양육태도의 조절효과. 한국정신간호학회지, 32(4), 471-481.

박종효(2003). 공격적 피해자의 심리·사회적 특성과 문제행동. 교육학연구, 41(3), 423-449.

반지윤, 김동화(2023). 텍스트 마이닝을 활용한 사이버폭력 주변인의 연구동향 분석. 교육학연구, 61(5), 1-32.

반지윤, 오인수(2020). 중학생이 지각한 부정적 부모양육태도가 공격성을 매개로 사이버폭력 가해경험에 미치는 영향: 성별 다중집단분석 적용. 한국청소년연구, 31(1), 129-156.

반형걸, 남윤재(2023). 메타버스 내 사이버폭력과 법적 보호에 관한 연구: 아바타에 대한 폭력을 중심으로. 커뮤니케이션학연구, 31(1), 119-146.

방송통신위원회(2021). 2020년 사이버폭력 실태조사 결과 발표 보도 자료. 방송통신위원회.

선미정, 전종설(2021). 취약계층 초기 청소년의 부모양육태도와 사이버폭력의 구조적 관계: 자아존중감, 자기통제력, 또래동조성의 매개효과. 청소년학연구, 28(10), 215-246.

손한결, 김은혜(2021). 사이버폭력 피해경험이 자퇴충동에 미치는 영향에서 스트레스와 우울의 다중매개효과: 청소년 성별 차이를 중심으로. 한국웰니스학회지, 16(3), 225-232.

신혜섭(2005). 중학생의 학교폭력 유형에 영향을 미치는 변인: 가해경험, 피해경험, 가해피해 중복경험에 대한 분석. 청소년학연구, 12(4), 123-149.

신혜정(2016). 중학생의 사이버불링 유형별 대처방식과 심리적 특성과의 관계. 이화여자대학교 대학원 석사학위논문.

안성진, 이창호, 조윤오, 오인수, 김봉섭, 김경희, 이승하, 진달용, 임상수, 최숙영, 이원상, 이유미, 신나민(2015). 사이버불링의 이해와 대책. 경기: 교육과학사.

오세연, 곽영길(2013). 사이버 불링을 통한 학교폭력의 실태와 대응방안에 관한 연구. 한국치안행정논집, 10(3), 65-88.

오인수(2011). 초등학생 온라인 괴롭힘의 실태 및 오프라인 괴롭힘과의 비교분석. 아시아교육연구, 12(3), 75-98.

오인수, 정지연, 이혜란, 양수연, 안혜지(2022). 사이버폭력 연수 프로그램 표준안 개발을 위한 연구. KERIS 이슈 리포트 RM 2022-09. 한국교육학술정보원.

오인수, 조규복, 반지윤(2021). 토픽 모델링을 통해 분석한 교과연계 사이버폭력 예방 수업에 대한 학생의 인식. 교육혁신연구, 31(2), 77-114.

윤현주(2021. 8. 18.). 코로나19 상황에서 사이버폭력 예방을 위한 학부모의 역할[학회 발표]. 2021년 학교폭력 예방교육 발전방안 포럼, 한국청소년정책연구원 학교폭력예방교육지원센터.

이선미, 유성경(2013). 또래 괴롭힘 피해와 우울, 불안 관계에서 소극/회피적 대처행동과 공격적 대처행동의 매개효과. 상담학연구, 14(2), 1209-1226.

이아름, 이윤주, 양현일(2014). 고학년 초등학생의 공격성과 언어폭력성이 사이버 불링 피해 및 가해경험에 미치는 영향. 상담학연구, 15(6), 2437-2450.

임진형, 전유라(2023). 공격성이 학교 및 사이버폭력 가해행동에 미치는 영향에서 학생-교사관계의 조절효과. 한국정서행동장애학회, 39(4), 55-72.

장덕희, 윤현자, 신현진(2020). 청소년의 폭력 피해 경험이 우울과 자살생각에 미치는 영향: 우울의 매개효과를 중심으로. 청소년학연구, 28(10), 137-160.

전대성, 김동욱(2015). 고등학생과 대학생의 사이버불링 피해경험이 사이버불링 가해경험에 미치는 영향: 사회참여의 조절효과를 중심으로. 국가정책연구, 29(3), 157-180.

정태성(2021). 초등학교 고학년의 사이버폭력 예방 프로그램의 효과 연구: 사이버 어울림 프로램을 중심으로. 공주교육대학교 대학원 석사학위논문.

조성진, 박상진(2022). 학교폭력 및 사이버폭력 피해가 사이버폭력 가해에 미치는 영향: 중화기술과 탈억제 조절효과를 중심으로. 한국경찰학회보, 24(3), 29-60.

조윤오(2013). 사이버불링 피해가 청소년 비행에

미치는 영향: 우울감의 매개효과. 청소년학연구, 20(10), 117-142.

조춘범(2015). 청소년의 사이버불링 피해경험과 자살생각과의 관계연구-우울의 매개효과를 중심으로. 청소년복지연구, 17(4), 71-92.

주은선, 강주희, 백경은(2019). 사이버폭력 경험 및 포커싱적 태도가 신체화 증상에 미치는 영향. 디지털융합연구, 17(8), 293-301.

최진오(2017). 초등학생의 ADHD 성향과 학교폭력 피해가 사이버불링 가해에 미치는 영향: 분노조절문제의 매개효과. 아동교육, 26(2), 387-406.

홍성희(2022). 청소년의 사이버폭력 피해경험과 자살생각의 관계에서 자아존중감과 우울의 이중매개효과. 한국교정복지연구, 76, 193-212.

Beckman, L., Hagquist, C., & Hellström, L. (2013). Does the association with psychosomatic health problems differ between cyberbullying and traditional bullying?. In *Emotional and Behavioural Difficulties Associated with Bullying and Cyberbullying* (pp. 192-205). New York: Routledge.

Campbell, M., Spears, B., Slee, P., Butler, D., & Kift, S. (2012). Victim's perceptions of traditional and cyberbullying and the psychosocial correlates of their victimization. *Emotion & Behavioral Difficulities, 17*, 389-401.

Devine, P., & Lloyd, K. (2012). Internet use psychological well-being among 10-year-old and 11-year-old children. *Child Care in Practice, 18*(1), 5-22.

Englander, E. K. (2020). 사이버 괴롭힘의 이해와 대처[*Bullying and cyberbullying: What every educator needs to know*]. (오인수 역) 서울: 박영스토리-피와이메이트. (원전 출판 2013).

Fu, X., Li, S., Shen, C., Zhu, K., Zhang, M., Liu, Y., & Zhang, M. (2023). Effect of prosocial behavior on school bullying victimization among children and adolescents: Peer and student-teacher relationships as mediators. *Journal of Adolescence, 95*(2), 322-335.

Goebert, D., Else, I., Matsu, C., Chung-Do, J., Chang, J. Y. (2011). The impact of cyberbullying on substance use and mental health in a multiethnic sample. *Maternal Child Health Journal, 15*(8), 1282-1286.

Hinduja, S., & Patchin, J. W. (2012). 사이버폭력. (조아미, 박선영, 한영희, 이진숙, 김범구, 진영선, 이정민, 이원희 공역). 경기: 정민사. (원전 출판 2009).

Hodges, E. V. E., Malone, M. J., & Perry, D. G. (1995). Behavioral and social antecedents and consequences of peer victimization. In N. R. Crick (Chair), *Recent trends in the study of peer victimization: Who is at risk and what are the consequences?* Symposium conducted at the meeting of the Society for Research in Child Development, Indianapolis, IN.

Kowalski R. M., & Limber S. P. (2013). Psychological, physical, and academic correlates of cyberbullying and traditional bullying. *Journal of Adolescent Health, 53*(1), 13-20.

Nixon, C. L. (2014). Current perspectives: the impact of cyberbullying on adolescent health. *Adolescent Health, Medicine and Therapeutics*, 143-158.

Ortega, R., Elipe, P., Mora-Merchan, J., Genta, M., Brighi, A., Guarini, A., Smith, P. K., Thompson, F., & Tippett, N. (2012). The emotional impact of bullying and cyberbullying on victims: A European cross-national study. *Aggressive Behavior, 38*(5), 342-356.

Schneider, S. K., O'donnell, L., Stueve, A., & Coulter, R. W. (2012). Cyberbullying, school bullying, and psychological distress: A regional census of high school students. *American Journal of Public Health, 102*(1), 171-177.

Sourander, A., Klomek, A. B., Ikonen, M., Lindroos, J., Luntamo, T., Koskelainen, M., Ristkari, T., & Helenius, H. (2010). Psychosocial risk factors associated with cyberbullying among adolescents: A population-based study. *Archives of General Psychiatry, 67*(7), 720-728.

Williams, K. D, Cheung, C. T., & Choi, W. (2000). Cyberostracism: Effects of being ignored over the internet. *Journal of Personality and Social Psychology, 79*(5), 748-762.

Ybarra, M. L., & Mitchell, K. J. (2004). Online aggressor/targets, aggressors, and targets: A comparison of associated youth characteristics. *Journal of Child Psychology and Psychiatry, 45*(7), 1308-1316.

제12장

교육부(2023. 4. 12.). 학교폭력 근절 종합대책(안). 보도자료.

교육부, 이화여자대학교 학교폭력예방연구소 (2024). 학교폭력 사안처리 가이드북.

교육부, 경상남도교육청, 푸른나무재단(2019). 학교폭력 관계회복 프로그램.

권오걸(2013). 학교폭력예방 및 대책에 관한 법률의 적용과 문제점. 법학논고, 43(43), 79-102.

김규태, 방경곤, 이병환, 윤혜영, 우원재, 김태연, 이용진, 엄재춘(2019). 학교폭력 예방 및 학생의 이해. 경기: 양성원.

김동건(2012). 학교폭력예방 및 대책에 관한 법률 개정의 주요쟁점. 사회과학연구, 34(1), 149-162.

김성태(2015). 학교폭력예방법에 대한 고찰-법적용 실제에 있어서의 문제를 중심으로. 홍익법학, 16(3), 611-636.

김영천, 김정현(2012). 현행 학교폭력 관련법제의 문제점 및 개선방안. 법교육연구, 7(2), 29-58.

김혜경(2013). 학교폭력에 대한 형사법적 접근의 제한: 학교폭력 예방 및 대책에 관한 법률의 조정 법적 성격을 중심으로. 형사정책연구, 24(4), 257-293.

문영희(2012).「학교폭력 예방 및 대책에 관한 법률」상 가해학생 조치에 관한 비판적 검토. 법과정책연구, 14(4), 1905-1932.

문영희, 강동욱(2015).「학교폭력 예방 및 대책에 관한 법률」의 성격에 대한 검토 및 그 개정방향. 법과 정책연구, 15(1), 97-123.

문화관광부(2003). 청소년백서.

박주형, 정제영, 김성기(2012).「학교폭력 예방 및 대책에 관한 법률」과 동법 시행령의 문제점 및 개선방안 연구. 교육행정학연구, 30(4), 303-323.

법무부(2001). 범죄백서.

성문주(2020). 학교폭력예방 및 대책에 관한 법률 개정 내용과 함의. 디지털융복합연구, 18(2), 121-126.

성병창, 이상철(2019). '학교폭력예방 및 대책에 관한 법률' 개정 내용과 향후 과제 분석. 교육법학연구, 31(3), 27-48.

신강숙(2020). 학교폭력예방법 개정과 행정심판 청구의 문제점. 교육법학연구, 32(3), 49-75.

신현석, 남미자, 이경옥(2013). 다층흐름모형을 활용한 '학교폭력 예방 및 대책'의 정책변동분석: 법률 시행령 분석을 중심으로. 교육정책학연구, 31(4), 199-225.

이규미, 지승희, 오인수, 송미경, 장재홍, 정제영, 조용선, 이정윤, 유형근, 이은경, 고경희, 오혜영, 이유미, 김승혜, 최희영(2014). 학교폭력 예방의 이론과 실제. 서울: 학지사.

이승현(2012).「학교폭력 예방 및 대책에 관한 법률」의 개정내용 및 개선방안. 형사정책연구, 90, 157-190.

이영돈(2012). 학교폭력에 대한 경찰의 법 · 제도적

대응방안 고찰. 법학논문집, 36(1), 165-197.

이지윤(2023. 4. 14.). 교육위, '권력형 학폭 세탁' 정순신 청문회…與 불참 "답정너 청문회". KBS 뉴스. https://news.kbs.co.kr/news/pc/view/view.do?ncd=7651675

이진국(2007). 학교폭력 예방 및 대책에 관한 법률의 체계적 문제점과 개선방안. 입법정책, 1(1), 93-127.

조종태(2013). 학교폭력에 대한 효율적 대처 방안. 저스티스, 134(3), 141-160.

하윤수(2018). 「학교폭력예방법」의 문제점과 개선방안. 동아법학, 78(78), 405-429.

한유경, 이주연, 김성식, 신민섭, 정제영, 정성수, 김성기 외(2014). 학교폭력과 괴롭힘 예방: 원인진단과 대응. 서울: 학지사.

허종렬(2019). 구 학교폭력예방법상 학교폭력처리 과정에서의 교권침해와 개정 학교폭력예방법. 법과인권교육연구, 12(3), 33-52.

홍경선(2017). 학교폭력 예방 및 학생의 이해. 경기: 공동체.

국가법령정보센터 www.law.go.kr

법제처 https://www.moleg.go.kr

찾아보기

저자 소개

■ **오인수**(Oh, Insoo)

이화여자대학교 사범대학 교육학과 교수(2009~현재)로 미국 사우스캐롤라이나대학교(University of South Carolina) 사범대학 교육학과 교수(2007~2009)를 역임하였다. 미국 펜실베이니아주립대학교(The Pennsylvania State University)에서 상담자교육(Counselor Education)으로 박사학위를 취득하였으며, 미국 학교폭력 연구의 권위자인 Richard Hazler 교수의 지도를 받은 학교폭력 전문가이다. 이화여자대학교 학교폭력예방연구소에서 9년간 책임연구를 수행하였고, 푸른나무재단(구 청소년폭력예방재단) 및 한국연구재단의 후원을 받아 다양한 학교폭력 연구를 수행하며 학교폭력 및 학생부적응에 관한 약 120여 편의 국내외 논문을 발표하였다. 학교폭력 관련 저서로는 『Tackling cyberbullying and related problems: Innovative usage of games, apps and manga』(2021, 공저), 『학교폭력 예방의 이론과 실제(2판)』(2021, 공저), 『사이버 괴롭힘의 이해와 대처』(2020, 단독번역), 『학교폭력 예방 및 학생의 이해』(2018, 공저), 『사이버불링의 이해와 대책』(2015, 공저), 『괴롭힘 예방: 행복한 학교문화 조성과 사회적 역량 개발』(2013, 공역) 등이 있다. 학교폭력을 포함한 학교의 문제를 상담적 개입으로 해결하는 실천적 연구를 진행하고 있으며 이러한 노력을 인정받아 부총리 겸 교육부장관 표창(학교폭력 예방 및 근절 부분)을 수상하였다(2017). 최근에는 학교폭력에 대한 근원적 예방과 해결을 위해 긍정심리학적 관점에서 학생의 사회정서역량을 높이는 상담적 개입에 관심을 갖고 연구하고 있다.

학교폭력:
심리적 이해와 상담적 개입
School Violence: Psychological Understanding & Counseling Intervention

2025년 3월 20일 1판 1쇄 인쇄
2025년 3월 25일 1판 1쇄 발행

지은이 • 오인수
펴낸이 • 김진환
펴낸곳 • ㈜학지사
　　　　04031 서울특별시 마포구 양화로 15길 20 마인드월드빌딩
대표전화 • 02-330-5114　　팩스 • 02-324-2345
등록번호 • 제313-2006-000265호

홈페이지 • http://www.hakjisa.co.kr
인스타그램 • https://www.instagram.com/hakjisabook

ISBN 978-89-997-3279-9　93370

정가 25,000원

저자와의 협약으로 인지는 생략합니다.
파본은 구입처에서 교환해 드립니다.

이 책을 무단으로 전재하거나 복제할 경우 저작권법에 따라 처벌을 받게 됩니다.

출판미디어기업 **학지사**
간호보건의학출판 **학지사메디컬** www.hakjisamd.co.kr
심리검사연구소 **인싸이트** www.inpsyt.co.kr
학술논문서비스 **뉴논문** www.newnonmun.com
교육연수원 **카운피아** www.counpia.com
대학교재전자책플랫폼 **캠퍼스북** www.campusbook.co.kr